A/O ASSISTENTE SOCIAL NA LUTA DE CLASSES

Projeto Profissional e
Mediações Teórico-Práticas

EDITORA AFILIADA

*Conselho Editorial da
área de Serviço Social*

Ademir Alves da Silva
Dilséa Adeodata Bonetti
Elaine Rossetti Behring
Ivete Simionatto
Maria Lúcia Carvalho da Silva
Maria Lucia Silva Barroco

**Dados Internacionais de Catalogação na Publicação (CIP)
(Câmara Brasileira do Livro, SP, Brasil)**

Vasconcelos, Ana Maria de
    A/o assistente social na luta de classes : projeto profissional e
mediações teórico-práticas / Ana Maria de Vasconcelos. — 1. ed.
— São Paulo : Cortez, 2015.

    Bibliografia
    ISBN 978-85-249-2418-7

    1. Assistentes sociais 2. Projetos 3. Serviço social - Prática
4. Serviço social - Orientação profissional I. Título.

15-08888   CDD-361.3023

Índices para catálogo sistemático:

1. Assistentes sociais : Prática profissional : Serviço
    social   361.3023

ANA MARIA DE VASCONCELOS

A/O ASSISTENTE SOCIAL NA LUTA DE CLASSES

Projeto Profissional e Mediações Teórico-Práticas

Apoio:
NEEPSS/FSS/UERJ-FAPERJ/CNPq

1ª edição
1ª reimpressão

A/O ASSISTENTE SOCIAL NA LUTA DE CLASSES: projeto profissional e mediações teórico-práticas
Ana Maria de Vasconcelos

Capa: de Sign Arte Visual sobre ideia e imagem de
    Thiago de Vasconcelos Gouveia Matos
Revisão: Maria de Lourdes de Almeida
Preparação de originais: Jaci Dantas
Composição: Linea Editora Ltda.
Secretaria editorial: Priscila F. Augusto
Coordenação editorial: Danilo A. Q. Morales

Nenhuma parte desta obra pode ser reproduzida ou duplicada sem autorização expressa da autora e do editor.

© 2015 by Autora

Direitos para esta edição
CORTEZ EDITORA
Rua Monte Alegre, 1074 – Perdizes
05014-001 – São Paulo – SP
Tel.: (11) 3864-0111   Fax: (11) 3864-4290
e-mail: cortez@cortezeditora.com.br
www.cortezeditora.com.br

Impresso no Brasil – fevereiro de 2017

Aos trabalhadores e trabalhadoras de todo o mundo.

Aos assistentes sociais que, para exercerem sua profissão na direção dos interesses e necessidades dos trabalhadores e trabalhadoras, necessitam transformar profundamente, diária e diuturnamente, o que o capitalismo fez e vem fazendo deles. Não só para encontrar paz de espírito e se olhar no espelho com orgulho, mas, antes de tudo, para dar sua modesta contribuição na revolução do mundo do capital em busca de um mundo de mulheres e homens livres, emancipados.

João Carlos. Meu amor.

Thiago, Pedro, Bruno, Cristina.
João Pedro, Manuela, Théo, Alice.
Amores incondicionais.

Fernanda, Roberta, Andréia, Uirá.
Pela felicidade que dão aos meus filhos e filha.

Liza e Orlando.
Companheiros de toda jornada.

Tomaz, Mines, Liana, Liza, Zezinho, companheiras, companheiros e prole.
Alicerce amoroso da minha jornada.

SUMÁRIO

PRELÚDIO 11

INTRODUÇÃO 35

1

O Projeto Ético-Político do Serviço Social
brasileiro e formação na sociedade do capital

1.1 Concepção de Mundo 82
1.2 Crítica da Economia Política e o Serviço Social 92
    1.2.1 O Estado Capitalista 106
    1.2.2 Origem, Posição e Condição de Classe 122
1.3 Serviço Social, práxis e trabalho 128
    1.3.1 Práxis e trabalho 130
    1.3.2 Serviço Social como práxis 142
1.4 O Projeto Ético-Político do Serviço Social brasileiro:
emancipação humana, para além dos direitos e da
cidadania burgueses 169

1.4.1 O projeto profissional, referências ético-políticas e teórico-metodológicas.. 169

    1.4.1.1 Exploração, opressões, diferenças, discriminações.. 208

1.4.2 O Planejamento da atividade profissional......................... 221

    1.4.2.1 O protagonismo dos trabalhadores organizados na luta de classes como critério do planejamento.. 235

1.4.3 Análise concreta de situações concretas............................. 254

2

O assistente social na luta de classes: entre projetos, tendências, possibilidades, alternativas não exploradas e consequências, no contexto de lutas emancipatórias

2.1 Surgimento do Serviço Social e *quefazer* profissional.................. 277

2.2 Projetos profissionais... 293

    2.2.1 Projeto com influência da tradição marxista 297

    2.2.2 Projeto de "cariz tecnocrático" 299

    2.2.3 Projeto assentado numa "vertente neoconservadora"...... 304

    2.2.4 Projeto que constitui uma "vertente aparentemente radical"... 313

2.3 A escolha ético-política e teórico-metodológica frente a diferentes projetos profissionais 317

2.4 Respostas profissionais: tendências, limites, consequências e possibilidades não exploradas.. 340

3

Serviço Social, Projeto e Atividade Profissional. Eixo de Análise

Introdução.. 426

3.1 O Eixo de Análise.. 433

   3.1.1 O exercício profissional mediado pelo Projeto Ético-
       -Político do Serviço Social: questões candentes 433

   3.1.2 Sistematização e contextualização de situações concretas.. 457

       3.1.2.1 O processo de sistematização 457

       3.1.2.2 Contextualização da atividade realizada............... 471

   3.1.3 Dimensão ético-política 477

   3.1.4 Dimensão teórico-metodológica... 483

       3.1.4.1 Preparação teórico-metodológica do assistente
             social/equipe 483

       3.1.4.2 O Planejamento 488

   3.1.5 Dimensão técnico-operativa.. 496

       3.1.5.1 A dinâmica da atividade 497

       3.1.5.2 Estratégias, instrumentos e recursos utilizados
             no desenvolvimento da atividade 503

       3.1.5.3 Objetivos e atividade desenvolvida 508

       3.1.5.4 Atividade profissional, demandas dos
             trabalhadores-trabalhadoras/usuários e
             requisições institucionais 511

             3.1.5.4.1 Demanda de trabalhadores-
                      -trabalhadoras/usuários............................ 511

             3.1.5.4.2 Requisições Institucionais 529

3.1.5.5 Consequências e alcance das atividades profissionais 538

3.1.5.6 Possibilidades e alternativas não exploradas no cotidiano profissional e limites impostos ao exercício profissional 548

3.1.6 O Processo de Análise Teórico-Crítica do exercício profissional como parte e expressão da práxis social........ 552

POR ENQUANTO... 573

REFERÊNCIAS 589

PRELÚDIO

Com este livro, quero socializar com a minha categoria algumas razões que favoreçam a opção consciente pelo projeto do Serviço Social brasileiro que, no fundamental, objetiva referenciar os assistentes sociais na construção das condições necessárias a uma atividade profissional sintonizada com o processo de construção de uma sociedade de homens livres e emancipados, ou seja, uma *"organização social sem dominação, exploração de classe, etnia e gênero"*, que possibilite a formação integral de todos os indivíduos sociais, numa "associação livre de produtores livres". Desse modo, centramos nossa exposição na busca de apreender os fins que queremos atingir e nas exigências que eles trazem, para além do conhecimento da realidade sobre a qual atuamos — a ser apreendida como complexo de complexos, parte e expressão da realidade local, nacional e internacional — e da identificação das atividades necessárias à realização de uma prática naquela direção, movimento que, estruturado na formação graduada e permanente, se consubstancia no planejamento da atividade profissional.

Diante da impossibilidade real — o que não se trata de especulação, mas de abstração do processo real — da construção de uma sociedade emancipada no contexto da sociedade do capital; da intensificação sem precedentes do poder econômico sobre todas as instâncias da vida social; da intensificação da exploração do trabalho,[1] concomitante ao crescimento

---

1. Para além da exploração de homens e mulheres em idade produtiva, a exploração do trabalho atinge velhos e crianças. No Brasil, 3 milhões de crianças e adolescentes — 5 a 17 anos — estão

exponencial de supérfluos para o sistema capitalista e da desigualdade social; da privatização crescente do fantástico desenvolvimento científico e tecnológico, voltado para a produção de mercadorias supérfluas e não para as respostas necessárias aos desafios que a humanidade tem de enfrentar na busca de respostas às necessidades humanas fundamentais e à sobrevivência da natureza da qual depende; da apatia, da impotência, da preocupação excessiva com os interesses particulares e imediatos, o que tem resultado num individualismo crescente, na desmobilização para a luta social e na busca de respostas na possibilidade do "mágico"; da impossibilidade real de compreender as dificuldades — potencializadas pela gravidade e urgência dos problemas que exigem solução imediata — enfrentadas pelos assistentes sociais no cotidiano da prática e na materialização do projeto profissional, sem apreender a lógica da sociedade capitalista da qual o Serviço Social é parte e expressão e diante do fato de que a emancipação humana está caucionada, não pelo acesso aos direitos de cidadania, mas pela formação do homem integral, formação que exige a transformação radical de uma sociedade baseada na exploração do homem pelo homem, transformação que depende de indivíduos comprometidos — teórica e praticamente — com a construção de uma sociabilidade pautada no trabalho livre e associado, parto de duas inquietantes preocupações, fruto do meu convívio com os assistentes sociais nos mais diferentes espaços sócio-ocupacionais, na docência/pesquisa, no ensino e na atividade socioassistencial.

1) Não é raro encontrarmos assistentes sociais que, mesmo afirmando assumir a direção social e as finalidades do projeto profissional,[2] mostram certa antipatia, quando não intolerância, com Marx e o marxismo. Necessário ressaltar aqui, de pronto, que foi onde os sujeitos do projeto profissional, no seu nascedouro, foram buscar suas referências

---

trabalhando em condições degradantes, diante do que o país não conseguirá erradicar as 89 piores formas de trabalho infantil, conforme compromisso assumido com organizações internacionais do próprio capital, em 2006 (*O Globo*, 14/7/2015).

2. De partida, sinalizo, como ficará explicitado ao longo do texto, que me refiro ao projeto profissional, não como uma coisa, um ponto de chegada, mas como uma processualidade, uma forma de práxis, parte e expressão de uma sociabilidade estruturada em busca da emancipação humana.

ético-políticas e teórico-metodológicas, no sentido de sustentar a possibilidade de o Serviço Social dar a virada no enfrentamento do conservadorismo histórico da profissão — e, é bom que fique claro, desde o início, que é onde eu busco minhas referências.

Muitas das justificativas para aquela antipatia/intolerância estão centradas na suposta incompatibilidade/impossibilidade da produção marxiana e marxista de "dar conta da subjetividade". São justificativas que, frequentemente, estão baseadas na falta de condições de se apreender a *diferença crucial* entre duas concepções antagônicas de subjetividade.

Uma concepção que, com base no liberalismo e no método da psicologia social, concebe a subjetividade como parte da estrutura física/psíquica imanente ao ser humano, como fenômeno da ordem do natural que explica as relações sociais a partir da consciência individual isolada. Uma subjetividade que, já estruturada ao nascer — porque, nessa concepção já nascemos humanos — e sobre a qual se assentam os chamados direitos naturais, poderia ser resgatada através de processos que envolveriam ajuda, apoio, empoderamento, alívio de tensão, resgate de autoestima, terapias familiares/comunitárias, acesso aos direitos de cidadania etc. etc. Na realidade, uma concepção estruturada no pensamento liberal que tem como pressuposto "direitos naturais": os indivíduos concebidos como portadores de uma natureza essencial, que não resulta das relações sociais; natureza não por acaso identificada como essencialmente egoísta.[3] Desse modo, como quer essa concepção, se "os indivíduos

---

3. A guerra de todos contra todos nem sempre existiu na história da humanidade. O espírito egoísta do homem se manifesta na sua inteireza com a sociedade do capital, a partir do surgimento da propriedade privada e das contradições inconciliáveis entre a burguesia e o proletariado. Em contraste com as formas anteriores de sociedade de classes — asiática, escravista, feudal — onde a desigualdade era tida como algo natural, na sociedade burguesa é proclamada a igualdade de todos os homens por natureza; igualdade necessária à compra-e-venda da força de trabalho no mercado. Diante da impossibilidade real de acesso ao conjunto do patrimônio humano que essa igualdade (formal) promete a todos os indivíduos, ela é justificada pela desigualdade resultante da livre iniciativa, fruto do egoísmo humano, tido como inato, natural. Diante dos conflitos resultantes da busca pela realização pessoal que a liberdade e a igualdade naturais exigem, tanto Estado — criação do homem para garantir a observância de certos limites nas relações humanas —, como os direitos de cidadania, efetivados pelo Estado, se colocam como instrumento, não para erradicar, mas para

precedem, ontologicamente, a sociedade" e são, por natureza, egoístas, o que exigiria um instrumento para evitar a guerra de todos contra todos — o Estado —, porque se preocupar com o acesso pleno à riqueza material e espiritual necessária à plena realização deles, se sua "natureza essencial" pode ser resgatada de dentro dele mesmo, independentemente da sua apropriação dos conhecimentos, habilidades e valores que consubstanciam patrimônio genérico? Acesso ao patrimônio da humanidade que é substituído pelo "acesso a direitos de cidadania" efetivado pelo Estado, em busca de colocar limites à guerra de todos contra todos; limites a serem definidos, formalmente, pelo próprio Estado. Assim, essa é uma concepção que, se preocupando apenas com a subjetividade, com a interioridade humana, não considera a essencial articulação entre subjetividade e realidade objetiva; não considera o trabalho como atividade humana fundante do ser social.

E *outra concepção* que apreende a subjetividade como fruto do processo de humanização/socialização, porque não nascemos humanos, mas nos tornamos humanos. Uma subjetividade que, assim, não se encontra constituída no nascimento, mas se constitui e se desenvolve no processo de humanização de cada indivíduo[4] — homem/mulher —, ao longo da sua história social e individual, determinada pelas condições materiais e espirituais de existência podendo, relativamente, influenciar essas condições. Constatando que o ser social não se define pela espiritualidade, mas pela práxis — esta, uma síntese de espírito e matéria, de subjetividade e objetividade, de interioridade e exterioridade —, Marx (2008b, p. 47) afirma: "não é a consciência dos homens que determina o seu ser; ao

---

equilibrar as desigualdades sociais fruto da contradição tida como insuperável entre liberdade/igualdade, daí a condição de cidadão não ser incompatível com a sociedade do capital.

4. No processo de tornar-se homem do homem, a partir da análise do trabalho, "dois momentos assumem um papel especialmente relevante: o momento da singularidade (indivíduo) e o momento da universalidade (gênero). Do ponto de vista ontológico, estes dois momentos constituem uma unidade indissolúvel. Suas relações concretas, porém, só podem ser entendidas a partir da própria lógica do processo real e jamais tomadas como um dado ontológico do ser social. Deste modo, *o processo de autoconstrução do homem, matrizado pelo trabalho, será sempre o fio condutor do processo social*" (Tonet, 2012, p. 63; grifos meus).

contrário, é o seu ser social que determina a sua consciência". Desse modo, os indivíduos não nascem egoístas, eles se tornam egoístas, dependendo das suas relações sociais reais. Como sintetizam Netto e Braz (2006, p. 46, grifos dos autores), "*o Homem não nasce indivíduo social: ao nascer, os homens são puras singularidades; somente no seu processo formativo social, no seu amadurecimento humano, os homens podem tornar-se indivíduos sociais — isto é, homens singulares que se humanizam e, à base da socialização que lhes torna acessíveis as objetivações já constituídas do ser social, constroem-se como personalidades inconfundíveis*". Assim, a formação do homem completo implica uma relação entre subjetividade e objetividade, ou seja, "uma determinação recíproca entre o que está fora e o que está dentro do ser humano" (Tonet, 2012, p. 53). Desse modo, a formação do homem integral exige que ele tenha acesso, "o mais pleno possível, ao conjunto de bens materiais e espirituais — necessários à sua plena realização" (idem), acumulados pela humanidade em cada momento histórico. Considerando que o capitalismo é uma sociedade de classes antagônicas, podemos afirmar então que os indivíduos na sociedade do capital não nascem material e subjetivamente ricos ou pobres; não nascem egoístas e preconceituosos ou solidários e tolerantes, mas eles se tornam ricos ou pobres material e subjetivamente, egoístas, preconceituosos, solidários ou tolerantes, a depender das suas relações sociais reais.

Parece-nos que sem a teoria necessária para apreender o ser social na sua constituição e desenvolvimento histórico dialético — a teoria aqui entendida como instrumento para apreender os fenômenos da vida —, temos o caminho facilitado para incorporar à atividade profissional a primeira concepção de subjetividade que, própria e funcional à sociedade do capital, está presente no senso comum. Uma concepção que, se não superada, leva-nos a desprezar as raízes de classe presentes em cada uma delas[5] e dificultar uma opção consciente frente a elas.

---

5. A propósito, os assistentes sociais preocupados com a subjetividade em si podem se iluminar tendo em vista favorecer processos que enfrentem a destruição da subjetividade no contexto da sociedade do capital, na exigente produção de Marx e dos marxistas (especialmente Lukács, Gramsci, Mészáros e, no Brasil, Netto, Lessa, Tonet etc.), não só no que se refere à natureza histórica da formação

Ora, será que, como indivíduos sociais, como assistentes sociais e como categoria — e aqui estou me dirigindo aos mais ou menos 150 mil assistentes sociais brasileiros —, nos perguntamos e/ou temos clareza do porquê de Marx e os marxistas suscitarem tanto incômodo, quando não aversão, na sociedade capitalista? Por que se gasta tanto papel, tinta, espaços no rádio/TV e parolagens, para desqualificar Marx e os marxistas, para "provar que Marx morreu" novamente ou que ressuscitou travestido de novidades? Por que a necessidade e a facilidade de, diante da impossibilidade de disfarçar a existência das classes sociais, as crises e a decadência do capitalismo, anunciar, como se fosse natural e com a maior naturalidade e cinismo, que o mundo está perto de presenciar a divulgação, não dos poucos bilionários do planeta, mas dos raros trilionários? Ou seja, afirmar a existência de super-ricos, neste mesmo mundo onde reina uma concentração nunca vista de propriedade e de riqueza; onde reina a guerra, declarada ou não, quando não sob a justificativa de ser "preventiva", em nome de interesses privados; onde reina a violência, a fome, o desemprego, a doença e o adoecimento progressivo, físico e mental; onde reina o sofrimento social, psíquico e físico; onde reina a discriminação de toda ordem, a opressão e a exploração da força de trabalho de um trabalhador cada vez mais precarizado; enfim, um mundo onde uma crescente minoria se utiliza de forma perversa, perdulária e predadora da indissociável relação homem/natureza, sem a qual a humanidade não pode sobreviver; onde o alto custo do desenvolvimento da civilização capitalista ameaça a natureza e a humanidade, não só pela bomba atômica.[6]

---

e desenvolvimento do ser social como prática social, mas também nas produções que abordam e enfrentam a apreensão do complexo processo alienação, reificação e fetichismo, a partir de uma perspectiva de totalidade. Não é nas noções de representação sociais, acolhimento ou no estudo de diferentes patologias psíquicas que vamos encontrar as raízes da destruição das subjetividades na sociedade burguesa.

6. O exército nas favelas e a frequência dos assassinatos por arma branca na cidade do Rio de Janeiro, em 2015, foram previstos por Darcy Ribeiro, com base na realidade, há exatos 23 anos: "Se o Estado brasileiro não colocar as crianças pobres na Escola Integral, em 20 anos, o Exército vai ocupar as favelas com tropas e tanques" (*Brasil de Fato,* 11 a 17 de junho de 2015, p. 3).

No mundo capitalista em decadência, que necessita cada vez mais da fraude, da expropriação, da burocracia, da corrupção, da mutilação material e subjetiva dos homens, da produção destrutiva, da incitação à discórdia, da guerra, ou seja, de tudo o que é nefasto ao homem e à natureza, é "a tradição revolucionária de Marx [que] concretiza, antes de mais, a autoconsciência do ser social nos marcos do capitalismo, vale dizer, o máximo grau de conhecimento teórico possível do ser social sobre si mesmo na sociedade burguesa", como afirma Netto (1989, p. 92).

A *verdade é sempre revolucionária*, como afirmaram Lênin e Gramsci. Diante disso, podemos entender a aversão à crítica da Economia Política, que articula, historicamente, de forma indissociável, produção/sociedade e, consequentemente, a aversão a Marx e ao marxismo, onde podemos identificar o único conhecimento que se propõe a apreender a verdade sobre o ser social em todos os seus aspectos. Verdade esta necessária à revolução social, muito além das *verdades permitidas na ordem do capital*, ou seja, o conhecimento essencial **e** necessário à fabricação das mercadorias,[7] à circulação e incitação ao consumo, a única instância no capitalismo em que são permitidas, permanentemente, transformações profundas, possibilitando à humanidade, mas não a todos os indivíduos sociais, transitar do rádio à TV digital, do telefone fixo ao celular smartphone, em menos de 40 anos.[8] Não é sem razão, assim, que, para além da sua necessária e essencial interpretação tendo em vista dar conta das transformações históricas, somente em Marx podemos ter acesso à teoria social que forneceu/fornece instrumentos para a crítica da ordem burguesa a partir do método materialista histórico e dialético, da teoria do valor trabalho e da perspectiva da revolução. Assim, para todos nós que temos

---

7. Quem pode negar o altíssimo investimento em pesquisa para dar conta da obsolescência programada das mercadorias? Sobre o papel central da ciência nos processos de acumulação capitalista, vide Netto e Braz (2006), especialmente, capítulos 8 — O imperialismo — e 9 — O capitalismo contemporâneo.

8. Hobsbawm (1995), em *A era dos extremos,* ao abordar o que denomina "breve século XX — 1914-1991", história a "era das ilusões perdidas", século que põe a humanidade perplexa e temerosa diante das consequências deletérias do capitalismo no seu estágio imperialista reposição selvagem da desigualdade, guerras, catástrofes, crises, incertezas, impasses.

como finalidade a superação da ordem do capital, como afirma Boron (2002, p. 11), "uma teoria correta constitui um instrumento insubstituível para que os movimentos populares que resistem à mundialização neoliberal possam navegar com uma margem razoável de certeza nas turbulentas águas do capitalismo contemporâneo".

É no contexto das necessidades de reprodução do capital e da burguesia que somos levados a um modo de ser e pensar capitalistas. Portanto, é muito fácil e sedutora a adesão às teorias que tratam da epiderme da vida social, das aparências das contradições, do imediato, cujas teses favorecem posturas pragmáticas e em que a psicologização das práticas sociais ganham relevo sob a forma de justificativas que beiram o senso comum. E isto se manifesta, entre outras posturas, mas essencialmente, na recusa dominante em admitir e reconhecer a existência das classes sociais e do seu caráter antagônico, na utilização das mais diferentes formas de exploração, opressão, discriminação, que obscurecem, quando não impedem de serem consideradas, reveladas e apreendidas as raízes de classe desse ser e desse pensar.

Manter este estado de coisas exige da burguesia uma necessária, custosa e sistemática arquitetura ideológica de desqualificação de toda análise que parte de uma perspectiva histórica e de totalidade e de um ponto de vista de classe — o do proletariado enquanto sujeito histórico revolucionário.[9] E, afinal, a análise social fundada na crítica da economia política toma por base a indissociabilidade entre economia e política, o que só pode ser apreendido a partir dos fundamentos da teoria social de Marx, cujo método possibilita captar historicamente as contradições sociais; é uma análise que toma por base a existência de classes sociais

---

9. Aqui revela-se a funcionalidade das teorias do campo pós-moderno, como fonte alimentadora do esforço de manipulação e convencimento da burguesia, onde pode-se encontrar várias teses que anunciam "o fim do sujeito revolucionário" e, consequentemente, do projeto emancipatório. Sob o lema "não há alternativa ao capitalismo, apenas possibilidade de reformas" (*There is no alternative* — TINA), esta concepção — assentada num ponto de vista de classe — o da burguesia — que alimenta a denominada "Terceira Via" constitui-se numa perspectiva que se situa em contradição frontal com o projeto de sociedade que tem como horizonte a emancipação humana e, consequentemente, com o projeto do Serviço Social.

antagônicas, nas suas relações e conexões necessárias na/para sustentação da sociedade do capital, em contraposição a uma análise que apreende o ser social fragmentado e dividido a partir de grupos sociais;[10] é uma análise capaz de apreender o Estado, não como um ente neutro, que responde a interesses universais, mas como instrumento da burguesia, ainda que permeado pela contradição fundamental da sociedade, o que permite também servir aos trabalhadores e trabalhadoras[11] nas suas necessidades fundamentais, a partir das lutas sociais,[12] enquanto preparam a emancipação. É por essa razão que tudo o que não favorece o que é dominante, que não é do interesse burguês e que aponta para rupturas emancipatórias necessita ser desqualificado, ocultado, quando não, proibido e/ou criminalizado.[13] É no enfrentamento desse estado de coisas que qualquer luta social é estratégica, essencialmente, quando articulam pautas anticapitalistas comuns.

---

10. É assim que, em conformidade com as teses burguesas, muitos de nós nos sujeitamos e alimentamos as políticas sociais quando nos voltamos para estudar ou atuar junto a mulheres, homens, idosos, adolescentes, crianças, negros, homossexuais, sem apreendê-los como complexo e expressão da totalidade social; como se pudessem constituir grupos ou serem apreendidos na sua totalidade, inteireza, substância, subjetividade — ou seja, como indivíduos sociais que são, destituídos da sua condição de classe. Quando não, no cúmulo da fragmentação, referimo-nos à mulher com Aids; à criança/adolescente de rua; à mulher negra; ao transexual... As contradições de classe intensificam a barbárie das descriminações e, desse modo, mais do nunca, devemos atentar para os condicionantes de classe na potencialização da cultura conservadora e antiemancipadora.

11. Nem sempre vou me referir aos trabalhadores e às trabalhadoras, separadamente. Antecipo que sempre com trabalhadores/usuários, estou me referindo aos trabalhadores em geral, trabalhadores e trabalhadoras, independentemente das suas diferenças.

12. Ao longo deste livro, ao nos referirmos às lutas sociais, estamos nos referindo ao protagonismo dos diferentes segmentos da classe trabalhadora na luta de classes.

13. Como afirma Boron (2002, p. 153), *"a fama e a celebridade poucas vezes têm sido companheiras do pensamento crítico*. Como ensina a história da filosofia política, os espíritos contestadores foram quase sempre perseguidos e silenciados pelas classes dominantes. Na maioria dos casos, isto se conseguia apelando para formas coercitivas mais ou menos brutais. [...]. Em outras ocasiões, menos frequentes, os que combatiam a ordem social existente mereciam apenas a indiferença dos poderosos. Isso ocorria quando os grupos dominantes se encontravam em uma posição tão segura que tinham tanta confiança na estabilidade de sua própria supremacia que se permitiam ao luxo de praticar a arte da tolerância. É claro que essa prática tinha como condição que as vozes dissonantes só pudessem ser ouvidas em um pequeno círculo de inofensivos adversários, carentes de qualquer ligação orgânica com a sociedade civil e, por esse motivo, completamente incapazes de significar um sério desafio às classes dominantes."

Nessa direção, faz-se necessário romper com a miséria intelectual, como um dos caminhos para romper com a miséria econômica, social, política e cultural, não só no âmbito das massas trabalhadoras, mas, antes de tudo, entre aqueles que, como intelectuais, são formadores de opinião e, como profissionais, dentre eles os assistentes sociais, querendo ou não, veiculam valores, conhecimentos, habilidades que, a depender da direção social que referencia o sujeito profissional, reforçam uma das classes fundamentais no capitalismo: as classes trabalhadoras ou a classe burguesa.

Nesse sentido, a teoria social crítica cumpre dois papéis na formação de profissionais dotados de pensamento radicalmente crítico e capacidade inventiva: a de iluminar corações e mentes no sentido de enfrentar a força do capital em cada um de nós e como referência central de uma atividade profissional pensada, ou seja, planejada, propositiva e avaliada nas suas consequências, mais do que nos seus resultados, ainda que isso se torne, também, importante, tendo em vista apreender sua eficácia e eficiência na busca de materialização das suas finalidades e objetivos. Mesmo que na teoria social de Marx não estejam todas as respostas necessárias a processos emancipatórios, é nela que podemos contar, mais do que em qualquer outra referência, com indicações claras sobre a possibilidade real de superação de uma ordem social que vem destruindo gradativamente o homem — material e subjetivamente — e a natureza.

Se o assistente social tem como base a crítica da economia política, ele pode ter condições de, numa perspectiva de totalidade, apreender e entender as relações que se estabelecem, consciente ou inconscientemente, entre pessoas que vivem numa comunidade ou num grupo social, ou entre grupos sociais diferentes que vivem no seio de uma sociedade mais ampla, sem perder de vista as determinações dessas relações: a produção material da vida.[14] Ao separar o sistema de produção de seus atributos

---

14. É nesse sentido que se entende ser um contrassenso considerar uma "sociologia econômica", porque busca estudar as leis, instituições e sistemas econômicos enquanto produtos das relações entre indivíduos que vivem socialmente, como se fosse possível estudar as "relações entre os indivíduos" abstratos, sem considerar a organização social, política e econômica vigente no estudo de indivíduos concretos, reais, situados historicamente.

sociais específicos, os economistas políticos burgueses — ou qualquer um — são capazes de justificar/demonstrar a eternidade e a harmonia das relações sociais, o que se constitui em caminho aberto para colocar no lugar da teoria a fé; a fé, não só através da religião — o que nos remete a justificar e se enveredar pelo caminho do respeito, da boa intenção e da ajuda —, mas a fé na autorregulação do mercado.[15]

Pois bem, diante dessas considerações, acredito que a intolerância com Marx e com o marxismo — principalmente com aqueles autores que resgatam da produção marxiana o seu caráter radicalmente crítico e re-volucionário — resulta na mesma intolerância, ainda que involuntária, com o projeto profissional do Serviço Social brasileiro. E é nesse contexto que os assistentes sociais se encontram frente à necessidade e possibilidade de optar pela direção social da profissão que escolheram e eleger as

---

15. É exatamente por não considerar o sistema capitalista como uma totalidade em movimento, que os premiados e brilhantes economistas burgueses, enfocando o sistema de forma fragmentada e desconexa, são e foram incapazes de prever não só a última crise — 2008 —, mas a sua intensidade, profundidade de impacto e persistência, para Mészáros, uma crise estrutural. Coisa que, para quem acompanha as reflexões de grandes intelectuais da esquerda, não foi novidade. Os economistas, assim como os assistentes sociais — em sua maioria — têm uma formação técnica tendo em vista a máxima eficácia operativa para gerir problemas; ou seja, viabilizar as políticas econômica e sociais, respectivamente. No caso dos economistas, estes são formados para gerir técnica e matematicamente um "mercado livre" e não para apreendê-lo, no seu movimento, como síntese de múltiplas determinações. Desse modo, colocado como impossível de ser apreendido a partir de modelos matemáticos, não se considera, historicamente, o ser social, as situações concretas. Está de fora toda a ontologia. Assim como a sociologia estuda a sociedade sem considerar a economia, a economia não considera a sociedade. Desse modo, fica de fora da formação dos economistas — assim como da maioria dos profissionais — a economia política, a filosofia, a história etc., o que os impede de apreender o significado das coisas, ou seja, podem explicar, mas não apreender/entender o significado das coisas. Na medida em que não interessa ao capitalismo que "seus" intelectuais se questionem sobre os fundamentos do sistema, sua lógica e suas consequências, não há interesse dos dominantes na formação de um intelectual que, "habilitado para operar numa área particular, compreenda o sentido social da ação e a significância da área trabalhada no conjunto da questão social" (Netto, 1996), o que se põe como *exigência de uma formação generalista — teórico-metodológica, ético-política e técnico-operativa*. A formação centrada em competências, bem ao gosto do "Acordo de Bolonha"/União Europeia — abril de 2009, que vem pautando as reformas universitárias em todo o mundo, só cobra pela competência antecipada e adquirida, muito aquém da formação daquele "homem completo, pleno", o que requer um intelectual, sujeito consciente e participante ativo da vida pública.

referências teórico-metodológicas e ético-políticas necessárias, ou seja, aquelas que realmente respondam às exigências para se fazer Serviço Social na sociedade capitalista, na direção dos interesses históricos dos trabalhadores, ou seja, na direção do projeto *profissional*.

A possibilidade de uma escolha consciente é favorecida pela produção de conhecimento, de crítica social, pautada pelo projeto profissional que, desde 1979, ilumina os assistentes sociais, o que poucas profissões têm a sua disposição. A riqueza intelectual do acervo que a profissão dispõe hoje, na direção do projeto profissional, tem inspirado sociólogos, historiadores, psicólogos, enfermeiros, educadores, que procuram a pós--graduação do Serviço Social para se formarem e/ou se especializarem.

Ora, essa questão nos remete à segunda inquietante preocupação que atinge não só os trabalhadores na busca por emancipação, mas os futuros e atuais assistentes sociais, como sua parte e expressão, relacionada ao exercício efetivo das formas potencialmente emancipatórias de consciência social, que "só podem intervir indiretamente no processo social de transformação por meio da mediação necessariamente *oblíqua* da superestrutura legal e política" (Mészáros, 2002, p. 469).

2) Nem mais na universidade compram-se livros; estuda-se através de apostilas, de resumos. Livros que, de uma forma ou de outra, guardam a possibilidade de qualquer indivíduo social resgatar parte considerável do desenvolvimento histórico da humanidade, acessando conhecimentos, valores e habilidades que favorecem o desenvolvimento integral. É diante disso que, na forma impressa ou digital, o livro, sempre consagrado, é ainda reverenciado de várias formas: "No livro é onde a palavra mora. Quando o povo lê, ela nasce de novo".[16] E como diz Patativa do Assaré, poeta popular, compositor, cantor e improvisador brasileiro: "É por meio

---

16. Não foi possível identificar o autor dessa afirmação, ouvida em algum momento. E, de passagem, não poderíamos deixar de referir à mais nova "enfermidade" da moda no mundo dos best sellers: os livros de colorir para adultos. Para isso, remetendo ao texto de Leonardo L. S. Domingues na internet —, fazemos uso de suas últimas palavras: "Uma frase atribuída ao poeta e filósofo francês, Paul Valery, parece ser a adequada representação do desafio no enfrentamento dessa mania dos livros de colorir para adultos: "Os livros têm os mesmos inimigos que os homens: o fogo, a umidade, os

da leitura Que poderá a criatura Na vida se desenvolver, o livro é companheiro Mais fiel e verdadeiro Que nos ajuda a vencer". Ora, como sujeitos históricos, a cada geração, somos cada vez mais apartados das possibilidades de desenvolvermos competências e habilidades como leitores capazes de transcender a empiria, apreender e refletir sobre os conteúdos essenciais das práticas sociais, das visões de mundo e de atividades educativas, políticas, econômicas, deveras emancipadoras. Ou seja, a possibilidade de forjar uma subjetividade rica fica interditada e, assim, nos encontramos reféns da simples alfabetização e da formação instrumental e pragmática.

A reestruturação produtiva do capitalismo contemporâneo atinge as condições materiais dos diferentes segmentos da classe trabalhadora, assim como suas condições espirituais/culturais, o que, consequentemente, rebate diretamente na formação profissional. Com o ideário da modernidade progressista, substituído pela ligeireza e superficialidade do pensamento e pela desvalorização dos clássicos do pensamento das humanidades, a herança cultural fica suprimida/esquecida nos porões da história (nos livros), pela necessidade de respostas imediatas impostas pelo mercado. Um quadro plasmado pela reforma universitária projetada e idealizada pelo Banco Mundial/Acordo de Bolonha e executada no contexto do reformismo liberal ou neoliberalismo.

Neste contexto, progressivamente, a poderosa organização social capitalista vem favorecendo a socialização de indivíduos capazes de incorporar uma notícia sem, contudo, aprender-lhe seu significado, sua relevância, sua causalidade e suas consequências, porque é uma socialização que interdita as maiorias das possibilidades de apreender as manifestações do real caucionadas pela matriz da sociabilidade burguesa. E é assim que as maiorias, ao acessar notícias que veiculam o aumento da violência, as péssimas condições dos serviços de saúde, de educação etc., aceitam e reforçam a busca pelas causas dessas situações na má administração, na

---

bichos, o tempo e o seu próprio conteúdo". Disponível em: <https://espacoacademico.wordpress.com/2015/07/18/para-alem-ou-aquem-dos-tons-de-cinza-o-livro-de-colorir/>. Acesso em: 7 jul. 2015.

corrupção, na falta de investimento, na má vontade dos profissionais e não na lógica de uma organização entre os homens que vêm destruindo tanto a natureza, como material e subjetivamente os homens e as mulheres.

Não é sem razão que na sociedade do capital, a universalização da educação foi travestida numa entrada maciça no ensino fundamental — a escola transformada no lugar onde a grande maioria recebe conteúdo pré-fabricado e alimentação por cinco dias na semana —; em um ensino médio (capitaneado pelas escolas técnicas) e uma formação universitária (privatizada, aligeirada e superficial, que recusa a indissociabilidade entre ensino/pesquisa/extensão); universalização pautada numa formação técnico-instrumental para o trabalho explorado/alienado, para a realização do inculcado sonho de ser um futuro capitalista/opressor/ explorador de trabalho: ou seja, a educação transformada em formação de mão de obra para o capital ou de capitalistas.

Neste contexto, cada vez mais, nossos jovens estão sendo afastados do estudo que exige leitura sistemática, continuada e que estrutura as condições de uma leitura radicalmente crítico-reflexiva; apartados assim — até quando? —, da universalização de uma educação substantiva, emancipadora ao enriquecer o indivíduo social subjetivamente, em favor de uma educação que simplesmente instrumentaliza para o trabalho explorador e alienante. Um processo agravado, mesmo por experiências bem-intencionadas, pela prioridade dada à quantidade em detrimento da qualidade. Ou seja, pela valorização da quantidade de conteúdo, em detrimento da qualidade de sua apropriação e do "exercício efetivo das formas potencialmente emancipatórias de consciência social".

Ora, este, não sem razão, é um livro denso, longo, que demanda não só tempo para leitura, mas a apreensão da massa crítica de conhecimentos que dá a direção do projeto profissional, construída no âmbito da categoria nos últimos 30 anos; um livro que demanda idas e vindas, condições para uma leitura crítica e reflexiva, por mais que o entendamos também como um texto de combate, frente a um momento decisivo para o ser social/humanidade e, consequentemente, para os assistentes sociais e para o projeto profissional.

Diante da barbárie em que vivemos e da capacidade do sistema capitalista de se revolucionar incessantemente a si mesmo, como afirmaram Marx e Engels, as transformações nas relações indissociáveis entre trabalho/capital/Estado como exigências na construção de uma outra organização social baseada na igualdade substantiva não estão colocadas como inevitáveis, mas como necessárias e vitais a processos emancipatórios. É nesse contexto que a humanidade se encontra diante da urgência/iminência da transformação da necessidade em virtude.

No que se refere a nós, assistentes sociais, a urgência/iminência da transformação da necessidade em virtude está caucionada a um processo de formação e reflexão permanentes que nem as discussões via internet, nem os debates em cursos e eventos — ainda que estes tragam grandes contribuições nesse processo — podem dar conta de forma isolada. O necessário processo de formação graduada e permanente envolve estudo/estudo/estudo, ou seja, leituras críticas sistemáticas, investigação, assessoria,[17] cursos de pós-graduação, prática permanentemente planejada e avaliada nas suas consequências. Um processo individual e coletivo de longa duração, penoso, contínuo e cumulativo, onde o resgate do conhecimento produzido e a produzir — que se dá através da leitura radicalmente crítica e reflexiva — é fundamental. Assim sendo, é um processo que, na sociedade do capital, assim como os trabalhadores na busca por sua emancipaçã o, não encontraremos nem de imediato nem nada que nos favoreça sem grande esforço, investimento, luta. Tudo será arrancado a duras penas. Uma luta árdua, mas, nem por isso, desprovida de afeto, encontros, alegrias, congraçamentos; momentos iluminados, iluminadores e felizes, como parte indissociável do que nos move a lutar e a viver.

---

17. Desde 1998, tenho insistido na necessária participação da academia nesse processo, tanto formando assessores como assessorando os assistentes sociais no cotidiano da prática. Os processos de assessoria aos assistentes sociais, realizados pelo próprio Estado, têm resultado em ganhos administrativos para os governos nas suas diferentes instâncias, por meio de assessoria à implementação de programas e políticas sociais, o que quase nunca contempla a qualificação e as questões nevrálgicas vivenciadas pelos assistentes sociais no cotidiano da prática. Ver Vasconcelos, 1998.

Como afirmou José Saramago, o grande escritor português comunista, morto em junho de 2010: "Nem sequer é para mim uma tentação de neófito. Os tais 140 caracteres (do twiter) [hoje o whatsapp] refletem algo que já conhecíamos: a tendência para o monossílabo como forma de comunicação. De degrau em degrau, vamos descendo até o grunhido". Afinal, é onde o capitalismo precisa lançar e está lançando as maiorias, frente as suas promessas de liberdade, igualdade e vitórias de Pirro, ao confrontarmos as brilhantes conquistas da humanidade no campo material e as subjetividades mutiladas, destruídas dos indivíduos sociais, inclusive a subjetividade da própria burguesia.

Ora, se "a história de todas as sociedades que existiram até hoje é a história das lutas de classes" e se o Estado burguês,[18] como vem se mostrando ao longo da história do capitalismo, "... não é mais do que uma comissão para administrar os negócios de toda classe burguesa", como alertaram Marx e Engels, em 1848, mas que, exatamente por se constituir permeado pela contradição de interesses irreconciliáveis entre trabalho-capital, é um Estado que pode ser redirecionado tendo em vista favorecer a luta dos trabalhadores na manutenção e construção das condições necessárias à emancipação, esta é uma tarefa que exige de todos os que livremente acolhem-na como projeto e como prática, como indivíduo social e como profissional, bem mais do que grunhidos no twiter ou comunicações rápidas via whatsapp.[19]

---

18. Ver item 1.2.1.

19. No processo dialético da contraditória sociedade capitalista, onde tudo é atravessado pela contradição capital-trabalho, não poderíamos deixar de sinalizar que, se por um lado, o *twiter* e o *whatsapp* não se revelam como instrumentos que favoreçam processos de formação humana, por outro lado, eles guardam possibilidades de contribuir na mobilização e organização dos trabalhadores nas suas lutas. Foi através das redes sociais e da internet que trabalhadores brasileiros da construção civil, no "Maio Vermelho" de 2011, nas obras das usinas do Rio Madeira, mobilizaram-se e organizaram-se na Usina de Jirau e conseguiram, num efeito dominó possibilitado pela comunicação através de seus celulares, atingir não só as demais usinas em construção, como outras obras da construção civil em Pernambuco e no Rio de Janeiro. Não sem razão, também em 2011, em agosto, o governo inglês ameaçou impedir as redes sociais na Inglaterra, o que foi considerado impossível pelos especialistas, visando impedir a comunicação entre os jovens da periferia de Londres, que organizaram suas revoltas e resistências através delas (ver jornais da época, especialmente, o *Brasil de Fato*).

Diante disso, pergunto-me: até que ponto a categoria, mas principalmente o conjunto de assistentes sociais no Brasil, que diz abraçar o projeto profissional, tem consciência da briga que compramos — além da com a ordem dominante, a de cada um consigo mesmo —, das exigências e do trabalho árduo que nos impomos, ao assumir um projeto de profissão que tem como referência uma atividade profissional que possa contribuir com algo na busca pela emancipação do ser social; um processo que se exige anticapitalista, num contexto de "um mundo sem alternativas", em confronto direto com a poderosa organização social vigente?

Como podemos apreender em Lukács, a *emancipação humana se dá na e pela práxis*. Ora, para Marx, a práxis "é atividade teórico-prática, isto é, tem um lado ideal teórico, e um lado material, propriamente prático, com a particularidade de que só artificialmente por um processo de abstração, podemos separar". (Vázquez, 2007, p. 262). Nesse sentido, não é suficiente professarmos as referências ético-políticas do projeto profissional para garantirmos uma prática mediada por ele, ou seja, uma prática que se materialize em ganhos para os trabalhadores. Por outro lado, a atividade teórica tanto propicia um conhecimento indispensável para uma atuação transformadora da realidade, quanto traça finalidades, caminhos que antecipam idealmente a transformação, mas ela, por si só, não transforma a realidade. Ou seja, nem petição de princípios, nem a atividade teórica, por si só, transformam a realidade. Não sem razão, Marx nos faz um chamamento na Tese 11ª sobre Feuerbach:[20] "Os filósofos apenas interpretaram o mundo de forma diferente, o que importa é transformá-lo"; uma transformação que está caucionada pela práxis — práxis que, tendo como modelo o trabalho, se constitui numa atividade teórico-prática, muito além do trabalho, mesmo considerado no seu aspecto fundante como criador de valores de uso, como veremos com mais profundidade no item 1.3.1.

---

20. Conforme afirma Labica (1990), a respeito das Teses de Feuerbach, de Marx, a "Tese 11, em uma linha, portanto, arranca seu sentido das dez precedentes. Ela convida a refazer ao inverso o longo e trabalhoso percurso que era o seu, ainda que ela só faça fechar a corrente, já que o ponto de partida (T.1) — a revolução — é o mesmo de chegada, com uma única ressalva: sob a forma de sua necessidade" (Labica, 1990, p. 188).

É diante dessas exigências que, como afirma Labica (1990, p. 188): "Ele (Marx) (n)os convoca a fazer o que ele fez: uma autocrítica que renuncia a qualquer complacência. Ele (n)os estimula a 'partir de si mesmos' enquanto indivíduos, a empreenderem por si mesmos o processo de sua ideologia e de sua função social, a fazerem com que coincida a mudança de si e das circunstâncias — sua autoeducação." Mudança de si e das circunstâncias — a construção de si mesmo, como afirma Fernandes (1975a) — que está hipotecada à apropriação do patrimônio intelectual que a humanidade nos legou, nos lega e vai legar, processo que exige educação substantiva, emancipadora. Ou seja, "apropriar-se do patrimônio genérico — conhecimentos, habilidades, valores — é condição imprescindível para que o indivíduo singular possa se transformar em membro efetivo do gênero humano" (Tonet, 2012, p. 53).

É nessa direção que podemos realizar o sonho de felicidade para todos, o que não podemos deixar que seja substituído pelo falso sonho que é sermos transformados em "capital humano" que, vendido e assalariado no/pelo mercado, nos qualifica para acessar mercadorias criadas para fascinar e criar desejos que obscureçam as necessidades humanas fundamentais, que estruturam o nosso enriquecimento como indivíduos sociais emancipados e a nossa própria sobrevivência. É neste contexto que, impedidos de nos tornarmos membro do gênero humano, apartados que somos da possibilidade de apropriação do patrimônio material e espiritual acumulado pela humanidade em cada momento histórico, somos submetidos ao consumo de uma quantidade abusiva de agrotóxicos,[21] sem contestação, e incitados a desejar e pagar qualquer preço por

---

21. O Dossiê da ABRASCO (Associação Brasileira de Saúde Coletiva). Disponível em: <http://abrasco.org.br/dossieagrotoxicos/>. Acesso em: jan. 2013). Sobre os alimentos que consumimos contaminados por agrotóxicos é uma fonte de dados para os assistentes sociais. Vejamos as afirmações da pesquisadora participante do estudo: "Há uma série de estudos relatados no Dossiê, estudos com animais de laboratório, estudos realizados com pessoas expostas, mostrando que os agrotóxicos induzem a alterações reprodutivas, hormonais e até ao câncer... Hoje estamos vivendo um momento, por exemplo, de casos de epidemia de dengue, e entre as medidas adotadas está a pulverização com Malathion que também causa intoxicação. O mesmo princípio ativo do agrotóxico de uso agrícola está presente nesses produtos também... O incentivo dado ao uso de agrotóxico na década

um celular de última geração, como se a felicidade estivesse caucionada pelo acesso a novas tecnologias em todas as áreas: comunicação, lazer, saúde, educação/tablete etc. etc.

No mais, faz parte do senso comum entre os brasileiros, o que é reforçado no período da graduação, que o grande desafio da formação do profissional de nível superior está colocado no período da formação graduada. Assim, a maioria dos profissionais está convencida,[22] o que geralmente é reforçado no âmbito da própria universidade, que a graduação é um momento não só fundamental, mas decisivo e suficiente na vida profissional. Tudo o mais seria complementado pela experiência e por leituras pontuais. Não sem razão, este é o perfil do profissional de nível superior palatável ao "mercado". Um profissional que, qualificado tecnicamente para responder demandas imediatas, mas com limites objetivos para se perceber como engrenagem na reprodução [acrítica] da

---

de 1970, principalmente no Brasil, de lá para cá, só aumentou. E o incentivo se dá também, por outro lado, pela questão da produção de *commodities* agrícolas. Na verdade, vemos uma inversão do que ocorre no mundo; enquanto o mundo procura se capacitar e produzir produtos com valor agregado, nós estamos voltando a nossa economia para o setor primário, reprimarizando a nossa economia, produzindo *commodities* para exportação... O impacto sobre a saúde e o meio ambiente ocorre há décadas. Alguns pesquisadores, ao longo destes anos, tentaram divulgar seus estudos, como Sebastião Pinheiro, por exemplo, que tentou fazer esse alerta nas décadas de 1980 e 1990. Mas quando os grupos são isolados — porque esses pesquisadores são isolados —, em geral, são atacados". Vejam o sentido político da ciência, político enquanto decisão/escolha na apropriação do real. Este é o relato da pesquisadora, biomédica da UNIRIO no Jornal *Brasil de Fato*. São Paulo, de 21 a 27 de maio de 2015. Em artigo que registra um projeto do Serviço Social em defesa de assistência integral em reprodução assistida no SUS, encontramos a afirmação sobre os condicionantes sociais da infertilidade: "... fatores como o aumento do índice de aborto e a identificação das determinações específicas para a infertilidade, tais como: baixa prevenção da saúde sexual associada às reincidências de infecções no trato ginecológico; exposição aos fatores nocivos à fertilidade; condições de trabalho e presença de cádmio e chumbo na água consumida pela população são demonstrativos da relação existente entre condições para a fertilidade e fecundidade e as determinações sociais (Masson e Oliveira, 2010).

22. Se essa é uma realidade que foi observada junto a profissionais de nível superior, no âmbito dos Hospitais Universitários do Rio de Janeiro — instituições que formam profissionais de saúde para o país inteiro e que pela sua própria constituição articulam de forma indissociável o ensino, a pesquisa e a extensão —, são mais perversas as injunções impostas aos milhares de profissionais das mais diferentes áreas que estão se formando em faculdades isoladas ou cursos à distância, apartados, não somente da pesquisa/produção de conhecimento, mas de um ensino de qualidade.

organização social capitalista, se apresenta submisso e atento às exigências, determinações e requisições institucionais/do "mercado", na realidade, exigências dos setores dominantes/burguesia. Mesmo na vigência do projeto profissional, os assistentes sociais não estão livres dessa condição. Até porque, no corte de classe dos alunos de Serviço Social, grande parte tem ascendência proletária e isto confere um limite às suas possibilidades de escolha.

Se a preocupação é formar gerações preparadas para pensar e contribuir com a constituição, desenvolvimento, consolidação e fortalecimento de processos emancipatórios em articulação com a luta conjunta dos diferentes segmentos da classe trabalhadora, a graduação ocupa um lugar privilegiado no acesso a parte do patrimônio histórico da humanidade, debate das diferentes direções sociais presentes numa sociedade de classe, iniciação à produção de conhecimento e sua consequente socialização. Mas se a graduação é necessária, ela não é suficiente à constituição de um profissional/intelectual, sujeito consciente da atividade profissional, seguro de seus princípios, referências teóricas e das suas competências e atribuições profissionais. Nesse contexto, a consciência radicalmente crítica é não só objetivo da atividade profissional, mas condição para sua realização, ou seja, atividade pensada, planejada e avaliada nas suas consequências, planejamento que requer acompanhar o movimento avassalador, frenético e contraditório do seu objeto de atuação e da realidade que o constitui, determina e mantém relações e conexões com ele, o que exige pesquisa, estudo, estudo, estudo...

É nesse sentido que, como profissional/intelectual, o assistente social pode atuar consciente e criticamente no cotidiano da prática, considerando não só as consequências técnicas da sua atuação, mas, antes de tudo, as consequências éticas, políticas e econômicas que determinam e influenciam (direta e/ou indiretamente) a continuidade ou ruptura/superação da organização social vigente. Esse o perfil profissional delineado pelo projeto de formação da ABEPSS, para o assistente social que escolhe a direção social que possa favorecer os interesses históricos da classe trabalhadora nos seus diferentes segmentos.

Não podemos nos esquecer de que a universidade se constitui, se desenvolve e se sustenta socialmente — seja a universidade pública, seja a privada —, a partir do que foi e vem sendo criado/produzido e reiterado socialmente, ao longo da humanidade, tendo em vista não só conservar e socializar o conhecimento (tanto através da formação de profissionais que irão prestar serviços de relevância pública, como da extensão direta à sociedade do conhecimento conservado e produzido), mas produzir o conhecimento necessário tendo em vista condições de trabalho e de vida necessários à felicidade do ser social, em cada momento histórico, considerando que todo indivíduo social porta as condições de ser feliz, na medida de sua capacidade e da possibilidade de usufruir do patrimônio histórico da humanidade. Um processo que envolve, entre milhares de outras coisas, usufruir o êxtase que é ouvir uma das sinfonias de Beethoven, fazer uso, quando necessário, de uma tecnologia ou medicamento de última geração, assim como ter acesso aos diferentes tipos de linguagem, tendo em vista não só se colocar criticamente diante da realidade em que vive, mas usufruir da leitura de um grande romance da literatura universal.

É diante disso que, após a formação graduada e a inserção no mercado de trabalho, tem início um complexo e contraditório processo dialético de desenvolvimento e consolidação do perfil profissional almejado, a partir de uma operação dialética de grande fôlego, que, assentada no planejamento, análise teórico-crítica e avaliação da atividade profissional, é uma tarefa que não se concretiza em tempo determinado e antecipadamente. É uma atividade que acompanha o profissional ao longo da sua vida profissional, multideterminada e multideterminante, caucionada que é pelo movimento do local de inserção profissional, pelo movimento da sociedade — local, regional, nacional e global, nos aspectos econômico-políticos e culturais, políticos — da qual é parte e expressão, o que envolve idas e vindas, avanços e recuos, na apreensão do seu movimento e na intervenção sobre ela. Um processo em desenvolvimento enquanto viger a atividade profissional e que, no caso do assistente social e de outros profissionais como médicos, enfermeiros, psicólogos etc., por envolver diretamente outros sujeitos da atividade — os trabalhadores/usuários — não pode guardar semelhanças com a atividade do engenheiro, do pesquisador, do arquiteto, por exemplo, que pode se dar ao luxo de ser confuso, ser lento, predeterminado, diante do seu projeto, diante da sua criação. Ainda que exija retoques e correções sucessivos e que seja este um processo que envolve aperfeiçoamento constante, aqui fica claro que o papel da graduação é garantir que o conjunto de princípios e a teoria necessária à sua materialização estejam revelados e assegurados, pelo menos, na sua base, ou seja, naquilo que é essencial a escolhas conscientes numa sociedade em que tudo conspira contra processos emancipatórios. Um processo complexo que exige, dialeticamente, na unidade teoria-prática, negar o que não favorece e conservar o que favorece práticas mediadas por um projeto profissional que tem como finalidade a emancipação humana, tendo em vista, superando práticas conservadoras, enfrentar o desafio que é objetivar atividades que favoreçam os trabalhadores na luta política por emancipação.

É diante disso, ou seja, diante das possibilidades colocadas pela formação permanente, que, se a formação dos assistentes sociais em cursos à distância — na medida em que ela, como estratégia necessária aos processos de acumulação, se constitui numa falsificação da verdadeira formação universitária centrada na indissociabilidade ensino/pesquisa/extensão — é um problema, ela não é o maior desafio colocado aos assistentes sociais na sociedade do capital. Mesmo a partir de uma formação aligeirada e superficial — o que não acontece somente nos cursos à distância —, os assistentes sociais, conscientes do papel que são chamados a reproduzir na sociedade capitalista, contarão com uma massa crítica de conhecimentos — dentro e fora da área de Serviço Social — que os favorece na sua constituição como intelectuais.

Por mais que se queira negar, mesmo diante da hegemonia devastadora do capitalismo/burguesia, essa organização social tem um sujeito potencialmente revolucionário, por mais amesquinhado, alienado, despolitizado e na defensiva que a maioria dos trabalhadores nos seus diferentes segmentos se encontrem, principalmente no que se refere aos operários, e por mais força econômica e política que mostre e feroz, alienada e cega que se encontre a burguesia diante das exigências infinitas de acumulação de propriedade e riqueza. A questão diante disso é até quando as massas aceitarão as imposições da burguesia, diante das infinitas possibilidades objetivas abertas contraditoriamente na própria sociedade do capital ao ser social, na construção da sua própria história? Não sem razão, relembrando, Marx já advertia: "a burguesia necessariamente temerá a estupidez das massas enquanto elas permanecerem conservadoras, e o discernimento das massas assim que elas se tornarem revolucionárias" (Marx, 2008a). Afinal, o ser social se estrutura pela autoatividade dos homens que, permanentemente aberta a novas possibilidades, garante sua emancipação no curso da história.

Assim sendo, com este livro, faço um convite a todos os assistentes sociais, independentemente dos motivos das suas escolhas, do lugar da sua formação, das áreas de atuação etc., tanto para que considerem uma opção e defesa radicalmente conscientes do projeto do Serviço Social brasileiro, como para que, coletivamente, nos coloquemos diante das exigências que esse projeto impõe, tendo em vista nossa contribuição na construção dos nexos causais necessários à constituição do discernimento objetivo que estrutura as condições de uma atuação profissional que possa favorecer os trabalhadores e trabalhadoras na busca por emancipação humana. Um discernimento que situa os assistentes sociais diante de uma nevrálgica questão: falta ao conjunto de assistentes sociais brasileiros inventar e tornar hegemônico, em todos os espaços profissionais, o modo(como) de fazer Serviço Social na direção do projeto profissional, o qual não tem nada a ver com o modo conservador de fazer Serviço Social conservador, ainda que atuemos no decorrer da história, na sociedade capitalista, nas mesmas instituições, com os mesmos trabalhadores/usuários e, frequentemente, a partir dos mesmos instrumentos: entrevista, reunião, visita domiciliar, estudo social, parecer social, avaliação social etc. Uma requisição que vai além dos avanços na idealização do que é necessário fazer e das exigências que a realização da atividade profissional coloca aos assistentes sociais, na docência e na atividade socioassistencial, e do que se faz em parte da pesquisa e da produção de conhecimento, em tempos de hegemonia avassaladora do capital. Um modo de fazer que exige não só ser diferente, justo, respeitoso, competente teoricamente, mas exige se colocar de forma antagônica ao que é exigido e dominante no capitalismo, em todas as instâncias da vida social, exercitando e possibilitando o exercício das formas potencialmente emancipatórias de consciência social. Uma exigência que se põe, não só porque a realidade é movimento e sempre coloca novas necessidades e possibilidades, mas, essencialmente, porque estamos diante de interesses, finalidades e objetivos antagônicos: manter/reformar, o que favorece a burguesia, ou revolucionar a sociedade do capital rumo à emancipação humana, o que favorece não só os operários e demais trabalhadores assalariados, mas o gênero humano.

Neste contexto, se é através do Serviço Social que, para além da nossa condição de indivíduo social, nós, assistentes sociais, podemos dar nossa contribuição na construção das condições para a emancipação humana, *o que se coloca como questão e âmago da questão, para os assistentes sociais e para os demais profissionais, não é o Serviço Social/profissão em si mesmo, mas o projeto emancipador de sociedade ao qual ele está articulado.*

INTRODUÇÃO

Saídas há. No contexto de um mundo que nos turva a vista, os desejos e os instintos, pelo excesso de mercadorias que não dão respostas às necessidades humanas essenciais e de uma infeliz humanidade e/ou das infelizes maiorias, permanentemente convencidas de que não há alternativas ao capital, o que está em questão é: *quem ganha e quem perde com as grandes escolhas, difíceis, complexas e necessárias,* que individual e coletivamente temos, estamos e vamos fazer, diante de propostas, alternativas e possibilidades que a humanidade já tem e já sabe quais são, por mais que grande parte dos indivíduos sociais, deserdados da riqueza material e espiritual, as ignore?

A humanidade, ao longo da sua história, vem deixando como herança às gerações futuras, além de objetivações que poderiam possibilitar subjetividades ricas, condições de vida e de trabalho e felicidade a todos os indivíduos sociais, valores, princípios e referências teóricas, fruto de movimentos revolucionários e emancipatórios, que podem ser resgatados na produção marxiana e marxista e nos projetos socialista e comunista. É a partir do resgate dessa herança que a humanidade hoje pode se colocar frente a escolhas urgentes e necessárias entre:

— ***trabalho associado***[23] (trabalho que, como criador de valores-de-uso, com o objetivo fundamental de atender as necessidades

---

23. Somente o trabalho associado "permite superar todas as formas estranhadas de relações entre os homens geradas pelo capital ou por ele apropriadas e subsumidas. Ao trabalharem associadamente, as relações entre os homens passarão a ter o caráter de relações entre pessoas e não entre

humanas, se constitui como base material da superação da dicotomia entre trabalho manual e trabalho intelectual, entre teoria e prática; trabalho associado, livre, consciente, coletivo e universal, sustentação da emancipação humana e de uma humanidade emancipada) ou *trabalho explorado* (o trabalho considerado fundamentalmente como criador de valores de troca; trabalho explorado que, opondo produtores/operários e exploradores/burguesia na produção e na apropriação da riqueza socialmente produzida, impede sua apropriação social);

— *propriedade social* dos meios essenciais de produção ou *propriedade privada* dos meios essenciais de produção;

— **socialização da riqueza** socialmente produzida ou *concentração exponencial da riqueza* socialmente produzida;

— **indivíduos sociais como centro das escolhas** ou a *mercadoria*;

— **socialização** do patrimônio histórico da humanidade[24] ou *privatização* do patrimônio histórico da humanidade;

— **sociedade sem classes** ou *sociedade de classes*;

— **proteção e preservação da natureza** e dos recursos essenciais à vida em sociedade ou *depredação e destruição da natureza*;

— **Socialismo/Comunismo** ou *Capitalismo*;

— **emancipação humana** ou *barbárie*.

---

coisas; já não haverá relações de exploração e dominação; todos os indivíduos terão a possibilidade de apropriar-se da riqueza coletivamente produzida e, ao mesmo tempo, de desenvolver as suas potencialidades, contribuindo tanto para a sua realização como para a do gênero humano. Deste modo, o trabalho associado implica que a produção seja voltada para o valor-de-uso, ou seja, para o atendimento das necessidades humanas" (Tonet, 2012, p. 21).

24. "Em cada estágio do seu desenvolvimento, o ser social é o conjunto de atributos e das possibilidades da sociedade, e esta é a totalidade das relações nas quais os homens estão em interação. Assim, em cada estágio do seu desenvolvimento, o ser social condensa o máximo de humanização construído pela ação e pela interação dos homens, concretizando-se em produtos e obras, valores e normas, padrões e projetos sociais. Compreende-se, pois, que *o ser social seja patrimônio comum de toda a humanidade, de todos os homens, não residindo em nenhum deles e, simultaneamente, existindo na totalidade de objetivações de que todos podem participar*" (Netto e Braz, 2006, p. 45; grifos meus). Nessa medida, o patrimônio da humanidade, consubstanciado pelo conjunto de conhecimentos, habilidade e valores, é sempre história e socialmente datado.

As escolhas entre alternativas estão hipotecadas à consciência e à força de pressão de quem ganha e quem perde com cada uma delas. Na sociedade capitalista,[25] independentemente da direção social que escolhemos, todos — e aqui estou me referindo a cada indivíduo social e à humanidade como um todo — somos chamados a atuar a favor dos interesses do capital,[26] necessariamente travestidos em interesse geral, o que significa atuar a favor dos interesses dominantes de privatização de tudo em detrimento dos interesses de quem produz valor através do trabalho, o que, em última instância, significa em detrimento do próprio homem e da humanidade.

Num contexto de *interesses contraditórios*, independentemente da percepção, da crença e/ou das representações dos indivíduos sociais, as classes sociais existem e a luta de classes está em vigência no âmbito da organização social capitalista,[27] luta que se espraia para todas as instâncias

---

25. Capitalismo: sistema econômico-social baseado na legitimidade da propriedade privada dos meios essenciais de produção, na ilimitada liberdade de mercado com o principal objetivo de adquirir lucro e concentrar renda e riqueza, através da exploração do trabalho em troca de salário, como podemos apreender em Marx. Diante da saga predadora do grande capital revelada pelas crescentes fusões e incorporações e da ubiquidade das práticas protecionistas, esse "mercado livre" idealizado, como afirma Mészáros (2002, p. 349) inexiste em nossos dias em qualquer lugar do mundo.

26. Para Marx, capital é uma relação social, uma "potência social". Uma relação de classe entre capitalistas (que exploram a força de trabalho) e trabalhadores (que só podem sobreviver pela venda, no mercado, da sua força de trabalho e do seu trabalho). Uma relação social que permite ao capitalista acumular capital, através da extração de mais-valia/lucro, na medida em que remunera a força de trabalho que cria valor de troca ao acionar os meios de produção (capital constante) por um valor inferior ao valor produzido pela força de trabalho assalariada (capital variável) (Marx, 1985, 1998). Para Harvey, capital "é um processo de circulação no qual o dinheiro é usado para fazer mais dinheiro, frequentemente — mas não exclusivamente — por meio da exploração da força de trabalho" (2014).

27. Aqui não se trata de ser a favor ou não da existência das classes sociais e da luta de classes. Independentemente da vontade de cada indivíduo social, a existência das classes sociais, a luta de classes e as possibilidades da revolução não são construções teóricas, abstrações. São dados da realidade, abstraídos do processo social real. Foram apreendidas por Marx na dinâmica da vida social, na história da humanidade, na totalidade social. Ou seja, foram teorizadas — transformadas em conhecimento, através do método dialético. É nesse sentido que, no método da teoria social, teoria é conhecimento do movimento do real onde se distingue a esfera do ser da esfera do pensamento. O concreto que chega ao pensamento, "cientificamente exato" — o concreto pensado — é um produto do pensamento. O conhecimento teórico para Marx, como resgatado por Netto, *"é o conhecimento do concreto,* que constitui a realidade, mas que não se oferece imediatamente ao pensa-

da vida social, o que significa que, se processando no público e no privado, é mediada pela e media a atuação de qualquer indivíduo e de qualquer profissional, dentre eles o assistente social.

No processo da luta de classes na luta política por hegemonia na sociedade burguesa, sociedade fundada no modo de produção capitalista, podemos apreender, pelo menos, três dimensões indissociáveis: a luta social, a luta ideológica e a luta institucional.[28] Os assistentes sociais, majoritariamente, operam no âmbito da luta institucional e da luta ideológica, o que repercute direta ou indiretamente na luta social. Em última instância, a correlação de forças nas diferentes dimensões da luta de classes é definida pela pressão das massas, o que impõe à luta ideológica e institucional tomar como critério a luta social anticapitalista, se o horizonte é a emancipação humana e não o acesso a direitos de cidadania. Assim, é na disputa institucional e na batalha das ideias que as forças sociais anticapitalistas podem contar com contribuições na construção de uma força social de massas onde, ao mesmo tempo, dialeticamente, nesse mesmo campo, somos chamados a operar em favor dos interesses burgueses dominantes e, consequentemente, em favor do capital e do capitalismo, para, confundindo, embaraçando, favorecer o controle, a dominação, a necessária cooperação de classes, quando não, operando as necessárias concessões frente imposições de limites ao capital pelos trabalhadores. Limites que o capital sempre encontra meios de reverter em seu favor e que, por isso mesmo, não podem ser colocados como finali-

---

mento: deve ser reproduzido por este e só 'a viagem de modo inverso' permite esta reprodução. [...] Marx não hesita em qualificar este método como aquele 'que consiste em elevar-se do abstrato ao concreto', 'único modo' pelo qual 'o cérebro pensante' 'se apropria do mundo'" (2009, p. 685; grifos do autor).

28. Na sociedade capitalista — uma sociedade dividida em classes antagônicas —, a política se consubstancia na luta de classes pela conquista da hegemonia na estruturação, direção e condução da sociedade, processo condicionado pelas possibilidades objetivas inscritas na realidade. Política entendida como uma atividade prática na medida em que como processo de luta exige a mobilização e organização de seus membros; meios e métodos reais e efetivos de luta (greves, comícios etc.); tendo como objetivo a conquista, conservação e/ou direção do Estado. Neste contexto, como mostra Vásquez (1977, p. 201) "o poder é um instrumento de importância vital para a transformação da sociedade".

dade das lutas sociais. Assim sendo, se constituem em limites que resultem em condições mais favoráveis aos trabalhadores em dar continuidade às suas lutas para substituir o trabalho explorado pelo trabalho associado, caminho para a emancipação humana, visto que é impossível impor ao capital uma lógica que não seja a de sua própria reprodução.

Na busca de consequências dos nossos atos e ações sintonizadas com nossas finalidades e objetivos, é a segurança dos princípios ético-políticos e a qualificação teórico-metodológica que pode, ao fomentar um complexo[29] causal favorável, nos iluminar — como indivíduos sociais e como profissionais — tendo em vista participar desse processo, buscando realizar escolhas conscientes e necessárias, nesse complexo campo da luta de classes.

Ora, se todo indivíduo é parte e expressão do ser social[30], mas individualmente não carrega todas as possibilidades deste ser, não há qualquer possibilidade de individualmente ou como categoria profissional, ao fazermos história, transformarmos o mundo ao "empoderar[31] e/ou conscientizar

---

29. É importante ressaltar, como o leitor poderá observar ao longo do livro, que a utilização das noções de complexo/complexidade, referenciadas em Lukács, não guardam relação alguma com um dos últimos modismos: o "pensamento complexo".

30. Desenvolvido e articulado como se encontra hoje, o ser social é o único ser capaz de agir teleologicamente, de propor finalidades, de antecipar metas, ou seja, capaz de projetar, de criar produtos, artefatos, representações e símbolos que ganham uma existência que transcende a(s) existência(s) singular(es) do(s) seu(s) criador(es). Assim desenvolvido, esse ser "não tem nenhuma similaridade com o ser natural (inorgânico e/ou orgânico); ele só pode ser identificado como o *ser do homem*, que só existe como homem em sociedade". (Netto e Braz, 2006, p. 51-52)

31. Aqui se torna necessário, mesmo numa introdução, abordar a noção de *empowerment* (empoderamento), diante da centralidade e da naturalidade com que assistentes sociais que afirmam assumir o projeto profissional fazem uso dela. Primeiramente, "o uso das palavras traduz relações de poder e relações de dominação" (Fernandes, 1981, p. 8). Assim, tendo em vista fidelidade às nossas finalidades e objetivos, todo cuidado é pouco na apropriação de noções e conceitos. Nesse sentido, ou uma palavra tem um significado X, no máximo um significado aproximado, ou qualquer palavra pode assumir o significado que cada um queira, o que impossibilitaria a comunicação, principalmente se nos encontramos no contexto das referências teóricas é ético-políticas para uma profissão. Desse modo, por exemplo, não cabe afirmar que ajuda e Serviço Social são a mesma coisa, ainda que muitos gostariam que fosse, principalmente a burguesia. É diante disso que não há como reconstruir, recriar ou travestir de outros sentidos algumas noções, dentre elas a de empoderamento. *Empowerment* é uma noção originária da administração, para designar uma ação de gestão estraté-

pessoas" e/ou "organizar as massas". A transformação do mundo não é obra de uma mente brilhante, nem de um grupo iluminado. Na busca de

gica com o objetivo de "melhor utilizar a força de trabalho", ou seja, extrair mais-valia, a partir da descoberta de que a "prática do *empowerment* é fundamental para libertar a empresa do vício da centralização das decisões, que a torna lenta e burocrática". Na linguagem empresarial, "aproveitar o capital humano nas organizações através da delegação de poder". Nesse sentido, a delegação de poder aqui não significa exercício do poder tendo em vista os interesses dos sujeitos do processo de trabalho — os trabalhadores —, mas o exercício de "certo poder", que, doado, delegado, permitido, exige o compartilhamento de *certas informações* que favoreçam a potencialização dos negócios, tendo em vista os interesses de acumulação do capital. Assim, para o empresário, a descentralização das decisões empresariais num "contexto participativo" acaba por interferir na motivação, numa maior satisfação, maior agilidade e flexibilidade dos trabalhadores que, se por um lado, potencializa a competitividade, por outro lado resulta em "autonomia" dos trabalhadores, para atuar tendo em vista aumentar a capacidade da empresa de explorar o próprio trabalho. Neste contexto, é um poder relativo que não resulta do compartilhamento de informações fundamentais/segredos sobre os negócios e seus projetos, frente os interesses de todos os envolvidos nos processos de produção. Na verdade, através da noção de empoderar alguém, trata-se de delegar *certa autonomia* para a tomada de decisões, e da participação dos trabalhadores, transformados em colaboradores/parceiros, na gestão dos negócios, ao assumir responsabilidades e liderança de forma compartilhada. Desse modo, tornou-se útil, à burguesia, o espraiamento da noção de empoderamento para outras áreas, na medida em que o empoderamento, em qualquer contexto, parte do poder real exercido por quem domina, que necessita, em parte, mas não essencialmente — ou seja, aparentemente — delegar/compartilhar poder com indivíduos/grupos que tanto representam a força de quem produz, quanto representam a força política essencialmente explosiva, que contém potencialmente capacidade de reação/resistência/sublevação e que necessita ser controlada, distraída, manipulada, dominada, submetida, intimidada. Não é sem razão que, como podemos observar em artigos que defendem essa noção, "*Empowerment* corresponde a uma relação que envolve poder e responsabilidade, como duas faces de uma mesma moeda. [...] Para promover o *empowerment*, não basta transferir verbalmente poder às pessoas; elas precisam ter reais condições de agir no pleno exercício da sua responsabilidade, desenvolvendo o que chamamos de *ownership*, ou seja, agirem como intraempreendedores e *como se fossem 'proprietárias'* do negócio, pensando como empresários". Ou seja, representando, como em um teatro, o papel de proprietário o trabalhador acaba pensando como proprietário; como se realmente estivesse decidindo o que é essencial, tanto frente aos interesses do proprietário, como frente aos seus próprios interesses. É assim *na política*, onde o empoderamento objetiva envolver pessoas, organizações, comunidades em processos decisórios que têm relação com o que é periférico, acessório, acidental, episódico, secundário, supérfluo e não o essencial e o necessário; *na economia*, que objetiva delegar poder aos considerados "excluídos", para que ao participarem de certas pequenas, periféricas e não substantivas decisões econômicas sejam e sintam-se responsabilizados pelas condições adversas que afetam suas vidas; *na saúde*, quando o acesso a conhecimentos e informações sobre doenças e formas de adoecer, inclusive no trabalho, é utilizado para conferir uma falsa autonomia/responsabilidade sobre os determinantes da saúde, o que resultaria, mecanicamente, em melhores condições de vida e de trabalho, para além da educação, da cultura, do usufruto do patrimônio histórico da humanidade e do poder político e econômico, essenciais à transformação dos transformar o mundo, não existe a possibilidade de conscientizar/empoderar (dar poder) pessoas, poder que só pode resultar de disputa na luta social. Afinal, poder e consciência não se transferem, não se delegam nem se doam. Poder disputa-se e se mantém pela força ou pela associação coletiva e consciência se plasma na luta social consciente.[32] Desse modo, uma organização social livre e emancipada só pode resultar de uma tarefa coletiva complexa e contraditória a ser empreendida por parte dos interessados numa organização socioeconômica sem classes, baseada na propriedade coletiva dos meios essenciais de produção, fundamento de uma sociedade de homens emancipados.

É no contexto de uma sociedade baseada na exploração do trabalho, na propriedade privada e na concentração da riqueza — a sociedade do capital — que se coloca a questão da emancipação humana,[33] do comunismo.

---

determinantes socioeconômicos e políticos da saúde; *na administração,* como se o fortalecimento do poder decisório nas mãos de determinados trabalhadores, o que, ao aumentar suas possibilidades na competição, interfere na sua motivação e na autoestima, pudesse se voltar para seus próprios interesses e não somente para os interesses de acumulação, no movimento frenético do capital que captura tudo à sua volta, visto que é impossível impor ao capital uma lógica que não seja a de sua própria reprodução. Disponível em: <http://www.administradores.com.br/artigos/carreira/o-que--e-empowerment-e-como-ele-funciona/46403/>; <http://pt.wikipedia.org/wiki/Empoderamento_(administra%C3%A7%C3%A3o)>. Acesso em: dez. 2012.

32. Não podemos nos esquecer, como veremos a seguir, de que quando supera o espontaneísmo, toda luta educa pela sua exigência teórica, exigência de conhecimento sobre a realidade.

33. "O uso das palavras traduz relações de poder e relações de exploração/dominação, como podemos apreender em Fernandes (1981, p. 8). Como a sociedade do capital necessita travestir o sentido de tudo que favorece a classe trabalhadora nos seus diferentes segmentos, com a noção de emancipação não é diferente. A palavra emancipação vem sendo utilizada em situações que esvaziam o seu sentido, exatamente para obscurecer o sentido da emancipação humana e da sociedade comunista. Diante disso, põe-se a exigência de sermos claros quanto ao uso de noções e conceitos, visto que o esvaziamento do sentido de certas noções torna-se funcional aos processos de controle e manipulação, assim como a imposição de noções travestidas no seu sentido original, como ocorre com a noção de empoderamento, empreendedorismo, vulnerabilidade social etc. que se espraiam como pragas na atualidade. Desse modo, conceitos, noções, palavras vêm sendo banalizados e/ou travestidos no seu sentido original. É neste contexto que para o espanto de alguns e gozo de outros, trabalhador vira colaborador; Bolsa Família empodera e/ou emancipa, isto porque não se trata de emancipação humana, mas de emancipação política, esta, mesmo que empobrecida, funcional à ordem do capital.

Para Marx, "a questão da emancipação é uma questão universal, a questão do nosso tempo, e geral". Todos nós queremos ser emancipados. A emancipação política e a emancipação humana, para o autor, guardam distinções e nexos. A emancipação política, limitada e parcial, está caucionada a ganhos possíveis no escopo do Estado e à participação política e a emancipação humana, de *caráter ilimitado e integral*, está contida na liberdade do ser humano em perspectiva de totalidade, para além da sociedade do capital. Como afirma Tonet (2012, p. 68),

> **Integral** "porque não é apenas uma parte dos homens que é livre, nem a totalidade dos homens que é livre em parte, mas porque todos os homens estão situados no interior do patamar humano mais livre possível. **Ilimitado**, porque faz parte de uma forma de sociabilidade indefinidamente aperfeiçoável; porque não traz em si obstáculos insuperáveis. [...] Se por liberdade entendemos essencialmente autodeterminação, então a *liberdade plena* significa aquela forma de liberdade — o grau máximo de liberdade possível para o homem — que o indivíduo tem como integrante de uma *comunidade real*, cujo fundamento é necessariamente o trabalho associado. Em síntese, a essência da emancipação humana está no domínio consciente e coletivo dos homens sobre o seu processo de autoconstrução, sobre o conjunto do processo histórico" (grifos itálicos do autor; negritos meus).

Assim, para o autor, a emancipação humana só é possível no comunismo, quando se torna possível o ser humano se transformar com a transformação do sistema, o que inclui a transformação das relações sociais, a transformação das relações entre o ser social e a natureza e a abolição da propriedade privada[34] e das classes sociais, num processo contínuo de construção da liberdade. Como afirmou Marx (1969, p. 52):

---

34. Na sociedade capitalista, o direito do homem à liberdade, como afirma Marx (1969, p. 42-43), "não se baseia na união do homem com o homem, mas, pelo contrário, na separação do homem em relação ao seu semelhante. A liberdade é o *direito* a esta dissolução, o direito do indivíduo *delimitado*, limitado a si mesmo. A aplicação prática do direito humano da liberdade é o direito humano à *propriedade privada*. [...] O direito humano à propriedade privada é o direito de desfrutar de seu patrimônio e dele dispor arbitrariamente, sem atender aos demais homens, independentemente da sociedade,

somente quando o homem individual real recupera em si o cidadão abstrato e se converte, como homem individual, em ser *genérico*, em seu trabalho individual e em suas relações individuais; somente quando o homem tenha reconhecido e organizado suas "forces propres" [próprias forças] como forças sociais e quando, portanto, já não separa de si a força social sob a forma de força política, somente então se processa a emancipação humana. (Grifos do autor)

Ora, como afirma Netto (1996, p. 89),

as profissões não podem ser tomadas apenas como *resultado*s dos processos sociais macroscópicos — devem também ser tratadas cada qual como *corpus* teóricos e práticos que, condensando projetos sociais (donde as suas inelimináveis dimensões ideo-políticas), articulam respostas (teleológicas) aos mesmos processos sociais. (Grifo do autor)

é o direito do interesse pessoal. A liberdade individual e esta aplicação sua constituem o fundamento da sociedade burguesa. Sociedade que faz com que todo homem encontre noutros homens não a *realização* da sua liberdade, mas, pelo contrário, a *limitação* desta. Sociedade que proclama acima de tudo o direito humano 'de gozar e dispor de seus bens, rendas, dos frutos de seu trabalho e de sua indústria como melhor lhe convier' (art.16 da Constituição de 1793)". Ora, a defesa e manutenção da propriedade privada vem sendo assentada na afirmação da separação dos homens entre fortes e fracos. Quem é forte é proprietário, quem é fraco, vende "livremente" seu trabalho no mercado. Mas a idade dos monopólios trouxe grandes avanços na questão da propriedade. Vejamos os argumentos de um executivo de um grande conglomerado produtivo, diante da cobrança, por lei, em dar destino ecológico a, pelo menos, metade dos milhares de garrafas pet que sua empresa produz e que entulha rios, córregos e mares. Diz ele: "A discussão das responsabilidades nessa questão merece muito cuidado porque depois que o consumidor vai ao supermercado e compra seu refrigerante *ele passa a ser proprietário da garrafa pet*". Realmente são incomensuráveis os ganhos para a humanidade, quando os "fracos" passam de "livres vendedores de sua força de trabalho no mercado" para proprietários de garrafas pet, baterias de celular, sacos plásticos, pneus a serem descartados. Neste contexto, os "fortes" continuam proprietários dos meios sociais/essenciais de produção e os "fracos", pobres, mesmo interditados de vender sua força de trabalho no "livre mercado", como consumidores, passam também à condição de proprietários do que vira, na era da obsolescência programada, rapidamente lixo, e precisa ser descartado, principalmente, proprietários do lixo que necessita de trabalho/tecnologia caros, para ter um destino que não destrua ainda mais a natureza e o homem. Será quanto vai demorar para vermos os doentes serem responsabilizados pelo lixo tóxico produzido nos hospitais e outras coisas mais? Porque países como o Brasil já estão sendo utilizados como "latão de lixo" de países europeus. É o que podemos observar com os milhares de contêineres que chegam em nossos portos com pneus velhos, roupas e material descartável de hospitais etc.

Diante disso, pergunta-se: por que e para que um Projeto Ético-Político do Serviço Social brasileiro,[35] projeto que ao convocar os assistentes sociais para a construção de uma nova ordem societária sem dominação e exploração de classe, etnia e gênero, tendo no horizonte a emancipação humana, situa os assistentes sociais na contramão da sociedade capitalista e em confronto direto com os interesses do capital?

E aqui, frente ao fato de que a maioria dos assistentes sociais se coloca "favorável aos trabalhadores", destacam-se, pelo menos, duas razões de fundo, para buscarmos referência em um projeto que favorece uma atividade profissional consciente e radicalmente crítica.

1) Se a construção de uma sociedade emancipada depende da vontade e da ação efetiva dos homens, num coletivo que, se de início, é o mais plural possível, quanto mais próximo de rupturas, ele vai se definindo com relação aos rumos da sociedade que quer construir. Diante disso, enquanto viger a sociedade do capital, quanto menos rico material e subjetivamente e mais submetido à alienação,[36] mais o indivíduo social estará sujeito a se submeter aos interesses do capital e se constituir em braço — mais ou menos essencial — da elite dominante,[37] principalmente

---

35. Como veremos na parte 2 deste livro, este não é o único projeto a referenciar ou ser tomado como referência pelos assistentes sociais brasileiros. Assim, quando nos referimos ao projeto ético-político do Serviço Social brasileiro/projeto profissional/Projeto Ético-Político/projeto, estamos nos referindo ao projeto influenciado pela tradição marxista, que tem sua gênese na perspectiva de intenção de ruptura (Netto, 1991).

36. "Conforme as condições histórico-sociais em que se realiza [...] a práxis pode produzir objetivações que se apresentam aos homens não como obras suas, como sua criação, mas, ao contrário, como algo em que eles não se reconhecem, como algo que lhes é estranho e opressivo. [...]: *entre os homens e suas obras, a relação real, que é a relação entre criador e criatura, aparece invertida — a criatura passa a dominar o criador*" (Netto e Braz, 2006, p. 44, grifos do autor). Na exploração, a alienação penetra o conjunto das relações sociais e a sociedade e seus membros "movem-se numa *cultura alienada* que envolve a todos e a tudo", quando as objetivações humanas passam a estimular regressões do ser social. Esse fenômeno — a alienação —, embora configurando-se como um fato de grande perdurabilidade, as condições históricas em que ele se processa — divisão social do trabalho e propriedade privada dos meios de produção fundamentais e formas determinadas de exploração do trabalho —, como fruto da atividade dos homens, não são eternas nem naturais; são condições que podem ser superadas no curso do desenvolvimento histórico (idem, p. 45).

37. No sistema capitalista, assim como no Brasil, a elite dominante, proprietária de bancos, grandes construtoras, fábricas, empresas, telefonia, canais de rádio e TV, portais da internet e ações

nos momentos de ruptura. Lembremos que, no "18 de Brumário de Luiz Bonaparte", Marx já advertia: "a burguesia necessariamente temerá a estupidez das massas enquanto elas permanecerem conservadoras, e o discernimento das massas assim que elas se tornarem revolucionárias" (Marx, 2008a). Ora, pelo lugar privilegiado que ocupamos como assistentes sociais, nós nos constituímos, em princípio, num poderoso braço da elite dominante, o que significa que, cotidianamente, somos chamados a reproduzir acriticamente[38] mecanismos de controle e dominação, o que vem, historicamente, contribuindo para acalmar, desmobilizar, desorganizar e aprofundar a alienação dos diferentes segmentos da classe trabalhadora com os quais atuamos. Esse processo se dá ao realizarmos a prática pela prática, ou seja, realizar como um fim em si mesmo o apoio, a orientação, o encaminhamento, o aconselhamento; ao burocratizarmos as ações pelo preenchimento mecânico de plataformas de dados e cadastros,[39] elaboração de estudos socioeconômicos, avaliação social, laudos e pareceres; ao colocarmos como limite o acesso aos direitos, tendo como

---

na bolsa de valores, necessita destruir a concorrência, defender e manter seus privilégios. Quem é proprietário e/ou vive de rendas está preocupado mais com a necessária, para si, desvalorização dos salários e com as metas de inflação, do que com os níveis de emprego; mais preocupado com a taxa de juros do que com o poder aquisitivo dos salários; mais preocupado com a valorização das ações, do que com a saúde e a educação de todos; mais preocupado em eliminar seu competidor, do que com a relação do seu negócio com as necessidades sociais e humanas... Não é sem razão que Marx já anunciava no seu tempo que tudo que na sociedade do capital começa com concorrência termina em monopólio.

38. Por que destacar aqui o acriticamente? Porque não podemos menosprezar o fato de que, na sociedade burguesa, uma prática social manipuladora e instrumental que favorece o crescente controle da natureza espraia-se para todas as instâncias da vida social. Desse modo, independentemente da consciência e da direção social que escolhemos, com mais ou menos intensidade, vamos reproduzir mecanismos de exploração, dominação e de controle. Neste contexto, por exemplo, dentre os objetivos do assistente social que escolhe o projeto profissional está o redirecionamento das políticas em favor dos interesses das massas trabalhadoras e não a "garantia de direitos". Antes de tudo, não são os assistentes sociais que garantem direitos. Por outro lado, se os direitos podem ser garantidos legalmente pela própria sociedade burguesa, eles não estão, como o sabemos, nem poderão ser garantidos de fato, o que entraria em contradição com a lógica do capital.

39. Realizados de forma mecânica e não utilizados para potencializar o conhecimento da realidade, a operação de plataformas de dados e preenchimento de cadastros resultam na potencialização da vigilância sobre os trabalhadores, sobre as políticas sociais, os projetos e programas sociais, sobre o controle do território, vigilância necessária aos governos nas suas diferentes instâncias, tanto para

horizonte a democracia burguesa;[40,41] ao operarmos a política social burocraticamente e/ou como ajuda;[42] ao nos limitarmos a utilizar o espaço do Serviço Social para um "bom atendimento ao meu usuário" etc. Ou seja, se não podemos sozinhos ou como categoria mudar o mundo, sozinhos e como categoria temos um "poder", como representantes do capital e dos interesses dominantes, de causar sérios estragos no processo de

o controle das massas quanto para a divulgação de dados "positivos"/quantitativos dos governos de plantão.

40. Não ter como horizonte a democracia burguesa, não significa ser contra a democratização da sociedade o que impõe a garantia de debate, de respeito à pluralidade de opiniões, escolhas. Ver as ricas, polêmicas e perturbadoras reflexões de Lessa (2011) e Rodrigues (2012).

41. Não é sem razão que na sociedade capitalista, mesmo consideradas como direito, algumas necessidades essenciais são travestidas em auxílio, ajuda, benefício, favor, zelo para "proteger os interesses de quem está sob sua guarda ou proteção" etc. De forma não intencional, podemos estar contribuindo para esse estado de coisas. Vejamos como um assistente social explica para um grande grupo de trabalhadores/usuários o que são as "condicionalidades" do programa Bolsa Família, sem abordar seu significado, o que resulta na naturalização da pobreza, para os próprios assistentes sociais, mas essencialmente para os trabalhadores/usuários. Ou seja, as condicionalidades, no mínimo, resultam na fiscalização de comportamentos; em julgamentos morais; resume a função do assistente social àquele que fiscaliza; responsabiliza o usuário pela garantia das condicionalidades ("se não tem atendimento de saúde, reclame", afirma um assistente social), quando não culpabiliza/responsabiliza aquele que tem direito a acessar as políticas sociais. Diz o profissional referindo-se às condicionalidades do Programa Bolsa Família (2014): "Esse é um compromisso que o governo tem que ter com vocês. Se vocês têm que levar os filhos para serem atendidos no posto, para a atualização da vacinação, então, em contrapartida, *nós temos que ceder este serviço para você. Se não está sendo oferecido, vocês têm que procurar o Posto de Saúde e reclamar.* Vocês estão fazendo o papel de ir lá. Então, para as mães que têm crianças até sete anos é muito importante que vocês levem essas crianças para atualização da carteira de vacinação. Nós queremos ressaltar que *vocês despertem essa importância de prevenção na criança e não que vai bloquear o bolsa família, entendeu?".*

42. Não podemos deixar de sinalizar que, frente aos interesses do capital, filantropia/benemerência são noções que *apoiadas na colaboração de classes,* o que resulta no obscurecimento de interesses irreconciliáveis de classes antagônicas, necessitam ser permanentemente ressignificadas. A noção de caridade/ajuda, historicamente, tão cara aos assistentes sociais, na vigência do neoliberalismo e da pós-modernidade, podemos identificá-las expressas na noção de *"cuidado"*, *"responsabilidade social"*, *acolhimento, benefício.* Não sem razão, o primeiro significado de benefício é "ato ou efeito de fazer o bem, de prestar um serviço a outrem; auxílio, favor" (Houaiss) e, no senso comum, quando não entre profissionais de nível superior, o acesso aos direitos sociais, mesmo garantidos em lei, são reconhecidos como ajuda, favor, auxílio, benemerência, ou seja, ato, qualidade ou virtude daquele que é merecedor de honras e louvores por serviços relevantes prestados, seja o indivíduo burguês, seja o Estado burguês.

formação,[43] mobilização e organização[44] das massas trabalhadoras na busca por emancipação humana.

2) O que está em jogo na sociedade capitalista, do ponto de vista dos trabalhadores, é um projeto de sociedade que tenha como finalidade a emancipação humana. Diante disso, fica clara a relevância do projeto do Serviço Social brasileiro, para os assistentes sociais que almejam práticas sintonizadas com as necessidades e interesses históricos dos trabalhadores. Com base em uma perspectiva de totalidade e análise sócio-histórica da sociedade capitalista, é esse projeto que garante aos assistentes sociais e os referencia, ético, política e teoricamente, quanto à possibilidade de, na contradição da própria sociedade do capital,[45] mesmo sendo chamados a atuar junto às massas trabalhadoras do ponto de vista dos interesses da burguesia, favorecer mais o trabalho do que o capital (ver Iamamoto. In: Iamamoto e Carvalho, 1982, p. 70-75). Mas, se esse projeto identifica e define a direção social que favorece os trabalhadores, quando nomeia os princípios fundamentais no Código de Ética do assistente social e indica a teoria necessária que referencia uma prática na direção desses princípios, ele não garante práticas mediadas por ele. O fato é que o projeto do Serviço Social, para se transformar em

---

43. Não nos esqueçamos que Victor Hugo, nas circunstâncias em que um policial, frente os interesses dominantes, manda o outro policial perseguir os estudantes em vez de se preocupar com os ladrões, já alertava em *Os Miseráveis*: *"por vezes, pensar é muito mais grave do que roubar"*.

44. Não podemos negar que o movimento de auto-organização dos trabalhadores, em tempos de hegemonia avassaladora da burguesia, vem se constituindo de forma difusa, diante do que, torna-se necessário identificar, dar visibilidade e favorecer sujeitos coletivos que a organizam. Neste contexto, cabe aos assistentes sociais que optam pelo projeto profissional, tanto fortalecer o processo de auto-organização dos trabalhadores, quanto dar sua contribuição nas formas mais elementares e espontâneas de protagonismo dos trabalhadores na luta de classes, buscando favorecer sua constituição em lutas anticapitalistas.

45. Independentemente da percepção dos indivíduos sociais, a sociedade capitalista, assentada na propriedade privada dos meios essenciais de produção, na concentração da riqueza socialmente produzida e na exploração do trabalho, se processa na conjunção de interesses contraditórios: os interesses da burguesia que representa o capital e os interesses dos trabalhadores — não proprietários — que se consubstancia no exercício da liberdade e as demandas a ela inerentes: autonomia, emancipação e plena expansão dos indivíduos sociais; nessa medida, os únicos interesses que podem representar os interesses de todos, como afirmado por Marx.

realidade, exige simultânea e dialeticamente, ao ser tomado conscientemente como referência, de partida, uma preparação teórico-metodológica e técnico-operativa, tendo como base a crítica da economia política concomitante à *análise concreta de situações concretas;* ou seja, individual e coletivamente, na correlação necessária entre academia/intelectualidade e meio profissional, operar, sistemática e analiticamente, desde levantamentos e estudos mais simples no âmbito do próprio cotidiano profissional, até a pesquisa mais complexa a partir da investigação sistemática. É tomando o cotidiano[46] profissional/exercício profissional como objeto de investigação e crítica sistemática,[47] como parte e expressão do contexto particular e geral, que vai possibilitando os assistentes sociais, individual e coletivamente, superar práticas conservadoras;[48]

---

46. Para Heller (1972), a cotidianidade é o espaço incomprimível de reprodução da sociedade na reprodução dos indivíduos. Mesmo considerando que é o espaço, entre todas as instâncias da vida social, que está mais suscetível à alienação, a autora afirma que a vida cotidiana não é necessariamente alienada. Assim, diante da impossibilidade real e social de suprimir o cotidiano, trata-se de criar as condições necessárias à superação da alienação no cotidiano da práxis. Ver Netto, 1987.

47. Como afirma Coutinho (2006, p. 120), "ser marxista não é repetir o que Marx disse. [...] Ser marxista é ser fiel ao método de Marx, ou seja, à capacidade que tal método revelou de entender a dinâmica contraditória do real e as linhas de tendência da sociedade moderna". E frente ao frenético movimento do real, há uma exigência de se renovar e revisar sempre, renovação que depende de conhecimento sobre a realidade. É esse movimento que pode permitir aos assistentes sociais apreender o espaço de trabalho nas suas contradições — nas suas condições, requisições e demandas —, na história, o local, como parte e expressão do geral.

48. As práticas conservadoras, independentemente da consciência dos sujeitos profissionais, tendo como parâmetro a adaptação, o ajustamento, a restauração, a (re)integração, resultam na conservação do que está dado, do que é dominante na sociedade do capital, sustentadas que estão em um pensamento que naturalizando a vida social trata tudo o que se refere ao social, ao que é humano, a partir de valores, da tradição, da moralização dominantes. Mas o pensamento e a prática conservadores não estão parametrados somente pela conservação. Considerando a dinâmica da ordem social vigente permeável a mudanças, pensamento/prática conservadores se voltam para intervenções corretivas/reformas, em busca da conservação da ordem social considerada como eterna, natural. Parafraseando Marx, quando afirma que a ideologia dominante é a ideologia da classe dominante, o que está dado como dominante na sociedade do capital reflete os interesses e necessidades da classe dominante. Afinal, a questão social nas suas diferentes expressões, ou seja, as consequências da exploração do trabalho, da concentração de riqueza e da propriedade privada, *é considerada na sociedade do capital* como consequência dos atos daqueles seres — homens, mulheres, que na "perfeita" sociedade capitalista, revelando sua autodisfuncionalidade, foram incapazes de se adequarem às leis e às regras vigentes, e se desviaram do natural caminho que está dado a todos

apreender possibilidades[49] presentes na realidade — possibilidades diferentes em momentos e em lugares diferentes —; definir estratégias e ações necessárias; optar por alianças frente à identificação da correlação de forças presente no movimento institucional e social; e, nesse processo, dar sua pequena contribuição — individual e coletiva — à luta social fazendo a balança pender mais para o lado do trabalho do que para o capital. Como afirma Netto (2004), "os espaços institucionais seccionados de uma nova dinâmica político-organizativa que os transcenda, terão sua funcionalidade minimizada. A tarefa hercúlea a ser assumida consiste, portanto, em combinar a resistência nesses espaços com um pesado investimento na organização política das populações" (p. 20).

Estabelecer as mediações necessárias entre teoria-prática, o que se constitui em práticas mediadas pelo projeto profissional, é um processo longo e complexo que está assentado tanto na apropriação da produção de conhecimento disponibilizada, como numa produção de conhecimento que acompanhe e apreenda o movimento histórico da realidade. Mas, meus estudos têm revelado que parte expressiva da produção da área de Serviço Social, nem sempre partindo das referências ético-políticas e teórico-metodológicas constantes do projeto profissional com segurança, vem reproduzindo e/ou se apropriando — o que, diga-se de passagem, tem sido feito à exaustão — do acúmulo teórico e ético-político gestado por um pequeno e expressivo segmento de intelectuais/assistentes sociais,

---

"livremente" percorrer, o que traz como consequência a anarquia, a desorganização, o sofrimento físico e psíquico, a desestruturação familiar... Consequências que se materializam em requisições institucionais para os assistentes sociais, no cotidiano profissional.

49. Com base em Aristóteles, Tonet (2012, p. 36) afirma que "o possível é um conjunto de determinações do objeto que *podem ou não vir a se realizar*. Em princípio, todas são possíveis. Contudo, nem todas se realizarão. Esta realização depende de muitas coisas. O rumo, porém, que ela tomará — o que é da maior importância — depende do fim que se quer atingir. O que significa que é incorreto definir o que é possível pela sua viabilidade imediata. [Importante] verificar em que medida aquilo que está sendo realizado se conecta, através de quais mediações, com qual fim. Não se trata, portanto, de menosprezar a viabilidade, mas de compreender que, sendo esta sempre importante, sua definição, em termos de amplitude, profundidade e prazos, sempre estará — explícita ou implicitamente — vinculada ao fim almejado. Portanto, a primeira e principal questão é: qual a natureza do fim pretendido?".

durante os últimos 35 anos; segmento que, mostrando presença na luta política da categoria e dando a direção do debate na área com uma produção que responde pela necessidade de abordagem de temáticas essenciais ao Serviço Social numa perspectiva crítica abandonada pelas ciências humanas e sociais, materializa o projeto profissional na política e na produção de conhecimento. Desse modo, excetuando a que dá a direção do debate, grande parte da produção na área de Serviço Social, partindo, frequentemente, de objetos fragmentados e fragmentadores, não avança de uma perspectiva analítica — seja análise da realidade, seja a crítica do Serviço Social no contexto da sociedade do capital —, para a unidade ontológica teoria-realidade necessária ao acompanhamento do desenvolvimento do Serviço Social como profissão e à transformação do projeto profissional em realidade.

Ora, o fato de parte expressiva da produção de conhecimento na área de Serviço Social, na atualidade, permanecer na indicação das possibilidades de prática num dever ser abstrato, sem conexão e mediações necessárias com o movimento social/institucional e o cotidiano profissional, principalmente numa perspectiva histórica e de totalidade, tem trazido consequências deletérias aos assistentes sociais pressionados pelo complexo cotidiano profissional, parte e expressão da realidade social. Assim, não é sem razão que, parte dos assistentes sociais, expressando sofrimento e stress, vem rejeitando o projeto profissional como referência, por considerá-lo utópico e por não conseguir identificar possibilidades e alternativas para transformá-lo em realidade.

Sem condições de estabelecer as mediações necessárias entre teoria/realidade e apreender as consequências das atividades profissionais; sem contar, assim, com um conjunto de conhecimentos que os referencie nesse difícil processo que requer investigação sistemática tendo em vista apreender possibilidades que ele, na contradição, pode revelar, e/ou considerando o projeto profissional como modelo ou como uma coisa a ser utilizada e não como uma processualidade, os assistentes sociais, diante das possibilidades afirmadas teoricamente na produção de conhecimento da área, vêm manifestando stress, sofrimento, desestímulo, quando não, culpa, por não conseguirem pensar e realizar uma atividade profissional que, para além das respostas necessárias às requisições institucionais, resulte em ganhos para os trabalhadores/usuários, para além do apoio, alívio de tensão e/ou acesso precarizado aos serviços socioassistenciais.

Desse modo, consideram que o projeto profissional mais constrange do que ilumina os assistentes sociais no cotidiano profissional, por se sentirem incapazes de exercitar/praticar aquilo que consideram *não terem* "aprendido" na formação acadêmico-profissional, mesmo aquela formação referenciada pelas Diretrizes Curriculares da ABEPSS;[50] por entenderem não contar com a presença poderosa dos seus órgãos de representação no cotidiano profissional, pelo menos na mesma intensidade como observam essa presença na academia e no movimento político da categoria, quando representando os profissionais, quando não, representando os próprios usuários em diferentes organismos de representação coletiva. Sem contar os assistentes sociais que, capturados pelas facilidades colocadas por projetos obscuros quanto às suas finalidades — não sem razão

---

50. A possibilidade de transitar do complexo teórico-metodológico para a realidade e vice-versa está caucionada pela qualidade da formação do sujeito profissional, processo em que a graduação é o espaço e o tempo em que o futuro profissional pode iniciar o exercício da relação teoria-realidade/teoria-prática [ainda que o assistente social possa recuperá-la no tempo da formação continuada, no caso, com muito mais dificuldades]. Possibilidade que, ainda que tenha sido destacada pelo projeto profissional como uma necessidade, tendo em vista sua transformação em realidade, não está sendo garantida em nenhum dos níveis da formação — graduada, pós-graduada e permanente —, porque não foi e não está sendo enfrentada como tarefa coletiva na academia e na produção de conhecimento. Essa tarefa tem sido imputada aos assistentes sociais e futuros assistentes sociais que enquanto alunos, tanto nas disciplinas teóricas quanto nos diferentes níveis do Estágio Supervisionado, não contam com a oportunidade de exercitar a relação teoria-prática que se consubstancia na experiência de uma atividade profissional criativa, reflexiva, crítica, consciente. Uma atividade que se não exercitada, não se realizará por mágica ou milagre, mas através da vivência e análise teórico-crítica de situações concretas. Este é um processo que exige análise concreta de situações concretas, no limite, porque mesmo uma prática planejada, a partir de sujeitos ricos subjetivamente — tanto no que se refere aos princípios éticos quanto às referências teórico-metodológicas e a experiência política que envolve a ética — só pode ser apreendida nas suas consequências, *post festum*, ou seja, depois de realizada. Desse modo, só uma análise *post festum* pode revelar os caminhos que o exercício profissional vem criando e trilhando e as possibilidades que ele contém, na direção do projeto profissional, processo que, tendo em vista as indicações da ABEPSS, necessita ter início na graduação. Vide item 1.7 e parte 3 deste livro.

conservadoras[51] —, assumem direções sociais contraditórias e contrárias ao projeto profissional, o que vem resultando tanto em segmentos que afirmam, mesmo na contradição, tomar o projeto como referência, quanto em segmentos que se colocam em confronto direto com ele. Para complicar ainda mais, certa vertente da produção de conhecimento na área de Serviço Social tem influenciado os assistentes sociais a colocarem como limite da atuação profissional "o reconhecimento do direito"/o acesso ao direito etc., quando não o empoderamento dos usuários e/ou sua transformação em empreendedores —, a partir do desenvolvimento da *verve empreendedorista do brasileiro pobre* —, o que tem se convertido em mais um dos mecanismos de individualização, responsabilização e culpabilização dos trabalhadores/usuários pela compulsória vivência no cotidiano da vida de todas as expressões da questão social.[52]

---

51. Travestindo-se de nova roupagem, o neoconservadorismo assenta-se no controle das tensões sociais, na militarização da vida cotidiana, na criminalização da pobreza, em busca de reprimir e manter os trabalhadores sob controle. Capturando corações e mentes em "busca da paz" e em nome da "democracia", joga trabalhadores contra trabalhadores a partir de mitos, atitudes autoritárias, discriminatórias e irracionalistas, "comportamentos e ideias valorizadoras da hierarquia, das normas institucionalizadas, da moral tradicional, da ordem e da autoridade" (Barroco, 2011, p. 210). Como afirma a autora, o conservadorismo define-se pela defesa da tradição, da autoridade tendo como base a hierarquia e a ordem, o que pode facilitar a reatualização de projetos conservadores no Serviço Social, o que é potencializado pela precarização das condições de trabalho e da formação profissional, o que facilita "a busca por respostas pragmáticas e irracionalistas, a incorporação de técnicas aparentemente úteis em um contexto fragmentário e imediatista" (idem, p. 212). Assim, a busca histórica de práticas mediadas pelo projeto profissional vem desafiando os assistentes sociais no "enfrentamento das novas formas ético-políticas e manifestações teórico-práticas" do conservadorismo (idem, p. 210).

52. Como veremos ao longo deste livro, questão social não tem nada a ver com "problema social". Não por acaso, cada vez mais, tanto na mídia como em certa produção e conhecimento, questão social vem sendo identificada e divulgada como "problema social"/"questões sociais" que traz transtorno à sociedade vigente e que "exige grande esforço e determinação para ser solucionado", solução que significa "pôr o trabalhador (o que destoa, o que aborrece, o que não dá conta de si mesmo, o que ocupa o leito por não ter para onde ir etc.) no seu lugar", como afirma-se no senso comum. Situando o trabalhador no lugar da exploração, da opressão, da discriminação, do consenso, da cooptação e, cada vez mais, da criminalização, ignora-se, como apreendido por Marx, que o capitalismo "é a produção e a reprodução contínua e ampliada da questão social". Questão social que se configura como "o conjunto de problemas econômicos, sociais, políticos, culturais e ideológicos que cerca a emersão da classe operária como sujeito sócio-político no marco da sociedade burguesa" (Netto, 1989, p. 90).

Neste momento, tendo em vista deixar ainda mais claro o porquê da crítica à *culpabilização dos usuários,* dada e tida como natural, cabe destacar que, se todo indivíduo é parte e expressão do ser social, como afirma Netto e Braz, "nenhum homem, tomado singularmente, expressa o conjunto de possibilidades do ser social" (2006, p. 45). Diante disso, na busca de enriquecimento da sua subjetividade, "quanto mais os homens, em sua singularidade, incorporam as objetivações do ser social, mais se humanizam, mais desenvolvem em si o peso da sociabilidade em detrimento das 'barreiras naturais'" (idem, 46). Mas, como continua o autor,

> no seu processo de amadurecimento, [é] *conforme as condições sociais que lhe são oferecidas,* [que] cada homem vai se apropriando das objetivações existentes na sua sociedade; **nessa apropriação reside o processo de construção da sua *subjetividade*.** A subjetividade de cada homem não se elabora nem a partir do nada, nem num quadro de isolamento: elabora-se a partir das objetivações existentes e no conjunto de interações em que o ser singular se insere. **A riqueza subjetiva de cada homem resulta da riqueza das objetivações de que ele pode se apropriar.** E é a modalidade peculiar pela qual cada homem se apropria das objetivações sociais que responde pela configuração da sua personalidade. [...] **o indivíduo social, homem ou mulher, só pode constituir-se no quadro das mais densas e intensas relações sociais.** E a marca de originalidade de cada indivíduo social (originalidade que deve nuclear a sua personalidade) não implica a existência de ***desigualdades* entre ele e os outros.** (Idem, p. 47; grifos do autor; negritos meus)

Mas, na sociedade burguesa, o indivíduo vale como força de trabalho e não como ser humano integral. Como pontua Tonet (2012, p. 16)

> na medida em que o trabalho morto (capital) subjuga e põe a seu serviço o trabalho vivo (o trabalhador) o que está em jogo já não é o desenvolvimento pleno dos indivíduos, mas a reprodução ampliada do capital. O indivíduo só interessa enquanto força de trabalho e todas as atividades voltadas para o indivíduo não visarão, na verdade, o seu desenvolvimento omnilateral, harmonioso, integral, mas adequá-lo, da melhor forma possível, à reprodução de mercadorias.

Ora, a luta dos diferentes segmentos da classe trabalhadora por respostas às suas necessidades humanas e sociais, individuais e coletivas (respostas consubstanciadas na sociedade capitalista na conjunção contraditória entre direitos sociais garantidos pela legislação burguesa/políticas sociais do Estado capitalista e nas contradições próprias de cada uma dessas instâncias), como uma das formas de manifestação da luta de classes, entre trabalhadores/burguesia, remete os assistentes sociais, no cotidiano da prática, a operar a/na luta de classes — em diferentes arenas, ora no Estado, ora na sociedade civil[53] — como instrumento, ora de dominação/controle, ora de libertação, tanto no que se refere ao conjunto dos trabalhadores, como no que se refere à sua própria categoria profissional que, a partir de suas raízes e como assalariada, é parte e expressão da classe trabalhadora.

Para todos nós, assistentes sociais, que almejamos práticas articuladas aos interesses históricos da classe trabalhadora, numa sociedade tão complexa e contraditória que submete e aliena a todos nós, operar na/a luta de classes objetivando contribuir com as lutas pela emancipação humana, para além das respostas necessárias às requisições institucionais — na medida em que, mesmo questionáveis e questionadas pelos assistentes sociais no cotidiano, são elas que nos legitimam na sociedade burguesa —, torna-se necessário enfrentar nossas fragilidades éticas[54] e teórico-políticas, individuais e coletivas. Torna-se necessário superar o isolamento da ética do conjunto da práxis humana e nos fortalecermos

---

53. Para Gramsci (1979, p. 10), dois dos grandes "planos" superestruturais são: a sociedade civil como conjunto de organismos chamados comumente de "privados" e a sociedade política ou Estado.

54. "A ética é uma parte, um momento da práxis humana no seu conjunto... [o que exige] romper com a pretensa autonomia, sustentada pela filosofia burguesa, das diversas posições que o homem assume em relação à realidade em seus vários domínios. A filosofia burguesa isola a ética do conjunto da práxis humana, o que provoca, por exemplo, uma falsa oposição entre moralidade e legalidade; isola a ética do conhecimento humano, abrindo via ao pântano do irracionalismo (ética existencialista); isola-a da história, como, por exemplo, na atemporalidade da moral kantiana, ou, se reconhece suas vinculações, insere-a num niilismo relativista, limitando a ética à interioridade da decisão individual abstrata e criando um aparente dilema entre a ética interior e exterior (do sentimento e da obediência). [...] "Em cada um desses contrastes se reflete, diferentemente, a influência da divisão capitalista do trabalho sobre o ser e consciência do homem" (Lukács, 2007, p. 73).

teórica e politicamente, para, estruturar, solidificar e estabilizar nossa (relativa) autonomia como profissionais de nível superior, aproveitar e desenvolver nossas potencialidades, aprender as possibilidades presentes na contraditória realidade do capital, no desenvolvimento de estratégias e ações educativas que possam contribuir para preparar a necessária ruptura[55], enfrentando, resistindo e sublevando-se frente aos processos e mecanismos de exploração e submissão, alienantes e alienadores, próprios da sociedade burguesa.[56] Um processo dialético/contraditório no qual estão colocadas tanto a possibilidade de autoenriquecimento da subjetividade (nossa e de todos os envolvidos no processo), em busca de, como afirma Marx, uma subjetividade rica, como a possibilidade de retrocedermos à barbárie e/ou permanecermos à mercê dos interesses do capital. Um processo que, sem a compreensão do passado, "não se pode transformar o presente e construir o futuro" (Netto, 2014, p. 20).

É relevante salientar aqui que, na sociedade do capital, os assistentes sociais são chamados a um exercício profissional que reproduza mecanismos que aprofundem o complexo alienação/fetichismo/reificação e obscureça e/ou naturalize a exploração do trabalho e a domina-

---

55. Como mostra a história, a passagem de uma organização social e econômica para outra não se dá de forma mecânica nem acabada. É um processo dialético de avanços, recuos, negação, conservação, no avanço para níveis superiores. A passagem do capitalismo para o socialismo da mesma forma. A partir de um projeto radical e de longo alcance, o Serviço Social exige os assistentes sociais como *sujeitos* contribuindo nesse processo. É ao operarmos numa situação histórica específica, quando precisamos dar respostas às requisições institucionais e às demandas pontuais, emergentes e históricas dos usuários, que, ao mesmo tempo, imprimimos nossa marca ao contribuir na preparação de momentos de ruptura, com a possibilidade, no momento me parecendo remota, de participar de algum desses momentos. Esse movimento nos exige *encontrar e exercitar um modo de transformar o presente, caminhando para o futuro*. Mészáros (2002), em *Para além do capital*, remete-nos a uma teoria da transição. Teoricamente, lá poderemos encontrar referências tanto globais como pontuais para essa transição.

56. Iasi (2010, p. 82), dirigindo-se àqueles que lutam pela emancipação humana, afirma: "se não estão dadas as condições de uma ruptura revolucionária, nem objetiva (embora acredite que cada vez mais estas se apresentam mais desenvolvidas), nem subjetivamente, cabe a nós, naquilo que nos compete, desenvolver ações que possam preparar a necessária ruptura e, enquanto isso, resistir ao estranhamento e à exploração. Negar-se a encontrar formas que tornem as relações alienadas mais aceitáveis aos explorados e ao gênero humano subsumido ao estranhamento. Em poucas palavras, resistir ao estranhamento, enquanto preparamos a emancipação".

ção de classe, processo que, em desenvolvido sem crítica, resistência e enfrentamentos, no limite, favorece a autodestruição e a destruição das subjetividades e da natureza.

Mas, como revela a história de lutas e enfrentamentos do operariado e demais segmentos da classe trabalhadora[57], se é possível nos referirmos teoricamente a enfrentamentos, insurgências, resistências que resultaram ora em imposição de limites ao capital, ora em rupturas com a ordem estabelecida, é preciso sinalizar que na sociedade burguesa constituída, o complexo alienação/fetichismo/reificação se constitui, historicamente, em processos e mecanismos essenciais à manutenção funcional do capitalismo. Um complexo que, determinado histórico-socialmente, se espraia por todas as esferas do ser social, atingindo em cheio não só os trabalhadores, mas todos os indivíduos sociais. Se os trabalhadores são atingidos pela alienação por motivos óbvios, os exploradores, como afirma Tonet (2012, p. 78), são atingidos

> porque o seu acesso à riqueza acumulada pressupõe uma relação que reduz à desumanização a maior parte da humanidade. Além disso, porque a divisão do trabalho faz com que eles mesmos sejam levados a privilegiar o lado espiritual e menosprezar a atividade que é o fundamento por excelência do ser social, que é o trabalho. Por tudo isso, a formação dos próprios exploradores não pode deixar de ser unilateralmente, e de certa forma, deformada.

É nos *Grundrisse* (2011) que Marx revela que o fetichismo é a manifestação histórico-concreta da alienação na sociedade capitalista. Logo que algo da natureza — a madeira, o ferro — assume o caráter de mercadoria, "ela se transforma numa coisa fisicamente metafísica". Os produtos da mão humana "parecem dotados de vida própria, figuras autônomas, que mantêm relações entre si e com os homens". Esse caráter místico da mercadoria não provém do seu valor de uso. Na produção mercantil desenvolvida, existe uma grande dependência mútua entre todos os produtores,

---

57. Ver Hobsbawm, 1995 e 2009.

"o que significa que o trabalho de cada um deles (... trabalho privado) é parte do conjunto do trabalho da sociedade (o trabalho social ou total) e só é possível no seu interior" (Netto e Braz, 2006, p. 101-102). Administrando isoladamente, privadamente, sua produção, o produtor não considera o seu caráter social. Ignora não só o trabalho dos envolvidos na produção da sua mercadoria, mas também o trabalho dos envolvidos nas muitas outras mercadorias que entraram na composição da sua. O produtor "privado" só vai se confrontar com o caráter social de seu trabalho no mercado, onde, no processo de compra e venda das mercadorias, as relações sociais entre homens na produção social aparecem como se fossem relações entre coisas, relações entre mercadorias, processo de inversão da realidade que Marx denomina fetichismo da mercadoria.

> Esse caráter fetichista do mundo das mercadorias provém [...] do caráter peculiar do trabalho que produz mercadorias. [...] os trabalhos privados só atuam, de fato, como membros do trabalho social total por meio das relações que a troca estabelece entre os produtos do trabalho e, por meio dos mesmos, entre os produtores. Por isso, aos últimos aparecem as relações sociais entre seus trabalhos privados como o que são, isto é, não como relações diretamente sociais entre pessoas em seus próprios trabalhos, senão como relações reificadas entre as pessoas e relações sociais entre as coisas". (Marx, 1983, v. I, n. 1, p. 71)

Numa sociedade inteiramente mercantilizada — na vigência da propriedade privada e de uma intensa divisão do trabalho —, os produtos e as relações sociais aparecem necessariamente sob a forma de coisas — como coisas naturais. Como refere Netto (1981, p. 73-74),

> A alienação, complexo simultaneamente de causalidades e resultantes histórico-sociais, desenvolve-se quando os agentes sociais particulares não conseguem discernir e reconhecer nas formas sociais o conteúdo e o efeito da sua ação e intervenção; assim, aquelas formas e, no limite, a sua própria motivação à ação aparecem-lhes como alheias e estranhas. [...] em toda sociedade, independentemente da existência de produção mercantil, onde vige a apropriação privada do excedente econômico estão dadas as *condi-*

ções para a emergência da alienação. [...] O fetichismo próprio à sociedade burguesa constituída se manifesta, é indiscutível, em e por formas de vivência e representação alienadas. (Grifo do autor)

Desse modo, o fetichismo implica a alienação, mas fetichismo e alienação não são idênticos. Ele instaura, como mostra nosso autor, com base em Marx, "uma forma nova e inédita que a alienação adquire na sociedade burguesa constituída", no modo de produção capitalista dominante, consolidado e desenvolvido.

No capitalismo tardio, com a intensificação das relações mercantis, que implicam a esfera econômico-produtiva e a totalidade dos mecanismos de reprodução social, o fetichismo se espraia para todas as esferas da vida social, o que traz como consequência a reificação: a objetividade capitalista aparece sob forma de coisa. Como afirma Coutinho (1981), "temos assim um andamento lógico, que é também e primariamente o desdobramento histórico-ontológico: o universal abstrato da alienação, caracterizando-se na particularidade histórica do fetichismo, reaparece na universalidade concreta da reificação", que se exprime numa relação objetual.

Na busca de solucionar a questão — a relação entre a forma de emergência e a essência do ser social —, Marx revela os "alicerces sobre os quais vê instaurar-se a socialidade: a prática sócio-humana (a práxis), conjunto de objetivações teleológicas do ser genérico consciente que se constitui pelo trabalho" (Netto, 1981, p. 77). Neste processo,

> Marx localiza na *forma* mesma do produto mercantil a fonte do mistério que o torna algo de estranho e alheio (algo *alienado*) aos agentes sociais particulares. A forma *mercadoria*[58] não é apenas a célula *econômica* da sociedade burguesa: é também a matriz que contém e escamoteia a raiz dos

---

58. A forma mercadoria, como própria da sociedade burguesa, não tem o mesmo papel nos diferentes momentos históricos. Para Netto (1981, p. 78), "é somente quando a grande indústria (com o seu compulsório acólito, o mercado mundial) planetariza, homogeneizando-o segundo seus padrões peculiares, o universo social que a mercadoria se transforma de fato naquela forma e matriz privilegiadas.

processos alienantes que têm curso nesta sociedade. [...] os processos alienantes arrancam exclusivamente do fetichismo inerente à produção mercantil e, incorporados à forma mercadoria, se põem, repõem e reproduzem em todas as instâncias sociais — porque [a sociedade burguesa constituída] está inteiramente mercantilizada. (Idem, p. 78-80)

O trabalho na sociedade capitalista burguesa é transformado de meio de humanização em mercadoria. Uma mercadoria que só se realiza como tal quando consumida pelo capital ao se colocar à venda no mercado, como qualquer outra mercadoria. Na produção capitalista, o trabalhador se torna um servo do seu objeto, como mostra Marx: "primeiro porque ele recebe um *objeto do trabalho*, isto é, recebe *trabalho*; e, segundo, porque recebe **meios de subsistência.** Portanto, para que possa existir, em primeiro lugar, como trabalhador e, em segundo, como *sujeito físico*". No processo de objetivação, na produção do trabalhador, é que se dá "o estranhamento, a perda do objeto, do seu produto". [...]. "O auge desta servidão é que somente como *trabalhador* ele [pode] se manter como *sujeito físico* e apenas como *sujeito físico* ele é *trabalhador*" (grifos em itálico do autor; negrito meus). Na sociedade capitalista, continuando com as palavras de Marx,

primeiro, que o trabalho é *externo (äusserlich)* ao trabalhador, isto é, não pertence ao seu ser, que ele não se afirma, portanto, em seu trabalho, mas nega-se nele, que não se sente bem, mas infeliz, que não desenvolve nenhuma energia física e espiritual livre, mas mortifica sua physis e arruína seu espírito. O trabalhador só se sente, por conseguinte e em primeiro lugar, junto a si [quando] fora do trabalho e fora de si [quando] no trabalho. Está em casa quando não trabalha e, quando não trabalha, não está em casa. O seu trabalho não é, portanto, voluntário, é forçado, *trabalho obrigatório*. O trabalho não é, por isso, a satisfação de uma carência, mas somente um meio para satisfazer necessidades fora dele. Sua estranheza (Fremdheit) evidencia-se aqui [de forma] tão pura que, tão logo inexista coerção física ou outra qualquer, foge-se do trabalho como de uma peste. O trabalho externo, o trabalho no qual o homem se exterioriza, é um trabalho de autossacrifício, de mortificação. Finalmente, a externalidade (Äusserlichkeit) do trabalho aparece para o trabalhador, como se [o trabalho] não fosse seu próprio, mas de um outro, como se [o trabalho] não lhe pertencesse, como se ele no trabalho não pertencesse a si mesmo, mas a um outro. (Marx, 2008, p. 80-83; grifos do autor)

Ora, ainda que submetido a processos alienantes e alienadores tão complexos na sociedade do capital, processos que, tendo início no âmbito do trabalho, se espraiam para todas as instâncias da vida social, na medida em que o ser social é resultado da atividade humana; que o homem é um ser que dá respostas; que a possibilidade de escolha, por mínima que seja, é uma característica do ser social (Lukács), está colocada, a todos os indivíduos sociais, frente à contradição própria desta sociedade entre capital/trabalho, a possibilidade de *escolhas*. Mas, uma escolha consciente e radicalmente crítica não está assentada na adesão formal a conceitos, na petição de princípios éticos, nem em desejos e boas intenções, sejam direcionados à ajuda, sejam direcionados à transformação/emancipação. O ato de escolher na sociedade capitalista o lado do trabalho/trabalhadores em detrimento dos interesses do capital é uma opção ético-política assentada numa análise crítica da sociedade do capital, opção que só tem possibilidade de se objetivar — tornar-se realidade material —, a partir de uma práxis criativa, consciente, radicalmente crítica, reflexiva e coletiva — ou seja, uma práxis planejada e avaliada nas suas consequências —, tendo como parâmetro e finalidade os interesses históricos dos diferentes segmentos da classe trabalhadora. No caminho para a emancipação humana, esses são nexos causais necessários tanto aos operários como classe para si (a única classe que ao se libertar, liberta todos os indivíduos), quanto aos demais trabalhadores assalariados, necessariamente articulados a eles; os assistentes sociais, como parte e expressão dos trabalhadores assalariados.

Nesse sentido, para os assistentes sociais que escolhem o projeto do Serviço Social como referência, no enfrentamento e resistência aos processos de alienação/controle/dominação/exploração, trata-se de, a partir de uma atividade consciente, sistemática, planejada, fundada na análise crítico-dialética do cotidiano e da cotidianidade, articular, no cotidiano profissional, valores emancipatórios e respostas[59] imediatas e mediatas às diferentes expressões da questão social que contribuam para atacar, impor limites, revelar, propagar, desnudar, divulgar, reverter a barbárie que consterna e arruína cotidianamente as massas trabalhadoras. Barbárie que se consubstancia articulando de forma indissociável a direta ou indireta exploração do trabalho (expressa na extração da mais-valia), a propriedade privada dos meios essenciais de produção (expressa na desigualdade de propriedade e riqueza) e a concentração da riqueza socialmente produzida (expressa na desigualdade de renda advinda da exploração do trabalho e do capital que rende juros).[60]

A direção ético-política constante dos onze princípios do Código de Ética do assistente social, os quais só podem ser tomados e compreendidos de forma indissociável nas suas relações e conexões necessárias, e as referências teórico-metodológicas com base na teoria social de Marx e no marxismo, necessárias a uma análise social fundada na crítica da economia política, ao planejamento e à realização de práticas que almejam dar contribuição em processos emancipatórios e emancipadores,[61] é que podem delinear e iluminar os caminhos necessários e revelar, a partir da abstração do processo real, as possibilidades de uma prática profissional crítica, criativa, reflexiva e propositiva, contidas na realidade.

É naqueles princípios, tomados na sua indissociabilidade, que está a possibilidade de resgatarmos, no Serviço Social, a direção social que

---

59. Como podemos apreender em Lukács (2010, 2012) se a pergunta e a resposta podem ser apreendidas como produto imediato da consciência que dirige a atividade, o ato de responder — o trabalho como modelo da práxis — é o elemento ontologicamente primário desse complexo.

60. Como mostra Harvey (2014), "a disparidade entre a remuneração média dos trabalhadores e dos executivos-chefes era cerca de trinta para um em 1970. Hoje está bem acima de trezentos para um e, no caso do Mac'Donalds, cerca de 1.200 para um". No Brasil, por volta de 30 mil indivíduos vivem somente de juros da dívida pública.

61. Na sociedade capitalista, é em Marx e no marxismo que encontramos referências histórico-sociais numa direção social que se põe em franco antagonismo com o pensamento burguês, porque capaz de iluminar uma vontade política fundada na apreensão teórico-crítica do mundo burguês, o que revela possibilidades de superação do capitalismo. Não sem razão, Marx e o marxismo necessitam, na ordem social capitalista, como vimos, serem desqualificados, desacreditados, quando não considerados mortos.

tem como horizonte a revolução,[62] o socialismo/comunismo, a superação de toda as formas de exploração e dominação do homem pelo homem, a "construção de uma nova ordem societária, sem dominação, exploração de classe, etnia e gênero", ou seja, "a autonomia, a emancipação e a plena expansão dos indivíduos sociais", muito além de reformas e contrarreformas do Estado; muito além da democracia/cidadania burguesas que, com seus direitos formais e suas "melhorias" pontuais em resposta às pressões das massas, permanecerão sempre no campo da emancipação política; muito à frente de uma cidadania para os ricos e uma "cidadania" desqualificada para os pobres, estruturada no reequilíbrio da distribuição de bens e privilégios; muito além das lutas que envolvem as desigualdades e a dominação de gênero, geração e etnia que, se em si mesmas não emancipam,[63] na medida em que a emancipação está caucionada pela

---

62. "A coincidência da transformação das circunstâncias com a da atividade humana, ou mudança dos próprios homens, só pode ser concebida e entendida racionalmente como prática revolucionária" (Marx, nas teses de Feuerbach). Nesse sentido, estamos nos referindo a "uma práxis social criadora enquanto atividade material dos homens que transformam radicalmente a sociedade e produzem um regime social novo". É diante disso que Lukács pode se referir a revoluções como "momentos decisivos da continuidade histórica" (Lukács, 2007, p. 64). Ver, ainda, Fernandes (1981), em "O que é Revolução".

63. Para Mészáros (2002), "o sistema do capital se constitui sobre os alicerces de estruturas discriminatórias alienantes e mediações de segunda ordem da 'economia individual há muito estabelecidas e, naturalmente, forçosamente as adaptou a seus próprios objetivos e a suas exigências de reprodução... A transformação radical necessária para o bom funcionamento de um processo sociometabólico baseado numa verdadeira igualdade envolve a superação da força negativa das estruturas hierárquicas discriminatórias e das correspondentes relações interpessoais da 'economia individual' iniciada há milhares de anos" (p. 303). "Ora, como mostra o autor, o inexorável impulso expansionista do sistema capitalista traz para a força de trabalho um número cada vez maior de mulheres, o que não pode se completar sem que se levante a questão da igualdade das mulheres, no sentido de eliminar no processo alguns tabus e barreiras existentes, o que vem resultando que: as mulheres têm de aceitar uma parcela desproporcional de ocupações inseguras e mais mal pagas no mercado de trabalho; as mulheres estão na péssima situação de representar por volta de 75% dos pobres do mundo, o que significa, numa estimativa para 2004, de acordo com a ONU, a relação de 3 por 1 dos homens que estão entre os pobres do mundo; e, principalmente, que as potencialidades positivas para a emancipação das mulheres vêm sendo historicamente eliminadas sob o peso das contradições do sistema. Como assevera o autor, "tudo isso sublinha claramente o que não deveria, mas precisa ser enfatizado, devido aos artifícios da ideologia dominante e às amplamente difundidas mistificações de 'oportunidades iguais', ou seja, sem *mudanças fundamentais* no modo de reprodução social, não se poderão dar sequer os primeiros passos em direção à verdadeira emancipação das

eliminação da exploração e da dominação de classe, elas podem se constituir em momentos importantes de resistência e de contribuição na construção dos caminhos rumo à emancipação.

A "cidadania", pobre, restrita, tendo como limite o "acesso aos direitos" — para as maiorias, um acesso garantido legalmente, mas não de fato, quando muito incompleto, como é da natureza da sociedade do capital —, assim como constrange e dificulta a luta pela ampliação e pela radicalização dos direitos garantidos legalmente, na trajetória de construção de processos de ruptura, jamais (porque não pode, com pena de subverter a própria ordem capitalista) vai transformar em realidade a "universalização" dos direitos, como assegurado, ainda hoje, na legislação/Constituição Federal de 1988, para o direito à saúde. Na realidade, na sociedade do capital, a medida do direito não é a medida do acesso; a medida da propriedade é que é a medida do acesso.

Ora, o ato que funda a sociabilidade capitalista e faz parte da sua essência é o trabalho abstrato — trabalho considerado como simples gasto de energias humanas, físicas e intelectuais —, cuja origem está na compra e venda da força de trabalho pelo capital, o que tem como consequência inevitável a produção da desigualdade social, visto que, assumindo as mais variadas formas, implica sempre a dominação do capital sobre o trabalho e a apropriação privada crescente da riqueza socialmente produzida. A realização do contrato de compra e venda da força de trabalho no mercado supõe a existência de certa relação entre os indivíduos que para o realizarem necessitam ser "livres (e racionais), iguais e proprietários". Uma relação entre os indivíduos que será "a base para o desenvolvimento

---

mulheres, muito além da retórica da ideologia dominante e de gestos de legislação que permanecem sem a sustentação de processos e remédios materiais adequados. Sem o estabelecimento e a consolidação de um modo de reprodução sociometabólica baseado na *verdadeira igualdade*, até os esforços legais mais sinceros voltados para a 'emancipação das mulheres' ficam desprovidos das mais elementares garantias materiais; portanto, na melhor das hipóteses, não passam de simples declaração de fé. Jamais se enfatizará o bastante que somente uma forma comunitária de produção e troca social pode arrancar as mulheres de sua posição subordinada e proporcionar a base material da verdadeira igualdade" (2002, p. 303). Por extensão, o mesmo pode ser afirmado com relação à luta dos negros, dos homossexuais, dos direitos humanos, dos direitos de idosos, crianças, adolescentes etc.

de todos os outros direitos — civis, políticos, sociais — que compõem a cidadania, mesmo que se saiba que eles foram resultado de duras lutas e não meras concessões da classe burguesa" (Tonet, 2012, p. 49).

Assim sendo, o modo de produção capitalista implica, por sua natureza, "uma articulação incindível entre desigualdade real e igualdade formal" (Tonet, 2012, p. 49) e, por mais aperfeiçoada que seja a democracia e a cidadania, elas jamais poderão eliminar as desigualdades sociais porque não podem assegurar que os indivíduos sejam efetiva e plenamente livres; porque a produção da desigualdade social não é defeito, mas parte constituinte da sociedade burguesa, estruturada que está na exploração do trabalho. Assim, na democracia/cidadania, não se questiona e não se pode abrir mão do que é da natureza da organização socioeconômica capitalista a que se articulam: a exploração do trabalho efetivada através da compra e venda da força de trabalho; a propriedade privada e a concentração progressiva da riqueza socialmente produzida, assentadas na igualdade política — formal — e na desigualdade econômica — real.

É diante dessa realidade de fato que democracia e cidadania — mesmo tendo reconhecidos seus méritos no processo de humanização no qual a condição de cidadão se põe como muito superior à do servo e do escravo —, na busca de uma sociedade emancipada, não podem ser colocadas como finalidade, como limite, na medida em que, restritas à emancipação política, não garantem o homem em sua plenitude. Assim sendo, do mesmo modo, não há como serem colocadas como finalidade e limite do projeto do Serviço Social brasileiro, visto que o "cidadão é, por sua natureza sempre homem parcial [...] por mais plena que seja a cidadania, ela jamais pode desbordar o perímetro da sociabilidade regida pelo capital [...] o indivíduo pode, perfeitamente, ser cidadão sem deixar de ser trabalhador assalariado, ou seja, sem deixar de ser explorado" (Tonet, 2012, p. 67). A sociabilidade capitalista exige homens livres, iguais e proprietários — tanto para contratar como para vender força de trabalho, onde temos que "a desigualdade de raiz (economia) se inverte em uma forma de igualdade, de liberdade e de propriedade. Há portanto uma articulação férrea obviamente não isenta de tensões, entre a matriz econômica (o capital) e a forma jurídico-política (emancipação política; democracia; e cidadania)" (idem).

Isso não significa desmerecer nem renunciar à luta por direitos. Significa deixar claro que, pautada pela necessária superação da ordem social capitalista, ela põe os assistentes sociais no complexo e conflituoso campo das requisições institucionais/demandas dos usuários, onde o fundamental — tanto para os trabalhadores como para o capital — é o aspecto (des)educativo[64] mediando sua processualidade, o que tem como consequência perdas e/ou ganhos para os trabalhadores/usuários no seu processo de autoconstrução e nas suas lutas. Com toda razão, Tonet (2012, p. 50) afirma que a constatação das limitações da cidadania não significa desqualificá-la,

> significa apenas que não se deve confundir emancipação política com emancipação humana; que não se deve ter a ilusão de que a cidadania é um espaço indefinidamente aperfeiçoável; de que ela é simplesmente sinônimo de liberdade; de que a luta pela cidadania é o caminho para a construção de uma sociedade autenticamente igualitária, livre e humana. **Significa ter claro que essas lutas podem no máximo, ser uma mediação para a emancipação humana, mas nunca tomar o seu lugar**. (Grifos em negrito meus)

Assim, tendo em vista que o acesso aos direitos de cidadania não se colocam como caminho, mas no máximo como estruturação de condições de vida e de trabalho que favoreçam as lutas sociais[65] e tendo em vista as escolhas profissionais que fazemos na sociedade do capital, vale sempre

---

64. Na sociedade do capital, para além de procedimentos técnico-burocráticos específicos de cada profissão, todo profissional, a depender da direção social da sua atividade profissional, consciente ou inconscientemente, participa do processo de formação dos indivíduos com os quais trabalha — individual e coletivamente —, possibilitando ou interditando a apropriação dos conhecimentos, habilidades e valores necessários para se tornarem membros do gênero humano.

65. Como afirma Fernandes (1981, p. 12), "uma sociedade capitalista semidemocrática é melhor que uma sociedade capitalista sem democracia alguma. Nesta, nem os sindicatos, nem o movimento operário podem manifestar-se com alguma liberdade e crescer naturalmente", sempre alerta para

a pena, para além da sua defesa política, nos colocarmos criticamente frente os onze princípios do Código de Ética do assistente social, listado a seguir, buscando apreender o alcance e as consequências dessas escolhas.

I. Reconhecimento da liberdade como valor ético central e das demandas políticas a ela inerentes — autonomia, emancipação e plena expansão dos indivíduos sociais;

II. Defesa intransigente dos direitos humanos e recusa do arbítrio e do autoritarismo;

III. Ampliação e consolidação da cidadania, considerada tarefa primordial de toda sociedade, com vistas à garantia dos direitos civis sociais e políticos das classes trabalhadoras;

IV. Defesa do aprofundamento da democracia, enquanto socialização da participação política e da riqueza socialmente produzida;

V. Posicionamento em favor da equidade e justiça social, que assegure universalidade de acesso aos bens e serviços relativos aos programas e políticas sociais, bem como sua gestão democrática;

VI. Empenho na eliminação de todas as formas de preconceito, incentivando o respeito à diversidade, à participação de grupos socialmente discriminados e à discussão das diferenças;

VII. Garantia do pluralismo, através do respeito às correntes profissionais democráticas existentes e suas expressões teóricas, e compromisso com o constante aprimoramento intelectual;

VIII. Opção por um projeto profissional vinculado ao processo de construção de uma nova ordem societária, sem dominação, exploração de classe, etnia e gênero;

IX. Articulação com os movimentos de outras categorias profissionais que partilhem dos princípios deste Código e com a luta geral dos/as trabalhadores/as;

X. Compromisso com a qualidade dos serviços prestados à população e com o aprimoramento intelectual, na perspectiva da competência profissional;

---

o perigo da luta operária colocar como limite a democracia burguesa em detrimento da emancipação humana.

XI. Exercício do Serviço Social sem ser discriminado/a, nem discriminar, por questões de inserção de classe social, gênero, etnia, religião, nacionalidade, orientação sexual, identidade de gênero, idade e condição física. (CFESS. Código de Ética do Assistente Social, 1993)

Como podemos apreender de Lukács, a emancipação humana se dá na e pela práxis; tendo como modelo o trabalho, da qual é parte e expressão, a práxis é muito mais rica que o trabalho. E a práxis criativa, crítica, propositiva, que oferece condições de vivência e desenvolvimento de todo engenho e sabedoria humanos, ou seja, participação intelectual ativa é tudo o que no capitalismo, mesmo diante de possibilidades concretas de garanti-la a todos, é interditado aos indivíduos sociais.[66] Assim, o que está em questão diante daqueles princípios, para além do acesso necessário a direitos que garantam no cotidiano a sobrevivência das maiorias e uma pobre participação política, é a *origem das diferentes expressões da questão social que atravessam o cotidiano dos diferentes segmentos da classe trabalhadora,*[67]

---

66. Ainda que *O capital* de Marx não seja suficiente para apreender o MPC em sua feição contemporânea, como afirma Netto (2012), "os principais resultados a que Marx chegou têm sido largamente comprovados pela prática social e histórica [...], [ainda] que sistematicamente negados pelos apologistas do capital e sistematicamente confirmados pelo curso real dos acontecimentos. Neste sentido, "O capital é absolutamente necessário à compreensão do tempo presente", em que vige a sociedade burguesa, "uma totalidade de máxima complexidade e em movimento". A seguir, os principais resultados a que Marx chegou, sumariados por Netto, tais como *O capital* os apresenta, em que fica explícita a impossibilidade dessa organização social garantir felicidade aos herdeiros do patrimônio da humanidade — os mais de 8 bilhões de habitantes do planeta Terra. "1. o modo de produção capitalista dispõe de extraordinário dinamismo para a produção de riquezas materiais e exerceu, historicamente, um papel civilizador; 2. à medida que se desenvolve, o modo de produção capitalista revela contradições inextirpáveis, que se manifestam nas suas crises periódicas (componente inelimínável da sua dinâmica, elas não o suprimem, mas criam condições para que a intervenção consciente dos trabalhadores possa superá-lo); 3. nessa mesma medida, o papel civilizador do modo de produção capitalista se atrofia e se converte no seu antípoda, a barbarização da vida social, consequência da lei geral de acumulação; 4. o modo de produção capitalista, a partir da sua plena maturação, engendra fortes tendências ao bloqueio da sua própria dinâmica; 5. o modo de produção capitalista não é a expressão de uma pretensa ordem natural, menos ainda o fim da história: é uma modalidade temporária, transitória e substituível de organização da produção e distribuição das riquezas sociais." (2012a, p. 29-30)

67. A questão social expressa a exploração do trabalho, a propriedade privada e a concentração da riqueza. A sobrevivência dos trabalhadores atravessada pelas injunções que resultam da

gerando problemas que se avolumam e se intensificam nas suas relações e conexões e que se manifestam na privação da educação, da saúde, da alimentação, da moradia, do saneamento, do transporte, da segurança, da urbanização, da cultura e do lazer e na destruição vandálica da natureza. Problemas que a quase totalidade da humanidade enfrenta, mesmo diante das condições favoráveis herdadas das gerações anteriores que apropriadas de forma privada impedem a maioria dos indivíduos sociais delas usufruir, e que não se resolverão na vigência da sociedade do capital.

Diante dessas e outras questões relevantes, ao buscar aprofundar o estudo dos fundamentos do Projeto Ético-Político do Serviço Social brasileiro, o qual tomo como referência, sou movida, neste livro,[68] a elaborar, na primeira parte, quatro *assertivas* que se impõem como exigências e desafios aos quais precipitam os assistentes sociais a definir referências ético-políticas e teórico-metodológicas, estratégias, alianças e atividades (educativas) necessárias (no que diz respeito ao movimento de organização da categoria, à formação acadêmico-profissional e à inserção socio-institucional dos assistentes sociais, na academia e nos espaços socioassistenciais) a um planejamento global (da profissão) e específico (por área de inserção profissional, coletivo e individual), para fazer frente, resistir e enfrentar os impasses, desafios e limites presentes no cotidiano profissional, que são revelados nos achados do processo de investigação que venho desenvolvendo desde 1999, principalmente frente às alternativas não exploradas pelos assistentes sociais no cotidiano profissional (ver Vasconcelos, 2002, capítulos 2 e 4).

---

questão social também expressa e revela enfrentamento, resistência, luta, insubmissão, rebeldia, subversão, contestação.

68. Com este livro, dou início à publicação do que resulta de objetivos determinados de longo prazo. A coleta do material empírico referente ao exercício profissional, que informa minha reflexão, tem início na década de 1970, ainda que no início não registrado com a mesma sistemática e qualidade. Se por um lado, a concomitância entre docência e atividade socioassistencial me permitiu pôr as questões com as quais me deparo hoje, por outro lado, a inserção na universidade e qualificação tardias — mestrado aos 32 e doutorado aos 50 anos — retardaram a formação, ainda insuficiente, para qualificar a identificação e análise dos problemas. Este livro encontrava-se pronto para revisão desde 2012, quando, por vários motivos, não foi possível apresentá-lo em condições para publicação.

As condições da formação acadêmico-profissional (com destaque para a formação em cursos à distância) e da formação permanente e a complexidade da inserção dos assistentes sociais na luta de classes, a partir da sua inserção nos intricados espaços sócio-ocupacionais, potencializadas pelas transformações no mundo do trabalho e pelo arrefecimento, ainda que historicamente situado, do protagonismo dos trabalhadores na luta de classes — em lutas, enfrentamentos e resistências que verdadeiramente imponham limites ao capital —, só vieram constranger as possibilidades de apreensão e realização das alternativas presentes na realidade social, pelos assistentes sociais. É nesse sentido que, com as assertivas a seguir, que mantêm relações e conexões dialéticas necessárias entre si e independem da ordem como são expostas, busco, de forma preliminar, abordar questões relativas ao projeto profissional, em especial, as referências ético-políticas constantes dos onze princípios do Código de Ética do Assistente Social; questões que envolvem e são relativas à dupla categoria *teleologia e causalidade* que, para Lukács, é a chave da compreensão da vida social.

Na realização do salto ontológico do ser natural para o ser social, o elemento mediador é o trabalho: "*síntese entre dois elementos, entre si heterogêneos, — consciência (teleologia) e natureza (causalidade) — que, neste processo, compõem uma unidade indissociável*" (Tonet, 2012, p. 19).

Ora, como afirmam Lessa e Tonet (2008), "a matéria se distingue da consciência por possuir em si própria suas causas, seus princípios de movimento, de evolução". Por isso, Lukács, para diferenciá-la da prévia ideação — da antecipação, do projeto, da *teleologia* — denomina-a causalidade. "Há assim a esfera subjetiva, a consciência e, de outro lado, o mundo objetivo. Este último evolui movido por causas que lhe são próprias". Essa esfera puramente causal, denominada por Lukács causalidade, possui um princípio próprio de movimento.

> Sua evolução acontece na absoluta falta de consciência, ainda que a consciência, por meio da objetivação, possa interferir em sua evolução. [...] Os objetos criados pelo trabalho se originam da objetivação de prévias-ideações. Contudo, ao se objetivarem as prévias-ideações, o objeto produzido é inse-

rido na cadeia de causas que rege o setor da realidade ao qual pertence, e sua evolução passa a ser determinada também por essas causas. Do mesmo modo, sua ação sobre a evolução da realidade, seja ela social ou natural, se dará de modo puramente causal. (Lessa eTonet, 2008, p. 30)

Como exemplo, os autores, sempre tendo como referência e recorrendo a Marx e Lukács, revelam:

o machado, ao ser transformado de ideia em matéria, foi inserido em uma cadeia de causas e efeitos (a causalidade) que passa então a influenciar a sua história mesmo que disso os homens não tenham consciência, ou a tenham apenas parcialmente. Em outras palavras, ideia e causalidade, consciência e objetos produzidos pelo trabalho são ontologicamente distintos e, por isso, os produtos resultantes do trabalho humano têm consequências inesperadas para a história. **O mesmo podemos dizer de todas as ações humanas que não são trabalho** [*O conjunto das objetivações humanas constitui a práxis. O homem não é o ser do trabalho, é o ser da práxis; e o fundamento da práxis é o trabalho. Fundamento porque as dimensões estruturais do trabalho estão presentes nas formas mais duradouras, mais perduráveis, mais ricas da práxis — a arte, a filosofia, a ciência, a economia, a política, o direito, a religião...*]. Ao transformarem as relações sociais, elas [as ações humanas] alteram o mundo dos homens, dando origem a novos processos sociais que possuem consequências futuras que, em alguma medida, são **casuais**... O fato de ideia e matéria serem ontologicamente distintas não impede as ideias de exercerem força material na transformação do mundo dos homens, **Ao se converterem em "força material" [Marx], as ideias jogam um papel objetivo na história** (ver Lessa e Tonet, 2008, p. 29-33. (Grifos em itálico do autor; em negrito meus)

A prévia ideação — a teleologia, a antecipação, o projeto — "não pode realizar-se a não ser utilizando as cadeias causais, uma vez que a causalidade necessariamente preexiste à atividade finalística", como afirma Tertulian (2011, p. 394) ao abordar o pensamento de Lukács. Mas, enquanto a "vida da natureza" é dominada pela "causalidade espontânea, não teleológica por definição", a vida da sociedade é "constituída através dos atos finalísticos dos indivíduos. *É nessa medida que Lukács não minimiza o peso dos indivíduos e das suas relações regulares na busca de respostas às suas necessidades em meio à dependência das posições teleológicas às cadeias causais.*

O processo de socialização da sociedade, ao colocar limites às barreiras naturais sem, contudo, eliminá-las, é a atualização permanente das possibilidades de novas objetivações.

> É este processo que, para Marx, configura a *essência humana* do ser social, explicitação dinâmica e movente de uma estrutura histórica de possibilidades: a objetivação, a socialidade, a universalidade, a consciência e a liberdade. Tais atributos, produzidos no desenvolvimento especificamente histórico, configuram o ser social como ser que escolhe — o homem, dirá Lukács, é um *ser que responde*. O trabalho, pondo o ato teleológico, põe a possibilidade da *liberdade*: escolha entre alternativas concretas. (Netto, 1994, p. 36; grifos do autor)

É na "tensão dialética entre teleologia e causalidade, entre representações da consciência que fixa os seus objetivos e a realidade indelimitável das cadeias causais, [que] Lukács vê o *principium movens* do ato do trabalho" (idem, ibidem); trabalho aqui entendido como "atividade humana autorrealizadora" (Mészáros), modelo da práxis, e não o trabalho transformado em mercadoria — alienado e alienante — no Modo de Produção Capitalista (MPC) que, na sociedade burguesa, modela uma práxis alienada e alienante.

É assumindo a dupla categoria teleologia e causalidade, aqui abordada de forma preliminar, que vamos nos embrenhar pelas determinações do protagonismo necessário aos assistentes sociais na transformação do Projeto Ético-Político do Serviço Social brasileiro em realidade, na segunda parte deste livro. Iniciamos pela abordagem dos projetos profissionais que vêm referenciando a categoria profissional, partindo das indicações de Netto em 1996 e, em seguida, desenhamos um conjunto de questões que também independem de sua ordem de apresentação frente às suas relações e conexões necessárias e que surgem a partir da análise da minha experiência como assistente social e docente, da análise do material empírico das duas pesquisas que desenvolvo, mediadas pela bibliografia estudada e consultada.[69]

Por fim, se é na análise *post festum* que podemos apreender não só os rumos da profissão, mas as alternativas contidas na realidade dos espaços sócio-ocupacionais e as alternativas não exploradas pelos assistentes sociais no cotidiano profissional, apresentamos, no terceiro capítulo, um instrumento/Eixo de Análise da prática.

No mais, se está claro que o projeto profissional exige um indivíduo social radicalmente crítico, criativo e propositivo, como há muito vem sendo afirmado no conhecimento produzido na área de Serviço Social (ver Netto, Iamamoto, Mota), como indicado, há que se enfrentar as dificuldades de jovens e adultos no capitalismo desenvolverem essas qualidades e o que esse desenvolvimento exige do futuro assistente social, em termos de valores e conhecimento sobre a realidade — ou seja, teoria[70] —, empreendendo movimento aos conteúdos sinalizados no projeto de formação da ABEPSS, conteúdos e valores que dão autoridade — não

---

69. No Núcleo de Estudos, Extensão e Pesquisa em Serviço Social (NEEPSS/UERJ-FSS/CNPq/FAPERJ), desenvolvemos duas pesquisas (A prática dos profissionais de saúde no Município do Rio de Janeiro — Hospitais Universitários, e A Prática do Assistente Social. Cotidiano e práticas democráticas), dois Grupos de Estudo (Grupo de Estudos Marxismo e Serviço Social I [pós-graduação] e II [graduação] e vários estudos articulados aos dois projetos, através da elaboração de Trabalhos de Conclusão de Curso, Monografias de Especialização, Dissertações e Teses). É um processo cumulativo, coletivo e rico, que vem, para além da formação de assistentes sociais/pesquisadores, potencializando a análise teórico-crítica de dados empíricos e os achados da investigação, centrado na análise da produção de conhecimento da área de Serviço Social e no exercício profissional resgatado através de observação sistemática de campo e gravações de atividades realizadas pelos assistentes sociais/equipes com os usuários.

70. A competência teórica se estrutura em longo prazo. Ela exige formação permanente que traz como consequência a possibilidade de pensar, não só as estratégias, mas as formas de viabilizá-las e de controlar seus resultados e consequências. Por outro lado, a segurança dos princípios éticos e das finalidades é que pode garantir a continuidade do processo. Antes de tudo, há que se reconhecer a necessidade de enfrentar nosso modo de ser e pensar capitalistas e, consequentemente, sedimentar o caminho escolhido — defesa de princípios emancipatórios postos como objetivo —, para se garantir a segurança das referências teóricas necessárias, dos instrumentos, a serem identificados/criados e das formas de operá-los na direção pretendida.

confundir com poder, irradiação de "argumentos de autoridade", nem com especialização — ao assistente social, para se colocar, crítica e propositivamente, frente às requisições institucionais e às demandas dos usuários.

Assim sendo, diante da afirmação recorrente entre os assistentes sociais: "este projeto é utópico", aqui não se trata de uma profissão de fé no projeto do Serviço Social e, consequentemente e muito menos, no projeto de sociedade ao qual este projeto está articulado. Com base na realidade, ou seja, a partir da abstração da processualidade real, trata-se de uma defesa assentada na história da humanidade que mostra como homens e mulheres foram capazes de, diante de possibilidades apreendidas na realidade e de suas consequências dialéticas, revolucionar sua própria história no enfrentamento de diferentes tipos de adversidades. Afinal, *quantos dos frutos dessas revoluções, em tempos idos, não foram considerados utopia e quantas coisas permanecerão utópicas até serem transformadas em realidade pelos homens e mulheres?*

Nesse sentido, as palavras de Tonet (2012), ao discordar da emancipação humana como utopia, podem tanto nos iluminar quanto nos referenciar, na medida em que o projeto do Serviço Social, apreendido como anticapitalista, põe como finalidade a emancipação humana e, desse modo, o necessário direcionamento da atividade profissional em contribuição ao processo de materialização dessa possibilidade. Assumindo a emancipação humana como possibilidade, o autor argumenta: **1)** "são os homens que fazem a história, o que significa que tudo que compõe o ser social é resultado da atividade humana". Assim, se os homens são os sujeitos na instauração do capitalismo, por que não seriam capazes de superá-lo e instaurar uma forma de sociabilidade superior? **2)** "Na afirmação de Lukács, o homem é um ser que dá respostas. Vale dizer, a alternativa, a possibilidade de escolha, por mínima que seja, é uma característica essencial do ser social. A alternativa é o fundamento da liberdade e isso pode ser constatado no exame do ato fundante do ser social, que é o trabalho. Portanto, se no campo das possibilidades existir determinada alternativa, isso significa que ela é possível. Não inevitável, nem que de fato, se realize, mas, simplesmente, é possível". **3)** A alternativa da emancipação humana existe no campo de possibilidades configurado pela atual forma de sociabilidade. "No interior do próprio capitalismo se gestaram as condições de possibilidade para a instauração de uma sociedade plenamente emancipada. Nada impede, em princípio, que a propriedade privada, o capital, o trabalho abstrato e todo o conjunto de categorias que compõem a sociabilidade do capital sejam superados e substituídos por outra forma superior de sociabilidade. Por outro lado, o próprio capitalismo, desenvolveu uma capacidade tal de produção de riqueza que, desde que profundamente modificada, poderia satisfazer as necessidades dos indivíduos." Ora, se os assistentes sociais fazem parte da comunidade humana; se, em sendo assim, somos seres que damos respostas; se a possibilidade da emancipação humana colocada pela própria sociabilidade do capital põe aos trabalhadores a possibilidade da revolução e, consequentemente, aos profissionais, e, aqui em específico, os assistentes sociais que tomam o projeto do Serviço Social como referência, atuarem com indivíduos/profissionais nessa direção, cabe aqui *não confundir projeto profissional utópico/inviável/ impossível com projeto profissional exigente/trabalhoso/árduo.*

Partindo dessas considerações introdutórias, num *momento da humanidade, claramente contrarrevolucionário,* com este trabalho, objetivo abordar o complexo movimento do cotidiano profissional que, como parte e expressão do movimento social, determina a modesta e sempre contraditória contribuição que pode dar o assistente social que opta por um projeto de profissão anticapitalista, voltado para a emancipação humana. Uma contribuição, individual e coletiva, que tem como finalidade não o acesso a direitos, bens, serviços sociais e à "cidadania" como fins em si mesmos, mas ganhos efetivos e necessários ao processo de auto-organização dos trabalhadores nos seus diferentes segmentos, a partir de imposição de limites efetivos ao capital na busca por emancipação. Processo que impõe e exige do assistente social, individual e coletivamente, resistência e enfrentamento das requisições e imposições da burguesia (via Estado, nos seus diferentes poderes ou iniciativa privada/ONG), pela *participação da categoria profissional na efetivação de processos corretivos de controle, busca de consenso,*[71] *consentimento e submissão de tudo e de todos*, favoráveis aos interesses burgueses de acumulação, concentração de capital e controle das crises do capitalismo e da sua necessidade de, para alcançar esses objetivos, explorar trabalho.

No complexo cotidiano da prática, *nada é revolucionário em si mesmo*, mas contém a possibilidade de trazer contribuições individuais e coletivas efetivas, tanto nos processos de formação, auto-organização, enfrentamento e resistência, quanto nos processos de preparação para os momentos de ruptura, para o que põe-se como exigência o exercício efetivo das formas potencialmente emancipatórias de consciência social.

Se a preocupação dos assistentes sociais é com as condições objetivas na construção das necessárias condições materiais de vida, de trabalho e da subjetividade dos trabalhadores, na busca pela emancipação humana, é no espaço contraditório, complexo e aparentemente estéril onde a prática se dá que podemos conceber a prática necessária. Parafraseando Florestan Fernandes (In: Lênin, 1978), nos perguntamos: o que um regime que tem como base a propriedade privada dos meios essenciais de produção e a exploração do homem pelo homem deixa como espaço político democrático para a luta política dos diferentes segmentos das classes trabalhadoras? Deixa "um espaço zero". Assim, os assistentes sociais que objetivam, com sua atividade profissional, fortalecer mais os interesses das massas trabalhadoras do que os inte-

---

71. Mas se por um lado coloca-se como exigência realizar a necessária crítica à busca de consenso entre desiguais, por parte dos governos/gestores, frente à necessidade de manutenção dos interesses de acumulação, dominação e exploração capitalistas, como acontece no âmbito dos Conselhos de política e de direitos, nós, os assistentes sociais, não podemos negligenciar a problematização teórico-prática da busca dos consensos necessários entre os trabalhadores nos seus diferentes segmentos o que, para se concretizar, requer espaços democráticos, com base no diálogo e na crítica radical frente a questões cruciais que envolvem os trabalhadores e todos os interessados na emancipação humana. Neste processo, com base no respeito ao direito de apresentação das diferentes opiniões, interesses, necessidades, para que possam ser submetidas ao debate e confrontação com as outras opiniões, é que se põe a necessidade de definição, por exemplo, no próprio processo de formação, mobilização, organização e realização das lutas sociais, de quem somos os interessados na emancipação; o que queremos; quem são nossos adversários e oponentes etc.

resses dominantes se defrontam com a necessidade de, como os demais trabalhadores, partir desse "espaço zero" e participar da criação das condições necessárias a outra organização social a partir de dentro da contrarrevolução.[72]

Assim, no contexto da sociedade do capital, resta-nos uma certeza: fazer Serviço Social na direção do projeto profissional coloca os assistentes sociais, assim como os trabalhadores, na busca por sua emancipação, caminhando sobre o fio da navalha.

No capitalismo, a teoria só é invocada para responder pela "produção das qualificações necessárias ao funcionamento da economia [...] {e} pela formação dos quadros e a elaboração dos métodos de controle político". Como continua Mészáros,

> uma teoria sócio-histórica abrangente e dinâmica é inconcebível sem uma força, interessada positivamente na transformação social, como seu terreno prático de apoio. A parcialidade do interesse burguês, que evidentemente não está interessado em uma tal transformação, pode oferecer somente variações sobre um modelo *estático*: a projeção da ordem social estabelecida como um tipo de "milênio empírico", sujeito a "melhorias graduais" e "reformas setoriais", aplicadas aos seus detalhes menores. (2006, p. 275-281)

É diante desse complexo e contraditório campo que, com essa reflexão, pretendo dar uma contribuição na consolidação de práticas e na

---

72. Afirma Florestan: "...o que um regime opressivo deixa como espaço político 'democrático' para as reivindicações do Povo, das classes trabalhadoras, dos movimentos radical-democráticos ou socialistas. Um espaço zero. O teórico socialista se defronta com a necessidade de partir desse espaço zero: criar a revolução a partir de dentro da contrarrevolução. Ou seja, o combate organizado à contrarrevolução institucionalizada e estabilizada politicamente deve ser, desde o início, um processo revolucionário. Daí as frases famosas deste livro [O que Fazer?]: 'Sem teoria revolucionária, não existe movimento revolucionário'; 'toda a vida política é uma cadeia sem-fim composta de um número composta de um número infinito de elos'; 'é preciso sonhar' etc. A contraparte dessas frases famosas: sem organização não se mede a força de um movimento revolucionário e sem movimento revolucionário não se testa a teoria revolucionária. Lênin completa o marxismo. Introduz a dialética na esfera da ação política direta e do movimento de massas pelo socialismo" (In: Lênin, 1986, p. XII).

mudança de concepção — na profissão e na sociedade — com relação ao que é necessário para o enfrentamento da questão social e do sofrimento social. Questão social e sofrimento social que se enfrentam com teoria e princípios éticos firmes e não com trabalho voluntário; se enfrentam contribuindo para a transformação radical das condições de vida, de trabalho e de formação humana dos trabalhadores e trabalhadoras; se enfrentam atuando sobre estruturas perversas e contraditórias e não a partir de representações sociais que, substituindo a razão, nos remete a atuar sobre indivíduos isolados, através de acolhimento, de humanização do atendimento e/ou de atenção às diferentes expressões da questão social de forma fragmentada, contingente e precária; se enfrentam atuando sobre estruturas perversas e contraditórias e não sobre os indivíduos isolados e mutilados, material e subjetivamente, na busca de mudança de comportamentos e de atitudes, redução e contenção de consequências mutiladoras e perversas; se enfrentam com a criação de espaços, tempos e condições onde possamos, individual e coletivamente, exercitar formas emancipatórias de consciência social, potencialmente presentes na própria sociedade do capital. E, aqui, como pontuado, não estamos nos referindo à teoria em abstrato. Estamos nos referindo à teoria social de Marx e ao marxismo. Estamos nos referindo à exigência de resgatar a indissociabilidade teoria-práxis e ao sentido revolucionário do conhecer para transformar. Ao separar claramente o que é da ordem do pensamento — o concreto pensado — do que é da ordem da realidade — o real concreto —, tornam-se claras as palavras de Marx, ao "virar a dialética hegeliana de cabeça para baixo":

> em sua forma mistificada, *a dialética foi moda alemã porque ela parecia tornar sublime o existente*. Em sua configuração racional, é um incômodo e um horror para a burguesia e para os seus porta-vozes doutrinários, porque, no entendimento positivo do existente, ela — a dialética materialista — inclui ao mesmo tempo o entendimento da sua negação, da sua desaparição inevitável; porque apreende cada forma existente no fluxo do movimento, portanto também com seu lado transitório; porque não se deixa impressionar por nada e é, em sua essência, crítica e revolucionária (Marx, 1983, p. 14; grifos meus).

Antes de dar início à reflexão, cabem aqui alguns agradecimentos. Assim, agradeço,

— aos meus alunos e aos assistentes sociais por me manterem sempre alerta com relação à centralidade da indissociabilidade entre teoria/realidade-prática na objetivação do projeto do Serviço Social brasileiro.

— aos companheiros assistentes sociais que me ouvem e me provocam com suas indagações e angústias, em especial, aos que se dispuseram a me oferecer o seu cotidiano profissional como objeto de estudo.

— a todos os intelectuais, que, com sua produção, direta ou indiretamente, participam da minha formação, me iluminam, e estão presentes neste trabalho, nem sempre através de citações diretas.

— à Faculdade de Serviço Social e à UERJ, agradecendo, posso afirmar que cumpri meu papel na universidade: objetivar ações articulando de forma indissociável ensino-pesquisa-extensão. Obrigada aos meus companheiros docentes, técnico-administrativos e alunos.

— aos integrantes históricos do NEEPSS — graduação e pós-graduação —, que tanto me compeliram a estudar, estudar, estudar, como possibilitaram o desenvolvimento do processo de investigação, particularmente no que se refere à penosa e difícil tarefa de reconstrução empírica do objeto de estudo.

— aos alunos da disciplina Processo de Trabalho do Serviço Social III da Faculdade de Serviço Social/UERJ que, a cada ano, me estimulam e me encorajam a investir na minha formação, e pela oportunidade de estudar, através de suas manifestações, o processo de formação da FSS/UERJ.

— ao CNPq/FAPERJ, que, através de auxílios e bolsas, ainda que não na medida do necessário, diante da prioridade dada às ciências denominadas duras, contribuíram com condições mínimas para a materialização dessa produção, ainda que a penosa prestação de contas tenha consumido meu precioso tempo de viver.

— a José Paulo Netto, pela orientação contínua que tem possibilitado o enfrentamento das minhas debilidades teórico-práticas, o que em nada o responsabiliza pelo conteúdo deste livro.

— à Fátima de Maria Masson pela amizade, pela leitura atenta e pelas trocas iluminadoras e contribuições.

A todos os demais que direta ou indiretamente participaram deste livro e me incentivaram a publicá-lo.

1

Projeto Ético-Político do Serviço Social brasileiro e formação na sociedade do capital

> A coincidência da modificação das circunstâncias com a atividade humana ou alteração de si próprio só pode ser apreendida e compreendida racionalmente como **práxis revolucionária**. (Marx, K. *A ideologia alemã*, 1996, p. 12)

A seguir, abordo sete entre questões essenciais a serem consideradas, analisadas, aprofundadas criticamente pelos assistentes sociais no seu processo de formação graduada e permanente, ao escolherem/acolherem o projeto profissional, tendo em conta enfrentar os desafios que se colocam na sua manutenção e consolidação, o que exige aprofundamento da sua direção social e a garantia de práticas mediadas por ele, com pena de, de partida, interpor óbices intransponíveis no cotidiano profissional. São questões que, ainda que dirigidas especialmente aos assistentes sociais, tornam-se necessárias a todos os profissionais que optam por uma atividade profissional, anticapitalista, que se requer educativa.

1.1 Concepção de Mundo

> "até mesmo na mais simples manifestação de uma atividade intelectual qualquer, na 'linguagem', está contida uma determinada concepção de mundo"
> (Gramsci, 1999, p. 93)

O mundo do homem "[...] dissocia-se imediatamente tão logo se separa qualquer dos seus elementos do conjunto das correlações que sustentam o todo"; sob influência do idealismo, institui-se "um certo corte conceptual entre o tempo e o espaço, por um lado, e a realidade objetiva e o movimento, por outro lado" (Lukács, 1969, p. 65).

Tomando para si princípios alheios e/ou sem certeza, firmeza ou convicção dos princípios, finalidades e objetivos voltados à emancipação humana, e sem segurança da teoria necessária à sua transformação em realidade objetiva, estaremos — qualquer indivíduo social, dentre eles os trabalhadores, intelectuais/profissionais-assistentes sociais[73]... — fadados "a uma concepção de mundo que recusa, por princípio, o mundo terreno, a significação imanente ao ser e à ação do homem"; assim, ao rejeitar a história e o *devenir/vir a ser,* o indivíduo é levado a supor que a realidade objetiva seja imutável, isto é, "que o homem está reduzido, previamente, à impotência e que qualquer possibilidade de ação deixa de ter sentido", o que nos precipita a uma "impressão de total incapacidade, [...] [e] paralisia perante a força incompreensível e inelutável das circunstâncias" (Lukács, 1969, p. 61).

Na sociedade capitalista, o desemprego estrutural e a superexploração do trabalho, retirando da maioria dos trabalhadores qualquer objetivo, qualquer esperança, lança-os ao imobilismo, à inércia, à falta de atividade e de iniciativa. Se concordamos com Lukács (1969, p. 60) de que "o homem só age realmente se imagina, pelo menos, subjetivamente, um significado para a sua atividade", atingido pelo processo alienante e alienador do

---

73. Este texto, tanto no que se refere aos trabalhadores como no que se refere aos assistentes sociais, está atravessado pela concepção gramsciana de intelectuais. Partimos da afirmação básica de Gramsci: "todos os homens são intelectuais [...], mas nem todos os homens desempenham na sociedade a função de intelectuais. [...] Não existe atividade humana da qual se possa excluir toda intervenção intelectual, não se pode separar o *homo faber* do *homo sapiens.* Em suma, todo homem, fora de sua profissão, desenvolve uma atividade intelectual qualquer, ou seja, é um 'filósofo', um artista, um homem de gosto, participa de uma concepção do mundo, possui uma linha consciente de conduta moral, contribui assim para manter ou para modificar uma concepção do mundo, isto é, para promover novas maneiras de pensar" (1979, p. 7-8). Mas, para o autor, a atividade intelectual deve ser diferenciada em graus que, "nos momentos de extrema oposição, dão lugar a uma verdadeira e real diferença qualitativa: no mais alto grau, devem ser situados os criadores das várias ciências, da filosofia, da arte etc.; no mais baixo, os 'administradores' e divulgadores mais modestos da riqueza intelectual já existente, tradicional, acumulada" (idem, p. 11). Para Coutinho (2006, p. 115), com base em Gramsci, "há o grande intelectual, o produtor de concepções de mundo universais, mas há também um sem-número de ramificações e mediações, através das quais *os pequenos e médios intelectuais fazem com que as grandes concepções de mundo cheguem ao que ele [Gramsci] chama de 'simples', ou seja, o povo",* onde situamos a maioria dos assistentes sociais. Por fim, continua Gramsci: "Se a relação entre intelectuais e povo-nação, entre dirigentes e dirigidos — entre governantes e governados —, é dada uma adesão orgânica, na qual o sentimento-paixão torna-se compreensão e, portanto, saber (não mecanicamente, mas de forma viva), é somente então que a relação é de representação e que se produz o intercâmbio de elementos individuais entre governantes e governados, entre dirigentes e dirigidos, isto é: que se realiza a vida conjunta que, só ela, é a vida social; cria-se um bloco histórico" (Gramsci. In: Portelli, 1977, p. 83).

capital, ele é arremessado para uma concepção de mundo em que impera a ausência de significado, o sem sentido, que "reduz toda mobilidade à simples aparência e imprime à totalidade a marca de puro estatismo". Como já sinalizava Dostoievski, "Quando um homem perde qualquer objetivo e qualquer esperança, não é raro que, por tédio, se transforme num monstro" (In: Lukács, 1969, p. 60).

Se por um lado o desenvolvimento intelectual da classe operária não determina mecanicamente sua emancipação, por outro lado, "sem teoria revolucionária não pode haver movimento revolucionário", como afirma Lênin em "O que fazer?". E, afinal, é nas relações de oposição e luta através das quais as classes determinam-se reciprocamente que está colocada a possibilidade de uma delas — operários, apoiados e em aliança e articulação indissociável com os demais trabalhadores assalariados[74] x capitalistas,

---

74. Concordamos com Netto de que "é necessário reconhecer que a redução quantitativa do contingente proletário exige repensar as condições de seu protagonismo político... [mesmo mantendo] a convicção teórica de que **somente ao proletariado está aberta a** *possibilidade* **de conduzir consequentemente a luta contra o capitalismo** que representa, nas eloquentes palavras de uma jornalista francesa, o *horror econômico*" (2006, p. 230; grifos em itálico do autor; negrito meus). Comungando da mesma direção social, para Coutinho (2006, p. 101), há que se repensar e discutir a questão do sujeito revolucionário, o sujeito capaz de operar transformações. A seu ver, "esse sujeito situa-se ainda no mundo do trabalho, mas não é mais a classe operária fabril, como Marx pensava. Temos que estudar a nova morfologia do mundo do trabalho e também os vários movimentos sociais que, sem provirem [diria eu, diretamente] do mundo do trabalho, colocam demandas que chamo de radicais, como são os casos dos movimentos feminista e ambientalista [...]. São sintomas de que as coisas podem estar mudando para nós. Precisamos começar de novo, com a modéstia de quem perdeu a batalha, tanto no sentido político quanto no sentido cultural, mas com a convicção de que o resultado da guerra não está decidido". Este estado de coisas, para nós assistentes sociais que estamos cotidianamente em contato com os diferentes segmentos da classe trabalhadora, revela tanto o nosso compromisso como a nossa responsabilidade, a depender da direção social que escolhemos. O fato é que a redução quantitativa do contingente proletário e a consequente redução do quantitativo de assistentes sociais nas empresas capitalistas, em consonância com o aumento gradativo do contingente de supérfluos para o capital e a assistencialização das políticas sociais, situa a maioria dos assistentes sociais junto a essas massas supérfluas para o capital e aos demais trabalhadores assalariados, o que nos remete à tarefa de contribuir para que, nos momentos de ruptura, essas massas trabalhadoras se organizem em aliança e apoio ao operariado na imposição de limites ao capital e na superação da própria ordem capitalista, em busca da emancipação humana.

nos seus diferentes segmentos — alçar à condição de classe que detém a hegemonia (Gramsci).[75]

Ora, se concordamos com Gramsci, que a explicação para o consentimento que as classes trabalhadoras manifestam em relação à organização social capitalista reside no poder da consciência e da ideologia, para além da força e da lógica do seu modo de produção; que, nessa própria consciência que pode consentir nas relações sociais capitalistas repousam os fundamentos de uma estratégia para obter o consentimento ativo das massas através da sua auto-organização; e se é fato que a maioria dos assistentes sociais está, no cotidiano da prática, realizando atividades educativo-assistenciais, junto aos diferentes segmentos da classe trabalhadora, é nesse complexo campo da luta de classes que os intelectuais,

---

75. A hegemonia de Gramsci se expressa na sociedade como aparelho de hegemonia (conjunto de instituições, ideologias, práticas e agentes — dentre eles os intelectuais), que compreende a cultura dos valores dominantes, atravessado pela luta de classes. As instituições que formam o aparelho hegemônico só tomam sentido, como afirma Carnoy (1988), "quando estabelecidas no contexto da luta de classes e da classe dominante, que estende seu poder e controle à sociedade civil através dessas mesmas instituições". Para o autor, são dois os significados principais do conceito de hegemonia em Gramsci. Primeiro, "é um processo na sociedade civil pelo qual uma parte da classe dominante exerce o controle, através de sua liderança moral e intelectual, sobre outras frações aliadas da classe dominante. A fração dirigente detém o poder e a capacidade de articular os interesses das outras frações. Ela não impõe sua própria ideologia ao grupo aliado; mas antes 'representa um processo politicamente transformativo e pedagógico, pelo qual a classe (fração) dominante articula um princípio hegemônico, que combina elementos comuns, extraídos das **visões de mundo** e dos interesses dos grupos aliados' (Giroux)". O segundo principal significado "é a relação entre as classes dominantes e as dominadas. A hegemonia compreende as tentativas bem-sucedidas da classe dominante em usar sua liderança política, moral e intelectual para impor sua **visão de mundo** como inteiramente abrangente e universal, e para moldar os interesses e as necessidades dos grupos subordinados... Essa relação de consentimento não é absolutamente estática. Ela move-se em um terreno em constante deslocamento a fim de 'acomodar-se à natureza mutante das circunstâncias históricas, e às exigências e ações reflexivas dos seres humanos' (Giroux, 1981, p. 419). A hegemonia não é uma força coesiva. Ela é plena de contradições e sujeita ao conflito." Assim, para Gramsci, nem a força, nem a lógica do MPC podem explicar o consentimento que as classes subalternas manifestam em relação a esse modo de produção. "Ao contrário, **a explicação para esse consentimento reside no poder da consciência e da ideologia.** Mas, concomitantemente, **nessa própria consciência que pode consentir nas relações da sociedade capitalista repousam os fundamentos de uma estratégia para obter o consentimento ativo das massas através de sua auto-organização,** começando pela sociedade civil e em todos os aparelhos hegemônicos — da fábrica à escola e à família (Buci-Glucksmann, 1982, p. 119)" (Carnoy, 1988, p. 95-96; grifos em negrito meus).

e dentre eles o assistente social, tomando projetos anticapitalistas e emancipatórios como referência, ao se objetivarem como intelectuais num processo de autoformação permanente na sociedade do capital, podem dar uma *modesta contribuição* para que a "teoria penetre as massas" e, dessa forma, a teoria podendo se transformar em "força material", o que só pode se dar através de uma práxis, radicalmente crítica, criativa, consciente. Um processo que corre o risco permanente de ser facilmente alienado e alienador, na medida em que, dialeticamente, se desenvolve no âmbito do movimento alienante e alienador do próprio capitalismo. Movimento do capital que obscurece a historicidade/transitoriedade do mundo dos homens/mundo das coisas, como vimos, do permanente "vir a ser". Um processo, assim, que pode tomar o rumo oposto/contrário, ou seja: os intelectuais/profissionais, mesmo sem o saber e o querer, servindo de braço da elite dominante, para além daqueles que, por escolha/interesse, o fazem como intelectuais necessariamente orgânicos do capital.

No Modo de Produção Capitalista (MPC), os processos de conservação, negação e superação constituem seu movimento dialético e o nexo causal que determina o movimento social. As tendências presentes nesse movimento é que, a partir de escolhas individuais sim, mas num movimento cuja finalidade é *meramente casual,* vão se reverter em predominância da conservação ou na ruptura dos processos sociais,[76] o que só pode ser apreendido *post festum* (depois do fato acontecido).

---

76. Como afirma Tertulian (2010, p. 396), abordando o modo como Lukács concebe a relação entre teleologia e causalidade no interior da vida social, "a tese de fundo [de Lukács] é que os processos sociais são postos em movimento exclusivamente através dos atos teleológicos dos indivíduos, mas a totalização desses atos numa resultante final tem um caráter eminentemente casual, privado de qualquer caráter finalístico". Esta tese está assentada em outra tese sua: a tese filosófica, qual seja, "as posições teleológicas dos indivíduos nunca chegam a exercer uma coerção absoluta, e isto porque elas só existem quando põem em movimento alguma cadeia causal; *o resultado das ações de cada indivíduo nunca é inteiramente igual às suas intenções, uma vez que o resultado das ações de cada sujeito interfere no resultado das ações dos outros, daí que a resultante final escape, por definição, às intenções dos vários sujeitos particulares.* O processo social, na sua totalidade, aparece como o resultado da interação entre muitas cadeias causais, postas em movimento por vários atores sociais: a resultante ultrapassa, pois, necessariamente, as intenções individuais, tendo ela, segundo Lukács, um caráter casual e não teleológico" (grifos meus).

Como podemos apreender em Marx e Lukács, é interesse da burguesia obstruir, dificultar, tornar impraticável que os trabalhadores apreendam conscientemente o caráter dialético da realidade, porque essa tomada de consciência atingiria na raiz a burguesia — a autoridade dominante no capitalismo —, ao desmascarar o caráter passageiro de sua dominação. É nesse sentido que pensar dialeticamente, pensar crítica, reflexiva e criativamente, apreendendo a realidade como todo orgânico, no seu movimento e nas suas contradições, só interessa aos que almejam a superação da ordem do capital. À burguesia — em todas as etapas do capitalismo e, ainda mais, na vigência do imperialismo[77] — só interessa pensar e espraiar o pensamento alienado/alienador, reificado e reificador; só interessa a falsa consciência (Marx, 1985b, Lukács, 1989).

É do movimento dialético que se constitui o capitalismo que, mesmo sem o saber, fazemos parte — como indivíduos sociais e como profissionais/assistentes sociais —, contribuindo para o predomínio da conservação (raramente dependendo da nossa vontade) e/ou da superação da ordem do capital (sempre dependendo da razão crítica, da razão dialética e da vontade política). Como processos que se articulam dialeticamente na sociedade do capital, *conservação* que depende da obediência ao que nos está dado a reproduzir na ordem do capital e *superação* que depende de atos individuais, livres e emancipadores e que, no limite, estão caucionados pelo "ato livre e emancipado da humanidade que, consciente e radical-

---

77. A política de expansão e domínio territorial e/ou econômico de uma nação sobre outras — o *imperialismo* —, que é realizada por homens e mulheres através de suas escolhas, carrega no seu âmago a "ânsia de matar" que se destaca, juntamente com o canibalismo e o incesto, entre as privações — condição produzida pela proibição que leva à frustração — que atingem a todos e que, "com as proibições que as estabeleceram, a civilização [...] começou a separar o homem de condição animal primordial" (Freud, 1997, p. 17-18). Mas, como se pode perceber, pela degradação da natureza e do próprio homem, parece que, sob o jugo do imperialismo, determinada classe de homens — os dominantes e seus administradores/gerentes — não conseguiu superar, dentre outras coisas, tanto a ânsia de matar como o incesto, que se revela no abuso sexual no seio da família aliado à pedofilia. Enfrentando a realidade, para além das afirmações teóricas, a cidade de Cori-AM assiste indignada à brutal atuação de uma rede de pedofilia que alicia meninas através de Programas Assistenciais. Uma rede que, chefiada pelo Prefeito que dirigiu a cidade entre 2000/2008, é composta por integrantes do Legislativo e do Executivo municipal.

mente, decide superar as alienações capitalistas e colocar as necessidades humanas como essência das relações sociais" (Lessa e Tonet, 2008, p. 122).

É diante desse complexo causal e possibilidades que os trabalhadores, e nós, assistentes sociais que, como trabalhadores assalariados, optamos pelo projeto profissional, nos defrontamos com o seguinte problema formulado por Gramsci (1999, p. 93) e que guarda relação direta com a formação da subjetividade de cada indivíduo social:

> ... é preferível "pensar" sem disto ter consciência crítica, de uma maneira desagregada e ocasional, isto é, "participar" de uma concepção de mundo "imposta" mecanicamente pelo ambiente exterior, ou seja, por um dos muitos grupos sociais nos quais todos estão automaticamente envolvidos desde sua entrada no mundo consciente [...] ou é preferível elaborar a própria concepção do mundo de uma maneira consciente e crítica e, portanto, em ligação com este trabalho do próprio cérebro, escolher a própria esfera de atividade, participar ativamente na produção da história do mundo, ser um guia de si mesmo e não mais aceitar do exterior, passiva e servilmente, a marca da própria personalidade?

Consciente ou não do seu papel, os intelectuais — dentre os que têm essa condição como função, os assistentes sociais por sua condição de nível superior — desempenham um papel como "fatores humanos" de dinamização do processo de desenvolvimento da sociedade; na contraditória sociedade capitalista, favorecendo uma das classes fundamentais, a burguesia ou o proletariado. Para Fernandes (1975a, p. 169), desde a fase de gestação da "revolução burguesa", "o alcance qualitativo da contribuição dos intelectuais não fez senão crescer e aumentar, especialmente como técnicos, mas também graças a outros papéis sociais". Para o autor, ao contrário dos outros sujeitos sociais

> o intelectual deve lidar de modo consciente e inteligente com os elementos de racionalidade que são acessíveis à sua atuação social. Ele não é pior nem melhor do que os outros seres humanos. Também não é mais livre que eles do influxo dos interesses e das ideologias. *Contudo, pode discernir melhor as razões e as consequências de suas opções.* (Fernandes, 1975a, p. 171-172, grifos meus)

Por isso, o intelectual possui condições para determinar, melhor que os outros, quais os caminhos que favorecem práticas democráticas e emancipatórias e quais os que se mostram obstáculos intransponíveis, desse modo, apreendendo do próprio real os caminhos que oferecem "vantagens relativas" aos processos de ruptura. Como afirma Lucáks (1980), não existe concepção de mundo "inocente" (p. 173). Assim, quem escolhe, conscientemente ou não, a defesa do capitalismo

precisará considerar-se pessoalmente responsável pelas inevitáveis novas guerras revanchistas do imperialismo, pelos massacres, pela futura opressão de nacionalidades e de classes. No plano ético, ninguém pode se subtrair a essa responsabilidade, alegando ser apenas um indivíduo, do qual não depende em nada o destino do mundo. Isso é algo que nunca se pode saber, com certeza, objetivamente; é sempre possível que num dado momento o destino dos outros dependa exatamente de nós.[78] Além disso, a própria essência íntima (*innerste Wesen*) da ética, a consciência e o senso de responsabilidade invalidam o modo de pensar subjacente a essa alegação; quem não for capaz de optar e assumir as consequências, pode até ser em outros aspectos um ser humano muito civilizado, mas do ponto de vista da ética permanece ao nível de uma vida instintiva, inconsciente, primitivo. (Lukács. In: Konder [Org.], 1980, p. 123)

Tendo em vista os interesses da burguesia, a função social do assistente social é atuar nas condições materiais e espirituais de existência de diferentes segmentos das massas trabalhadoras que ameaçam a ordem vigente, nos diferentes momentos históricos, não na *busca de solução para o que não tem solução nessa ordem social,* mas na busca de manter sob controle qualquer possibilidade de mobilização, organização, resistência,

---

78. Nós, os assistentes sociais, sabemos muito bem disso. Quantas vezes, ao viabilizarmos uma simples passagem de ônibus, um medicamento ou uma prótese, recebemos inflamados agradecimentos como "não sei o que seria de mim sem o senhor"; "o senhor me salvou". Se, por um lado, sabemos que um recurso assistencial não salva ninguém, ao sair do Serviço Social hipotecando ao assistente social a responsabilidade por um desfecho positivo na sua vida, ali perdeu-se a dimensão radical do direito, do fundo público (ver Salvador e outros, 2012), [...] da revolução. Queiramos ou não, contribuímos para hipotecar o destino daquela pessoa à submissão, à alienação.

insurreição; cada momento histórico com suas exigências específicas.[79] Uma ação que, diga-se de passagem, não tem nada de belo, na medida em que não pode ser mediada por qualquer princípio ético,[80] visto que tem de recorrer ao que é conservador, obscuro, fraudulento, opressor, quando não, reacionário.

É a contradição de fundo entre trabalho/capital — produção social da riqueza, sob condição de exploração do trabalho, e a apropriação privada da riqueza e dos meios essenciais de produção — que resulta na possibilidade de o assistente social, a partir de uma relativa autonomia (Iamamoto, p. 1998a) conferida por sua condição de profissional liberal, atuar, contri-

---

79. Se nos primórdios da profissão no Brasil — décadas de 1930-40 — os assistentes sociais são chamados a controlar, "amansar" os operários e suas famílias — e disso resulta a afirmação dos assistentes sociais como "amortecedores do sistema" —, na era do capitalismo financeiro, desemprego estrutural,... os assistentes sociais são chamados, prioritariamente, a controlar os supérfluos (Kurs), os ninguéns (Galeano), através da assistencialização dos direitos sociais garantidos legalmente na Constituição brasileira de 1988.

80. "É justo um mundo em que a cada minuto destina três milhões de dólares aos gastos militares, enquanto a cada minuto morrem quinze crianças por fome ou doença curável? Contra quem se arma, até os dentes, a chamada comunidade internacional? Contra a pobreza ou contra os pobres", pergunta Eduardo Galeano, morto em 2015. Ainda que o próprio capitalismo venha colocando a ética na mídia (fala-se, como se fosse possível, em "ética corporativa", que poderia ser substituída por: limites e ações para não deixar o seu negócio desandar), como resgatar princípios éticos em uma organização social que não só permite, mas ínsita o monopólio de patentes de drogas farmacêuticas que, além de resultarem de conhecimentos produzidos socialmente, ao longo da história da humanidade, poderiam salvar milhões de vidas? Aqui se destacam não só as drogas para tratamento da Aids, mas as vacinas contra as gripes, contra a infecção pelo HIV, e demais doenças que vêm ceifando milhões de vidas humanas ao longo da história da humanidade. Destacam-se, nesse contexto, os parcos investimentos na busca de drogas para o enfrentamento das doenças que mais matam os pobres no mundo, ou seja, a maioria. Ver a produção de Mike Davis (2006) sobre as possibilidades presentes historicamente para que a humanidade pudesse se proteger dos surtos de gripe que mataram milhões de indivíduos. Interessante notar que a propaganda do Instituto Brasileiro de Ética Concorrencial não é dirigida às empresas, bancos etc., mas ao "cidadão" que consome "produtos piratas". Vide <www.etico.org.br>. No mais, qual a diferença entre lucrar com epidemias — a partir das patentes de antivirais, que poderiam salvar milhares de vidas — e o tráfico de drogas e armas? Na busca de oportunidades de negócios, a tecnologia na saúde, assim como toda a tecnologia no capitalismo, não põe o homem como centro o qual passa a ser um simples consumidor de medicamento, caso possa pagar ou "alguém" pague — no caso o Estado via fundo público —, por um bem que é patrimônio da humanidade. Patrimônio da humanidade porque o estágio em que a ciência se encontra hoje deve suas bases às gerações passadas e à força de trabalho coletiva para alcançá-lo.

buindo na formação, mobilização e organização dos trabalhadores na busca por emancipação humana, ao favorecer a melhoria e a transformação das condições materiais e espirituais de existência dos trabalhadores/ usuários — operários, demais trabalhadores assalariados, formais e informais e os supérfluos para o capital — na sociedade capitalista.

Assim, para além da dimensão material — viabilização de recursos —, na realidade, o assistente social tem como função social atuar na substância da personalidade dos indivíduos/usuários/massas trabalhadoras, pela veiculação de costumes, valores — normas, princípios, padrões sociais —, conhecimentos e informações, os quais, dependendo do conteúdo, da forma e da direção social como são veiculados — o que está assentado nas finalidades e objetivos que orientam a atividade profissional, explícitos ou implícitos — vão *contribuir* para a manutenção, melhoria e/ou transformação das condições materiais e espirituais de existência dos trabalhadores, quando não, para o agravamento daquelas condições, a depender da direção social da atividade profissional. Mas, como afirmado por Engels (s/d., p. 199)

> os objetivos visados pelos atos são produto da vontade, mas não o são os resultados que, na realidade, decorrem deles, e, mesmo quando momentaneamente parecem ajustar-se aos objetivos visados, encerram finalmente consequências muito diversas das que eram desejadas. Por isso, em conjunto, os acontecimentos históricos também parecem regidos pelo acaso. Ali, porém, onde na superfície das coisas o acaso parece reinar, ele é, na realidade, governado sempre por leis imanentes ocultas, e o *problema consiste em descobrir essas leis.* (Grifos do autor)

Desse modo, não podemos deixar de sinalizar o óbvio. Enquanto as condições para a reprodução da sociedade estão dadas, de forma a favorecer a ordem capitalista, as condições para seu enfrentamento, tendo em vista a sua superação, só podem existir em permanente construção, a depender do desobscurecimento de sua lógica e organização. Assim, a não ser que o assistente social possa pensar e intervir na realidade fora dela mesma, é preciso reconhecer que o desenvolvimento capitalista tende, necessária e espontaneamente, ao reforço do monopólio do capital. Por essa razão, um plano só é mais um ato demagógico ou uma elucubração vazia quando se conhecem verdadeiramente, com base nos princípios da economia marxista, todas as leis desse desenvolvimento espontâneo (leis do mercado, da concentração do capital, da passagem — determinada pelos lucros — do capital de um ramo da economia a outro etc.). Somente o conhecimento dessas leis torna possível um plano[81], e precisamente um plano que analise os meios econômicos e políticos necessários para de fato conduzir esse movimento na direção desejada. Ademais, a situação das classes, as exigências vitais das massas trabalhadoras determinarão a finalidade do plano. As possibilidades de mobilizar, em todos os campos da vida econômica, as diversas forças econômicas contra o desenvolvimento espontâneo do regime capitalista é, portanto, função do conhecimento exato da economia. (Lukács, 2007, p. 60)

1.2 Crítica da Economia Política e o Serviço Social

> *Quando se dá uma situação histórica na qual o conhecimento exato da sociedade vem a ser, para uma classe, a condição imediata da sua autoafirmação na luta; quando, para esta classe, o conhecimento de si significa, simultaneamente, o conhecimento correto de toda a sociedade; quando, em consequência, para um tal conhecimento, esta classe é ao mesmo tempo sujeito e objeto, a teoria, desse modo, intervindo, imediata e adequadamente sobre o processo da revolução social — eis quando a unidade da teoria e da práxis, condição prévia da função revolucionária da teoria, torna-se possível.* (Lukács, 1981, p. 61).

> *Não há riqueza que não se explique pela pobreza.* (Eduardo Galeano)

Não se estuda mais o *sistema de causalidades* — cadeia de causas e efeitos — que gera a pauperização, como assevera Netto (2002). Sociólogos,

---

81. Não é sem razão que Netto (1989, 1991, 1996, 2006, 2009) afirma como essencial a análise social fundada na crítica da economia política para pensar e fazer Serviço Social.

antropólogos, cientistas sociais estão estudando as *representações da pobreza*. Ou seja, é raro o interesse pela busca e identificação das raízes mais profundas do estado de coisas que resultou nos problemas cruciais que a humanidade enfrenta hoje em dia.

Ora, na sociedade capitalista, apreendida como totalidade histórico-social em movimento, a pauperização é apontada por Marx como "fator essencial e ineliminável" da ordem social burguesa. Desse modo, *na ordem social dominante, não há como buscar soluções para a pobreza e, por isso mesmo, o limite, na ordem do capital, é a eliminação da miséria, transformando miseráveis em pobres.* Isso quer dizer que colocar como finalidade *a erradicação da pobreza* significa ter no horizonte a *"construção de uma nova ordem societária, sem dominação, exploração de classe, etnia e gênero"*, como explicita o compromisso dos assistentes sociais no Código de Ética do Assistente Social. Como mostra Netto (2010, p. 7), com base em Marx,

> O desenvolvimento capitalista produz, compulsoriamente, a "questão social" — diferentes estágios deste desenvolvimento produzem diferentes manifestações da "questão social"; esta não é uma sequela adjetiva ou transitória do regime do capital: sua existência e suas manifestações são indissociáveis da dinâmica específica do capital tornado potência social dominante. *A "questão social" é constitutiva do capitalismo*: não se suprime aquela se este se conservar. [...] a questão social está elementarmente determinada pelo traço próprio e peculiar da relação capital/trabalho — a exploração. [...] no modo de produção capitalista os trabalhadores, assalariados, estão sempre sendo atingidos pelos mecanismos de pauperização *absoluta ou relativa*. Ou seja, mais ou menos intensamente, revelam no seu cotidiano as diferentes expressões da questão social (grifos do autor).

Compreende-se então por que os programas sociais na democracia burguesa estão voltados para a *eliminação da miséria* e não da erradicação da pobreza. Eliminar a miséria — como insistem e cobram dos países periféricos os organismos internacionais do capital — principalmente o Banco Mundial — significa mudar o status de uma massa de trabalhadores de miserável para pobre, o que é funcional ao sistema: afinal, pobre consome mais que miserável, o que contribui para a elevação do fundo público a ser dilapidado pelo capital (ver Salvador, 2010). Assim sendo, sem diminuir o contingente da população excedente, a eliminação da miséria coloca grandes contingentes de trabalhadores em condições de disputar uma fatia do mercado de trabalho, o que traz como consequência a redução ainda maior dos salários pagos aos trabalhadores menos e mais qualificados.

Nesse sentido, não há como identificar uma "nova questão social". A questão social deriva e é determinada pela lei geral da acumulação[82] e "ganha novas dimensões e expressões à medida que avança a acumulação e o próprio capitalismo experimenta mudanças". Desse modo, colocar como objetivo na sociedade do capital "a 'solução' da 'questão social' (mesmo a 're-solução dos problemas sociais' como afirmam alguns assistentes sociais e outros profissionais) mantendo-se e reproduzindo-se o MPC é o mesmo que imaginar que o MPC pode se manter e se reproduzir,

---

82. "Desenvolvendo-se a reprodução ampliada, ou seja, a acumulação, é evidente que, na relação capital/trabalho, a condição dos portadores da mercadoria força de trabalho torna-se progressivamente mais vulnerabilizada (basta pensar, aqui, nos processos de pauperização). E a análise teórica e histórica da acumulação revela resultantes e implicações tão reiterativas que é inteiramente legítimo mencionar uma *lei geral da acumulação capitalista*. Com efeito, desde a constituição da base urbano-industrial da sociedade capitalista, o que tem resultado da acumulação é, simultaneamente, um enorme crescimento da riqueza social e um igualmente enorme crescimento da pobreza. Da dinâmica do MPC — ou, se se quiser, da sua lógica — resulta que o avanço da acumulação polarize, de um lado, uma gigantesca massa de valores e, de outro, uma imensa concentração de pobreza. Independentemente das características particulares das economias nacionais, em todos os espaços em que se desenvolveu e se desenvolve a acumulação capitalista, o resultado é essa polarização riqueza/pobreza; evidentemente, a consideração de ambas (riqueza e pobreza sociais) deve ser contextualizada historicamente — entretanto, mesmo com essa contextualização, o que resulta da acumulação capitalista é a polarização mencionada. [...] Entretanto, mesmo considerando tudo isso [que entre 1867, quando Marx formula teoricamente as tendências da sociedade capitalista, e 2015, quando o capitalismo, experimentando grandes transformações, revela que as fronteiras entre a riqueza e a pobreza se alteram muito, mostrando grandes diferenças nas várias economias nacionais], o que permanece como fato e processo constitutivos e inelimináveis da acumulação capitalista são a perdurabilidade do exército industrial de reserva e a polarização — maior ou menor, mas sempre constatável — entre uma riqueza social que pode se expandir exponencialmente e uma pobreza social que não para de produzir uma enorme massa de homens e mulheres cujo acesso aos bens necessários à vida é extremamente restrito" (Netto e Braz, 2006, p. 137-139).

sem a acumulação do capital" (Netto e Braz, 2007, p. 139), sem a exploração do trabalho.

No contexto da sociedade capitalista, a questão social, ainda que multideterminada, implicando na "intercorrência mediada de componentes históricos, políticos e culturais", tem na exploração do trabalho pelo capital sua *determinação elementar*. Assim, sem eliminar a exploração do trabalho, "toda luta contra as suas implicações político-econômicas, sociais e humanas (inclusive o que se designa por 'questão social')", mais cedo ou mais tarde vai mostrar os limites de se enfrentar sintomas, consequências e efeitos; isto é, de se proceder reformas[83] e permanecer numa sociedade que vive da exploração do homem pelo homem.

Mas é preciso ter claro que a exploração está presente em diferentes formas históricas de organização social. Assim, a questão social apreendida pela análise marxiana a partir do caráter explorador vigente na sociedade do capital não pode ser equalizada a "problemas sociais" derivados da escassez nos períodos históricos que antecederam o capitalismo. Como argumenta Netto (2014a), o que é distintivo da organização social capitalista

> é que a exploração se efetiva no marco de contradições e antagonismos que a tornam suprimível sem a supressão das possibilidades mediante as quais se cria exponencialmente a riqueza social. Ou seja: *a supressão da exploração do trabalho pelo capital, constituída a ordem burguesa e altamente desenvolvidas as forças produtivas, não implica — bem ao contrário — redução da produção de*

---

83. As *reformas* em si mesmas, quando não se constituem em processos a serem imediatamente postos em questão e superados, acabam se caracterizando como *ação contrarrevolucionária*. Assim, como afirma Netto (In: Netto e Braz, 2006, p. 139), "evidentemente, a constatação da causalidade essencial da 'questão social' não é justificativa para que não se tomem medidas e providências (econômicas, sociais e políticas) para tentar reduzir seus impactos e efeitos. Importante, porém, é assinalar os *limites* de tais medidas e providências: *elas são absolutamente impotentes para 'solucionar' a 'questão social'*". Nessa direção é que Netto, em outro momento, ressalta que o Governo João Goulart foi derrubado em 1964 por um golpe civil/militar para a implantação da ditadura do grande capital, "não por ameaçar com uma 'comunização' do país [...], mas pelo seu projeto reformista, que abria espaços para o protagonismo das forças populares e punha em risco os privilégios da grande burguesia, do latifúndio e das empresas imperialistas aqui estabelecidas (Netto, 2014, p. 258).

riquezas (ou seja, a produção de bens e serviços necessários à vida social, a produção de valores de uso). (Grifos do autor)

Ora, o assistente social, operando na/a luta de classes, atua nas relações sociais e, como afirma Lênin, "o objeto da Economia política não é simplesmente a "produção", mas as relações sociais que existem entre os homens na produção, a estrutura social da produção" (In: Netto e Braz, 2006, p. 36).

Ou seja, o Serviço Social só pode ser apreendido no seu movimento — na história, nas suas possibilidades, tendências, pensado e planejado — no campo da crítica da Economia Política e dos conhecimentos filosófico-científicos relacionados ao ser social e não, exclusivamente, a partir de conhecimentos da área da psicologia, da sociologia, da biologia e/ou da antropologia. Antes de tudo, porque é na crítica da Economia Política e no movimento do ser social que vamos apreender, com Marx, os *nexos causais* do objeto de atenção/atuação dos assistentes sociais: a questão social[84]. Como vimos em Netto, "somente com o conhecimento rigoroso do 'processo de produção capitalista' Marx pode esclarecer com precisão a dinâmica da 'questão social', consistente em um complexo problemático muito amplo, irredutível à sua manifestação imediata como o pauperismo". Do mesmo modo, é na crítica da Economia Política que foi identificada por Marx a gênese da sociedade burguesa, cujo sujeito, a burguesia, em conjunto com o Estado e a Igreja, cria o Serviço Social e exige serviços auxiliares[85] e ações junto aos

---

84. O que é válido para todos os que têm como objeto de atenção/atuação a questão social.

85. Ainda que, aqui, não iremos nos aprofundar na condição de serviço auxiliar e, consequentemente, de subalternidade da profissão de Serviço Social e do assistente social na sociedade do capital, principalmente, em tempos de capital imperialista/financeiro (vide Netto e Braz, 2007, e Fontes, 2010), é preciso sinalizar duas questões. Primeiro que, para além das questões apontadas na literatura — condição feminina etc. — e que resultam na subalternidade da profissão, me parece que, antes de tudo, é a proximidade com a questão social nas suas diferentes expressões, o que precisa ser obscurecido numa sociedade que explora trabalho, que se constitui em determinação da subalternidade do assistente social na sociedade capitalista, subalternidade que, dessa forma, não será superada enquanto viger a sociedade do capital. Segundo, que a subalternidade vem, progressivamente, se

diferentes segmentos da classe trabalhadora, tendo em vista os interesses de acumulação.[86]

Assim sendo, queiramos ou não, nossos estudos, pesquisas e atuação profissional estiveram, estão e estarão — enquanto viger a sociedade do capital[87] — atravessados pela "natureza peculiar que ela [a Economia Política] aborda [e que] chama ao campo de batalha as paixões mais violentas, mesquinhas e odiosas do coração humano, *as fúrias do interesse privado*" (Marx, 1983, p. 13, grifos meus). É assim que os assistentes sociais, dentre eles os que tomam como referência as indicações do Projeto Ético--Político do Serviço Social brasileiro, no contraditório campo da luta de classes na sociedade burguesa, são intimados pelo Estado/burguesia, ao

---

constituindo como uma condição não exclusiva dos assistentes sociais, mas de médicos, engenheiros, advogados, psicólogos, professores etc., os quais estão também sendo atingidos pelas históricas transformações no mundo do trabalho. Ou seja, a condição de serviço auxiliar e de subalternidade na sociedade do capital atinge todas as profissões de nível superior na sociedade do capital. Profissões que, transformadas em mercadoria e pelo assalariamento, são capturadas/pressionadas a servir os interesses de acumulação capitalista, guardadas poucas diferenças em termos de autonomia — possibilidade de oferecimento de sua força de trabalho diretamente aos sujeitos interessados: os "usuários"/"clientes"/"pacientes"/"trabalhadores". São raros os que podem pagar e pagam a médicos, advogados e engenheiros de forma absolutamente privada (haja vista a isenção fiscal/descontos no Imposto de Renda), na atualidade. Essa é uma questão que não é possível ser aprofundada aqui, a qual abordamos, em parte, em Vasconcelos (2012), Posfácio.

86. Como mostra Marx (1982b, p. 27), "As relações burguesas de produção constituem a última forma antagônica do processo social de produção, antagônicas não em um sentido individual, mas de um antagonismo nascente das condições sociais de vida dos indivíduos; contudo, as forças produtivas que se encontram em desenvolvimento no seio da sociedade burguesa criam ao mesmo tempo as condições materiais para a solução desse antagonismo".

87. "Sociedade são modos de existir do ser social; é na sociedade e nos membros que a compõem que o ser social existe: *a sociedade, e seus membros, constitui o ser social e dele se constitui.* [...] mediante o trabalho, os homens produziram-se a si mesmos (isto é, se autoproduziram como resultado de sua própria atividade), tornando-se — para além de seres naturais — seres sociais. Numa palavra, este é o processo da *história*: o processo pelo qual, sem perder sua base orgânica natural, uma espécie da natureza constitui-se como espécie *humana* — assim, a história aparece como a história do desenvolvimento do ser social, como processo de *humanização*, como processo da produção da humanidade através da sua autoatividade; o desenvolvimento histórico é o desenvolvimento do ser social" (Netto. In: Netto e Braz, p. 37-38; grifos do autor). É desse modo que podemos apreender, com Marx e os marxistas, a sociedade do capital, não como *"o"* modo de existir do ser social, mas como *um* dos modos de existir do ser social.

terem sua força de trabalho assalariada[88] na defesa dos interesses privados, a concertar (no sentido de pôr ordem, dar melhor disposição, ajustar, endireitar, harmonizar, conciliar, pactuar, ornar, enfeitar...) e/ou a consertar (no sentido de pôr em bom estado ou condição o que está danificado ou estragado, reparar, restaurar, corrigir, emendar, remediar) o polo subalterno dessa luta: a classe trabalhadora nos seus diferentes segmentos,[89]

---

88. O trabalho assalariado é uma das características centrais do MPC. Na sociedade do capital, as dificuldades inerentes à condição de assalariado impõem limites e obstáculos de toda ordem, mas a história vem mostrando que o movimento organizado dos trabalhadores vem enfrentando-os tanto na produção e nos serviços, como nos seus espaços político-organizativos. A compra da força de trabalho do assistente social através de assalariamento pelo capital se dá diretamente — nas empresas (desde as voltadas à produção como as envolvidas em processos de gestão da coisa pública, como as OS, Fundações etc. — ou indiretamente — através do Estado nas suas diferentes instâncias (federal, estadual, municipal) e poderes (Executivo, Legislativo e Judiciário) ou das Organizações Não Governamentais (ONGs). Ora, neste contexto, não há como *superar* os limites e obstáculos consequentes do assalariamento profissional, como sugerem ou esperam alguns assistentes sociais. A condição de assalariado é própria dos trabalhadores e das profissões na sociedade do capital. Desse modo, os limites e obstáculos resultantes da condição de assalariamento, tendo em vista uma prática mediada pelo projeto profissional ou em qualquer direção social, constituem objeto de atenção a ser considerado nos momentos de planejamento, que vão exigir estratégias e ações, individuais e coletivas, no seu enfrentamento. Nessa direção, dentre muitas outras estratégias, a articulação interna e externa com as demais categorias profissionais, com os organismos de representação dos trabalhadores organizados, com os Conselhos nas suas diferentes instâncias, com diferentes movimentos e lutas sociais, com os partidos que colocam no centro os interesses das maiorias, tornam-se fundamentais.

89. A *contradição fundamental* na sociedade burguesa está situada entre burguesia (nos seus diferentes segmentos — agrária, industrial, financeira, que se constitui como a classe detentora dos meios essenciais de produção, concentradora da riqueza socialmente produzida e exploradora, direta ou indiretamente, de trabalho) e operariado (o segmento da classe trabalhadora, cujos membros assumem posições teleológicas que "têm como objeto a natureza em si, ou seja, aquelas que asseguram o intercâmbio orgânico entre a sociedade e a natureza (cujo exemplo privilegiado é a satisfação das necessidades econômicas)". Essas são afirmações de Tertulian (2010, p. 3950), referindo-se aos dois tipos de posições teleológicas distinguidas por Lukács, sendo, a outra, "aquelas que têm como objeto a consciência dos outros, isto é, aquelas que tentam influenciar e modelar o comportamento (é a área das relações intersubjetivas por excelência que culmina na Ética)". Ou seja, os operários são aqueles que têm como objeto a natureza em si, aqueles que asseguram o intercâmbio orgânico entre a sociedade e a natureza para satisfação das necessidades humanas e sociais, dos quais, tanto a burguesia como os demais segmentos da classe trabalhadora, desse modo, são parasitários — conforme afirmou Marx. Os indivíduos sociais, com a urbanização, se tornam cada vez mais dependentes dos trabalhadores envolvidos na produção de respostas às suas necessidades sociais, e, de outra forma, não conseguiriam sobreviver: do pão com o leite ao medicamento de última geração. O fato

dos quais, contraditoriamente, ele, assistente social, como profissional assalariado, é parte e expressão. Ou seja, como assistentes sociais, somos

---

de um mestre-escola ser um trabalhador produtivo para o capital, ou seja, um trabalhador que "extenua a si mesmo para enriquecer o empresário", como afirma Marx, não cancela a diferença entre o operário e os demais trabalhadores assalariados (Marx, 1985b, p. 106, t. I, v. II), por mais que em determinadas circunstâncias essa linha divisória seja tênue. É neste contexto que concordamos com Lessa (2011, p. 294) quando afirma que "a relação entre a categoria trabalho e a profissão [de Serviço Social] transborda os limites de uma questão ontológica da maior importância. Articula-se com uma dada concepção, mais propriamente democrática que comunista, das tarefas da revolução e do conteúdo da emancipação humana. É neste contexto que a substituição do proletariado pelas imprecisas noções de *trabalhadores* ou de *classe-que-vive-do-trabalho* exibe todo o seu potencial ideológico. Tal substituição, para sumariar uma questão das mais complexas e plenas de ramificações, é decisiva para velar a distinção entre a reforma e revolução, entre o projeto social-democrata de um capitalismo de face humana e o comunismo. Para o Serviço Social, especificamente, a dissolução do proletariado no conjunto dos assalariados faz ainda parte de uma concepção simplista, dualista, da sociedade burguesa, segundo a qual viveríamos em uma sociedade cuja contradição fundamental se situaria entre o conjunto homogêneo dos trabalhadores e a burguesia." Anteriormente, como sinalizado pelo autor, esse problema foi sinalizado por Netto (1991), quando afirma que com a "noção de 'classe oprimida' [do Método BH, o momento fundante da "intenção de ruptura"] compreendem-se dois simplismos — um teórico, outro crítico analítico. Ela, noção basicamente *política* (que, no entanto, parece recobrir determinações econômicas: os explorados estão subsumidos nos oprimidos), sugere a remissão a uma estrutura social paradigmaticamente dicotômica, o que compromete à partida não apenas o seu potencial para a intervenção, mas, sobretudo, sua capacidade de decifrar o real (Netto, 1991, p. 279-80). Essa distinção torna-se essencial ao planejamento, na definição de estratégias e ações necessárias, e realização da atividade socioassistencial, visto que, ora atuamos diretamente com os operários, ora atuamos diretamente com seus familiares, demais trabalhadores assalariados, desempregados, trabalhadores informais etc., quando não, com estes e aqueles num mesmo momento. É este entendimento que pode *afastar o risco de eliminar a exploração do trabalho do contexto das nossas ações profissionais;* é dela que se trata quando colocamos como limite a emancipação humana. Como continua Lessa (idem, p. 296), "José Paulo tem toda razão: sem a delimitação das distintas funções sociais presentes sob a relação genérica do emprego assalariado (Lessa, 2007), não há qualquer possibilidade de desvelamento da reprodução do capital em uma teoria que oriente uma prática profissional consequente (Lessa, 2007a). A raiz da impossibilidade de se superar o quase autismo entre nossa prática e nossa teoria está na incapacidade de ultrapassar tal concepção dicotômica e simplista, estruturalista antes que marxista, da sociedade". De qualquer modo, no movimento da realidade, dificilmente, mesmo optando pela noção "explorados/oprimidos", pode-se considerar os trabalhadores nos seus diferentes segmentos de forma estática, sem considerar as flutuações entre as fronteiras desses segmentos. É o caso, por exemplo, da indústria de alumínio que, atualmente, depende em grande parte da reciclagem das "latinhas", trabalho que é realizado por homens e mulheres, crianças, adolescentes, adultos, idosos, moradores de rua, moradores das periferias das grandes cidades, inclusive por diferentes tipos de voluntários que fazem reciclagem para "ajudar" projetos sociais (hospitais de câncer, "obras sociais" etc.). Numa perspectiva de totalidade, impossível classificar estaticamente esses segmentos. É considerando as classes sociais, na sua complexidade, chamados — como se fosse possível na ordem do capital — a "humanizar" o cotidiano de diferentes segmentos da classe trabalhadora, numa sociedade que, fundada no Modo de Produção Capitalista (MPC) — que tem como característica a propriedade privada[90] dos meios essenciais de produção, a exploração do trabalho[91] e a concentração da riqueza socialmente produzida[92] —, é irreformável e incorrigível (Mészáros) e, por isso mesmo, impossível de ser humanizada.

---

relações e conexões dialéticas necessárias, que julguei necessário, ao longo deste livro, adotar, no geral, uma determinada noção: *classe trabalhadora nos seus diferentes segmentos*. Com isso, estamos sempre nos referindo, mesmo quando utilizamos a expressão "trabalhadores", no geral, ao operariado, aos demais trabalhadores assalariados, aos desempregados e aos demais indivíduos que só podem sobreviver a partir da venda e/ou utilização da sua própria força de trabalho, ou seja, as massas tanto deserdadas do patrimônio histórico da humanidade, como impossibilitadas de contribuir no desenvolvimento da sociedade em que vivem, mesmo através do trabalho explorado.

90. No Modo de Produção Capitalista, é do capitalista o direito à propriedade dos meios de produção enquanto o trabalhador é obrigado a vender em troca de um salário, no mercado, a sua força de trabalho — sua única propriedade — a quem pode pagar: o burguês e aqueles que assumem o burguês como seu ideal. "A propriedade privada burguesa moderna constitui a última e a mais completa expressão do modo de produção e apropriação baseado em antagonismos de classes, na exploração de uma classe por outra" (Marx e Engels, 1998). Afirmar a abolição da propriedade burguesa não significa afirmar a abolição da propriedade fruto do trabalho, mas significa abolir a propriedade que exija a exploração de outros homens para gerar e acumular mais riqueza. Como afirma Bensaid (2000, p. 137), ao comentar o *Manifesto Comunista*, "não se trata, é claro, de abolir toda forma de propriedade, mas explicitamente 'a propriedade privada de hoje, a propriedade burguesa' e o 'modo de apropriação' fundado sobre a exploração de uns pelos outros".

91. Na produção da riqueza, é o trabalho vivo que agrega valor e dá origem ao lucro. Assim, as relações de exploração da natureza e dos mercados pela burguesia, ao capitanear a produção social da riqueza no modo de produção capitalista, são e serão sempre mediadas pela exploração do trabalho vivo, ainda que, com o desenvolvimento das forças produtivas, o trabalho morto (tecnologia/maquinaria) substitua, proporcionalmente a cada momento histórico, o trabalho vivo nos processos de acumulação capitalista, para além do papel da financeirização do capital nesses processos. Enfim, "na sociedade burguesa, o trabalho vivo é sempre um meio de aumentar o trabalho acumulado. Na sociedade comunista, o trabalho acumulado é sempre um meio de ampliar, enriquecer é melhorar cada vez mais a existência dos trabalhadores" (Marx e Engels, 1998).

92. Se a terra é fonte de riqueza, é com o trabalho que a humanidade se constitui como tal, ou seja, como ser social. A terra integra com tudo o que advém do trabalho a riqueza material, socialmente produzida, para além da "riqueza nas relações humanas", ou seja, a arte, a filosofia, a ciência, a história, como mostra Marx nos *Grundrisse*. Independentemente de ser riqueza social, no início do século XXI, em plena vigência do Modo de Produção Capitalista, 71% da riqueza material está concentrada nas mãos de mais ou menos 360 corporações no mundo o que, consequentemente, resulta

Neste contexto, somente como intelectuais comprometidos e qualificados, referidos necessariamente pelo projeto profissional, poderemos portar um potencial acelerador, estimulador, provocador, problematizador, iluminador e potencializador das lutas sociais na preparação da necessária ruptura, contribuindo, concomitantemente, tanto para o necessário acesso às políticas sociais como "direito do cidadão e dever do Estado", como para o avanço das lutas econômico-sociais.

A questão que traz transtornos, perturba-nos, em nada nos favorece e que exige grande esforço e determinação para ser enfrentada para podermos nos colocar na ofensiva — ainda que nunca nessa ordem consigamos solucioná-la — é que, dialeticamente, sem a clareza do compromisso ético-político de classe e da preparação teórico-metodológica necessárias a um exercício profissional teórico-crítico, ao nos contentarmos com o que a sociedade capitalista nos legou — com base no senso comum —, do mesmo modo, portamos um potencial desestimulador, desacelerador, desmobilizador, neutralizador e procrastinador das resistências e lutas sociais, o que contribui não só para reforçar o consenso e o consentimento, mas para deixar o campo facilitado para a sedução, a cooptação, a barganha, o aliciamento, o suborno dos trabalhadores, enfraquecendo e minando seu protagonismo no contexto das lutas de classes.

Aqui cabe destacar que neste contexto complexo, contraditório e conflituoso, o fato de ocuparmos predominantemente os espaços públicos — o Estado nos seus diferentes poderes e nas suas diferentes instâncias —, não significa termos o Estado como um parceiro na operacionalização das políticas sociais e dos serviços socioassistenciais. Se o Estado demanda e legitima nossa inserção como profissão/profissionais, na direção do projeto profissional, a necessária identificação e aliança se dá com as massas trabalhadoras organizadas (ou a serem organizadas) em lutas anticapitalistas, o que nos coloca como exigência identificar as forças reais ativas, potencialmente revolucionárias, das quais se destacam as organizações

---

na concentração exponencial da "riqueza nas relações humanas" apropriada, obscurecida e/ou controlada pela burguesia.

do proletariado em luta; ele, que tem como missão histórica revolucionar a organização social capitalista. O operariado que, como o único segmento capaz de imposição de limites ao capital tendo em vista a substituição do trabalho explorado pelo trabalho livre e emancipado, pode libertar os demais indivíduos sociais das imposições do capital, dentre eles a própria burguesia e os demais trabalhadores assalariados, estes essenciais no apoio e articulação a ele. Isso não significa negar que, em determinados momentos ou conjunturas históricas — principalmente quando se coloca a impossibilidade objetiva da constituição do operariado como classe — outros segmentos possam cumprir uma missão revolucionária, o que certamente objetivará o necessário favorecimento e fortalecimento dos operários no cumprimento de sua missão. Mas são segmentos parasitários que, antes de negar, necessitam ressaltar o papel revolucionário do proletariado. Assim, são lutas sociais de segmentos de classe que só podem se constituir como verdadeiramente revolucionárias quando fundem seus objetivos e finalidades com os objetivos e finalidades do segmento operário. É a fusão e não o afastamento das diferentes lutas sociais com o operariado e suas lutas que revela tanto a sua relevância e importância, como a necessidade de superação do espontaneísmo[93] — poderíamos incluir, o aparente apoliticismo e neutralidade — dessas lutas, revelando a necessidade e a essencialidade de uma práxis radicalmente crítica, criativa, reflexiva; consciente.

Sermos requisitados pelo Estado/burguesia para ocupar espaços públicos e privados é um fato que faz parte da legitimação da profissão na sociedade capitalista. Isso não significa optar pela escolha do estado/burguesia como parceiros, como já pontuado. O que está em questão é

---

93. "Muitas reações espontâneas ao capitalismo indicam, indubitavelmente, um genuíno instinto de revolta e conservam subjetivamente, na maioria das vezes, ainda que não abandonem o nível da espontaneidade, seu espírito de oposição ou de subversão. Todavia, do ponto de vista objetivo, estas manifestações, quando não superam a espontaneidade, desembocam frequentemente na corrente das tentativas voltadas para a conservação da ordem estabelecida [...] *o espírito de revolta deve se elevar a um certo nível de consciência das relações objetivas a fim de poder se voltar efetivamente — e não apenas na intenção — contra o sistema da opressão e da exploração*" (Lukács, 1968, p. 119; grifos meus).

que, se não podemos como assalariados que somos escolher nem nossa inserção profissional, nem os recursos necessários à operacionalização das nossas atividades e ações, podemos, a partir da legitimidade que temos na ocupação desse espaço profissional, fazermos opções e escolhas, ao longo da atuação profissional. Processo que, tendo em vista processos emancipatórios, exige planejamento e avaliação das consequências da atividade profissional, o que significa prática mediada por teoria, acumulação de forças, persistência, estabelecimento de relações com outros espaços e sujeitos, individuais e coletivos, poderosamente mobilizados e organizados, tendo em vista fortalecer e multiplicar as consequências das nossas ações favoráveis aos trabalhadores.

É neste contexto que, para os assistentes sociais que assumem o projeto profissional como referência numa direção anticapitalista, Marx e o marxismo são apreendidos aqui na indissociabilidade entre análise crítica da sociedade do capital por meio da crítica da Economia Política e do pensamento revolucionário comprometido com a emancipação humana, que podem nos iluminar, com pena de nos contentarmos com um desenvolvimento das ciências — principalmente no que se refere às Ciências Humanas e Sociais — voltado exclusivamente para a manipulação prática de uma realidade social apreendida de forma fragmentada e parcializada, muito aquém da reprodução efetiva da realidade objetiva em busca da verdade expressa na apreensão crítica do movimento da realidade social. Verdade que, trazendo à tona a relação indissociável entre crescimento da pobreza e acumulação privada da propriedade e da riqueza, só interesse a quem busca e coloca como limite a emancipação humana. É nesse sentido que, não sem razão, Lênin, Gramsci e tantos outros vêm afirmando que *a verdade é sempre revolucionária*.

Enfim, a não ser que radicalizemos a luta pelo trabalho livre e associado e pela emancipação para todos, estaremos favorecendo propostas hipócritas/burguesas[94] que, na busca de assegurar trabalho para alguns — para

---

94. Propostas que, imersas num ecletismo complexo, capturam corações e mentes de boa vontade, ao utilizar o próprio Marx e os marxistas de forma fragmentada e contraditória, diante

adolescentes em época escolar, para deficientes etc. —, deixam sem trabalho seus pais; ou seja, deixam de fora a maioria que realmente está na idade e em condições de trabalhar e contribuir substantivamente com a sociedade em que vive, o que os deixa impedidos, tanto de usufruir das maravilhas advindas da ciência, da filosofia, da arte, como de negar — e aqui no sentido de superar — as consequências deletérias de uma sociedade que vem destruindo a natureza e o homem, material e subjetivamente.

A própria luta pela "conquista dos Direitos Humanos" e pela "plena vigência do Estado de Direito e da justiça social", ao exigirem ações coletivas nas quais os sujeitos sociais se tornem ativos e conscientes do processo histórico e donos do destino social e individual, não avançará da petição de princípios da igualdade jurídica burguesa, nem poderá realizar suas promessas, senão garantindo a *igualdade substantiva* que só pode se realizar pela universalização simultânea e orgânica do trabalho como atividade humana autorrealizadora e da educação emancipadora.

---

da necessidade de obscurecer o movimento da realidade, por um lado, e defender a pobreza das finalidades colocadas na garantia da "inclusão social" e de uma cidadania pobre, por outro. É assim que em tempos de Piketty (ver Jacoby, 2014), Michael Hardt e Antonio Negri (ver Boron, 2002), deparamo-nos com filósofos, cientistas sociais, sociólogos, historiadores, educadores, e não só com assistentes sociais que, em nome de Marx e do marxismo, quando não afirmando "emancipação", propõem e realizam ações que favorecem a reforma do capitalismo e não sua superação. Ou seja, capturados e imersos na necessária luta contra as desigualdades, opressões e discriminações [o que os isola no campo dos salários, da renda, da riqueza, do gênero, da geração e da etnia — ou seja, no campo das relações interindividuais, grupais e comunitárias e da distribuição], deixam de considerar o campo da mercadoria, do trabalho e da alienação [o campo da produção]. Ou seja, o problema é como construir caminhos em busca da emancipação humana tendo como finalidade a luta contra as desigualdades, sem considerar o processo de produção e reprodução social — ou seja, a economia política —, num mundo onde, como mostra Jacoby (2014) "os 25 gestores de fundos de investimentos mais bem pagos ganharam, em 2013, US$ 21 bilhões, mais que o dobro da soma dos rendimentos de cerca de 150 mil professores primários nos Estados Unidos (?) Se a compensação financeira corresponde ao valor social, então um gestor de *hedge fund* deve valer bem uns 17 mil professores..."? E não estamos nos referindo ao Brasil, nem aos demais países considerados em desenvolvimento. Como reafirma o autor, "o igualitarismo também implica uma parte de resignação: ele aceita a sociedade tal como é, visando apenas a reequilibrar a distribuição de bens e privilégios". Ou seja, na busca pelo igualitarismo, dar a todos o direito de usufruir de bens e privilégios na sociedade do capital, se por um lado é um avanço para a igualdade, por outro, no leva a compactuar com uma organização social que concede bens e privilégios que estão destruindo tanto os homens (material e subjetivamente) como a natureza.

Aí sim, uma luta por direitos que poderia mediar a busca por emancipação, exatamente porque não coloca como limite a "conquista dos Direitos Humanos" e a "plena vigência do Estado de Direito e da justiça social", mas uma sociedade de homens livres e emancipados.

E aqui reafirmamos. Há solução. Mas, não podemos confundir ações necessárias e emergenciais com solução. Não há como "minimizar as dificuldades da solução" ou confundi-las com as "soluções capitalistas", parciais, corretivas. Como afirma Mészáros (2009, p. 133),

> essa não é apenas a maior crise da história humana, mas a maior crise em todos os sentidos. Crises econômicas não podem ser separadas do resto do sistema. A fraude, a dominação do capital e a exploração da classe trabalhadora não podem continuar para sempre. Os produtores não podem ser colocados constantemente sob controle. Marx argumenta que os capitalistas são simplesmente personificações do capital. Não são agentes livres; estão executando imperativos do sistema. Então, o problema da humanidade não é simplesmente vencer um bando de capitalistas. Por simplesmente um tipo de personificação do capital no lugar do outro levaria ao mesmo desastre, e cedo ou tarde terminaríamos com a restauração do capitalismo. [...] *A única solução possível é encontrar a reprodução social com base no controle dos produtores*. Essa sempre foi a ideia do socialismo. Nós alcançamos os limites históricos da capacidade de o capital controlar a sociedade. [...] A única alternativa viável é a classe trabalhadora, a produtora de tudo o que é necessário em nossa vida. Por que eles não deveriam controlar o que produzem? (Grifos meus)

Um controle que, para o autor, exige de todos os interessados nesse processo, passar da defensiva à ofensiva.[95] É nesse sentido que, independentemente da inserção do assistente social na iniciativa privada ou na esfera pública, se o objetivo é uma prática articulada aos interesses históricos dos trabalhadores, o dado de realidade que parametra a prática é o

---

95. Ver, necessariamente, Mészáros (2002) em *Para além do capital.* Rumo a uma teoria da transição, especialmente, Parte III — Crise Estrutural do Sistema do Capital: 18: Atualidade histórica da ofensiva socialista.

trabalho. O *direito ao trabalho como atividade humana autorrealizadora é o direito dos direitos*. Um direito que, na sociedade capitalista, nunca poderá se realizar na sua necessária plenitude, por isso, a necessária articulação do projeto de profissão dos assistentes sociais com o projeto de construção de uma nova organização social sem dominação de classe, etnia e gênero; a sociedade que pode garantir trabalho emancipado e felicidade para todos porque estruturada no trabalho associado, como afirma Marx, *"associação livre de produtores livres"*; que pode garantir a todos acesso à riqueza espiritual e o autodesenvolvimento naquelas atividades especificamente humanas, o que pode garantir não um mundo sem conflitos próprios do ser humano, mas uma processualidade humana harmoniosa. Como afirma Tonet (2012, p. 80)

> Na medida em que todos trabalhem, segundo as suas possibilidades, e possam apropriar-se daquilo de que necessitam, segundo as suas necessidades, estará posta a matriz para a justa articulação entre espírito e matéria, subjetividade e objetividade. O trabalho, voltado para o atendimento das necessidades humanas e não para a reprodução do capital, se transformará, nos limites que lhe são próprios, numa real explicitação das potencialidades humanas.

1.2.1 O Estado Capitalista[96]

Como **quer que** *pareça* a "ideologia da globalização passiva e pelo alto" (Coutinho, 2006, p. 105), o Estado nacional acabou, a nação deixou de ser um espaço de tomada de decisões; uma nova lógica global governa o mundo, a partir de uma economia global onde todos se põem de forma "interdependente" e, para desafiar essa estrutura destrutiva dos

---

96. O objetivo aqui é estabelecer algumas mediações com o cotidiano profissional e não abordar teórica e historicamente o Estado e o Estado capitalista. Na bibliografia, destacam-se leituras necessárias: Engels, (1964); Mandel (1982); Mészáros (2002, 2009); Coutinho, (2006; 2011); Netto (2001); Fontes (2010); Iamamoto (2007); Behring (1998).

homens e da natureza, "cujos beneficiários concretos, assim como suas vítimas e oprimidos, se perdem nas sombras — existe uma nova e amorfa entidade, a 'multidão', e já não mais o povo, e muito menos os trabalhadores e/ou o proletariado" (Boron, 2002).

Mas a realidade tem mostrado o contrário. O imperialismo, sob nova roupagem, segue desempenhando sua função histórica na lógica da acumulação mundial do capital, "continua existindo e oprimindo povos e nações, e semeando por onde passa dor, destruição e morte" (Boron, 2002). A denominada economia global — globalização —, dividindo o mundo em "esferas de influência", favorecendo a monopolização, a financeirização, a exportação de capitais e a consequente concentração de capital, consolidou a dominação e destruição imperialistas e aprofundou a submissão e captura dos Estados nacionais capitalistas da periferia do sistema, cada vez mais sujeitados aos interesses de acumulação e impedidos de dar a direção dos seus processos econômicos e sociais.

Para Mészáros (2015), a humanidade na busca pela emancipação necessita confrontar um obstáculo poderoso representado pelo poder de decisão global do Estado. Isso fica evidente quando poucos Estados nacionais têm poder militar/atômico para destruir a humanidade e o planeta, tanto em nome da "democracia", como em nome da sua própria segurança e defesa, o que é alegado, principalmente, nos ataques denominados "preventivos". O mais absurdo é que o povo de nações inteiras fica refém deste estado de coisas, o que foi e está sendo presenciado por diferentes povos com o que aconteceu e está acontecendo na África, no Oriente Médio e, mesmo no coração da Europa, envolvendo, direta ou indiretamente, países colonialistas/imperialistas e Estados Nacionais. Diante disso, não há como não concordar com Mészáros (2015b) de que "o Estado é a estrutura política global de comando do sistema capitalista em qualquer uma das suas formas conhecidas ou concebíveis": um Estado de mal-estar que como Estado de classe, parte e expressão da burguesia, comanda o processo capitalista de exploração e destruição do homem e da natureza; um Estado que mesmo quando, na contradição, dá respostas às demandas históricas dos trabalhadores, o faz tendo como finalidade os processos de acumulação de riqueza e a concentração de propriedade.

A complexidade das lutas emancipatórias está assentada na necessidade, mas não inevitabilidade, da superação do Estado capitalista e do próprio capitalismo. Afinal, como reafirma o autor, "capital, trabalho [explorado] e Estado estão profundamente interligados no metabolismo social historicamente construído. Nenhum deles pode ser derrubado sozinho, nem ser 'reconstituído' separadamente" (2015b, p. 2).

Assim, podemos observar que, na era dos monopólios ou estágio imperialista,[97] por meio do orçamento público, é o Estado que, organizando a economia, define e realiza a distribuição de tudo que é produzido anualmente num determinado país, ou seja, distribuição da riqueza social ou renda nacional (ver Netto e Braz, 2006, Caps. 4 e 8). Desse modo, "o objetivo real do capital monopolista não é a 'diminuição' do Estado, mas a diminuição das funções estatais *coesivas,* precisamente aquelas que respondem à satisfação dos direitos sociais", donde Estado mínimo para o trabalho e máximo para o capital (p. 237).

Atuando na garantia das condições necessárias à acumulação e valorização dos monopólios (Mandel, 1982), o Estado administra tanto os processos de prevenção e controle da força de trabalho através de consensos, como as diferentes expressões da questão social, ao dar respostas, a depender da correlação de forças capital/trabalho, a necessidades sociais dos trabalhadores, através de políticas sociais[98] que resultam "fundamentalmente da capacidade de mobilização e organização da classe operária e do conjunto dos trabalhadores, e que o Estado, por vezes, responde com antecipação estratégica" (Netto, 2001, p. 36). Considerando suas funções ampliadas, neste contexto, concordamos com Mészáros que reafirma o Estado

---

97. Os estágios do capitalismo, para Mandel (1982), são: 1500-1780: capitalismo mercantilista; 1780-1890: capitalismo competitivo; de 1890, até os dias atuais: capitalismo monopolista.

98. O assistente social dispõe de uma vasta bibliografia na área de Serviço Social e em áreas afins, sobre política social e as políticas sociais, diante do que se torna desnecessária qualquer indicação.

como a estrutura global de comando político do sistema *antagônico* do capital que oferece a garantia final para a contenção dos antagonismos inconciliáveis e para a submissão do trabalho, já que o trabalho retém o poder potencialmente explosivo da resistência, apesar da compulsão econômica inigualável do sistema" (2002, p. 917).

É na dinâmica desse processo conflituoso e contraditório, diante do poder potencialmente explosivo de resistência dos trabalhadores, que experimenta mudanças e giros, que o Estado capitalista, atendendo aos seus objetivos originais — operar em favor dos interesses de acumulação e contra transformações econômico-sociais de interesses dos trabalhadores —, opera, dialeticamente, processos que também respondem a interesses e ao protagonismo das massas trabalhadoras. São *respostas corretivas* que, consideradas como fim em si mesmas,[99] também dialeticamente, acabam por se reverter em ganhos para o capital e não em ganhos que favoreçam, preferencial e potencialmente, o protagonismo e as condições de vida e de trabalho da classe trabalhadora nos seus diferentes segmentos, principalmente porque não são respostas aos interesses históricos dos trabalhadores e às suas necessidades humanas e sociais, o que exigiria alterar o estatuto da propriedade privada e do assalariamento do trabalho.

Nesse complexo dialético, operam tanto os assistentes sociais como grande parte dos profissionais de nível superior, contexto em que não podemos ignorar nem minimizar as contradições, conflitos e disputas que envolvem o papel do Estado no saque do fundo público, tendo em vista dar respostas favoráveis aos processos de acumulação e o papel do Estado nas respostas aos interesses e ao protagonismo das massas trabalhadoras.

O Brasil, como país capitalista de desenvolvimento monopolista avançado, tem uma estrutura de classes capitalista e um Estado Burguês moderno e eficiente frente aos interesses do capital e está plenamente

---

99. Guerra (2013), a esse respeito, realiza "uma análise crítica sobre a influência do pragmatismo no Serviço Social que, como representação ideal da imediaticidade do mundo burguês, influencia a profissão do ponto de vista prático-profissional, teórico e ideopolítico, constituindo-se em um desafio a ser enfrentado por todos os segmentos da categoria".

inserido na ordem capitalista mundial como um de seus polos estratégicos, como mostra o protagonismo do Estado brasileiro no âmbito dos BRICs e do G20. A burguesia brasileira e a burguesia transnacional têm como braço direito o Estado que, utilizando do seu papel de "intermediar os interesses de classes" na posse do fundo público (Salvador, 2010), tem a capacidade e as condições de travestir os interesses privados de acumulação, para que, na aparência, sejam percebidos como interesses de todos, o que atinge em cheio as lutas sociais.[100] É assim que se revela um Estado de "direito"[101] do capital que favorece o privado — o agronegócio, os rentistas, as grandes corporações — e deixa à míngua o público, o que realmente interessa a todos: a agricultura familiar que emprega, as políticas sociais; educação, saúde, transporte público, habitação popular, saneamento...

Diante disso, está aqui posta, como afirma Netto (2012), "a questão do Estado como uma questão inarredável em qualquer projeto revolucionário. A tradição política dos vários matizes do marxismo do século XX

---

100. É importante ressaltar que o Brasil se modificou, passou por importantes mudanças ao longo de sua história, alterações resultantes de arranjos entre setores da classe dominante, com o objetivo de apartar os trabalhadores das decisões políticas, defender a propriedade privada e criar as condições necessárias para exploração do trabalho e concentração da riqueza, ainda que resultem em mudanças vêm trazendo ganhos, sempre pontuais e não substantivos, para a maioria dos trabalhadores. Como mostra Coutinho (2006), "Gramsci chamou este tipo de transformação pelo alto de 'revolução passiva'. É interessante observar que as revoluções passivas são sempre respostas a demandas das classes subalternas, embora estas não se manifestem ainda de forma organizada, capaz de torná-las protagonistas efetivas do processo de transformação". Ver Coutinho, 2005; Fernandes, 1975a, 1975b.

101. Afinal estamos na vigência do direito burguês, onde a defesa dos direitos humanos/direitos sociais está voltada para gerenciar as diferentes expressões da questão social, o que vem resultando em obscurecimento da exploração e da propriedade privada, e não em caminho para a emancipação humana, como vem revelando a crescente e bárbara e insustentável concentração da riqueza no planeta. A noção de direitos humanos, no âmbito da sociedade burguesa, tem como pano de fundo administrar as mazelas que resultam da exploração e da opressão dos trabalhadores. Por mais que se amplie e radicalize o conjunto desses direitos, jamais se tocará na propriedade, ou seja, não se eliminará a raiz da exploração. É nesse sentido que podemos afirmar que na sociedade burguesa não há espaços para dar substância e concretude aos direitos humanos, visto que a essência desses direitos, como garantidos na legislação e na realidade burguesas, não abrange o ser humano em sua generalidade. Ver a reflexão sobre direitos humanos de Ruiz (2014), que se coloca na perspectiva da emancipação.

não questiona a importância do instrumento Estado no processo revolucionário". Como mostra o autor, ao fazer referência à ditadura do proletariado, Marx fazia referência a um tipo de Estado que tinha no seu controle a massa dos trabalhadores. Ou seja, um período de transição entre a derrocada da ordem burguesa e a constituição de uma sociedade sem classes; um momento intermediário e necessário para a abolição das classes sociais e não um despotismo ilimitado.[102]

A noção de ditadura, caracterizando conteúdo político de Estado, era, para Marx, a expansão universalizada da democracia que é incompatível com a ordem burguesa e com a ditadura da burguesia.[103,104] É dessa forma que o Estado sob controle dos trabalhadores, num processo de transição, poderá executar a tarefa de centralizar e planificar a produção, uma forma de organização da produção nacional, denominada por Mészáros (2009) de "planejamento social abrangente". Assim podemos compreender as afirmações de Marx e Engels, que mesmo datadas historicamente e num texto de combate, guardam atualidade:

> O proletariado utilizará sua supremacia política para arrancar pouco a pouco todo capital à burguesia, para centralizar todos os instrumentos de produção nas mãos do Estado, isto é, do proletariado organizado em classe

---

102. Para Slavoj Zizek (2012), o movimento Ocuppy Wall Street, recusando mudanças cosméticas, partia de duas ideias básicas: o descontentamento com o capitalismo enquanto sistema e não com sua corrupção particular e a percepção de que a forma institucionalizada da democracia representativa multipartidária não é suficiente para combater os excessos capitalistas. Ou seja, reinventar a democracia (idem, p. 92). Diante da pergunta se "existe um nome para essa democracia reinventada além do sistema representativo multipartidário", o autor responde: "Sim, ditadura do proletariado".

103. A expressão máxima da ditadura do grande capital foi vivenciada pelos brasileiros entre 1964/1985, quando um golpe civil-militar, articulado pela burguesia industrial e financeira, os grandes proprietários de terra e as cúpulas militares, liquidou o regime democrático vigente no país, desde 1945. Ver Netto, 2014. A não valorização da democracia — o que inclui liberdade de expressão, de opinião, de informação e de reunião —, muitas vezes decorre do desconhecimento do que ocorre em tempos de ditadura. As ditaduras, historicamente, vêm utilizando várias estratégias para manter o controle de corações e mentes para além do controle do corpo: baixo nível de educação, limitação cultural, censura das informações, censura a qualquer meio de autoexpressão e participação. Não é sem razão que os países imperialistas vêm convivendo tão bem com as ditaduras mais sanguinárias.

104. Nas afirmações sobre Marx, tomo como base a conferência realizada por Netto em 2012.

dominante, e para aumentar, o mais rapidamente possível, o total das forças produtivas. Isto naturalmente só poderá realizar-se, a princípio, por *uma violação* despótica do direito de propriedade e das relações de produção burguesas, isto é, pela aplicação de medidas que, do ponto de vista econômico, parecerão insuficientes e insustentáveis, mas que no desenrolar do movimento ultrapassarão a si mesmas e serão indispensáveis para transformar radicalmente todo o modo de produção. Uma vez desaparecidos os antagonismos de classe no curso do desenvolvimento, e sendo concentrada toda a produção propriamente falando nas mãos dos indivíduos associados, o poder público perderá seu caráter político. O poder político é o poder organizado de uma classe para a opressão de outra. Se o proletariado, em sua luta contra a burguesia, se constitui forçosamente em classe, se se converte por uma revolução em classe dominante e, como classe dominante, destrói violentamente as antigas relações de produção, destrói juntamente com essas relações de produção, as condições dos antagonismos entre as classes e as classes em geral e, com isso, sua própria dominação como classe. Em lugar da antiga sociedade burguesa, com suas classes e antagonismos de classes, surge uma associação onde o livre desenvolvimento de cada um é a condição do livre desenvolvimento de todos. (Marx e Engels, 1998, Manifesto do Partido Comunista; grifos meus)

Mas se teoricamente podemos vislumbrar as possibilidades do "livre desenvolvimento de todos", em busca de uma humanidade onde possamos ter orgulho tanto dela em si — como já acontece —, mas também onde possamos ter orgulho dos homens[105], há que se enfrentar a transição entre o capitalismo e o comunismo que, como mostra Mészáros (2002, 1068-1078), se dá numa "realidade contemporânea de disseminadas contradições, que se multiplicam perigosamente resultando numa verdadeira

---

105. Não é sem razão que diante do patrimônio histórico — cultural, artístico, científico etc. — legado pelas gerações anteriores, ficamos deslumbrados, mas diante da apropriação privada desse patrimônio, por homens e mulheres, e das consequências disso (guerras, fome, doenças e adoecimento, destruição da natureza etc.) temos tanto nojo, em todos os seus sentidos e significados (constrangimento, vergonha, desprezo, náusea, repulsa, sentimento de tristeza profunda), como rebeldia, resistência, teimosia, revolta, subversão que, canalizados coletivamente, podem fazer a diferença nos enfrentamentos deste estado de coisas e se constituírem em verdadeiros enfrentamentos anticapitalistas.

crise estrutural", quais sejam: as questões que envolvem colonialismo e intervenção americana, na África, na América Latina,[106] em alguns países da Europa e Oriente Médio; "a crescente crise da dominação econômica dos EUA e suas consequências se propagando pelo mundo todo"; "o colapso da Revolução Cultural Chinesa e a reaproximação entre a China e o Ocidente, trazendo com isso, por vezes, consequências devastadoras para as aspirações socialistas". Uma crise estrutural que "coloca a necessidade de transformação social radical em escala global", na qual "'a transição' não pode mais ser conceitualizada num sentido histórico-social limitado, desde que sua necessidade emerge da relação com o aprofundamento da crise estrutural do capital como fenômeno global". Iniciada nos anos 60, a partir de três grandes confrontações sociais,[107] para o autor,

> tudo o que aconteceu, desde então, recai nas mesmas três categorias, as quais encerram:
>
> 1 — as relações de exploração dos países capitalistas "metropolitanos" com os subdesenvolvidos, nas suas determinações recíprocas;
>
> 2 — os problemas e contradições dos "países capitalistas avançados" tomados em si e na conjunção de uns com os outros; e
>
> 3 — os vários países pós-capitalistas ou sociedades do "socialismo real" como relacionados e, às vezes, confrontando-se, mesmo militarmente, uns aos outros (idem).

---

106. Nunca podemos nos esquecer que os interesses das corporações/burguesia dos EUA não estão relacionados somente ao petróleo. E nós, habitantes dos países latino-americanos, não podemos nos esquecer dos processos intervencionistas dos EUA, na América Latina, pois, para além do petróleo, contamos não só com a maioria dos minerais essenciais à indústria estadunidense, mas com a ameaçada água potável.

107. São três as grandes confrontações sociais indicadas por Mészaros: "1 — a Guerra do Vietnã e o colapso da forma mais abertamente agressiva do intervencionismo americano; 2 — o maio de 1968, na França (e, aqui e ali, mais ou menos ao mesmo tempo, em situações sociais similares), demonstrando clamorosamente no coração do capitalismo 'avançado' a doença da sociedade, a fragilidade e o vazio de suas ruidosamente anunciadas realizações, e a impressionante alienação de um vasto número de pessoas do 'sistema', denunciadas com palavras de amargo desprezo; e 3 — a repressão às tentativas de reforma na Tcheco-Eslováquia e Polônia, sublinhando o crescimento das contradições nas sociedades do 'socialismo real', como parte integrante da crise estrutural geral" (Mészáros, 2002, p. 1070).

Diante deste complexo de complexos,[108] "que ameaça a verdadeira sobrevivência da humanidade [...] é impossível levantar o problema da transição como algo de significado apenas parcial", o que nos remete a um projeto societário que articule todos os demais projetos que agreguem os interessados na transformação desse estado de coisas, "na expectativa de um crescimento significativo de todas as condições históricas e da relação de forças que favoreçam as chances de uma genuína transformação socialista" (idem, p. 1071). E, se frente a este complexo de complexos, nos sentimos por vezes em estado de profundo desânimo e incapazes de qualquer ação, recorramos à história da humanidade que nos revela que é diante de crises estruturais que se originaram algumas das maiores transformações históricas.

Ora, é neste complexo contexto do capitalismo contemporâneo — para os autores, a terceira fase do estágio imperialista (ver Netto e Braz, Cap. 9) —, que a gestão/controle da miséria e da pobreza realizada pelos Estados nacionais em favor da burguesia, seja na periferia ou no centro do sistema capitalista, tem transformado assistentes sociais e demais profissionais envolvidos neste processo cada vez mais intensamente em braço da elite dominante. Na medida em que é um processo permeado pelo conflito e contradição irreconciliável entre as classes sociais,[109] reverte-se

---

108. "A ontologia social marxiana, fundada na práxis e centrada no trabalho, apreende a constituição do ser social como a constituição de *complexos de complexos: a realidade social é uma totalidade concreta composta por totalidades concretas de menos complexidade*. [...] O próprio da estrutura do ser social é o seu caráter de totalidade: não um 'todo' ou um 'organismo', que integra funcionalmente partes que se complementam, mas um sistema histórico concreto de relações entre totalidades que se estruturam segundo o seu grau de complexidade" (Netto, 1994, p. 37. Grifos do autor). Assim, no processo de formação e reprodução do ser social, a partir do trabalho, surgem inúmeras outras dimensões da atividade humana que interagem entre si e com a dimensão fundante — o trabalho —, cada uma com natureza e função próprias neste processo que se expressa como complexo de complexos.

109. Como sinalizado, o Estado, por mais que esteja capturado pelos interesses da burguesia, permeado por interesses antagônicos das classes fundamentais, não pode expressar apenas os interesses do capital. Pressionado por forças sociais, é obrigado a mediar interesses sociais. Assim, a luta de classes nas diferentes instâncias da vida social, como motor das transformações societárias, como mostra Marx, impõe limites ao capital e transformações nas estruturas econômica, social e política, ainda que permaneça o núcleo fundante da sociedade do capital: a propriedade privada, a exploração do trabalho e a concentração de riqueza.

tanto em perdas como em ganhos (ainda que pontuais) para as classes trabalhadoras nos seus diferentes segmentos.

Mas, como é próprio da sociedade do capital, a valorização e publicização de ganhos pontuais (principalmente os relacionados às opressões e discriminações) obscurecem as perdas (determinadas pela exploração do trabalho, concentração de riqueza, propriedade privada — aqui com destaque a privatização do fundo público), o que exige teoria social crítica — ou seja, conhecimento sobre a realidade para além da aparência —, para que este processo seja revelado não só em toda sua perversidade e consequências, mas, principalmente, na sua lógica e movimento, permitindo a revelação dos mecanismos e instrumentos de dominação e controle veiculados e reproduzidos nas relações/processos sociais, na maioria da vezes acriticamente, e que necessitam de resistência, enfrentamento, desarticulação, redirecionamento, no cotidiano profissional/da vida social.

É neste contexto conflituoso de interesses antagônicos e contraditórios, sob pressão de dominantes e dominados, que se gestam e são operacionalizadas as políticas e programas sociais e as políticas econômicas que as multideterminam. Solo onde operam e atuam os assistentes sociais, em princípio, na criação das condições necessárias, para que trabalhadores/usuários se submetam e sejam submetidos às suas regras, condições e critérios, frente os interesses do capital; um processo que se dá tanto junto aos trabalhadores/usuários, na execução terminal das políticas sociais (públicas ou privadas), quanto no planejamento, na programação, na gestão ou na operacionalização de políticas (públicas ou privadas).

Embora no Estado capitalista estejam contidas possibilidades de respostas práticas a necessidades e interesses dos trabalhadores, como Estado de classes, para além das facilidades objetivas e subjetivas oferecidas à reprodução, valorização e acumulação do capital,[110] o que ele oferece, de fato, são facilidades, estratégias e mecanismos para a construção

---

110. O caráter de classe do Estado capitalista fica claro em todos os momentos em que governos (nas suas diferentes instâncias) assaltam o fundo público para salvar grandes corporações — bancos, megaempresários —, para facilitar processos de acumulação — parcerias público-privada

dos consensos necessários aos interesses do capital,[111] o que resulta, ainda que não intransponíveis, em complexos desafios, obstáculos e armadilhas para os trabalhadores e para os assistentes sociais e demais profissionais que optam por um projeto profissional fundado na emancipação humana. Facilidades, estratégias e mecanismos que, diante de condições favoráveis a serem forjadas frente os interesses em contradição, podem ser revertidos em ganhos para os trabalhadores.

"O burocratismo é sempre um fenômeno próprio de um sistema de governo no qual o Estado está divorciado do povo e é incompatível com todo controle popular de sua atividade, assim como, por essência, com ajuda dos métodos burocráticos de governo ele exclui qualquer participação 'de baixo para cima' na direção da sociedade" (Vásquez, 1977 p. 263). Tanto Marx como Lênin ressaltam a estreita e mútua relação entre burocratismo e exploração: o burocratismo, como traço essencial do estado opressor e explorador da sociedade capitalista, uma sociedade dividida em classes antagônicas. No imperialismo, quando o poder estatal se funde com o poder das grandes corporações privadas, o processo de burocratização engloba tanto as instituições do Estado, como todas as instâncias da vida social, as relações entre os homens, a economia, a política, a cultura em geral.

É neste contexto que o *apelo* à humanização e ao acolhimento tem capturado vários assistentes sociais e demais profissionais, o que os remete, contraditoriamente, não só à realização de uma prática manipulatória, à margem das condições de vida e de trabalho dos usuários, uma prática repetitiva, esvaziada de finalidades, mas os remete, ainda, a pôr

---

—, enquanto para as maiorias restam "medidas de austeridade", quebra de contratos, repressão policial, cooptação, criminalização...

111. O que não quer dizer que as requisições institucionais do capital não coloquem exigências de qualificação aos assistentes sociais que, com pena de ficarem fora do mercado, não podem prescindir da apropriação e produção de um conhecimento útil e aplicável no que se refere aos interesses do capital. É assim que observamos o pesado investimento das grandes corporações na qualificação técnica da elite dos seus trabalhadores — os profissionais de nível superior —, sem deixar de lado a captura das suas consciências, através de caríssimos workshops, aparentemente neutros e despolitizados, "abrilhantados" com a presença de "intelectuais" da moda, remunerados a preço de ouro. Ver os processos que permeiam grandes corporações privadas e estatais.

como limite a erradicação da miséria e a redução — *e não a erradicação* — da pobreza; o manejo de conflitos institucionais;[112] o manejo do conflito e da violência familiar e social,[113] que se constituem atravessados pela violência urbana, pelo uso de drogas, pela falta de saúde física e mental, pela impossibilidade de inserção no trabalho formal, pela falta da educação e de cultura, o que atinge homens, mulheres, homossexuais, crianças, adolescentes, idosos, negros, pardos, brancos. Situações que, enquanto requisições institucionais a serem enfrentadas em si mesmo, acabam por ser confundidas com demandas essenciais dos trabalhadores e trabalhadoras.[114] Identificando como limite da atuação profissional o "acesso aos direitos" ou o acesso/submissão ao direito/legislação burguesa, a partir de um processo "humanizado", os assistentes sociais e demais profissionais que se deixam capturar pela possibilidade de humanização do

---

112. Numa reunião, após ouvir os usuários denunciarem a falta de medicamentos, de exames complementares e, especialmente, de médicos, enfermeiros e agentes comunitários no Programa de Saúde da Família (PSF), o que vem impondo obstáculos ao cumprimento das condicionalidades do Programa Bolsa Família, pelo que estavam sendo cobrados, o assistente social diz: "Nós ouvimos as situações e vamos levar para a instituição". Ora, na direção dos interesses dos trabalhadores, aqui não cabe somente escuta e acolhimento em si, orientação, aconselhamento ou encaminhamento, mas reflexão crítica com socialização de informações e conhecimentos substantivos que iluminem a organização para a resistência e o enfrentamento desse quadro, a partir de uma reflexão que atinja e, pelo menos, dê início à apreensão da raiz do problema.

113. Ao mercantilizar todas as instâncias da vida social, o capital espraia o despotismo e a violência da exploração e do controle [policial] para o âmbito da família, da escola, das "comunidades", da igreja,... Ou seja, é uma violência que não tem sua origem no indivíduo, na família.

114. Os Editais de Concursos/Seleções definem o que o empregador quer do assistente social ao lhe pagar o salário. Neles estão definidas as requisições institucionais, o que, frequentemente, não guarda relação com as atribuições do assistente social, mas, essencialmente, não guarda relação alguma com as necessidades e demandas essenciais dos trabalhadores/usuários. Mas a realidade profissional, na contradição própria da sociedade do capital, não contém e revela somente as requisições institucionais, mas também, e de forma conexa, revela as demandas dos trabalhadores/ usuários, quando o assistente social necessita de teoria para apreendê-las na sua complexidade e movimento, no que se refere ao que é individual e ao que é coletivo. O individual, sempre expressando o coletivo, ainda que de forma mediada. (ver capítulo 3 deste livro). É assim que podemos apreender que a demanda por uma passagem que permita a um trabalhador/usuário voltar para casa não está relacionada à sua incapacidade/incompetência para custear suas despesas pessoais, mas está direta, ainda que não explicitamente, relacionada ao gravíssimo problema do caríssimo transporte coletivo nos grandes centros urbanos, nunca tratado como direito social que é.

atendimento nas instituições capitalistas — o que, no limite, significa concordar com a possibilidade de humanização do próprio capitalismo — acabam por colocar como limite da atuação profissional uma sociedade burguesa "humanizada", muito aquém e em contradição flagrante com o projeto profissional, na medida em que esse caminho acaba por interditar a participação efetiva dos trabalhadores/usuários na direção da sociedade que constroem historicamente.

Nestas circunstâncias, o "acesso aos direitos", *aparentemente apartado* de processos pedagógicos/educativos de formação e organização políticos,[115] é muitas vezes identificado e/ou equalizado ao preenchimento burocrático e mecânico de cadastros; à aplicação de critérios de seleção e/ou a elaboração de avaliação social para fins de inserção em benefícios, laudos, pareceres, relatórios sociais, que, aparentemente, resultam em favorecimento dos usuários, quando inseridos em projetos e programas sociais e/ou quando atingidos pela lei burguesa de forma mais branda ou aparentemente mais justa. "Tudo num contexto de muito respeito e humanidade". Ou seja, o acesso/submissão à legislação burguesa é identificado e/ou equalizado à realização burocrática e mecânica de estudos sociais para elaboração de laudos, pareceres, relatórios sociais

---

115. Por que aparentemente? Porque todo processo que permite o acesso a benefícios, serviços ou programas socioassistenciais — mesmo aqueles mais burocratizados —, se dão, direta ou indiretamente, em concomitância com processos pedagógicos/educativos de (de)formação e (des)organização políticos. Ou seja, a depender da direção social desses processos, no limite, ou eles formam e organizam, ou eles deformam e desorganizam. É o que acontece com o acesso à educação pública e à educação privada via financiamento público; aos serviços de saúde, dentre eles os invisíveis serviços de vigilância sanitária e de vigilância epidemiológica e à caríssima atenção terciária e de reabilitação oferecidos pelo SUS; aos direitos previdenciários; aos benefícios assistenciais — Bolsa Família, Minha Casa Minha Vida etc. etc. Assim, o que está em questão é a direção social — as finalidades e objetivos — que toma esses processos no cotidiano da vida social — grande parte deles mediados por profissionais de nível superior —, diante de uma maioria (quando não o próprio profissional) que ignora, por exemplo, as contradições e os antagonismos entre público/privado, as suas fontes e formas de financiamento. Porque, na sociedade capitalista, frente os interesses contraditórios do capital e do trabalho, os processos pedagógicos/educativos que permeiam o acesso às políticas sociais públicas e/ou privadas, sempre favorecem um ou outro desses polos. Nesse sentido, são processos que politizam ou despolitizam; organizam para a luta política e social ou organizam com foco somente na luta corporativa; contribuem com a formação dos indivíduos para a emancipação humana ou para a submissão...

que, aparentemente, ao alimentarem as decisões de juízes, resultam em favorecimento dos usuários, quando submetidos/atingidos, favorável ou desfavoravelmente, pela legislação burguesa.[116] Um processo que, por meio de entrevistas, reuniões, visitas domiciliares, se desenvolve não com a participação crítica e ativa dos trabalhadores/usuários, mas com eles submetidos à condição de objeto de estudo, de investigação, de controle, de manipulação, de submissão, constrangidos que são a disponibilizar informações, não só sobre suas condições de vida e de trabalho, mas sobre seus valores, suas escolhas, sentimentos, sofrimentos, conflitos, estado ou condição psicológica.

Frequentemente, os trabalhadores/usuários participam da atividade profissional, sem noção do uso que será feito das informações disponibilizadas e sem que tenham sido criadas as condições necessárias para que o material resultante de entrevistas, reuniões, visitas domiciliares passe a ter sentido para si, quando tomado em conjunto com o especialista — o assistente social —, como objeto de investigação, reflexão radicalmente crítica; o espaço profissional, assim, para além da viabilização do acesso aos direitos, se constituindo em espaço de apropriação radicalmente crítica de conhecimentos, informações e reflexão dos valores e interesses que o permeia. Assim sendo, ainda que não intencionalmente, os trabalhadores/usuários, considerados como fornecedores de dados ou ouvintes em palestras[117] que abordam temáticas definidas de antemão, não passam de

---

116. Em qualquer área de atuação, o assistente social e demais profissionais — com maior ou menor intensidade e consequências — fazem escolhas que incidem diretamente sobre os destinos das vidas das pessoas. Se na área sócio-jurídica, por exemplo, o assistente social participa de processos em que "decide-se se alguém vai ser privado de liberdade, ou vai perder a guarda de um filho, se vai poder ou não adotar uma criança ou conviver com um idoso" (Borgianni, 2013, p. 435), em outras áreas, decide-se se alguém vai ter acesso a um programa assistencial que pode lhe garantir pelo menos uma refeição por dia; a um teto; à aposentadoria, respeitando a contribuição que fez ao longo da vida; se vai ter acesso a informações e conhecimentos substantivos e essenciais que poderão transformar profundamente sua visão do mundo e participação na vida pública... Afinal, numa sociedade de interesses contraditórios, a vida social é fruto das escolhas que, individual e coletivamente, fazemos, aceitamos, nos submetemos e/ou dela participamos.

117. No material empírico da investigação que desenvolvo, são comuns reuniões e entrevistas onde o assistente social faz longas preleções intercaladas por intervenções monossilábicas de alguns

objetos manipulados e controlados, em nome do acesso a direitos e/ou ao benefício/malefício[118] da lei.

---

usuários. A análise teórico-crítica dessas reuniões e entrevistas, para além da pesquisa e da produção de conhecimento, é uma exigência à materialização do projeto profissional, quando realizada com finalidades educativa e de formação. Na apreensão do movimento da atividade — apreendida como parte e expressão do Serviço Social, da instituição, do contexto social... —, é que serão reveladas, dentre outras coisas, a qualidade da preparação ético-política, teórico-metodológica e técnico-operativa do profissional/equipe no trato das requisições institucionais, demandas dos usuários e dos temas abordados nesse contexto; os conflitos e contradições que permeiam a instituição e as equipes; a correlação de forças no interior da instituição e o protagonismo do Serviço Social/assistente social em assegurar uma correlação de forças favorável ao projeto profissional; traçar o perfil ético-político dos usuários, através da identificação e estudo dos valores, preconceitos, contradições, informações e conhecimentos que atravessam as manifestações dos usuários; a impossibilidade dos usuários, a partir do que já têm acumulado de informações e como ouvintes passivos, de se apropriarem dos conhecimentos, conceitos e informações veiculados pelo profissional como instrumento de indagação frente às suas demandas, na medida em que se um espaço oferece condições de presença dos usuários, ele não garante sua participação efetiva etc. É através da análise crítica do cotidiano profissional que o assistente social, o aluno, o assessor, poderão apreender que uma atividade, mesmo que veicule informações e conhecimentos, não necessariamente se constitui numa atividade mediada por teoria e que favoreça a reflexão crítica e o processo criativo. É identificando essas e outras questões que se apresentam na realização das atividades e ações pensadas e desenvolvidas, que o assistente social pode identificar e submeter à crítica o seu protagonismo na realização das ações, suas consequências e identificar e definir o que é necessário potencializar na sua formação permanente (ver capítulo 3 deste livro).

118. Não podemos considerar um malefício quando, descumprindo o compromisso do capital e/ou rompendo o contrato com os trabalhadores, o INSS reduz a aposentadoria de um trabalhador a muito aquém daquilo que ele contribui durante longos anos? A mídia burguesa veicula a todo o momento a importância e a necessidade de os Estados nacionais cumprirem os contratos com o capital, obscurecendo ou simplesmente ignorando — não por desconhecimento —, as constantes rupturas de contrato do capital com o trabalho. Nunca podemos esquecer que, na sociedade do capital, assim como gosta de asseverar a mídia, só não podem ser rompidos os compromissos que favorecem o capital, capitalistas e rentistas. Por outro lado, se a violência da polícia é quase sempre explicitada, a violência da lei na sociedade do capital, sobre os trabalhadores, travestida de "justiça", nem sempre é explícita. A quem favorece a defesa da propriedade da terra e o sigilo bancário assegurados na Constituição de 1988? Essas são questões a serem abordadas nas salas de espera, nas entrevistas e reuniões com os usuários, questões que atravessam o cotidiano dos trabalhadores, concretamente, como explorados e, mediatamente, quando abordadas na mídia, principalmente, a falada (rádio) e televisada (TV). Mídia que, usando de uma concessão pública, continua a soterrar os trabalhadores com a ideologia dominante, até nas horas de espera nas instituições públicas e privadas, onde as TVs estão sempre sintonizadas com o que há de mais alienador e manipulador, em detrimento de grupos de sala de espera, de vídeos sobre o SUS e seus princípios socializantes ou sobre a dívida pública e as privatizações, e, por

Ao colocar requisições institucionais deletérias — tanto para os trabalhadores, como para os próprios profissionais e profissões —, o Estado capitalista, ao oferecer facilidades tendo em vista criar um clima de cooperação entre desiguais e resolver o que é considerado problema para o capital — as consequências da exploração do trabalho, da concentração da riqueza e da propriedade privada —, favorece caminhos, estratégias e espaços para o controle, o consenso e o consentimento. Um contexto que resulta não só em obstáculos aos profissionais, mas, essencialmente, aos próprios trabalhadores/usuários nas suas lutas. Fragmentados, individualizados e culpabilizados, são submetidos a constrangimentos e dificuldades no acesso ao que é de direito pela própria lei burguesa, impedidos assim de acessar o fundo público, tanto para sobreviver à exploração, como para estruturar as condições necessárias para potencializar e exercitar a luta política, do que faz parte o controle social das políticas e dos serviços, com foco nos momentos de ruptura, o que exige enorme sustento social, consciência e organização social.

E aqui fica clara a relevância do assistente social introduzir os Conselhos de Política e de Direitos[119] no cotidiano profissional, tanto no que se refere à sua participação como conselheiro, como para fomentar o controle e a luta social, ao informar/encaminhar os usuários para os conselhos e lutas sociais e/ou participar da formação e qualificação dos conselheiros (representantes dos usuários e dos profissionais (estes enquanto aliados necessários frente os interesses gerais dos trabalhadores) e dos integrantes dessas lutas.

---

que não, sintonizadas com as transmissões dos canais legislativos, judiciário e executivo, nas suas diferentes instâncias?

119. Os Conselhos de Política e de direitos entendidos, aqui, não como espaços de busca de consenso, mas espaços de disputa, trincheiras de luta dos trabalhadores no exercício de imposição de limites ao capital. Para uma incursão sobre o complexo e contraditório espaço dos Conselhos, há uma extensa produção disponível aos assistentes sociais brasileiros. Da bibliografia, destacamos: Raichelis (1998), Bravo (2002, 2006); Correia (2006), Bravo e Menezes (2012).

1.2.2 Origem, Posição e Condição de Classe[120]

Do ponto de vista do trabalho e tomando como critério a forma de propriedade[121], na sociedade do capital, existem basicamente duas classes sociais fundamentais que, frente a interesses irreconciliáveis, estão em luta permanente (velada ou não): a burguesia (proprietários dos meios essenciais de produção, exploradores da força de trabalho e concentradores da riqueza socialmente produzida — burguesia industrial, rural e financeira) — e os operários (proprietários da força de trabalho que só pode ser comprada e vendida formal ou informalmente na forma de salário — operários urbanos e camponeses). Os demais trabalhadores assalariados e segmentos subalternizados se constituem em diferentes segmentos que, em conjunto com os operários, neste trabalho, denominamos classe trabalhadora nos seus diferentes segmentos.

A sociedade burguesa, como afirmam Netto e Braz (p. 130)

> nas suas configurações concretas, jamais é uma sociedade formada por *duas classes* — existe entre o proletariado e a burguesia uma série de camadas sociais intermediárias, remanescentes de modos de produção pré-capitalistas (produtores mercantis simples) ou resultantes do próprio desenvolvimento capitalista (funcionários públicos, militares, empregados de escritório etc.). (Grifos dos autores)

Assim, integrando a burguesia, com base em Marx, consideramos um segmento que embora não seja proprietário privado dos meios essenciais

---

120. Essa reflexão foi inspirada em Netto (2011/12), quando ministrou aula pública, no Programa de Pós-Graduação da FSS/UERJ.

121. Diante dos interesses do capital, na análise da divisão social das classes, o critério propriedade privada dos meios essenciais de produção não é levado em consideração porque, explicitando o caráter das duas classes fundamentais e demais segmentos assalariados e subalternos, revela tanto a propriedade privada do capital produtivo, financeiro e dos meios essenciais de produção, como a exploração do trabalho e a concentração da riqueza socialmente produzida. Assim, excluído o regime de propriedade, é a "renda", enquanto capacidade de consumo que define as classes sociais designadas, do ponto de vista do capital/burguesia, como classes A, B, C, D e E. Ver nota 385.

de produção é rentista[122] e/ou grande proprietário privado de bens móveis e imóveis. Ou seja, é um segmento burguês que se encontra fora do núcleo central do capitalismo (não é detentor do capital e dos meios essenciais de produção) e não é força de trabalho que produz capital. O segmento que se situa nas chamadas profissões liberais, na burocracia estatal (ou nos serviços públicos) e empresarial (ou na administração e gerência), assim como na pequena propriedade fundiária e no pequeno comércio, assalariado ou não pelo capital, mas submetido aos seus interesses de acumulação, "mesmo que vociferem contra isso" como afirma Marilena Chaui, devem ser considerados como integrantes da classe trabalhadora.[123]

Ora, as classes sociais são conjuntos de famílias e as famílias se reproduzem nas classes sociais. No Modo de Produção Capitalista (MPC) e na sociedade burguesa, a origem de classe está vinculada à condição familiar. Assim, os indivíduos iniciam sua existência a partir de uma *origem de classe*: onde nascem. Mas, a sociedade capitalista, com a possibilidade de mobilidade social vertical, favorece a mudança de posição de classe, quando o indivíduo pode ascender ou descender socialmente e

---

122. Os rentistas parasitam, através de juros altos, a dívida pública. "O resultado primário da União deriva das receitas não financeiras subtraídas das despesas não financeiras e é utilizado essencialmente para o pagamento dos juros da dívida pública. [...] Mais de 90% da bolada entregue por conta da dívida pública serão endereçados ao sistema financeiro, como mostram os números da organização Auditoria Cidadã da Dívida. Dos beneficiários, 62% são os bancos nacionais e estrangeiros, os investidores estrangeiros e as seguradoras, muitas delas pertencentes aos conglomerados dos bancos. Os fundos de investimento (vários deles ligados aos mesmos conglomerados), dominados por grandes investidores, detêm 18% da dívida e os fundos de pensão, de distribuição mais pulverizada de rendimentos, 13% do total. O chamado Tesouro Direto, forma de aplicação de pessoas físicas em títulos do governo, responde por apenas 0,36% do estoque da dívida interna. Todos eles, pessoas jurídicas e pessoas físicas, enquadram-se na definição de rentistas, aqueles que vivem de uma renda fixa (tanto a proveniente de juros quanto a derivada da renda da propriedade). *Carta Capital*, 7/12/2014: Brasil, excelente para os rentistas. Disponível em: <http://www.cartacapital.com.br/economia/brasil-um-pais-excelente-para-os-rentistas-9249.html>. Acesso em: jan. 2015.

123. Para alguns intelectuais, existe uma classe média que não integra a classe trabalhadora nem a classe burguesa. Constituída por rentistas, profissionais liberais e funcionários públicos, não estão apartados completamente, como os trabalhadores, do patrimônio histórico da humanidade e, nos seus diferentes segmentos, nem em parte nem no todo, não estão ou podem ser incluídas na classe burguesa exatamente porque não são proprietários dos meios essenciais de produção.

nessa ascensão ou descenso ele vai encontrar a sua *condição de classe*, que pode se diferenciar da origem de classe.

Desse modo, ao longo de sua vida, os indivíduos alçam a uma *condição de classe*, isto é, onde se encontram historicamente situados na divisão sócio-técnica do trabalho,[124] levando em conta, prioritariamente, as possibilidades que lhe são destinadas pela sociedade, a partir da sua origem de classe, de usufruir do patrimônio histórico da humanidade: material (riqueza socialmente produzida), cultural (arte, ciência — conhecimento da natureza e conhecimento do ser social —, filosofia). Por outro lado, ao participarem da produção da história da humanidade, conscientemente ou não, os indivíduos assumem uma *posição de classe* ao reproduzirem o modo de ser, pensar e agir capitalista *e/ou* um modo de ser, pensar e agir que, no processo, pode favorecer a emancipação. Ou seja, a *posição de classe* não coincide sempre, nem com a *origem de classe*, nem com a *situação de classe*. Como alerta Coutinho (2011),

> O "transformismo", processo "molecular" ou coletivo, para Gramsci, refere-se à passagem de segmentos das classes subalternas para o campo da hegemonia burguesa. É comum nos períodos históricos em que o grupo social dirigente, por meio do Estado, promove a revolução passiva, ou seja, a classe dominante realiza "pelo alto", transformações objetivamente progressistas, passando a exercer forte hegemonia sobre os segmentos subalternos, atraindo parte deles para o seu campo político-ideológico.

Por outro lado, podemos ter um indivíduo que tem sua *origem* numa camadas subalternas e que mesmo tendo ascendido socialmente mantém-se vinculado aos interesses de classes sociais exploradas/subalternas. Essa relação não é uma relação nem direta e nem mecânica e, é claro, não depende só dos indivíduos, depende das conjunturas históricas. Indivíduos saindo do curso médio para o curso superior, por exemplo, quando a sociedade brasileira se encontrava em pleno processo de democratização,

---

124. Divisão social do trabalho que, na sociedade do capital, "continuamente impede o homem de se realizar na sua totalidade e na sua unidade" (Lukács, 1967, p. 246).

com as camadas trabalhadoras se organizando, favoreceu que boa parte daquela geração, de origem e situação pequeno-burguesa, tomasse uma posição proletária. Reforçando o argumento, ressaltando que Iasi (2006, p. 341-342) destaca que a universalidade da burguesia não é absoluta, o autor afirma:

> uma pessoa que por sua posição no interior de certas relações sociais de produção e de propriedade não é um proletário pode, por uma série de circunstâncias, compor a ação coletiva que se levanta contra a ordem do capital, constituir-se enquanto parte integrante da formação desta classe enquanto sujeito histórico, assumindo como seus os interesses e objetivos do proletariado, como no exemplo clássico de Marx e, principalmente, Engels. O que os mais românticos esquecem é que o inverso é também válido e, infelizmente, muito mais frequente, isto é, uma pessoa que por sua posição econômica é proletário [ou qualquer trabalhador assalariado] pode assumir como seus os ideais e valores de uma concepção de mundo burguesa e, compondo junto aos seus pares este ser coletivo, empreender uma ação no sentido de perpetuar as relações que fazem da burguesia uma classe dominante. Nesta aproximação, esta pessoa que é parte do burguês coletivo, ainda que não o seja em si mesmo nem proprietário, nem comprador de força de trabalho, nem extrator de mais-valia, portanto não seja de fato burguês, compõe no terreno das classes o burguês coletivo, da mesma maneira que a grande burguesia comercial compôs um dia a ordem feudal em associação com a nobreza no Estado Nacional Absolutista. [...] Em um certo momento [da] totalização dialética a burguesia universaliza-se como classe, constrói a sociedade à sua imagem e semelhança, totaliza as particularidades numa série em que cada parte se define por sua relação com o todo do capital. Ao diluir-se universalmente como classe, a burguesia dissolve e dissimula o próprio caráter de classe de sua sociedade. Esta é a mais nítida *objetividade*, ao passo que *subjetiva* é a pretensão dos seres particulares desta ordem totalizadora do capital ao acreditarem-se como algo distinto em uma humanidade mercantil, graças ao ponto mais ou menos favorável em que se inserem no mercado: como operário qualificado ou trabalhador de escritório, filósofo ou proletário do ensino secundário, militante assalariado da burocracia partidária/sindical ou rebelde anticapitalista

[e acrescentamos, como assistente social, aluno, professor/pesquisador ou como profissional inserido nos espaços sócio-ocupacionais]. Não apenas todos e cada um se inserem em algum ponto das relações capitalistas, como a consciência geral, ou, nos termos gramscianos — a hegemonia —, é a consciência liberal burguesa. [...]. A consciência imediata da sociedade é a consciência burguesa. (Grifos do autor)

É diante disso que, na complexa e contraditória sociedade burguesa, frente aos interesses antagônicos das classes fundamentais — os capitalistas e os operários —, todo indivíduo e, por extensão, todo intelectual/profissional (dentre eles o assistente social) está fadado, no campo da luta de classes, a optar/tomar partido (ciente ou não da causalidade dessa opção/escolha, da própria opção/escolha e de suas consequências) pelo favorecimento do operariado (o trabalhador, não proprietário, que vive de salário e tem uma posição fundamental no processo de produção da riqueza) e, por extensão, pelo favorecimento dos demais trabalhadores assalariados (como proprietários que são somente da sua força de trabalho), na luta por sua emancipação econômica e política **ou** a optar/tomar partido das elites dominantes/burguesia no favorecimento de sua luta encarniçada contra quem gera riqueza (operário), quem valoriza o capital (demais trabalhadores assalariados) e quem está temporária ou definitivamente apartado da produção e do assalariamento (desempregados e os denominados, na sociedade do capital, como supérfluos).[125] Uma

---

125. Como afirma Tonet (2012, p. 17), "a exclusão do campo do trabalho tem, nessa forma de sociabilidade [a capitalista], uma função bastante parecida com o ostracismo para os gregos ou a excomunhão para os cristãos. Vale dizer, significa *condenar os indivíduos à morte social*, quando não à própria *morte física*. Deste modo, toda a vida dos indivíduos, em todas as suas manifestações é, de algum modo, posta sob a ótica do capital. Desde o trabalho propriamente dito, até as manifestações mais afastadas dele, como a religião, os valores morais e éticos, a afetividade e as relações pessoais". Ora, no capitalismo monopolista tardio, cresce o contingente de trabalhadores considerados desnecessário/dispensável aos processos de acumulação. Para o capitalista, o que está em jogo é a mercadoria — força de trabalho — dispensável e não o trabalhador/ser humano integral que, como qualquer indivíduo social, parte e expressão do ser social, é herdeiro do patrimônio histórico da humanidade e necessita dar respostas às suas necessidades humanas e sociais essenciais, ainda que, pelas circunstâncias da organização social vigente, só seja proprietário da sua própria força de tra-

A/O ASSISTENTE SOCIAL NA LUTA DE CLASSES

opção que o assistente social faz, consciente ou não da tarefa que lhe delega e/ou é requisitada pela burguesia — nem sempre diretamente:[126] a manutenção da propriedade privada dos meios essenciais de produção, da exploração do trabalho e da concentração da riqueza socialmente produzida. Mesmo assim, é uma opção/escolha que está fundada nas possibilidades dadas a qualquer indivíduo social de fazer a história, possibilidades presentes no histórico[127] processo contraditório de conflito de interesses na sociedade do capital.

Ressaltamos aqui, para evitar erros de entendimento quanto à crítica relacionada ao papel que nós assistentes sociais desempenhamos na sociedade burguesa, que não se trata de atingir pessoas. Trata-se da participação dos assistentes sociais e demais profissionais, nas consequências humanas, sociais, econômicas, ambientais e culturais, intencionais e não intencionais das atividades humanas. Ora, mesmo cientes da direção social escolhida — de enfrentamento com a ordem do capital —, no exercício profissional, estamos fadados a empreender consequências favoráveis aos processos de acumulação a partir das necessárias respostas às requisições institucionais. São consequências não intencionais, na medida em que a legitimidade de cada uma das profissões está assentada nas respostas — intencionais ou não — às requisições do capital,[128] a serem

---

balho a ser vendida "livremente" no mercado, como qualquer outra mercadoria; uma "venda livre" que se objetiva no capitalismo contemporâneo, para as maiorias, progressivamente como impossibilidade real.

126. A maioria dos assistentes sociais está inserida nos diferentes poderes e instâncias do Estado capitalista e responde indiretamente às requisições da burguesia.

127. Felizmente, como os próprios homens descobriram na sua história: *"Verba volant, scripta manent"*, ou seja, as palavras voam, os escritos permanecem. Assim, podemos resgatar o que Marx já mostrara em meados do século XVIII e que uma sociedade que aparta as maiorias do patrimônio intelectual da humanidade não permite que essas maiorias usufruam. Como evidencia Lukács: "Marx levou a seu ponto mais extremo, com uma lógica sem concessões, a tendência histórica implícita na filosofia hegeliana: ele transformou radicalmente todos os fenômenos da sociedade e do homem socializado em problemas históricos, mostrando concretamente o substrato real do desenvolvimento histórico e tornando-o metodologicamente fecundo" (Lukács, 1981, p. 78).

128. Não é sem razão que, frequentemente, o conjunto CFESS/CRESS tem de se pronunciar a respeito do que é requisitado pelos empregadores — tanto no âmbito público, como no privado —

dadas direta (empresas) e/ou indiretamente (no Estado, nas ONGs e demais instituições socioassistenciais), a partir do processo de assalariamento. Assim, há que ficar claro que, concordando com o que afirmava Marx (1983, p. 13),

> [...] só se trata de pessoas à medida que são personificações de categorias econômicas portadoras de determinadas relações de classes e interesse. Menos do que qualquer outro, o meu ponto de vista, que enfoca o desenvolvimento da formação econômica da sociedade como um processo histórico-natural, pode tornar o indivíduo responsável por relações das quais ele é, socialmente, uma criatura, por mais que ele queira colocar-se subjetivamente acima delas.

1.3 Serviço Social, práxis e trabalho

Na perspectiva do projeto profissional, o Serviço Social só tem sentido como práxis; práxis que tem como modelo o trabalho que, como criador de valores-de-uso, é o ato ontológico fundamental do ser social, como revela Marx e Lukács (2010, 2012, 2013). Na sociedade capitalista, o trabalho explorado, alienado, considerado exclusivamente como criador de valores-de-troca, não tem condições de ser o modelo de uma atividade profissional que tenha como finalidade processos emancipatórios. Na realidade, a atividade profissional de um assistente social que almeja articulação com os interesses históricos dos trabalhadores e trabalhadoras não se materializa, mesmo tendo como modelo o trabalho não explorado que, como criador de valores-de-uso, se põe como atividade humana autorrealizadora. Isto porque a práxis é muito mais rica que o trabalho e

---

como atribuição do assistente social, em seleções, concursos e no cotidiano profissional. Frequentemente, requisições incompatíveis com as atribuições e competências profissionais definidas na Lei que regulamente a profissão, que mesmo retiradas dos editais, continuam a ser impostas aos assistentes sociais no cotidiano da prática.

é pela práxis, consciente, radicalmente crítica e criativa, que se faz presente, de forma indissociável, a ética, a ciência, a filosofia, a política, a arte, a educação... Na relação do homem com a natureza — ou seja, no trabalho —, não estão nem poderão estar presentes, nem a ética, nem a política, nem as possibilidades concretas de formação do homem integral.

Como podemos apreender em Lukács, *a emancipação humana se dá na e pela práxis;* práxis que, para Marx, "é atividade teórico-prática, isto é, tem um lado ideal teórico, e um lado material, propriamente prático, com a particularidade de que só artificialmente, por um processo de abstração, podemos separar" (Vazquez, 1977, p. 262).

Ora, a relevância da apreensão do trabalho, criador de valores-de--uso, como ato fundante do ser social e modelo da práxis, para os assistentes sociais ou para qualquer outro profissional, não está em justificar a apreensão do Serviço Social/profissão como trabalho, mas para estruturar e fortalecer o ponto de vista de classe que dá a direção das nossas ações — na produção de conhecimento e na atividade socioassistencial — na transformação do projeto profissional em realidade: o ponto de vista do proletariado enquanto sujeito histórico revolucionário embasado pela perspectiva crítico-dialética inaugurada por Marx. Como mostra Netto (1987), ainda que o proletariado não cumpra com a "missão histórica" que Marx lhe atribui, "o nexo imanente, uma relação genética e metodológica entre Marx e o proletariado" — o mesmo podendo ser afirmado em relação ao projeto profissional apreendido na sua radicalidade e o proletariado — está dado "porquanto é o proletariado, enquanto classe em si, que, pela sua mera existência, viabiliza a dialética social a partir da perspectiva do processo de trabalho" (p. 77).

É a partir da práxis e do trabalho apreendido como ato fundante do ser social e como atividade humana autorrealizadora, nessa condição, modelo da práxis consciente, radicalmente crítica e criativa, que podemos apreender as possibilidades presentes no movimento da realidade social, na trajetória para a emancipação humana e, consequentemente, as possibilidades dos assistentes sociais, no exercício de suas funções, dar sua contribuição nesse processo.

1.3.1 Práxis e trabalho

Uma apreensão mais cuidadosa da práxis, aqui, justifica-se e torna-se necessária, não só tendo em vista o objeto de atenção deste item — a afirmação do Serviço Social como práxis —, mas a qualificação daquilo que reiteradamente afirmamos neste livro: a necessidade e exigência, por parte do assistente social que opta pelo projeto profissional, de uma prática radicalmente crítica, criativa, reflexiva e propositiva, o que só pode se dar a partir do exercício efetivo e realização de formas potencialmente emancipatórias de consciência social, por meio da mediação da superestrutura legal e política, como podemos apreender em Mészáros, com base em Lukács.[129] Uma prática que, parte e expressão da sociedade do capital, ainda que não vá resultar em algo revolucionário, essencialmente novo ou transformador, certamente, ao resgatar na realidade e da realidade o que há de potencialmente revolucionário e emancipador, poderá deixar sua contribuição no processo de construção de uma nova ordem social que supere radicalmente a sociedade do capital. Não resultará em algo transformador em si, não porque é uma prática, como todas as demais, que carrega traços do que é dominante na sociedade — a prática manipuladora e instrumental —, mas porque, antes de tudo, a transformação social é obra de todos os homens e não de um indivíduo, uma profissão ou de grupos, por mais iluminados que sejam. Desse modo, a atividade profissional dos assistentes sociais que se referenciam pelo projeto profissional, como parte e expressão da práxis social, se vê obrigada, para

---

129. Para nos embrenharmos pelo complexo campo das lutas emancipatórias, comentando Lukács, Mészáros afirma: "no processo de desenvolvimento histórico, quanto mais articulada se torna a superestrutura legal e política, mais abrangentemente ela abarca e domina não apenas as práticas materiais reprodutivas da sociedade, mas também as mais variadas 'formas ideias' de consciência social. O resultado é que práticas teóricas, filosóficas, artísticas etc., só podem intervir indiretamente no processo social de transformação por meio da *mediação* necessariamente *oblíqua* da superestrutura legal e política. Paradoxalmente, contudo, o exercício efetivo dessas formas potencialmente emancipatórias de consciência social [...] precisa, como seu veículo, dos complexos instrumentais da superestrutura legal e política, apesar de esta última — em sua viciante capacidade de tudo penetrar sob as condições da formação socioeconômica e política capitalista — constituir o alvo mais óbvio e imediato de sua crítica", ou seja, da crítica de Lukács. (Mészáros, 2002, p. 469)

atender condições objetivas peculiares ao enfrentamento com a sociedade do capital, a se mirar na práxis anticapitalista que floresce e tem vigência na própria sociedade capitalista, no âmbito das organizações e movimentos dos trabalhadores que, na luta de classes, criam sua própria lei e não buscam fora dela o que lhe desfavorece, o que significa não transplantar como um modelo práxis instrumentais e manipuladoras que governam a sociedade do capital. Mas, é necessário ressaltar que, ao buscar a referência central em lutas anticapitalistas, que também não estão isentas de contradições, não estou desvalorizando as diferentes lutas sociais setorizadas, que, enquanto tal, resultam em experiências de luta e em potenciais alianças anticapitalistas. Assim sendo, também não estou me referindo a uma imitação dos caminhos trilhados por organizações e movimentos anticapitalistas, mas a uma "assimilação criadora", como refere Vásquez (1977, p. 260).

O *trabalho, como criador de valores-de-uso,* é o fundamento do ser social; é a *objetivação primária e ineliminável do ser social.* É o que pode ser apreendido em Marx, posteriormente, em Lukács, Mészáros e, no Brasil, sintetizado e atualizado por Netto e Braz, Lessa e outros. Por meio da transformação da natureza, coletivamente, os trabalhadores produzem a base material da sociedade. Como afirma Marx (1983, p. 149-150),

> [...] o trabalho é um processo entre o homem e a natureza, um processo em que o homem, por sua própria ação, media, regula e controla seu metabolismo com a natureza [...] no fim do processo de trabalho obtém-se um resultado que já no início deste existiu na imaginação do trabalhador, e portanto idealmente. Ele não apenas efetua uma transformação da forma da matéria natural; realiza, ao mesmo tempo, na matéria natural, o seu objetivo. [...] Os elementos simples do processo de trabalho são a atividade orientada a um fim ou o trabalho mesmo, seu objeto e seus meios. [...] O processo de trabalho [...] é a atividade orientada a um fim *para produzir valores-de-uso,* apropriação do natural para satisfazer a necessidade humana, condição universal do metabolismo entre o homem e a natureza, condição natural eterna da vida humana e, portanto, [...] comum a todas as suas formas sociais. (Grifos meus)

Como mostra Lukács (2010), Marx demonstrou que o trabalho é um pôr teleológico[130] conscientemente realizado. Um pôr teleológico

> que, quando parte de fatos corretamente reconhecidos no sentido prático e os avalia corretamente, é capaz de trazer à vida processos causais, de modificar processos, objetos etc. do ser que normalmente só funcionam espontaneamente, e transformar entes em objetividades que sequer existiam antes do trabalho. (Seria enganoso, aqui, pensar apenas em formas de trabalho altamente desenvolvidas. A roda, que não existe em parte alguma da natureza, foi, por exemplo, inventada e produzida em fases relativamente iniciais.) Portanto, o trabalho introduz no ser a unitária inter-relação, dualisticamente fundada, entre teleologia e causalidade; antes do seu surgimento havia na natureza apenas processos causais. Em termos realmente ontológicos, tais complexos duplos só existem no trabalho e, em suas consequências sociais, na práxis social. O modelo do pôr teleológico modificador da realidade torna-se, assim, fundamento ontológico de toda práxis social, isto é, humana. Na natureza, em contrapartida, só existem conexões, processos etc. causais, nenhum de tipo teleológico. (p. 44-45)

Ora, trabalho enquanto criador de valores-de-uso não é o mesmo que trabalho enquanto criador de valores-de-troca: trabalho abstrato. Como afirma Tonet (2012, p. 15),

> ao contrário do trabalho enquanto criador de valores-de-uso, o trabalho como criador de valores-de-troca tem uma existência muito recente. Ainda que existisse, em formas muito embrionárias e dispersas, na antiguidade, ele só emergiu, como elemento nucleador de uma forma de sociabilidade,

---

130. "Em Lukács, o pôr teleológico significa, antes de tudo, uma ação (trabalho) orientada por um fim previamente ideado. O ponto de partida decisivo da ontologia do ser social encontra-se na definição da especificidade humana como uma nova forma do ser surgida mediante o complexo do trabalho, que Lukács define como pôr teleológico. O trabalho é entendido como complexo genético do ser social e como modelo de toda práxis social precisamente porque nele está contida a *diferença específica* que instaura a linha divisória entre o modo de reprodução da existência social e aquele pertinente aos seres que compõem a esfera da natureza". Ronaldo Vielmi Fortes (In: Lukács, 2010, p. 43-44)

com a sociedade capitalista. Deste modo, *é historicamente falso confundir trabalho com trabalho gerador de valores-de-troca e pressupor que esta forma de trabalho é uma determinação essencial do ser social.*[131] (Grifos meus)

Assim sendo, independentemente da forma como se realiza — primitiva, asiática, escrava, feudal, assalariada, associada — *o trabalho é a objetivação fundante e necessária do ser social;* "a *objetivação primária e ineliminável do ser social*, a partir da qual surgem, através de mediações cada vez mais complexas, as necessidades e as possibilidades de novas objetivações" (Netto e Braz (2006, p. 51). Todo o processo histórico de construção da humanidade tem seu fundamento nessa base material: o trabalho. Este permanece como a "objetivação primária do ser social num sentido amplo", sendo que, como continuam Netto e Braz,

> as outras formas de objetivação, que se estruturam no processo de humanização, supõem os traços fundamentais que estão vinculados ao trabalho (a atividade teleologicamente orientada, a tendência à universalização e a linguagem articulada) e só podem existir na medida em que os supõem; somente com eles tornam-se possíveis o pensamento religioso, a ciência, a filosofia e a arte. (p. 43)

Assim sendo, o ser social não se reduz ou se esgota no trabalho; ele é apenas o fundamento do qual decorre a complexificação do ser social, o que traz como consequência o surgimento daquelas inúmeras outras dimensões/objetivações da atividade humana. Ou seja, "tanto mais rico o ser social, tanto mais complexas são as suas objetivações". Todas as outras formas de objetivação, cada qual com uma natureza e uma função próprias na reprodução do ser social — a exemplo da ciência, da filosofia,

---

131. Tonet (2012, p. 15) adverte ainda que, "do mesmo modo, também é historicamente falso confundir a troca com a troca realizada por intermédio do mercado. A primeira é certamente uma forma de intercâmbio que existiu desde que os primeiros grupos humanos entraram em contato entre si e dispunham de algum excedente. Mas, a segunda, é tão recente quanto a produção realizada tendo como objetivo fundamental não atender as necessidades humanas, mas a reprodução do capital".

da arte, da religião, da política, do direito, da educação —, se autonomizaram das exigências imediatas do trabalho e se estruturam no processo de humanização a partir do surgimento de uma racionalidade, de uma sensibilidade e de uma atividade que supõem os traços fundamentais que estão vinculados ao trabalho: "a atividade teleologicamente orientada, a tendência à universalização e a linguagem articulada". Como afirmam Netto e Braz:

> Desenvolvido e articulado como o conhecemos hoje, o ser social constitui-
> -se como um ser que, dentre todos os tipos de ser, se particulariza porque
> é capaz de:
> 1 — realizar atividades teleologicamente orientadas;
> 2 — objetivar-se material e idealmente;
> 3 — comunicar-se e expressar-se pela linguagem articulada;
> 4 — tratar suas atividades e a si mesmo de modo reflexivo, consciente e
> autoconsciente;
> 5 — escolher entre alternativas concretas;
> 6 — universalizar-se e
> 7 — socializar-se.
> [...] o ser social se revela não como uma forma eterna e atemporal, a-histó-
> rica, mas como uma estrutura que resulta da auto-atividade dos homens e
> permanece aberta a novas possibilidades — é uma estrutura histórica in-
> conclusa, apta a reconfigurar-se e a enriquecer-se no curso da história
> presente e futura (Netto e Braz, 2006, p. 41-42).

Produto de um processo histórico de larguíssimo curso, só recentemente, no capitalismo, com a constituição do mercado mundial, que o ser social pode ser apreendido no seu mais alto grau de desenvolvimento, na sua diferenciação e na sua complexidade e complexificação[132]. *Mesmo*

---

132. Quanto mais o ser social se desenvolve, mais complexa se torna a relação dos homens tomados singularmente (indivíduo) e universalmente (genericidade humana), dois momentos que constituem uma unidade indissolúvel. As relações indivíduo/gênero só podem ser entendidas a partir da própria lógica do processo real e jamais tomadas como um "dado ontológico do ser social".

no seu mais alto grau de desenvolvimento, o trabalho permanece tanto como a "objetivação fundante e necessária do ser social", como o modelo das suas demais objetivações. Assim sendo

> ao ser a mediação entre o homem e a natureza e ao produzir os bens materiais necessários à existência humana, *o trabalho põe-se como o fundamento de toda e qualquer forma de sociabilidade.* Daí decorre que a cisão entre a vida social (aqui entendida como o conjunto de relações que os homens estabelecem entre si no trabalho) e a vida política (o conjunto de relações que dizem respeito ao exercício do poder) surge quando a humanidade se divide em classes sociais (portanto, quando surge a propriedade privada). Como consequência, a superação dessa cisão implica a eliminação das classes sociais e da propriedade privada (Tonet, 2012, p. 66).

É a categoria teórica *práxis* que inclui todas as objetivações humanas, inclusive o trabalho, revelando o homem como "ser criativo e autoprodutivo".

Marx, constatando que o ser social não se define pela espiritualidade, mas pela práxis, reconstrói a práxis, cujo modelo é o trabalho, como atividade objetivo-criadora do ser social. Nesse sentido, "síntese de espírito e matéria, de subjetividade e objetividade, de interioridade e exteriorida-

---

"Deste modo, o processo de autoconstrução do homem, matrizado pelo trabalho, será sempre o fio condutor do processo real" (Tonet, 2012, p. 63) e, portanto, de qualquer marxista. No processo de constituição do ser social — uma processualidade que, fundada no trabalho, tem como substância última os atos dos indivíduos singulares, que são, de alguma forma, atos livres e que vai se pondo sob a forma de um complexo de complexos, deve-se levar em conta duas ordens de questões: 1 — "Quanto mais rica em suas objetivações é uma sociedade, maiores são as exigências para a socialização dos seus membros". 2 — "a possibilidade de incorporar as objetivações do ser social sempre foi posta desigualmente para os homens singulares. Ou seja, até hoje, o desenvolvimento do ser social jamais se expressou como o igual desenvolvimento da humanização de todos os homens; ao contrário, até nossos dias, o preço do desenvolvimento do ser social tem sido *uma humanização extremamente desigual* — ou, dito de outra maneira: até hoje, o processo de *humanização* tem custado o sacrifício da maioria dos homens. Somente numa sociedade que supere a divisão social do trabalho e a propriedade dos meios de produção fundamentais pode-se pensar que todas as possibilidades do desenvolvimento do ser social se tornem acessíveis a todos os homens" (Netto e Braz, 2006, p. 46; grifos dos autores).

de. Na realidade, ele [Marx] mostra que entre interioridade e exterioridade não há uma relação de exclusão, nem de soma, mas uma relação de determinação recíproca. *Desta determinação recíproca é que resulta a realidade social"* (Tonet, 2012, p. 76. Grifo meu).

Todas as objetivações do ser social respondem às suas necessidades ontológicas de produção e reprodução, o movimento histórico entendido como "a produção e a reprodução dos homens por si mesmos, o processo total de suas objetivações". Como mostra Netto (1994, p. 37),

> Impondo o expurgo de qualquer finalismo na apreciação dessa dinâmica, a categoria práxis permite a Marx compreender que, se cada objetivação humana é um ato teleológico, nem por isso há uma teleologia na história: a história é um campo aberto de possibilidades entre a liberdade concreta de cada sujeito e a necessidade e a legalidade objetivas que decorrem da interação das suas objetivações, que, efetivadas, desencadeiam processos que transcendem os sujeitos. A historicidade que Marx apreende na sociedade é-lhe imanente: resulta de que a sociedade é o processo global das objetivações sociais, sua produção e reprodução, suas interações (donde ademais, em Marx, a superação da velha antinomia indivíduo/sociedade: só pode haver indivíduo humano-social em sociedade).

Compreendendo o homem como produto e criação da sua autoatividade —"ele é o que (se) fez e o que (se) faz" —, no trato do conjunto das objetivações humanas, com base em Lukács, dois pontos devem ser salientados, como ressaltam Netto e Braz (2006):

> ➤ Deve-se distinguir entre formas de práxis voltadas *para o controle e a exploração da natureza* e formas *voltadas para influir no comportamento e na ação dos homens.* No primeiro caso, que é o trabalho, o homem é o sujeito e a natureza o objeto; **no segundo caso, trata-se de relações sujeito a sujeito, daquelas formas de práxis em que o homem atua sobre si mesmo** (como na práxis educativa e na práxis política);
> ➤ Os produtos e obras resultantes da práxis podem objetivar-se materialmente e/ou idealmente: no caso do trabalho, sua objetivação é necessaria-

mente algo material; mas há objetivações (por exemplo, os valores éticos) que se realizam sem operar transformações numa estrutura material qualquer. (p. 43-44; grifos em itálico do autor; negrito meus)

Como podemos apreender em Vásquez (1977, capítulo 1), ao captar o homem como ser ativo e criador, prático, que transforma o mundo no pensamento e na ação — ou seja, praticamente —, a transformação da natureza pelo trabalho — a práxis material produtiva —, fundamento do domínio dos homens sobre a natureza, aparece tanto dissociada, como condição da transformação da natureza humana: *"produção e sociedade, ou produção e história, formam uma unidade indissociável"*. A *práxis produtiva/ trabalho* é a práxis fundamental porque é nela que o homem tanto produz um mundo humano/humanizado, no sentido de "um mundo de objetos que satisfazem necessidades humanas", como é nela que o homem produz, forma ou transforma a si mesmo.

Outra forma de práxis é a *práxis artística,* "quando a ação do homem se exerce mais ou menos imediatamente sobre uma matéria natural — natureza imediata, ou natureza já mediatizada, ou trabalhada, que serve de objeto de uma nova ação" (Vásquez, 1977, p. 200). É uma práxis que permite a produção ou "criação de obras de arte, de objetos humanos ou humanizados que elevam a um grau superior a capacidade de expressão e objetivação humanas, que já se revela nos produtos do trabalho". Ao ampliar e enriquecer a realidade já humanizada, potencializando o caráter prático, criador e transformador do trabalho, a práxis artística é essencial ao e no processo de humanização (Vásquez, 1977, p. 198).

A *práxis científica,* voltada para a investigação teórica ou a comprovação de uma hipótese, é "uma atividade objetiva que dá lugar a um produto ou resultado real e objetivo" (idem, 199).

Quando o homem é sujeito e objeto da práxis, na qual ele atua sobre si mesmo, destaca-se a *práxis social.* Na busca da sua transformação como ser social, na busca de mudar suas relações econômicas, políticas e sociais, na *práxis social,* a atividade dos homens recai não sobre indivíduos isolados, mas sobre grupos, classes sociais ou a sociedade inteira. Vásquez, aqui, chama a atenção para o fato de que toda a prática, inclusive o trabalho, tem como característica ser social, visto que ele se dá a partir de determinadas relações sociais que ao modificar a natureza modifica o próprio homem.

A *práxis política*, como parte e expressão da práxis social, numa sociedade dividida em classes sociais antagônicas, "é a atividade de grupos ou classes sociais que leva a transformar a organização e direção da sociedade, ou a realizar certas mudanças através da atividade do Estado" (Vásquez, 1977, p. 200).

Na sociedade burguesa, a *prática social manipuladora e instrumental* que favorece o crescente controle da natureza, base da socialização na sociedade do capital, é que se espraia para todas as instâncias da vida social como *prática dominante*. Neste contexto, qualquer crítica, qualquer possibilidade que confronte a ordem estabelecida, fundamentada numa análise social radicalmente crítica, é tida como dissonante, imprópria, inconveniente.

Ora, se os homens são produtos das circunstâncias, estas são igualmente produtos seus. Mas se como mostra Marx em *O capital, o processo dialético de transformação da natureza e do próprio homem se constitui num processo de autotransformação que nunca tem fim* (1983, I, p.134), a coincidência da transformação das circunstâncias com a transformação dos próprios homens só se dá como *práxis revolucionária*. Como assevera o autor em uma das teses sobre Feuerbach: a unidade entre a transformação da natureza e a transformação do próprio homem define práxis revolucionária. Para Vásquez (1977, p. 201), "a *práxis política*, enquanto atividade prática transformadora, alcança sua forma mais alta na *práxis revolucionária* como etapa superior da transformação prática da sociedade".

"Se a práxis é a ação do homem sobre a matéria e criação", o que no seu desenvolvimento resulta na complexificação crescente do ser social, a partir e através de uma realidade humanizada, Vásquez (p. 245) identifica *níveis diferentes da práxis*, de acordo com critérios que mantêm estreita relação entre um e outro e que não são estáticos nem absolutos: *o grau de consciência que o sujeito revela no processo prático e que se reflete no grau de criação demonstrado pelo produto de sua atividade.* Por um lado, o autor distingue a *práxis criadora e a reiterativa ou imitativa* e, por outro, a *práxis reflexiva e espontânea*; uma distinção que não elimina as relações e conexões que se dão no contexto da práxis total, determinada por um tipo peculiar de relações sociais. Importante destacar que, "por isso, *o espontâneo não está isento de elementos de criação e o reflexivo pode estar a serviço de uma práxis reiterativa*" (Vásquez, 1977, p. 246; grifos do autor)

No ser social, a práxis sempre se apresenta ou como *práxis reiterativa* — em conformidade com algo que mantém validade, até que a vida reclame nova criação —, ou como *práxis criadora* — "onde temos a atividade consciente do sujeito sobre uma determinada matéria, que é trabalhada ou estruturada de acordo com a finalidade ou o projeto que a consciência traça" (idem, p. 248). Sem *práxis criadora*, inovadora, não há como a humanidade enfrentar novas necessidades, novas situações, práxis que mantém traços distintivos, como indica Vásquez (1977, p. 251): "a) unidade indissolúvel, no processo prático, do interior e o exterior, do subjetivo e o objetivo; b) indeterminação e imprevisibilidade do processo e do resultado; c) unicidade e irrepetibilidade do produto.". Essas são características da práxis criadora que se evidenciam com clareza tanto na criação artística como nos processos revolucionários. *Uma vez encontrado o caminho, resultando a criação, não basta a repetição, na medida em que ele mesmo coloca novas necessidades e exigências.*

A *repetição* é suficiente, até que a realidade nos confronte com a necessidade de criação. Na política, na arte, na produção, na práxis total, diante da essencialidade da criação, a práxis segue num ritmo onde se alternam o processo criador e o imitativo, o inovador e a reiteração. Desse modo, "a atividade prática fundamental do homem tem um caráter criador; junto a ela, porém, temos também — como atividade relativa, transitória, sempre aberta à possibilidade e necessidade de ser substituída — a repetição" (Vásquez 1977, p. 248).

A *práxis imitativa ou reiterativa* se caracteriza pela ausência ou presença débil dos traços distintivos da prática criativa, ainda que tenha nela a sua base, nesse sentido, como destaca Vásquez, uma práxis de segunda mão, que não produz uma nova realidade, ainda que dê contribuições ao já criado. O que essa prática tem de positivo é que multiplica, não qualitativamente, mas quantitativamente, uma mudança qualitativa já produzida. Porque, nela, no processo prático, o *planejamento* se constitui como um *modelo a ser copiado*, duplicado, rompendo a unidade do processo prático. Enquanto *na práxis criadora o produto exige unidade entre reflexão-ação*, na práxis reiterativa-imitativa, estreitando-se o campo do imprevisível, "o ideal permanece imutável como um produto acabado já de antemão que não deve ser afetado pelas vicissitudes do processo prático" (Vásquez, 1977, p. 258), o que se quer fazer e o como fazer. Na *práxis reiterativa*, assim, o *resultado real* do processo prático corresponde exatamente ao *resultado ideal*, visto que o sujeito já sabe que vai encontrar as indicações prontas num modelo, numa receita. Desse modo, o sujeito, reproduzindo caminhos já explorados, driblando as incertezas, encontra-se "seguro", por um lado, mas sem possibilidades de aventurar-se na busca de algo novo.

Por outro lado, onde vige "o divórcio completo entre interior e o exterior, entre forma e conteúdo, encontramos a *práxis mecânica, burocrática*" (grifos do autor). Para Vásquez (1977, p. 267), a práxis se burocratiza onde quer que o formalismo ou o formulismo dominem, quando o formal se converte em seu próprio conteúdo, "quando o conteúdo se sacrifica à forma, o real ao ideal, e o particular concreto ao universal abstrato", fenômeno encontrado na prática estatal "quando ela se degrada em prática burocratizada". Tanto Marx como Lênin ressaltam a estreita e mútua relação entre burocratismo e exploração: "o burocratismo como traço essencial do estado opressor e explorador da sociedade dividida em classes antagônicas" (Vásquez, 1977, p. 262).

A *consciência da práxis*, "é a consciência que se volta sobre si mesma, e sobre a atividade material em que se plasma". *Consciência prática* é a consciência que impregna o processo prático, que o rege ou se materializa no seu decorrer, "na medida em que traça uma finalidade ou modelo ideal que se trata de realizar, e que ela mesma vai modificando, no próprio processo de sua realização, atendendo as exigências imprevisíveis do processo prático" (Vásquez, 1977, p. 283). Toda *consciência prática* implica certa *consciência da práxis*, "mas uma e outra não estão num mesmo plano ou nível". Como mostra o autor, no caso de um operário, sua consciência prática pode não estar em relação direta com a consciência da práxis: mesmo realizando um trabalho parcelado e repetitivo, ao ser atuante e se politizar, ele pode ser dotado de uma *consciência de classe: consciência da práxis*. Assim, nas relações e conexões entre uma e outra, "a consciência da práxis vem a ser a autoconsciência prática".

Ora, é dessa *autoconsciência* — o grau de consciência da práxis — que Vásquez distingue dois outros níveis da atividade prática do homem, em que estão presentes a consciência: a *práxis reflexiva* (uma prática intencional, com *elevada consciência da práxis*) e *práxis espontânea* (com uma *baixa ou ínfima consciência da práxis*). Mas se o que caracteriza uma e outra é o "grau de consciência que se tem da atividade prática que se está desenvolvendo, consciência elevada num caso, baixa ou quase nula em outro" (p. 285), alerta Vásquez (p. 286): "a práxis criadora pode ser em maior ou menor grau, reflexiva ou espontânea".

Por seu lado, a *práxis reiterativa* acusa uma débil intervenção da consciência, mas não é por isso que se pode considerá-la espontânea. Nesse aspecto, se, por um lado, a práxis mecânica, repetitiva, se opõe tanto à atividade prática criadora como à espontânea, por outro, "*a relação espontânea entre consciência e a práxis não leva aos mesmos resultados que a relação reflexiva entre uma e outra*" (Vásquez, 1977, p. 286). Isso não cancela o fato de que a *presença do espontâneo*, tanto na prática produtiva como na prática burocratizada, resulte em minorar as consequências negativas desses processos para os trabalhadores, como em ter um papel na práxis revolucionária, ainda que necessitando ser superado.

Diante das características da práxis criativa, da práxis reiterativa, da práxis reflexiva e das relações e conexões necessárias que elas guardam entre si, não é sem razão que, na sociedade do capital, no âmbito das ciências duras e biológicas, a práxis criativa coloque-se como uma exigência, mas não a relação reflexiva entre consciência e práxis: consciência da práxis. Já no âmbito das ciências sociais e humanas, para além dos teóricos necessários — intelectuais orgânicos — à reprodução do capitalismo, tanto a práxis criativa como a práxis reflexiva devem ser obscurecidas, quando não interditadas, em favor de uma práxis reiterativa, imitativa, essencialmente espontânea, quando não mecânica, altamente burocratizada, ou seja, tendo como modelo aquela atividade prática que se espraia para o conjunto das relações sociais; deve ser interditada a consciência da práxis: a consciência que se volta sobre si mesma, e sobre a atividade material em que se plasma. As consequências negativas da práxis reiterativa/imitativa e da burocratizada, ao interromper o fluxo a uma verdadeira criação, impactam, principalmente, a práxis social revolucionária e a práxis artística.

Essas são questões essenciais a serem consideradas na atividade revolucionária, verdadeiramente criativa, e em toda atividade que tem como finalidade contribuir na busca de superação da ordem vigente —, o que *exige uma elevada consciência da práxis*, para que as atividades individuais e coletivas se constituam predominantemente como práxis reflexiva que supere, sem eliminar, os elementos espontâneos que permeiam os processos prático-revolucionários. Aqui se revela o sentido tanto da já citada tese de Lênin: "sem teoria revolucionária não pode haver movimento revolucionário", quanto da tese de Marx: a teoria, quando penetra as massas, se torna força material.

1.3.2 Serviço Social como práxis

Como vimos, a *forma mais elevada e criadora da práxis intencional*, práxis que resulta na produção de uma realidade política, econômica ou propriamente social, estruturalmente diversa da realidade vigente, é a *práxis revolucionária*, da qual, a *depender das finalidades dos sujeitos da prática*, torna-se tanto possível como necessária uma *assimilação criadora*. Ora, considerando os diferentes aspectos da práxis e os diferentes níveis e formas de práxis e guardadas as devidas proporções, a atividade profissional dos assistentes sociais, como de qualquer outro profissional de nível superior, como parte e expressão da práxis social e como práxis intencional (prática planejada e avaliada nas suas consequências, crítica, criativa, propositiva, reflexiva), em alguma medida conduz à reprodução e/ou produção de novos aspectos relacionados à realidade política, econômica ou propriamente social.

A atividade prática dos assistentes sociais pode ser considerada intencional, na medida em que "tem como ponto de partida uma intenção, plano ou objetivos fundamentais concebidos programaticamente [o projeto profissional] que, pelas vicissitudes de um processo prático peculiar, se modificam até adotar a forma que se plasma definitivamente em seu resultado real" (Vásquez, 1977, p. 322). Neste contexto, quando se trata de apreender criticamente a transformação do projeto profissional em realidade, não se trata de subestimar o resultado do processo prático para superestimar o projeto de que se partiu e que não é o que aparece objetivado, realizado, já que "as exigências do processo prático, os fatores imprevistos que nele se apresentam, obrigaram a que ele [o projeto] fosse modificado, sem que isso implique necessariamente no abandono do seu conteúdo essencial" (Vásquez, 1977).

Ao assistente social que tem como finalidades e objetivos dar sua contribuição no processo de superação da ordem do capital, coloca-se como exigência consubstanciar novas relações, novas situações, uma nova realidade que transcenda as intenções, tanto daqueles que vêm dando a direção do debate no âmbito do projeto profissional, como dos próprios sujeitos da ação — aqui, trabalhadores/usuários e assistentes sociais. É nesse sentido que o projeto profissional deve ser apreendido e analisado como realidade objetiva, em movimento, a partir dos atos práticos dos sujeitos profissionais, pelos resultados e consequências da atividade prática dos assistentes sociais. Desse modo, o projeto profissional deve ser julgado não pelas declarações de princípios, por aquilo que está declarado e afirmado nos seus documentos, movimentos, planos e programas, mas pelos resultados daquilo que se faz em seu nome, pelos resultados e consequências da atividade dos seus sujeitos; pela práxis do segmento da categoria dos assistentes sociais, que de uma forma ou de outra o toma como referência. Ou seja, o que vale é a *intenção objetivada na ação*, a prática como intenção realizada, como abordaremos no capítulo 3.

Diante dessas considerações, *por um lado*, podemos apreender que o mesmo que Marx afirma com relação aos operários — que a luta dos operários pela superação do capitalismo, pela sua libertação — pela qual libertam todos — só pode se dar mediante uma práxis altamente consciente e reflexiva — vale para os assistentes sociais que optam pelo projeto do Serviço Social brasileiro. Para Marx, a ação consciente do homem se constitui em prática transformadora. Ora, não sem razão, Iamamoto (In: Iamamoto e Carvalho, 1982) vem insistindo, há mais de 30 anos, na necessidade de uma prática crítica, criativa, propositiva, por parte desses assistentes sociais, ou seja, uma prática intencional, consciente. Daí a necessidade de uma formação graduada e permanente que dote os assistentes sociais de uma consciência do seu papel na sociedade do capital e da realidade contraditória onde ele atua — consciência da práxis —, o que traz possibilidades de favorecer *mais* a um dos interesses presentes na sociedade do capital — os interesses dos trabalhadores —, o que exige consciência das finalidades do projeto profissional (e do projeto de sociedade ao qual ele se articula), conhecimento da estrutura social capitalista e da lei que a rege, assim como das condições, possibilidades e alternativas objetivas de favorecer os trabalhadores ao se imprimir uma nova direção à atividade profissional. O assistente social só pode caminhar nessa direção buscando, concomitantemente, a superação do modo de ser e pensar capitalista sob o qual foi socializado — um processo alienador e alienante — e a conscientização da necessidade de uma práxis radicalmente crítica, criativa e reflexiva, que supere aquele modo de ser e pensar e possibilite redirecionar sua atividade profissional no enfrentamento do conservadorismo presente na práxis social e, consequentemente, na atividade profissional.

Por outro lado, é diante da apreensão da práxis como o conjunto das objetivações humanas, que podemos aprender como a práxis vai muito além do trabalho, ainda que ele seja a objetivação primária ineliminável do ser social.

Ora, o Serviço Social, como práxis intencional, consciente, planejada e avaliada nas suas consequências, é parte e expressão da práxis social — práxis que inclui o trabalho, atividade fundante do ser social e base da atividade econômica, que, na sociedade capitalista, na forma de trabalho compulsório, alienado e explorado, destrutivo de homens e mulheres,[133] *gera e reproduz a questão social,* fator essencial e ineliminável da ordem social burguesa.

Na sociedade capitalista, o modelo da práxis é o trabalho explorado/alienado para obter lucro para a burguesia — trabalho explorado que se torna o modelo da práxis (alienante e alienada) a ser compulsoriamente reproduzida em todas as instâncias da vida social, em diferentes níveis, por burgueses e trabalhadores, inclusive por profissionais de nível superior/intelectuais, os quais são parte e expressão da classe trabalhadora.

Numa sociedade de homens emancipados, o trabalho, como atividade humana autorrealizadora (Mészáros), amplia e enriquece material e subjetivamente os indivíduos sociais, ao contrário da alienação/fetichismo/reificação, próprios do mundo burguês da/na sociedade do capital. Ora, com pena de contribuirmos para que a exploração do trabalho seja cada vez mais ocultada no âmbito da sociedade capitalista, não podemos, como marxianos e marxistas, considerar as atividades de profissionais de nível superior — dentre elas as atividades dos assistentes sociais — como trabalho, por mais próximas do trabalho que elas estejam, como as atividades profissionais realizadas junto aos trabalhadores nas empresas capitalistas.

Aqui vale uma digressão, diante do complexo de problemas que surge, a partir da consideração do Serviço Social como trabalho. Na área da saúde, por exemplo, está em voga a noção de "processo de produção da saúde", o que inclui a inserção dos profissionais em "processos de trabalho", ou seja, o "processo de trabalho na saúde". Ora, na perspectiva da emancipação, a saúde é concebida como resultado e não como um bem a ser alcançado/produzido e muito menos como ausência de doenças.

---

133. Nos momentos em que utilizo "homem", estou me referindo ao gênero humano.

Desse modo, a saúde, assim como a cultura/enriquecimento da subjetividade, resultam da apropriação individual e coletiva do patrimônio histórico da humanidade. Nesse sentido, a noção de "processo de produção da saúde" não se coaduna com a perspectiva emancipatória, principalmente porque essa noção referencia a *prestação de serviços de saúde* onde, na realidade, através de estratégias e ações socioassistenciais, é possível prevenir, preservar, proteger, promover, potencializar e recuperar níveis de saúde — através do tratamento e cura de doenças, redução de danos, prevenção e promoção da saúde —, mas não gerar/produzir saúde. Essa concepção, certamente, se põe como resultante da saúde concebida como negócio, onde, no "processo de produção da saúde", o que está no centro é a veiculação de tudo — equipamentos, medicamentos, insumos — que favorece os processos de acumulação através do Complexo Médico Industrial (CMI). Consequentemente, nesse processo, não estão em questão os determinantes e condicionantes da saúde — as condições de vida e de trabalho —, nem as finalidades da preservação da saúde — felicidade e proteção frente a condições inalienáveis da vida humana (a dor, determinadas doenças, as consequências de tragédias, de intempéries etc.). Ou seja, saúde, subjetividade rica, felicidade, são resultantes de condições necessárias de vida e de trabalho que se gestam em condições necessárias de usufruto do patrimônio histórico da humanidade e da riqueza socialmente produzida, inclusive para fazer frente ao enfrentamento das intercorrências próprias da máquina do ser humano, advindas não só das intempéries, mas das condições genéticas, dos acidentes, do acaso etc. Do ponto de vista emancipatório, ou seja, do ponto de vista do proletariado enquanto sujeito histórico revolucionário, e por extensão, ponto de vista dos trabalhadores nos seus diferentes segmentos e, consequentemente, do ponto de vista do projeto do Serviço Social, a saúde e a cultura não são produzidas através de processos de trabalho específicos desses campos. Assim, não podem ser pensadas como um bem a ser alcançado, mas como resultado da forma como os homens se voltam sobre a natureza para modificá-la e sobreviver dela, enquanto se modificam e se relacionam nas diferentes instâncias da vida social.

Considerando o que está garantido, ainda, na Lei n. 8.080/1990, não seria uma contradição a noção de "produção da saúde", considerada no âmbito dos serviços? Assim vejamos:

Art. 2 — A saúde é um direito fundamental do ser humano, devendo o Estado prover as condições indispensáveis ao seu pleno exercício.

§ 1 — O dever do Estado de garantir a saúde consiste na *formulação e execução de políticas econômicas e sociais* que visem à redução de riscos de doenças e de outros agravos e no estabelecimento de condições que assegurem acesso universal e igualitário às ações e aos serviços para a sua promoção, proteção e recuperação.

§ 2 — O dever do Estado não exclui o das pessoas, da família, das empresas e da sociedade.

Art. 3 — *A saúde tem como fatores determinantes e condicionantes, entre outros, a alimentação, a moradia, o saneamento básico, o meio ambiente, o trabalho, a renda, a educação, o transporte, o lazer e o acesso aos bens e serviços essenciais; os níveis de saúde da população expressam a organização social e econômica do País* (grifos meus).

Assim sendo, a insistência em debater e reconhecer as profissões de saúde, assim como o Serviço Social, como trabalho, dentre outras consequências, tem contribuído para que entre os assistentes sociais — mesmo daquele segmento que tem como função a formação e a pesquisa[134] —, vigore uma equalização dos diferentes segmentos da classe trabalhadora, com a diluição do proletariado nos diferentes segmentos da classe

---

134. Não podemos deixar de sinalizar que o fato de se constituir em pesquisa acadêmica não assegura, na totalidade da produção da área, uma produção livre de ecletismo, conservadorismo, focalismo, individualização e culpabilização, muito aquém da direção ético-política e teórico-metodológica do projeto do Serviço Social brasileiro; afirmações resultantes dos estudos e pesquisas desenvolvidos no NEEPSS, que tomam como objeto revistas da área, dissertações, teses e Anais dos dois principais eventos científicos da área: O ENPESS e o CBAS. Por outro lado, na análise das entrevistas realizadas com os assistentes sociais que oferecem ao NEEPSS seu cotidiano profissional para estudo, tenho observado que grande parte dos profissionais considera que se determinada produção é parte de pesquisa e/ou articulada à academia ela é inquestionável, quando não, "verdadeira" e, assim, devendo ser aprendidas e/ou reproduzidas.

trabalhadora e sua destituição como a classe fundamental no confronto com a burguesia, além da equalização do papel dos trabalhadores na produção e distribuição da mais-valia, com o papel do operariado na produção de bens essenciais à sobrevivência da humanidade. Como vimos antes e concordando com Netto e Braz (p. 230, nota 5), "a classe proletária (ou proletariado) é constituída pelos operários urbanos e rurais e se insere no conjunto bem mais amplo dos trabalhadores assalariados (que não constitui estritamente uma classe); nesse sentido, rigorosamente, proletário não é o mesmo que trabalhador — todo proletário é trabalhador, nem todo trabalhador é proletário."

Neste contexto, na produção de conhecimento da área de Serviço Social está presente um debate fecundo sobre o Estado/Sociedade, Políticas Sociais, em detrimento de um debate também necessário e essencial aos assistentes sociais, no cotidiano profissional, sobre classes sociais, luta de classes, movimentos sociais, principalmente, sobre o protagonismo dos diferentes segmentos da classe trabalhadora na luta de classes, o que exige a observação dos fluxos e refluxos dos movimentos sociais e das lutas gerais e específicas dos trabalhadores.[135] Ora, é o trabalho que gera riqueza e quanto mais o capitalismo precisa da força de trabalho, mais necessita descartá-la; quanto mais o capital e a riqueza aumentam, mais aumentam a precarização, o subemprego, o desemprego e os supérfluos para o sistema; quanto mais o capitalismo aperfeiçoa seu processo de exploração e dribla suas crises, mais os trabalhadores são atingidos e necessitam de recriar suas estratégias de sobrevivência e de enfrentamen-

---

135. Para uma incursão sobre as temáticas abordadas pelos assistentes sociais na pesquisa e produção de conhecimento, ver Iamamoto, 2007, Cap. 4. Ressaltamos que a constituição no âmbito da ABEPSS dos Grupos de Trabalho e Pesquisa — GTP —, certamente está contribuindo para a mudança desse quadro: GTP 1. Trabalho, Questão Social e Serviço Social; GTP 2. Serviço Social: Fundamentos, Formação e Trabalho Profissional; GTP 3. Movimentos Sociais e Serviço Social; GTP 4. Questões Agrária, Urbana, Ambiental e Serviço Social; GTP 5. Serviço Social, Relações de Exploração/ Opressão de Gênero, Raça/Etnia, Geração, Sexualidades; GTP 6. Política Social e Serviço Social; GTP 7. Ética, Direitos Humanos e Serviço Social. Destacamos o lançamento do livro, resultado do trabalho do GTP — Movimentos Sociais e Serviço Social, organizado por Duriguetto e Abramides (2014), intitulado *Serviço Social e movimentos sociais*: uma relação necessária.

to com o capital. Estratégias e enfrentamentos que a burguesia necessita desarticular, processo no qual somos chamados a atuar, através da operação de políticas sociais, públicas e privadas. Estratégias e enfrentamentos presentes nos fluxos e refluxos dos movimentos sociais e das lutas gerais e específicas dos trabalhadores que no contraditório processo de atuação profissional estão presentes tanto como objeto de desarticulação, tendo em vista os interesses da burguesia, como critério do planejamento e objeto de fortalecimento, tendo em vista os interesses dos trabalhadores e trabalhadoras. Mas, como indicado, na produção de conhecimento da área, que objetiva iluminar os assistentes sociais no cotidiano da prática, terminamos por dar mais importância à apreensão do movimento de uma criação do homem — O Estado e as políticas sociais — do que à apreensão do movimento e da essência do seu criador: os próprios homens/o ser social, vivo e em movimento e, dentre eles, os sujeitos interessados em revolucionar esse estado de coisas.

O que é fundamental ser desobscurecido e revelado: é o fracasso do Estado em resolver as desigualdades e a consequente vitória — óbvia e crescente — da burguesia em transformá-lo em seu instrumento de acumulação ou, para além disso, o protagonismo dos trabalhadores na luta de classes, quando questionam, desafiam e impõem limites ao capital e, também, quando se submetem e capitulam frente ao seu poder, reduzindo sua luta à diminuição das desigualdades?

Frente a essas considerações, parece-me que, na sociedade do capital, os assistentes sociais que realmente almejam um exercício profissional intencional e consciente, crítico, criativo e propositivo, que se concretize em favor da classe trabalhadora, têm como modelo a *práxis social criativa, crítica, reflexiva* — no limite a práxis revolucionária — e não diretamente o trabalho — ainda que trabalho não alienado —, na medida em que almejamos "uma ação prática e social mediada por valores e projetos derivados de escolhas de valor que visam interferir conscientemente na vida social, na direção da sua objetivação", como afirma Barroco (2012).

Como mostra Mészáros (2009, p. 72), "programas e instrumentos de ação sócio-políticos verdadeiramente adequados [à reestruturação radical do modo de produção capitalista][136] *só podem ser elaborados pela própria prática social crítica e autocrítica no curso do seu efetivo desenvolvimento"*. Nesse sentido, a prática dos assistentes sociais que optam pelo projeto profissional só pode se dar no âmbito das relações sociais, instância onde, por interferência da burguesia/Estado/igreja, se origina, se desenvolve e entrará em crise[137] o próprio Serviço Social, parte e expressão que é da

---

136. Mészáros (2009, p. 71-72), ao afirmar o "imperativo de um controle social adequado de que a 'humanidade necessita para sua simples 'sobrevivência'", pondera: "Reconhecer essa necessidade não é o mesmo que um convite à indulgência para com a produção de programas 'praticáveis' de ajuste socioeconômico. Aqueles que geralmente estabelecem o critério da 'praticabilidade' como 'medida de seriedade' da crítica social omitem hipocritamente o fato de que sua medida real é o modo de produção capitalista, em cujos termos a praticabilidade de todos os programas de ação deve ser avaliada. Praticável em *relação a quê?* — essa é a questão. Pois, se os critérios da produção do capital constituem a base 'neutra' de toda avaliação, então evidentemente nenhum programa socialista pode resistir ao teste dessa abordagem 'livre de valores', 'não ideológica' e 'objetiva'. Essa é a razão pela qual Marx, que insiste que os homens devem modificar *'de cima a baixo* as condições de sua existência industrial e política e, consequentemente, *todo o seu modo de ser'*, tem de ser condenado como um 'ideólogo irremediavelmente 'impraticável'. Pois, como poderiam os homens mudar de cima a baixo as condições de sua existência se a conformidade às condições de produção do capital permanece sendo a premissa necessária de toda mudança admissível?" (grifos do autor)

137. Se o Serviço Social é gestado e se desenvolve no âmbito da sociedade do capital, ele, como sua parte e expressão, sofre as mesmas injunções desta. Por outro lado, se o limite do projeto profissional está situado em outra organização social e se esta tem como base uma sociedade emancipada, como expresso nos princípios fundamentais do Código de Ética do assistente social, no limite, estamos caminhando para a extinção da profissão, tal como pensada na sociedade do capital, assim como para a extinção da propriedade privada dos meios essenciais de produção, da exploração do trabalho e da concentração da riqueza socialmente produzida, mas *nunca para a extinção do trabalho.* No mais, não estamos nos referindo a uma crise do projeto profissional. Não pretendendo esgotar aqui o que tem sido denominado de "crise do projeto profissional", entendo que podemos recorrer a Coutinho (2006, p. 118), quando se refere "à chamada crise do marxismo". Para o autor, quando ele se refere à crise do marxismo, não é "'crise' no sentido de que o marxismo não tenha respostas para o que está acontecendo, mas no sentido de que ele é hoje uma posição cultural bem menos influente do que há anos atrás". Ora, se o projeto profissional tem como base o marxismo, da mesma forma, afirmo que não é que o projeto profissional não tenha respostas para os desafios que os assistentes sociais enfrentam, tanto na formação quando na atividade socioassistencial, mas é que, atualmente, temos um contingente expressivo de assistentes sociais capturados, ora pelo possibilíssimo governamental capitaneado pelo "acesso aos direitos", ora pelo pensamento pós-moderno com a fragmentação dos sujeitos e da questão social, além do contingente que circula pela proposta do Serviço Social Clínico, que tanto nega como acolhe, ou ora nega, ora acolhe, o projeto profissional. Desse modo, o projeto profissional está sendo mais questionado como possibilidade e desta forma tem menos influência do que na década de 1980-1990. Abordaremos os projetos profissionais com mais profundidade no capítulo 2 deste livro, ainda que sem esgotar o assunto na sua complexidade.

sociedade do capital, há tempos, em crise global: financeira, econômica, climática, alimentícia e migratória.

Assim, me parece que na sociedade capitalista, *do ponto de vista da burguesia e das necessidades de acumulação*, o Serviço Social é gestado e *deve ter* como modelo o *trabalho alienado*, na medida em que os assistentes sociais, utilizados como qualquer mercadoria na produção, são chamados a dar, passiva, indiferente e apaticamente, respostas positivas aos interesses da burguesia/capital. É assim que o intelectual/assistente social — tratado como mercadoria por meio do assalariamento — é chamado a atuar/modificar/melhorar o rendimento da mercadoria/meio de produção força de trabalho e/ou a controlar os "supérfluos" (pobres e miseráveis apartados tanto do trabalho formal quanto do trabalho informal), na medida em que, a qualquer momento, eles podem se tornar força de trabalho ativa e pressionar o valor da força de trabalho para baixo. É assim que a gestão da miséria e da pobreza por meio de programas sociais favorece processos de acumulação, visto que, tanto o que o miserável/pobre come, o que ele gasta na construção do seu barraco, quanto o que utiliza no desenvolvimento do seu trabalho informal (desde os instrumentos da costureira — máquina, tesoura, agulhas, linha etc. — ao alicate e o esmalte da manicure) foi primeiramente produzido como mercadoria, que faz ampliar e girar o capital.

Mas, o fato de a burguesia considerar que tudo pode ser transformado em mercadoria, em foco ou instrumento de acumulação, não quer dizer que a força de trabalho seja transformada, pelo seu desejo, pelas suas necessidades e/ou pelos seus poderosos processos e mecanismos de controle,[138] em uma coisa inanimada, uma mercadoria como outra qualquer,

---

138. Netto (2006), com base em Marx, mostra como os processos alienantes e alienados no capitalismo tardio são outros. "Enquanto a organização capitalista da vida social não invade e ocupa todos os espaços da existência individual, como ocorre nos períodos de emergência e consolidação do capitalismo (nas etapas, sobretudo, do capitalismo comercial e do capitalismo industrial-concorrencial), ao indivíduo sempre resta um campo de manobra ou jogo, onde ele pode exercitar minimamente a sua autonomia e o seu poder de decisão, onde lhe é acessível um âmbito de retotalização humana que compensa e reduz as mutilações e o prosaísmo da divisão do trabalho, do automatismo que ela exige e impõe etc. Na idade avançada do monopólio, a organização capitalista da vida social preenche todos os espaços e permeia todos os interstícios da existência individual: a manipulação

o que, contrariando a história, impossibilitaria o desenvolvimento do ser social, mas, antes de tudo, qualquer processo de ruptura e revolucionário. Isso pela simples razão de que a força de trabalho não existe apartada do indivíduo social, do trabalhador, assim como ela, através da extração da mais-valia, aparta o produto do seu produtor. *O indivíduo social porta, indissociavelmente, força de trabalho e teleologia, o que o diferencia de qualquer outra mercadoria* e, desse modo, é capaz não só de realizar trabalho, mas capaz de resistir, enfrentar, sublevar, além de, mesmo em contextos os mais adversos, realizar arte, filosofia, ciência, essencialmente, fazendo a história, por meio de escolhas — sempre multideterminadas e carregadas de consequências.

Do mesmo modo, o fato de o capitalista necessitar que o indivíduo social, na condição de trabalhador, seja usado como qualquer outra mercadoria e/ou transformado em uma mercadoria qualquer, a depender das necessidades de acumulação ou valorização do capital, não quer dizer que o trabalhador, a partir do desejo do capitalista, passe a se constituir num simples objeto de comércio, uma mercadoria, esvaziado de humanidade. Se assim fosse, ou as possibilidades da revolução deveriam ser pensadas tanto no nível dos trabalhadores como no nível das demais mercadorias ou colocada a sua impossibilidade histórica. Ou seja, poderíamos esperar que os computadores e os robôs, sem interferência da ação humana, pudessem fazer história, mudar o mundo, enfim, fazer a revolução. Matrix neles.

Ao contrário, a história mostra que mesmo transformados pelos capitalistas em mercadoria, os trabalhadores, como indivíduos sociais, pensam e agem teleologicamente, condição que os diferencia do melhor computador e do melhor robô, mesmo que sejam incapazes de manipular a grande quantidade de informações que cabem num simples chip. E é a condição de indivíduo social real, portador de determinações fruto da

---

desborda a esfera da produção, domina a circulação e o consumo e articula uma indução comportamental que penetra a totalidade da existência dos agentes sociais particulares — é o inteiro cotidiano dos indivíduos que se torna *administrado,* um difuso terrorismo psicossocial se destila de todos os poros da vida e se instila em todas as manifestações anímicas e de todas as instâncias que outrora o indivíduo podia reservar-se como área de autonomia (a constelação familiar, a organização doméstica, a fruição estética, o erotismo, a criação dos imaginários, a gratuidade do ócio etc.) convertem-se em limbos programáveis".

condição de herdeiros das conquistas da humanidade e, assim, capazes de propor objetivos e ações pensadas e avaliadas nas suas consequências, que *coloca os trabalhadores na perigosa situação, para a burguesia, de revolucionar o mundo dos homens e o mundo das coisas.* O mundo das coisas, os homens vêm coletivamente revolucionando (as revoluções tecnológicas e informacionais que os digam); falta só revolucionar, com tal intensidade e coletivamente, o mundo dos homens. Essa não é uma utopia. É somente uma situação que ainda não foi objetivada pelos homens na sua plenitude, porque o reino da igualdade e da liberdade não se constitui de forma fragmentada, aos pedaços, mas somente quando a igualdade e a liberdade, assentadas na emancipação, autonomia e pleno desenvolvimento dos indivíduos sociais, avança da possibilidade para a universalidade. Esse é o fundamento do projeto de sociedade ao qual o projeto do Serviço Social brasileiro está articulado e é herdeiro.

É diante disso que, do *ponto de vista dos trabalhadores* (ou seja, o ponto de vista tomado como referência pelos assistentes sociais que alimentam e se alimentam o/do projeto profissional, ao assumirem suas indicações, ou seja, para aqueles que a emancipação humana, para além de uma questão de princípio, é objetivo), *o Serviço Social é gestado e tem como modelo*[139] a práxis social criativa, crítica, o que põe como exigência criar também o modo de criar.[140] Por extensão, e da mesma forma, temos o modelo do modelo, trabalho como atividade humana autorrealizadora que, como parte, expressão e modelo da práxis social criativa/crítica, envolve recorrer, ainda que na vigência da destrutiva sociedade do capital, a todo engenho humano, o qual se expressa na e por meio da filosofia, da ciência, da história, da arte...

Como reiterado, a emancipação humana se dá na e pela práxis e como mostra Marx, se todo trabalho é práxis, nem toda práxis é trabalho. Assim sendo, o Serviço Social como práxis, parte e expressão da práxis social, tendo como referência as indicações constantes no Projeto Ético-Político

---

139. Modelo, aqui, não como algo a ser copiado, reproduzido, mas como fonte de inspiração, como exemplo de algo que possui determinadas características em mais alto grau, como algo a ser assimilado de forma criadora.

140. Como refere Vásquez (1987), enquanto na práxis criadora cria-se o modo de criar, na atividade prática imitativa ou reiterativa não se inventa o modo de fazer.

do Serviço Social brasileiro,[141] só pode se realizar,[142] nas devidas proporções, como ética,[143] como política,[144] como filosofia,[145] como ciência,[146] como arte, como ideologia,[147] como história[148] — isto é, como instrumento de formação, crítica e libertação, muito além do trabalho[149] que, no capitalismo, como valor-de-troca, é trabalho produtor de mais-valia.[150]

---

141. Não nos referimos ao projeto do Serviço Social como um fato ou uma coisa dada. Consideramos o projeto profissional como um movimento, uma virtualidade e uma processualidade que, tendo como referência princípios emancipatórios constantes do Código de Ética do assistente social e a referência teórico-metodológica explicitada no projeto de formação da ABEPSS (2008) — a teoria social crítica —, articula o movimento de parte expressiva da categoria, no que se refere à sua organização política (Conjunto CFESS/CRESS-ENESSO), à formação acadêmico-profissional (ABEPSS), à produção de conhecimento na área de Serviço Social e ao exercício profissional.

142. E, diríamos, vem se realizando, nas situações concretas em que o assistente social, no exercício profissional, favorece as lutas sociais, os interesses históricos dos trabalhadores e seus processos de mobilização, organização e autoformação.

143. Na reafirmação e objetivação de finalidades, princípios e valores emancipatórios.

144. Na tomada de partido frente a interesses contraditórios entre capital-trabalho.

145. A filosofia, presente como fundamento nas diversas manifestações dos indivíduos sociais, respondendo pela necessidade que têm de compreender o significado do mundo e de si mesmo, o que envolve dar respostas às interrogações sobre natureza e o homem, sobre valores morais e estéticos, sobre sua existência, o conhecimento...

146. Na produção de conhecimento da área de Serviço Social, numa perspectiva de totalidade. O assistente social é testemunha ocular do cotidiano das massas trabalhadoras, o que possibilita valorizar, na forma de sistematização rigorosa e/ou de estudo, o material empírico que resulta do exercício profissional.

147. Na apropriação e veiculação de ideias e valores emancipatórios.

148. Como marca da presença dos assistentes sociais na produção e reprodução das relações sociais.

149. Mesmo ao atuar com trabalhadores inseridos nos processos de trabalho do chão da fábrica, de acordo com Marx, o assistente social estaria sim mais próximo do trabalho valorizando capital ao facilitar a extração da mais-valia, mas não realizando trabalho. Numa empresa, o assistente social atua "sobre"/com homens e mulheres na reprodução crítica das relações sociais vigentes e não diretamente na fabricação da mercadoria, ainda que favorecendo a extração da mais-valia, tendo em vista os processos de acumulação, ao atuar na restauração material e subjetiva da força de trabalho. Assim, o assistente social se insere, não nas posições teleológicas que têm como objeto a natureza em si, ou seja, aquelas que asseguram o intercâmbio orgânico entre a sociedade e a natureza (cujo exemplo privilegiado é a satisfação das necessidades econômicas [pelo trabalho], mas naquelas que têm como objeto a consciência dos outros, isto é, naquelas que tentam influenciar e modelar o comportamento, que é a área das relações intersubjetivas por excelência que culmina na Ética, como mostra Lukács.

150. O trabalho vivo é a atividade fundante do valor: é o único capaz de agregar real valor na produção material. A exploração do trabalho vivo é a fonte do lucro do capitalista. A mais-valia —

É nesse sentido que o Serviço Social, frente às indicações do projeto profissional, vai muito além do trabalho alienado, ainda que, como vários estudos vêm mostrando, ao penetrar as minúcias do Serviço Social, estabelecendo as mediações com a realidade histórica e apreendendo o movimento real do Serviço Social como totalidade histórica e não o ideal — o que deseja ou quer individualmente cada profissional —, a realidade histórica do Serviço Social vem revelando mais reprodução do que superação de práticas conservadoras.[151] Ou seja, como a análise do cotidiano da prática dos assistentes sociais vem revelando, nas circunstâncias dadas na sociedade vigente, o Serviço Social vem se realizando mais como instrumento de conservação do *status quo* do que favorecendo a emancipação.

E aqui vale outra digressão. Ao invocarmos a arte, não estamos concordando com a condenação da perspectiva de totalidade nem com a diluição das fronteiras entre ciência/arte, aparência/essência, própria da concepção pós-moderna que rejeita o conhecimento voltado para as causas primárias. Estamos invocando a arte — como práxis criativa — na socialização do conhecimento e não na sua produção, ainda que em determinadas circunstâncias ela tem sua presença, como prática criativa. Afinal, a arte potencializa o caráter criador presente no trabalho humano como atividade autorrealizadora. Assim, a práxis artística está presente na forma de comunicação que se expressa por meio principalmente da lin-

---

extração do sobretrabalho proveniente do trabalho não pago — assume duas formas. A *mais-valia absoluta* se dá através da extensão da jornada de trabalho, do aumento da intensidade do trabalho e/ou através da diminuição dos salários. A *mais-valia relativa* se concretiza na alteração da relação entre trabalho necessário para a reprodução da força de trabalho e trabalho excedente através do aumento da produtividade (Marx).

151. Como revela Netto, "a década de oitenta consolidou, no plano ideo-político, a ruptura com o histórico conservadorismo no Serviço Social. [Isso] não significa que o conservadorismo (e, com ele o reacionarismo) foi superado no interior da categoria profissional: significa, apenas, que — [...] — posicionamentos ideológicos e políticos de natureza crítica e/ou contestadora em face da ordem burguesa conquistaram legitimidade para se expressarem abertamente. [...] O conservadorismo nos meios profissionais tem raízes profundas e se engana quem o supuser residual. A legitimidade alcançada para a diversidade de posições está longe de equivaler à emergência de uma maioria político-profissional radicalmente democrática e progressista que, para ser construída, demanda trabalho de largo prazo e conjuntura sócio-histórica favorável" (1996, p. 111-112).

guagem, como capacidade criadora de antecipar, expressar e/ou transmitir e socializar espaços, conhecimentos, informações, sentimentos, sensações e/ou como atividade que supõe a criação de sensações ou de estados de espírito de caráter estético, carregados de vivência pessoal e profunda, podendo suscitar em outrem o desejo de liberdade, prolongamento, formação, transformação, ação, emancipação.

Não insistimos que na direção do projeto profissional coloca-se a necessidade de uma prática criativa e propositiva, como afirma Iamamoto? Ora, a prática dos profissionais de nível superior, dentre eles o assistente social, queiramos ou não, envolve questões para muito além do trabalho. Como podemos apreender em Lukács (1978, p. 187 e seguintes), quando o advento e a hegemonia da máquina libertaram a "técnica da indústria de todas as suas barreiras antropológicas, [...] pela nítida separação que se cria entre técnica em sentido científico e prático-industrial (estreitamente ligados entre si) e a técnica em sentido artístico", provocaram uma "decisiva reviravolta na história do trabalho". E continua o autor: "Até este momento, os limites são flutuantes; enquanto a produção é puramente artesanal, é quase impossível determinar onde começa e onde acaba o modo artístico de elaboração. Apenas o desmembramento do processo de trabalho que se inicia na manufatura revela claramente o princípio da diferenciação, mas sem destacar-se inteiramente das capacidades e da habilidade do homem" (idem, ibidem).

Ora, o assistente social e os demais profissionais de nível superior, nos processos sociais — onde se dá o contato profissional/trabalhador-usuário/atendimento —, ao contrário do trabalho na produção de mercadorias e nos serviços, que na história do capitalismo vem se processando cada vez mais intermediado pela máquina, reproduzem relações sociais vigentes e/ou tendenciais; ou seja, nos processos de atendimento, reproduzem-se relações sociais hegemônicas na sociedade do capital e/ou relações democráticas, horizontais, reflexivas, críticas, já presentes como tendências na própria sociedade do capital. É desse modo que nos processos sociais podemos funcionar, como é de interesse do capital e da burguesia, como amortecedores do sistema, ou, como é de interesse dos trabalhadores, contribuindo na construção e realização de processos emancipatórios. Por mais que a viabilização desses processos se dê atravessada pela execução terminal da política social, esta, em si mesma, na medida em que não é universal, é acessória ao processo e não se constitui em finalidade nem para os trabalhadores nem para o próprio capital.

Ou seja, o objetivo real da política social, para a burguesia e para o Estado capitalista, não é sua execução terminal para dar respostas às necessidades essenciais dos segmentos aos quais ela se destina. Na perspectiva de totalidade, sabemos que somente da educação emancipadora e do trabalho como atividade humana autorrealizadora — o que significa trabalho associado —, podem ter início as respostas concretas, substantivas, às necessidades humanas e sociais das maiorias. É nessa medida que *se,* por um lado, a política social é acessória na busca de respostas às necessidades sociais e demandas dos trabalhadores, por outro lado, ela é relevante, quando não, em alguns momentos, central, no controle das massas trabalhadoras, relegadas que essas massas são a precárias, quando não bárbaras, condições de vida e de trabalho e **à condição de** beneficiárias dos serviços socioassistenciais e não sujeitos de direito deles. Como mostraram Marx e Engels, há mais de 150 anos, "para oprimir uma classe é preciso poder garantir-lhe condições tais que lhe permitam pelo menos uma existência de escravo" (1998).

São os próprios assistentes sociais que revelam essa condição da política social ao afirmarem, na sua execução terminal, que "eu faço a terapia do não". Ou seja, o assistente social é chamado mais para negar o acesso com jeitinho, acolhimento, humanização e "muito respeito" e, em algumas circunstâncias, aplicar os critérios que definem a inserção do trabalhador na política social. Os dois processos — a "terapia do não" e a viabilização do acesso aos que se encaixam nos critérios de seleção — se concretizam, ou a partir de relações sociais dominantes ou de relações sociais que contradizem o *status quo*, presentes nas relações sociais como tendências.

Mas, na contradição, é preciso resgatar a necessidade das políticas sociais para os trabalhadores, diante do que, diríamos, parafraseando

Marx e Engels: para que uma classe possa se constituir como sujeito de rupturas e transformações é preciso ter garantidas condições tais que lhe permita pelo menos a existência cotidiana.

Retomando e reiterando, como prática crítica, criativa, reflexiva, propositiva, o exercício profissional do assistente social vai muito além do trabalho, ainda que, mais longe ou mais perto da produção de mercadorias, como nas empresas capitalistas, onde atua diretamente no favorecimento da intensificação da reprodução da mais-valia e na valorização do capital; o mesmo, afirmaríamos a respeito das demais profissões de nível superior. Desse modo, assalariado pela burguesia, seus gerentes e serventuários, e considerado unicamente como valor de troca e objeto de manipulação, o assistente social é utilizado (na condição de serviço auxiliar) tanto pelo Estado,[152] nas suas diferentes instâncias (municipal, estadual e federal), como pela iniciativa privada (ONGs incluídas) e demais instituições assistenciais e "garantidoras de direitos", como instrumento/meio de fazer "boa figura"[153] frente ao "povo";[154] como aquele que diz

---

152. Aqui, a responsabilização do Estado é entendida não como garantia de direitos afirmados na Lei, mas como tutoria (no sentido de amparo, ajuda, proteção, acompanhada ou não de dependência ou sujeição vexatória) dos mais frágeis/pobres/miseráveis, o que traz embutida a desconsideração da capacidade dos trabalhadores de pensarem e regularem e/ou realizarem o controle da sua própria vida, da sua família e do próprio Estado e da sociedade.

153. O que em cada momento histórico é denominado de formas diferentes. Atualmente, "boa figura" recebe a denominação de "responsabilidade social".

154. No Estado Moderno, a noção de "povo" é preciosa, principalmente, quando oculta diferenças e contradições irreconciliáveis entre os diferentes segmentos que constituem uma nação. Quando confrontamos as condições de vida e de trabalho dos diferentes segmentos da classe trabalhadora brasileira e o poder "legal" que têm de controlar a riqueza que produzem e seus destinos com o que está assegurado na Lei Maior do país — a Constituição Federal —, principalmente no Preâmbulo e art. 1º, podemos observar a funcionalidade da noção de povo, considerado de forma abstrata, ambígua e amorfa, deixando indiferenciados, no limite, capitalistas (proprietários) e trabalhadores (não proprietários), a partir da necessidade de legitimação do poder dos poderosos capitalistas e seus administradores, sejam gerentes do capital, sejam políticos profissionais. Não é sem razão que, Érico Veríssimo, em um dos seus grandes romances, põe as seguintes palavras na boca de um prefeito, braço da elite dominante, dirigindo-se à sua mulher, ansiosa com denúncias presenciadas "pelo povo": a — "Que é o povo? Um monstro com muitas cabeças, mas sem miolos. E esse bicho tem memória curta". Assim vejamos: Constituição Federal de 1988: Preâmbulo: Nós, *representantes do povo brasileiro*, reunidos em Assembleia Nacional Constituinte para instituir um Estado Democrático, destinado a

"Não" com competência, consideração e muito respeito (ao intermediar a negativa do Estado/instituições no atendimento às necessidades econômico-sociais reconhecidas como direitos sociais garantidos por Lei); como aquele que, com "jeitinho", possibilita a alguns acesso a alguns bens; como aquele que, travestindo a assistência social em ajuda, retira sua condição de direito social (na execução das políticas públicas, diretamente, ao prestar serviços ao Estado e, indiretamente, ao prestar serviços às ONGs e demais instituições assistenciais ao terceirizarem os direitos[155]), tudo isso mediado pelo seu papel na reprodução do controle e da dominação das massas assalariadas, por meio, tanto de estatísticas, cadastros, laudos, avaliação social e pareceres, como da veiculação de noções, ideias, valores necessários à reprodução da sociedade burguesa.

Ao responder sem resistência às requisições institucionais — principalmente as relacionadas à gerência dos conflitos e da burocracia institucional[156] — o assistente social abdica — conscientemente ou não — da sua condição, garantida na contradição, na e pela própria sociedade burguesa,

---

assegurar o exercício dos direitos sociais e individuais, a liberdade, a segurança, o bem-estar, o desenvolvimento, a igualdade e a justiça como valores supremos de uma sociedade fraterna, pluralista e sem preconceitos, fundada na harmonia social e comprometida, na ordem interna e internacional, com a solução pacífica das controvérsias, promulgamos, sob a proteção de Deus, a seguinte CONSTITUIÇÃO DA REPÚBLICA FEDERATIVA DO BRASIL. TÍTULO I — Dos Princípios Fundamentais: art. 1º A República Federativa do Brasil, formada pela união indissolúvel dos Estados e Municípios e do Distrito Federal, constitui-se em Estado Democrático de Direito e tem como fundamentos: I — a soberania; II — a cidadania; III — a dignidade da pessoa humana; IV — os valores sociais do trabalho e da livre-iniciativa; V — o pluralismo político. Parágrafo único. *Todo o poder emana do povo, que o exerce por meio de representantes eleitos ou diretamente, nos termos desta Constituição.*

155. Vale relembrar que a existência de milhares de instituições socioassistenciais privadas, dentre elas as ONGs, está assentada na ideia de que é possível, através da denominada "sociedade civil", enfrentar o poder do Estado, na busca de, sem considerar a relação de exploração capital/trabalho, enfrentar as diferentes expressões da questão social, neste contexto, identificadas como desigualdades possíveis de serem solucionadas e não como desigualdades estruturantes da sociedade capitalista. Essa é uma ideia que, além de desconsiderar as origens dos problemas que se propõe a resolver, obscurece o fato de que a maioria dessas organizações/instituições, seja no Brasil, seja no mundo, depende estruturalmente do Estado, ou seja, do fundo público.

156. O burocratismo, próprio do Estado capitalista e do estágio imperialista, como assinalou Lênin, na medida em que ele "procura fundir o aparelho Estatal com o poder dos monopólios", interdita a verdadeira democratização da sociedade.

de profissional de nível superior que, gozando de relativa autonomia,[157] tem a função de socializar a ciência, ao prestar serviços de relevância pública à sociedade, o que, dialeticamente, pode se dar com fins manipulatórios ou libertadores e emancipatórios, a depender da opção ético-política do profissional.

Tudo isso é verdade, a não ser que consideremos que a questão central para o Serviço Social, sob o capitalismo, está na distribuição de bens (esfera do consumo) entre homens considerados iguais perante a lei burguesa[158] e não, antes de tudo, no modo de produção que não é capaz de dar respostas às necessidades essenciais dos indivíduos sociais, mesmo diante das possibilidades existentes frente ao alto grau de desenvolvimento das forças produtivas. Tudo isso é verdade, a não ser que consideremos que o mundo dos homens, na sociedade burguesa, seja um mundo sem contradições.

---

157. Autonomia hipotecada à liberdade, que significa agir conscientemente/com conhecimento da situação, para poder escolher entre alternativas presentes no movimento da realidade. Para Iamamoto, ainda que o Serviço Social como uma profissão liberal abra possibilidades para um eventual exercício autônomo, "o assistente social é, de fato, um trabalhador assalariado, inscrito nas esferas governamental, empresarial, em organizações não governamentais e entidades filantrópicas. Ao vender sua força de trabalho especializada por um salário (valor de troca da mercadoria força de trabalho), o assistente social entrega o valor de uso de sua mercadoria ao empregador: o direito de consumi-la durante uma jornada segundo diretrizes políticas, objetivos e recursos da instituição empregadora. É no limite dessas condições que se materializa a relativa autonomia de que dispõe o profissional na consecução de suas ações, na definição de prioridades e de formas de execução de seu trabalho. Essa autonomia decorre mesmo da natureza da especialização deste trabalho — que atua junto a indivíduos e não a coisas inertes — interferindo na reprodução material e social da força de trabalho via serviços sociais (educação, saúde, habitação, família etc.); trabalho que se situa predominantemente no campo político ideológico, no exercício de funções de controle social e difusão de ideologias oficiais junto às classes trabalhadoras. Entretanto, este mesmo trabalho pode ter o seu sentido redirecionado para rumos voltados para a efetivação de direitos sociais, à construção de uma cultura do público e ao exercício de práticas democráticas. A possibilidade dessa mudança de rota deriva do próprio caráter contraditório das relações sociais, que estruturam a moderna sociedade burguesa: nela encontram-se interesses sociais distintos e antagônicos, que se refratam no terreno institucional, definindo forças sócio-políticas em luta por hegemonia, para estabelecer consensos de classes e alianças em torno dos mesmos" (Iamamoto, 1998, p. 13-14).

158. Só considerando que o problema central do capitalismo está na distribuição de riqueza e não na sua produção é que se pode supor que com boa política e bons governantes o Modo de Produção Capitalista e a burguesia se humanizem.

Pensar o Serviço Social como trabalho tem trazido ainda outras consequências deletérias para o projeto profissional, difíceis de serem enfrentadas, visto que, desde seu início, houve uma apropriação equivocada da novidade pela maior parte da categoria. Como pode ser observado, assistentes sociais e alunos, quando não docentes e pesquisadores, vêm utilizando e repetindo à exaustão a noção de "processo de trabalho do assistente social/processo de trabalho do Serviço Social", concomitantemente ao abandono da necessária reflexão sobre os trabalhadores nos seus diferentes segmentos e na luta de classes, para pensar e fazer Serviço Social, substituída por uma preocupação abstrata com a identificação de Serviço Social como trabalho.

Um processo que, também, como vimos, vem facilitando a equalização dos diferentes segmentos da classe trabalhadora (do operariado com demais trabalhadores assalariados e dos próprios assistentes sociais com os demais trabalhadores assalariados) e, consequentemente, a padronização dos trabalhadores, incluindo aí os assistentes sociais sem serem apreendidos nos seus diferentes segmentos. Uma equalização que tem dificultado que os assistentes sociais identifiquem e apreendam a relativa autonomia[159] que portam no exercício profissional, tanto para pensar/planejar, como para fazer Serviço Social, na medida em que, equalizados aos "trabalhadores", os assistentes sociais passam a ser apreendidos sob as mesmas injunções sofridas pelo operariado, no cotidiano de trabalho, sem as referências necessárias aos nexos causais — como, por exemplo, a função de intelectual e a condição de representante da instituição — que fazem a diferença entre o cotidiano da prática do assistente social/profissional de nível superior e o cotidiano do operariado

---

159. Muitas vezes, o profissional se utiliza dessa relativa autonomia para empreender um serviço tecnicamente qualificado, com grande aceitação por parte dos empregadores. Quando submetidas à análise, essas práticas revelam que, pondo-se de forma aparentemente neutra frente o conflito trabalho/capital, o profissional/equipe desfruta de certa liberdade para planejar e realizar suas ações, "contando que não conteste o poder, que não ponha em questão as relações de poder e a própria estrutura da sociedade" (Coutinho, 2006, p. 102). Dessa forma, frente à qualidade aparentemente neutra da sua atividade, o assistente social é bem quisto pelos diferentes profissionais, especialmente pelos gestores: chefias, direções.

e demais trabalhadores assalariados, para além do fato já destacado anteriormente de que o objeto de ambos é diferente: consciência e natureza, respectivamente; contexto em que faz diferença a presença da teoria — conhecimento da realidade — e a relativa autonomia que portam como profissionais de nível superior.[160]

Afinal, se não existe alienação completa — como afirma Kosik, há claro e escuro, eu vejo e não vejo —, a formação superior que objetiva contribuir no processo de superação das formas capitalistas de ser e pensar, mesmo aquela mais precarizada, facilita o processo de mediações que nos permite ir além da aparência e isso faz diferença, com relação à autonomia do operariado e dos demais trabalhadores assalariados. Por outro lado, as condições de trabalho dos assistentes sociais, por mais que, como as massas trabalhadoras, estejamos submetidos às injunções do capitalismo, não podem ser equalizadas aos demais trabalhadores. Se não são condições ideais, são condições diferenciadas que nos permitem realizar mediações para além da aparência dos fatos em busca de alternativas de prática, para além das requisições institucionais, como, por exemplo, o acesso a arquivos, planos, programas, projetos, sistemas e bancos de dados, legislações etc.

Como sujeitos históricos, sujeitos políticos, nós temos a capacidade de escolher, de identificar onde queremos chegar. Assim, sempre fazemos escolhas carregadas de consequências, escolhas determinadas pela indissociabilidade dos aspectos objetivo e subjetivo da prática: o aspecto objetivo relacionado à possibilidade de uma transformação real do/no cotidiano da prática e o aspecto subjetivo relacionado à consciência da

---

160. Aqui não incluímos as referências ético-políticas porque os profissionais/intelectuais somos atingidos pelos mesmos processos alienantes, tanto quanto qualquer outro indivíduo social. Por outro lado, como a realidade da prática no Serviço Social tem revelado, os trabalhadores/usuários têm revelado uma vivência política e consciência das suas condições de vida e trabalho, por vezes, muito superior à de alguns assistentes sociais que operam os serviços socioassistenciais. Não podemos deixar de ressaltar ainda, que, por mais que a formação de nível superior se encontre num processo progressivo de precarização, até o seu estágio, e dela resultam acúmulos, ganhos e possibilidades não oferecidas à maioria dos trabalhadores brasileiros, o que potencializa a construção e a realização da autonomia profissional.

necessidade histórico-social, dos limites e possibilidades da prática, para transformar o cotidiano da prática dos assistentes sociais.

No âmbito da academia, por exemplo, a submissão às requisições por produtividade tem resultado em produções repetitivas e superficiais, que não guardam nenhum grau de comparação com a produção que dá a direção do debate do projeto profissional. Por outro lado, a valorização da produção científica na área das Ciências Humanas e Sociais nos moldes das áreas duras (artigos ou capítulos de livros) vem desestimulando/impedindo uma produção de fôlego. Como afirmou recentemente o professor Roberto Leher[161], a respeito da produção do conhecimento, dentro da lógica do capitalismo dependente brasileiro "diante dessa pressão em oferecer serviços, em produzir, o professor que levar dois anos para concluir um livro é expulso da pós-graduação".

Poderíamos apontar como justificativas: são escolhas que permitem docentes e pesquisadores acompanhar as exigências institucionais, permitem sobreviver. Mas isso não deixa de ser uma escolha, nem deixa de resultar em determinadas consequências que no caso da produção de conhecimento retarda a possibilidade de individual e coletivamente, como assistentes sociais e como categoria, realizarmos a leitura necessária da realidade, tendo em vista definir estratégias e ações necessárias, o que, no caso da formação dos assistentes sociais, interfere diretamente nos rumos das vidas dos futuros assistentes sociais, favorável ou desfavoravelmente, e no caso do atendimento aos trabalhadores/usuários, interfere diretamente nos rumos das suas vidas, favorável e/ou desfavoravelmente. O que mostra que a afirmação teórica de que é possível, na sociedade capitalista, fazer Serviço Social na direção do projeto profissional, abrange a academia e o meio profissional.

Com essa reflexão, quero dar uma contribuição para sedimentar, entre os assistentes sociais, o caráter fundante da categoria marxista de

---

161. Leher, R. "Produtivismo acadêmico está acabando com a saúde dos docentes". Tema da quarta mesa do Seminário Ciência e Tecnologia no Século XXI, promovido pelo ANDES-SN de 17 a 18 de novembro, 2011, em Brasília.

trabalho para o exercício profissional. Sem responder às necessidades materiais — fruto do trabalho —, nenhum homem pode participar como humanidade na produção e usufruto das inúmeras dimensões que também fazem parte do ser social, para além do trabalho. Desse modo, para pensar e realizar Serviço Social, a categoria central é o trabalho, com pena de obscurecermos a exploração em favor da luta contra as "injustiças sociais", o que nos remete à diminuição dos níveis de pobreza e não à luta contra a exploração fundada na propriedade privada dos meios essenciais de produção. É a luta contra a exploração que pode contribuir na construção de uma nova ordem societária, sem dominação-exploração de classe etnia e gênero; no fortalecimento da autonomia, da emancipação de todos e na plena expansão dos indivíduos sociais; na defesa e aprofundamento da democracia, enquanto socialização da participação política e da riqueza socialmente produzida; na ampliação e consolidação da cidadania com vistas à garantia dos direitos civis, sociais[162] e políticos das classes trabalhadoras, como afirmado nos princípios fundamentais do Código de Ética do Assistente Social.

A consideração do Serviço Social como trabalho nem sempre resulta ou favorece pensar e realizar Serviço Social na ótica do trabalho. E, quando se pensa e se realiza Serviço Social obscurecendo ou abandonando a ótica do trabalho, a propriedade privada e a exploração tanto são ocultadas como não admitidas, o resulta em tratar a desigualdade, equalizada à pobreza, como injustiça social, na medida em que não entram em questão sua causalidade e determinações: a forma de organização social vigente. Nessa direção, só pode resultar uma prática que, objetivando reduzir os níveis de pobreza e/ou miséria, se materializa através da "reforma de indivíduos desajustados", na perspectiva de ajuda, seja através de recursos materiais, seja através de aconselhamento, cuidado, acolhimento, orientação social ou psicológica etc.; uma prática que não toma o Projeto

---

162. Aqui, o direito social entendido como "um produto histórico, construído pelas lutas da classe trabalhadora, no conjunto das relações de institucionalidade da sociedade de mercado, para incorporar o atendimento de suas necessidades sociais à vida cotidiana", como afirma Berenice Rojas Couto (2004, p. 183).

Ético-Político do Serviço Social como referência central, justamente, porque não pode ter e não tem como horizonte "uma nova ordem societária, sem dominação, exploração de classe etnia e gênero", mas a humanização do capitalismo.

No limite, os processos de ajuda — os quais na realidade, escondem processos de ajustamento e controle —, que tanto podem ser viabilizados por voluntários[163] ou por profissionais, têm como horizonte, no máximo, um capitalismo melhorado, "mais humano". Como se fosse possível humanizar uma organização social desumana por natureza! Uma organização que só pode ser superada — quando substituído o trabalho explorado pelo trabalho associado —, mas não controlada ou humanizada. Como alerta Mészáros (2002), o capital pode ser superado, mas não pode ser controlado, frente a uma dinâmica que, após instaurada, é superior a qualquer força social.

Porém, não se pode negar que práticas de ajuda, cuidado e humanização, que só podem, no limite, contribuir para reduzir níveis de pobreza e miséria, tragam melhorias para a classe trabalhadora. São melhorias que se, realmente, não solucionam, podem resultar em menos fome; menos precarização na saúde; diminuir os absurdos índices de mortalidade infantil; garantir o acesso a uma educação de segunda classe; podem ampliar o "cuidado" e fortalecer rede(s) de apoio, sempre na busca de socializar os prejuízos, ou seja, responsabilizar e jogar para os explorados o enfrentamento das consequências da exploração. Melhorias que bastam para não poucas pessoas.

São esses aparentes ganhos focalizados, vulneráveis, instantâneos, parciais e circunstanciais, os quais, como assistentes sociais e voluntários,

---

163. Aqui estamos nos referindo não às ações solidárias que a história da humanidade vem mostrando como necessárias no enfrentamento de catástrofes, momentos de guerra etc., mas ao "trabalho voluntário" utilizado e incentivado, na sociedade burguesa, para obscurecer as raízes da iniquidade e ocultar a necessidade de teoria para enfrentar as diferentes expressões da questão social, fruto da lógica do capital. Só a custo de muita propaganda e desinformação podemos acreditar que numa realidade tão complexa como a capitalista, o homem, abrindo mão da ciência, vai encontrar respostas no voluntariado, no espontaneísmo e/ou num ente superior.

somos chamados a viabilizar, que se constituem em solo onde podemos procurar resgatar o que há de emancipador, sem esquecer que, ainda que, por vezes, necessários, agravam ainda mais as precárias condições de trabalho e dificultam a objetivação de uma prática mediada pelo projeto do Serviço Social. Como complexo de complexos, são ganhos que necessitam de teoria para que sejam explicitados o seu caráter e o papel que vêm desempenhando na contracorrente do avanço da luta política em favor de uma nova organização social; ganhos que necessitam de teoria para sua superação como fins em si mesmo. Um processo que envolve, repetindo, negar, conservar, tendo em vista elevar a um nível superior.

Desse modo, podemos contribuir para desnudar e recusar o caráter conservador e de aparente neutralidade de práticas interessadas ou que vocalizam — quase sempre, inadvertidamente — interesses escusos[164] e que, para isso necessitam de se travestir em práticas de ajuda, de cuidado, de tratamento e medicalização das expressões da questão social travestidas de doenças físicas ou mentais, de aconselhamento, de orientação, de encaminhamento, de humanização de relações interpessoais ou de burocratização na simples viabilização de um recurso (todas revertidas em atos como fins em si mesmos). São práticas que, independentemente da consciência do sujeito que as objetiva, manipulam, ajustam, integram, controlam, espalham consenso e consentimento. Práticas que exigem, diante de seus objetivos, explícitos ou implícitos, tomar o usuário, considerado como objeto, de forma abstrata, individualizada, desestoricizada, desenraizada, indeterminada, descontextualizada, deseconomizada e despolitizada.

Desse modo, as ideias e práticas na realidade social, e, consequentemente, no Serviço Social, não devem ser consideradas pelo seu significado manifesto, mas analisadas em termos das "forças" que ocultam e/ou que vocalizam e que as movem. As manifestações teórico-práticas dos

---

164. O capitalismo, além de contar com as condições favoráveis à sua reprodução, vem, ao longo da história, utilizando, a seu favor, de todas as condições para viabilizar sua reprodução e sua hegemonia, principalmente, pela capacidade que tem de aliciar a inteligência tendo em vista seus interesses de acumulação.

assistentes sociais ao serem analisadas teoricamente revelam concepções (de sociedade, de indivíduo etc.) que, independente do projeto de sociedade que trazem embutido (explícita ou implicitamente), reforçam ou enfraquecem projetos de sociedade existentes ou em desenvolvimento. Em se apreendendo a predominância de práticas conservadoras, o que se torna claro no âmbito do Serviço Social é o enfraquecimento do denominado Projeto Ético-Político e sua perspectiva emancipadora e, consequentemente, do projeto de sociedade do qual deriva.

Reforçando meu argumento, ao nos embrenharmos pelo campo da "causalidade necessariamente preexistente à atividade finalística", recorremos a Tertulian comentando Lukács. Diz o autor que, para Lukács, "o ato de por fins, cuja origem está nas necessidades incessantemente renovadas e extremamente diversificada dos indivíduos" (Tertulian, 2010, p. 394-395) não pode ser dissociado das efetivas determinações do real (incluídas as possibilidades e as latências, "com risco do falimento" [Lukács]). "Daí resulta que as posições teleológicas são duplamente condicionadas: autocondicionadas pela consciência que põe, que age impulsionada pelas necessidades e pelos projetos individuais, e heterocondicionadas pelas determinações objetivas do real" (Tertulian). Dois aspectos inextricavelmente interligados.

Como vimos, Lukács distingue dois tipos de posições teleológicas: "aquelas que têm como objeto a natureza em si, ou seja, aquelas que asseguram o intercâmbio orgânico entre a sociedade e a natureza (cujo exemplo privilegiado é a satisfação das necessidades econômicas [pelo trabalho] e aquelas que têm como objeto a consciência dos outros, isto é, aquelas que tentam influenciar e modelar o comportamento (é a área das relações intersubjetivas por excelência que culmina na Ética)" (Tertulian, 2010). Ora, se concordamos que seja assim, o fato do capital transformar toda atividade humana em trabalho assalariado e alienado, trabalho transformado em uma mercadoria como outra qualquer, tendo em vista seus interesses de acumulação, o que transforma e equaliza todos — artistas, cientistas, profissionais (professores, engenheiros, médicos, advogados, assistentes sociais etc.), operários — na condição de "trabalhadores" (formais/informais, assalariados ou não), não dissolve nem transforma o fato de que, concretamente, existam indivíduos que, no seu pôr teleológico,[165] têm como objeto a natureza em si, ou seja, estejam inseridos em atividades que asseguram o intercâmbio entre sociedade e natureza e indivíduos que têm como objeto a consciência dos outros (numa sociedade emancipada, duas posições teleológicas inextricavelmente interligadas no trabalho associado).

É desse modo que entendemos que se no capitalismo tanto assistentes sociais como médicos, psicólogos, educadores, advogados, físicos, escritores, agricultores, petroleiros, lixeiros, operadores de máquinas industriais, cortadores de cana etc. são trabalhadores assalariados, isso não dissolve o fato de que, concretamente, para além do seu assalariamento, uns estão mais envolvidos nos processos de assegurar o intercâmbio da sociedade com a natureza e outros mais envolvidos em influenciar e modelar comportamentos (sejam físicos, mentais ou espirituais).

No mais, se por um lado a ética, em termos do "influenciar", não está presente na relação do homem com a natureza (inclusive com a máquina, natureza transformada), na relação profissional-trabalhador/usuário, em termos do "influenciar", a ética está presente de forma predominante — e dependendo da direção social imprimida na ação, de forma nefasta —, tanto nas relações intersubjetivas entre os trabalhadores — como classe em si e classe para si —, como entre os profissionais/trabalhadores que são assalariados direta ou indiretamente pelo capital e os demais trabalhadores sobre os quais são chamados a atuar/controlar.

Por fim, os defensores do projeto ético-político do Serviço Social almejamos uma sociedade em que o Serviço Social não seja mais necessário; pelo menos, tal como concebido na sociedade do capital. Ora, se numa sociedade emancipada não se coloca a necessidade do Serviço Social tal qual requisitado no/pela burguesia, seja do ponto de vista do trabalho, seja do ponto de vista do capital, considerar o Serviço Social como trabalho nos impõe um problema teórico-político no mínimo constrangedor.

---

165. Recordando, em Lukács, o pôr teleológico significa, antes de tudo, uma ação (trabalho, modelo da práxis) orientada por um fim previamente ideado. Vide nota 130.

A/O ASSISTENTE SOCIAL NA LUTA DE CLASSES

Afinal, a humanidade não pode acabar com o trabalho, porque ela depende do trabalho para sobreviver; seja ele trabalho explorado ou trabalho emancipado. Já o Serviço Social...

1.4 O Projeto Ético-Político do Serviço Social brasileiro: emancipação humana, para além dos direitos e da cidadania burgueses[166]

1.4.1 O projeto profissional, referências ético-políticas e teórico-metodológicas

Partimos do princípio de que o projeto do Serviço Social brasileiro,[167] apreendido como um processo histórico em permanente construção, oferece elementos para uma leitura e uma atuação radicalmente críticas e anticapitalistas, elementos que estão presentes tanto nos onze (11) princípios

---

166. Não é meu objetivo, aqui, realizar um resgate histórico do Projeto Ético-Político do Serviço Social brasileiro, mas levantar questões relevantes do ponto de vista da prática dos assistentes sociais. Para o leitor acompanhar a reflexão aqui realizada, recomendamos a consulta de, no mínimo: Netto, 1984, 1991, 1992, 1996; Iamamoto e Carvalho, 1982; Iamamoto, 1998 e 2007; Yazbek, 1993; Bonnetti, 1996; Faleiros, 1981; Netto, 2006; Teixeira e Braz, 2009.

167. Este projeto, que apresenta à sociedade brasileira e alhures a "autoimagem da profissão" e sua substância (Netto, 2006), é herdeiro de um intenso e propositivo processo de luta e renovação por que passou o Serviço Social brasileiro, mais ou menos trinta anos após a sua emergência no país. Segundo Netto (1991, capítulo 2), na disputa por hegemonia político-ideológica, naquele momento histórico, confrontaram-se três preceptivas: *a perspectiva modernizadora,* que objetivando amoldar-se à nova realidade brasileira e responder as requisições impostas pela ditadura em curso, busca seus fundamentos no positivismo e no funcionalismo, em conformidade com as protoformas da profissão; *a reatualização do conservadorismo*, que, reivindicando outras bases ideo-políticas, busca na fenomenologia dar as mesmas respostas conservadoras travestidas de novidade [reivindicada, atualmente, por vários assistentes sociais, como referência]; a *intenção de ruptura* que, num contexto propício de análise histórico-crítica — crise da ditadura diante do fracasso do "milagre brasileiro" —, com base no marxismo, ainda que inicialmente de forma mediada, propõe a ruptura com o conservadorismo na profissão tendo em vista ações que tenham como horizonte uma articulação com os interesses históricos da classe trabalhadora. É a "intenção de ruptura" que deixa como legado a direção ético--política e teórica hegemônicas na profissão, até os dias atuais.

fundamentais que introduzem o Código de Ética do Assistente Social (CE) (CFESS, p. 1993), tomados como totalidade orgânica, como nas referências teórico-metodológicas e ético-políticas necessárias à formação de um assistente social/intelectual, referências contidas nas Diretrizes Curriculares do Curso de Serviço Social formuladas pela ABEPSS/1993, referenciadas que são pela direção social marxiana/marxista.

O conjunto de princípios do CE, como expressão ideo-política do Projeto Ético-Político do Serviço Social brasileiro, não é tomado aqui como uma "antecipação utópica de desenvolvimento futuro", mas como uma petição de princípios, como um compromisso a se realizar. Compromisso que situa os assistentes sociais em "luta contra os resíduos burgueses na consciência dos trabalhadores [e] contra o aburguesamento de sua consciência" (Lukács, 1968, p. 11), na busca de fortalecimento do protagonismo dos trabalhadores na luta por emancipação como caminho para uma nova ordem societária; uma sociedade de homens e mulheres livres, emancipados.

É o "Reconhecimento da *Liberdade* como valor ético central e das demandas políticas a ela inerentes — *autonomia, emancipação e plena expansão dos indivíduos sociais*" e a "Opção por um projeto profissional vinculado *ao processo de construção de uma nova ordem societária, sem dominação-exploração de classe, etnia e gênero*", que *estruturam orgânica e substantivamente* os demais princípios do CE, garantindo, na *sua apreensão indissociável, uma direção social anticapitalista.*[168]

Resgatar o princípio da liberdade, rompendo com a ética burguesa, "segundo a qual a liberdade de uma pessoa constitui necessariamente o limite da liberdade da outra e que a ética tem a missão se salvaguardar a pureza moral do ato ético num tal mundo", significa afirmar que

---

168. É claro que, como nada é desinteressado, ao explicitar minha leitura dos princípios do Código de Ética do assistente social, defendendo o caráter anticapitalista daqueles princípios e a teoria necessária à sua transformação em realidade, almejo buscar alianças e pautas comuns com os assistentes sociais, demais profissionais, organismos de representação dos trabalhadores, lutas sociais e indivíduos, que mantêm uma postura progressista.

o homem social (*o Mitmensch*) não constitui um limite para os outros, mas ao contrário, um fator essencial da sua liberdade. O indivíduo só pode ser verdadeiramente livre numa sociedade livre. *Daqui deriva uma nova concepção acerca do desenvolvimento da personalidade.* Se a ética burguesa o procura no fortalecimento e na expansão da individualidade isolada, *para o marxismo o desenvolvimento da personalidade sempre significa riqueza de vida, riqueza de relações humanas as mais diversas, campo aberto para diferentes atividades humanas.* O homem que oprime e explora outros homens [direta ou indiretamente] não pode, mesmo individualmente, ser livre. (Lukács, 2007, p. 75; grifos meus)

Nesse sentido, os princípios do CE, apreendidos como princípios *indissociáveis,* vão muito além da "defesa dos Direitos Humanos" reconhecidos pela ONU[169] e suas subsidiárias e de um usuário abstrato e indiferenciado, destituído de direitos.

A luta pelos Direitos Humanos, principalmente como é capitaneada pelos organismos internacionais — os direitos humanos tomados como fim último —, acabam por contaminar todas as lutas sociais nesse sentido. Ao fragmentar, individualizar e segmentar as diferentes expressões da questão social — nas expressões regionais, de gênero, raça e etnia,

---

169. No dia 10 de dezembro de 1948, a Assembleia Geral das Nações Unidas (ONU) proclamou a Declaração Universal dos Direitos do Homem que, reconhecida pelos Organismos internacionais e nacionais de representação do capital (a própria ONU e suas subsidiárias — OMS, UNESCO etc. —, a OCDE, o BM, o FMI), nada tem de revolucionário. A Declaração firma o Estado Liberal Burguês e, assim, a ordem social dominante. Os *Direitos Humanos* resultam num instrumento que diante de tantas atrocidades históricas no processo de humanização não podem ser desprezados e é essencial que devam ser encampados na contraditória sociedade capitalista. Mas, sem a perspectiva da emancipação de todos, limitam a luta econômico-política contra a exploração e a propriedade privada, nas quais se assenta a ordem vigente. Não sem razão que tanto a ONU como a UNESCO, para além dos conteúdos substantivos presentes na Declaração, tratam a "educação em direitos humanos" como um conjunto de atividades de informação, difusão e capacitação voltadas para constituir uma cultura universal de direitos humanos, a partir do *desenvolvimento de atitudes, comportamentos e habilidades,* sem tocar na necessária transformação das estruturas perversas e das relações sociais para que os direitos humanos possam se materializar na vida de todo indivíduo social. É nessa medida que os Direitos Humanos se constituem um campo minado que exige espírito radicalmente crítico, estratégias e ações que não percam de vista as finalidades emancipatórias.

orientação sexual —, essa luta pode obstruir a radicalização dos direitos civis e políticos, mas, principalmente e, antes de tudo, os direitos sociais, e favorecer, ainda mais, que os donos do capital, seus representantes e defensores, se utilizem deles para favorecer o obscurecimento da lógica do processo de acumulação capitalista que gera, ao mesmo tempo, uma acumulação da miséria relativa (à acumulação do capital), onde se situa a raiz da produção e reprodução da "questão social" na sociedade capitalista. É desse modo que a luta pelos Direitos Humanos, com fim último, não se constitui uma ameaça real às instituições existentes; quando muito, contribui para a aparente e improvável "humanização do capitalismo".

Diante de pressões dos proprietários capitalistas, o Estado incorpora interesses pontuais das classes trabalhadoras, mediando um "pacto de dominação" favorável ao capital. Mas, ainda que "as lutas sociais [tenham rompido] o domínio privado nas relações entre capital e trabalho" o que resultou no reconhecimento e na legalização de direitos (Iamamoto, 2001, p. 10/15; ver, ainda, Netto, 2001; Yazbek, 2001 e Pereira, 2001), esse é um processo que, mesmo resultando de e em enfrentamentos, não ameaça a ordem vigente.

É nesse sentido que a luta pela *ampliação e consolidação da cidadania com vistas à garantia dos direitos civis, sociais e políticos das classes trabalhadoras só mediada pelos demais princípios do Código de Ética do assistente social* pode apontar para a superação da democracia burguesa, o que significa, como fim último, contribuir na superação da ordem do capital e, aí sim, contendo a possibilidade de se constituir em contribuição aos trabalhadores na imposição de limites ao capital e enfrentamentos reais às instituições existentes, na busca por emancipação humana.

Para que, no Serviço Social, os princípios do CE, no seu conjunto, conservem seu caráter anticapitalista, para além do caráter democrático, faz-se necessário que eles, ao mediarem a formação e a prática, transformem profundamente não só a posição ético-política dos assistentes sociais, dada na sociedade burguesa, mas redirecionem, consequentemente, a prática dos assistentes sociais, o que, na sequência, pode repercutir na práxis social, da qual é parte e expressão; uma transformação que não se dá na letra fria da reflexão teórica (como aqui), no Código de Ética, nem no projeto de formação, os quais permanecem no âmbito da petição de princípios. Dá-se no complexo campo da práxis — na formação acadêmico-profissional/ formação permanente, nos espaços socioassistenciais, em unissonância e indissociável da luta político-ideológica da categoria em articulação com a luta geral dos trabalhadores, um processo indissociável do movimento social, complexo de complexos, mediado por aqueles princípios e pelas referências teórico-metodológicas necessárias.[170] Como afirma Lukács, "uma base da ética marxista é o reconhecimento de que a liberdade consiste na necessidade tornada consciente" (Lukács, 2007, p. 75).

Uma coisa é lutar pelos direitos "dos outros", outra coisa é a disposição de reconhecer igualmente o direito de cada um, o que, como consequência, diante de uma organização que destrói não só o homem, mas a natureza, vai resultar em transformação real da própria existência. É óbvio que, no limite, é isso que o projeto profissional significa e propõe, na medida em que defende uma liberdade que carrega a noção de autonomia, emancipação e plena expansão dos indivíduos sociais, ou seja, igualdade. Igualdade que, numa sociedade que traveste de sentidos as noções que não lhe são favoráveis, **é preciso ser qualificada. Assim, não estamos nos referindo a uma igualdade formal**, igualdade entre indivíduos e/ou grupos sociais, que se estabelece por meio de categorias abstratas (humanidade, dignidade, cidadania, enquanto direito civil e político etc.), e que geralmente se define por leis que prescrevem direitos e deveres. Estamos nos referindo à igualdade material e moral, ou seja, igualdade como produto da própria atividade humana e que se

---

170. O que quer dizer que, para além dos princípios ético-políticos, só uma sólida preparação teórica pode garantir que o assistente social, diante do acervo de ideias com as quais se depara, saiba distinguir o valor que elas têm, frente aos princípios que defende — separando o que reflete a realidade do que a falsifica; não se esquecendo que tudo que falsifica o processo real é de interesse do capital. Mas, ao mesmo tempo, somente apreendidos nas suas relações e conexões necessárias e enquanto totalidade é que esses princípios podem servir de base para que sejam estabelecidas as relações e conexões necessárias entre fatos, noções, conceitos e preceitos fragmentados divididos desconectados.

estabelece pela mediação de condições concretas, assim como as que asseguram a cada indivíduo a plena satisfação das suas necessidades onde, em virtude da qual, todos eles são portadores dos mesmos direitos fundamentais que provêm da sua condição de homem/gênero humano.

Se, por um lado, a escolha fragmentada dos princípios do CE não deixa de revelar uma preocupação de parte dos assistentes sociais com a "justiça social", com as opressões e as discriminações e com a distribuição e acesso à riqueza socialmente produzida, por outro lado, essa escolha não está assentada numa preocupação com a *origem da desigualdade*. Assim sendo, a escolha fragmentada dos princípios do CE tem consequências diretas na escolha das estratégias e ações a serem priorizadas pelos assistentes sociais porque *o enfrentamento da injustiça está baseado no consumo de bens e não na emancipação do sujeito o que envolveria a participação na riqueza socialmente produzida através do trabalho* (trabalho como atividade humana autorrealizadora) *e da educação emancipadora*. Diante disso, recorrendo a Lênin, afirmamos que uma prática mediada pelo projeto profissional exige um assistente social

> que [saiba] reagir contra toda manifestação de arbítrio e de opressão, onde quer que ela se manifeste e qualquer que seja a classe ou a categoria social que os sofre, que [saiba] generalizar todos estes fatos e unificá-los num quadro completo da violência política e da exploração capitalista; que [saiba], enfim, aproveitar da *mínima ocasião* para expor diante de todos as próprias convicções socialistas e as próprias reivindicações democráticas, a fim de explicar a todos a importância histórica mundial da luta emancipadora do proletariado. (Lênin, apud Lukács, 1968, p. 115) (grifos meus).

Ora, a liberdade e a igualdade contidas/expressas nos princípios fundamentais do Código de Ética do Assistente Social não vão ser alcançadas para todos na base de distribuição de bens e recursos — acesso a direitos —, muito menos através de processos de ajuda. Só podem ser alcançadas na capacidade que uma organização social, sem dominação de classe, etnia e gênero, assentada no trabalho livre e associado, tem de disponibilizar a todos a participação na produção e apropriação da riqueza, o que só pode resultar da propriedade social de todas as forças da natureza, de todas as forças sociais (os meios essenciais de produção), fruto do trabalho e da inteligência das gerações passadas e da presente, a que têm direito as gerações atuais e futuras. Uma organização de homens e mulheres livres e emancipados que estrutura condições para o fim da exploração do homem pelo homem; exploração resultante da propriedade privada dos meios essenciais de produção, origem da miséria e da pobreza — da questão social —, na qual está assentada a sociedade burguesa. É isso que, no conjunto, os princípios do Código de Ética do Assistente Social expressam. E é nesse sentido que a categoria central no projeto profissional é o trabalho e não a esfera da subjetividade; subjetividade que só é rica a depender da riqueza das relações sociais reais.

Ora, o indivíduo social "só pode constituir-se no quadro das mais densas e intensas relações sociais", mas a marca da originalidade de cada um não implica a existência de *desigualdades* entre ele e os outros. E aqui se faz necessária uma longa citação de Netto e Braz.

> Na verdade, os homens são *iguais*: todos têm iguais possibilidades [o que não quer dizer oportunidades] humanas de se sociabilizar; a *igualdade* opõe-se à *desigualdade* — e o que a originalidade introduz entre os homens não é a desigualdade, é a *diferença*. E para que a diferença (que não se opõe à igualdade, mas à *indiferença*) se constitua, ou seja: *para que todos os homens possam construir a sua personalidade, é preciso que* **as condições sociais para que se sociabilizem sejam iguais para todos**. Em resumo, só uma sociedade onde todos os homens disponham das mesmas condições de sociabilização (uma sociedade sem exploração e sem alienação) pode oferecer a todos e a cada um as condições para que desenvolvam diferencialmente a sua personalidade. Só esse tipo de sociedade — 'em que o livre desenvolvimento de cada um é a condição para o livre desenvolvimento de todos' (Marx e Engels, 1998, p. 31) — pode garantir tanto a superação do individualismo[171] quanto a oportunidade de *todos* os homens e mulheres singula-

---

171. "Individualismo não significa a defesa dos valores do indivíduo socialmente constituído; antes, é uma ideologia que justifica a priorização e o favorecimento de interesses singulares contrapostos ao desenvolvimento da genericidade humana" (Netto. In: Netto e Braz, 2006, p. 47, nota 6).

res se construírem como indivíduos sociais. (Netto e Braz, 2006, p. 47; grifos em itálico dos autores; negritos meus)

Ao fundirmos a desigualdade fruto da existência das classes sociais com as diferenças de gênero, etnia, religião, nacionalidade, orientação sexual, idade e condição física, que são diferenças dadas nas relações sociais, e sem apreendê-las determinadas e potencializadas pela inserção de classe dos indivíduos sociais, contribuímos para o obscurecimento e negação do caráter de classe da sociedade capitalista e, consequentemente, das desigualdades sociais; contribuímos para a desigualdade na vivência daquelas diferenças quando apreendidas a partir da inserção de classe dos indivíduos sociais, isto é, numa perspectiva de totalidade e, principalmente, contribuímos para a despolitização das lutas sociais que objetivam enfrentar a dominação, o preconceito, a intolerância, a dominação, a opressão entre diferentes — homem/mulher; adolescente/idoso; homossexual/heterossexual; negro/branco etc.; todos estes na condição de explorados (direta ou indiretamente) e controlados na sociedade do capital.

São esclarecedoras as palavras de Tonet (2012), quando faz referência ao aspecto *deformador* da personalidade daqueles indivíduos que, na sociedade capitalista, têm, individualmente, pleno acesso ao patrimônio da humanidade, o que se torna fonte de preconceito, intolerância, opressão.

> Se pensarmos que a formação moral e ética é uma parte importantíssima desse processo, veremos imediatamente como uma apropriação centrada no indivíduo e, portanto, oposta aos outros indivíduos, induz a uma deformação da personalidade. Isso porque *toda essa formação leva o indivíduo a aceitar como natural uma forma de sociabilidade que implica que o acesso de uma minoria esteja alicerçado no impedimento do acesso da maioria* (p. 79; grifos meus).

Na medida em que é impossível superar as diferenças, parte da condição humana, é impossível que essas lutas emancipem. Elas só tomam sentido quando articuladas e unificadas em lutas anticapitalistas, para além das lutas contra a opressão burguesa. No mínimo, o gênero, as etnias, as nacionalidades, a orientação sexual, a idade e a condição física não se põem como diferenças a serem superadas entre os homens, porque fazem parte da condição humana. Mas, homens e mulheres livres, emancipados, subjetivamente ricos, certamente contarão com condições favoráveis para, a partir de relações sociais fundadas na similitude de condições ou de situações, ao se colocarem frente às diferenças, resgatar, dar lugar e vivenciar relações estruturadas no amor, na afeição, no afeto, na afinidade, na amizade, na combinação, na empatia, na fraternidade, na identidade, na igualdade, na união, na simpatia, na unidade, no vínculo... Uma realidade impossível entre todos os homens e mulheres, na vigência da sociedade capitalista, porque esta interdita a formação do homem integral, formação que supõe a humanidade constituída sob a forma de uma autêntica comunidade humana.

A fusão entre desigualdades de classe, diferenças e opressões não é prerrogativa dos assistentes sociais. Como essencial à estruturação das condições necessárias à reprodução do capital e da sociedade burguesa, é veiculada e materializada por diferentes intelectuais, na arte, na ciência etc.,[172] em todas as instâncias da vida social.

---

172. A título de exemplo, vejamos o que afirmam Ramos e Sanson (2010, p. 12): "Tem criança gorda, magra, / Alta baixa, *rica e pobre*/Mas todos são importantes/Como prata, ouro e cobre". Essa estrofe faz parte de um lindo e caro livro para crianças, com ilustrações de saudáveis meninos e meninas, alguns deles retratados como autistas, portadores da Síndrome de Down, cegos, surdos, mudos, "que gosta do outro igual", cadeirantes, mais atrasados na escola: Tem branco, negro e japonês/Isso não faz diferença/O importante pra gente/Não é o que vem de nascença — Tem nordestino, sulista/Carioca e mineiro/Amazonense, goiano/Tem paulista e estrangeiro". O livro, dirigido a determinados segmentos de classe, destacado como anúncio de uma nova concepção — a educação inclusiva —, é arrematado pelas autoras com "não existe perfeição/E o que todos nós precisamos/é de carinho e atenção", leva as autoras, numa só tacada, a equalizarem não só os trabalhadores, mas as próprias classes fundamentais e a situarem a solução para os problemas da humanidade no campo das relações interpessoais, do afeto e do amor. Afinal, sem apreender os nexos causais que se põem entre "alto-baixo/rico-pobre" e os equalizando, as autoras, cumprindo sua função social como escritoras, só podem oferecer como solução para os gravíssimos problemas que a humanidade enfrenta "carinho, atenção, respeito ao próximo" entre homens/mulheres nas suas imperfeições e diferenças. Estamos diante da naturalização da condição de classe. Para uma abordagem sobre o tema, ver *Ciladas da diferença* (Pierucci, 1999). Numa sociedade que reconhece o valor da ciência/conhecimento na produção de mercadorias e interdita sua essencialidade no pensar e dar respostas aos gravíssimos problemas que a humanidade enfrenta, não podemos deixar de sinalizar a proximidade dessa perspectiva com algumas tendências do Serviço Social Clínico, que apreendendo a família

É desse modo que, muitas vezes, inadvertidamente, contribuímos com o processo de "interiorização capitalista" (Mészáros) e, consequentemente, com a reprodução de um sistema que mantém, compulsoriamente, em defesa da sua reprodução, a maioria da população mundial apartada das possibilidades de, por meio da educação emancipadora e do trabalho livre e associado, contribuir na construção e desenvolvimento da sociedade e de si mesmo. Sem o perceber, contribuímos com um processo destrutivo por meio do qual a lógica do MPC transforma as complexas possibilidades de emancipação em autodestruição das subjetividades e dos sujeitos, tendo em vista a reprodução dos mecanismos necessários à formação, desenvolvimento e renovação do sistema produtivo e das relações sociais vigentes e para a produção do necessário às manifestações interiores e exteriores da vida alienada e alienante, hoje limitada pela finitude dos recursos naturais.

Essa complexa realidade mostra aos que escolhem contribuir na busca de uma nova ordem societária sem dominação de classe, etnia e gênero que, escrevendo para crianças e/ou trabalhando com elas[173], como para homens/mulheres, jovens, adultos e velhos, faz-se necessária a apropriação crítica do mundo em que vivemos, diante de escolhas carregadas de consequências.

Numa organização tão complexa e contraditória, cheia de ciladas e armadilhas que obscurecem nossos caminhos, nunca é demais trazer sempre presente a lembrança de que os profissionais de nível superior, na condição de intelectuais, somos chamados a auxiliar o desenvolvimen-

---

como um sistema holístico, reivindica o amor e o afeto no enfrentamento da destruição material e subjetiva dos indivíduos e do núcleo familiar na sociedade do capital, que resultam na violência e desestruturação familiar. Ver Meyer (2001) e Scipione (2001).

173. Os assistentes sociais desenvolvem importantes atividades junto a crianças e adolescentes, com muita frequência e em várias áreas de atuação. A Lei de Diretrizes e Bases da Educação Nacional (1996) assegura a discussão de temas transversais à educação formal, o que vem sendo realizado por assistentes sociais em atividades concomitantes a processos de recuperação escolar ou através da inserção dos profissionais no cotidiano da escola. Ou seja, estamos participando ativamente da formação dos futuros trabalhadores, quando não de crianças e adolescentes, já na condição de trabalhadores.

to dessa complexa ordem societária[174], viabilizando funções corretivas sobre suas nefastas consequências, com o objetivo de, direta ou indiretamente, manter e ao mesmo tempo esconder a exploração do trabalho, a concentração da propriedade e da riqueza produzida socialmente e a destruição ambiental, como se a ordem social vigente fosse natural, a necessária e a única alternativa. Para que não restem dúvidas sobre meu argumento, vamos a uma extensa citação de Harvey (2011, p. 90):

> A organização do local de trabalho nem sempre é fácil e, mesmo quando ela é alcançada, muitas vezes, regulamenta o processo de trabalho tanto em benefício do capital quanto em benefício do trabalho. [...] A gama de táticas capitalistas no processo de trabalho precisa ser examinada. É aqui, em particular, que os capitalistas **usam o poder das diferenças sociais em seu próprio benefício ao máximo**. As questões de gênero, muitas vezes, tornam-se vitais no chão da fábrica, assim como as questões de etnia, religião, raça e preferência sexual. Nas fábricas do chamado mundo em desenvolvimento são as mulheres que carregam o peso da exploração capitalista e cujo talento e capacidades são utilizados ao extremo, em condições muitas vezes semelhantes à dominação patriarcal. Isso acontece porque, **em uma tentativa desesperada de exercer e manter o controle do processo de trabalho,** o capitalista **tem de mobilizar qualquer relação social de diferença, qualquer distinção dentro da divisão social do trabalho, qualquer preferência ou hábito cultural especial, tanto para impedir a uniformização inevitável da localização no mercado de trabalho que pode ser consolidada em um movimento de solidariedade social quanto para sustentar uma força de trabalho fragmentada e dividida**. A cultura do local de trabalho, em suma, torna-se uma característica essencial e é lá que os valores culturais mais amplos — como a patriarcado, o respeito à autoridade, as relações sociais

---

174. Aqui, numa posição complementar a das "elites orgânicas" do grande capital, constituída por empresários, executivos, diferentes profissionais na função de analistas, engenheiros, advogados, que, conscientemente, em troca de favores, regalias, informações privilegiadas, altos salários e/ou bonificações, fazem a corrupta política do capital, como mostra Netto (2006, p. 235), "tomando decisões estratégicas que afetam a vida de bilhões de seres humanos, sem qualquer conhecimento ou participação destes". Decisões estratégicas frequentemente tomadas a partir de informações privilegiadas e conhecimentos que as sustentam.

de dominação e submissão — são importados para desempenhar seu papel nas práticas de produção. Vá a qualquer local de trabalho — como um hospital ou um restaurante — e note o gênero, raça e etnia dos que fazem as diferentes tarefas e torna-se evidente como as relações de poder dentro do processo coletivo de trabalho são distribuídas entre diferentes grupos sociais. *A recalcitrância dessas relações sociais para a mudança tem tanto a ver com as táticas do capital quanto com o conservadorismo inerente às relações sociais e o desejo de preservar privilégios menores (incluindo até mesmo o acesso a empregos de baixa remuneração) por parte de diferentes grupos* (itálico do autor; grifos em negrito meus).

Se tudo isso é verdadeiro, dentre as muitas questões que se põem, o que é essencial para o assistente social que opta pelo projeto do Serviço Social numa perspectiva anticapitalista e emancipatória, não é afirmar ou provar que "o projeto" do Serviço Social é marxista ou tem como finalidade a emancipação humana. O que é relevante e essencial, no contexto do capitalismo contemporâneo, é apreender as consequências para os trabalhadores nos seus diferentes segmentos das atividades realizadas pelo conjunto dos assistentes sociais brasileiros, particularmente, a realizada pelos assistentes sociais que tomam o projeto do Serviço Social como referência, na perspectiva marxista e emancipatória, no enfrentamento dos desafios e das exigências colocadas à categoria profissional. Isso porque é na materialização das finalidades e objetivos contidos no projeto profissional que se torna fundamental identificar e definir as tendências e as possibilidades presentes na profissão, tendo em vista, dialeticamente, negar o que não favorece e conservar o que favorece o enfrentamento e a superação de práticas conservadoras, para, aí, para além da petição de princípios, apreender na realidade a direção social que os assistentes sociais vêm imprimindo ao seu cotidiano profissional e as tendências presentes nesse movimento.

Afinal, as possibilidades de prática só se revelam em toda a sua dimensão no processo prático, quando, na transformação do projeto em realidade efetiva, leva-se em consideração a resistência e as possibilidades dos sujeitos envolvidos no processo (trabalhadores/usuários — assistentes sociais) e a presença ou ausência de determinadas condições objetivas e do desenvolvimento de fatores subjetivos.

Diante disso, os assistentes sociais, no que é essencial, se diferenciam, substantivamente, pela qualidade e consequências daquilo que fazem — na docência/pesquisa, na atuação profissional — e não por aquilo que pensam, defendem ou almejam. Afinal de contas, hoje em dia, se são incontáveis os que professam a justiça social, a igualdade de direitos, o não preconceito, a democracia, uma sociedade justa, quando não uma sociedade emancipada, quantos são os que alcançam forjar práticas que impulsionem e favoreçam transformações radicais?

A questão está na garantia das exigências e no como se dá a apropriação e a realização dos valores, das finalidades e dos objetivos do projeto profissional, a partir de uma atividade profissional que resulte mais em ganhos do que em perdas para o conjunto dos trabalhadores, nos seus processos de mobilização, organização e formação.

Neste contexto, antes de tudo, é a partir da possibilidade histórica da revolução[175] que podemos afirmar a possibilidade histórica do projeto profissional mediar o exercício profissional, na formação, na produção de conhecimento da área, nos diferentes espaços sócio-ocupacionais e na luta política da categoria. *Um projeto que, como processo em construção, mediado e mediando as transformações societárias e o desenvolvimento teórico, político e prático da profissão, convoca os assistentes sociais na luta contra o capital, o que exige a luta contra a exploração, para além das necessárias lutas contra a dominação, a opressão e as discriminações.*

---

175. "As revoluções são momentos decisivos da continuidade histórica" (Lukács, 2007, p. 64). "A própria burguesia moderna é o produto de um longo processo de desenvolvimento, de uma série de revoluções no modo de produção e de troca", quando desempenhou na História um papel eminentemente revolucionário, como mostram Marx e Engels (1998). É na vigência da sociedade burguesa que os autores apontam para o momento decisivo na superação de uma organização social baseada na propriedade dos meios essenciais de produção, que explora trabalho e concentra riqueza: "a ruptura mais radical com as relações tradicionais de propriedade; nada de estranho, portanto, que no curso de seu desenvolvimento, rompa, do modo mais radical, com as ideias tradicionais." Ver Fernandes, 1981.

Neste contexto, ainda que dois componentes essenciais do Projeto Ético-Político do Serviço Social — o Código de Ética do Assistente Social e a Lei de Regulamentação da Profissão/Lei n. 8.662/1993 — normatizem a conduta dos assistentes sociais, entendemos que o projeto profissional se dá como um chamamento *e não* como imposição, ou seja, como uma norma a ser cumprida e/ou um *dever ser* a se realizar. Se tomado como uma imposição e/ou como uma receita, sem conexão com os valores, conhecimentos, consciência e escolhas dos sujeitos profissionais — os assistentes sociais reais —, o projeto certamente se presta a ser travestido em múltiplos projetos e direções conflitantes, quando não reivindicado apenas como grife.

Por outro lado, se a defesa do projeto profissional e consequente priorização das demandas dos trabalhadores/usuários só pode se dar a partir de uma escolha consciente, a necessidade de dar respostas às requisições institucionais não nos oferece possibilidade de escolha. Elas exigem respostas profissionais e o redirecionamento de parte das respostas a essas requisições na direção dos interesses dos trabalhadores/usuários só pode se realizar, a partir da estruturação ética, teórica e política da atividade profissional. Isso é verdade porque o que nos legitima e nos mantém na sociedade do capital é o chamamento da burguesia que opera a existência da profissão na atenção às suas requisições, o que se materializa no âmbito do Estado, empresas, ONGs, instituições assistenciais, igrejas etc. Mas, é esse mesmo chamamento que coloca os assistentes em contato cotidiano com as massas trabalhadoras. São as requisições institucionais que, articuladas — direta ou indiretamente — às demandas dos trabalhadores, como usuários que são das políticas e serviços sociais (públicos e privados) que operamos na sociedade do capital — o que, quase nunca, resulta em respostas substantivas às necessidades individuais e coletivas dos trabalhadores — que nos coloca no fecundo, frutífero, fértil e útil convívio com as massas trabalhadoras e suas lutas sociais, no cotidiano da vida, o que envolve os momentos de desobediência, resistência e luta e os momentos de obediência, submissão e consentimento. Esse é um fato que, se necessário à burguesia, nos favorece na direção do projeto profissional, principalmente, como veremos, considerando o aspecto educativo da atividade profissional.

É neste contexto complexo e conflituoso que observamos a contraditória preferência de parte expressiva dos assistentes sociais por alguns dos princípios fundamentais do CE que, como sinalizado, se tomados de forma fragmentada e isolada, não expressam a substância e a lógica do projeto profissional concebido na sua radicalidade. Isso acontece porque é uma defesa do projeto profissional referenciada, principalmente, naqueles princípios que, considerados isoladamente, se prestam à defesa e colocam como limite a democracia burguesa. É o que podemos observar em várias teses, dissertações, monografias e Trabalhos de Conclusão de Curso, mas, também, em trabalhos publicados nos Anais do CBAS e do ENPESS e em vários artigos publicados em revistas da área de Serviço Social e livros produzidos por assistentes sociais.[176]

Ancorado naqueles princípios considerados de forma fragmentada, o projeto profissional se presta a ser tomado como referência e/ou defendido, não só pelos assistentes sociais que defendem o "Serviço Social Clínico", mas por aqueles que inspirados pelos referenciais pós-modernos, fragmentam a realidade, negam a perspectiva de totalidade,[177] a universalidade dos valores, as classes sociais, a luta de classes e o trabalho, repudiam Marx e o marxismo, sem conhecê-los, a partir de um ecletismo que favorece a relativização da verdade objetiva que só pode ser apreendida pela razão dialética.

Por outro lado, *a fragmentação dos 11 princípios do Código de Ética força os assistentes sociais a deslocar o conflito capital/trabalho para o campo da cida-*

---

176. Essas afirmações tomam como base estudos desenvolvidos no âmbito do NEEPSS/FSS/UERJ, quando tomamos como objeto de investigação os bolsistas de produtividade em pesquisa do CNPq (Miranda, 2011) e os ANAIS de eventos científicos do Serviço Social — CBAS/ENPESS (Baltar, 2012). Encontra-se em estado adiantado o aprofundamento dos estudos de artigos publicados em importantes revistas da área e de teses e dissertações defendidas em programas de pós-graduação da área de Serviço Social.

177. E nessa fragmentação, abandonamos o projeto profissional e sua necessária referência marxiana e marxista, na medida em que o marxismo tem a totalidade como critério básico do método da teoria social em busca das conexões necessárias entre singular, particular e universal.

*dania/direitos sociais/democracia e/ou para as opressões/discriminações/diferen-
ças, quando desaparece, como que por encanto, a exploração do trabalho, a propriedade privada e a concentração da riqueza social.*

É desse modo que parte dos assistentes sociais, abandonando a defesa da liberdade e a opção por uma organização social emancipada, de
sujeitos autônomos, ricos subjetivamente, se situa no campo da cidadania
(direitos humanos e/ou direitos sociais) ou da luta contra discriminações.
Isso acontece ao em si ou em articulação com algum(ns) dos princípios
indicados aqui, "defender os direitos humanos";[178] almejar a "ampliação
e consolidação da cidadania"; defender a democracia; se posicionar em
favor da equidade e da justiça social; se empenhar na eliminação de todas
as formas de preconceito; buscar garantir o pluralismo[179] e a articulação

---

178. Como vimos, mesmo considerando a importância da defesa dos direitos humanos na
atualidade, direitos que nascem no enfrentamento do despotismo e da tirania e que, diante da necessidade e das possibilidades da emancipação humana, frequentemente, se mostram como um
campo pantanoso, faz-se necessária a lembrança do que Marx afirmou, no seu tempo, a seu respeito:
"nenhum dos chamados direitos humanos ultrapassa, portanto, o egoísmo do homem, do homem
como membro da sociedade burguesa, isto é, do indivíduo voltado para si mesmo, para seu interesse particular, em sua arbitrariedade privada e dissolução da comunidade. Longe de conceber o homem
como um ser genérico, estes direitos, pelo contrário, fazem da própria vida genérica, da sociedade,
um marco exterior aos indivíduos, uma limitação de sua independência primitiva. O único nexo que
os mantém em coesão é a necessidade natural, a necessidade e o interesse particular, a conservação
de suas propriedades e de suas individualidades egoístas" (1969, p. 44-45). São as próprias atrocidades cometidas pelas nações imperialistas, através de guerras declaradas ou não, que mostram a
atualidade das palavras de Marx, quando não, da sua afirmação: a ideologia dominante numa sociedade é a ideologia da classe dominante.

179. Diante da direção social que afirmamos e do entendimento que temos do projeto profissional, torna-se essencial esclarecer que pluralismo é, frequentemente, confundido com ecletismo — ou
seja, com a convivência entre perspectivas ético-políticas e teórico-metodológicas incompatíveis —,
ou utilizado para uma crítica velada ao projeto profissional. *Aqui, a garantia do pluralismo é entendida
como uma abertura do projeto profissional a valores e teorias não colidentes com suas finalidades.* No meu
entender, no projeto profissional, a defesa do pluralismo está condicionada à defesa da teoria necessária à iluminação de caminhos rumo a processos emancipatórios — teoria social de Marx e o
marxismo —, sem negar que a riqueza e a complexidade da realidade — e dos espaços sócio-ocupacionais, como sua parte e expressão — demanda uma riqueza de informações teóricas para que
o sujeito profissional *supere as constatações que estão no nível da aparência.* Desse modo, qualquer
discurso pode incorporar elementos da objetividade social. Esses elementos podem aparecer misti-
ficados, distorcidos, mas eles vão estar presentes. É aqui que se põe a questão do pluralismo, ou seja,
o diálogo com outras referências. Como afirma Netto, "se o objeto, ontologicamente, antecede o

com os movimentos de outras categorias; estabelecer compromisso com a qualidade dos serviços prestados à população e ao se propor exercitar um Serviço Social sem ser discriminado e sem discriminar, por questões de inserção de classe social, gênero, geração, etnia, religião, nacionalidade, orientação sexual, idade e condição física.

Desse modo, os assistentes sociais que fragmentam os princípios do CE, como indicado antes, mesmo sem o saber, favorecem os interesses hegemônicos (os interesses dos capitalistas) e se colocam como "parceiros" de instituições do capital como o FMI (Fundo Monetário Internacional),[180]

---

sujeito, independentemente da apreensão rigorosa do objeto, qualquer pensamento estruturado, racional, dá elementos sobre o objeto. Certamente não são todos os que reproduzem idealmente o movimento do objeto. Assim, mesmo que não se opere com parâmetros racionais, como no exemplo da fenomenologia, podem-se encontrar ricas determinações sobre a realidade, na medida em que, qualquer pensamento, de forma diferenciada, oferece elementos do real. O limite é saber se, por caminhos tão diversos, pode-se chegar ao mesmo lugar: à verdade" (Netto. In: Vasconcelos, 1995). Assim, como já afirmara Lukács (1969, p. 47), "mesmo as mais abstrusas teorias exprimem muitas vezes importantes realidades sociais". É diante disso que todo intelectual, teórico/artista/profissional/assistente social, "para refletir, cada um à sua maneira, uma realidade efetiva, que é quantitativamente indefinida, esforça-se por examiná-la a fundo e por evidenciar o resultado do seu exame; e é por esta razão que os pontos de vista mais diversos podem lhe prestar serviços, esclarecendo determinados aspectos desconhecidos ou menosprezados desta realidade efetiva" (Lukács, 1969, p. 141-2). Afinal, um (revolução) ou outro (reforma/conservação) ponto de vista pode refletir a mesma realidade efetiva. Coutinho (1991), ressaltando a diversidade de questões que envolvem esse debate, sinaliza que a negação do pluralismo pode levar ao despotismo, mas alerta que é necessário manter uma direção, ou seja, "pluralismo com hegemonia". Se, por um lado, o debate de ideias é fundamental, por outro lado, não há como conciliar pontos de vista inconciliáveis em nome de "ser pluralista".

180. O FMI, como organização internacional, tem como pretensão assegurar o "bom funcionamento do sistema financeiro mundial" fazendo empréstimos e monitorando os gastos e investimentos públicos dos mais de 187 países capitalistas. Na realidade, ainda que se proponha a assistir técnica e financeiramente esses países, o FMI tem como objetivo primordial garantir que, através do monitoramento externo das contas, esses países possam "honrar" os compromissos de suas dívidas com o capital internacional, em detrimento do compromisso dessas nações com a própria democracia burguesa e, principalmente, em detrimento do compromisso com seus trabalhadores relacionados a emprego, salários e investimentos em políticas públicas. São os fatos que revelam a natureza nefasta dessa organização internacional do capital frente aos interesses das massas trabalhadoras e dos valores emancipatórios. Podemos observar isso, tanto no poder de voto de cada nação membro (enquanto a maioria das nações tem um poder de voto abaixo dos 6%, os EUA têm um poder de voto de 17,08%), como no envolvimento do FMI com as ditaduras. Todos os países multiplicam sua dívida após contratos com o FMI, sofrendo severas imposições para "honrá-la", a juros escorchantes e cumulativos, o que é feito às custas da *quebra de contrato com os trabalhadores*. Se por um lado a mídia

o BM (Banco Mundial),[181] a OMC (Organização Mundial do Comércio),[182] o Conselho de Segurança da Organização das Nações Unidas

burguesa exalta a necessidade de os países "honrar seus compromissos com o capital", por outro lado se mantém em profundo silêncio com relação à quebra de contratos com os trabalhadores, quando não, incitando essa quebra. O FMI não escolhe a quem ajudar, porque, ao capital não interessa de onde vem o lucro. Ditadores ao redor do mundo são beneficiados com seus empréstimos, às custas do aviltamento das condições materiais e espirituais de seus povos. No Brasil, quase 60% da dívida externa foi gerada na época da ditadura militar (1965-1985). Não são necessárias mediações complexas para perceber como esse estado de coisas, como essa quebra de contrato com os trabalhadores em nome de honrar os compromissos com o capital repercutem diretamente no Plantão do Serviço Social: é penoso, constrangedor, adoecedor para um assistente social atender um homem que relata nunca ter faltado ao seu trabalho e se encontrar numa situação de penúria porque sua aposentadoria não foi calculada com base nos descontos que ele fez para a previdência durante toda uma vida de trabalho árduo!

181. *Banco Mundial* (BM) é a instituição financeira internacional que, como organismo das Nações Unidas (ONU), fornece "empréstimos alavancados" e "ajuda" para os denominados países em desenvolvimento, com o "objetivo de *diminuir* a miséria e a pobreza", a partir da destinação de dinheiro dos países mais ricos. Assim como o FMI, se revela uma organização internacional do capital. Como se pode ver, a *alavancagem,* em finanças, é um termo genérico para qualquer técnica aplicada para multiplicar a rentabilidade, através de endividamento. O incremento proporcionado através da alavancagem também aumenta os riscos da operação e a exposição à insolvência dos países tomadores de empréstimo. Só existe alavancagem financeira se a empresa (BM) possuir capital de terceiros (países mais ricos que lucram com os juros dos empréstimos) em sua estrutura de capital. Aí podemos entender por que se torna lucrativo financiar a diminuição da pobreza. Podemos entender, também, porque o BM e o FMI são tão nefastos aos países que se submetem aos seus empréstimos, na medida em que, submetidos às suas "políticas de ajuste estrutural", estes países, através de seus governos, ora frágeis democracias, ora ditaduras, ora democracias consolidadas, mas com seus governantes capturados pelos interesses privados, obrigam os trabalhadores a pagarem os custos, tanto da produção interna, como do pagamento das dívidas, interna e externa. Não sem razão, um dos últimos projetos "vitoriosos", do BM — no Brasil e ao redor do mundo — exaltado aos borbotões pela mídia burguesa, se chama "Educação Financeira". É curioso, mas não incompreensível. Afinal, o dinheiro que entra tem de sair capitalizado. Uma representante do BM, no Brasil, celebrando o sucesso do projeto na escola média, afirma, com orgulho, não sei se consciente do cinismo das suas afirmações, que o próximo passo é atingir os "milhares" de alunos do ensino fundamental e suas famílias que, no mínimo, vão aprender a poupar parte do Bolsa Família. Ou seja, mesmo o mais miserável dos pobres deverá poupar para capitalizar os recursos que entram no país como "ajuda".

182. A *OMC*, organização internacional que congrega mais de 150 países, funcionando desde 1995, tem como funções: "gerenciar os acordos que compõem o sistema multilateral de comércio; servir de fórum para comércio nacional (firmar acordos internacionais), supervisionar a adoção dos acordos e implementação destes acordos pelos membros da organização (verificar as políticas comerciais nacionais)" (Wikipédia). Para não nos alongarmos, na organização social capitalista, em que prevalece a exploração do trabalho, as guerras preventivas, o saque das nações possuidoras de

(ONU),[183] e, consequentemente, ainda que indiretamente, parceiros dos Bancos Centrais das 20 nações "democráticas" mais ricas do planeta, da maioria das ONGs nacionais e internacionais que declaradamente servem ao capital e da burguesia proprietária que controla esse complexo (proprietários da terra, do dinheiro e dos meios essenciais de produção). Ou seja, *estaremos nos colocando como parceiros de governos, instituições e indivíduos que se por um lado defendem, divulgam e legislam internacionalmente a respeito dos Direitos Humanos, não contribuem efetivamente para sua realização substantiva, mas utilizam dos Direitos Humanos para operar suas funções corretivas.* Neste contexto, recordemos o que afirma Labica (2009, p. 57): "*Nossas* democracias são ditaduras *de classe.* Só respeitam os valores e direitos que sacralizam em função das raras situações em que eles não lhes são desfavoráveis" (grifos do autor).

---

riquezas naturais, tendo em vista favorecer os interesses de acumulação e valorização de capital, um dos princípios fundamentais da OMC é a *"Concorrência Leal".* Ora, no capitalismo, como observamos acima, já se sabe que tudo que começa com concorrência termina em monopólio. Apreendendo o movimento do capital, Marx deixa clara sua lógica e suas necessidades no processo de acumulação, o que revela as verdadeiras intenções de uma organização como a OMC: "enquanto o capital, por um lado, tem de se empenhar para derrubar toda barreira local do intercâmbio, i.e., da troca, para conquistar toda a Terra como seu mercado, por outro, empenha-se para destruir o espaço por meio do tempo; i.e., para reduzir a um mínimo o tempo que custa o movimento de um local a outro" (Marx, 2011, p. 444-445).

183. Jean Ziegler, em documentário da TV Espanhola, em 2008, sustenta que "há três organizações muito poderosas que regulam os acontecimentos econômicos: Banco Mundial, FMI e OMC; são os bombeiros piromaníacos. Elas são, fundamentalmente, organizações mercenárias da oligarquia do capital financeiro invisível mundial". Para Miguel Urbano Rodrigues, jornalista e escritor português, as três organizações "são instrumentos do sistema imperial, criados para servir". Quanto à *ONU* e suas subsidiárias, destaca o escritor: "há que estabelecer a distinção entre a *Assembleia Geral* e o seu órgão executivo, o *Conselho de Segurança.* A primeira, representativa de quase 200 Estados, é uma instituição democrática, mas as suas resoluções somente produzem efeito se referendadas pelo Conselho de Segurança. Ora, este, manipulado pelos EUA, com o apoio do Reino Unido e da França, funciona há muito como instrumento da vontade dos três, até porque a Rússia e a China, os outros membros permanentes, não têm exercido o direito de veto, com raríssimas exceções" (Jornal *Brasil de Fato,* de 22 a 28 de dezembro de 2011). E aqui tomam sentido as palavras de Marx: "A segurança é o conceito social supremo da sociedade burguesa, o conceito de polícia, segundo o qual toda sociedade somente existe para garantir a cada um de seus membros a conservação de sua pessoa, de seus direitos e de sua propriedade. [...] O conceito de segurança não faz com que a sociedade burguesa se sobreponha a seu egoísmo. A segurança, pelo contrário, é a preservação deste" (Marx, 1969, p. 44).

São governos, instituições e indivíduos que, preocupados com sua "imagem pública" e "responsabilidade social" maculada pela lógica da acumulação —, ou seja, exploração do trabalho de outros homens, concentração da propriedade privada e da riqueza — afirmam estarem "preocupados" com as desigualdades, com as injustiças sociais e com "sua solução; mostram-se preocupados com a 'diminuição/combate à pobreza', mas não com sua extinção".[184] Uma "preocupação" que, propagada aos quatro ventos,[185] deixa obscurecida, para o restante da sociedade, o caráter de classe da sociedade capitalista. Perdidos entre eles, muitos acreditam honestamente na possibilidade de humanização do capitalismo. Desse modo, os capitalistas contam com o favorecimento dos defensores daqueles princípios que, demonstrando seu pró-capitalismo, mesmo que obscura e indiretamente, facilitam a proliferação de ideias e ações que favorecem a manutenção da organização social mais desigual já conhecida pela humanidade; o Brasil, destacado por aquelas mesmas organizações internacionais, não sei se com mais ironia ou sarcasmo, como o mais desigual do planeta.

Assim sendo, mesmo não tendo isso como objetivo, os assistentes sociais que favorecem esse estado de coisas terminam servindo mais ao capital do que às massas trabalhadoras.

No campo da cidadania e dos direitos — políticas sociais —, há sim um reconhecimento dos trabalhadores como força política com poder de organização, pressão e controle social, que acaba por incorporar *necessidades e demandas imediatas* de diferentes segmentos da classe trabalhadora,

---

184. Em meio a tantas honestas petições de princípio por justiça social, nem sempre fica clara a distinção entre combater (contestar, opor-se, diminuir) e erradicar (arrancar pela raiz, destruir, extinguir) a pobreza. Uma distinção que impõe determinações à prática dos assistentes sociais na medida em que cada finalidade exige estratégias, táticas e ações estruturalmente diferentes.

185. Ver, desde o "Criança Esperança" da Rede Globo, a Fundação Bradesco e instituições assistenciais de pessoas físicas — Fundação Xuxa Meneguel, por exemplo — que, em nome de "ajudar alguns eleitos", descontam do Imposto de Renda, sem qualquer fiscalização e controle social, os "recursos utilizados" nesses projetos e, de quebra, enganam os desavisados que acreditam na destinação de um recurso que deveria integrar o fundo público, este sim, submetido, ainda que precariamente, à fiscalização e ao controle social.

mas, ao mesmo tempo, ao permitir e facilitar o deslocamento do conflito capital/trabalho para este campo (cidadania/direitos sociais) o exercício profissional obscurece *necessidades e demandas mediatas consubstanciadas nas lutas anticapitalistas* (ver item 3). Assim sendo, o assistente social quando desconhece ou abdica da perspectiva de totalidade — o exercício profissional, restringido, subjugado, submetido, limitado e/ou confinado ao campo da cidadania/direitos —, fica impossibilitado de reconhecer e acaba por recusar e ocultar a resistência e *o enfrentamento da exploração da classe burguesa sobre os diferentes segmentos da classe trabalhadora como demanda dos trabalhadores, para o Serviço Social*, o que, também, ao mesmo tempo, contribui para infirmar e obscurecer a perspectiva da revolução e remeter os assistentes sociais a práticas conservadoras e, quando não, contrarrevolucionárias. Uma realidade complexificada pela crescente precarização das condições de vida e de trabalho das maiorias — o que atinge os próprios integrantes da categoria dos assistentes sociais —, o que resulta em problemas que exigem solução imediata, com pena de, por vezes, perda da própria vida.

É desse modo que os princípios do CE considerados e apreendidos de forma isolada remetem os assistentes sociais a tomar como limite a democracia burguesa e a necessária, mas impossível, busca de humanização do capitalismo, o que só pode resultar em controle e repressão — diretos ou indiretos, explícitos ou dissimulados — de qualquer movimento de ampliação/radicalização dos direitos, de resistência, de libertação. Não por acaso, são processos e mecanismos de resistência e luta em que somos chamados pelo capital a atuar, de forma branda, amigável, acolhedora, psicologizante, individualizante. Assim, através de conselhos, terapias as mais diversas, processos de cadastramento e acesso a "benefícios sociais" etc., encaminhamentos e orientações, realizados de preferência com carinho, consideração e muito "respeito",[186] acabam por responsabilizar

---

186. Nos despejos e remoções, quem vêm tendo reconhecimento social — divulgado pelo rádio e TV — para cadastrar/acalmar os deserdados do patrimônio social? É a mídia burguesa que noticia e justifica: "a prefeitura não garantiu assistentes sociais para atender os invasores desalojados e diante do tumulto foi necessário recorrer à (violência) polícia".

e/ou culpabilizar indivíduos considerados isoladamente, mesmo resultando em ganhos pontuais.

Por outro lado, os onze (11) princípios contidos no Código de Ética do Assistente Social, tomados como uma totalidade, nas suas relações e conexões necessárias, vão muito além das normas necessárias a todo CE.[187] Consubstanciam valores e princípios substantivos que conformam uma visão de mundo que pode orientar as estratégias e ações profissionais cotidianas (na assistência, na docência, na pesquisa, na gestão, no planejamento, na luta política) numa direção radicalmente crítica, criativa, propositiva, anticonservadora e anticapitalista.

Assim sendo, a opção pelo projeto profissional exige, para além da necessária base ético-política, uma base teórico-metodológica, tendo em vista separar a aparência da essência na sociedade burguesa, no sentido de "extrair o concreto da imensa massa de abstratos" (Lukács, 1969, p. 43) e nos iluminar perante a força das circunstâncias, desse modo, revelada nas suas contradições. Assim sendo, não se trata de uma preocupação em apreender se o projeto profissional é marxista ou não[188].

Trata-se de afirmar que a análise social fundada na crítica da economia política — ou seja, fundada na teoria social de Marx e no marxismo — é uma consequência da opção pelos princípios, finalidades e objetivos constantes do Código de Ética do Assistente Social. Assim, buscar apoio na teoria social crítica não é uma escolha aleatória, isso porque é a única

---

187. Aqui, cabe registrar a defasagem entre algumas das competências e atribuições profissionais do assistente social definidas na Lei de Regulamentação da Profissão — Lei n. 8.662, de 1993 — e o que consta, principalmente, dos Princípios Fundamentais do CE (ver Iamamoto, 2002; CFESS, 2012).

188. Como já sinalizava Netto, em 1989, *"por mais que seja rigorosa, intensa e extensa a interlocução com a tradição marxista, não se constituirá um Serviço Social 'marxista'* — enquanto *profissão*, o Serviço Social sempre contemplará uma inclusividade que no seu campo se moverão legitimamente profissionais que, incorporando diferentes expressões do pensamento contemporâneo, encontrarão espaços de prática e intervenção diversos e plurais (p. 101; grifos do autor). É nesse sentido que o projeto do Serviço Social brasileiro, fundamentado na tradição marxista, buscando hegemonia, coloca-se no âmbito da profissão em disputa com projetos de diferentes matizes, o que inclui o próprio projeto da burguesia para a profissão, e em busca de alianças com o que há de progressista e anticapitalista na profissão e na luta social.

possibilidade de apreender o movimento da realidade social; sem deixar de ser pluralista, como vimos. Na sociedade do capital, no limite, essa é a única possibilidade de se apreender, dialeticamente, numa perspectiva de totalidade, os processos sociais como complexos de complexos, nas suas relações e conexões necessárias. Ou seja, a única possibilidade de se apreender a lógica e as leis fundamentais da organização social capitalista é a partir de uma análise social fundada na crítica da economia política, uma análise que só Marx e os marxistas se propõem a realizar. Assim, na defesa intransigente de uma sociedade emancipada, ou seja, na direção do projeto do Serviço Social brasileiro, são imprescindíveis e inevitáveis a teoria social de Marx e o marxismo, que se tornam necessidade e não uma opção qualquer. Mas, que fique claro, isso se optamos pelo projeto profissional, resgatando sua verve anticonservadora e anticapitalista.

Assim sendo, é na medida em que o assistente social/equipe tem segurança teórica e ético-política, que ele pode, a partir da apreensão crítica do movimento do real,[189] indicar o desenvolvimento dos processos sociais fazendo sobressair os elementos decisivos capazes de favorecer, dificultar e/ou impedir este desenvolvimento, indicar possibilidades e escolher entre alternativas.

A visão de mundo constante do projeto profissional que o assistente social expressa é coletiva, mas o exercício profissional mediado por ela, quando o projeto profissional se transforma em realidade, se realiza através da atuação individual, no máximo em equipe. Assim como o próprio Serviço Social, o projeto profissional se realiza através da personalidade individual, ou seja, do assistente social/equipe, mas suas consequências — numa ou noutra direção — só têm impacto coletivo — ou seja, no

---

189. Os assistentes sociais, não na academia (docentes, discentes e pesquisadores), mas nos espaços sócio-ocupacionais, tomam, diariamente, no cotidiano profissional, um "banho de realidade". Mas, mais do que banho de realidade — o que não deixa de ser salutar para a academia —, aqui se trata de um mergulho crítico na realidade. Mergulho que, para docentes, pesquisadores, discentes e demais assistentes sociais, mediado pela teoria social crítica e por princípios ético-políticos emancipatórios seguros, precipita-nos, a todos, em águas mais claras e evita o sufocar e afogar em águas turvas.

conjunto dos trabalhadores — quando consideradas coletivamente. É nesse sentido que, tendo em vista os interesses dos trabalhadores, não bastam assistentes sociais que de forma isolada e em pequeno número desenvolvam projetos exitosos, o que requer do projeto profissional hegemonia na direção social, no exercício profissional e na organização política.

Desse modo, se é por meio do coletivo de ações profissionais que o projeto profissional tem vida e se torna vivo — ou seja, se constitui como processualidade —, assim como é pelo exercício profissional da categoria que o Serviço Social tem reconhecida sua função social e os resultados do exercício dessa função na sociedade brasileira, não é coletivamente que se materializa a atuação junto aos trabalhadores/usuários; atuamos no máximo como equipe; o que revela a centralidade da qualificação, na direção desejada, da formação graduada e permanente, dos sujeitos profissionais.

Vale ressaltar aqui que, na produção de conhecimento, um intelectual/assistente social, de forma isolada, pode fazer muita diferença, ainda que na prática, seja docente, seja socioassistencial, não. Ou seja, enquanto um intelectual/assistente social ou um pequeno grupo, ainda que expressando a produção coletiva do conhecimento, pode fazer muita diferença ao iluminar e dar a direção do debate no Serviço Social, como vem ocorrendo na vigência do projeto profissional, nos espaços sócio-ocupacionais, assim como nas demais categorias, a profissão é reconhecida pelas objetivações/realizações dos profissionais que a integram. Uma realidade que revela a preocupação com a qualificação do coletivo de assistentes sociais nos espaços profissionais, na busca de ampliação crescente de práticas individuais/de equipe exitosas.

Mas, não há como esperar que o projeto do Serviço Social brasileiro se realize em sua plenitude. Isso porque, como projeto, está caucionado pela processualidade de sua realização e porque, na sociedade do capital, os assistentes sociais estão submetidos às requisições institucionais e, frente a interesses divergentes que traz a disputa por ideias e espaços dentro da própria profissão, não há como esperar que a categoria como um todo o escolha como referência.

É nesse sentido que não há como esperar que o projeto profissional seja acolhido e se realize no âmbito da categoria como um todo, mas espera-se dos assistentes sociais que o escolhem como referência, a partir de sua articulação — individual e coletiva — com as lutas sociais, uma contribuição na luta pela transformação radical da sociedade, quando o aspecto educativo da profissão toma relevância na medida em que esses assistentes sociais possam contribuir efetivamente com a formação, com a mobilização e com a organização dos trabalhadores e trabalhadoras comprometidos com a busca pela emancipação humana, caucionada por outra organização social, sem exploração-dominação de classe, etnia e gênero.

Neste contexto, destaca-se o papel do planejamento do Serviço Social no espaço institucional, planejamento que, exigindo uma formação teórico-metodológica qualificada, para além da segurança da direção social, agregando os assistentes sociais em um coletivo, qualifique e referencie o planejamento da atuação individual/de equipes, tendo em vista o enfrentamento das condições de trabalho, a potencialização da relativa autonomia profissional e a materialização das finalidades e objetivos propostos. Condições de trabalho que atingem todos os trabalhadores e que, como próprias da sociedade do capital, não podem ser eliminadas sem a superação dessa organização social, mas, dependendo da correlação de forças institucional — o que envolve alianças entre os diferentes profissionais e destes com as lutas sociais —, podem ser enfrentadas, melhoradas, revertidas.

Não podemos, então, negar o caráter individual atribuído ao sujeito profissional nem a sua importância. Assim, o fato de que a atuação profissional expressa um movimento e uma concepção universalista/coletiva de mundo que é fruto de um patrimônio coletivo,[190] não retira o caráter individual atribuído ao sujeito profissional.[191] O homem, como afirma

---

190. Afinal, para além do conhecimento produzido no cotidiano da prática e em estudos e pesquisas de maior profundidade, o conhecimento que nos alimenta e ilumina no processo de formação graduada e continuada é patrimônio da humanidade como fruto e legado das gerações anteriores.

191. Essa é uma questão complexa que é parte do problema do indivíduo social/sujeito revolucionário; um problema nevrálgico da esquerda mundial que não temos capacidade nem condições de aprofundar aqui. Ver Lukács, 2010, 2012, 2013.

Lukács, é um ser que dá respostas. A alternativa, a possibilidade de escolha,[192] por mais restrita que seja, é uma característica essencial do homem e, consequentemente, do assistente social, como parte e expressão que é do ser social. Ora, é através da atuação individual/coletiva (entrevista, reunião, visita domiciliar, visita ao leito etc.) que o aspecto educativo da profissão[193] se materializa, expressando a função do assistente social que, independentemente da vontade do profissional, vai resultar em consequências que só poderão ser apreendidas na análise *post festum* de situações concretas. Ou seja, o fato de determinadas atividades se constituírem como requisições institucionais ao assistente social — como comunicação de óbito, atividades burocráticas — se deve não somente ao fato de serem necessárias ao bom funcionamento da instituição, mas, também, ao fato de que, historicamente, alguns assistentes sociais vêm aceitando realizá-las, inicialmente porque esses assistentes sociais, muitos deles em desvio de função, não sabiam o que fazer como assistentes sociais e, atualmente, tanto por esse motivo, como por constrangimento direto e impositivo de gestores que, na história, resgatam o papel desempenhado por assistentes sociais na burocracia institucional.

É frente a essa e outras questões que a existência de profissionais que superem práticas conservadoras, para além de uma formação graduada e continuada de qualidade, está caucionada, também, pela socialização de experiências. Por um lado, experiências mediadas pelo projeto profissional, as quais, além de repercutirem favoravelmente aos interesses dos trabalhadores, alimentem a categoria no cotidiano profissional. Por outro lado, experiências que, em se mostrando conservadoras, não só facilitam a identificação do que não fazer, mas também, ao revelarem o movimen-

---

192. "A alternativa é o fundamento da liberdade e isso pode ser constatado no exame do ato fundante do ser social, que é o trabalho. Portanto, se no campo das possibilidades existir determinada alternativa, isso não significa que ela é possível, não inevitável, nem que, de fato, se realize, mas, simplesmente, que é possível", como ressalta Tonet (2012, p. 52). Ou seja, alternativas e possibilidades estão caucionadas por nexos causais que favoreçam a sua realização, o que envolve momento político favorável, formação qualificada, condições de trabalho, articulação de forças etc. etc.

193. Para um resgate do caráter educativo das ações profissionais, ver: Iamamoto, 1998b; Simionatto, 1999; Cardoso e Maciel, 2000; Abreu, 2004; Abreu e Cardoso, 2009.

to do cotidiano da prática, podem favorecer a identificação das possibilidades e alternativas não aproveitadas naquele momento. Donde ser revela a essencialidade de análise concreta de situações concretas, independentemente da direção social das ações profissionais.

Já no que se refere ao movimento político da categoria, é decisiva a presença do sujeito coletivo e daí a importância de os assistentes sociais integrarem de maneira orgânica, não só o partido político, mas os organismos de representação da categoria, o que, de resto, resultaria em experiência de mobilização, organização e formação políticas tão necessárias aos debates e reflexões teórico-políticas junto aos usuários e a uma contribuição substantiva aos seus processos organizativos e de formação. Como afirma Coutinho (2006, p. 109), a presença do sujeito coletivo na política é decisiva. Organismos de representação sem a presença maciça dos interessados resulta na legitimação de personalidades e "o personalismo é uma coisa muito ruim em política, pois termina consagrando um tipo de liderança que só serve à consagração do existente, ao embrutecimento das massas, não à transformação social e à tomada de consciência".

É diante dessas questões que se torna fundamental, na busca de materialização do projeto profissional, não só as escolhas profissionais, mas, essencialmente, que elas estejam estruturadas numa formação graduada e/ou permanente qualificada a partir das indicações contidas nas Diretrizes Curriculares da ABEPSS/1993. Assim sendo, possibilidades concretas de atuação na direção deste projeto pressupõem "a interação entre [o] sujeito[194] [assistente social], as realidades de fato e os poderes objetivos da vida" (Lukács, 1981, p. 42). Desse modo, o planejar e realizar a prática socioassistencial do ponto de vista do trabalho enquanto possibilidade concreta pressupõe a apreensão crítica de situações concretas que envolvem indivíduos, grupos, organizações e instituições, nas suas complexas relações concretas e contraditórias com o mundo exterior.

---

194. Sujeito que, como indivíduo real, portador de determinações, é capaz de propor objetivos, antecipar e praticar ações.

Nessa direção, "na realidade efetiva e objetiva e, por consequência, também no próprio homem, interior e exterior formam uma unidade dialética ou, em outras palavras, que, apesar de todas as diferenças (que podem ir até uma completa oposição), interior e exterior constituem um conjunto indissociável" (idem, p. 47). Mas, como alerta Lukács, para que os fatos possam ser tomados corretamente, coloca-se a exigência de apreender a diferença entre "sua existência real e o seu núcleo interior, entre as representações que deles se formam e os seus conceitos". Uma distinção que se coloca, para ele (1981, p. 68) como "a primeira condição prévia de um estudo realmente científico que, segundo as palavras de Marx, 'seria supérfluo se a forma fenomênica e a essência das coisas coincidissem imediatamente'". Assim,

> Trata-se, de uma parte, de arrancar os fenômenos de sua forma imediatamente dada, de encontrar as mediações pelas quais eles podem ser relacionados a seu núcleo e à sua essência e tomados em sua essência mesma, e, doutra parte, de alcançar a compreensão deste caráter fenomênico, desta aparência fenomênica, considerada como sua forma de aparição necessária. Esta forma de aparição é necessária em razão de sua essência histórica [transitória], em razão de sua gênese no interior da sociedade capitalista. Esta dupla determinação, este reconhecimento e esta ultrapassagem simultâneos do ser imediato é precisamente a relação dialética. [...] É somente neste contexto, que integra os diferentes fatos da vida social (enquanto elementos do devir histórico) numa totalidade, que o conhecimento dos fatos torna-se possível como conhecimento da realidade". (Lukács, 1981, p. 68)

É diante disso que, *como chamamento,* a partir de um investimento extremamente exigente na formação graduada e permanente, o projeto profissional dos assistentes sociais brasileiros oferece indicações aos futuros e atuais assistentes sociais de se colocarem criticamente diante da sociedade em que vivem e de si mesmos, como parte e expressão daquela sociedade e, só assim, podendo ser assumido conscientemente como referência na sua radicalidade, quando parametrado pela teoria social crítica — Marx e o marxismo. Como vimos, estamos nos referindo aqui

A/O ASSISTENTE SOCIAL NA LUTA DE CLASSES

a um projeto de profissão fundado em onze princípios assumidos como um conjunto de princípios indissociáveis e em um Código de Ética que, ao definir deveres, direitos e proibições que orientam o exercício profissional, passam a requerer, também de forma indissociável e inevitável, um determinado suporte teórico-metodológico que possibilite aos assistentes sociais que optaram por esse projeto apreender o movimento contraditório da realidade social — a realidade burguesa — nas suas contradições, tendências e possibilidades: a teoria social de Marx e o marxismo na sua ortodoxia.[195]

Ora, quando as indicações constantes no Projeto Ético-Político do Serviço Social brasileiro deixam explícita uma concepção de mundo assentada na unidade dialética entre tempo-espaço, realidade objetiva-movimento, os assistentes sociais são convocados a participarem no processo de superação de uma "realidade concreta de ordem histórica e social" — a sociedade burguesa —, na direção da construção de uma nova ordem societária sem dominação e exploração de classe, etnia a gênero, e, como mostra a história, é sempre desta realidade concreta que parte o movimento de superação. Como afirma Lukács (1969, p. 51), "o levantamento da burguesia contra o feudalismo e do proletariado contra a burguesia começaram sempre por uma crítica feita às antigas estruturas".

É diante disso que os assistentes sociais, nas reuniões, entrevistas, assembleias etc., podem dar visibilidade, favorecer a veiculação e reforçar "as relações, os produtos, as ações, as ideias sociais que fornecem aos homens maiores possibilidades de objetivação, que integram sua

---

195. Como afirma Netto (2009, p. 672), "em Marx, a crítica do conhecimento acumulado consiste em trazer ao exame racional, tornando-os conscientes, os seus fundamentos, os seus condicionamentos e os seus limites — ao mesmo tempo em que se faz a verificação dos conteúdos desse conhecimento a partir dos processos históricos reais". Ou seja, ser ortodoxo, como afirma o próprio Marx, significa, a partir de sua descoberta da estrutura e da dinâmica da sociedade burguesa, acompanhar o desenvolvimento do capitalismo no sentido de apreender, no seu movimento histórico — ou seja, transitório —, suas contradições e tendências e o que nele já se revela como possibilidade de emancipação, o que exige tomar a teoria social como referência, sem se afastar dos seus aspectos fundamentes: a teoria do valor-trabalho, o materialismo histórico e dialético e a perspectiva da revolução. (ver também, Lukács, 1981, p. 59-86: O Marxismo ortodoxo).

sociabilidade, que configuram mais universalmente sua consciência e aumentam sua liberdade social", considerados como "valores positivos" que favorecem a emancipação e, concomitantemente, favorecer a crítica radical daquilo que destrói material e subjetivamente os indivíduos/ usuários, e que "impede ou obstaculiza esses processos como negativo, ainda que a maior parte da sociedade lhe empreste um valor positivo" (Heller, 1972, p. 78). Um processo dialético de superação onde o indivíduo/ usuário, em entrevistas, reuniões, assembleias etc., se iluminem mediados e mediando questionamentos, informações e conhecimento que fortaleçam o processo de negação do que desfavorece e conservação do que favorece processos emancipatórios, o que pode resultar em superação de estágios anteriores.[196]

É diante disso que a contribuição substantiva dos assistentes sociais nos processos de formação, mobilização e organização dos diferentes segmentos da classe trabalhadora, a partir e através das respostas que é chamado a dar às requisições institucionais, se torna um objetivo estratégico no projeto profissional.

Como podemos apreender em Marx, Lukács e Mészáros, se na sociedade burguesa dominam valores e ações destrutivos dos homens e da natureza, isso não quer dizer que, na contradição, nesta mesma sociedade, não estejam presentes forças anticapitalistas, valores e práticas emancipatórios.[197] Forças, práticas e valores que, permanentemente multideterminados pelo movimento da sociedade burguesa, ora se ampliam e

---

196. Para Lukács, no triplo sentido hegeliano, superar significa: negar, conservar e elevar a um nível superior (Lukács, 2007, p. 67). Marx, resgatando a unidade entre teoria-realidade/teoria-práxis e o sentido revolucionário do conhecer para transformar, "vira a dialética hegeliana de cabeça para baixo", "porque apreende cada forma existente no fluxo do movimento, portanto também com seu lado transitório; porque não se deixa impressionar por nada e é, em sua essência, crítica e revolucionária" (Marx, 1983, p. 14. A propósito, a noção de construção/desconstrução tão utilizada por alguns docentes/pesquisadores e, consequentemente, por alguns alunos e assistentes sociais, não tem nada a ver com este processo.

197. Como mostra Lukács (1969, p. 180), referindo-se à Marx, ao indicar as tarefas da classe operária revolucionária, no tempo da Comuna de Paris: "Ela não tem um ideal a realizar; tem apenas de libertar elementos da nova sociedade, tal qual eles se encontram já desenvolvidos no seio da sociedade burguesa em vias de dissolução".

criam raízes, ora são utilizados/submetidos/travestidos/ressignificados e/ou ajustados aos interesses da burguesia e do capital.

Em tempo, reiterando, há que se ter sempre presente que ao nos referirmos ao Projeto Ético-Político brasileiro estamos nos referindo a uma virtualidade que, ainda que seja "força material" [ao mediar, por exemplo, a produção de conhecimento, a legislação que regula a profissão, o projeto de formação da ABEPSS e a luta política dos assistentes sociais, tanto no que se refere a questões corporativas (condições de trabalho, carga horária e salário mínimo profissional, por exemplo) como à defesa de uma legislação que favoreça os trabalhadores (destaca-se aqui, por exemplo, o protagonismo de segmentos da categoria na defesa da assistência social como direito)], para ter uma ação efetiva sobre o exercício profissional — seja na formação, na luta política e/ou no exercício profissional —, "é necessário que o virtual possa passar a ato, o que só se opera por vias muito complexas" (Lukács, 1969, p. 140; grifos meus).

A simples petição teórica (sou marxista), a petição de princípios (apoio e/ou tomo o projeto como referência; estou do lado dos trabalhadores), a participação na luta política da categoria e/ou na luta geral dos trabalhadores (sindicato/partido etc.) e/ou a pesquisa/produção de conhecimento, não são suficientes. Essas são objetivações/experiências que podem resultar em ganhos pessoais para o(s) assistente(s) social(is) — aptidões intelectuais, morais etc. —, o que "tem por vezes grande valor e contribuem, em certos casos, para a atualização dessa virtualidade" (Lukács, 1969, p. 140), mas não incidem diretamente no cotidiano dos trabalhadores, ao contrário do que vem acontecendo com a inexorabilidade do movimento dos assistentes sociais na história, a partir de um determinado *quefazer conservador*.

Isso quer dizer que, por princípio, uma atitude crítica não garante práticas mediadas pelo projeto profissional e que, tendo em vista práticas que favoreçam os interesses históricos dos trabalhadores, para o assistente social, no cotidiano da prática, a teoria, ou seja, "fundar a análise social na crítica da economia política" (Netto), tem a função de assegurar que ele tenha condições de apreender o movimento do real, no plano do cotidiano da prática, para além da sua aparência fenomênica, numa sociedade em que, a "sensibilidade consumidora", estabelecida na imediaticidade da vida social, tanto não admite, como obscurece, a distinção entre aparência e a essência (Netto, 1996), tendo em vista um planejamento radicalmente crítico e consciente.

No entanto, a apreensão da *distinção substancial* entre dois profissionais — diríamos, um marxista e um não marxista — não está assentada na direção ético-política e teórico-metodológica que cada um toma como petição de princípio e direção social do exercício profissional, mas no que resulta da transformação da direção ético-política e teórico-metodológica escolhida em realidade e das consequências que dela advêm, principalmente, e em última instância, para a classe trabalhadora nos seus diferentes segmentos, para além de semelhanças/diferenças estratégicas, técnicas e do processo de planejamento.

No mais, em tempos de capitalismo financeiro, os assistentes sociais são cada vez mais requisitados a atuar junto aos segmentos mais empobrecidos da classe trabalhadora, para contribuir na necessária redução das desigualdades socioeconômicas que impactam, perversa e principalmente, os segmentos mais espoliados, abandonados e deserdados de tudo — supérfluos para o capital e denominados nas políticas sociais de "indivíduos em situação de exclusão, vulnerabilidade e risco social". Obscurecidos pelo objetivo explícito de eliminar a miséria — transformação de miseráveis em pobres —, encontram-se objetivos inconfessáveis e que só podem ser apreendidos pela análise crítica como: a defesa da imagem social do capitalismo fonte das desigualdades; o necessário obscurecimento da exploração (formal e informal) do trabalho; a manutenção de um exército de reserva, com um mínimo de qualidade etc. etc. Neste contexto, o assistente social é chamado a atuar por meio da viabilização de serviços, benefícios, programas sociais, laudos, pareceres e avaliação social, a partir de estratégias, ações e instrumentos a serem definidos, a partir da competência individual (um assistente social) e coletiva (o Serviço Social de uma instituição/empresa/ONG etc.), para planejar e executar o que foi planejado, o que exige competência técnica, quer seja para preencher cadastros e operar sistema informatizado de dados, quer seja para e/ou "gerenciar pessoas" nas empresas capitalistas.

É a partir da legitimidade profissional, da relativa autonomia que a condição de profissional liberal/de nível superior nos confere, dos espaços sócio-institucionais, dos recursos e dos conhecimentos que tanto a formação graduada oferece, como a formação permanente poderá oferecer, que o assistente social, pela mesma ação de responder às requisições institucionais, pode favorecer individual e coletivamente os diferentes segmentos da classe trabalhadora com os quais mantém contato direto (no atendimento individual e em grupo) e indireto (na identificação, divulgação e fortalecimento dos organismos de representação da classe trabalhadora e dos movimentos e lutas sociais),[198] no cotidiano da prática. Essa possível e modesta contribuição no contraditório movimento de dar respostas críticas às requisições institucionais,[199] buscando, concomitantemente, dar respostas às demandas dos trabalhadores/usuários e favorecer de algum modo as lutas sociais é que pode resultar em materialização do projeto profissional.

---

198. Aqui estamos nos referindo à estratégia de romper com os encaminhamentos interinstitucionais que alimentam a movimentação/circulação dos trabalhadores no círculo vicioso das instituições, as quais em sua maioria não garantem acesso a serviços, benefícios e programas sociais e quando garantem é um *acesso incompleto ou de baixa qualidade*. Conectar os trabalhadores/usuários com seus organismos de representação e/ou com os movimentos e lutas sociais contribui com o fortalecimento tanto dos organismos de representação dos trabalhadores como dos movimentos e lutas sociais, os quais revelam e deixam explícito, por si só, o caráter coletivo das demandas apresentadas individualmente, ou seja, a vinculação de uma demanda individual a demandas coletivas. (ver Vasconcelos, 2000). Aqui cabe sinalizar que a participação do assistente social no planejamento e na gestão de serviços, mesmo quando se dá em articulação com as lutas sociais, mesmo que possa em algumas circunstâncias resultar em uma contribuição indireta àquelas lutas, inviabiliza a objetivação/realização do importante caráter educativo da profissão.

199. Ainda que nossa argumentação priorize a atenção direta aos trabalhadores pelos assistentes sociais, não podemos esquecer que o exercício das atividades profissionais, no âmbito do planejamento, da assessoria, da vistoria, da avaliação de políticas públicas, programas, planos, orçamentos, da realização de levantamentos, estudos e pesquisas, da gestão etc., está parametrado por requisições institucionais que buscam fortalecer decisões estratégicas que favoreçam o capital, o que, se por um lado, afetam mais negativa do que positivamente a vida de milhares de trabalhadores, não conta com a *possibilidade* de favorecê-los no cotidiano da vida social, no que se refere aos processos de formação, mobilização e organização, onde, como destacado na nota anterior, ganha relevância o papel educativo da profissão.

Diante disso, duas questões se colocam. Primeiro que o fato de dar respostas às requisições institucionais não significa servir o capital. Afinal, parafraseando Carlos Drummond de Andrade, poderíamos dizer que *existe uma grande diferença entre servir ao capital e servir sob o capital.*[200]

Segundo, que não há como esperar respostas práticas do projeto profissional em si mesmo; as respostas só podem existir como consequência da atividade do sujeito profissional[201]. O projeto profissional no máximo oferece aos assistentes sociais referências e indicações da possibilidade teórica e histórica de nos colocarmos criticamente e enfrentar as requisições do capital, assentado que está na histórica luta de resistência da classe trabalhadora à exploração do trabalho. Assim, os assistentes sociais descontentes com a imposição de um modo de ser e pensar e de fazer Serviço Social que favorece as classes dominantes têm tanto referências ético-políticas e teórico-metodológicas gerais, legitimidade institucional, espaço profissional (com condições de trabalho e autonomia diferenciadas a depender da área e da instituição) e alguns recursos que, aliados ao pessimismo da razão e ao otimismo da vontade, favorecem a dura tarefa que é abandonar o nefasto processo de esmagamento dos indivíduos e das lutas sociais, para dar sua contribuição na busca individual e coletiva de imposição de limites ao capital na construção dos caminhos necessários a processos emancipatórios.

Ou seja, na sociedade do capital, os assistentes sociais e demais profissionais de nível superior que têm no horizonte a emancipação humana estão esmagados, no limite, entre duas alternativas que se viabilizam contraditória e simultaneamente no cotidiano profissional: participar da aviltante tarefa de manter as massas não só de cabeças vazias, mas submissas, caladas, satisfeitas e contentes com as migalhas que lhes atira o

---

200. Carlos Drummond de Andrade dizia: existe uma diferença entre servir a uma ditadura e servir sob uma ditadura.

201. Ainda que óbvio, faz-se necessário lembrar que, por mais que a mídia afirme que o "mercado está nervoso" diante de determinadas circunstâncias, quem fica nervoso não é o capital, mas seu sujeito: o capitalista/proprietário, o investidor, o rentista, o gerente do capital.

capital, ou mesmo diante da falta delas[202], e resistir buscando dar sua modesta contribuição na construção coletiva de momentos de ruptura, rumo à emancipação humana. É a concomitância dessas alternativas presentes na contraditória sociedade do capital que nos favorece para que não sejamos reconhecidos somente como braço da elite dominante.

O fato de grande parte dos assistentes sociais não se encontrar em condições ético-políticas e teórico-metodológicas para se reconhecer criticamente nesse processo contraditório e apreender as possibilidades e alternativas presentes na realidade não justifica nem cancela a gênese e a história da profissão na manipulação das massas trabalhadoras, as condições históricas de alcance da nossa legitimidade profissional e muito menos o fato de, atualmente, diante das condições da formação graduada e permanente e das condições de trabalho da maioria dos assistentes sociais brasileiros que estão em contato cotidiano com os trabalhadores, que, como categoria, estamos favorecendo mais a burguesia do que os trabalhadores.

Assim, se estamos abordando problemas para os quais já temos respostas, há que se enfrentar as injunções e desafios que estão colocando em risco a hegemonia do projeto profissional que estão situadas predominantemente no âmbito da formação e do exercício profissional.

Ressaltamos que se a maioria dos assistentes sociais é formada pela iniciativa privada, em condições difíceis de serem identificadas num padrão de ensino superior, as unidades de formação das universidades

---

202. Ora, se por um lado, sabemos, como ressaltado pelo CFESS (2012), que "as condições concretas para o trabalho profissional estão cada vez mais tensionadas pela ampliação de serviços e de demandas, mas sem a correspondente designação de recursos materiais, financeiros e humanos necessários à manutenção da qualidade do que é prestado à população usuária" (p. 19), por outro lado, sabemos que esse quadro é próprio do capitalismo, agravado pelas crises de acumulação. Assim, não é de se espantar que, em setembro de 2014, o governo federal, como noticiado na NBR/TV, cria um programa que oferece recursos aos municípios para contratação de assistentes sociais (ao todo 6000 profissionais), para "acolher famílias e adolescentes". E aqui fica claro que o objetivo não é oferecer condições de acesso efetivo a políticas públicas, mas o cadastramento/controle de quem está fora delas e, diante da falta de recursos, o apoio e alívio de tensão para que permaneçam sem reação na ausência de acesso a elas. Essas são requisições governamentais/institucionais que não se constituem em novidade para os assistentes sociais.

públicas enfrentam a árdua tarefa de suplantar as consequências de uma formação primária e média que alavanca e solidifica o modo capitalista de ser e pensar da juventude brasileira. Por outro lado, como membro da academia (estamos nos referindo àqueles que se dedicam predominantemente ao ensino e à pesquisa), tenho observado que ela se esquiva em revelar que, assim como os assistentes sociais no cotidiano da prática, não pode contribuir com as necessárias respostas teórico-práticas, para a possibilidade teórica que ela anuncia num projeto profissional que tem sua gênese nas décadas de 1960/1970, ou seja: ensinar e fazer Serviço Social favorecendo mais ao trabalho que ao capital, sem base na realidade do cotidiano profissional. Respostas que só poderão ser vislumbradas e asseguradas na unidade teoria/prática e análise concreta de situações concretas, uma análise *post festum*, o que exige a árdua tarefa de tomar o cotidiano profissional como objeto de estudo, de forma sistemática, qualificada e de largo prazo. Afinal, como afirma Coutinho (2006, p. 100), ao se referir ao dístico assumido por Gramsci *"pessimismo da inteligência e otimismo da vontade"*, "não se trata de um pessimismo irracional, mas daquele que se alimenta da razão crítica. Quanto ao otimismo da vontade, que é uma indicação para que mantenhamos unidas teoria e prática, ele se apoia no fato de que quase tudo o que Marx disse a respeito do capitalismo se confirmou".

É nesse sentido que a produção de conhecimento da área de Serviço Social, para favorecer não só a formação dos sujeitos profissionais, mas iluminar o cotidiano profissional — o que só é possível a partir das mediações necessárias com a profissão e da análise concreta de situações concretas — torna-se estratégica e fundamental. Se a formação graduada não responde pela necessidade da formação de um intelectual necessário para atuar nessa direção, resta recorrermos à história e lembrar que a intenção de ruptura nasce num período ditatorial em que o conservadorismo era hegemônico nas dimensões teórico-metodológicas, ético-políticas e técnico-operativas no Serviço Social.

Diante disso, os desafios maiores dos assistentes sociais que escolhem o Projeto Ético-Político como referência não estão determinados *ad eternum* pela qualidade da formação graduada — onde predomina o ensino privado e à distância, apartados das Diretrizes Curriculares da ABEPSS —, mas nas possibilidades existentes e a serem construídas, individual e coletivamente, de estruturar uma formação permanente qualificada — ou seja, formação de um intelectual — para planejar e executar estratégias e ações necessárias à transformação do projeto profissional em realidade.

É nesse sentido que o projeto profissional não veio para angustiar, afligir, nem colocar os assistentes sociais dando "murro em ponta de faca". Ao revelar as condições e conteúdos necessários para que os assistentes sociais compreendam o "significado social da profissão e de seu desenvolvimento sócio-histórico, nos cenários internacional e nacional" e sejam capazes de desvelar "as possibilidades contidas na realidade",[203] como consta das Diretrizes Curriculares da ABEPSS e dos Núcleos de Funda-

---

203. É nesse contexto que é relevante reavivar a centralidade dos *Núcleos de Fundamentação Básica* indicados pela ABEPSS (2008a), que foram esvaziados de seus conteúdos pelo MEC (2010), quando da definição das Diretrizes Curriculares oficiais para o Curso de Serviço Social. Foi exatamente a indefinição de conteúdos protagonizada pela MEC que possibilitou a definição de um perfil profissional abstrato, o que vem favorecendo a proliferação de cursos isolados de Serviço Social, principalmente cursos privados e à distância. Os Núcleos de Fundamentação Básica da ABEPSS revelam não só a distância entre boa intenção e prática teórico-crítica, entre voluntariado e Serviço Social, mas, principalmente, definem os conteúdos que dão autoridade — não confundir com poder — ao assistente social, para se pôr crítica, criativa e propositivamente, frente às requisições institucionais e às demandas dos usuários. São eles: *Núcleo de fundamentos teórico-metodológicos da vida social,* que compreende um conjunto de fundamentos teórico-metodológicos e ético-políticos para conhecer o ser social enquanto totalidade histórica, fornecendo os componentes fundamentais para a compreensão da sociedade burguesa, em seu movimento contraditório. *Núcleo de fundamentos da formação sócio-histórica da sociedade brasileira,* que remete à compreensão dessa sociedade, resguardando as características históricas particulares que presidem a sua formação e desenvolvimento urbano e rural, em suas diversidades regionais e locais. Compreende ainda a análise do significado do Serviço Social em seu caráter contraditório, no bojo das relações entre as classes e destas com o Estado, abrangendo as dinâmicas institucionais nas esferas estatal e privada. *Núcleo de fundamentos do trabalho profissional,* que compreende todos os elementos constitutivos do Serviço Social como uma especialização do trabalho: sua trajetória histórica, teórica, metodológica e técnica, os componentes éticos que envolvem o exercício profissional, a pesquisa, o planejamento e a administração em Serviço Social e o estágio supervisionado. Tais elementos encontram-se articulados por meio da análise dos fundamentos do Serviço Social e dos processos de trabalho em que se insere, desdobrando-se em conteúdos necessários para capacitar os profissionais ao exercício de suas funções, resguardando as suas competências específicas normatizadas por lei (ABEPSS, 1997).

mentação, o projeto profissional, enquanto referência, sinaliza as condições necessárias para que os assistentes sociais, *para além das requisições institucionais*, mas não independente delas, possam identificar, se apropriar, incorporar e ampliar o necessário — no que se refere às dimensões teórico-metodológicas e ético-políticas — tendo em vista, ao planejar, executar e avaliar estratégias e ações, favorecer mais ao trabalho do que ao capital.

Por que a ênfase em para além das requisições institucionais? Reiterando, na sociedade capitalista, o que nos legitima como profissão são as requisições institucionais, que se consubstanciam no chamamento do capital para atuarmos, de forma auxiliar e subsidiária, no âmbito da produção e reprodução das relações sociais (que nas suas relações e conexões necessárias encerra condições materiais, ideais, valores, representação), tendo em vista responder às necessidades do capital pelo "controle social e [...] difusão da ideologia da classe dominante entre a classe trabalhadora", como afirma Iamamoto (1992, p. 100). Desse modo, não há como ignorar as requisições institucionais, mas, ao buscar respostas radicalmente críticas e criativas a elas, usufruir da rica e estratégica possibilidade que elas nos oferecem de convivência com os trabalhadores/usuários e compartilhamento de saberes, valores e experiências que favoreçam processos emancipatórios. Convivência que, apreendida na sua natureza, só pode se realizar na medida em que é financiada, direta ou indiretamente, pelo fundo público e pela mais-valia.

É nesse sentido que, mais do que listar o que "não deve" ser atribuição do assistente social ou o que não está assentado nas suas competências, faz-se necessário identificar formas e mecanismos de enfrentamento das requisições institucionais, tendo em vista tanto favorecer os usuários como fortalecer os assistentes sociais na sua autonomia e frente às péssimas condições de trabalho e desrespeito à legislação profissional, próprias da sociedade do capital. Excetuando tarefas que são específicas de outras profissões/ocupações — regulação de sistemas de marcação de consultas, terapias, curativos, peso/medida, montagem de processos para acesso a tratamento fora do domicílio, equipamentos e medicamentos etc. —, se colocar papel higiênico nos banheiros das UPAS, marcar e/ou regular marcação de consultas, preencher formulários a serem assinados pelo médico, não oferece grandes dificuldades para argumentarmos que são tarefas que não devem ser executadas por um profissional de nível superior, nos parece que o mesmo não ocorre, por exemplo, com a nossa *participação* na comunicação de óbito, na alta, na transferência, no preenchimento de cadastros, nas visitas domiciliares, no "processo de acolhimento" e/ou de "humanização", nas terapias de toda ordem: comunitária, de família, de ajuda etc., nos estudos e avaliações sociais (para comprovação das informações prestadas; para atestar a veracidade das narrativas; para avaliar comportamentos; para indicar autores de violência; para verificar aptidão para cuidado e adoção; para indicar a capacidade ou incapacidade frente à vida e ao trabalho).

Essas são requisições[204] que, se uma correlação de forças favorável pode assegurar que o assistente social se negue a realizá-las, na maioria das vezes, frente à hegemonia e poder de constrangimento do poder dominante, principalmente daqueles que o representam (gestores, diretores, chefes), somos sujeitados a realizá-las.[205] Desse modo, cabe problematizá-las, com base na realidade dos assistentes sociais e dos próprios

---

204. É digna de nota a Resolução n. 33 do CNAS que aprova a NOB/SUAS/2012. Dentre as três funções do SUAS está a Vigilância Socioassistencial, que no art. 94, inciso IV, estabelece: "fornecer sistematicamente aos CRAS e CREAS *listagens territorializadas das famílias em descumprimento de condicionalidades do Programa Bolsa Família*, com bloqueio ou suspensão do benefício, e *monitorar a realização da busca ativa destas famílias* pelas referidas unidades e o *registro do acompanhamento que possibilita a interrupção dos efeitos do descumprimento* sobre o benefício das famílias." Atividades que vêm sendo realizadas pelo assistente social nos CRAS e CREAS. Ou seja, quanto mais busca controle, mais a burguesia, legitimando o Serviço Social, oferece campo de atuação para os assistentes sociais — um campo sempre conflituoso e que, por isso mesmo, ao pôr os assistentes sociais em contato com os usuários, também nos oferece um campo aberto de alternativas e possibilidades.

205. O não cumprimento das atribuições privativas, previstas em lei, por parte dos assistentes sociais, vai resultar em exercício profissional irregular, podendo, legalmente, TANTO o Assistente Social, COMO o empregador serem responsabilizados pela referida infração. Ora, diante das condições de vida e de trabalho dos assistentes sociais, do poder institucional e, quase sempre, da correlação de forças desfavorável ao trabalho, com pena de responsabilizarmos e culpabilizarmos individualmente o assistente social por uma questão que está determinada pela lógica da organização social dominante, não se pode considerar o assistente social e o empregador no mesmo patamar de responsabilização pelo não cumprimento das atribuições profissionais.

trabalhadores/usuários, tendo em vista, quando constrangido a realizá-las, redirecioná-las para que se revertam em ganhos substantivos para os trabalhadores envolvidos. Por outro lado, nos parece que, determinadas requisições — o acompanhamento da alta hospitalar, a participação na comunicação de óbito, a autorização de vistas —, além de nos colocar em contato direto com os usuários, são requisições que assumidas pelo assistente social, podem se reverter em processos qualificados, o que, certamente, se reverterá em ganhos para os trabalhadores/usuários. Assim, é da análise concreta dessas situações concretas, o que exige, para além de saber narrar o cotidiano profissional, sistematizá-lo com base no registro e observação sistemática, é que podem/vão resultar sinalizações que iluminem o cotidiano de uma prática de enfrentamento.

Essas considerações me levam a afirmar que o Serviço Social está num momento determinante do projeto profissional: passar da queixa, da crítica, à ideia, que é passar da negação à afirmação, da recusa ao protagonismo. Isso porque, somente no plano afirmativo, criativo e propositivo poderemos nos unir — como categoria que se coloca do lado dos trabalhadores e trabalhadoras — de forma duradoura na busca de superação de práticas conservadoras.

1.4.1.1 Exploração, opressões, diferenças, discriminações

A superação/eliminação da exploração, da dominação e da destruição material e subjetiva[206] dos indivíduos sociais —, condições próprias da

---

206. Como mostra Lukács, o fator subjetivo na história é, em última análise, produto do desenvolvimento econômico, porque o homem age de modo relativamente livre. Suas decisões e escolhas, que se dão na relação dialética nexos causais/tendências, resultam de possibilidades, materiais, ideológicas e históricas. Na sociedade capitalista, a forma mercadoria e seu fetichismo é a expressão do modo de operar da ideologia burguesa. O processo de fetichização das objetivações sociais — ou seja, a personificação das coisas (as mercadorias, as instituições, os valores morais) (e seu polo oposto, a coisificação das pessoas) não é da natureza do ser social, é um processo social e histórico. A veiculação e a impregnação do modo de ser e pensar capitalistas, que opera na ocultação/inversão

dominação e da destruição capitalista,[207] que atinge de forma particular e progressivamente os diferentes segmentos da classe trabalhadora — passa, necessariamente, pela eliminação das classes sociais — isto é, pela eliminação da exploração do trabalho — e pela eliminação da propriedade privada e da concentração e centralização da riqueza socialmente produzida, o que significa a superação do capitalismo. A *eliminação* da miséria, da pobreza,[208] do desemprego estrutural, das guerras permanentes, da destruição da natureza, das diferentes formas de discriminação — de gênero, etnia, religião, nacionalidade, orientação sexual, geração, condição

---

e perversão da essência das objetivações sociais se dá pela operação do trabalho ideológico: pela manipulação sistêmica. (ver Lukács, 1979). A partir da transformação de tudo em mercadoria — a começar pelo próprio homem — e da imposição do capital aos indivíduos de "valorizar o supérfluo como necessário e a ostentação como sinal de êxito" (Frei Beto), no capitalismo, os diferentes segmentos da classe trabalhadora, cada vez mais apartados da possibilidade de enriquecimento da subjetividade, são deserdados, pela ignorância e pela alienação a que são propositalmente relegados, do patrimônio histórico que cada geração anterior lhes legou, numa "autofagia erosiva". Dialeticamente, é no próprio processo de busca feroz pela sobrevivência que estão presentes elementos de autofertilização do processo que faz possível a superação desse estado de coisas. Os movimentos dos trabalhadores — pelo trabalho, pela terra, pela moradia, no Brasil e alhures, e os movimentos no norte da África, na Europa e nos EUA, ao longo de 2011/12 — que o digam. Mas há sempre que se estar atento para as diferenças entre revolta (reações/manifestação, com uso de armas ou não, contra autoridade) e revolução (transformação radical, pelas armas ou não, de uma estrutura política, econômica e social, a partir da concretização de propostas e estratégias de transformação do que está dado). Ora, na feroz luta de classes, na sociedade do capital, a violência contra as massas é sempre justificada em nome da ordem. Mas se essa é uma sociedade que mutila, subjetiva e materialmente a todos nós, que, por muitas vezes animaliza grandes contingentes, como ignorar as formas potencialmente violentas presentes na vida em sociedade? No rumo em que estamos, vamos esperar que ferocidade dos homens bombas, dos matadores em série, penetre as massas?

207. Para Mészáros (2015b, p. 2), "a maior e mais perigosa ironia da história moderna é que a outrora incensada 'destruição produtiva', uma das características mais problemáticas do capital, se tornou, na fase descendente do desenvolvimento do sistema capitalista, uma ainda mais insustentável produção destrutiva, na produção de mercadorias e da natureza, completada pela ameaça de destruição militar em defesa da ordem estabelecida. É por isso que a alternativa socialista não é só apenas possível, mas também necessária para a sobrevivência da Humanidade".

208. Aqui estamos nos referindo à *eliminação* — da miséria, da pobreza etc. —, o que atingirá o âmago da sociedade do capital — a propriedade privada, a concentração da riqueza socialmente produzida e a exploração do trabalho — e não ao *combate* ou à *redução* da miséria e da pobreza como prometem, mas não cumprem, tanto os organismos internacionais representantes do capital — dentre eles o Banco Mundial —, como já indicamos, como os governos municipais, estaduais e federal, aqui e alhures.

física —, só pode ocorrer em consequência da eliminação da exploração do trabalho, da eliminação das classes sociais. É nesse sentido que, concordando com Coutinho (2006, p. 120), "o reconhecimento das diferenças não pode se opor à afirmação da totalidade, dos valores universais".

Isso quer dizer que, ainda que as lutas contra a miséria e a pobreza, contra a destruição ambiental, contra as diferentes formas de discriminação (raça, etnia e gênero), as lutas em favor dos direitos humanos e sociais etc., sejam lutas de enfrentamento e resistência, necessárias aos trabalhadores no âmbito da sociedade do capital, elas só podem impor limites ao capital na construção dos caminhos para emancipação humana e, em última instância, serem vitoriosas, quando se consubstanciam como lutas coletivas anti-imperialistas[209]/anticapitalistas e não se reduzam ao *horizonte* de reformas pontuais e/ou de lutas setorizadas, como, por exemplo, pela libertação das mulheres oprimidas; pela libertação dos negros; pela diminuição da pobreza; pelos direitos dos homossexuais, dos portadores de deficiência, dos sem-teto, dos atingidos por barragens etc., enquanto lutas isoladas e de forma fragmentada.[210]

Do mesmo modo, as lutas sindicais por aumento de salários não se constituem na finalidade última da luta dos trabalhadores, com pena da luta sindical se reduzir à busca de humanização do capitalismo com "salários mais justos" e a eternização da condição de exploração e assalariamento dos trabalhadores.

A vitória das lutas contra todas as formas de opressão está hipotecada à superação do capitalismo porque a contradição fundamental na

---

209. "O imperialismo é o capitalismo na fase de desenvolvimento em que ganhou corpo a dominação dos monopólios e do capital financeiro, adquiriu marcada importância a exportação de capitais, começou a partilha do mundo pelos trusts internacionais e terminou a partilha de toda a terra entre os países capitalistas mais importantes" (Lênin. In: Netto e Braz, 2006, p. 180).

210. Como temos sinalizado, se os direitos humanos demarcaram uma nova relação Estado/ Sociedade em termos de proteção da humanidade, eles não asseguram a emancipação humana. Subsumidos no campo da cidadania, ao se limitarem às requisições da emancipação política, historicamente, como mostra o próprio desenvolvimento do capitalismo, eles favorecem mais os processos de exploração/dominação capitaneados pela burguesia do que os trabalhadores nos seus diferentes segmentos, na luta pela emancipação humana.

sociedade vigente não está situada entre brancos/negros, homens/mulheres, heterossexuais/homossexuais, europeu/latino..., mas entre *capital/trabalho*. É assim, com pena de negligenciarmos e/ou ignorarmos a força do processo destrutivo operado pelo modo de produção capitalista que não só mutila materialmente a quase totalidade dos trabalhadores, mas necessita mutilar subjetivamente todos os indivíduos sociais, independentemente de classe social, raça, etnia, gênero, opção religiosa, orientação sexual.

É diante disso que grande parte do debate e do enfrentamento de questões relacionadas à raça/etnia, gênero, geração, orientação sexual, ecologia etc., assim como da criança/adolescente, do idoso, do presidiário, do pobre etc., partem, não só da apreensão de cada uma dessas questões/grupos de forma isolada (sem resgatar as relações e conexões indissociáveis que carregam entre si, descoladas de suas determinações de classe e das possibilidades de luta hipotecadas à eliminação das desigualdades de classe), mas de um ponto de vista irracionalista. Uma concepção assentada tanto na negação da perspectiva de totalidade (totalidade colocada como impossível de ser apreendida no seu movimento e incapaz de "considerar/respeitar a individualidade"), quanto na crença de que a razão é incapaz de aprender o real nas suas particularidades, o que só poderia ser feito pela intuição e pela sensibilidade. Nesse sentido, são debates e enfrentamentos que favorecem a burguesia e vêm sendo intensamente utilizados por ela, que tem interesse e ganha com as expressões da questão social tomadas de forma isolada e situadas no âmbito das "funções corretivas do capital" (Mészáros), visto que falta "uma visão universal, uma busca da totalidade".

O debate e o enfrentamento, desse modo, são colocados *post festum*, no âmbito das funções corretivas do capital e, concomitantemente, na esfera do consumo que, totalmente desarticulado da produção, da circulação e da distribuição,[211] permite que, por encanto, na aparência das coisas —

---

211. A apreensão da indissociabilidade entre produção, circulação, distribuição e consumo foi abstraída por Marx (1982a, p. 3-22) que, observando o real — a práxis humana — apreende seu movimento, ao separar mentalmente condições da prática humana, tomando-as em consideração

venerada —, não esteja presente a essência — desqualificada — do processo de produção capitalista: a exploração do homem pelo homem e a propriedade privada.

Necessitando "destruir qualquer trava extra-econômica aos seus movimentos", numa despolitização geral da sociedade, o grande capital, no enfrentamento de uma das suas últimas crises cíclicas, vem fomentando e patrocinando a divulgação maciça de um conjunto ideológico designado neoliberalismo,[212] que compreende as ideias de um, não por acaso,

---

nas relações necessárias com a totalidade concreta em que aparecem. Ou seja, as diferentes condições da prática humana não têm existência fora do todo concreto em que aparecem. Isso mostra que a lógica do capital apreendida por Marx não é fruto de meditação, mas de pesquisa e investigação sistemáticas, fecundas e de crítica tendo como base situações concretas, dados de realidade — "investigações histórico-concretas". É nessa medida que, se tomamos como referência o método da teoria social, é na realidade — sempre considerada numa perspectiva de totalidade — que vamos encontrar as respostas na busca de práticas mediadas pelo projeto profissional. Como afirma Netto (2004, p. 107), para Marx, *as instâncias constitutivas da sociedade se articulam numa totalidade concreta e são postas geneticamente pelo primado ontológico das relações econômicas.* [...] o primado ontológico da economia, que funda a teoria social moderna, descoberto por Marx, opera no interior de uma estrutura teórica que reproduz teoricamente o objeto real na perspectiva de *totalidade* (grifos do autor)". E remata o autor citando Lukács, "é o ponto de vista da totalidade que distingue, decisivamente, o marxismo da ciência burguesa". Só assim foi possível, a Marx e aos marxistas, "desvelar a ontologia do ser social, isto é: os modos de ser e reproduzir-se do ser social historicamente determinado" (idem, p. 108; grifos do autor).

212. Com a queda do muro de Berlim e a consequente derrocada do "socialismo real", a social-democracia europeia capitulou diante da proposta de Estado mínimo. A esquerda não foi capaz de formular um projeto político consistente capaz de oferecer um modelo econômico alternativo ao neoliberalismo e às suas políticas de ajuste econômico, com drásticas reduções nos gastos públicos com saúde, educação, serviços públicos e demais serviços sociais. Foi nesse vazio da desestruturação das ideias e dos partidos, que haviam conformado por cerca de um século, que emergiu a nova direita, como podemos apreender em Hobsbawm (1992, p. 48-64). Emerge daí uma direita renovada, associada a noções como sociedade pós-industrial, nacionalismo, neoliberalismo, neoconservadorismo e pós-modernidade. Numa realidade considerada a partir de uma *multiplicidade de "atores individuais", que se relacionam através do mercado,* a crítica está centrada no modo de vida, na sociedade e na cultura ocidental, em detrimento da organização social que lhe dá sustentação: o capitalismo. Uma crítica que parte do pressuposto de uma competência, racionalidade instrumental e decisões racionais/técnicas dadas como próprias dos seres humanos e/ou dadas como oportunidades para todos. Harvey (2011, p. 16), numa crítica funda a esse estado de coisas, mostra que neoliberalismo "refere-se a um projeto de classe que surgiu na crise dos anos 1970. Mascarada por muita retórica sobre liberdade individual, autonomia, responsabilidade pessoal e as virtudes da privatização, livre-mercado e livre-comércio, legitimou políticas draconianas destinadas a restaurar e consolidar o

Prêmio Nobel de Economia: F. Hayek (1899-1992). Como mostram Netto e Braz (2006, p. 236),

> O que se pode denominar *ideologia neoliberal* compreende uma concepção de homem (considerado atomisticamente como possessivo, competitivo e calculista), uma concepção de sociedade (tomada como um agregado fortuito, meio de o indivíduo realizar seus propósitos privados) fundada na ideia da *natural e necessária desigualdade* entre os homens e uma noção rasteira da liberdade (vista como função da liberdade de mercado; grifos dos autores).

Diante de tudo isso, coloca-se a pergunta crucial que não quer calar: o que emancipa a todos os indivíduos sociais por si mesmo? É a eliminação das diferenças e discriminações de raça, etnia, gênero, orientação sexual e a redução/diminuição das desigualdades entre as classes sociais, no acesso aos bens materiais e espirituais produzidos e disponibilizados histórica e socialmente pela humanidade a cada uma das gerações? *Não.* Na sociedade capitalista, a emancipação só será alçançada e mantida com a *eliminação* da propriedade privada dos meios essenciais de produção, da exploração do trabalho e da concentração da riqueza socialmente produzida. Isso significa que numa sociedade pós-revolucionária, numa sociedade emancipada, não se eliminarão de vez as discriminações e as opressões próprias do convívio entre indivíduos sociais que portam diferenças entre si — de etnia, de gênero, de geração, de orientação sexual, de condição física e mental — mas que elas, vivenciadas por indivíduos emancipados, subjetivamente ricos[213], certamente serão tratadas e respeitadas em condições favoráveis à manutenção de uma sociedade de homens

---

poder da classe capitalista. Esse projeto tem sido bem-sucedido, a julgar pela incrível centralização da riqueza e do poder observável em todos os países que tomam o caminho neoliberal. E não há nenhuma evidência de que ele está morto".

213. Homens e mulheres emancipados e ricos subjetivamente é uma condição que tem sua existência caucionada na e pela emancipação e riqueza subjetiva de todos, como já anunciaram Marx e Engels em 1848, e vale a pena repetir: "no lugar da velha sociedade burguesa, com seus antagonismos de classe, uma associação em que o livre desenvolvimento de cada um é a condição do livre desenvolvimento de todos".

e mulheres livres, emancipados, como estrutura necessária a uma produção associada.[214] Ou seja, *as desigualdades podem ser eliminadas,* mas não as diferenças, de raça, etnia, gênero, opção sexual, religião, como parte da condição humana, estarão sempre mediando e sendo mediadas no cotidiano da vida social.

Não por acaso, é no processo de obscurecimento, despolitização, fragmentação das lutas sociais que nós, assistentes sociais, somos chamados a atuar. Neste contexto conflituoso, atuar objetivando favorecer mais os trabalhadores do que o capital exige bem mais do que coragem, vontade de ajudar e boa intenção. Intenção que até se transformar em realidade continua no plano subjetivo e não objetivo. O Serviço Social se realiza como práxis e no âmbito da práxis as intenções não objetivadas — quando intenção/ato não se constituem como unidade indissolúvel —, por melhores que sejam, elas não têm relevância. É no terreno das ações práticas que se provam as intenções.

É a adesão dos organismos de representação dos trabalhadores e dos diferentes movimentos sociais à luta anticapitalista unificada em um Projeto Ético-Político societário que pode, ao unificar essas lutas na direção da superação do capitalismo, reduzir seu isolamento, fragmentação e, por vezes, corporativismo[215] e fortalecer projetos que apontam para a "construção de uma nova ordem societária, sem dominação-exploração de classe, etnia e gênero"; processo que a atuação profissional pode favorecer

---

214. As tarefas e desafios colocados à humanidade em sociedades pós-revolucionárias são abordados por Mészáros em *Para Além do Capital* (2002), Cap.10, p. 469-514.

215. O corporativismo, mais do que característica própria desses movimentos, é forjado pelo próprio capitalismo, tendo em vista seus interesses de acumulação, através, por exemplo, da cooptação e/ou da compra de lideranças, corações e mentes desavisados e de "boa vontade" e/ou do apadrinhamento/sustentação financeira dessas lutas, desde que se mantenham isoladas, fragmentadas e desconectadas das demais lutas potencialmente emancipatórias e não confrontem os interesses do capital. A tolerância, quando não apadrinhamento e incentivo da mídia burguesa e do Estado capitalista, tanto com relação à Parada Gay como às Marchas pela Liberação da Maconha, revelam a despolitização e a impossibilidade dessas lutas imporem limites ao poder dos capitalistas, mantido seu isolamento. O significado da tolerância e do incentivo a essas lutas pode ser apreendido no fato de que, depois da poderosa e rica Fórmula I, a Parada Gay, articulando um segmento expressivo dentro do mercado consumidor, é o evento que mais arrecada na cidade de São Paulo.

ou desfavorecer. Neste contexto, uma das grandes questões enfrentadas pelos trabalhadores na luta contra o capital na contemporaneidade é a definição/identificação da força política capaz de representar o interesse geral e unificar as lutas setoriais, diante de um proletariado submetido ao barbarismo da exploração e não mobilizado na medida do necessário, como sujeito coletivo que é.

Para além de decisões estratégicas gerais que afetam a vida de bilhões de seres humanos,[216] o capital necessita de conhecimento sobre a realidade, técnicas, instrumentos e respostas práticas que deem conta de assegurar a coesão, o consenso e o consentimento tendo em vista obscurecer e dirimir os conflitos. É aqui que os assistentes sociais são chamados a atuar. No cotidiano da prática, exercermos influência direta ou indireta sobre os usuários — tanto ao fazermos escolhas técnicas e políticas, quanto ao veicularmos informações e conhecimentos. Desse modo, em momentos de preparação de processos de ruptura, torna-se necessário identificar os diferentes órgãos de luta dos trabalhadores organizados, seus instrumentos e grandes estratégias, de forma que, no cotidiano do exercício profissional possamos redirecionar nossas ações no sentido de favorecer o apoio necessário aos organismos e lutas dos trabalhadores, de forma que eles se complementem e intensifiquem a eficácia uns dos outros.

Se como coloca Gramsci, a instância capaz de unificar as lutas sociais é o partido político,[217] Mészáros (2002, p. 793-795) considera que, no mo-

---

216. Como mostram Netto e Braz (2006, p. 234-5), *"A concentração do poder econômico conduziu e está conduzindo a uma enorme concentração de poder político"*, o que revela o caráter antidemocrático do capitalismo e, consequentemente, do Estado capitalista. "... ao mesmo tempo em que desqualificam *a* política, ladeando as instâncias representativas (parlamentos, assembleias legislativas) ou nelas fazendo sentir o peso dos seus *lobbies*, essas 'elites orgânicas' do grande capital — empresários, executivos, analistas, cientistas, engenheiros — realizam a *sua* política, tomando decisões estratégicas que afetam a vida de bilhões de seres humanos, sem qualquer conhecimento ou participação destes. E não precisa dizer da característica corrupta desta política" (grifos do autor). A corrupção, endêmica no capitalismo e própria da ação política dos grupos monopolistas, envolve em escândalos não só grandes executivos e políticos, mas as grandes corporações como um todo.

217. Coutinho (2006, p. 116), com base em Gramsci, faz referência ao partido político como "intelectuais coletivos, agentes da vontade coletiva, expressões do ético-político ou da universalidade". Assim, "enquanto os movimentos sociais colocam na agenda questões frequentemente decisivas,

vimento de passagem de ações defensivas para ofensivas, os dois pilares de ação da classe trabalhadora — o sindicato e o partido —, como parte do "conjunto institucional global" e formando o círculo da sociedade civil/Estado político, encontram-se indissociáveis do Parlamento, de forma que eles se complementem e intensifiquem "a eficácia uns dos outros em vez de debilitá-la pela 'divisão do trabalho' imposta pela institucionalidade circular no interior da qual se originam. Ou seja, torna-se necessária e essencial uma articulação indissociável dos organismos que articulam as ações da classe trabalhadora "porque o círculo institucional do capital, na realidade, é feito das totalizações recíprocas da sociedade civil e do Estado político, que se interpenetram profundamente e se apoiam poderosamente um no outro" (p. 793).

Para o autor, "a natureza da estrutura institucional global também determina o caráter de suas partes constituintes e, vice-versa, os 'microcosmos' particulares de um sistema sempre exibem as características essenciais do 'macrocosmo' a que pertencem" (p. 795). Desse modo, a menos que "possa reverberar plenamente por todos os canais do complexo institucional total, dando assim início às mudanças exigidas no sistema inteiro de totalizações recíprocas e interdeterminações" (idem), qualquer mudança que ocorra em um componente particular só pode se tornar "algo puramente efêmero".

Essas são questões essenciais para aqueles que colocam as possibilidades da busca pela emancipação, para além do uso da força, ou seja, por meios pacíficos, no âmbito de uma sociedade democrática, ainda que Marx, diante do *poder de assimilação e integração do sistema capitalista*, reconhecesse que "na maioria dos países continentais é a força que deverá ser alavancada de revoluções; é à força que teremos algum dia que recorrer para estabelecer um reinado do trabalho" (Marx, apud Mészáros, 2002, p. 794). É nesse

---

mas sempre particulares, a grande tarefa do partido político deveria ser a de universalizar as demandas que provêm de diferentes setores sociais. Nesse sentido, um partido que se pretenda revolucionário tem de se colocar como criador de uma vontade coletiva transformadora, de uma vontade universal. Gramsci diria: de uma vontade coletiva nacional-popular". É no partido que num processo contínuo a teoria penetra as massas: teoria e prática se fundindo.

contexto que Mészáros, ressaltando a importância do Parlamento, o qual "afeta profundamente todas as instituições da luta socialista" e as lutas sociais como um todo, considera a possibilidade de reorientar "radicalmente a sabedoria parlamentar para a retroalimentação de objetivos socialistas", considerando que Marx levanta como possibilidade histórica séria de "que a mudança revolucionária possa usar meios pacíficos como veículo".

Essas são questões que nos colocam diante da conflituosa luta de classes, campo em que os trabalhadores resistem e se organizam tendo em vista momentos de ruptura e nós, assistentes sociais/profissionais, atuamos, independentemente da nossa vontade. Questões que me levam a perguntar: o que resta aos assistentes sociais no cotidiano da prática se a nossa tarefa diante das requisições do capital, por dentro de um Estado de classe que expressa os interesses particulares do capital/burguesia como interesse geral, é a de fortalecer a coesão e o consenso/consentimento frente os interesses do capital? Consenso que objetiva não só favorecer, mas obscurecer a primazia e perpetuação dos interesses do capital/burguesia.

Ora, é a identificação dos organismos e lutas dos trabalhadores que se constituem como anticapitalistas e o favorecimento da direção anticapitalista das demais lutas; é o estabelecimento de alianças identificadas como necessárias, aliado à qualificação e a organização política nos espaços de atuação, o que envolve o planejamento, que pode estruturar condições para uma atividade profissional consciente, crítica e propositiva, a ser constantemente submetido à crítica que nos favorece nesse espaço zero deixado pela burguesia. Somos nós que, coletivamente, como categoria e em alianças necessárias, que podemos estruturar as condições para que nos espaços históricos que já ocupamos e nos que conquistaremos — e estamos conquistando —, com os meios de atuação que já contamos e com os que criaremos, possamos dar vida às informações e conhecimentos que como profissionais de nível superior temos o privilégio tanto de acessar como de tê-los mediando a atuação profissional.

Quanto menos qualificados ético-política e teoricamente nos encontramos, mais favorecemos o capital, por nos colocarmos à mercê da sua força de pressão. Quanto mais qualificados ético-política e teoricamente nos encontramos, menos nos reduzimos a braço da elite dominante e mais contamos com a possibilidade de favorecer os trabalhadores. Quanto menos isolados e fragmentados[218] nos encontramos, mais fortalecidos estaremos no enfrentamento das adversidades do cotidiano, o que inclui, num processo contínuo e cumulativo, estruturar uma força de pressão, fruto da categoria organizada, tanto nos espaços de atuação, como no todo; força de pressão que se fortalece e fortalece a organização das demais categorias profissionais e a organização geral dos trabalhadores.

Quanto às estratégias e práticas que favorecem o capital, não é difícil identificar: basta que o assistente social dê alguma resposta às requisições do capital, ou seja, fazer o que está dado a fazer, como já indicamos em outra oportunidade (Vasconcelos, 2002). *Quanto mais ignoramos a complexidade e o poder de assimilação e integração do sistema capitalista, mais se torna difícil identificar o que favorece e como favorecer os trabalhadores. É aqui que fica clara a necessidade de nos colocarmos como sujeitos do processo tendo em vista não só resistir às investidas de individualização/parcialização/fragmentação das lutas, mas de estruturar condições necessárias para sua unificação em lutas anticapitalistas.*

Conscientes em relação ao chamamento do capital, em vez de fortalecer unicamente o consenso, a cooperação e o consentimento, diante dos interesses da burguesia, coloca-se como alternativa e oportunidade a serem identificadas e exploradas — relativas a cada espaço profissional —, pela mesma ação, contribuir na unificação das lutas setoriais e de suas pautas; no fortalecimento dos grupos organizados; na interlocução entre os organismos de representação dos trabalhadores organizados e os segmentos que enfrentam condições adversas para se organizar; contribuir na identificação da finalidade — construção de uma sociedade de homens e mulheres emancipados, autônomos, ricos subjetivamente — que dá

---

218. É nesse sentido que tanto os eventos técnico-científicos, como as Comissões dos CRESS, quando realizadas fragmentando a discussão a partir das políticas sociais, desfavorece esse processo. Como realizar comissões por área nos CRESS, quando são as próprias políticas de governo, nas suas diferentes instâncias, que favorecem nossa articulação? É diante disso que defendo a existência de Comissões que abranjam o maior número possível de áreas de atuação, tendo em vista enfrentar os desafios colocados aos assistentes sociais no cotidiano profissional. Na academia, me parece que a separação das disciplinas de estágio supervisionado, por área de atuação profissional, padece da mesma lógica.

sentido às lutas e ações particulares, concomitante à viabilização do acesso às políticas sociais como direito e busca de sua ampliação e controle social... Uma tarefa que exige antes de tudo que nos coloquemos criticamente diante das nossas fragilidades e contradições, individuais e coletivas.

Vamos aos fatos. Um conjunto de profissionais — assistentes sociais e psicólogos — realiza um grande encontro com usuários de um programa assistencial, para "falar sobre as condicionalidades do programa e esclarecer dúvidas". Após a apresentação de vários programas governamentais tendo como objetivo "vocês se capacitarem", um dos profissionais, ao terminar a abordagem das condicionalidades[219] referentes à inserção da criança na escola, afirma:

> o Colégio pediu para avisar, com relação às greves, mais os professores... Não fiquem preocupados com relação à frequência, porque vocês não serão prejudicados com relação à falta. Não existe falta! Se não tem aula, não tem falta. Certo? Então, as mães que estão preocupadas com a ausência de aula, vocês não serão prejudicadas por este episódio. Tá bom? Gente, então é isso. [...] Eu faço um convite: nós sempre estamos presentes lá no CRAS. Vai ter sempre uma equipe lá pra atender vocês, pra tirar qualquer dúvida com relação aos programas sociais. Serão passadas informações sobre vários projetos que nós temos. Vários programas que podem estar acessando.

E outras informações continuam sendo dadas para uma plateia calada. Ora, uma das queixas centrais dos profissionais é a falta de autonomia e de oportunidades para refletir com os usuários questões que ultrapassem as demandas específicas e individuais. Mas a realidade mostra que nesta ocasião a equipe não só optou pela veiculação de informações sobre os programas sociais governamentais como centro do evento, mas, ao não colocar em questão a greve dos professores e suas razões, perdeu uma grande oportunidade de dar vida ao que está indicado teoricamente: contribuir na unificação das lutas setoriais, no fortalecimento dos grupos

---

219. Aqui fica clara a condicionalidade não só como vigilância, mas como culpabilização/corresponsabilização.

organizados, na interlocução entre os organismos de representação dos trabalhadores organizados e os segmentos que enfrentam condições adversas para se organizar, contribuir na identificação da finalidade — construção de uma sociedade de homens e mulheres emancipados, autônomos, ricos subjetivamente — que dá sentido às lutas e às ações particulares, no acesso às políticas sociais como direito e busca de sua ampliação.

Ou seja, o assistente social/equipe perdeu uma grande oportunidade de abordar a greve de um dos segmentos organizados dos trabalhadores — os professores —, com os usuários do Bolsa Família; usuários que necessitam garantir a presença de seus filhos na escola para não perder o "auxílio", os quais enfrentam grandes dificuldades de se organizarem, diante da fragmentação de respostas às suas necessidades essenciais;[220] usuários que, nessa condição, são facilmente capturados para, em vez de se voltar criticamente para a estrutura social da qual resulta sua condição de assistido pela política de assistência social, culpabilizar/responsabilizar o professor que está em greve, o médico que não atendeu etc. Como equipe, perdemos a oportunidade ainda não só de colocar em debate e discussão as diferentes posições frente à greve presentes naquele grupo e as veiculadas na mídia, mas também procurar fortalecer a luta geral dos trabalhadores ao apontar contradições e posicionamentos que vão de encontro aos seus próprios interesses. Uma possibilidade caucionada pela capacidade e segurança da equipe iniciar e desenvolver tal reflexão. Como foi encaminhado o processo, mesmo sem o saber, favorecemos mais os interesses do capital do que do trabalho.

Não podemos negar que atuar mecanicamente na viabilização das políticas e da burocracia dos seus milhares de programas e projetos sociais, os quais, para além do controle, objetivam "empoderar" pessoas e/ou transformá-las em empreendedores, é muito mais confortável e menos exigente do que nos lançarmos nesse campo conflituoso da reflexão e do

---

220. Não é sem razão que são vários os Movimentos que ao mesmo tempo em que fragmentam poderiam unificar essas lutas: os Sem-Teto, os Sem Saúde, os Sem Educação, os Sem Transporte. Contamos com a oportunidade de contribuir para potencializar e unificar essas lutas, incluindo-os em nossos cadastros de Recursos Sociais que referenciam nossos encaminhamentos.

A/O ASSISTENTE SOCIAL NA LUTA DE CLASSES

debate no qual poderemos sair chamuscados na medida em que somos colocados diante da necessidade de acessar conhecimentos e informações que nos favoreça, como intelectuais, nos colocarmos com mais segurança e criticamente — ainda que não passíveis de pressões e constrangimentos — como autoridade (em relação ao conhecimento), articuladores, dirigentes[221], neste processo. Como afirma Rodrigues (2012, p. 58),

Não é difícil constatar como tais competências e habilidades são convergentes com as requisições feitas por aquilo que os adeptos da Terceira Via denominam *"Welfare State positivo"* e cujo objetivo é replicar no bem-estar uma cultura gerencial capaz de aumentar seu custo-efetividade e estimular cidadãos de segunda classe a desenvolverem seu capital humano e social, ou seja, suas habilidades pessoais e sua integração social, preferindo participar da economia como sujeitos mais ativos e produtivos, do que dependentes de benefícios sociais (Giddens).

1.4.2 O Planejamento[222] da atividade profissional

As respostas profissionais às demandas dos usuários e às requisições institucionais são teleológicas porque almejam, mais ou menos conscien-

---

221. As reflexões de Carlos Nelson Coutinho (2002) numa entrevista sobre o papel dos intelectuais podem nos iluminar a esse respeito: "Penso que um dos principais objetivos teóricos de Gramsci consiste precisamente na tentativa de construir uma 'eticidade' — ou seja, na acepção de Hegel, um conjunto de valores coletivos e comunitários — a partir de baixo. Reside nisto sua tentativa de forjar os instrumentos de uma contra-hegemonia, de uma cultura alternativa que leve os subalternos a se organizarem no sentido de propor sua própria candidatura à direção da sociedade. Não me parece casual que ele fale em "preparação ideológica de massa" ou em "reforma intelectual e moral". Nisso consiste sua principal diferença com Hegel: enquanto este concebe a "eticidade" como um produto necessário do desenvolvimento do "espírito", ao qual devemos nos adequar, *Gramsci insiste em que é uma tarefa coletiva dos "simples" e de seus "intelectuais orgânicos" a construção de uma nova eticidade, de uma nova concepção do mundo, que prepare o terreno para a construção de uma "sociedade regulada", o belo pseudônimo que ele escolheu para designar a sociedade sem classes, a sociedade comunista* (grifos meus).

222. O planejamento como atividade essencial a uma prática pensada e avaliada nas suas consequências merece uma reflexão com mais profundidade, tanto no que se refere ao planejamento da atividade socioassistencial, como à sua participação em processos de planejamento das políticas

temente, um fim determinado, o que requer a capacidade humana de antecipar ações, isto é, de escolher entre alternativas concretas, o que significa antecipar na consciência o resultado provável de cada alternativa (Netto e Braz, 2011, p. 25-38; Lessa e Tonet, 2008, p. 18). Assim, as respostas são teleológicas, na medida em que partem de conhecimentos que relacionam a resposta à sua causa final. É nesse sentido que, tendo em vista uma relação consciente, intencional, entre objetivos, meios e fins, o que é uma exigência para uma prática mediada pelo projeto profissional, coloca-se a necessidade de uma prática pensada e avaliada nas suas consequências, ou seja, uma prática pensada, planejada, para além de uma prática estruturada no saber imediato, na intenção.

Aqui, com base na atividade do trabalho, o modelo da práxis, fazemos referência a uma capacidade inerente ao ser social de projetar sua ação no pensamento, de prefigurar o resultado de sua ação tendo em vista sua materialização; ou seja, a capacidade que o ser social possui de idealizar, antes de efetivar a atividade do trabalho. Este é o processo que diferencia o homem dos animais que, na sua relação com a natureza, agem por instinto (Netto e Braz, 2006, p. 30-34).

Mas se essa é uma capacidade que se manifesta no ser social cotidianamente, ela nem sempre se dá de forma totalmente consciente e intencional, o que o planejamento de uma prática que objetiva articulação com as necessidades e interesses históricos da classe trabalhadora exige. Na medida em que essa capacidade não se objetiva conscientemente, nós, profissionais/assistentes sociais, somos levados no cotidiano da prática a buscar/priorizar/realizar objetivos e finalidades pré-fabricados, preordenados, o que, também, não deixa de exigir um mínimo da capacidade

---

sociais. É o que temos como objetivo realizar, oportunamente. No entanto, cabe ressaltar que se o assistente social, nos processos de planejamento da prática, em contato com os demais profissionais e com os trabalhadores/usuários, pode forjar condições mais favoráveis de potencializar sua relativa autonomia, quando participa nos processos de planejamento das políticas, tendo em vista a desfavorável correlação de forças presente, sem condições de dar a direção do processo, corre o risco de participar de importantes decisões estratégicas, o que pode resultar em nefastas consequências que podem permanecer desfavorecendo os trabalhadores por longo tempo.

de projetar a ação no pensamento, de prefigurar o resultado da ação, tendo em vista sua materialização.

No que se refere a um Serviço Social mediado pelo projeto profissional, antecipamos a existência de níveis diferenciados de planejamento consciente, intencional: (1) um planejamento global (o projeto profissional gestado no âmbito do coletivo profissional); (2) um planejamento do Serviço Social na instituição/programa/projeto que é a referência tanto para um determinado profissional no planejamento das suas atividades e ações como para a equipe;[223] (3) um planejamento individual das atividades e ações a serem desenvolvidas por um profissional/equipe.

O planejamento é determinado pela relação teleologia/causalidade; ou seja, determinado pela relação entre a capacidade de pensarmos o que necessário e possível (em determinada conjuntura política, o que nos remete à capacidade de pensar as estratégias, as ações necessárias e as possíveis consequências) e os nexos causais que favorecem e dificultam a transformação desse dever ser (que se materializa num projeto, plano, programa) em realidade.

No planejamento da atividade profissional, assim como afirmam Netto e Braz, 2006) a respeito do trabalho — modelo da práxis —, não se trata de

> saber em que medida o fim a ser alcançado corresponderá mais ou menos
> à idealização (prefiguração) do sujeito; importante é destacar que sua

---

223. Mesmo naqueles espaços sócio-profissionais em que o Serviço Social só conta com um assistente social, o projeto do Serviço Social não deixa de ser uma exigência. Pensar o Serviço Social na instituição como um todo — o projeto do Serviço Social — é que pode orientar o assistente social a definir prioridades diante da quantidade de profissionais x requisições institucionais x demandas dos usuários, na ocupação do espaço institucional, além de se constituir no norte das ações realizadas no cotidiano, tendo em vista, principalmente, os momentos de análise e avaliação do projeto que vai apreender suas consequências, tendo em vista finalidades, objetivos, metas. Mesmo o assistente social se constituindo o único profissional da instituição, não podemos deixar de mencionar que ele atua em equipe com os demais profissionais integrando a equipe de forma multiprofissional (como integrante de uma equipe que trabalha no mesmo espaço profissional) ou de forma interprofissional (como integrante de uma equipe que se constitui através de um exercício profissional articulado junto aos usuários, através da reciprocidade — o que implica troca — e interação entre seus membros).

atividade parte de uma finalidade que é antecipada idealmente, é sublinhar que sua atividade tem como ponto de partida uma intencionalidade prévia, — mais exatamente, é importante ressaltar que o trabalho [no nosso caso, a práxis que tem o trabalho como modelo] é uma atividade projetada, *teleologicamente direcionada*, ou seja: conduzida a partir do fim proposto pelo sujeito. (p. 32)

Entretanto, ainda com base no autor, poderíamos dizer que, na direção do projeto profissional, se o planejamento como "prefiguração (ou, no dizer do Lukács, [como] prévia ideação)" é indispensável à efetivação de uma prática consciente, crítica e criativa (ao indivíduo social/profissional), ele "em absoluto a realiza", nem se realiza tal qual ideado. Isto é, o planejamento/prévia ideação só se realiza quando media a ação material e/ou subjetiva/espiritual dos sujeitos envolvidos — usuários e profissional —, quando a realidade social, pela ação material e/ou subjetiva dos sujeitos, é modificada/transformada; dessa forma, fazendo [a] História. Dito de outra forma, quando a prefiguração ideal [o planejamento] se objetiva, isto é, quando ele media a ação material e/ou subjetiva/espiritual dos sujeitos envolvidos — usuários e profissional —, ele se transforma em realidade, em prática, se realiza fazendo história.

Como parte e expressão da práxis social, o exercício profissional implica um movimento indissociável em dois planos: num plano subjetivo (pois a prefiguração se processa no âmbito dos sujeitos envolvidos) e num plano objetivo (que resulta na interferência material e/ou subjetiva na vida/realidade dos sujeitos envolvidos, resultando em contribuição na manutenção ou transformação das relações sociais vigentes). É neste sentido que a prática profissional, como parte e expressão da práxis social, constitui uma objetivação dos seus sujeitos — usuários e profissional.

É diante dessa condição humana — o único animal capaz de prévia ideação —, que a definição das estratégias e dos instrumentos para operar a prática coloca para os sujeitos da ação profissional o problema dos fins (finalidades) e dos meios e, com ele, o problema das escolhas; escolhas que, carregadas de consequências, vão possibilitar/facilitar, dificultar/ impossibilitar aos sujeitos envolvidos caminhar na direção das finalidades propostas. É nesse sentido que podemos afirmar que no planejamento, "a consciência estabelece uma finalidade aberta, ou um projeto dinâmico, e justamente por essa abertura ou dinamismo há de permanecer — também ela — aberta e ativa ao longo de todo o processo prático" (Vásquez, 1977, p. 249).

Qualquer prática parte de uma prévia ideação. A questão que se coloca frente à direção social do projeto profissional é a qualidade do planejamento necessário tendo como parâmetro as finalidades e objetivos colocados por aquela direção social. Finalidades e objetivos que, por mais difíceis e inviáveis de serem alcançados no plano imediato, devem ser mantidos e perseguidos, na medida em que expressam necessidades abstraídas do processo real.

É a manutenção da direção social no/do processo que vai garantir a qualidade do planejamento e a qualificação do sujeito que planeja; qualificação do sujeito para a transformação do projeto/programa/plano em realidade. Ou seja, o planejamento, ao exigir estudos, pesquisas, resulta também em transformações necessárias no/do sujeito que planeja, o que, dialeticamente, o qualifica para a realização do planejamento. Dito de outro modo, o ato de planejar, para além da prévia ideação do que será realizado (o que necessariamente vai ser sistematizado e materializado num projeto, programa, plano), resulta na qualificação do sujeito que planeja (no caso o assistente social/equipe), na medida em que ele se volta criticamente — mediado por estudos, pesquisas, levantamentos — sobre tudo o que envolve a realidade objeto da atuação profissional.

Cada ação humana é fruto de escolhas "carregadas de consequências". A partir da sua formação acadêmico-profissional, os profissionais de nível superior assumem, conscientemente ou não, responsabilidades no curso dos processos socioculturais que organizam o aproveitamento dos dados e descobertas das ciências, nas suas diferentes áreas. O assistente social, como profissional de nível superior que assume as indicações do projeto profissional, tendo em vista uma prática radicalmente crítica, criativa, reflexiva, intencional, se coloca como exigência a *centralidade e a essencialidade do planejamento* nos espaços de formação e nos espaços socioassistenciais. Um planejamento que se constitua num processo de aproximações sucessivas da realidade institucional/usuários e não como uma ação pontual e acabada. Assim sendo, é um planejamento que responde às necessidades da formação permanente do profissional, para dar respostas práticas às demandas dos usuários e às requisições institucionais, considerando a área específica na qual o assistente social está inserido, o que significa superar práticas burocráticas em favor de práticas planejadas e avaliadas nas suas consequências, com base na investigação e na análise concreta de situações concretas; processo que envolve a análise teórico-crítica, em profundidade, do movimento que envolve o cotidiano institucional, o exercício profissional, como parte e expressão da totalidade social.

Não se pode negar as facilidades dadas para a materialização de resposta às requisições institucionais. Assim é que, sem necessidade de grandes investimentos, de forma técnico-burocrática, somos solicitados e elaboramos laudos, pareceres, cadastros de usuários; participamos no tratamento de doenças; realizamos encaminhamentos, orientações, aconselhamentos; na "área corporativa"/empresas, especialmente, realizamos "atendimento a *colaboradores* e familiares; orientações previdenciárias; *mediação e resolução de conflitos,* encaminhamentos; elaboramos e implantamos Projetos/Campanhas, acompanhamentos a *"colaboradores"* afastados (domiciliar/hospitalar)"[224] etc. etc.

---

224. Requisições institucionais podem ser identificadas em vagas anunciadas para assistentes sociais. Disponível em: <http://www.riovagas.com.br/21/45/01/assistente-social-duque-de-caxias/>. Acesso em: jun. 2012. São incontáveis as requisições institucionais nas diferentes áreas de atuação profissional, dentre as quais destacamos as que, por vezes, independem da área onde o profissional é chamado a atuar: realização de estudos socioeconômicos e articulação com rede socioassistencial; implantação e desenvolvimento de políticas, programas, projetos e serviços; organização e coordenação de reuniões — palestras, oficinas — sobre temáticas relacionadas à área de atuação [nem sempre de interesse dos usuários] para desenvolvimento de práticas (des?)educativas e/ou acompanhamento de medidas protetivas e socioeducativas; acompanhamento de condicionalidades de programas sociais; acompanhamento e orientação quanto à inserção/reinserção no trabalho (doenças incapacitantes, aposentadoria etc.); articulação com os conselhos da área; ocupação de espaços em equipes multiprofissionais; prestação de serviços socioassistenciais; coordenação/operação da fiscalização das condições de garantia dos direitos sociais. Note-se que, mesmo sem relação direta com

Ante a *facilidade em responder às requisições institucionais e a dificuldade de não as colocar como finalidade e/ou como um fim em si mesmo*, mesmo tendo de realizá-las em resposta ao exercício da função de assistente social, ser propositivo nas ações objetivando contribuir com os trabalhadores/usuários na busca de concretização de seus interesses históricos *demanda intenso e progressivo investimento cotidiano em si mesmo e na atividade prática.* **É nesse sentido que o** *planejamento* se coloca *como instrumento tanto de definição como de redefinição da prática.* Ao exigir estudos, pesquisas, levantamentos, como observado, o planejamento traz como consequência não só a definição e redefinição da prática, mas o enriquecimento do sujeito profissional.

Ora, o modo de produção capitalista mantém uma profunda aversão ao planejamento (Mészáros, 2009). No capitalismo, só há lugar para um planejamento *post festum*, isto é, um planejamento operacional, na tentativa de dar alguma resposta aos perversos resultados do processo de destruição do homem e da natureza. Na realidade, no capitalismo, simulam-se respostas, visto que a burguesia não pode deixar aparente, revelar, nem enfrentar as causas fundantes da questão social e das crises do capitalismo. Assim sendo, a burguesia, seus capatazes, gerentes/intelectuais orgânicos simulam alguns enfrentamentos, diante dos resultados do desperdício, da destruição da natureza, do aumento da violência e da barbárie..., em todas as instâncias da vida social[225]. É o que se pode observar, por exemplo, nas finalidades e alcance das políticas sociais.

Diante disso, nas práticas funcionalistas e conservadoras, que priorizam o técnico-operativo, a partir da referência a "pessoas" abstratas, se

---

as demandas dos trabalhadores, a maioria das requisições põe os assistentes sociais em contato direto com os trabalhadores nos seus diferentes segmentos.

225. Os infinitos programas, projetos e diretrizes dos organismos internacionais do capital, voltados para a proteção da natureza e do homem, em contraste com o aumento da concentração da riqueza social, concomitante ao aumento da miséria e da pobreza no mundo, comprovam o significado dessas simulações de enfrentamento, assim como o cinismo e a hipocrisia da mídia burguesa que, sem tocar na raiz de classe nas consequências desse estado de coisas, anuncia em regozijo que em breve as revistas do grande capital anunciarão, entre os homens mais ricos do planeta, não bilionários, mas trilionários.

há necessidade de planejamento das atividades, este planejamento carrega as mesmas falhas do planejamento no capitalismo, dado que se resumem, como afirma Mészáros, a *funções corretivas que falham por serem retroativas, parciais, compensatórias* etc. Nesse sentido, torna-se clara a função corretiva da máxima do Serviço Social clássico/conservador: *estudo, diagnóstico, tratamento, avaliação e alta* (vide Balbina Otoni Vieira, 1978, 1978a, e suas referências).

É diante da necessidade de assegurar relações socioeconômicas entre homens emancipados, livres, que Mészáros (2009, p. 115) se refere ao "Planejamento social abrangente" que, no sentido pleno do termo, é definido como "*um planejamento abrangente almejado de forma consciente* tanto da produção como da distribuição, e simultaneamente ultrapassa as limitações da coordenação técnica/ideológica, não importando o quanto amplamente nelas esteja baseado".

Ora, isso é importante para o assistente social na medida em que o projeto do Serviço Social é parte e expressão de projetos societários emancipatórios, o que impõe a necessidade de articulação dos assistentes sociais no cotidiano da prática com grandes campos estratégicos prioritários que abrem possibilidades de contribuição dos profissionais em processos de resistência, lutas, rupturas que envolvem, coletivamente, trabalhadores e profissionais, na valorização e consolidação dos espaços e das políticas públicas, como políticas de Estado e na formação, mobilização e organização dos diferentes segmentos da classe trabalhadora.

Essa articulação só pode ser garantida pelo planejamento, quando os assistentes sociais, por meio de complexas mediações que vinculam os problemas específicos à totalidade social — as expressões gerais da questão social e as políticas sociais públicas e privadas que buscam dar respostas a elas — se preparam para um exercício profissional, consciente, crítico e criativo, que possa favorecer mais o trabalho que o capital.

Assim sendo, na busca de uma prática pensada e avaliada nas suas consequências, é *no planejamento que os assistentes sociais se preparam para o exercício profissional.* A graduação oferece — não definitivamente — os instrumentos teóricos para captar o movimento da realidade social, mas é ao planejar [o que envolve apropriação de informações e conhecimento, investigação, estudos, levantamentos, definição de objetivos, definição de prioridades, metas, ações necessárias, formas de sistematização da prática realizada, indicadores de avaliação e análise concreta de situações concretas] que os profissionais vão ampliando sua formação acadêmico--profissional na direção de uma *subjetividade rica*, assim como apreendendo o movimento dos espaços sócio-ocupacionais, podendo assim contribuir com os trabalhadores/usuários no processo de sua formação e transformação das condições materiais de vida e de trabalho na estruturação dos momentos de ruptura.

O planejamento, dessa forma, para além de um registro histórico — o projeto —, se constitui num instrumento estratégico de defesa de uma prática qualificada e sintonizada com a regulamentação profissional e com o Código de Ética, favorecendo tanto a negociação de espaços, condições de trabalho, grau de autonomia e ações necessárias, como o resgate e sistematização do trabalho realizado. Constitui-se assim num processo que forma, informa, instrui e aperfeiçoa o profissional, iluminando o exercício profissional para os necessários momentos de confronto e disputa.

Como requisitos para *planejar* indicamos: realizar levantamentos, estudos e pesquisas sobre a política social/instituição/usuário — *questão social/Serviço Social*, potencializando a *análise e crítica* dos dados com a produção teórica acumulada para compreender a realidade objeto da ação profissional e identificar ***as condições favoráveis que a realidade contém***[226]

---

226. Na medida em que a superação da ordem burguesa exige a convergência de planos, ações, movimentos, lutas de resistência e de disputa, destacamos o potencial das AGENDAS dos movimentos sociais e dos organismos de representação dos trabalhadores. Agendas que sintetizam aspectos comuns a vários movimentos e lutas e que, resgatados, podem iluminar a inserção dos assistentes sociais no cotidiano da prática. Destacamos ainda o potencial das AGENDAS dos principais eventos político-científicos do Serviço Social: o CBAS, o ENPESS, o Encontro Nacional CFESS/CRESS. Esses eventos se encerram com Agendas que articulam os resultados de debates e reflexões da categoria, com respeito a todas as áreas de atuação profissional. Não divulgadas na medida necessária — através de sites, publicações, essas agendas se perdem nas suas proposições e como instrumentos que podem potencializar a inserção dos assistentes sociais nos diferentes espaços sócio-ocupacionais. É nessa medida em que o assistente social pode contribuir também para potencializar e transformar em realidade aquilo que as lutas sociais conseguiram forjar como proposições e como lei.

o que vai resultar em proposições, estratégias e ações necessárias contribuindo para a identificação e divulgação dos fatores condicionantes e determinantes das condições de vida e de trabalho, a partir das consequências históricas da prática em movimento.

Nos processos de planejamento, onde se dá a definição de prioridades, estratégias, metas, ações necessárias e a análise e avaliação das ações, nas suas relações e conexões necessárias, é que o assistente social vai se formando/transformando num intelectual, cada vez mais *qualificado*. Um processo em que, na articulação de usuários/assistentes sociais/demais profissionais/serviços/lutas sociais, os assistentes sociais vão construindo e consolidando a sistematização, a análise, a crítica e a avaliação das ações, negando o que desfavorece, reforçando e dando visibilidade ao que favorece, o que vai progressivamente trazendo como consequências o fortalecimento dos princípios, valores, compromissos e objetivos assumidos, ao mesmo tempo em que dão sua contribuição no fortalecimento do protagonismo dos trabalhadores e trabalhadoras organizados na imposição de limites ao capital, mediando o acesso aos direitos, favorecendo a luta por sua ampliação e radicalização, favorecendo o exercício do controle social, na busca de construção dos caminhos para a materialização e consolidação de processos emancipatórios...

São processos que envolvem e podem resultar na reestruturação do Serviço Social nas unidades socioassistenciais, tanto no que se refere à distribuição dos assistentes sociais por área de atuação, nas áreas de atuação,[227] nas unidades socioassistenciais e na (re)organização das ações

---

227. A reestruturação da distribuição dos assistentes sociais por área e nas áreas de atuação não depende de uma simples escolha da categoria, nem individual, nem coletivamente. É um complexo processo de luta que vai demandar uma correlação de forças favorável, força política da categoria e alianças com profissionais, gestores e organismos de representação dos trabalhadores, na ocupação do espaço público e, quiçá, dos espaços privados. A luta do CFESS na garantia de concurso para a área da Previdência Social mostra que a categoria tem lastro para empreender essa tarefa. Quanto ao espaço privado, vai depender de legislação que garanta a presença do assistente social em determinados campos de atuação — como o número de assistentes sociais por empresas, a depender do número de trabalhadores — o que depende de luta política e conjunturas propícias, como se deu com a luta pelas 30 horas. É bom lembrar que as categorias que na esteira da vitória dos assistentes

necessárias junto aos usuários, gestores, demais profissionais, no interior das unidades socioassistenciais e dos diferentes sujeitos políticos e instituições externos a ela. Processo que exige teoria, tanto na sua construção, quanto no seu desenvolvimento, visto que, junto aos trabalhadores e à instituição, o assistente social deve *responder como autoridade — no conteúdo e na forma — a respeito do que planeja realizar,* assim como para o que é chamado a realizar a partir das demandas da população e das requisições instrucionais. Ou seja, ser e ter autoridade sobre temáticas e situações tendo em vista as respostas a serem dadas aos usuários e à instituição.

Afinal, como profissionais de nível superior, e por isso a necessária formação acadêmico-profissional, como vimos antes, somos chamados a assumir responsabilidades no curso dos processos socioculturais que organizam o aproveitamento dos dados e descobertas das ciências nas suas diferentes áreas, *estejamos cientes, capacitados e conscientes ou não dessa responsabilidade.*

Este contexto demarca a necessária aproximação do assistente social com a teoria — conhecimento da realidade no seu movimento —, o que deixa explicitada não só a diferença entre Serviço Social e ajuda, mas a relevância das indicações de Netto tendo em vista a garantia de práticas mediadas pelas indicações do projeto profissional: *"fundar a análise social na crítica da economia política".*

Assim, é a qualidade da atuação dos assistentes sociais na luta e classes — ou seja, atuação no complexo conflito de interesses entre operariado/ trabalhadores/usuários/instituição/Estado (trabalho/capital) — que vai possibilitar ou não a, ainda que pequena, mas não irrelevante, contribuição dos assistentes sociais na garantia dos aspectos socializantes dos direitos sociais (universal, com qualidade e controle social), o que pode influenciar no usufruto dos direitos econômicos, em busca da construção de processos de ruptura em direção à emancipação humana. Um processo que envolve não só superar a condição de subserviência do assistente social aos demais

---

sociais pelas 30 horas reivindicaram o mesmo, tiveram seu pleito negado, como aconteceu com os psicólogos em 2015.

profissionais,[228] também submetidos, ainda que o ignorem, **às mesmas injunções da burguesia**, mas, antes de tudo, resgatar a possibilidade de uma prática interprofissional[229] na direção pretendida, tendo como finalidade contribuir em processos emancipatórios.

Como indivíduo social e como profissional, sabemos que não existem escolhas "certas", mas escolhas que, multideterminadas pelas circunstâncias, são carregadas de consequências. Mas serão escolhas cada vez mais conscientes, necessárias e mediadas por nossas finalidades e *objetivos* se, mantendo nossos *princípios, partirmos de uma prática planejada e avaliada tendo em vista suas consequências;* procurando se ater ao que é essencial/indispensável e prioritário, sem nos perdermos nos lamentos, nas boas intenções e na aparência do cotidiano, ao transformarmos objeto de atenção em obstáculo.

Por fim, a questão do planejamento traz à tona uma das questões históricas e candentes para a categoria dos assistentes sociais: a unidade teoria-prática.

Ora, a divisão social do trabalho — separação trabalho manual/trabalho intelectual — é uma característica central de toda sociedade de classe.[230] Na sociedade capitalista, a partir da fragmentação progressiva

---

228. Na realidade, em todas as áreas de atuação, todos os profissionais estão subordinados aos interesses da burguesia/capital. Na saúde, por exemplo, o assistente social e os demais profissionais de saúde, na hierarquia entre as profissões, encontram-se submetidos ao capital e ao "poder médico". Uma situação que não exime os médicos de estarem submetidos aos interesses do Complexo Médico Industrial (CMI). Aprofundei essa questão em Vasconcelos, 2012 (8. ed.), Posfácio.

229. Vale ressaltar aqui, novamente, a diferença entre práticas que envolvem vários profissionais — prática multiprofissional — e práticas interprofissionais: práticas que se realizam entre profissionais que em interação consideram o que é comum a eles sem perder a delimitação de suas fronteiras no que se refere ao conhecimento acumulado e a ser produzido. Assim, são práticas que se concretizam como fruto da participação efetiva de profissionais diversos em diálogo e interação.

230. A divisão social do trabalho, um processo irreversível no processo de humanização, tornou possível a elevação da produtividade e o incremento das forças produtivas e, para Vásquez, ela não poderá desaparecer nem mesmo na sociedade comunista, na medida em que cada modo de produção impõe aos homens determinada forma de atividade. É na sociedade capitalista que a divisão social do trabalho leva e resulta na divisão do próprio homem entre físico e espiritual, ao transformar, de início, o homem num apêndice da máquina, "ao requerer dos homens uma atividade especializada estreita — ou parcela mínima de uma atividade mais geral —, com a particularidade de os

do processo de trabalho, o que resulta na cisão entre momento teórico e momento prático — o que se espraia para todas as instâncias da vida social —, a divisão do trabalho opõe os diferentes segmentos da classe trabalhadora (entre si) e os capitalistas no processo de produção e apropriação da riqueza socialmente produzida. Desse modo, tanto os operários — responsáveis pela produção da riqueza —, como os demais segmentos da classe trabalhadora, ficam privados do saber necessário ao conhecimento e consequente domínio/autoridade sobre a totalidade do processo produtivo e da práxis social, o que se constitui em instrumento de manipulação, controle e domínio dos capitalistas sobre os demais segmentos da sociedade do capital.[231]

A irradiação da divisão social do trabalho para todas as instâncias da vida social atinge profundamente todos os segmentos da classe trabalhadora e, consequentemente, os assistentes sociais, o que se expressa na separação teoria-prática. É no processo de planejamento e na sua consequente transformação em realidade que se consubstancia a possibilidade de resgate da relação teoria-prática na sociedade do capital, quando teoria-prática se colocam como unidade, como indissociáveis, ainda que saibamos que, como o mundo objetivo evolui movido por causas que lhe são próprias, a causalidade determina a relação prévia ideação/realidade, ainda que a consciência, por meio da objetivação, possa interferir em sua evolução.[232]

---

homens estarem sempre sujeitos a ela, ficando desse modo impedido o desenvolvimento universal e harmônico de sua personalidade" (Vásquez, 1977, p. 267). Nesse processo, a mão que é capaz de usar instrumentos é separada da consciência. Fazer desaparecer essa forma brutal de exploração do trabalho, visando a obtenção do máximo rendimento da força de trabalho na produção em cadeia, não significa fazer desaparecer a divisão social do trabalho "à qual o progresso técnico e social nunca pode renunciar sem regredir a velhos modos de produção" (idem).

231. Para aprofundamento do estudo sobre divisão social do trabalho, da bibliografia, ver: *O capital*, Marx (1985, Livro 1, v. 1); Braverman (1974).

232. Para além das anotações anteriores, aqui nos favorece recorrer novamente a Lukács. A prévia ideação — a teleologia, a antecipação, o projeto — "não pode realizar-se a não ser utilizando as cadeias causais, uma vez que a causalidade necessariamente preexiste à atividade finalística", como afirma Tertulian (2011, p. 394), ao abordar o pensamento de Lukács. Mas, enquanto a "vida da natureza" é dominada pela "causalidade espontânea, não teleológica por definição", a vida da

Assim sendo, o papel do planejamento não é garantir que a prática se objetive tal qual planejada, mas que em algum nível ela seja pensada, conscientemente antecipada. Ou seja, *por meio do planejamento é que nos pomos em condições adequadas — teórica, ética e politicamente — para a realização da atividade profissional que, por seu lado, não se constitui numa simples duplicação do planejamento.* É um processo em que o planejamento/prática se colocam de forma inseparável, se colocam como dois lados do mesmo processo. Nesse sentido, concordamos com Vásquez (1987, p. 249) quando, referindo-se aos *atos da consciência na práxis criativa,* afirma que a consciência, nesse processo

> não se encastela em si mesma depois de haver elaborado o produto ideal que, como finalidade ou projeto, começa reger o processo; ela vai transformar idealmente esse produto, mas não no âmbito das suas exigências intrínsecas, ideais, e sim *correspondendo às exigências externas,* apresentadas pelo uso de meios e instrumentos objetivos e pela própria atividade objetiva. Não se trata de dois planos que se unam por laços meramente externos, mas sim de dois aspectos de um mesmo processo intimamente entrelaçados. (Grifos meus)

Nessa direção, convém ressaltar aqui, o que afirma Lukács a respeito da relação teleologia/causalidade, no interior da vida social. Como mostra Tertulian (2010, p. 396), ao resgatar uma das teses de Lukács,

> as posições teleológicas dos indivíduos nunca chegam a exercer uma coerção absoluta, e isto porque elas só existem quando põem em movimento alguma cadeia causal; *o resultado das ações de cada indivíduo nunca é inteiramente igual às suas intenções, uma vez que o resultado das ações de cada sujeito interfere no resultado das ações dos outros, daí que a resultante final escape, por definição, às intenções dos vários sujeitos particulares.* (Grifos meus)

---

sociedade é "constituída através dos atos finalísticos dos indivíduos". É nessa medida que Lukács não minimiza o peso dos indivíduos e das suas relações regulares na busca de respostas às suas necessidades em meio à dependência das posições teleológicas às cadeias causais.

É nesse intrincado, complexo e conflituoso processo que o assistente social pode munir-se do necessário e formar-se/informar-se com qualidade, cuidado e em longo prazo, para que tenha condições de suportar as adversidades do cotidiano profissional, que envolvem, além das péssimas condições de trabalho, investidas alienantes e paralisantes, o que exige não só alianças necessárias com o que se põe na realidade imediata e mediata, mas estar atento e crítico frente às enganosas, capciosas e ilusórias facilidades dadas pela sociedade do capital para (des)organizar o cotidiano profissional e nos impedir de nos constituirmos como sujeitos da atividade profissional na direção social escolhida. Este é um processo que se a graduação é necessária e a pós-graduação pode favorecer, elas não o garantem em si mesmas.

1.4.2.1 O protagonismo dos trabalhadores organizados na luta de classes como critério do planejamento

Na busca de um "mundo melhor" para homens e mulheres,[233] uns entendem que participar do consumo de bens e serviços e ter "respeitada sua identidade étnica ou sexual" é suficiente. Outros se contentam com a ajuda aos "mais necessitados" e/ou políticas compensatórias, sempre *para os outros* (os supérfluos, os carentes, os "da comunidade", os inimpregáveis...). Outros, mesmo fazendo referência a "outra ordem social", limitam sua busca na esfera do consumo de bens e serviços, deixando obscurecidos quem os produz e/ou ignorando e, consequentemente, obscurecendo, as condições em que esses bens e serviços são produzidos. Outros, também apontando como finalidade outra ordem social, buscam articular imposição de limites corporativos ao modo de produção capitalista, com base nos interesses de pequenos ou grandes grupos. Outros, colocando a *essencialidade de uma ordem social alternativa ao capital, no*

---

233. Para uma incursão teórica sobre diferentes perspectivas desta busca, consultar, por exemplo, Gohn, 1995, 1997, 1999; Montaño e Durigueto, 2010; Mattos, 2009.

sentido de preservar homem e natureza, indicam *a plena participação de "pro-dutores associados" na tomada de decisão em todos os níveis de controle político, cultural e econômico, pondo como finalidade a autonomia, a emancipação e o pleno desenvolvimento de cada um, por meio "da universalização da educação*[234] *e da universalização do trabalho como atividade humana autorrealizadora"* (Mészáros), *fruto de uma sociedade fundada*, como afirmou Marx, *"na livre associação e livres produtores"*, *"onde o livre desenvolvimento de cada um é a condição para o livre desenvolvimento de todos"*.[235]

Os assistentes sociais como categoria, articulados a partir de diferentes perspectivas e formas ao projeto profissional, como parte e expressão dos que lutam pela busca de "outro mundo", carregam e enfrentam os mesmos problemas na definição consciente e intencional das finalidades e dos caminhos necessários ao seu alcance. Assim, frente às finalidades e objetivos do projeto que elegemos como referência para nossa inserção como indivíduo social e profissional, é que se faz necessário perguntar e definir o lugar que nos situamos, individual e coletivamente, frente àquelas perspectivas. É essa definição que vai nos situar, individual e coletivamente, numa perspectiva anticapitalista/revolucionária, ou não, reforçando processos e lutas revolucionárias ou não, o que *me remete à última perspectiva sinalizada antes.*

Diante dos problemas que uma luta coletiva[236] que reúne correntes político-ideológicas tão variadas e dos problemas que isso traz aos

---

234. Com base em Mészáros (2005), estou me referindo à universalização de uma educação que emancipa, ao enriquecer o indivíduo social subjetivamente, e não a uma educação que simplesmente instrumentaliza para o trabalho explorador e alienante.

235. Numa sociedade emancipada, de homens e mulheres livres, mesmo diante das diferenças que fazem parte da condição humana — gênero, geração, raça/etnia, orientação sexual — é que os homens e as mulheres estarão em condições, no que se refere à humanidade como um todo — de considerar e vivenciar o amor, o respeito, a solidariedade entre *todos*. Ou seja, *amor, respeito, solidariedade entre homens/mulheres diferentes, mas não desiguais.*

236. Trata-se de luta coletiva tendo em vista processos revolucionários emancipatórios, o que nos remete à negação de modismos que muitas vezes nos expõem e submetem a caminhos nebulosos. É neste sentido que não nos favorece, por exemplo, como vimos, as noções de empoderamento, empreendedorismo, e em específico a noção de "resiliência", tal qual desenvolvida e apreendida tendo em vista os interesses de exploração do trabalho. Originada nas Ciências Humanas, resiliência refere-

A/O ASSISTENTE SOCIAL NA LUTA DE CLASSES

movimentos e lutas que apontam para a emancipação humana, movimentos que se reivindicam revolucionários, Georges Labica alega que, "apoiar politicamente as novas formas de contestação social e militar em seu seio não pode significar deixar de ver as limitações de que padecem". Tomando como base John Holst, o autor destaca as seguintes limitações de um movimento antimundialização que se pretende revolucionário:

> a recusa da estrutura partidária, que se confunde, segundo ele [Holst], com a rejeição de Lênin e até de Gramsci; seu pertencimento às classes médias; seu caráter temporário e que se contenta, muitas vezes, em acompanhar as perversidades do neoliberalismo; sua subestimação da capacidade da democracia capitalista de absorvê-los. (Labica, 2009, p. 65)

Diante deste complexo processo, "a observação da luta de classes internacional é o único critério[237]", afirma Labica (2009, p. 65).

-se à capacidade do "ser humano" de enfrentar adversidades, superá-las e sair fortalecido. Capacidade relacionada a processos de sobrevivência, considerados como parte da história social de luta dos povos no decorrer dos séculos, o que pode ser reduzida ao "desenvolvimento de certas habilidades do sujeito que lhe possibilita cuidar da própria vida". Ou seja, a noção de resiliência, se, por um lado, expressa a capacidade de resistência do ser humano na sua relação com a natureza no próprio processo de humanização, apropriada tendo em vista o desenvolvimento de habilidades para o enfrentamento individual das adversidades, essa noção acaba por responsabilizar e culpabilizar os indivíduos por sua condição socioeconômica e cultural. No caso do Serviço Social, há quem reconheça na prática do assistente social ao "ajudar o cliente a ajudar-se" (prática que tem início com Mary Richmond, aprofundada e sistematizada à exaustão, posteriormente, por vários autores, inclusive brasileiros) uma contribuição na "formação de cidadãos para participarem da *construção da própria história, da história dos grupos sociais a que pertencem* e das coletividades". Não há como negar a raiz de classe desse pensamento, que, considerando as classes sociais como dadas eternamente, julga que cada um deve fazer o máximo para continuar onde está. Não por acaso, a psicologização das diferentes expressões da questão social — ou psicologização do social —, visto que, na psicologia, resiliência refere-se a fenômenos caracterizados por *resultados positivos na presença de sérias ameaças à adaptação ou ao desenvolvimento da pessoa* (Masten, 2001). Ou seja, a discussão em voga, atualmente, gira em torno dos "sistemas básicos de *adaptação humana*" e da necessidade de resguardar a proteção e o bom funcionamento conjunto do sistema, tendo em vista um "desenvolvimento positivo", mesmo na presença de adversidade (onde o sofrimento psíquico se encontra), muito diferente dos necessários e reais processos de *resistência, enfrentamento e luta social*, que de adaptativos não têm nada. Ver: Masten (2001). Ordinary magic: Resilience processes in development. *American Psychologist, 56*, 227-238.

237. Para Marx, *o critério da verdade é o movimento do real*. As categorias são ontológicas porque são determinações da existência. Assim, não é pela análise abstrata de formulações lógicas, meramente

Ora, quem está preocupado com a revolução — onde se inserem os assistentes sociais preocupados com a transformação do projeto profissional na perspectiva anticapitalista em realidade — tem na *observação do protagonismo dos trabalhadores organizados na luta de classes internacional, nacional, regional e local* o único critério. Como continua Labica (2009, p. 65), a luta de classes "repõe os antagonismos nacionais e se liga a eles, com o objetivo de obter uma convergência cujo programa, assim como o da revolução, não é pré-estabelecido. O *princípio das resistências não pode ser procurado em nenhum outro lugar"* (grifos meus). Aqui poderíamos dar vários exemplos de como, mesmo objetivando articular a prática profissional aos interesses das massas trabalhadoras, somos levados a não as favorecer. Na direção do projeto profissional, não basta tomar o trabalho ou o compromisso com a classe trabalhadora como referência, mas agir tendo em vista favorecê-la, na busca de imposição de limites ao capital. A presença das ONGs na luta social, por exemplo, por vezes, não nega a existência das classes, mas nega a luta de classes e, com isso, tem favorecido a falsa impressão de que há harmonia entre classes antagônicas. *Dependendo da inserção do assistente social nesse movimento é ele que realiza essa ideia, esse propósito e essa necessidade do capital.*

Faz-se necessário ressaltar o complexo processo a que nos referimos. Neste protagonismo, o que inclui a tomada do poder pelos trabalhadores/povo — isto é, tomar posse efetivamente de tudo o que existe de possibilidades e riqueza no campo e nas cidades —, nada será fácil e sem conflitos, equívocos, retrocessos e perdas. O que significa dizer que, *se* o protagonismo dos trabalhadores na luta de classes é nosso critério, isso não se dá de forma cega e/ou romântica. Há que se estar atento para o caráter e finalidade das lutas sociais e sindicais, visto que lutas setorizadas e como um fim em si mesmo e/ou a busca pela realização dos direitos colocados como limite e/ou de forma abstrata, fragmentada, corporativa, acabam não se constituindo como lutas anticapitalistas o que, independentemente

---

conceituais, que se distanciam da realidade, que os assistentes sociais podem apreender o movimento do real e as possibilidades nele contidas, mas no frenético e contraditório movimento das relações sociais vigentes, onde a luta de classes se dá.

dos ganhos parciais para os trabalhadores — aqui incluído o próprio processo de formação para a luta política —, resulta em ganhos significativos para a sociedade do capital.

Por outro lado, a radicalização dos direitos — ou seja, para além de sua garantia legal, a sua materialização como direitos que guardam conexões e relações indissociáveis[238] —, diferentemente do acesso a serviços sociais, são inatingíveis e incompatíveis com a sociedade do capital. É nesse sentido que, para as massas trabalhadoras, na busca por emancipação humana, a luta pelos direitos não está colocada como finalidade, visto que a emancipação humana está hipotecada à superação da ordem do capital.[239] Nesse contexto, uma das questões cruciais na *construção da unidade das forças das massas trabalhadoras* na imposição de limites ao capital é a *conformação de programas, pautas, agendas, bandeiras unitárias, comuns*

---

238. A Seguridade Social brasileira legalmente constituída no Título VIII da Constituição de 1988 — Saúde, Previdência e Assistência Social —, cada vez mais amputada, quando confrontada com os artigos 6° e 7° da mesma Constituição, que garantem, respectivamente, os direitos sociais e os direitos dos trabalhadores e trabalhadoras brasileiros, revela o quanto aquela seguridade é extremamente restrita. Assim, quando nos referimos a direitos, para além do Título VIII, estamos nos referindo aos artigos 6° e 7° da Constituição.

239. Por um lado, concordamos em reconhecer os avanços e benefícios garantidos pela legislação internacional e nacional que defende os direitos humanos e sociais, direitos que garantem a sobrevivência de indivíduos e grupos na organização social capitalista que cada vez mais caminha para a barbárie. Por outro lado, não podemos deixar de apreender e reconhecer que a barbárie que se manifesta na violência (presente tanto nas guerras econômico-religiosas, quanto na superexploração do trabalho), questionada e minorada pela busca de garantia dos direitos humanos, é fruto do MPC. Modo de produção que necessita do uso da violência, institucionalizada ou não, do saque, do roubo, da exploração do trabalho (inclusive da escravidão) e, antes de tudo, da guerra, tendo em vista facilitar os interesses de acumulação. Como mostra Lessa (2013), "segundo K. Bales (*Disposable People, newslavery in the global economy*. Berkeley: UCA Press, 1999), há hoje mais escravos no mundo do que o total de africanos trazidos para a Europa e Américas durante todo o período escravista". Ou seja, frente às necessidades de acumulação, a burguesia necessita transformar todas as instâncias da vida social em mercadoria e/ou negócios. Desse modo, ela fica impossibilitada de identificar e revelar a origem e a causalidade das consequências que se propõe a enfrentar com a legislação sobre os direitos humanos e sociais, ao mesmo tempo em que necessita que toda sociedade defenda a propriedade privada e o lugar da mercadoria como centro da organização social, em detrimento da vida no planeta e da própria vida humana. É neste complexo e contraditório campo da luta de classes que a luta pelos direitos humanos e pelos direitos sociais se apresenta como um campo minado de conflitos e contradições, necessário de ser dialeticamente atravessado pelas massas trabalhadoras na busca de sua libertação e trilhado criticamente pelos profissionais/intelectuais nessa busca.

e anticapitalistas.[240] *Quanto mais forte a dominação, o controle e a exploração, maior a preocupação das forças populares com a unidade de propostas e a unidade na organização.*

Os movimentos e lutas sociais sofrem com a criminalização de suas ações, em consonância com a forma com que o conjunto dos trabalhadores sofre com a desmobilização e a desorganização fruto da cooptação do movimento sindical, do desemprego, da informalidade, dos processos de terceirização,[241] da diminuição do contingente de trabalhadores na cadeia produtiva, da superexploração, o que provoca constrangimentos no seu reconhecimento enquanto classe, dificulta ainda mais o enriquecimento da subjetividade e a mobilização e organização coletivas, necessários a processos revolucionários e emancipatórios.[242]

Diante disso, uma das grandes questões a serem enfrentadas pelos trabalhadores na luta de classes é o processo de convencimento das maiorias de que não existem alternativas ao capital. Crença que objetiva desviar a rota das lutas anticapitalistas para lutas pela busca de humanização do capitalismo. A burguesia necessita ocultar não só as alternativas necessárias (tanto ao capital como aos trabalhadores), possíveis e viáveis dentro do próprio MPC,[243] contidas na própria legislação burguesa, fruto do

---

240. Nessa direção, destacamos que, em agosto de 2011, as Centrais Sindicais, os Movimentos Sociais e a UNE, empreenderam um movimento em torno de três grandes propostas de luta: a redução da jornada de trabalho; a destinação de 10% do PIB para a educação e a reforma agrária.

241. Está em curso no Parlamento brasileiro — 2015 — a votação do Projeto n. 4.330 que legaliza a terceirização completa do trabalho na produção e nos serviços, num contexto em que os estudos sobre o mundo do trabalho mostram que junto aos trabalhadores terceirizados os salários são menores; os acidentes de trabalho chegam a níveis aviltantes; a duração da jornada de trabalho é maior; a rotatividade da mão de obra é imensa o que dificulta ainda mais a mobilização e a organização dos trabalhadores. Vide Antunes, 2011.

242. Aqui torna-se necessário recorrer à análise, como as de Mota (2012), Boito Jr. (2003) e Mattos (2009) da experiência neoliberal brasileira, capitaneada pelos ex-presidentes Fernandos — Collor e Henrique Cardoso — e que teve seguimento nos governos Lula e Dilma, mesmo guardadas algumas diferenças de fundo, e suas repercussões na cooptação de segmentos expressivos dos trabalhadores e dos denominados "supérfluos".

243. Alternativas contidas na própria legislação burguesa, que a burguesia e seus representantes defendem teoricamente enquanto legislação internacional/nacional, vigente nas organizações internacionais e em várias nações. Aqui, imiscuem-se medidas que objetivam tanto a busca de um

confronto burguesia/movimento dos trabalhadores, mas impedidas de se realizarem na sua plenitude; medidas que, frequentemente, não fariam mais do que aliviar o sofrimento das maiorias. A burguesia necessita ocultar a sete chaves e impedir que venham a público, as alternativas necessárias, possíveis e viáveis, a depender das escolhas políticas, quando se coloca como finalidade e limite a emancipação humana e não só a emancipação civil e política.

Ou seja, as lutas sociais só se revelam como anticapitalistas e emancipatórias, ao colocar no horizonte a superação da propriedade privada dos meios essenciais de produção, em favor da produção associada; a eliminação da exploração do homem pelo homem e a distribuição equitativa da riqueza socialmente produzida, dando a cada um o necessário, na medida de suas possibilidades e necessidades. Essas sim, as condições necessárias à eliminação da pobreza, da miséria, da violência e da insegurança sistêmicas e do verdadeiro respeito aos direitos humanos; condição em que os direitos humanos não estão colocados de forma abstrata.

Certamente, ao tomar o poder e exercê-lo, na disputa pela hegemonia (Gramsci) de um projeto de sociedade emancipatório, os trabalhadores cometerão erros e equívocos, o que exige a presença permanente da crítica para se situar num processo onde não há lugar para um "equilíbrio

---

capitalismo mais humanizado como as que, ainda que reformistas, abram caminho para o fortalecimento dos trabalhadores na luta de classes como: controle de capitais; fortalecimento do mercado interno; redução da jornada de trabalho com recomposição dos salários; diminuição das taxas de desemprego retirando os trabalhadores do desemprego estrutural; investimento mínimo na saúde (PEC 29) e na educação (10%) tendo em vista aumentar o acesso de crianças, adolescentes e jovens a todos os níveis de educação/formação; reforma agrária e urbana, com democratização do uso da terra; regular/legislar a utilização de agrotóxicos; regular e implantar a tributação em cascata, ou seja, onde quem ganha mais paga mais; acabar com as guerras, sejam preventivas ou não; cortar gastos militares; pôr as necessidades individuais e coletivas no centro da organização social e não a mercadoria; combater a corrupção com punição dos envolvidos; taxar grandes fortunas; auditar as dívidas internas e externas dos países periféricos/em desenvolvimento/emergentes; utilizar o fundo público mais para o trabalho do que para o capital... Essas são medidas que, ainda que não resultem numa nova organização social — na medida em que não altera o estatuto da propriedade privada e da exploração/assalariamento da força de trabalho —, podem resultar em contribuições relevantes na elevação do nível de consciência e de vida das massas e nos seus processos de formação, mobilização e organização.

flutuante", consensos entre desiguais, cooperação de classes antagônicas, cooptação tendo em vista interesses de acumulação; processos favoráveis a um funcionamento social onde os conflitos permanecem ocultos, obscurecidos e/ou sob controle.

Na medida em que o poder necessário à realização do seu protagonismo como sujeito da sua própria história não se transfere aos trabalhadores/povo — através de práticas de empoderamento, por exemplo —, esse protagonismo certamente não se dará sem conflitos, derrotas, perdas e danos; não se dará sem luta, sem confrontação. É nesse sentido que se faz necessário resgatar nas manifestações e movimento dos trabalhadores na luta de classes, mesmo que desarticulados, fragmentados, confusos, contraditórios, os elementos que favorecem processos emancipatórios, não só para termos como critério de planejamento, mas para de forma clara, articulada e acessível, veiculá-los nos espaços de atuação profissional. Essas manifestações, movimentos e lutas — ou seja, protagonismo — nem sempre favorecem as lutas anticapitalistas, mas como exercício da democracia e do poder e submetidas, permanentemente, à crítica radical, sempre resultam em acumulação de experiência e de forças. Como afirma Benjamin (apud Arcary, 2004),

> Poucas vezes na história os diversos componentes da nação viveram situações tão desiguais e tiveram interesses tão conflitantes. E nunca o povo brasileiro ocupou uma posição potencialmente tão forte. Essas multidões concentradas, com acesso à informação e sem alternativas dentro do sistema atual são — em tamanha escala — um fenômeno novo na nossa história. É cedo para dizer como vão se comportar. *Quando se mexerem, tudo tremerá.*[244] (Grifos meus)

---

244. Se no terceiro mundo a burguesia sempre tremeu diante dos movimentos dos trabalhadores — o que vem exigindo a cooptação, manipulação e compra de corações e mentes e, muito frequentemente, a violência pura e simples por encarceramento ou eliminação/morte, a burguesia do primeiro mundo, desde 2011, está provando do próprio veneno que espalhou. Distúrbios inimagináveis há uma década assaltam, desde o início do século, as maiores cidades da ilustrada e "democrática" Europa.

Todos estes aspectos interferem diretamente na organização e no exercício profissional dos assistentes sociais, alterando não só as demandas dos usuários e as requisições institucionais, mas a própria inserção do assistente social no mercado de trabalho que, como parte e expressão da classe trabalhadora, sofre com a flexibilização dos contratos com a retirada de direitos, com a precarização das condições de trabalho, com a redução/limitação/ausência de condições de trabalho e dos recursos das políticas sociais, com a sobrecarga de trabalho, com a exigência de "produtividade" e a exigência de polivalência na realização das ações; sofre com as requisições para que se constitua preferencialmente como um assistente social polivalente, versátil a realizar tanto apoio, orientação, aconselhamento e manejo de conflitos, como instrumentado tecnicamente e despolitizado para preencher cadastros e/ou realizar estudos socioeconômicos que vão alimentar os intrincados sistemas de informação que garantem o faturamento das unidades socioassistenciais ou os pareceres que vão instrumentalizar decisões judiciais/institucionais sobre a vida dos trabalhadores e seus familiares.

Ora, a precarização do trabalho e as condições adversas de trabalho como próprias da sociedade do capital[245] não se constituem em justificativa para a direção social que resulta dos serviços prestados, mas condições a serem enfrentadas no cotidiano da prática, como nos revela o próprio movimento de lutas dos diferentes segmentos da classe trabalhadora ao longo da história, na busca por sua emancipação. No enfrentamento dos mecanismos e estratégias utilizados pela burguesia no controle dos trabalhadores, seus enfrentamentos e resistências são movimentos que ora

---

245. Como mostra Barroco (2011, p. 213), "a ideologia neoconservadora tende a se irradiar nas instituições sob formas de controle pautada na racionalidade tecnocrática e sistêmica, tendo por finalidade a produtividade, a competitividade e a lucratividade, onde o profissional é requisitado para executar um trabalho repetitivo e burocrático, pragmático e heterogêneo, que não favorece atitudes críticas e posicionamentos políticos." O enfrentamento teórico do conservadorismo supõe "a desmistificação dos seus pressupostos e dos seus mitos irracionalistas que falseiam a história; o enfrentamento ético-político, neste contexto, "supõe estratégias coletivas de capacitação e organização política, de discussão nos locais de trabalho, de articulação com outras categorias, entidades e com os movimentos organizados da população usuária" (idem, p. 213-214).

resultam em ganhos e avanços, ora em perdas e recuos, a depender da correlação de forças presente; mas, independentemente dos resultados, as consequências desses processos na formação e auto-organização dos trabalhadores não se aprende nos livros; é o que acontece na própria formação política e teórico-prática dos assistentes sociais.

Ao respondermos mecânica e acriticamente o chamado político da burguesia [ressaltando o óbvio: tudo o que supõe um projeto societário é política e a burguesia luta e gasta ferozmente na busca de manter seu projeto como hegemônico] para gerenciar acriticamente a miséria e a pobreza e/ou para controlar os trabalhadores inseridos ou não no mercado de trabalho, o exercício profissional resulta somente em despolitização, desmobilização, desorganização e em mais um instrumento de destruição de subjetividades sob o comando da burguesia/grande capital e, queiramos ou não, estamos fazendo política, porque, consciente ou inconscientemente, estamos fazendo escolhas. Negar isso é negar o exercício profissional como um ato político permeado por escolhas, favorecendo a ideia de que na técnica/tecnologia está a resposta para tudo. Ou seja, bastaria um exercício profissional "tecnicamente qualificado", mas esvaziado de conteúdo. Como podemos apreender em Harvey (2011, p. 108-109), referindo-se a área da saúde, "na indústria Farmacêutica vemos nos últimos tempos a criação de novos diagnósticos de todos os tipos mentais e físicos para corresponder aos novos medicamentos (o Prozac é o clássico exemplo). A existência de uma crença dominante na classe capitalista e na ordem social de que há uma solução tecnológica para cada problema e um comprimido para cada doença tem todos os tipos de consequências". Esse é um ponto de vista — a necessária ao capital, mas impossível, despolitização de todas as instâncias da vida social — que favorece a crença de que o assistente social só é político quando faz opção pelo trabalho/pelos trabalhadores, porque quando a opção é por uma "atuação técnica", o assistente social se colocaria de forma neutra diante do conflito de interesses presentes entre capital/trabalho; quiçá esse conflito, nessas circunstâncias, não estivesse obscurecido!

Por outro lado, os assistentes sociais que optam pelo favorecimento dos trabalhadores nos sentimos isolados na busca dos caminhos necessários à realização do projeto profissional; um isolamento que é aparente, na medida em que estamos cotidianamente em contato não só com os trabalhadores, mas com os demais profissionais de nível superior, com os quais desenvolvemos atividades interprofissionais. É nesse movimento que a precarização e as condições de trabalho se constituem em objeto de atenção e estudo a ser considerado na definição de objetivos e no planejamento do assistente social, incluindo a equipe em que está inserido. Não basta reconhecer as péssimas condições de trabalho do assistente social, mas identificar e criar mecanismos e estratégias de ação no enfrentamento dessas condições adversas que são próprias, não somente de todos os profissionais, mas do conjunto dos trabalhadores na sociedade do capital. Se não é assim, se os trabalhadores ao longo da sua história se colocassem como vítimas e reféns da exploração, a história não nos brindaria com conquistas e momentos de ruptura que mudaram as condições de vida e de trabalho dos trabalhadores ao longo da história, a partir do seu protagonismo como trabalhadores organizados; do mesmo modo, não estaria colocada a realidade sobre a qual se assenta a afirmação teórica da possibilidade da revolução.

Se realmente nos colocamos na perspectiva revolucionária, a tarefa de enfrentamento com o capital é coletiva e trata-se de identificar quem está participando dela e quem potencialmente pode ser granjeado, atraído, conquistado para ela. Observamos o mundo e podemos perceber que as massas trabalhadoras estão se movimentando, aqui e acolá. A necessidade de transformações estruturais está presente em todas as manifestações de protesto, seja nas passeatas, seja nos fechamentos de avenidas, seja nos saques[246] ao comércio. Há um mal-estar pairando no ar. Se a necessidade de transformações estruturais está presente, "o como e para onde mudar"

---

246. E aqui não estamos nos referindo aos protestos do Sul — como a um fechamento da Avenida Brasil no Rio de Janeiro e saques de caminhões de carga —, mas aos saques de 2011, na ilustrada e cosmopolita Londres.

está em questão para a humanidade no processo. E nós assistentes sociais, quando nos pomos nesse processo com o projeto do Serviço Social brasileiro, só estamos escolhendo o lado das maiorias — os trabalhadores nos seus diferentes segmentos, explorados e oprimidos —, dos quais os usuários dos serviços que prestamos são parte e expressão.

É desse processo, que envolve uma luta encarniçada entre desiguais (guardadas as franjas entre um e outro grupo, de um lado, uma pequena burguesia — nacional e internacional — que concentra mais de 70% da riqueza socialmente produzida e que, junto a seus gerentes, detém o poder de decisão sobre todos os processos sociais contra os trabalhadores e, do outro lado, aqueles que, transitando entre o capital e o trabalho, fazem opção pelas maiorias e/ou a constitui), que, queiramos ou não, fazemos parte, na busca de alternativas à realização de nossos princípios como profissionais e como indivíduo social, ou ficamos indiferentes. E como já afirmava Gramsci e reafirma Arcary (2004, p. 5), "numa luta entre desiguais, a indiferença é sempre a cumplicidade com o mais forte".

Os estudos dos movimentos e lutas sociais apontam para uma necessária sinergia entre os diferentes movimentos e ações de revolta e contestação nos protestos que vêm acontecendo no mundo inteiro, na busca de superação do capitalismo, o que coloca em questão não só a necessária sinergia entre esses movimentos de protesto e a luta do operariado, mas a mobilização e o diálogo com os milhares de trabalhadores/indivíduos sociais não organizados que, a todo o momento, fazem pender o fiel da balança nas lutas políticas, econômicas e sociais.[247]

Estas são questões que dizem respeito e atingem em cheio os assistentes sociais. No cotidiano da prática, somos chamados a interferir nestes processos por meio de ações pontuais que reforçam a fragmentação e isolamento dos indivíduos sociais e sujeitos coletivos. Isso ocorre ao

---

247. Na perspectiva da luta anticapitalista, analistas dos protestos no norte da África, no Oriente Médio, na periferia da Europa, em 2011, e frente ao ecletismo do Fórum Social Mundial, vêm ressaltando que para um enfrentamento real com a ordem do capital há que se garantir globalmente uma sinergia das lutas sociais, econômicas e políticas, articulando movimentos organizados e desorganizados, na direção da luta anticapitalista.

sermos instigados a procurar o significado social das diferentes expressões da questão social vivenciadas pelos trabalhadores no seu cotidiano no próprio indivíduo e/ou nos seus conflitos pessoais e familiares. Frequentemente, quem tem interesse no chamamento dos assistentes sociais para a realização destes interesses sai vitorioso. Por exemplo, quando, por meio da viabilização do acesso às políticas sociais, funcionamos não só como instrumentos de desmobilização e despolitização dos indivíduos sociais não organizados, mas de desorganização e desmobilização das lutas sociais e políticas.[248]

Isso pode ocorrer se desconsideramos os movimentos sociais e os organismos dos trabalhadores no processo de orientação e encaminhamento; se veiculamos, nestes espaços, valores e interesses favoráveis ao capital; se favorecemos os processos de alienação política e ideológica ao centrarmos nossa atenção e ação e/ou colocarmos como limite a busca de "solução de problemas"[249] via acesso a políticas compensatórias, acesso a informações sobre "uma doença", desembaraço perante a justiça, priorização do acesso isolado ao que não é essencial nem fundamental; se empreendemos processos de reflexão que em vez de iluminar, confundem, embaralham, desarrumam, favorecem decisões antagônicas aos interesses individuais e coletivos; se favorecemos o ecletismo, a cooperação entre desiguais, a submissão, a transferência para outrem do papel

---

248. Aqui podemos citar não só o chamamento dos assistentes sociais para viabilizar processos de acolhimento pelo acolhimento, mas para operar terapias comunitárias, grupos de ajuda, atendimentos burocráticos e/ou de apoio e alívio de tensão em plantões; realizar cadastros e acompanhamentos burocráticos/burocratizados em programas assistenciais, em despejos e desocupações; para realizar avaliação social, laudos e pareceres com o objetivo único de referendar a aplicação da lei, e outras coisas mais. Ressaltamos que não estamos afirmando que os assistentes sociais não devam participar desses processos que, como ressaltamos, nos põem em contato com os usuários. A questão é que, sem uma inserção planejada, eles se transformam em processos burocráticos, quando e onde os usuários, como objetos, são submetidos à investigação, ao controle, à manipulação, quando essas atividades se constituem em processos esvaziados de conteúdos substantivos e essenciais aos trabalhadores e trabalhadoras nas suas lutas.

249. Tendo em vista as necessidades humanas e sociais substantivas, necessárias à formação do homem integral, as respostas da sociedade do capital para os trabalhadores, sejam de onde vier, no limite, *nunca trarão soluções*.

de cada indivíduo social na história; se perdemos a oportunidade de criar condições e espaços e/ou aproveitar as oportunidades que a convivência com os trabalhadores nos oferece para veicular informações e conhecimentos substantivos e essenciais, fomentar um debate crítico e favorecer a apropriação de conhecimentos e informações essenciais e necessárias à potencialização das lutas sociais;[250] se nossas práticas favorecem e espraiam a descrença, o desânimo, o desespero.[251]

---

250. Vamos a um exemplo para mostrar que mesmo reivindicando o projeto profissional e objetivando favorecer os trabalhadores, nossa atuação pode resultar em confusão, desorganização, desinformação [...] e favorecimento do capital. Um assistente social, objetivando "preservar e manter a saúde do trabalhador e promover o exercício da cidadania", lá pelas tantas, numa reunião com trabalhadores da construção civil, pergunta: "o que é ser cidadão?". Diante do silêncio constrangedor dos trabalhadores, o profissional continua: "a cidadania inclui *direitos de todos a condições mínimas de vida,* ao acesso à educação e à saúde *satisfatórias,* direito ao lazer, direito a ser *respeitado pelo próximo,* dever de respeitar seu próximo, o direito a um trabalho seguro". Ou seja, além de negar a independência do Estado com relação à religião ao recorrer ao respeito ao próximo, o assistente social expressa uma concepção de "cidadania" muito aquém da própria legislação burguesa que garante as necessidades sociais em questão — saúde, educação, assistência social etc., como direito do cidadão e dever do Estado. Ou seja, mesmo sem intenção, servimos mais ao capital do que ao trabalho. (Material empírico de pesquisa).

251. Outro exemplo. Em uma reunião com usuários do Programa Bolsa Família, para acompanhamento das condicionalidades referentes à saúde, após perguntar "por que vocês não estão cumprindo a condicionalidade de ir ao posto de saúde?", o assistente social ouve, dentre outras coisas: *Usuária 1:* "Para marcar consulta no Posto, tem de ter agente comunitário; tenho uma filha de 6 meses que nunca foi consultada desde que nasceu porque moro no morro lá em cima, e lá não tem agente comunitário. Para vacinar, tive de brigar"; *Usuária 2:* "Meu filho tem 6 anos e está cadastrado desde 4 anos para o dentista. Já tá na fila de espera tem dois anos. Família nenhuma tem tratamento dentário. Eu fiz um exame preventivo e não consegui adquirir meu resultado. Não vem. Já me estressei..."; *Usuária 3:* "A Clínica da Família fala que a gente não paga a eles e que o governo também não paga. Atende a gente mal. Tem um rapaz aqui chamado X, que ele é agente de saúde. Só que ele já arrumou confusão com várias pessoas. Quase bateu numa senhora com neném no colo, porque a moça queria ser atendida. E da última vez que eu fui ser atendida, quatro vezes foi marcado preventivo, eles não me atendiam. Toda vez tinha alguma coisa: porque a enfermeira está doente, porque não sei o que, porque a mãe do médico morreu, cada hora uma coisa. Eles disseram assim, dessa forma: o governo não tá pagando a gente, vocês querem o quê? Vai procurar um plano de saúde! Assim que eles falam." *Usuária 4:* "Eu era atendida no posto de saúde. Então o meu filho era tratado aqui, no posto de saúde, né? Ginecologista, tudo direitinho. Aí quando fizeram a Clínica da Família não quiseram mais me atender no posto de saúde. Meu esposo é hipertenso [...]. Não conseguimos fazer o tratamento lá. Passou a gente pra clínica da família e não tem agente de saúde para marcar". Após ouvir essas e muitas coisas mais, *o assistente social diz:* "Olha só, gente, eu vou encerrar nela porque a nossa temática é em volta da questão das condicionalidades... Bom, gente, aqui temos oito

É o que mostra Coutinho (2006, p. 115), com base em Gramsci, referindo-se não aos grandes intelectuais — produtores de concepções do

questões que a gente pode estar propondo ver, não é, quando as pessoas questionam "por que esta condicionalidade da saúde não é cumprida"? Acho que a gente pode ilustrar com a opinião de vocês. Então, muito poucas vezes tem um lado que tem que ser cumprido que é a secretaria da Assistência de Desenvolvimento Social que vai falar com vocês. Porque foi acordado entre nós que vocês cumpram esta condicionalidade. E, por outro lado, de quando vocês vão ao serviço de saúde, o que é que acontece? Então para ouvir um pouco de você também como que é essa... Por que vocês não estão cumprindo esta condicionalidade. Tá bom? Então, *muito obrigada pelas opiniões que foram oito. Tá?* Muito boas, muito boas, de uma maturidade muito grande. Pessoal nós vamos apresentar agora a T, representante da saúde, vai continuar falando sobre condicionalidades. Por favor, quem não assinou a listagem... Isso é importantíssimo. É a garantia da presença de vocês aqui. Todos têm que assinar. Se alguém deixou de assinar, é só assinar. Vou passar a palavra para a enfermeira e a agente de saúde". (Material empírico de pesquisa). Ora, utilizando uma estratégia poderosa — a reunião — o assistente social/equipe possibilitou o surgimento de um rico material que, dentre muitas outras questões a serem sinalizadas, não foi submetido à análise e crítica pelos próprios usuários, que continuam desesperados diante da falta de condições — não individuais, mas institucionais — de cumprir as condicionalidades e totalmente desorientados com relação ao que é e quais as relações entre as três políticas que envolvem o Programa Bolsa Família: as políticas sociais de assistência social, de educação e de saúde. Um material que em si mesmo, mostra o caráter coletivo das demandas manifestadas individualmente e revela não só as necessidades individuais e coletivas dos usuários, mas seus interesses, (des)conhecimentos, (des)informações, contradições, valores... O silêncio do profissional/equipe diante da falta de condições teórico-metodológicas de estruturar uma reunião que contribuísse para que os usuários pudessem apreender aquelas manifestações como demanda coletiva, revela a necessidade de assessoria. É clara, ainda que involuntária, a defesa da instituição. A facilidade em democratizar a burocracia da política social — seus condicionantes e exigências — e o silêncio diante das denúncias relativas à qualidade e disponibilidade dos serviços cobrados, revelam que o problema a ser enfrentado pela equipe é essencialmente teórico-político, mais do que ético e técnico-operativo. Para que o usuário participasse da reunião como sujeito do processo, ele necessitaria de determinadas condições para ter acesso aos conhecimentos e informações necessários, não disponibilizados pelo profissional/equipe, para se pôr criticamente diante das suas próprias manifestações e as do grupo, tomadas ali como totalidade de manifestações e não como manifestações individuais. Assim, a manifestação individual podendo ser apreendida como necessidade e interesse coletivo. A questão é que as manifestações dos usuários revelam a conflituosa arena da luta de classes e submetê-las à crítica dos envolvidos exige que o assistente social/equipe, após possibilitar que os próprios usuários se coloquem diante delas, veicule o novo, veicule teoria, ou seja, um conhecimento sobre a realidade que até aquele momento não pode iluminar aquele grupo, mas necessário tanto ao assistente social/equipe no exercício de sua função, como aos usuários no seu processo de formação e luta política. Desse modo, na ausência desse processo, na reunião, ficam claros não só o reforço da descrença dos trabalhadores no que se refere ao público e no próprio Serviço Social, mas principalmente a oportunidade perdida de pôr em debate o rico material que expressa demandas imediatas e mediatas dos usuários que clamam por respostas profissionais, e também o que é necessário ao profissional/equipe para dar essas respostas e como fazê-lo mundo universais —, mas aos pequenos e médios intelectuais que "fazem com que as grandes concepções do mundo cheguem ao que ele [Gramsci] chama de 'simples', ou seja, o povo". Essa rede de pequenos e médios intelectuais, da qual os assistentes sociais fazem parte — o que não quer dizer que o Serviço Social não conte com grandes intelectuais, como vimos antes —, merece "enorme atenção", tendo em vista a *batalha das ideias* na luta pela hegemonia. Está em questão, me parece, além do modo pelo qual esses intelectuais "estabelecem uma relação entre estas grandes concepções de mundo que favorecem os trabalhadores e o senso comum dos 'simples'", as condições e a qualidade da apropriação por parte desses intelectuais da massa crítica que favorece as maiorias. Conforme mostra Coutinho:

> a função dos intelectuais, enquanto criadores e propagadores de ideologias, é sobretudo dialogar com os "simples". Gramsci dizia que o povo sente, mas não sabe, enquanto o intelectual frequentemente sabe, mas não sente. Desse modo, embora saibamos em teoria que a integração entre os intelectuais e o povo é extremamente importante, muitas vezes esquecemo-nos disso na prática. (2006, p. 115)

Quando Coutinho afirma que a produção de conhecimento na perspectiva dos interesses dos trabalhadores "só terá um papel social quando as ideias do marxismo chegarem às grandes massas", ele está trazendo para a nossa realidade, as afirmações de Marx de que o conhecimento quando penetra as massas se torna força material. E o conhecimento não chega nem aos pequenos e grandes intelectuais e nem às massas de forma mágica e muito menos por osmose. De ambos os lados, há que se fazer escolhas entre conteúdos e formas, o que exige muito investimento, sacrifício. Não é sem razão que como lembra Coutinho,

---

(dimensão técnico-operativa). No mais, se esse exemplo está situado numa determinada área de atuação profissional, que mostra a sua relevância ao se situar no âmbito de três importantes políticas públicas de Seguridade Social, o material empírico que temos sistematizado revela que situações idênticas estão presentes em todas as áreas de atuação pesquisadas.

"Gramsci dizia que é mais importante difundir entre as massas uma ideia correta já conhecida pelos intelectuais do que um intelectual isolado criar uma ideia nova que se torne monopólio de um grupo restrito" e, diria eu, ou democratizar um conhecimento apropriado de forma equivocada e/ou o conhecimento conservador; as duas formas se prestam a servir o capital. "A socialização do conhecimento, sobretudo do conhecimento ligado ao pensamento social, é uma tarefa fundamental para os intelectuais", que não o fazemos, diria eu, não tanto por "vaidade", mas porque este é um processo altamente exigente e que realmente nos coloca "nus" frente aos trabalhadores.

Na medida em que só poderemos recorrer àquilo que realmente se constitui como parte do nosso enriquecimento subjetivo, somos confrontados com aquilo que conseguimos fazer de nós mesmos até aquele momento, quando somos surpreendidos pelas nossas contradições, preconceitos, fragilidades teóricas etc. É neste contexto conflituoso que se encontra a maioria dos assistentes sociais que, quando na atuação junto aos trabalhadores/usuários, ficam impedidos de utilizar a borracha ou o delete do computador, como é próprio dos intelectuais na produção de conhecimento, tendo de se confrontar com o que foi feito e suas consequências. São injunções que, se não apreendidas no contexto em que vivemos — não só sob as pressões das condições de trabalho e assalariamento, mas de aviltamento das nossas subjetividades —, acabam por nos adoecer.

Quando criamos um texto — técnico (laudo, parecer etc.), científico ou um projeto — temos a oportunidade de rever, reescrever, submeter à crítica de companheiros de estudo, antes de torná-lo público. Quando temos como tarefa fazer com que as grandes concepções de mundo cheguem aos "simples", somos confrontados e colocados diante daquilo que conseguimos fazer de nós mesmos até aquele momento, sem possibilidade de voltar atrás, a não ser *post festum*. Ou seja, um ato do qual só poderemos saber as consequências analisado *post festum*. Em uma entrevista, em uma reunião, o que foi feito está feito e só resta aprender as consequências e, em submetida à crítica, aprender com a prática. Um processo que, diante da destruição das subjetividades sob o capitalismo, certamente vai nos revelar exigências de estudos, pesquisa, planejamento (com tudo o que ele envolve), experiência/vivência política...

É diante disso que é difícil reconhecer que, quando, por meio da viabilização do acesso às políticas sociais, funcionamos não só como instrumentos de desmobilização e despolitização dos indivíduos sociais não organizados, mas de desorganização e desmobilização das lutas sociais e políticas, se, *por um lado,* saem vitoriosos os que têm interesse ou se favorecem com os processos de acumulação de renda e riqueza, com a exploração do trabalho e com a necessária eliminação, repressão e/ou opressão dos que colocam obstáculos e limites a essa exploração — os movimentos e lutas sociais, e os trabalhadores organizados —, *por outro lado* saem danificados, ainda que não destruídos, o projeto profissional e os assistentes sociais que o tomam como referência, mas, antes de tudo, os indivíduos, movimentos e lutas que os constituem na luta pela libertação e os projetos societários que colocam como limite a emancipação humana.

Há que ficar claro que aqui não se trata de organizar as massas e suas lutas — tarefa que cabe às próprias massas e/ou aos organismos que surjam dela e/ou a representem como partido político, sindicatos etc. Trata-se de, no processo dessas lutas (do qual participamos, independente da nossa vontade ao operarmos o Serviço Social, tanto na formação como nos espaços socioassistenciais), tomar posição consciente e propositiva entre servir de braço da elite capitalista dominante no emperramento da organização das massas e das lutas sociais ou favorecê-las nas lutas anticapitalistas e emancipatórias, com a consciência de que é a análise crítica que nos favorece superar práticas contraditórias.

É diante da permanente possibilidade de insurgência dos trabalhadores contra o modo de produção capitalista, seja no centro seja na periferia, que a burguesia, nacional e internacional se encontra entre a necessária vitimização dos trabalhadores por um lado e sua criminalização por outro; entre o abandono de gerações à ignorância, à miséria ou à morte física e a morte moral daqueles que ousam apostar e investir na luta social. Não é sem razão que qualquer protagonismo dos trabalhadores na luta de classes é, num primeiro momento, sempre ressaltado pela mídia burguesa como violência, depredação, "prejuízos aos cidadãos" etc. — e, a depender dos interesses presentes, transmutado/travestido em "movimento popular" na defesa de fatos considerados de forma isolada e/ou de algo ideal, abstrato, sem que se dê destaque às contradições materiais reais que subjazem aos conflitos latentes entre capital-trabalho, travestidas que são, com base na sua aparência, em "problemas individuais".

Até o planejamento, o indivíduo/intelectual/profissional tem o benefício da escolha do que e como fazer e das referências que darão a direção social do que foi planejado, ainda que, se os recursos técnicos possam ser definidos, os recursos materiais nem sempre estarão disponíveis na quantidade e qualidade necessárias, ainda que, alguns, possam ser forjados no cotidiano. Mas se até neste momento de antecipação das ações, ou seja, no planejamento, as escolhas podem ser refletidas, aprimoradas, revistas, reavaliadas, na concomitante realização e desenvolvimento do que foi planejando, ou seja, nos momentos de objetivação do planejamento, o indivíduo está presente com o que é, inteiro, sem possibilidade de recorrer a mais nada do que aquilo que conseguiu forjar da sua formação até aquele momento. Assim, as escolhas em ato só podem contar com aquilo que o profissional é. Por outro lado, as determinações institucionais que foram pensadas para serem enfrentadas estrategicamente no movimento institucional — inclusive recursos e condições de trabalho — vão estar em movimento e, desse modo, de maneiras imprevisíveis. É diante disso que a análise concreta de situações concretas é parte essencial da prática pensada e avaliada nas suas consequências o que, na espiral dialética, realimenta o próprio planejamento.

Esse tema será abordado com mais profundidade no capítulo 3 deste livro, mas entendemos ser necessário incluí-lo de forma introdutória entre os principais desafios a serem considerados pelos assistentes sociais na transformação do projeto profissional em realidade no exercício profissional.

1.4.3 Análise concreta de situações concretas

Grande parte do que é colocado como possibilidade teórica/"dever ser" na direção do projeto profissional não tem como base o cotidiano profissional dos assistentes sociais na atualidade.

Se afirmamos teoricamente a necessidade de ser crítico, criativo, propositivo no enfrentamento dos desafios colocados aos assistentes sociais no complexo campo da luta de classes; se afirmamos na literatura disponível da área a possibilidade de favorecimento dos interesses e necessidades das massas trabalhadoras e da necessidade de ser comprometido[252], sem as mediações necessárias com situações concretas, essas afirmações não passam de puras abstrações; abstrações que demandam um complexo exercício de mediações com o cotidiano institucional/profissional, o que passa, não só pelo planejamento e avaliação permanentes do exercício profissional, individual e coletivo, pelos próprios protagonistas da ação, mas de uma investigação de fundo que permita uma análise teórico-crítica do exercício profissional dos assistentes sociais no país, que tanto possibilite generalizações, como alimente os assistentes sociais no cotidiano da prática.

Já passamos do momento na história do projeto do Serviço Social brasileiro de superar a tematização do que deve ser/pode ser no exercício profissional, tendo em vista a objetivação das mediações necessárias entre as referências teórico-metodológicas e ético-políticas e o que expressa o exercício profissional dos assistentes sociais junto aos trabalhadores. Mediações que, em parte, já estão sendo realizadas na produção de conhecimento que dá a direção do debate na área de Serviço Social e no que

---

252. São várias as afirmações que identificamos na literatura da área e nos Anais dos eventos científicos, cujos autores tomam como base a literatura que dá a direção social do projeto profissional, sem, no entanto, abordarem as exigências, as possibilidades e as consequências da transformação desse dever ser em realidade, com base no cotidiano da prática dos assistentes sociais reais: "O assistente social deve ser comprometido"; "o assistente social deve conscientizar os usuários de seus direitos"; "o assistente social deve facilitar o acesso às políticas"...

refere à participação dos assistentes sociais na luta política da categoria e dos trabalhadores.[253]

Resgatando a indissociabilidade e fazendo uma analogia entre ensino/formação acadêmico-profissional/prática socioassistencial, da mesma forma que o professor não forma o aluno, mas pode incentivá-lo, iluminá-lo e oferecer espaços e instrumentos para que ele possa definir conscientemente seus caminhos e objetivar a formação e preparação necessárias, tendo em vista finalidades e princípios escolhidos conscientemente, o assistente social não dá "a resposta", não forma, não "conscientiza", não emancipa, não empodera[254], nem resolve o "problema"/a demanda/as necessidades que o(s) usuário(s) lhe dirige/solicita. Ao tornar efetivas as prescrições institucionais — facilitando/viabilizando e/ou negando o acesso a recursos socioassistenciais —, o profissional tem — no tempo e no espaço da assistência — a possibilidade de iluminar, informar, oferecer espaços e instrumentos contra-hegemônicos dando sua modesta contribuição aos trabalhadores. Ora, ainda que esteja dado como possibilidade, esse é um processo complexo e conflituoso, que se dá em ato, necessitando,

---

253. Se fica claro o protagonismo dos assistentes sociais, nos últimos trinta anos, na direção do projeto profissional, na produção de conhecimento e nas lutas sociais e corporativas, o mesmo não pode ser dito e apreendido com relação ao protagonismo dos assistentes sociais na atividade profissional junto aos trabalhadores/usuários, onde o aspecto educativo da profissão pode se objetivar/materializar e na formação acadêmico-profissional, de forma hegemônica. Como exemplo desse protagonismo, destaco: a produção de conhecimento que dá a direção do debate no projeto profissional; as lutas vitoriosas da categoria — a exemplo das 30 horas, que referencia várias categorias às mesmas reivindicações; a participação dos assistentes sociais no âmbito dos conselhos de política e de direitos, nacionais, estaduais e municipais; a participação, na luta pela transformação de expressões da questão social em direitos sociais, ou seja, participação na luta histórica em que estiveram e estão envolvidos os organismos de representações dos assistentes sociais e vários segmentos profissionais, que individual e coletivamente participaram e estão participando da concepção e desenvolvimento da Seguridade Social brasileira (LOS/SUS; LOAS/SUAS; Previdência Social) e dos diferentes Conselhos de política e de direitos.

254. Não são raros os assistentes sociais que, mesmo reivindicando o projeto profissional como referência, definem como objetivos da sua atividade profissional "resolver o problema do usuário", "empoderar pessoas/grupos", conscientizar mulheres, adolescentes, idosos, quando não, "emancipar pessoas", como podemos observar em artigos de revistas científicas da área, nos Anais do CBAS e do ENPESS, em TCCs, monografias, quando não, em teses e dissertações.

permanentemente, de sistematização e análise teórico-crítica, o que coloca exigências de acompanhamento, tanto para aqueles que o operam, quanto para o coletivo interessado na materialização de uma direção social que favoreça os trabalhadores.

Numa sociedade que mutila material e subjetivamente a todos, só por meio da experiência histórica se pode resolver, com base em uma **análise** *post festum*, e sem voltar atrás, o problema de saber se os assistentes sociais — individual e/ou coletivamente —, quando operam na e a luta de classes nos espaços socioassistenciais, assumem a posição da classe trabalhadora na luta de classes. Na sociedade capitalista, a operação da luta de classes, seja como indivíduo social, seja como técnico/profissional, se dá independentemente da vontade, das aspirações e da consciência dos indivíduos sociais, assim como a contradição profissão liberal regulamentada por lei x condição assalariada faz parte das determinações da atividade profissional e de sua função social na sociedade do capital. Contradição que se por um lado nos garante relativa autonomia teórico-metodológica, técnica e ético-política no exercício profissional, por ouro lado, nos coloca diante das necessidades dos empregadores que se materializam em imposições/requisições que definem e regulamentam as formas de contrato e remuneração, as funções e atribuições dos assistentes sociais em todas as áreas de atuação profissional.

Ou seja, uma contradição que ao nos garantir espaço de atuação e autonomia por um lado e condicionar a atuação profissional por outro, abre espaço para o enfrentamento dos limites e o aproveitamento das possibilidades que ela própria gera. O que queremos dizer é que se as condições de trabalho e emprego próprias da sociedade do capital nos impõem limites e constrangimentos, elas não impedem uma atividade profissional crítica, propositiva, que possa reverter em ganhos para os trabalhadores usuários. Isso é verdade, na medida em que, em última instância, consideramos o ser social como sujeito do processo histórico e não o capital. Afinal, capital e mercado não têm teleologia, quem tem é a burguesia e seus intelectuais e administradores e os trabalhadores. Por isso, capital e mercado não ficam nervosos, não consideram, não planejam, não regulam, não pensam, não optam, não escolhem, não decidem, ou seja, não dão a direção do processo histórico. Essa direção é dada e empreendida pelo ser social em movimento; ou seja, na sociedade do capital, quem dá a direção são os indivíduos sociais que nas suas relações contraditórias, ao comporem classes sociais antagônicas, estão fazendo a história: a burguesia e os trabalhadores nos seus diferentes segmentos; o operariado compreendido como o sujeito revolucionário.[255]

Diante disso, outra questão que emerge no contexto do projeto profissional é que, como assistente social, se para servirmos ao capital, frequentemente, basta a aquisição de um "canudo", operar a/na luta de classes na direção dos interesses históricos dos trabalhadores exige, mesmo permeado de contradições,[256] um exercício profissional consciente, crítico e propositivo, o que só pode resultar da formação graduada e permanente de um intelectual. Intelectual que, consciente do caráter contraditório do exercício profissional, tanto submete, quanto disponibiliza sua atividade a uma análise teórico-crítica para que resulte tanto em qualificação da prática, como em produção de conhecimento.

A maioria dos assistentes sociais no Brasil, tendo como referência a Lei n. 8.662 (1993), desenvolve ações que exigem e resultam de contato cotidiano com os trabalhadores/usuários, como pode ser observado nos incisos I, III, V, VI e XI das Competências do assistente social: Art. 4º, e no

---

255. Na medida em que a luta revolucionária está inscrita como possibilidade e necessidade na sociedade do capital, frente ao acirramento das contradições entre o caráter social da produção e a apropriação privada dos meios de produção, com base em Marx e Engels, reforçamos que é o operariado que, como sujeito revolucionário por excelência, diante da sua condição ímpar de impor limites ao capital e à burguesia, que através de um processo que articule dialeticamente a elevação de sua consciência de classe e da consciência das massas exploradas e oprimidas e a definição clara dos objetivos, das estratégias e táticas de luta (o que põe a exigência do partido político), que tem a condição de organizar e dirigir as forças sociais anticapitalistas que almejam a emancipação humana. Aqui, concordando com Vásquez (1977, p. 202): "se o homem existe enquanto tal, como ser prático, isto é, afirmando-se com sua atividade prática transformadora em face da natureza exterior e em face de sua própria natureza, a práxis revolucionária e a práxis produtiva constituem duas dimensões essenciais do seu ser prático".

256. Temos como base e referência o fato de que a luta geral dos trabalhadores, como mostra a literatura, é atravessada por contradições, avanços e recuos e momentos de ruptura.

inciso I e IV das Atribuições privativas do assistente social, art. 5º. É na execução destas atividades e ações que a maioria dos assistentes sociais está envolvida, como revela o pequeno contingente de profissionais inserido na academia e no conjunto CFESS/CRESS, frente aos mais ou menos 150 mil assistentes sociais formados no país, atualmente.

Assim sendo, a "dimensão interventiva" articula a quase totalidade dos assistentes sociais no Brasil. O fato da maioria dos assistentes sociais exercer suas funções em contato direto com os trabalhadores e/ou em atividades que os atinge direta ou indiretamente,[257] nos remete a pelo menos duas questões a serem enfrentadas, tendo como referência o projeto profissional. Questões relacionadas à produção de conhecimento da área de Serviço Social e à sua apropriação pela categoria profissional.

Mota (2013, p. 20) tem como hipótese que

> o Serviço Social brasileiro, ao se constituir numa área do conhecimento, adensa a sua intervenção na realidade através da construção de uma cultura intelectual, de cariz teórico-metodológico crítico, redefinindo a sua representação intelectual e social até então caracterizada, prioritariamente, pelo exercício profissional, no qual a dimensão interventiva tinha primazia sobre o estatuto intelectual e teórico da profissão.

Se isso é verdade, uma pergunta não quer calar: na vigência do projeto profissional, o que e a quem esse fato tem favorecido? Se a pergunta é simples, a resposta é complexa. Como afirma Netto (2009, p. 693), "a pesquisa é indispensável ao Serviço Social se a profissão quiser se manter com um estatuto efetivamente universitário" o que resultou em "um segmento dedicado expressamente à pesquisa". Ora, tendo como referência o projeto profissional, se cabe a cada assistente social/equipe desenvolver uma atitude investigativa no cotidiano profissional, tendo em vista "acompanhar os avanços dos conhecimentos pertinentes ao seu campo de trabalho [e] conhecer concretamente a realidade da sua área particular de

---

257. Atividades como, por exemplo: de planejamento, de coordenação de serviços, de treinamento de outros profissionais atingem indiretamente os trabalhadores/usuários.

trabalho", é o exercício sistemático da pesquisa que pode possibilitar avanços teóricos e técnico-operativos necessários à formação graduada e permanente da categoria profissional e ao exercício profissional.

Mas há uma grande diferença entre *favorecer a formação de um intelectual,* dentre eles o assistente social, (o que exige tanto apropriação crítica [uma apropriação que envolve acessar saber acumulado/fazer a crítica desse conhecimento], como produção crítica de conhecimento em consonância com os princípios e objetivos do projeto profissional) e *formar e alimentar assistentes sociais ao longo do cotidiano profissional* (o que exige — para além da apropriação e produção crítica de conhecimento em consonância com os princípios e objetivos do projeto profissional e tematizar o que "pode/deve ser" —, submeter ao conhecimento e crítica o exercício profissional histórico, tendo em vista "avanços teóricos e técnico-operativos"). Esse é o processo que vai permitir a categoria profissional apreender tanto as consequências da atividade profissional, quanto as possibilidades que a realidade contém, resultando numa produção de conhecimento que dialeticamente forme e ilumine os assistentes sociais no cotidiano da prática. O conhecimento ilumina, mas sem base na realidade perdemos o movimento dos assistentes sociais na história e, consequentemente, o Serviço Social na história. O conhecimento instrui, esclarece, ilustra, mas é a realidade que informa.

O fato é que se "o Serviço Social ampliou sua função intelectual, construindo uma massa crítica de conhecimentos, tributária da formação de uma cultura que se contrapõe à hegemonia dominante, protagonizada pela esquerda marxista no Brasil", como afirma Mota (2013), como profissão que é, não há como contribuir na construção de condições de materialização do projeto profissional, se esse fato se estruturar em detrimento da unidade entre produção de conhecimento/"dimensão interventiva", com pena de alimentar a desigualdade entre o significado e a relevância do Serviço Social como área do conhecimento e o significado e a relevância do Serviço Social como profissão voltada para a "intervenção direta na realidade". Intervenção que vem resultando, diuturnamente, em consequências reais para as massas trabalhadoras. Consequências que necessitam de teoria para serem apreendidas no seu significado e direção social tendo em vista reorientar os caminhos na direção dos interesses dos trabalhadores.

Netto, em 1989, já sinalizava que a interlocução entre setores do Serviço Social e a tradição marxista poderia "dinamizar a elaboração teórica dos assistentes sociais" [o que se concretizou], para fundamentação e articulação dos aportes teóricos que os assistentes sociais podem fornecer ao conhecimento de processos sociais, *a partir da sistematização e da crítica das suas práticas.* Mas, ao mesmo tempo alertava que no Serviço Social:

> Sem considerar as práticas dos assistentes sociais, a tradição marxista pode deixar escapar elementos significativos da vida social — as práticas dos assistentes sociais frequentemente incidem sobre processos que, tratados pelo referencial teórico-metodológico de Marx, oferecem insumos para a sua verificação e enriquecimento. (Netto, 1989, p. 101)

Verificação e enriquecimento que favorece os assistentes sociais na apreensão das determinações essenciais da atividade profissional; que potencializa nossa reflexão teórica e nos põe em conexão com os debates culturais e profissionais contemporâneos.

A questão intrincada aqui é que o fato da produção de conhecimento do pesquisador em tempo integral não partir ou ter compromisso imediato com a prática profissional não exclui essa produção da área de conhecimento Serviço Social e, principalmente, na perspectiva do projeto profissional, é dessa produção qualificada na área de Serviço Social, que tanto a profissão como os profissionais podem contar com avanços teóricos e técnico-operativos de qualidade que partam do compromisso imediato com a prática profissional.

Como afirma Iamamoto, ao comentar o penúltimo lugar do eixo temático "Formação profissional em Serviço Social: fundamentos e exercício da profissão", na agenda temática da pesquisa (2007, p. 463),

> não se reclama uma regressão a uma perspectiva endógena da profissão, cuja ruptura foi uma das grandes conquistas dos últimos vinte anos. Entretanto *a pesquisa sobre as múltiplas determinações, que atribuem historicidade ao*

exercício profissional — e adensam a agenda da formação profissional —, carece de uma relação mais direta com as respostas profissionais, no sentido de qualificá-las nos seus fundamentos históricos, metodológicos, éticos e técnico-operativos. Em outros termos, para decifrar as relações sociais e qualificar o desempenho profissional, são requeridas mediações na análise das particularidades dessa especialização do trabalho, que carecem de visibilidade no universo da produção científica do Serviço Social. [...] essas conquistas [a massa crítica] não foram ainda integralmente totalizadas em suas incidências no exercício profissional, pois falta fazer a "viagem de volta" para apreender o trabalho profissional nas suas múltiplas determinações e relações no cenário atual. É essa passagem que nos desafia: *processar os avanços obtidos na análise da dinâmica societária em suas incidências na elaboração teórica, histórica e metodológica dos fundamentos e processamento do trabalho do assistente social, retomando, com novas luzes, o Serviço Social como objeto de sua própria pesquisa.* (Ggrifos meus)

Ora, o fato de o Serviço Social brasileiro, ao se constituir numa área de conhecimento de cariz teórico-metodológico crítico, estabelecer uma interlocução fecunda com intelectuais de áreas afins não capturados pelo pensamento pós-moderno, vem revelando que o projeto profissional pode contar com uma produção crítica de conhecimento que não vem sendo gestada no âmbito das Ciências Humanas e Sociais, mas, ao mesmo tempo revela que Serviço Social/assistentes sociais não podem prescindir e renunciar a avanços teóricos e técnico-operativos de qualidade que partam do compromisso imediato de um grupo de pesquisadores qualificado com a prática profissional, com pena do projeto profissional se materializar somente no âmbito da produção e conhecimento, mas não no cotidiano da prática.

É quando a produção de conhecimento da área media o cotidiano profissional dos assistentes sociais que ela tem condição de se transformar em força material; quando os assistentes sociais objetivam práticas mediadas pelo projeto profissional; quando a teoria penetra as massas a partir de uma socialização de conhecimentos e informações, radicalmente crítica, reflexiva, criativa; quando o assistente social dá sua contribuição aos trabalhadores/usuários favorecendo sua participação ativa nas lutas sociais articuladas com a superação do capitalismo em busca da emancipação humana, para além do acesso aos direitos de cidadania.

O que está em questão aqui é o compromisso do Serviço Social como área de conhecimento com a profissão e com o projeto profissional. Para além da preocupação com o conhecimento produzido e com sua difusão, como afirma Florestan Fernandes (apud Simionatto, 2014, p. 19), "devemos dedicar igual interesse às possibilidades de sua aplicação prática e do seu emprego em fins políticos [...] sendo imperioso que se converta em fonte de transformação da sociedade". Tornamos a ressaltar que, no contexto do projeto profissional, não é o Serviço Social em si que está em questão, mas o projeto de sociedade ao qual ele está articulado. Desse modo, a direção da atividade profissional toma relevância na medida em que se coloca como hipótese que, dos 150 000 assistentes sociais formados, temos, formalmente ou não, por volta de 100 mil assistentes sociais atuando junto aos trabalhadores nos seus diferentes segmentos, nos diferentes espaços sócio-ocupacionais.

Ora, realizar as mediações necessárias "que vinculam o problema específico com que se ocupa com as expressões gerais assumidas pela 'questão social' no Brasil contemporâneo e com as várias políticas sociais (públicas e privadas) que se propõem a enfrentá-las [o que permite] apreender o alcance e os limites da sua própria prática profissional" (Netto, 2009, p. 695) não é um processo/dever ser que o assistente social opera por gestação espontânea, por associação livre. Não se realizam *mediações teórico-práticas* necessárias — o que inclui tudo o que se relaciona aos aspectos teórico-metodológicos, instrumentais e operativos da atividade profissional —, nem se processa análise social crítica por associação livre, mas por meio de um complexo processo que exige ser apreendido e exercitado. *Mediações teórico-práticas constituem-se num processo exigente, complexo e conflituoso que tem início na graduação e, por isso, exige dos docentes/pesquisadores que tanto o exercitem como o democratizem.* Assim, o desenvolvimento de uma prática crítica exige o concomitante desenvolvimento de uma "atitude investigativa numa perspectiva compatível com o espírito do método de Marx, processo obviamente contínuo e renovado" (idem) que, na perspectiva do projeto profissional, exige envolver organicamente academia[258] e meio profissional.

Se o Serviço Social como área do conhecimento tem contribuído "no âmbito das ideologias e da formação de uma cultura crítica no campo da esquerda anticapitalista e socialista no Brasil" (Mota, 2013, p. 25), estabelecendo uma interlocução fecunda com intelectuais de áreas afins não capturados pelo pensamento pós-moderno, será que essa mesma interlocução não tem acontecido com a massa dos assistentes sociais? Não são raros os assistentes sociais que se colocam diante da rica e coerente produção que dá a direção do debate no Serviço Social, com as mesmas dificuldades em estabelecer as mediações necessárias com a profissão e o exercício profissional, com relação a *O capital* de Marx. O que nos remete às afirmações de Netto, que, ainda em 1989 (p. 101), já sinalizava: "pode estar se desenvolvendo uma discussão que só tangencialmente sensibiliza e toca o grosso da categoria profissional — e conhecem-se os riscos de tal deslocamento".

A massa dos assistentes sociais, com relação às mediações necessárias no cotidiano profissional, tendo em vista o planejamento e sua transformação em realidade e análise crítica, só pode contar com a produção eclética/conservadora antagônica ao projeto profissional, ou com uma produção que, ainda que reivindique a defesa do projeto profissional, considerando o conjunto da produção da área, é, em grande parte, repetitiva, superficial, contraditória, eclética, fragmentada e fragmentadora da realidade e/ou sem base na realidade.

Enfim, o fato de que um segmento da categoria venha se dedicando a uma produção de conhecimento em tempo integral — seja fazendo sociologia, ciência política, economia ou filosofia —, porque a profissão necessita de uma produção de conhecimento na direção do

---

258. E aqui estamos nos referindo ao segmento dedicado expressamente à pesquisa, que deveria incluir todos os docentes, que, para se constituírem organicamente, sabemos, é necessário um processo cada vez mais árduo e exigente diante das características e condições da universidade brasileira e da formação no Serviço Social, hoje, majoritariamente, realizada pela iniciativa privada/ensino à distância.

projeto profissional, não muda o estatuto ontológico do Serviço Social como profissão de nível superior. Queiramos ou não, concordemos ou não, o que caracteriza prioritariamente o Serviço Social é seu estatuto profissional no qual a dimensão interventiva tem primazia, ainda que, um segmento dedicado expressamente à pesquisa possa dar sua contribuição participando da "construção de uma cultura intelectual, de cariz teórico-metodológico crítico".

Nós, assistentes sociais, somos chamados do ponto de vista do capital a dar resposta práticas na defesa dos seus interesses e do ponto de vista do trabalho a dar respostas práticas às suas demandas na vivência das diferentes expressões da questão social; frente às finalidades do projeto profissional, buscando fortalecimento material e subjetivo nas/das lutas sociais. É no cotidiano da prática que o Serviço Social "adensa sua intervenção na realidade" quando "o conhecimento penetra as massas e se torna força material": os assistentes sociais junto aos trabalhadores/ usuários ou mediando ações em seu favor, mediadas por conteúdos substantivos; os assistentes sociais na luta política; os assistentes sociais criando espaços reflexivos, democráticos, democratizando informações e conhecimentos em resposta aos desafios que os trabalhadores enfrentam na busca por sobrevivência e emancipação, quando temos a oportunidade de fomentar e fortalecer a luta coletiva. Isso se acreditamos no "conhecer para transformar", o conhecimento como fonte de transformação da sociedade e não somente o conhecer para iluminar corações e mentes em busca de paz de espírito.

Assim sendo, o papel principal dos assistentes sociais, reiterando, do ponto de vista do trabalho, a partir da área de Serviço Social, para além da produção de conhecimento em diferentes áreas, é propor, produzir, operar, testar, analisar, avaliar, estratégias de intervenção na realidade, ou seja, transformar o conhecimento em situações concretas, o que significa, dialeticamente, também produzir conhecimento nesse sentido e nessa direção. Isso também porque, independentemente de um pequeno e qualificado segmento da categoria produzir um conhecimento que alça à condição de debate com áreas afins, a quase totalidade dos assistentes sociais está, e diante da condição do Serviço Social como profissão estará, em contato direto com os trabalhadores/usuários e/ou projetando e realizando atividades e ações (planos, programas, projetos, gestão) que os atingem direta ou indiretamente.

Assim sendo, o fato de a categoria dos assistentes sociais necessitar que se produza conhecimento nas áreas humanas e sociais na perspectiva de Marx e no âmbito do marxismo (uma direção social abandonada pelas Ciências Sociais e Humanas em favor da pós-modernidade); que parte da categoria, dedicada expressamente à pesquisa produza conhecimento sobre temas que atravessam a profissão, mas que não estão diretamente relacionados à atividade profissional; de que parte da categoria se volte para uma produção que demanda investimento e tempo, impossível de ser realizada por aqueles que estão no cotidiano da prática; tudo isso não retira do Serviço Social sua condição de profissão, além, de, como muitas outras profissões, de se constituir também em área de conhecimento (como no caso da medicina, da enfermagem etc.), e não cancela a exigência de uma produção crítica, compromissada com a atuação profissional.

Abordando o descompasso entre a intelectualidade acadêmica e a sociedade, para Coutinho (2006, p. 114), "muitos intelectuais continuam a ter, do ponto de vista moral e ético, a ideia de que a transformação social é justa e necessária. Mas na medida em que a mediação entre eles e a realidade social se tornou nebulosa e difícil, há uma tendência de vários destes intelectuais a refluírem para o espaço acadêmico, despreocupando--se com sua responsabilidade social", o que abrange seu papel frente ao "problema da intervenção social e de como resolvê-lo". Diríamos que, diante desses problemas que atingem todos os intelectuais, para os assistentes sociais, não se trata apenas da necessária e essencial participação em partido político e organizações, mas de encontrar meios de atuar na busca de respostas a um Serviço Social mediado pelo projeto profissional, o que requer colocar como objeto de investigação o combate empreendido e os desafios enfrentados pelas massas trabalhadoras no cotidiano da vida e, consequentemente, pelos assistentes sociais no cotidiano da prática, onde vige a encarniçada luta de classes. É deste modo que, através da produção de conhecimento e do exercício profissional, que o assistente social poderá dar sua contribuição na organização da sociedade e na luta "pela hegemonia política e ideológica da classe ou bloco de classes com os quais se identifica". Como afirma o autor, é condição para a retomada de uma batalha pela hegemonia que os intelectuais — entendidos na ampla acepção que lhes atribui Gramsci [o que nos leva a considerar todos os assistentes sociais e não só os que exercem sua função junto à academia/docência/pesquisa] — voltem a desempenhar suas funções públicas (idem).

Diante desse complexo causal, o grosso da produção acadêmica, apartado do cotidiano da prática, fica restrito ao seu próprio meio (parte dela veiculada no âmbito da graduação e da própria pós-graduação), na medida em que os assistentes sociais não conseguem se apropriar dela para mediar o exercício profissional. E diante da falta de mediações com o cotidiano profissional, quando apropriada pelos assistentes sociais, eles, na maioria das vezes, reproduzem/repetem as análises da realidade, tanto em textos, como no contato com os usuários, por meio de palestras, conselhos, considerações. Ou seja, um estado de coisas que, tendo efeitos contrários ao pretendido, vem incentivando pensamentos instrumentalizados e mecânicos, quando se perde a essência do indicado pelo projeto — conhecer para transformar — ficando limitado ao formalismo, academicismo...

Diante desse quadro, de forma desavisada ou não, uma expressiva parte dos assistentes sociais pode estar contribuindo efetivamente para o enfraquecimento tanto do projeto profissional, como do projeto societário ao qual o Projeto Ético-Político dos assistentes sociais está articulado, com as consequências previsíveis, tanto para os trabalhadores/usuários, como para as lutas sociais e para aqueles projetos.

A *segunda questão* está relacionada ao papel que desempenha a produção de conhecimento na prática socioassistencial.

Um exercício profissional na direção do projeto ético-político na sociedade capitalista só toma sentido quando tem em vista a participação consciente dos trabalhadores nos momentos de ruptura; o que, é óbvio, exige do sujeito profissional, prática consciente, intencional. É diante disso que o "acesso a direitos", mais do que resolver (nunca solucionar) momentaneamente problemas vivenciados pelas massas trabalhadoras no seu cotidiano, significa para elas instrumento de sobrevivência e exercício de luta, individual e coletiva e não finalidade. Para as massas trabalhadoras na sociedade capitalista, das lutas — pela saúde, pela terra, pela moradia, pelo trabalho, pelo transporte público, contra as opressões e discriminações... —, mais do que vitórias, resta, em tempos de preparação para momentos de ruptura, o fortalecimento da luta política e dos processos de mobilização e organizativos.

É nesse sentido que, como vem sendo reiterado na produção de conhecimento da área, a busca de um Serviço Social que, mediado pelo projeto profissional, rompa com o conservadorismo histórico na profissão, põe a "exigência de fundar a análise social na crítica da economia política" (Netto, 2008). Mas, uma análise social fundada na crítica da economia política, se é essencial, não é suficiente nem mesmo para os intelectuais que têm como função a sua realização. Ver os autores que, a partir de uma análise que põe o capitalismo em cheque, descambam para a conservação e/ou reforma do capitalismo, alguns jogando a responsabilidade no indivíduo, a partir do autoinvestimento dos sujeitos, outros imputando as possibilidades de transformação à abstrata sociedade civil/terceiro setor. Nem sempre quem faz a crítica social e se põe contra a elite capitalista objetiva uma organização social diferente da capitalista. Ou seja, ser contra a elite capitalista não é a mesma coisa que ser contra o capitalismo.

Assim sendo, o conhecimento é essencial, mas não é tudo nem suficiente para intelectuais que têm como função atuar nas relações sociais, visto que, se a análise social pode fundar a apreensão crítica do movimento dos espaços sócio-ocupacionais, tornando possível ao assistente social projetar suas ações a partir da identificação de alternativas presentes na realidade, ela não garante a direção social e as consequências das ações.

Numa sociedade permeada pela contradição, direção social e consequência das ações profissionais só podem ter o seu movimento apreendido a partir de uma análise *post festum*. Isto é, se a análise social fundamentada na crítica da economia política ilumina o planejamento, é a análise [também aqui fundada na crítica da economia política] do processo de transformação do planejamento em realidade, que pode revelar a direção social que mediou a prática e suas consequências para as instâncias e sujeitos envolvidos no processo: os usuários, o próprio assistente social, o Serviço Social como instituição, a instituição empregadora, os gestores e demais profissionais, a política social etc.

Diante da qualidade da formação graduada e permanente e da complexidade da realidade, podemos realizar prognósticos sobre a direção da prática dos assistentes sociais, mas só a *análise concreta de situações concretas* — uma análise *post festum* — pode apreender a direção social que essa prática vem tomando, suas tendências e reais consequências, mas, principalmente, no que diz respeito à atenção prestada diretamente aos usuários, as possibilidades e alternativas de práticas contidas na realidade.

Nos processos de análise de situações concretas que tenho realizado com assistentes sociais e alunos, na medida em que as experiências sistematizadas têm se mostrado no mínimo contraditórias, tenho me deparado com queixas relacionadas à qualidade do material analisado. "Por que não priorizar atividades que favoreçam os trabalhadores", perguntam assistentes sociais e alunos. Em resposta a essa pergunta, temos:

a) um material sistematizado[259] expressa dados de realidade e não uma prática ideal, assim sendo, o objeto da análise é o exercício profissional dos assistentes sociais tal qual ele se realiza, independentemente da direção social das ações é onde as possibilidades e alternativas de prática estão presentes;

b) diante das finalidades do projeto profissional, não cabe forjar uma prática ideal, como fazem os conservadores, mas, com base em situações concretas, sinalizar demandas não percebidas, possibilidades e alternativas não exploradas pelo assistente social/

---

259. Na investigação que desenvolvo no NEEPSS/FSS-UERJ, temos sistematizadas mais de 100 entrevistas e por volta de 500 reuniões (por meio de gravação) realizadas por assistentes sociais com usuários, em diferentes áreas de atuação profissional.

equipe, dando visibilidade e democratizando experiências/estratégias exitosas. Ou seja, é no cotidiano da prática dos assistentes sociais que estão presentes e pode-se apreender as possibilidades de prática na direção do projeto profissional e não em confabulações ideais e/ou situações simuladas, ainda que elas possam — através de oficinas de prática, por exemplo — se reverter em ganhos para alunos e profissionais em processos de qualificação — treinamento e habilitação — para assumir a coordenação de projetos e programas e a execução de atividades profissionais, essencialmente educativas;

c) no capitalismo, servimos, antes de tudo, ao capital na medida em que a legitimidade da profissão depende do seu chamamento, mas, ao mesmo tempo, na contradição, temos a possibilidade de favorecer o trabalho. Assim sendo, se no capitalismo não existe prática ideal, isenta de contradições, na medida em que não somos — usuários e profissionais — máquinas programadas, é partindo do que está dado na realidade da prática dos assistentes sociais que podemos tanto apreender a quem temos favorecido — mais ao capital ou ao trabalho — quanto revelar as possibilidades e alternativas de prática contidas na realidade, como sinalizado.

Desse modo, é na análise concreta de situações concretas que podemos apreender até que ponto estamos referendando e redirecionando os aspectos das políticas públicas que favorecem os usuários *ou* reforçando propostas de privatização dos serviços por meio de Fundações de Direito Privado, de OS; até que ponto estamos dando contribuição **efetiva na** mobilização, organização e formação dos trabalhadores, fortalecendo o controle social e o exercício de processos democráticos e de cooperação, fortalecendo a sinergia entre os diferentes segmentos de trabalhadores *ou* priorizando rigorosa e exclusivamente as requisições institucionais gerando mais dependência e desmobilizando processos de reivindicação; até que ponto estamos democratizando informações e conhecimentos relevantes e substantivos *ou* despolitizando o acesso às políticas; até que ponto estamos priorizando estratégias e ações necessárias a processos democráticos e participativos *ou* nos perdendo/prendendo em processos burocráticos, atuando estritamente de acordo com as normas e critérios estabelecidos nas políticas, programas e projetos pré-fabricados. No limite, até que ponto estamos contribuindo para qualificar a participação política e favorecendo os trabalhadores na imposição de limites ao capital, na busca por emancipação humana?

Frente a uma situação recorrente entre os demais profissionais e gestores que, *diante da quantidade de negativas dos assistentes sociais sobre o que não é de sua competência realizar,* a análise de situações concretas pode favorecer, ainda, a sistematização e a divulgação das respostas profissionais que realmente enfatizem e esclareçam *para que a profissão e o que faz e vem fazendo o assistente social nos diferentes espaços sócio-ocupacionais, publicizando e divulgando o que possa realmente ser denominado Serviço Social, para além do que requerem e esperam historicamente da profissão, gestores e demais profissionais, quando não, alguns usuários.*[260]

Para nós que escolhemos o projeto profissional como referência, *aqui não se trata de uma simples identificação nas diferentes áreas de atuação do que o assistente social deve ou não deve fazer.* Como observado acima, não é raro observar na produção de conhecimento que reivindica articulação com o projeto profissional, afirmações como: "o assistente social deve..."; "um

---

260. Diante de algumas tarefas assumidas historicamente por assistentes sociais em diferentes espaços profissionais, não é rara a demanda de usuários por contato com médicos e outros profissionais; por acesso a atendimento e realização de procedimentos sem respeito à rotina institucional, entre outras coisas. Parece-me que a questão não é que em algumas situações esses procedimentos não sejam possíveis, quando não, por vezes, necessários. A questão é quando esses e outros procedimentos passam a identificar a profissão nos diferentes espaços profissionais, inclusive alguns que realmente não competem ao assistente social realizar, como, dentre outros: ligações telefônicas para outros técnicos geralmente de nível superior; solicitação de serviço de ambulância; responsabilidade pelo formulário do laudo médico para emissão de Autorização de Internação Hospitalar (AIH); solicitação de exames; processo de *solicitação de rabecão* e contato com outras instituições para providenciar o empréstimo de câmara frigorífica; regulação de vagas; transferência externa de usuários; convocação do comparecimento de um familiar nas instituições, independentemente do atendimento pelo assistente social; solicitação e controle de transporte; comunicação burocrática de alta médica e de óbito.

assistente social não pode estar a serviço..."; "nosso trabalho tem que ser no sentido..."; "o assistente social não deve...". Com a análise concreta de situações concretas, trata-se de desobscurecer, identificar e submeter à análise teórico-crítica o que está sendo feito, como, para que, com que e em que condições, tendo em vista apreender as consequências das ações profissionais no favorecimento ou não dos trabalhadores/usuários, como indicado no projeto profissional e, nesse movimento/processo, negar (no sentido dialético) práticas que não favoreçam; fortalecer e divulgar as que favorecem; redirecionar as ações; identificar lacunas nos estudos, nos levantamentos, no planejamento; demarcar lacunas, fraturas, contradições e falhas no acúmulo teórico e técnico-operativo do profissional/equipe que coordena a atividade e contradições frente às referências ético-políticas assumidas; indicar questões relevantes a serem investigadas em profundidade etc. etc. É o que aprofundaremos no capítulo 3 deste livro.

2

O assistente social na luta de classes[261]:
entre projetos, tendências, possibilidades, alternativas não exploradas e consequências, no contexto de lutas emancipatórias

> Fazer Serviço Social é transformar o momento da exploração da minha força de trabalho em ações que resultem em ganhos para os demais trabalhadores os quais sou obrigada a controlar. Assistente social.

---

261. Sobre o protagonismo dos trabalhadores na luta de classes, que não temos condições de abordar aqui na profundidade necessária, conferir, entre outros, Hobsbawm (1995); Bensaid (2008); Mattos (2009); Montaño e Duriguetto (2010).

Como afirma Lukács, com base em Marx, "objetivamente o ser social é a única esfera da realidade na qual a práxis cumpre o papel de *conditio sine qua non* na conservação e no desenvolvimento das objetividades, em sua reprodução e em seu desenvolvimento" (Lukács, 2012, p. 28). Desse modo, na busca de transformação do projeto profissional em realidade, o exercício profissional constitui um tema decisivo no estudo da formação, desenvolvimento e tendências do Serviço Social. Mas, não podemos pensar o exercício profissional a partir de um determinado projeto de profissão, num determinado momento histórico, como se estivéssemos partindo do nada. Há que se abordar o durante, e, tendo em vista a história, o antes e seu devir, o depois. Nesse processo, põem-se em relevo duas questões.

1. Teoria/prática como unidade são aspectos inseparáveis do processo conhecimento/práxis. A teoria tanto se nutre da práxis social e histórica como se torna força material ao penetrar as massas (Marx) e indicar caminhos para a transformação social, econômica e política. Sem a práxis como devenir, ou seja, práxis que se constrói e se dissolve em outra(s) por transformações incessantes e permanentes, práxis como movimento, processo, história, não seria necessária a teoria, bastava conhecer-se somente uma vez.[262]

2. Assim como a vida em sociedade se constitui pelas atividades finalísticas dos indivíduos (Lukács, 2013), o Serviço Social, como parte e expressão da sociedade onde se origina e se desenvolve, se constituiu pelos atos finalísticos dos assistentes sociais que agem

---

262. Essas reflexões estão baseadas em Kameyama que afirma "A teoria e a prática constituem [...] aspectos inseparáveis do processo de conhecimento e devem ser consideradas na unidade, levando em conta que a teoria não só se nutre na prática social e histórica como também representa uma força transformadora que indica à prática os caminhos da transformação". (1989, p. 101)

na "tensão dialética teleologia e causalidade, entre as representações da consciência que fixa seus objetivos e a realidade incontornável das cadeias causais" (Tertulian, 2007, p. 230). Os assistentes sociais (assim como qualquer um dos indivíduos sociais),[263] mesmo sem a necessária formação teórica, estão no seu "pôor teleológico" (em-formação da causalidade), muito além da causalidade espontânea, por definição não teleológica, da vida da natureza.

E aqui se ressalta a tensão dialética entre as representações da consciência individual do assistente social que fixa seus objetivos (teleologia) e a formação graduada e permanente como "cadeias causais em-formadas", compondo as infinitas cadeias causais como realidade incontornável, na prática cotidiana. Ou seja, *a formação graduada e permanente*[264] como possibilidade de superação, pelo menos em parte, do que o processo de socialização sob o capitalismo fez e faz dos futuros e atuais assistentes sociais e o *planejamento* (como *processo de formação permanente*)/*prática* como nexos causais necessariamente conscientes, tendo em vista a virada real do Serviço Social na direção dos interesses históricos da classe trabalhadora, estão articulados de forma indissociável mediando, permanentemente, a confrontação teórica, ética e política do conservadorismo presente no âmbito da vida social, o que, dialética e consequentemente, impregna a práxis e o exercício profissional, como sua parte e expressão.

---

263. Ao abordar as dificuldades de uma prática pensada no âmbito da sociedade capitalista — por parte dos profissionais, dentre eles o assistente social —, guardadas as devidas proporções e diferenças, principalmente no que se refere à relativa autonomia que portam pela sua condição de profissionais de nível superior e regulamentação da profissão, estamos fazendo essa abordagem como parte e expressão da complexidade da prática necessariamente pensada no processo de formação, mobilização, organização e ação dos diferentes segmentos da classe trabalhadora, na busca do salto de qualidade entre classe em si e classe para si. Ou seja, abordar os desafios da classe como um todo ou de um de seus segmentos faz parte de um processo que potencializa essa busca.

264. A qualidade da formação graduada, em parte, está hipotecada à qualidade da prática docente, o que envolve a própria formação permanente do professor — estudos, pesquisa. A qualidade da formação permanente, como visto, está hipotecada e é indissociável da qualidade da prática realizada ao lONGo da vida profissional do assistente social, que em sendo uma prática planejada e avaliada nas suas consequências, crítica, criativa, propositiva, assentada na apropriação do conhecimento produzido e na investigação, tanto exige do assistente social que acesse teoria — o que reverte em ganhos na sua formação — quanto qualifica suas respostas profissionais e supõe tendências.

Afinal, ao identificar na "'posição teleológica' a célula geradora, o 'fenômeno original', da vida social, e na proliferação das posições teleológicas o conteúdo dinâmico dessa vida" (Tertulian, 2007, p. 230), Lukács torna impossível a confusão entre vida da natureza (causalidade espontânea) e a vida da sociedade (nexo causal em-formação, ou seja, *atividade finalística como em-formando as cadeias causais*) o que revela o ser social como conjunto de atos finalísticos dos indivíduos (se expressando numa *totalidade que é sempre um devir imprevisível*), na "tensão dialética entre teleologia e causalidade, entre as representações da consciência que fixa seus objetivos e a realidade incontornável das cadeias causais", não só se constituindo através do trabalho, o modelo da práxis, mas, transcendendo este modelo, na proliferação das posições teleológicas; o conteúdo dinâmico da vida social assentado numa causalidade pensada, consciente, visto que assentada nas representações da consciência que fixa seus objetivos (vide capítulo 1 deste livro).

Assim, na perspectiva do projeto profissional, um momento crucial de disputa das consciências está na graduação. Se essa chance é perdida na formação graduada, o que atualmente se tornou mais grave diante da proliferação do ensino à distância no Serviço Social e da qualidade da formação na maioria dos cursos presenciais, essa possibilidade fica hipotecada à formação permanente, o que vai demandar um autoinvestimento intenso e contínuo por parte dos sujeitos profissionais. Um processo exigente e difícil, mas não impossível; ver a formação dos sujeitos participantes do processo de renovação do Serviço Social brasileiro, inclusive dos integrantes da intenção de ruptura, berço do projeto profissional, que se constituíram como sujeitos históricos em plena vigência de um Estado ditatorial e sob influência preponderante da perspectiva conservadora no Serviço Social brasileiro.

Considerando essas questões, historicamente, no contexto do desenvolvimento do capitalismo industrial e da expansão urbana,[265] de um lado, temos:

---

265. Sinalizamos, com base em Marx, o desenvolvimento desigual na vigência da sociedade do capital, ou seja, desigualdade entre o desenvolvimento econômico e o desenvolvimento social, entre

1. o surgimento do Serviço Social no Brasil;

e, de outro lado, temos:

2. na teoria e na prática, projetos/alternativas, nem sempre clara e conscientemente distinguidos(as) quando tomados(as) como referência pelos indivíduos sociais — aqui, no caso, os assistentes sociais —, para o desenvolvimento ulterior do Serviço Social brasileiro.

2.1 Surgimento do Serviço Social e quefazer profissional

O pensamento conservador surge exatamente quando a burguesia, transformando-se em classe dominante, abandona, como sujeito político, seu papel revolucionário.

O Estado, no capitalismo monopolista, através das políticas sociais, assume novas funções: garantia do desenvolvimento capitalista; reprodução e controle da força de trabalho, ocupada e desocupada. As políticas sociais propiciam a criação de espaços sócio-ocupacionais que favorecem o surgimento do Serviço Social. Ou seja, "a profissão só emerge na idade do monopólio, quando o Estado burguês desenvolve formas sistemáticas, estratégicas e coesivas para enfrentar as manifestações da 'questão social'" (Netto, 1989, p. 91), o que remete os assistentes sociais, para além da sua

---

a expansão das forças produtivas e as relações sociais. Como mostram Netto e Braz, "na sua expansão mundial, o desenvolvimento capitalista apresentou-se sempre com uma dupla característica — *desigual e combinado*". Desigual porque "em função de razões históricas, políticas e sociais, a dinâmica capitalista opera em ritmos diferenciados nos diversos espaços nacionais, afetando tanto os países capitalistas como as relações entre eles" E, no que diz respeito aos países atrasados, o desenvolvimento capitalista revelou-se um desenvolvimento combinado: "pressionados pelo capital dos países desenvolvidos, os atrasados progridem aos saltos, *combinando* a assimilação de técnicas as mais *modernas* com relações sociais e econômicas *arcaicas* — e esse progresso não lhes retira a condição de economias dependentes e exploradas" (2006, p. 186-187, grifos dos autores). Ver, ainda, indicações bibliográficas da nota 267.

atuação junto ao operariado e suas famílias, a atuar no âmbito do processo de produção e reprodução das relações sociais.

Os assistentes sociais, considerados como técnicos/executores terminais das políticas sociais, têm a profissão referenciada pelo pensamento conservador para realizar uma função eminentemente conservadora; não por acaso, seus profissionais vêm sendo historicamente reconhecidos como "amortecedores do sistema". A profissão assim nasce e se desenvolve "como parte do programa da antimodernidade, reagindo à secularização, à laicização, à liberdade de pensamento, à autonomia individual etc." (Netto, 1996, p. 118).

No Brasil, o Serviço Social surge quando a emergente burguesia industrial[266] (frente ao movimento operário emergente e à questão social, nas suas diferentes expressões,[267] fruto do processo de exploração capitalista do trabalho) requer uma estratégia que, baseada na conciliação de classes, favoreça o disciplinamento e o controle dos trabalhadores tendo em vista a reprodução do trabalho alienado e alienante, através da coerção e do convencimento.

Como parte da estratégia histórica baseada na conciliação de classes, através da articulação Estado/burguesia — Igreja Católica/"damas da

---

266. No contexto da Revolução de 30, favorecida pela intervenção do presidente Getúlio Vargas, a burguesia industrial assume o poder frente ao declínio da oligarquia rural que buscava, na Igreja Católica, manter seus privilégios e reconquistar a hegemonia na "condução moral da sociedade". Esta encontrou novo espaço de atuação, através da "Ação Social". É neste contexto que surgem as primeiras escolas de Serviço Social: São Paulo (1936) e Rio de Janeiro (1937), o que tem como consequência o nascimento do Serviço Social brasileiro orientado pelo pensamento social da Igreja Católica (ver Iamamoto e Carvalho, 1982). A partir da crítica à sociedade burguesa, nas décadas de 60-70, a mesma igreja católica, compõe com a universidade, movimento estudantil e partidos políticos, um movimento de contestação da ordem vigente e, como parte e expressão desse movimento, da reconceituação do Serviço Social na América Latina.

267. Nas revoluções de 1848, quando se radicalizam as lutas operárias nos países de capitalismo central, o Brasil ainda era um país escravista. A questão social só vai se pôr como questão política no Brasil, no início do século XX, com o processo de industrialização. As políticas sociais surgem mediadas pela busca de legitimação dos interesses dos capitalistas e das pressões do operariado emergente, como é próprio da contradição capital/trabalho no sistema capitalista. Para a necessária apreensão histórica da formação social e econômica brasileira, pelos assistentes sociais brasileiros, ver, dentre muitos outros títulos: Fernandes, 1975, do qual consta uma rica bibliografia sobre o Brasil; Prado Jr., 1976, 1996, 2000; Ianni, 1963.

sociedade" —, estrutura-se e consolida-se a função social da profissão pautada num *quefazer profissional*, estruturado por um "olhar" — percepção, entendimento — que, a partir do que está aparente nos processos sociais e a partir de um **ponto de vista de classe** — da classe burguesa —, prepara-se estrutural e dinamicamente o caminho para a inserção do assistente social no controle e na submissão da classe operária e demais trabalhadores assalariados. Um processo que, respondendo requisições da burguesia, passa a ser operado pelo Estado, através de instituições sociais/políticas sociais,[268] articulado, historicamente, ora à igreja, ora à denominada "sociedade civil",[269] mais por uma ou pela outra, ou pelas

---

268. Na busca de adequação das práticas profissionais às requisições do Estado ditatorial, o Serviço Social brasileiro passa por um processo de renovação iniciado na década de 1960 que se expressa em vertentes indicadas por Netto (1991): modernização conservadora (baseada no estrutural funcionalismo) e renovação do conservadorismo (baseada na fenomenologia). Na esteira desse processo, influenciada pela emergência do movimento operário, se constitui a terceira vertente, neste caso, objetivando enfrentar na teoria e na prática o conservadorismo histórico da profissão, renovado ou modernizado por meio das duas outras perspectivas. Mesmo com a intenção de ruptura, naquele momento, os assistentes sociais permanecem ocupando o espaço de execução terminal das políticas sociais, na medida em que o contato do profissional com a população usuária se dá através do Estado, principalmente no nível federal, através das políticas de habitação (INOCOOP), assistência Social (LBA) e saúde (Postos de Atendimento Médico — PAM/INAMPS), espaços em que, mais próximos das "comunidades", alguns assistentes sociais, considerando os interesses e necessidades dos usuários a partir de finalidades e objetivos que confrontam as requisições institucionais, puderam favorecer, junto a movimentos e lutas sociais, processos de "mobilização, organização e conscientização". Desse modo, se historicamente existe uma ruptura com os espaços de formação profissional que tem início em faculdades particulares/confessionais, quando a formação se espraia tanto para o espaço privado laico como para o Estado (a primeira escola pública e gratuita de Serviço Social no Brasil foi a da Universidade do Estado do Rio de Janeiro, fundada em 1944), independentemente do processo de renovação que atravessa as décadas de 1970/80 e da consolidação do projeto profissional na década de 1990, os assistentes sociais continuam, predominantemente, a ocupar os espaços profissionais como operadores de políticas e serviços públicos (nas diferentes instâncias de governo e poderes da República, onde a inserção do assistente social se ampliou, como o poder Judiciário e de novos espaços criados com a Constituição de 1988, como os Conselhos de política e de direitos e as Conferências e as instâncias de planejamento) e privados (nas empresas, ONGs, instituições assistenciais), para além do segmento que opera a docência/pesquisa/produção de conhecimento.

269. Frente à diversidade de significados, em resumo, podemos sinalizar que, para a economia política burguesa — que se expressa através das denominadas Ciências Sociais — a sociedade civil abarca todos os aspectos não estatais da sociedade, envolvendo tanto a economia, como a cultura, a sociedade e a política, a partir da crítica ao "economicismo" marxiano e marxista. Para a teoria social crítica — Marx e marxismo —, sociedade civil refere-se à sociedade burguesa. Nessa direção, socie-

duas, a depender do momento histórico, mas sempre a partir dos interesses burgueses.

O *quefazer* profissional, seguindo o que está dado e é dominante como referências teóricas nas relações sociais capitalistas — referências importadas da Europa e *aplicadas*, de forma criativa, por nossas fundadoras, no emergente capitalismo brasileiro —, não exigiu grandes investimentos teórico-metodológicos ao priorizar o técnico-operativo, sem deixar de estar baseado na razão. Não a razão dialética, capaz de apreender os processos sociais como complexos de complexos, nas suas relações e conexões necessárias, mas uma razão positiva que estrutura um *quefazer* que, se por um lado se coloca como neutro, por outro, individualiza, responsabiliza e culpabiliza, na busca de respostas pontuais para problemas percebidos na sua imediaticidade.

Um quefazer, desse modo, estruturado na naturalização e na fragmentação dos processos sociais; a questão social apreendida como coisa natural e a partir de cada uma das suas expressões. Um *quefazer* claro, definido como modelo a ser reproduzido, assentado na máxima: *estudo, diagnóstico, tratamento, avaliação e alta, a ser operado sobre uma "pessoa"* considerada, isoladamente, na sua "individualidade", como um homem, uma mulher, uma família *que "tem" um problema, ou conjunto de problemas,* cada um considerado e a ser "resolvido" isoladamente, a partir dos recursos disponíveis. *Um processo no qual, estruturado na naturalização e na fragmentação dos processos sociais e na separação conteúdo-forma, a forma torna-se o próprio conteúdo.*

---

dade civil, para Gramsci, é "*o conjunto de organismos designados vulgarmente como 'privados' [...]*" (Gramsci, 2001b, p. 20), formada pelas organizações responsáveis tanto pela elaboração quanto pela difusão das ideologias, compreendendo assim o sistema escolar, as igrejas, os sindicatos, os partidos políticos, as organizações profissionais, a organização material da cultura (que se dá pelos jornais, revistas, editoras, meios de comunicação de massa) etc., em suma, os ditos "aparelhos privados de hegemonia" — organismos sociais coletivos voluntários e relativamente autônomos em face da sociedade política — O *Estado* (Gramsci, 2004, p. 112). A sociedade civil é considerada uma das esferas principais do Estado visto em seu sentido ampliado; a outra esfera seria a sociedade política: o conjunto de mecanismos através dos quais a classe dominante detém o monopólio legal da repressão e da violência e que se identifica com os aparelhos de coerção sob controle das burocracias executivas e policial-militar (cf. Gramsci, 2004; Carnoy, 1988; Coutinho, 1981).

Ora, desde o surgimento do Serviço Social, o Brasil, de país em processo de industrialização, alçou à condição de uma das dez maiores economias do planeta, o que, numa processualidade estruturada em avanços, recuos e acumulações, vem resultando em *mudanças* na sociedade brasileira: no Estado, na organização, nos seus diferentes segmentos, da burguesia e dos trabalhadores, e nas profissões, inclusive o Serviço Social. Mudanças palatáveis à ordem capitalista que continua vigente e cada vez mais hegemônica, a partir de alterações nos processos e relações de trabalho — a reestruturação produtiva — e do neoliberalismo; mudanças que vêm resultando, concomitantemente, na concentração exponencial de poder e riqueza, no acirramento da exploração do trabalho, no crescimento da miséria e da pobreza e no acirramento dos limites e das crises do capitalismo.

Neste contexto, tanto as formas de pensar como o quefazer dominante na ordem do capital — modelo da forma de pensar e do quefazer profissional — vêm também se travestindo, se reciclando, se atualizando, se modernizando, o que, atualmente, vem influenciando assistentes sociais e outros profissionais, por exemplo, a substituir o "tratamento de casos, grupos e comunidades" por terapias (comunitária, familiar, de idosos, de trabalhadores aposentados ou em processo de aposentadoria, dependentes químicos etc.) e/ou por instrumentos/recursos/técnicas (estudos socioeconômicos, genograma, cadastramentos, operação de sistemas informatizados (comunicação e gerenciamento de informações), dinâmicas de grupo/processos (des)educativos (educação ambiental; orientação burocrática de acesso a políticas/programas/benefícios e cumprimento de condicionalidades, de regras, códigos de conduta e disciplina empresariais; avaliação funcional/para contratação etc.). Onde e quando, o conteúdo sacrificado em favor da forma considerada em si mesma, a finalidade é a/o "negação/acesso ao direito", o alívio de tensão, o acolhimento, a humanização, o laudo, o parecer, o encaminhamento, o aconselhamento; onde, independentemente dos conteúdos veiculados ou ausentes e da qualidade do acesso e/ou do usufruto, o essencial e o necessário a ser considerado é a vivência, o "ser acolhido", o apoio recebido, a catarse, o "bem-estar", a tensão aliviada, o conflito manejado, a bolsa de alimentos recebida, a consulta realizada; a seleção/avaliação/treinamento realizados etc. etc. Onde, enfim, intencionalmente ou não, nos encontramos na constrangedora tarefa que é criar as condições necessárias para que as massas trabalhadoras estejam dispostas a obedecer e aceitar sua situação de subordinação.

E aqui se coloca uma digressão necessária.

As damas da sociedade, os sujeitos da ação profissional da década de 1930 e seguintes, quando da origem e consolidação do Serviço Social como profissão, de cultura refinada, não apresentavam dificuldade alguma em ter acesso a produções em diferentes idiomas e recriar técnicas e instrumentos de controle provenientes do exterior, para "aplicá-los" sobre a emergente classe trabalhadora brasileira, naquele momento, majoritariamente composta por trabalhadores imigrantes europeus, advindos de países onde a luta política estava em curso, numa Europa pós-crise de 1929 e entre guerras, o que, já antecipado pela burguesia, poderia contaminar os trabalhadores nativos. Assim, mulheres cultas e preparadas ideológica e tecnicamente do ponto de vista da classe que representavam, tendo em vista sua profissionalização, prestavam (o que nos remete à necessidade, resgatando o Serviço Social na história, de apreender o que desta prática está presente ainda nos dias atuais) ajuda/assistência aos trabalhadores e suas famílias, "preocupadas" com seu "estilo de vida"/comportamentos/habilidades, mas não com suas condições de vida e de trabalho. Damas que tinham como objetivo explícito ajudar, ensinar, esclarecer, orientar, aconselhar "pessoas" tomadas de forma abstrata (na realidade, os trabalhadores e seus familiares) que, "sem saber utilizar o tempo livre", se entregavam à vadiagem, à embriaguez, à intemperança, à libertinagem, o que acabava por contaminar toda a família, esta também, quando não prioritariamente, tornada objeto de orientação/modificação/aconselhamento/encaminhamento.

Só mediações, não tão complexas assim, nos remetem ao verdadeiro foco do controle dos trabalhadores: a consolidação do incipiente processo produtivo. E aqui, coloca-se uma questão de fundo. Ora, o fato é que as damas profissionais, a partir da "denúncia moralizadora dos efeitos degradantes de forças ocultas", recorrem à **razão** para responsabilizar e culpabilizar "os próprios trabalhadores em vez do sistema que lhes impõe essa situação infeliz"; com o que podemos perceber, não é uma estratégia nova da burguesia com relação aos trabalhadores.

Esse estado de coisas já antecipa que se a coragem (de atuar junto a indivíduos perigosos), a boa intenção e a vontade de ajudar — independentemente da direção social — não são suficientes para favorecer os trabalhadores nas suas lutas, também não é a razão em si mesma que vai garantir uma prática que se propõe articulada aos interesses históricos dos trabalhadores. A questão assim passa a ser *qual o ponto de vista da razão que pode garantir que a verdade prevaleça?* Ou seja, qual o ponto de vista que vai garantir aos sujeitos, individual e coletivamente, que não se conformando aos "debilitantes limites do capital", precisam desobscurecer as entranhas da organização que os limita, imbeciliza, empobrece, explora, no sentido de apreender sua natureza e sua lógica?

É a vontade ético-política aliada a um determinado e necessário ponto de vista da razão, indicado por *aquela — necessário para revelar a natureza das coisas vigentes — que pode favorecer a luta social.* Nem uma (vontade ético-política), nem outra (razão), isoladamente, dá conta do enfrentamento necessário à construção das condições necessárias à superação do capitalismo, na busca da emancipação humana. E aqui, por um lado, fica ainda mais claro que o ponto de vista de classe que fundamenta o projeto profissional considerado na sua radicalidade — o do proletariado enquanto sujeito histórico revolucionário — é o ponto de vista que nos remete ao trabalho como atividade humana autorrealizadora; trabalho, ato fundante do ser social, que como modelo da práxis determina as demais dimensões da vida social — o que nos remete, ainda, a Marx e ao marxismo. Por outro lado, fica claro que o ponto de vista do capital — construção social baseada na exploração do trabalho, na propriedade privada e na concentração sempre crescente da riqueza produzida socialmente — nos remete ao necessário funcionamento social e ao funcionalismo (tendo em vista a manutenção do *status quo*), mas, antes de tudo, nos remete a uma subjetividade tomada de forma isolada e como princípio e não a uma subjetividade rica como fruto de educação emancipadora e trabalho desalienado.

Diante desse estado de coisas, não é sem razão que no capitalismo coloca-se como necessidade que "a pura contemplação [seja elevada] a veículo do conhecimento da verdade e, simultaneamente, a critério último do comportamento correto do ser humano na realidade social", como afirma Lukács (2012, p. 28). Necessidade do capital que captura corações e mentes independentemente das suas boas intenções e vontade de ajudar.

Retornando ao *quefazer* claro, definido como modelo a ser reproduzido e assentado na máxima *estudo, diagnóstico, tratamento, avaliação e alta*, legado das pioneiras do Serviço Social.

Essa máxima tem início com o "Serviço Social de Casos Individuais ou Método de Serviço Social de Casos" (Richmond, 1962) baseado no Método Clínico, que toma como objeto o estudo e o tratamento de doenças, a partir de uma concepção de saúde como ausência de doença. Desse modo, o "Serviço Social de Casos" consiste no *estudo* dos "problemas sociais" de um indivíduo, tomado isoladamente como "caso social", tendo em vista um *diagnóstico,* das suas debilidades e potencialidades individuais, um *"plano de tratamento"* — antecipação do que fazer: entrevistas de orientação e aconselhamento, encaminhamentos para cursos, ajuda de custo, vigilância através das visitas domiciliares etc., uma *intervenção* que objetiva "solução do problema" diagnosticado a partir de "desenvolvimento das potencialidades, resgate da autoestima, mudança de comportamentos etc., a partir do que foi antecipado no plano e, finalmente, a *alta ou continuidade do tratamento,* frente os resultados obtidos: solução ou continuidade do problema.

Partindo do pressuposto de que a causa dos problemas diagnosticados é de natureza individual, a alta só pode resultar quando da adaptação do indivíduo ao que está dado, ao que é funcional ao sistema, tendo em vista favorecer o bom funcionamento social. Resgatando Richmond, Vieira (1988) afirma que "se emprega o Serviço Social de Casos junto a pessoas com problemas e dificuldade de relacionamento pessoal e de funcionamento social, ou seja, de inter-relacionamento social" (p. 115), muito do que é resgatado/modernizado, atualmente, pelo Serviço Social Clínico e/ou Terapia Familiar.

A referência ao "caso social" utilizada no Serviço Social tradicional, a partir do processo de renovação, deixa de fazer parte da literatura do Serviço Social, mas ainda está presente no cotidiano profissional. Como mostra Assis (2012), o "caso social" refere-se, nos Hospitais de emergência,

> em sua maioria, há pessoas que estão fora do que poderia ser considerado comum na emergência, ou seja, pacientes que permanecem internados na unidade, sem referência familiar e, portanto, sem local para irem após sua alta. Tornam-se "casos sociais" pessoas que chegam ao Hospital sem identificação e sem condições de abordagem (desacordados, desorientados etc.). Pessoas em situação de rua, idosos sem referência familiar, usuários de drogas também sem referência familiar, deficientes físicos, entre outros. Crianças e adolescentes que entram na unidade vítimas de supostos maus-tratos, abusos ou negligência também se tornam casos sociais.

Ou seja, ainda que apreendido e não tratado com o rigor técnico exigido por Vieira, a abordagem desses denominados "casos sociais", sem referência à perspectiva de totalidade e à raiz de classe dessa denominação, pode estar resultando nas mesmas consequências almejadas no Serviço Social tradicional:[270] a busca de compreensão do ponto de vista do que é dominante e de adaptação ao que é dominante. Ou seja, estaríamos aqui muito aquém da luta pela garantia da própria cidadania burguesa — busca de redistribuição dos frutos do capitalismo, objetivando reduzir o fosso entre os rendimentos mais altos e os mais baixos — e a anos luz do projeto do Serviço Social brasileiro que, apreendido na sua radicalidade, coloca como limite superar o capitalismo, colocando um fim em seu domínio.

O *quefazer* vigente no Serviço Social Tradicional, atualmente, ainda presente no cotidiano dos assistentes sociais, certamente não intencionalmente e modernizado ao acompanhar o movimento das coisas, de fácil

---

270. Muito utilizado atualmente, o "estudo de caso" — tendo como objeto um indivíduo, uma família, um segmento de classe, um bairro, uma favela, um município, um estado ou um país —, ao abandonar a perspectiva de totalidade e reproduzir a mesma direção social, traz as mesmas implicações do "caso social": a busca de compreensão do ponto de vista do que é dominante e de adaptação ao que é dominante.

reprodução, tendo como base uma concepção tradicional do mundo,[271] assentada num sujeito que sabe — o profissional — e um objeto a ser modificado — o "cliente"/"paciente" —, é uma prática que está estruturada na reprodução das relações de mando e obediência funcionais à sociedade do capital. Como sinaliza a sabedoria popular: manda quem sabe (no caso quem passou pela universidade), obedece quem tem juízo (o trabalhador que "não sabe", mas que tem muito a perder.

Um *quefazer* que, modernizado, para se adequar aos dias de hoje, ao incorporar demandas dos diferentes segmentos da classe trabalhadora por "condições *mínimas* de vida e de trabalho" através do acesso a políticas sociais, mas também, pela necessária luta contra as opressões e as discriminações, é funcional à democracia/cidadania burguesa, visto que, aquelas demandas, consideradas como finalidade última, ao imiscuírem os sujeitos trabalhadores/profissionais na infernal burocracia e/ou no sofrimento social, acabam contribuindo, tanto para desviar a atenção das questões essenciais na busca da emancipação humana, como para obscurecer o que é fundamental na sociedade do capital: a exploração do trabalho, a concentração de riqueza e a propriedade privada. Um contexto que revela tanto as exigências como a complexidade de se fazer Serviço Social na direção dos interesses históricos dos trabalhadores, visto que é nesse o campo de luta que a busca pela emancipação tem que se dar e está se dando.

Assim, é no contexto da sociedade do capital que este *quefazer* histórico na profissão, conservador que é, como parte e expressão de instâncias da vida social forçadas a reproduzir o conservadorismo, tem de ser reatualizado a cada momento histórico para acompanhar o Serviço Social e continua impregnando os profissionais, mesmo que pela vontade se coloquem favoráveis aos trabalhadores e às lutas sociais.

Diante disso, como podemos observar no cotidiano da vida e profissional, as concepções e noções dominantes do sujeito que sofre e/ou

---

271. Fernandes (1975a), numa afirmação atualíssima, ressaltava que historicamente a "concepção tradicionalista do mundo tem contribuído severamente para manter um clima de incompreensão da inteligência e do mau uso social do talento".

participa a/da atividade profissional — as massas trabalhadoras — contêm e expressam aquele *quefazer, com o tempo* travestido de modernidade, na medida em que carregam e expressam as características e contradições da prática social no capitalismo.

Assim, no Serviço Social, como em outras profissões, partindo da noção de doente/paciente/enfermo/cliente, tendo como base o Método Clínico/atividades burocráticas e/ou "processos de ajuda", busca-se, no atendimento do "paciente/caso/caso social/cliente",[272] o tratamento da/de doença(s) e/ou a "(re)solução de problemas sociais". (Re)solução de *problemas relacionados estritamente à doença,* onde o Serviço Social se constitui articulado às instituições/corporações médicas; (re)solução de problemas *relacionados ao "social"* — ou "problemas sociais" —, tanto os relacionados a diferentes enfermidades/sofrimentos (processo que busca, inicialmente, autonomizar o Serviço Social da medicina e que tem início com Mary Richmond, o qual influenciou e influencia o Serviço Social brasileiro), como os relacionados às relações interpessoais e familiares que atravessam as diferentes áreas de inserção do assistente social.

Se a noção de paciente — herdada da medicina — está clara (pessoa que padece de um problema [doença, carência], que, não por acaso, carrega a noção de resignado, conformado, que espera serenamente por um resultado), a noção de "cliente", introduzida por Mary Richmond (1950-1962), responde à necessidade de reconhecer no "objeto da ação profissional", aquele "trabalhador livre como um pássaro", ou seja, aquele que tem "liberdade" de ir ao mercado vender livremente sua força de trabalho,

---

272. A propósito, mesmo formados em faculdades que tomam o projeto da ABEPSS como referência, é prática habitual, na atualidade, a denominação, pelos próprios assistentes sociais, dos indivíduos atendidos no Serviço Social como "caso ou caso social". Na saúde, mesmo para aqueles assistentes sociais que utilizam a noção de usuários, como consta do Código de Ética do assistente social, o "caso social" é a denominação utilizada para nomear os "pacientes" internados oriundos da rua e/ou para aqueles que não têm família ou a família não foi localizada, como observado acima. Com relação aos demais profissionais de saúde, a noção predominante do trabalhador/usuário, no serviço público, é paciente/doente, e na iniciativa privada, e/ou assalariamento pelos planos privados de saúde, é cliente. Não sem razão, nas empresas, o operário foi transmutado em colaborador, parceiro, funcionário...

que tem "liberdade" de consumir aquilo que é permitido pelo mínimo que recebe em troca da venda da sua única propriedade: sua força de trabalho; e como proprietário que é da força de trabalho, é passível de ser "responsabilizado e culpabilizado" pelas "mazelas da vida", o que, no caso, envolve desde a falha moral ao estigma, desde a pobreza e miséria ao conjunto de perturbações patológicas. Ainda que sob a influência da psicologia e da psicanálise, o termo cliente, já naquela época, revelando sua raiz de classe, encerra a noção do livre mercado e da condição daquele que usa um serviço ou consome algo a partir de um contrato: ou seja, trabalho, consumo e mercado livres.

À pretensa neutralidade[273] da noção de cliente/paciente, vêm sendo restauradas e justapostas, historicamente, velhas e novas noções como: "homem", "ser humano", "pessoa", "coletividade", "comunidade", "grupo", "beneficiário", "funcionário", "desfavorecido", "pobre", "desajustado", "colaborador"... que, desenraizadas do contexto de classe, não conseguem obscurecer e não deixam de expressar sua raiz de classe.

Por outro lado, as noções de "cidadão", "usuário", "sujeito de direitos", *nem sempre* remetem a uma identificação substantiva com a classe trabalhadora.

A noção de "cidadão" entre os profissionais, frequentemente, é utilizada no sentido literal do termo, permeada pelo senso comum: "indivíduo no gozo dos *direitos civis e políticos* de um Estado, ou no desempenho de seus deveres para com este"; noção que tanto está expressa nos dicionários como em todo tipo de mídia burguesa. Desse modo, "a cidadania", burguesa em si mesma, acaba por se constituir na expressão e na condição de reprodução da desigualdade, na medida em que não almeja nem tem condições de garantir que os indivíduos sejam efetiva e plenamente livres. Assim apreendida, a partir de abstração do processo real e não de repre-

---

273. É sempre bom lembrar que numa sociedade de classes, a defesa da neutralidade — em diferentes instâncias da vida social: na produção de conhecimento; nos processos educativos; na prática profissional — interessa a quem necessita manter o *status quo*, tendo em vista manter sua hegemonia: ou seja, interessa à burguesia. Não sem razão, os assistentes sociais que equalizam Serviço Social/ajuda, Serviço Social/religião, quase sempre sem saber o porquê, reivindicam neutralidade.

sentações e especulações que a coloca como sinônimo de liberdade, é que a cidadania revela sua raiz de classe.

A noção de usuário/sujeito de direitos, se, por um lado, consta do Código de Ética do assistente social e de parte da legislação sobre políticas públicas, é a direção social, contida na unidade indissociabilidade dos seus onze princípios fundamentais, e o compromisso explícito com as classes trabalhadoras — compromisso de classe — e, como consequência, com a construção de uma nova ordem social sem dominação de classe, etnia e gênero, que põem a possibilidade de não deixar dúvidas sobre seu significado. Afinal, no que se refere à profissão, profissionais, projetos profissionais, projetos de sociedade, no contexto da sociedade capitalista, uma sociedade de classes marcada por interesses contraditórios, não há como optar por neutralidade.

É diante disso que utilizo ora a noção de usuário, ora de trabalhadores/usuários, trabalhador/classes trabalhadoras/massas trabalhadoras/ sujeito de direitos. Em 1999, (Vasconcelos, 2002), chamei a atenção para esse fato. Naquele momento, seguindo o Código de Ética, optei pela utilização do termo "usuário", em vez de "cliente/paciente", frequentemente utilizado pelos assistentes sociais na saúde. Argumentei que, enquanto o cliente, entendido como um ator que age, que representa, o qual, inserido no mercado e a partir de uma relação mercantilizada, consome um artigo, um bem, recebe algo, neste contexto, não considerado como sujeito da ação, consideramos usuários os integrantes da classe trabalhadora nos seus diferentes segmentos que, como sujeitos de direito, agem, resistem, confrontam, se rebelam, contestam, empreendem ações, intervêm, lutam, reivindicam, implementam, no sentido de usufruir e/ou desfrutar de alguma coisa coletiva, ligada a um serviço público ou particular, dessa forma podendo, como sujeitos em processo de autoconstrução, individual e coletiva, demandar e dar direção aos serviços prestados pelos assistentes sociais/Estado/iniciativa privada, assim como da própria organização social da qual são parte e expressão.

Algumas noções recentes, considerando os indivíduos ou grupos sociais de forma isolada e abstrata, não fazem mais do que travestir de novidade a funcional noção de "paciente"/"cliente" e se prestam a ocultar e obscurecer a verdadeira natureza dos sujeitos reais, aqueles que, coletivamente por sua inserção/condição de classe, estão, ocasional ou permanentemente, sujeitados/constrangidos/obrigados a serem abordados, encaminhados ou a procurarem/dependerem da política social e de um "recurso" como o Serviço Social: as massas trabalhadoras (o operariado, demais trabalhadores assalariados, desempregados e os denominados supérfluos/lumpemproletariado). Massas trabalhadoras, na realidade, historicamente e a depender da direção social, ora *objetos,* ora *sujeitos* da ação profissional dos assistentes sociais, ao longo da história do Serviço Social, no mundo e no Brasil. Enfim, são noções pretensamente neutras, mas que na verdade obscurecem a determinação de classe dos trabalhadores/usuários, dentre elas, além do recorrente cliente, assistido, colaborador, subalterno, parceiro, funcionário, quando não, simples "recurso humano". Utilizadas por assistentes sociais (e demais profissionais), mesmo por aqueles que tomam como referência ética e teórica o projeto profissional, essas noções, travestidas de novidade, vêm atravessando e impregnando corações e mentes, a atividade profissional, a produção teórica dos assistentes sociais brasileiros e o seu processo de mobilização e organização, o que vem resultando no obscurecimento, quando não na abolição, das noções de operário, trabalhador, classe trabalhadora. Noções estas que realmente podem expressar o compromisso de classe dos assistentes sociais com a classe trabalhadora e com o projeto profissional. Afinal, as palavras, como a linguagem, não são inocentes. Elas carregam significados que, muitas vezes, são contrários aos princípios éticos e teóricos escolhidos e defendidos, na medida em que vocalizam, mesmo não intencionalmente, interesses privados.

Ora, ainda que não obedecendo em tudo à máxima estudo, diagnóstico tratamento, avaliação e alta, tendo como base uma concepção tradicional do mundo, ainda que inconsciente, e submetida às requisições institucionais, uma grande parte dos assistentes sociais, com base naquele *quefazer* histórico, no que mais o aproxima do senso comum, põe em prática um *quefazer* profissional que, de fácil reprodução (e incorporando o que é de mais palatável ao senso comum, na atualidade), sem exigência de estudos, pesquisa, planejamento (do que faz parte a elaboração e projetos),[274] dá prioridade às milhares de requisições pela operação da burocracia institucional, por meio de "elaboração técnica" de estudos sociais, laudos, pareceres, preenchimento de cadastros, sistemas de informação, visitas domiciliares, simultaneamente a respostas às demandas dos usuários, por meio de acolhimento, aconselhamento, orientação, encaminhamento, terapias (familiar, comunitária), grupos de (auto)ajuda, de apoio e/ou de alívio de tensão, atividades realizadas como fim em si mesmo, em parte ou no todo, a depender da área de atuação, das requisições institucionais e das demandas dos usuários (com prioridade para as demandas espontâneas).

Desse modo, me parece que *a novidade* no Serviço Social, na concomitância do acirramento das crises do sistema capitalista e da hegemonia ético-política do projeto profissional, *não* está na requisição do Estado nas suas diferentes instâncias, nem da burguesia, através de ONG, de assistentes sociais para atender o expressivo investimento na assistência social, a partir da descentralização e privatização dos serviços socioassistenciais e/ou nas requisições colocadas aos assistentes sociais para gerenciamento, monitoramento e operação de plataformas informatizadas de dados sociais ou na exigência de habilidade para acompanhamento e apoio a famílias, requisições que de "novas" não têm nada. Ora, guardadas as devidas proporções históricas, excetuando a novidade das plataformas informatizadas — que substituem extensas planilhas ou formulários preenchidos historicamente pelos assistentes sociais —, essas são requisições que, de diferentes formas, estão sendo feitas, pelo menos, desde os extintos INAMPS, LBA, FUNABEM/FEBEM, pelas instituições assistenciais privadas e pelos serviços municipais. Afinal, pelo menos desde os anos 1970, os assistentes sociais são chamados a operar o assistencialismo — diretamente nas instituições assistências privadas e indi-

---

274. A maioria dos assistentes sociais e equipes que vem participando da pesquisa que realizo não tem projeto, nem individual, nem do Serviço Social na instituição. Grande parte dos assistentes sociais afirma que o seu projeto é o projeto da instituição e/ou a própria política. Do mesmo modo, a Comissão de Fiscalização do CRESS/RJ vem chegando à mesma conclusão. Basta uma leitura atenta do Informativo mensal Práxis, elaborado pelo conselho.

retamente na assistencialização progressiva do que é público —, a produzir dados/informações sobre os usuários dos serviços sociais públicos e privados[275] e a apoiar famílias.

A novidade está, me parece, em que parte da elite intelectual do Serviço Social que vem historicamente articulando a defesa e realização do projeto profissional (aquela que vem se articulando a diferentes instâncias de governo, principalmente, governo federal, há mais de dez anos, ou aquela que no seu ecletismo favorece esta direção social) vem influenciado os assistentes sociais que convivem no cotidiano com as massas trabalhadoras, através da introdução, na legislação, de noções (empoderamento, risco social etc.) que tanto descaracterizam a inserção de classe dos usuários da política social,[276] como descaracterizam a questão social como fruto da contradição capital/trabalho. Processo que vem resultando, dentre muitas coisas, no apoio, implícito ou explícito, da inserção dos assistentes sociais, prioritariamente, na política de Assistência Social[277] e na veiculação "natural", no cotidiano da prática, daquelas noções, assim

---

275. Atualmente, esses dados se prestam a publicizar os (maus) feitos das diferentes instâncias de governo, a justificar o pagamento (das OSs, por exemplo) ou a transferência de recursos por serviços prestados por instituições públicas (na saúde e na assistência, por exemplo), assim como traçar o perfil, não só dos usuários, mas dos potencialmente usuários das políticas sociais, tendo em vista seu controle. Ainda que não informatizados, o preenchimento de estatísticas pelos assistentes sociais nas décadas de 1970/80, se prestavam aos mesmos objetivos. Não nos esqueçamos do prefeito fluminense, que, ao ser solicitado a nominar o seu profissional favorito, quando entrevistado por uma revista de circulação nacional, respondeu: "o assistente social; porque através dele eu conheço o que pensam e o que querem os meus munícipes".

276. São noções que não fazem parte da produção de conhecimento que dá a direção do debate do projeto profissional, que não tiveram origem na cabeça dos assistentes sociais e que vêm substituindo noções essenciais ao projeto profissional. Assim é que permeiam tanto a legislação como as manifestações dos assistentes sociais: "empoderamento", em vez de formação política, organização e luta social; "risco social", "vulnerabilidade social", em vez de exploração; população vulnerável, população de risco, em vez de segmentos da classe trabalhadora; "capital humano", "capital social", em vez de indivíduos emancipados, indivíduos sociais ricos subjetivamente; "exclusão social"/excluído, em vez de incluído perversamente na sociedade do capital; "fragilização de vínculos afetivos", em vez de indivíduos destruídos subjetivamente por processos alienantes e alienadores, próprios da sociedade do capital.

277. Não é sem razão que há uma referência a um "processo de assistencialização do Serviço Social". O aumento do número de CRAS no Brasil em quase 50% nos últimos 2 anos, como mostra

como influenciando e favorecendo que os assistentes sociais considerem e assumam tanto a legislação como os projetos dela resultantes, como referência e, desse modo, inquestionáveis e isentos de crítica.

2.2 Projetos profissionais

Ora, se de um lado, temos, na história, o surgimento, desenvolvimento e consolidação do Serviço Social, de outro lado, na teoria e na prática, temos *projetos/alternativas,* nem sempre clara e conscientemente distinguidos(as) quando tomados(as) como referência pelos indivíduos sociais — aqui, no caso, os assistentes sociais —, para o desenvolvimento ulterior do Serviço Social brasileiro. Esses projetos/alternativas podem ser nomeados(as) a partir de "destinos históricos diferentes" (Fernandes (1975) ou "linhas de desenvolvimento", como afirma Netto. Como linhas de desenvolvimento, foram brilhantemente antecipadas por Netto, em 1991, em *Ditadura e Serviço Social* e, especialmente, em 1996 (p. 126-127), aqui resgatadas com algumas considerações, no sentido de recuperar sua atualidade. São linhas de desenvolvimento que se revelam em projetos que referenciam os assistentes sociais, a partir de uma escolha consciente ou não e/ou de forma eclética, como veremos.

As fronteiras teóricas e ético-políticas entre esses projetos são bem delimitadas, a depender das referências teóricas e ético-políticas que os sustentam e que sustentam os sujeitos profissionais. Arriscaria dizer, não colocando em questão a coragem e a boa intenção de cada profissional, que o projeto que se constitui com influência da tradição marxista, quando tomado como referência pelos profissionais na sua radicalidade, é o único projeto, no âmbito da categoria, que se propõe a enfrentar substancialmente práticas conservadoras, iluminar um exercício profissional anticapitalista e, assim, trazer contribuições efetivas a processos de ruptura e emancipatórios.

---

o IBGE, em 2014, e o aumento expressivo dos assistentes sociais na área da assistência desbancando a área da saúde como maior empregadora dos assistentes sociais brasileiros mostra isso.

Por outro lado, quando tomados como referência pelos profissionais no calor do cotidiano da prática, qualquer desses projetos pode ser travestido nas suas finalidades e objetivos. Diante das dificuldades em objetivar práticas críticas e anticonservadoras, no âmbito da sociedade do capital, muito aquém de uma perspectiva pluralista, esses projetos, frequentemente, vêm sendo tomados como referência de forma eclética, ou seja, sem que o profissional perceba as contradições presentes entre princípios e referências teóricas colidentes, quando não antagônicas, entre eles. É o que acontece quando o assistente social afirma defender o projeto ético-político do Serviço Social e recorre ou escolhe autores clássicos/conservadores, para referenciar o cotidiano profissional, quando se torna não só possível, mas necessária, a afirmação: "na prática, a teoria é outra" (ver Vasconcelos, 2002, capítulo 2).

Para além da preferência da categoria dos assistentes sociais pela utilização da entrevista,[278] na escolha de instrumentos e técnicas e, por vezes, nas estratégias, nem sempre esses projetos mantêm divergências de fundo. Porque o que diferencia uma entrevista ou reunião realizada/coordenada por um e outro assistente social ou a participação do assistente social em processos de planejamento/gestão, não é a utilização de uma estratégia, um instrumento ou uma técnica em si, mas sua utilização esvaziada e/ou mediada por princípios e valores conservadores, por um lado, ou mediada pelos princípios e valores que referenciam o projeto

---

278. Em Vasconcelos (1982), após quase dez anos de experiência utilizando o instrumento reunião, ao sistematizá-la, sustento sua escolha estratégica e as possibilidades abertas na utilização desse poderoso instrumento, o que reafirmo em 1997, 2000 e 2002. É diante disso que ressalto, com preocupação, inquietação e pesar, o fato revelado no meu processo de investigação: de forma crescente, o assistente social, no mínimo, abdicando de seu papel educativo e de espaços valiosos de contato e convívio com os trabalhadores/usuários, vem dando preferência cada vez maior à utilização da entrevista, em detrimento da reunião. Nas áreas em que a utilização da reunião vem se tornando cada vez mais necessária e maior, como na assistência social, o assistente social vem abdicando da participação e da sua coordenação, em favor dos psicólogos, com as previsíveis consequências. Para além da individualização dos processos sociais, caminho aberto para a direta ou indireta culpabilização dos indivíduos, não deixa de sermos nós, os assistentes sociais, que estamos contribuindo para a e na psicologização das diferentes expressões da questão social.

profissional, por outro, neste caso, o que vai definir, tanto os conteúdos relevantes e essenciais, como o alcance das finalidades e dos objetivos e as consequências da atividade profissional; ou seja, no caso do projeto profissional tomado conscientemente, quando o conteúdo não se sacrifica à forma, quando o real não se sacrifica ao ideal.

Ou seja, é a manutenção da direção social do projeto escolhido que influencia e repercute diretamente na escolha das estratégias, na habilidade na utilização de meios, recursos e instrumentos, na dinâmica[279] adotada na realização das atividades, na identificação dos conteúdos substantivos (conhecimentos, informações) a serem democratizados/veiculados, de forma clara e articulada; no caso do projeto profissional, uma manutenção da direção social, segura e consciente.[280]

---

279. Aqui não estamos nos referindo à utilização de dinâmicas de grupo, mas ao movimento interno adotado, incentivado, democratizado pelo assistente social como coordenador de uma entrevista/reunião/visita domiciliar, responsável pelo estímulo e pela evolução do processo vivenciado pelos sujeitos da ação: usuários e assistente social/equipe. Um movimento que pode ou não incluir as técnicas de dinâmica de grupo que se por um lado podem favorecer a criatividade e a ação coletiva na inserção institucional e nos processos de enfrentamento, por outro lado, como vem ocorrendo em diferentes áreas, se constituem em poderosos instrumentos de manipulação, controle, dominação/exploração por parte daqueles que comandam o processo: psicólogos, assistentes sociais, administradores, enfermeiros, nutricionistas, voluntários etc. etc.

280. Na defesa e justificando a não ligação do Serviço Social Clínico com "o trabalho ligado à adaptação e ao ajustamento", sem fazer referência aos fundamentos, finalidades, objetivos e consequências da atividade profissional e à natureza das requisições institucionais; fazendo referência ao usuário de forma abstrata, ao identificar o sujeito usuário como "pessoa" e pondo o acesso aos direitos sociais como limite da atuação profissional e definindo como essencial as atividades direcionadas para a melhoria das relações interpessoais, com foco no resgate da autoestima, Teixeira (2004), dentre muitas outras coisas, afirma: "os assistentes sociais clínicos têm as suas práticas voltadas para o atendimento de indivíduos, grupos e famílias *que, por diversas razões*, não tiveram suas necessidades atendidas, sofrem psiquicamente e vivem situações concretas de exclusão e de abandono [...] [os assistentes sociais clínicos] são constantemente requisitados para intervirem nos conflitos familiares, nos conflitos comunitários e interpessoais, em situações que envolvem crianças e adolescentes desprotegidos ou desfavorecidos. [...] É uma abordagem que *privilegia a escuta da demanda imediata*, que se faz direta, face a face, no contexto que pressupõe um compromisso estreito entre as partes e implica em envolvimento e participação do assistente social numa proposta reflexiva, mobilizando recursos e plasmando condições para que as *pessoas* se tornem capazes de exercer a crítica e reivindicar seus direitos sociais. *A opção teórico-metodológica pode variar, já que não se entende a proposta clínica em uma única vertente*" (grifos meus). Diante disso, a autora conclui: "logo, o acolhimento, o cuidado e a atenção com os sujeitos em seus contextos fazem parte do projeto

A partir das considerações de Netto (1996, p. 126-127), abordo os projetos profissionais naquilo que têm de essencial, tendo em vista a direção social escolhida/empreendida pelos assistentes sociais e o exercício profissional mediado por eles.[281]

---

profissional. [...] Na verdade *o que está em jogo são as intenções que permeiam a ação profissional*". Ora, se o acolhimento, o cuidado e a atenção com os sujeitos, se o sofrimento físico e psíquico (individual e coletivo), fruto da vivência das diferentes expressões da questão social, e se a necessidade de operar o acesso aos direitos está presente no cotidiano profissional e exige enfrentamento por parte de qualquer assistente social brasileiro, o que é essencial? O essencial e *o que está em jogo não é a intenção do profissional mas as consequências reais da atividade profissional (individual e coletiva)*, ainda que, para caminhar na direção dos interesses históricos dos trabalhadores, a intenção consciente (materializada pelas referências ético-políticas e teórico-metodológicas) seja fundamental como parte do nexo causal da atuação profissional que se confronta, no cotidiano, com as demandas dos trabalhadores/usuários e com as requisições institucionais, com as condições de trabalho, a autonomia profissional, a produção de conhecimento/planejamento etc. Consequências que, muldeterminadas, determinam a direção quando as prioridades da atividade profissional recaem sobre demandas dos usuários e requisições institucionais que, ainda que importantes de serem consideradas, quando tomadas como fim em si mesmas, resultam em individualização, culpabilização/responsabilização. Assim, se existe uma requisição institucional pelo controle dos conflitos, nada mais funcional do que voltar a atuação profissional para o indivíduo considerado somente como subjetividade, com seus problemas pessoais, e não como ser social, ser humano integral, aqui, a subjetividade apreendida, não como natural, mas como social. Numa sociedade de classes, onde impera, nas suas relações e conexões necessárias, desigualdade/alienação, não se pode afirmar "eu não sou conservador", mas, a partir de uma análise e *post festum*, pode-se apreender, se eu/nós não fui/fomos conservador(es). São as consequências da atividade profissional dos assistentes sociais que definem sua direção social, definição necessária tendo em vista o caminho a ser percorrido, o que requer negar/conservar o que favorece as finalidades, tendo em vista a superação do conservadorismo histórico na/da profissão. Afinal, tendo reveladas as razões que estruturam uma opção consciente pelo projeto profissional que pode ser apreendido na sua radicalidade como anticapitalista/anticonservador, o que dizer das consequências de uma atividade profissional que privilegia a escuta da demanda imediata da pessoa, para que elas, como limite, se tornem "capazes de exercer a crítica e reivindicar seus direitos sociais"?

281. Aqui, não citamos a perspectiva que Netto (1996, p. 127) já anunciara que não deveria crescer significativamente (o conservadorismo tradicional, denominado pelo autor de reatualização do conservadorismo — Netto, 1994, p. 201 e ss.), a qual, nos anos setenta e oitenta, recorre à fenomenologia. Se, por um lado, observamos que não se gesta uma proposta consistente com base na fenomenologia, por outro lado, observamos que sempre que um assistente social não tem segurança de sua orientação teórica ou não quer se apresentar sem uma referência teórica, recorre à fenomenologia, ainda que nada do seu discurso ou da sua prática esteja relacionado com tal orientação social. O mesmo foi observado em Vasconcelos (2002). Parece-me, assim, que a "vertente do conservadorismo tradicional" vem se reatualizando a partir de um espraiamento pelas tendências abordadas a seguir, na medida em que, seja no âmbito da produção de conhecimento, seja no exercício profissional — na

2.2.1 Projeto com influência da tradição marxista

Para além do já pontuado no item 1.4 deste trabalho, este projeto nasce do processo de enfrentamento e denúncia do conservadorismo profissional iniciado na transição da década de 1970 à de 1980 com a "intenção de ruptura" (Netto, 1994, 247 e Netto, 2006) e, no decurso do seu desenvolvimento e consolidação teórica e ético-política, nomeado Projeto Ético-Político do Serviço Social Brasileiro (década de 1990, até os dias atuais). No meu entender, este projeto toma como base, antes de tudo, os princípios do Código de Ética do assistente social (que, não fragmentados, lhes servem de preceito) e o projeto de formação da ABEPSS, que traz explícita a referência na teoria social crítica — Marx e o marxismo. Ou seja, nos onze princípios do Código de Ética tomados como totalidade, em unidade e associação com as referências teórico--metodológicas e técnico-operativas contidas no Projeto de formação da ABEPSS/1996, é que podemos apreender os aspectos socializantes, emancipatório, revolucionário e anticapitalista que pode assumir o projeto do Serviço Social brasileiro, na busca de, concomitantemente, superar o conservadorismo histórico da/na profissão e favorecer processos de ruptura e a ruptura com a ordem do capital, rumo à emancipação humana.

Necessário ressaltar que o Projeto de formação da ABEPSS está assentado no Currículo Mínimo, sintetizado nas Diretrizes Curriculares da ABEPSS, em confronto com as Diretrizes Curriculares oficiais aprovadas pelo Ministério da Educação (MEC)[282] para o curso de Serviço Social, esvaziadas de conteúdo teórico e crítico e de direção ético-política.

---

academia e na prática socioassistencial —, são raras as defesas explícitas da fenomenologia como referência central.

282. O MEC (2010), nas Diretrizes Curriculares (DC) oficiais para o Curso de Serviço Social, retira, da formação do assistente social, princípios que dizem respeito à adoção de um rigoroso trato teórico, histórico e metodológico da realidade, de modo a compreender os problemas e desafios com os quais o profissional se defronta no universo da produção e reprodução da vida social e os conteúdos curriculares correspondentes, necessários a estes processos, como indicado na proposta de DC da ABEPSS. Desse modo, retirando da formação do assistente social a crítica da

Assim concebido, o projeto profissional impõe uma articulação orgânica e substantiva com a pesquisa e a produção de conhecimento, visto que a pesquisa se põe como elemento essencial nos papéis atribuídos e incorporados pela profissão. Nessa direção, para além da necessidade de se apropriar do conhecimento produzido historicamente e socializar *os resultados das investigações* conduzidas pelos assistentes sociais na academia, para o que é necessário *"encontrar meios, canais e modos de coletivizar, com o conjunto da categoria, os avanços teóricos e técnico-operativos alcançados pelos pesquisadores"*. Netto (2009) afirma que

> *todo/a assistente social, no seu campo de trabalho e intervenção, deve desenvolver uma atitude investigativa*: o fato de não ser um/a pesquisador/a em tempo integral não o/a exime quer de acompanhar os avanços dos conhecimentos pertinentes ao seu campo trabalho, quer de procurar conhecer concretamente a realidade da sua área particular de trabalho. Este é o principal modo para qualificar o seu exercício profissional, qualificação que, como se sabe, é uma prescrição do nosso próprio Código de Ética.

Também assim concebido, o projeto profissional impõe uma articulação orgânica e substantiva com os movimentos, lutas sociais e organizações de representação dos trabalhadores nos seus diferentes segmentos, tendo em vista potencializar a formação, mobilização e organização dos trabalhadores e favorecer a luta coletiva anticapitalista e emancipatória.

Assim, o conjunto de referências teórico-metodológicas e ético-políticas dão sustentação a um movimento da categoria na busca pela hegemonia de uma direção social para o Serviço Social no Brasil — por meio do

---

economia política, o correspondente à anatomia na medicina e ao cálculo na engenharia, o MEC desprofissionaliza o Serviço Social, na medida em que retira os conteúdos necessários a um exercício consciente e intencional da profissão, deixando a definição de conteúdo ao sabor dos modismos e conteúdos indiferenciados, o que contribui para facilitar a transformação da formação do assistente social em negócio privado, presencial ou à distância, e a manutenção do futuro profissional em condições de se curvar e/ou se submeter às exigências do mercado/capital. Vide Vasconcelos e outros (2008).

A/O ASSISTENTE SOCIAL NA LUTA DE CLASSES

denominado Projeto Ético-Político do Serviço Social brasileiro —, que tem sua substância na legislação (Código de Ética, Lei de Regulamentação da Profissão [Lei n. 8.662/1993] e Projeto Formação ABEPSS); na produção de conhecimento que alcança, para além da petição de princípios, ser mediada pela teoria social crítica; nas práticas profissionais e políticas mediadas pelo projeto e na luta política da categoria, capitaneada pelos seus organismos de representação (Conjunto CFESS/CRESS, ABEPSS, ENESSO).

Se esse é o projeto que vem dando a direção do debate teórico e mantendo hegemonia, ainda, na luta política e nos processos organizativos da profissão, *seu maior desafio* é que ele não mediou nem vem mediando majoritariamente o exercício profissional — independentemente da área de atuação —, nem a formação profissional, hoje capitaneada pelo ensino privado, presencial e/ou a distância, como vem demonstrando vários estudos sobre a qualidade da formação e a qualidade da atividade profissional dos assistentes sociais brasileiros.

2.2.2 Projeto de "cariz tecnocrático"

Como mostra Netto (1994, p. 164 e ss.), este projeto é herdeiro da "perspectiva modernizadora" das décadas de 1960/70, renovado e alimentado "pela ofensiva neoliberal[283] e reciclado por outras teorias sistê-

---

283. Labica (2009, p. 31) afirma que no sistema das relações capitalistas de produção no estágio da globalização, pudicamente chamado também de *neoliberalismo*, "a produção de malfeitorias de todos os tipos se desdobra na produção de meios para deter essas malfeitorias que, por sua vez, se multiplicam ainda mais. [...] A 'espiral da violência', deplorada pelas boas consciências, está realmente inscrita nesse sistema." É assim que podemos entender que os violentos índices de saúde pública brasileiros jamais serão alterados pela oferta de serviços médicos, equipamentos e medicamentos, não só porque estes estão transformados em negócios lucrativos, mas, antes de tudo, porque são determinados e são reflexo das condições socioeconômicas nas quais as massas trabalhadoras vivem e trabalham. Dialeticamente, essas condições, quanto mais miseráveis, mais favorecem o Complexo Médico Industrial (CMI) e de serviços médicos — concentrados nos Planos de Saúde —, principalmente quando remunerados pelo fundo público, que é chamado a intervir quando o cidadão não é capaz de pagar e/ou para arcar com os serviços de custo mais elevado (transplantes,

mico-organizacionais que lhes oferecem novas cauções para a sua inserção nas instituições diretamente controladas pelo capital; para a sua inserção nas instituições governamentais, as novas chancelas deveriam vir (e vieram) da proposta de gestão da crise do Estado de Bem-Estar por meio das 'parcerias' (hoje as denominadas Fundações Estatais de Direito Privado e Organizações Sociais[284] —, mote que poderá substituir a antiga ideologia da 'participação'" (ou seja, participação na gestão da miséria de recursos e de recursos miseráveis).[285]

---

reabilitação, emergência, tratamento de doenças raras etc.). Ver o caso dos coquetéis para tratamento de portadores de HIV e doentes de Aids, hoje ofertados pelo SUS como direito universal. É bom lembrar que esse estado de coisas é fruto do capitalismo, mais especificamente do seu momento denominado *neoliberalismo* que, como informa Chaui (1999, p. 27), "nasceu de um grupo de economistas, cientistas políticos e filósofos, entre os quais Popper e Lippman, que em 1947, reuniu-se em Mont Saint Pélerin, na Suíça, à volta do austríaco Hayek e do norte-americano Milton Friedman. Esse grupo opunha-se encarniçadamente contra o surgimento do Estado de Bem-Estar de estilo keynesiano e social-democrata e contra a política estadunidense do New Deal. Navegando contra a corrente das décadas de 1950 e 1960, esse grupo elaborou um detalhado projeto econômico e político no qual atacava o chamado Estado-Providência com seus encargos sociais e com a função de regulador das atividades de mercado, afirmando que esse tipo de Estado destruía a competição sem a qual não há prosperidade. Essas ideias permaneceram como letra-morta até a crise capitalista do início dos anos 70". Para esse grupo, houve uma transferência de atribuições do coletivo e do histórico, para o individualismo e o racionalismo. Assim, nessa visão, a realidade social é formada por uma multiplicidade de "atores individuais", que interagem no mercado mediante a competência, a aplicação de uma racionalidade instrumental e a adoção de decisões racionais. *A sociedade neoliberal*, que prioriza o instante/aqui-agora à história e ao devir; que abre mão da perspectiva de totalidade e investe na focalização e no individualismo; que desmerece e considera como atraso os espaços públicos de serviços, de participação política como os partidos políticos e os sindicatos e que criminaliza os movimentos sociais e os trabalhadores, obscurece a força coletiva ao se voltar totalmente para o espaço privado que passa a ser a esfera exclusiva de desenvolvimento dos indivíduos sociais.

284. Ver Granemann (2008); Cislaghi (2011).

285. Como a mais recente expressão da gestão da miséria, ver a organização do Serviço Social na Prefeitura do Rio de Janeiro/Governos César Maia (2001-2004; 2005-2008), mantida nos governos seguintes, que, partindo da equalização Serviço Social/Assistência Social, concentra a quase totalidade dos assistentes sociais na execução terminal e burocrática da política de Assistência Social, exigindo como foco da atuação profissional, para além da produtividade, cadastramento, orientação, encaminhamento, aconselhamento e a corresponsabilização [culpabilização] na cobrança de condicionalidades. Em nome da 'garantia de direitos e acesso" e do projeto profissional, muitos assistentes sociais, sem os instrumentos para uma análise teórico-crítica desse quadro, vêm assumindo e apoiando as orientações e noções veiculadas pela política de Assistência Social, na medida em que entendem que sua viabilização, tal qual implementada pelos governos possa favorecer os trabalhadores. Para além de trabalhos publicados em eventos científicos da área, especialmente CBAS e ENPESS, ver especialmente, VV.AAA.,

É a partir da assistencialização tecnificada e aparentemente neutra da seguridade social brasileira, seguridade já limitada ao se restringir aos direitos à saúde, à previdência e à assistência social, que parte da elite intelectual do Serviço Social, articulada ao governo de plantão há mais de dez anos, como vimos, vem favorecendo, através da legislação,[286] a introdução no âmbito da categoria de noções que descaracterizam a inserção de classe dos usuários da política social e a questão social como fruto da contradição capital/trabalho, patrocinando e referendando, implícita ou explicitamente, a inserção dos assistentes sociais prioritariamente na política de Assistência Social; a restrição da atuação profissional à operacionalização da complexa burocracia de acesso às políticas e serviços sociais e de cumprimento de condicionalidades...

Capitaneadas pelas noções de vulnerabilidade e risco social, outras noções vêm permeando a produção de conhecimento e o exercício profissional como: empoderamento, população de risco, capital humano, capital social, exclusão social, fragilização de vínculos afetivos, famílias vulneráveis, "caso social". Noções recicladas e sustentadas em concepções pós-modernas que, recusando a perspectiva de totalidade, refletem propostas neoliberais que facilitam o caminho para uma atuação profissional, dentre outras coisas, centrada nas questões imediatas e focalizadas em indivíduos/grupos considerados "de/em risco", "vulneráveis" e não superexplorados. Uma atividade profissional que, ao mesmo tempo em que dá respostas às requisições do capital, despolitiza o acesso aos direitos; desmerece e restringe o espaço público no atendimento às necessidades essenciais das maiorias; obscurece a força coletiva ao favorecer, mesmo que indiretamente, a individualização das diferentes expressões da questão social, a criminalização e/ou cooptação de indivíduos, movimentos e organismos de representação dos trabalhadores. Uma atividade profissional, quase sempre involuntária e inconsciente.

2006, como publicações que revelam posições favoráveis de assistentes sociais a essas propostas. Ver, ainda, a crítica a esse estado de coisas de Acosta e Silva (2012) e Rodrigues (2012).

286. A noção de risco/vulnerabilidade social atravessa o Sistema Único da Assistência Social/ Política Nacional de Assistência Social: SUAS/PNAS. Ver Rodrigues (2012).

Vários estudos abordando a inserção dos assistentes sociais em diferentes espaços sócio-ocupacionais e demais campos de atuação vêm mostrando a redução *das funções do assistente social ao burocrático preenchimento de cadastros, elaboração de estudos sociais e alimentação de plataformas estatísticas; controle dos conflitos institucionais por meio de atendimento individualizado*[287] *em plantões a indivíduos/famílias e "acompanhamento de casos sociais".* É o que podemos observar em estudos que tomam o exercício profissional como objeto de investigação, na saúde e na assistência, quando o assistente social se restringe à "cobrança" das condicionalidades de programas sociais (vide, Neves, 2010; Matos, 2012; Oliveira, 2012; Assis, 2012). No exercício da função prioritária dada ao assistente social no sistema sócio-jurídico de "estudo de caso", para elaboração de parecer social para alimentar decisões judiciais, também pode-se observar este estado de coisas.

Neste contexto, mesmo reivindicando a defesa e a escolha do projeto profissional como referência, mas sem a teoria necessária (quando não rechaçada) e segurança dos princípios ético-políticos que o referenciam, grande parte dos assistentes sociais se sente incapaz de enfrentar propositiva e criativamente as requisições institucionais no sentido de redirecioná--las na perspectiva dos interesses dos trabalhadores/usuários. Desse modo, os profissionais rendem-se às queixas e, sem condições de se situarem criticamente diante das políticas sociais — legislação e projetos —, não conseguem resistir, enfrentar, mas antes de tudo apreender possibilidades e alternativas nesse complexo campo da luta de classes, tendo em vista redirecionar as políticas em favor dos trabalhadores, o que os leva a eleger

---

287. Desde 1982, sinalizo a centralidade da reunião na atenção aos usuários, tendo em vista uma prática que tem como horizonte uma contribuição às lutas sociais, destacando, dentre outras coisas, que com a reunião estão dadas as possibilidades, não só de favorecer a apreensão das demandas individuais como expressão de demandas coletivas, mas o próprio grupo mostrando a força que a organização tem (ver Vasconcelos, 1982 e 1997). Mas, ressaltamos que, com isso, não desvalorizamos nem recusamos a utilização da entrevista, quando necessária. Em situações que envolvem famílias/ crianças e adolescentes relacionadas a maus-tratos, conflito com a lei, conflitos familiares, como assegurado e indicado pelo Estatuto da Criança e do Adolescente (ECA), o atendimento individual pode se tornar necessário, o que não significa que as reuniões sejam desnecessárias, principalmente no que se refere ao acompanhamento das famílias, necessidade e possibilidade que só o planejamento da atividade profissional pode mostrar.

o acesso burocrático à política e o acompanhamento, também burocrático, das condicionalidades como finalidade última da atuação profissional.

Diante dessa inter-relação de circunstâncias, parece-me que no exercício profissional — diferentemente da elite intelectual que dá a direção do debate e aquela que participa do planejamento e da gestão da política social — *a definição de grande parte dos assistentes sociais por algum projeto profissional não se dá por escolha consciente, mas pela necessidade de, em algumas circunstâncias, se definir por alguma direção.* Como afirmam alguns assistentes sociais e também alunos, quando essa "escolha" é pelo projeto profissional que explicita seu compromisso com os trabalhadores/usuários, "é porque ele é lei e deve ser obedecido".

É no contexto das facilidades criadas, tendo em vista a funcionalidade do sistema capitalista que, mesmo que não escolhido explicitamente como referência pelos assistentes sociais, o projeto de "cariz tecnocrático" tem permeado a formação (revelado pela veiculação de determinadas noções na formação graduada e pós-graduada) o que, reforçado pela legislação das políticas sociais, tem influenciado os assistentes sociais no cotidiano da prática. Muito frequentemente, em nome do projeto profissional, grande parte dos assistentes sociais, sem a teoria necessária que ilumine o complexo campo da luta de classes, acreditam que o bom uso dos recursos viabilizados pelas políticas assistenciais; o desenvolvimento da verve empreendedora dos "excluídos"; o desenvolvimento das "capacidades e potencialidades" dos indivíduos integrantes das "famílias excluídas e/ou em situação de risco social" (através de cursos de manicure etc.), poderão constituir a "porta de saída" dos programas de transferência de renda, o que *significaria* não só o favorecimento dos trabalhadores, mas o *sentimento do dever cumprido.*

Mas, não só a história, mas a teoria que possibilita a apreensão do movimento da realidade mostra que a exploração, assim como a condição de beneficiário das políticas sociais no capitalismo, independentemente do seu estágio de desenvolvimento, não serão superadas. Mesmo porque, com a revolução tecnológica, cada vez mais a burguesia necessita menos de trabalho vivo, o que vem resultando num contingente cada vez mais expressivo de "supérfluos" para o sistema e na inutilidade da ampliação do exército de reserva para rebaixar o valor da força de trabalho, o que, por sua vez, vem resultando na ampliação exponencial dos usuários da política de Assistência Social.

Neste contexto, temos como resultado uma prática conservadora que situa grande parte dos assistentes sociais, mesmo que sem o saber e involuntariamente, como braço da elite dominante.

2.2.3 Projeto assentado numa "vertente neoconservadora"

Ainda que, por vezes, seus sujeitos reivindiquem apoio ao projeto profissional,[288] tal projeto, inspirado, como indica Netto (1994), na "epistemologia pós-moderna, afinada com as tendências da moda das chamadas ciências sociais, [tem] seu gume crítico apontado para a revisão dos substratos das conquistas anticonservadoras dos anos oitenta". Essa proposta, travestindo de modernidade práticas tradicionais, oferece-lhes um discurso legitimador de natureza "cultural" a partir de "ações focais no marco de petições 'solidárias' e de 'parcerias' a todos os níveis, [...] respaldando o apelo à 'sociedade civil' e à 'cidadania'". Essa perspectiva é a preferida — nem sempre conscientemente — de parte expressiva dos assistentes sociais, principalmente, de grande parte dos que tomam como objeto de investigação e/ou priorizam, na atuação profissional, questões relacionadas à raça, etnia, gênero, geração e orientação sexual.

No âmbito da produção de conhecimento, os assistentes sociais que assumem e/ou se referenciam numa concepção pós-moderna partem da

---

288. Entendemos que se a prática de parte dos assistentes sociais que se declara defensora do projeto profissional resulte em práticas conservadoras, isso ocorre não porque faça opção consciente pelo conservadorismo, mas porque hipoteca as exigências para uma prática que favoreça os trabalhadores somente a uma postura ético-política, neste caso, não isenta de contradições e ecletismos. Por vezes, basta a afirmação: "estou do lado dos trabalhadores". Desse modo, esses assistentes sociais tornam-se presas fáceis a serem capturadas por tendências da moda que, travestidas de novidade, mal conseguem esconder seu conservadorismo e/ou ecletismo e aparente neutralidade. É o que pode ser apreendido nos trabalhos de parte dos assistentes sociais que publica artigos em revistas da área, coletâneas e/ou tem trabalhos aprovados para apresentação nos eventos científicos da área.

crítica ao marxismo por não "conseguir apreender e dar respostas às particularidades dos indivíduos", o que influencia e favorece o mesmo posicionamento por parte dos assistentes sociais que optam por essa direção social na atividade sócio-ocupacional.

No âmbito do exercício profissional, essa referência também se expressa a partir da apreensão acrítica de noções assentadas em modismos facilitadores. Ver o Serviço Social Clínico[289] e suas ramificações, o que, atualmente, está se espraiando para a área da política de Assistência Social, através da utilização intensiva de "Terapias Comunitárias", "Terapia de Família" e de instrumentos como genograma etc.

São assistentes sociais que, tomando o "psicossocial" como função e não como campo ou área de atuação[290] e/ou psicologizando as ex-

---

289. Em 2003 e 2004, o Conselho Regional de Serviço Social do Rio de Janeiro (CRESS/RJ) e o Programa de Pós-Graduação da Faculdade de Serviço Social/UERJ, lançam duas publicações que resgatam dois momentos de um amplo e rico debate que versou sobre a relação entre Serviço Social e práticas "psi"; a (in)compatibilidade entre atividade profissional e intervenção clínica e/ou terapêutica e a (im)provável ou não convergência entre Serviço Social Clínico e o projeto profissional. O que se pode apreender das exposições e do debate com a plenária, conforme os organizadores, é que "são duas perspectivas profissionais antagônicas, duas formas distintas e inconciliáveis de fazer e compreender a profissão e a sociedade, que têm consequências concretas diante do projeto profissional que a categoria construiu e luta para implementar". Como afirma a palestrante Mavi Rodrigues, na publicação de 2003, as diferentes propostas de "Serviço Social Clínico" revelam, através da sua bibliografia, um denominador comum que é uma concepção de profissão essencialmente conservadora, que resulta na identificação da "profissão como uma forma de ajuda, vocação ou conforto terapêutico. É justamente essa concepção mística do servir, próxima à filantropia, uma visão benevolente do exercício profissional, que a categoria, desde os anos 60, não só no Brasil, mas em quase todo o continente latino-americano, tem colocado em xeque". Reconhecendo o sofrimento físico e psíquico (individual e coletivo), fruto da vivência das diferentes expressões da questão social, como impossíveis de serem enfrentados a partir da formação de um assistente social e/ou no âmbito exclusivamente do Serviço Social, o que nos remeteria ao exercício de outra profissão, o debate resultou em questões que merecem aprofundamento, como indicado pelos organizadores: a relação entre clínica e política; cultura pós-moderna e neoconservadorismo; subjetividade, questão social e formação profissional. Ver CRESS/PPG/FSS-UERJ, 2003 e 2004, onde se pode encontrar uma vasta bibliografia sobre Serviço Social Clínico ora submetida à crítica, ora assumida por alguns palestrantes.

290. Aqui queremos deixar claro que o fato de o assistente social integrar as equipes dos Centros de Atenção Psicossocial (CAPS), por exemplo, não quer dizer que só reste a ele realizar "tratamento psicossocial". Ou seja, no campo da atenção psicossocial, o assistente social tem como objeto de atenção as diferentes expressões da questão social, que certamente estarão agravadas pela presença de transtornos mentais, mas ele *não tem como função o tratamento dos transtornos mentais*. É nesse sentido que, mesmo atuando nesse campo, as referências teórico-metodológicas *determinantes* da formação e

pressões da questão social (como na área da assistência social, da educação, do sócio-jurídico, por exemplo), realizam suas atividades e ações a partir e/ou com foco no "tratamento social" de indivíduos e famílias e/ou tratamento de doenças (físicas ou mentais); realizam suas atividades com foco na "Terapia Familiar", na "Terapia Comunitária",[291] no

---

da prática profissional são a economia-política, a história, a filosofia etc. e não a psicologia, tendo em vista um conhecimento profundo dos transtornos mentais e suas formas de tratamento. Mas a realidade tem mostrado que grande parte dos assistentes sociais que exercem suas funções profissionais na "saúde mental" estudam e buscam entender muito mais dos transtornos mentais do que da lógica da organização social dominante — o capitalismo —, na sua complexidade, caráter e consequências, no sentido de apreender não só seu *poder de assimilação e integração ao sistema, mas, neste caso, antes de tudo,* seu poder destrutivo das subjetividades, para o que indicamos tanto Lukács como Mészáros.

291. A partir de textos disponíveis no site do Ministério da Saúde, os quais instrumentalizam os profissionais no uso de abordagens e recursos, a "Terapia Comunitária (TC), e suas ações complementares, tem como objetivo incentivar a *corresponsabilidade na busca de novas alternativas existenciais* e promover mudanças fundamentadas em três atitudes básicas: 1. *Acolhimento respeitoso;* 2. *Formação de vínculos;* e 3. *Empoderamento das pessoas.* A formação de profissionais, para atuar como terapeutas comunitários, objetiva capacitá-los e prepará-los para lidar com os sofrimentos e demandas psicossociais, de forma a *ampliar a resolutividade desse nível de atenção.* [...] A Terapia Comunitária é um instrumento que permite *construir redes sociais solidárias de promoção da vida e mobilização dos recursos e das competências dos indivíduos, famílias e comunidades. A TC funciona como fomentadora da cidadania, restauração da autoestima e da identidade cultural dos diversos contextos familiares, institucionais, sociais e comunitários.* Favorece a promoção e prevenção da saúde e a *reinserção social* uma vez que propicia *a expressão dos sofrimentos* vivenciados nas várias dimensões da vida e que afetam diretamente a saúde das pessoas. A terapia comunitária é considerada um exercício permanente de *inclusão e valorização das diferenças".* Disponível em: <http://portal.saude.gov.br/portal/saude>. No Informe ENSP/ Fiocruz, encontramos que "A Terapia Comunitária (TC) é uma técnica de trabalho com grupos para prevenção e promoção da saúde. Foi elaborada e desenvolvida pelo psiquiatra Adalberto Barreto, da Universidade Federal do Ceará. Trata-se de uma *prática de cuidado em saúde* que se propõe a *acolher o sofrimento dos sujeitos por meio da constituição de espaços de troca, palavra e vínculo.* Nesse espaço de intervenção, *o foco é o sofrimento* e não a doença. Acredita-se que *as soluções possam vir do coletivo,* nas *identificações com o outro* e no *respeito às diferenças.* A partir do relato, da *escuta atenta e da expressão dos conteúdos emocionais, os sofrimentos podem ser ressignificados.* Os terapeutas comunitários atuam como mediadores, procurando estimular e favorecer a partilha de experiências de vida, no sentido de realçar e valorizar o saber produzido pela vivência de cada um. Isso possibilita a *construção de redes de apoio social,* na medida em que o grupo se apropria das qualidades e *forças que já existem em potência nas relações sociais, o que torna os indivíduos e a comunidade mais autônomos"* (grifos meus). Disponível em: <http://www.ensp.fiocruz.br/portal-ensp/informe/materia/index.php>. Ver, ainda, www. abratecom.com.br. Ou seja, com pouquíssimo Estado, sem riqueza — ou seja, *sem vontade política de decidir pelo financiamento* — para investir em redes socioassistenciais, *responsabilizando e culpabilizando os indivíduos pela solução de problemas* considerados individuais e possíveis de serem resolvidos por aquele coletivo apartado da riqueza material e espiritual da sociedade em que vivem, fruto da construção social, dá para entender o significado de *"sofrimento ressignificado"* e de autonomia. A

genograma[292,293]. São assistentes sociais que, tomando o "psicossocial" como função e não como área de atuação, exercem suas atividades nas

---

terapia comunitária, a ser realizada por qualquer profissional "treinado", está indicada para tratar a "origem psicossocial" das diferentes expressões da questão social vivenciadas pelos trabalhadores no cotidiano, na busca, não só de psicologizar o sofrimento social, ao investir na amenização dos conflitos familiares — resultado da falta de tudo, trabalho, moradia com saneamento, alimentação, transporte etc. etc. —, mas de corresponsabilizar a família no cuidado em saúde mental, obscurecendo a falta de investimentos na rede básica, ambulatorial e hospitalar. Na sociedade burguesa, o que carece de ser ressignificado é o que é essencial às maiorias e, quando teima em se revelar, ser obscurecido. Não é sem razão que à burguesia, desde que abandonou sua inspiração revolucionária em 1848, não interessa a verdade. E é nesse sentido que para os trabalhadores na busca da emancipação humana, a questão não é ressignificar e/ou desconstruir, mas resgatar o sentido original de termos, noções e conceitos que foram travestidos no seu significado, ocultados e/ou demonizados, como: práxis, dialética, revolução, classe, luta de classes, trabalho, trabalhador; classe trabalhadora; liberdade, igualdade; autonomia, emancipação; fraternidade; solidariedade, equidade; transformação, desigualdade de classe, justiça social, democracia substantiva...

292. Como podemos apreender em produções da área de Serviço Social e áreas afins, o genograma, instrumento de pesquisa em psicologia do desenvolvimento, tem os seguintes objetivos: caracterizar as configurações familiares, identificar eventos estressores no ciclo vital das famílias, em especial, as perdas e separações, e analisar os padrões de relacionamento entre a família atual e a de origem. É um instrumento gráfico que possibilita a visualização de grande número de dados sobre determinada família, incluindo seu passado hereditário e o *risco que oferece aos membros atuais, juntamente com influências clínicas, sociais e interacionais.* É considerado um instrumento de fácil construção e interpretação, na medida em que resume os principais problemas sociais, biológicos e de relações interpessoais. Tem o efeito visual de um gráfico, o que facilita a visualização rápida do contexto familiar. Ver, por exemplo, Castoldi e Prati, 2006. Este instrumento tem sido sugerido pela legislação das diferentes políticas sociais (nas diferentes instâncias de governo) e muito utilizado por assistentes sociais na área da Assistência Social, tendo em vista definir "famílias em risco", "situações de risco social", mapa individual da pobreza familiar. Aqui não se trata de desqualificar um instrumento que, dependendo da função do profissional — como o psicólogo, o psiquiatra, por exemplo — é de grande utilidade. Mas, é necessário ressaltar, para os assistentes sociais, que não é sem razão que somos incentivados a utilizar um instrumento dessa natureza no cotidiano profissional; um instrumento que psicologizando as diferentes expressões da questão social, media e é mediado pela culpabilização e responsabilização dos indivíduos sociais *pela vivência, de gerações seguidas — é bom dizer, gerações de trabalhadores —,* das diferentes expressões da questão social.

293. Com a crítica à utilização de determinados instrumentos/procedimentos/abordagens/ técnicas/recursos, não estou desqualificando nem recusando seu valor e necessidade em determinadas circunstâncias e por determinados profissionais. Não recuso o papel da dança, da música, da literatura, da pintura etc., como usufruto e como exercício na busca do desenvolvimento individual, do enriquecimento da subjetividade. Muito menos, recuso o papel terapêutico de várias profissões no uso de instrumentos, técnicas e recursos que, não sendo específicos de nenhuma delas, são utilizados a partir de princípios, finalidades, direções sociais e objetivos diferenciados. Trata-se de ressaltar sua funcionalidade quando utilizados por assistentes sociais ou por qualquer outro profissional

práticas de humanização e acolhimento[294] que, muito frequentemente, objetivando "a prevenção como um processo restaurador e revitaliza-

---

em práticas que, falseando e/ou ignorando as determinações sociais, objetivem e/ou resultem, intencionalmente ou não, em manipulação e controle das massas. Nessa direção, direta ou indiretamente, intencional e conscientemente ou não, estaremos recusando o que Marx (1982) apreendeu da realidade e nos legou por meio da afirmação que consta em *Contribuição à crítica da economia política*: "O conjunto das relações de produção constitui a estrutura econômica da sociedade, a base concreta sobre a qual se eleva a superestrutura jurídica e política e à qual correspondem determinadas formas de consciência social. O modo de reprodução de vida material determina o desenvolvimento da vida social, política e intelectual em geral. *Não é a consciência dos homens que determina seu ser; o seu ser social que, inversamente, determina sua consciência*".

294. Para seus defensores, "o acolhimento como estratégia de interferência nos processos de trabalho [...] não é um espaço ou um local, mas uma postura ética, não pressupõe hora ou profissional específico para fazê-lo, implica compartilhamento de saberes, necessidades, possibilidades, angústias e invenções. Desse modo é que o diferenciamos de triagem, pois ele não se constitui como uma etapa do processo, mas como ação que deve ocorrer em todos os locais e momentos do serviço de saúde. Colocar em ação o acolhimento como diretriz operacional requer uma nova atitude de mudança no fazer em saúde e implica: *protagonismo dos sujeitos envolvidos no processo de produção de saúde;* uma reorganização do serviço de saúde a partir da reflexão e problematização dos processos de trabalho, de modo a possibilitar a intervenção de toda a equipe multiprofissional encarregada *da escuta e resolução dos problemas do usuário;* elaboração *de projeto terapêutico individual e coletivo com horizontalização por linhas de cuidado;* mudanças estruturais na forma de gestão do serviço de saúde, ampliando os espaços democráticos de discussão/decisão, de escuta, trocas e decisões coletivas. A equipe neste processo pode, também, *garantir acolhimento para seus profissionais* e às dificuldades de seus componentes na acolhida à demanda da população; uma postura de escuta e compromisso em dar respostas às necessidades de saúde trazidas pelo usuário, que inclua sua cultura, saberes e capacidade de *avaliar riscos;* construir coletivamente *propostas com a equipe local e com a rede de serviços e gerências centrais e distritais.* Uma postura acolhedora implica em estar atento e poroso". (Ministério da Saúde (MS). Humaniza SUS. Acolhimento com avaliação e classificação de risco. Brasília, DF, 2004). Não podemos deixar de lembrar que as palavras da política são palavras dos intelectuais que lhe dão forma e, neste caso, palavras de um ecletismo que facilita a conquista de corações e mentes bem-intencionadas. A proposta de acolhimento do MS parte do pressuposto — contrariando a Constituição Federal/1988 e o SUS — de que "os problemas de saúde da população" podem ser resolvidos no âmbito dos serviços de saúde, *para além das escolhas políticas que definem não só o financiamento do setor, mas a utilização dos recursos materiais e financeiros e, principalmente, do impacto das condições de vida e de trabalho no quadro de saúde/doença da população.* Ressalto, novamente, que a discordância com a concepção e utilização do acolhimento tal como concebido aqui não significa que entendo que o assistente social não deva participar destes processos, mas que, ao participar deles, tendo como referência as finalidades e os princípios aqui declarados e afirmados do projeto profissional, imprima novos rumos a esses espaços na direção dos interesses e necessidades dos usuários — o que é diferente de "ressignificá-los". Assim, podemos imprimir novos rumos e redirecionar a política na direção dos interesses dos trabalhadores, ao transformar o espaço de acolhimento em espaços de preparação e exercício do controle social, espaços de vivência de práticas democráticas de formação,

dor das possíveis crises familiares e conjugais" e/ou pessoais resultam em minorar o sofrimento resultante não só da pobreza e da miséria, mas do desemprego, da violência (sistêmica),[295] da ignorância e da

mobilização e organização; espaços de democratização de informações e conhecimentos substantivos e essenciais a esses processos. Processo no qual, reiteramos, tanto o instrumento reunião é essencial, quanto uma prática profissional crítica, criativa, reflexiva (grifos meus).

295. Ignora-se aqui, que, como afirma Labica (2009, p. 73, grifos meus) "a globalização fez da violência sua expressão privilegiada, e que essa violência atinge prioritariamente os dominados, os explorados de toda a Terra, mas não só eles; atinge, de fato, todos os homens e mulheres que vivem atualmente. Pois os proprietários, os senhores, também não têm sua sobrevivência garantida. [...] *o discurso da segurança* [vide as Unidades de Polícia Pacificadora (UPPs) dos governadores Cabral e "Pezão" no Rio de Janeiro — de 2010 até os dias atuais] *e o discurso do terrorismo são violências que geram violências*. A guerra como política é uma violência. O assédio no trabalho é uma violência. O mercado é uma violência. A corrupção é uma violência. A justiça de classe é uma violência. A televisão é uma violência. O desemprego e a exclusão são violências. [...] *Elas provêm todas da mesma matriz: a violência do capital contra o trabalho".* Aqui se destacam duas formas de individualização da violência que é operada por parte de quem os trabalhadores poderiam esperar a apreensão da sua natureza: alguns "intelectuais/pesquisadores". Na primeira, um pesquisador, ao definir como objetivo "analisar a ligação do agressor (o pai/marido...) com o uso de máscaras, tais como álcool e drogas, a fim de justificar a prática de violência", revela o julgamento contido na própria definição do objetivo, incapaz de apreender a violência na perspectiva de totalidade e ao situar a violência no âmbito das relações de gênero, entendidas como descoladas das relações entre as classes e seus diferentes segmentos. Desse modo, o pesquisador põe no centro o indivíduo violento e/ou quem pratica violência, sem apreender a natureza da violência que atinge, mutila, a todos. A segunda forma de individualização da violência e consequente achado da culpabilização do ser violento é revelada no próprio ponto de vista do pesquisador em questão, para abordar a violência: "Há violência quando, **numa situação de interação**, um ou vários atores agem de maneira direta ou indireta, maciça ou esparsa, causando danos a uma ou várias pessoas em graus variáveis, seja em sua integridade física, seja em sua integridade moral, em suas posses, ou em suas participações simbólicas e culturais (Michaud, 1989). Ou seja, enquanto a violência da exploração e destruição material e subjetiva dos sujeitos pelo sistema é obscurecida — das quais a guerra é apenas uma delas —, dá-se visibilidade à "violência contra a propriedade privada" e/ou à violência entre sujeitos tomados de forma, aparentemente abstrata; recado dado, a violência do oprimido contra o opressor, expressada na criminalização da pobreza (Wacquant, 2001). Tomando como referência teórica uma bibliografia que expressa este ponto de vista —, reivindicando a "Terapia de Família" (quando não reivindicando o projeto profissional como referência), o assistente social, frequentemente, em equipe com médicos, psicólogos, enfermeiros, ao abordar um casal que apresenta como demanda uma situação de violência familiar, ignorando que os dois são parte e expressão da destruição da subjetividade sob o capitalismo, conservadoramente, a partir de um julgamento do coletivo de profissionais, transforma um dos polos no "inimigo" — da instituição, da equipe, da família — a ser combatido o que, em certos casos, acaba por gerar mais violência: animosidade/separação pai/filho etc. Um estado de

mutilação das subjetividades, frutos da lógica capitalista. Ou seja, práticas que, intencionalmente ou não, resultam não só em maquiar a pobreza e a miséria "em busca da cidadania", via acesso a direitos fragmentados e fragmentadores dos indivíduos, mas em disfarçar/ocultar a exploração do trabalho e a concentração da propriedade e da riqueza socialmente produzida. Aqui, maquiar a pobreza e a miséria, no sentido de "resgatar o que há de belo na pobreza" — como é próprio da mídia burguesa —; no sentido de embelezar, de disfarçar e de mascarar a pobreza e/ou o sofrimento material e espiritual; no sentido de enganar e/ou iludir pobres, miseráveis e desesperados, quase sempre sem o conhecimento dos intrincados nexos causais deste estado de coisas (tanto por parte do assistente social como dos usuários), o que revela o "mau uso social da inteligência e do talento".[296]

Afinal, saibamos ou não, o capital, por mais poderoso que se mostre e realmente seja, necessita de "corretivos estritamente marginais [...]

---

coisas que se torna cada vez mais complexo, visto que, diante do grau de destruição dos indivíduos, não é raro a violência familiar resultar em morte.

296. Para irmos aos fatos, faz-se necessário resgatar a propaganda de um curso para "assistentes sociais e alunos do último ano de Serviço Social" distribuída no evento de Serviço Social, em São Paulo, em comemoração aos 30 anos do Congresso da Virada, em novembro de 2009. Uma empresa, através de um folder, oferece ao "profissional que trabalha com família e casal, os recursos necessários e as ferramentas corretas, para a realização de seus sonhos e projetos de vida, tanto pessoal, como profissional". A partir da pomposa denominação "Abordagem Sistêmica Vincular", com ar de novidade, a empreitada, resgatando o que há de mais conservador na história do Serviço Social, afirma estar criando "um novo viés no trabalho com as famílias e casais, ou seja, *a prevenção como um processo restaurador e revitalizador das possíveis crises familiares e conjugais*". Dita abordagem "utiliza-se da contextualização sócio-histórica, para mapear e compreender a *configuração relacional dos casais e das famílias,* ao mesmo tempo que instrumentaliza e capacita os profissionais de famílias e casais a *preverem e tratarem os possíveis pontos críticos a serem trabalhados",* o que deixa clara não só a individualização dos problemas, mas a responsabilização e a culpabilização da família e de seus membros, pela miséria material, intelectual, cultural e espiritual (afetiva, emocional), que resulta em violência e conflitos pessoais, extra e intrafamiliares. Na impossibilidade de referenciar o curso pelo folheto, indicamos <http://aptf.org.br/2013/index.php?id=0&s=inst_a&cod=28>. Aqui, trata-se de um curso para formação de "Terapeuta de Casal e Família — Abordagem Sistêmica Focal breve", oferecido pela Associação Paulista de Terapia Familiar. Na mesma direção do citado antes, este curso é destinado a uma gama imensa de profissionais graduados em curso superior das Áreas da Saúde, Educação e Ciências Humanas, dentre os quais está incluído o assistente social.

A/O ASSISTENTE SOCIAL NA LUTA DE CLASSES 311

compatíveis com seus preceitos, mas também benéficos, e realmente necessários a ele no interesse da sobrevivência continuada do sistema". (Mészáros, 2005, p. 27) Por outro lado, como se pode apreender em Marx, só no comunismo, com a transformação da organização social capitalista, o indivíduo social poderá se transformar; não com uma intervenção direta sobre ele mesmo, a partir da individualização dos "problemas", na busca de produzir o que só se revela como resultado de condições de vida e de trabalho, como, por exemplo, saúde e autoestima.

Aqui, faz-se necessária uma digressão. Uma das maiores contradições do assistente social é afirmar uma opção pelo projeto profissional e reclamar, ao mesmo tempo e/ou como finalidade, ações que buscam: "remover bloqueios" ao desenvolvimento individual; a prevenção "como um processo restaurador e revitalizador das possíveis crises familiares e conjugais" ou pessoais; "liberar potencialidades com base na utilização de recursos próprios ou do meio", tendo em vista o "aperfeiçoamento do usuário" e "comportamentos que facilitem a relação entre casais e famílias".[297]

Ora, se sabemos que na sociedade capitalista as relações reais dos diferentes segmentos da classe trabalhadora (inseridos formal ou informalmente no mercado de trabalho ou apartados dele — os segmentos pobres e miseráveis) não resultaram, não resultam e nunca resultarão em subjetividades ricas e emancipadas, submetidos que estão a condições insustentáveis e aviltantes de dominação, exploração e mutilação do corpo e do espírito, se é assim — como abordamos no início — como buscar recursos e potencialidades em sujeitos nos quais a sociedade não investiu para que eles pudessem existir? Uma sociedade que não investiu, desde as condições iniciais de sobrevivência nos primeiros dois anos de vida (anos que determinam possibilidade de acesso ao patrimônio histórico da humanidade ao estruturarem as condições para a alfabetização),

---

297. As afirmações entre aspas estão presentes nas manifestações dos assistentes sociais que defendem o "Serviço Social Clínico", em projetos profissionais, em trabalhos que integram os Anais do CBAS/ENPESS, quando não, na legislação de políticas sociais.

até o acesso à educação instrumental[298] e ao trabalho assalariado.[299] Por outro lado, fica patente que estas são ações que, resgatando a "individualidade capitalista", negam, desmobilizam e corroem qualquer luta coletiva, qualquer luta política por mudanças e transformações necessárias. Ao se objetivar o "aperfeiçoamento do indivíduo" no atendimento às "suas necessidades individuais", como se as necessidades de um não expressassem as necessidades de todos, (bem ao gosto de Balbina Otoni Vieira, suas referências e seguidores que objetivam o "bom funcionamento social"), não se considera nem se capta as relações reais existentes entre indivíduo-sociedade. Afinal, se cem passos dados por um não é ameaçador para a ordem dominante, um passo dado por cem mobiliza reações e reacionarismos.[300]

William S. Meyer, da Clinical Social Worker/Department of Clinical Social Work/Duke Medicine, referência dos assistentes sociais brasileiros que optam pelo Serviço Social Clínico, é bem claro nas suas intenções ao afirmar que "a profissão de Serviço Social deve oferecer 'uma tenda grande' [...], que possa acomodar todos nós que desejamos *aliviar* sofrimento do ser humano"[301] (grifos meus). Essa perspectiva, não escondendo sua perspectiva de classe ao explicitar com clareza sua relação direta com a perspectiva de "ajuda"/perspectiva restauradora, se por um lado pode se mostrar bem-intencionada frente às desgraças do "ser humano", ela

---

298. Se como afirma Paulo Freire, "ninguém educa ninguém, ninguém educa a si mesmo, os homens se educam entre si, mediatizados pelo mundo", há que nunca se esquecer que são as desiguais condições materiais de existência — desigualdade que faz parte da natureza do capitalismo na medida em que quanto mais se produz e concentra riqueza, mais aumenta a pobreza — que mediam o processo educativo. Um processo que, após mais de 200 anos de capitalismo, está levando o homem à ignorância e à barbárie e homem e natureza ao extermínio.

299. E note-se, aqui não estamos nos referindo à qualidade da educação (emancipadora) nem do trabalho (como atividade humana autorrealizadora), mas à educação instrumentalizadora e ao trabalho assalariado como é prometido pela e na organização mais poderosa que a humanidade já criou.

300. É Mao Tse-tung que, captando a força que a organização e o coletivo têm, afirma: "mais vale um passo dado por cem do que cem passos dados por um".

301. Essa mensagem tem circulado na internet por conta do movimento dos assistentes sociais que se denominam de Clínicos, conclamando os *assistentes sociais brasileiros contra a* **Resolução CFESS n. 569/2010** *sobre práticas terapêuticas.*

tem um endereço certo: a busca de "aliviar o sofrimento humano" sem ir às raízes desse sofrimento, e/ou imputando as causas desse sofrimento ao próprio indivíduo que sofre, resulta em atacar as consequências de um problema sem desobscurecer e atacar sua natureza e suas causas. Na mesma direção, caminham cursos para formação de assistentes sociais oferecidos na internet que, a partir "de um novo viés no trabalho com as famílias e casais, ou seja, a prevenção como um processo restaurador e revitalizador das possíveis crises familiares e conjugais", oferece ao "profissional que trabalha com família e casal, os recursos necessários e as ferramentas corretas, para a realização de seus sonhos e projetos de vida, tanto pessoal, como profissional".

Não é sem razão que, como previu Netto (p. 127) "essa vertente promoverá por um lado uma reentronização das práticas tradicionais (diria, recicladas, ressignificadas), oferecendo-lhes um discurso legitimado de natureza 'cultural' e, por outro lado, estimulará, respaldando o apelo à 'sociedade civil' e à 'cidadania', ações focais no marco das petições solidárias e de parcerias a todos os níveis".

2.2.4 Projeto que constitui uma "vertente aparentemente radical"

Mesmo partindo dos princípios fundamentais do Código de Ética, neste contexto, tomados de forma fragmentada, intenções/projetos, nessa perspectiva, desqualificam abertamente a "teorização sistemática e a pesquisa rigorosa" (Netto, 1994). Desse modo, estruturam-se em múltiplos fundamentos: seja num "anticapitalismo romântico, de inspiração religiosa", a partir da "glorificação do 'saber popular', do povo, com apelo a valores de solidariedade", ao respeito, na atualidade, perdendo centralidade o catolicismo;[302] seja "na repulsa anarcoide ao universalismo da

---

302. Na população brasileira, o que se reflete no conjunto das profissões, o catolicismo vem perdendo centralidade — redução observada nas duas décadas anteriores ao senso de 2010 — principalmente para as religiões protestantes/evangélicas, embora o catolicismo tenha permanecido majoritário. Disponível em: <http://censo2010.ibge.gov.br/noticias-censo>. Acesso em: dez. 2012.

modernidade (a entronização abstrata do 'protagonismo da sociedade civil', a desconsideração do Estado[303], o anti-institucionalismo vulgar, a reificação das diferenças); seja no irracionalismo aberto (a validação das 'racionalidades alternativas'); seja no relativismo mais primário (com equalização de todas as formas de socialidade)".

Neste ponto parece estar uma das questões centrais dessa perspectiva. Tomando como referência central a religião[304]/irracionalismo, como finalidade a humanização do capitalismo/reformismo — nem sempre de forma declarada e consciente —, por meio da busca de consenso entre desiguais, os assistentes sociais que priorizam esse projeto combinam — nem sempre de forma consciente, mas porque acompanham e/ou estão submetidos ao movimento das coisas — *fontes de pensamento aparentemente radicais* (ver Rodrigues, 2006).

Se por um lado assumem, investem e priorizam a tradição revolucionária (neste contexto baseada nas lutas mediadas pela cor da pele e

---

Essa realidade vem repercutindo no Serviço Social, no âmbito da formação e da prática, com a presença de alunos e assistentes sociais de diferentes religiões que buscam o Serviço Social tendo em vista potencializar a função religiosa em detrimento do Serviço Social como profissão.

303. Neste contexto, ignora-se/minimiza-se o papel do Estado no saque ao fundo público tendo em vista dar respostas favoráveis aos processos de acumulação. Afinal, se glorificamos o sujeito resultante do processo mutilador do capital, como possibilidade de enfrentamento dessa poderosa organização social, para que os assistentes sociais e, consequentemente, os próprios trabalhadores precisam saber que o governo federal vem priorizando o agronegócio que desemprega, emprega um mínimo e exporta mais de 70% de sua produção, em detrimento da agricultura familiar, que alimenta o país e gera a maioria absoluta dos empregos/ocupação no campo? Em 2009, quando foram destinados 70 bilhões para o agronegócio, a agricultura familiar não recebeu mais do que 13 bilhões. Uma realidade que favorece a adoção de tecnologias intensivas em capital no campo, o que resulta em prioridade para trabalho morto e desestímulo ao emprego de mão de obra. Ou seja, histórica e progressivamente, os Estados nacionais, como é o caso do Brasil, vêm forçando a utilização do fundo público favorecendo, prioritariamente, o capital. Desse modo, fica claro que para os proprietários não se trata de reduzir o Estado em todas as áreas, mas naquelas que não favorecem a acumulação. Neste contexto, a revolta pura e simples dos assistentes sociais frente à ausência de recursos no cotidiano da prática não dá conta da apreensão desse fato como fruto do desfinanciamento das políticas sociais e do papel do Estado nesse processo. A apreensão do movimento deste contexto é que vai facilitar a identificação do papel profissional e das estratégias necessárias junto aos trabalhadores/usuários e demais profissionais.

304. Isso não quer dizer que a religião esteja presente somente nessa vertente, nem que todo assistente social que professa uma religião equalize profissão/religião.

pelas questões de gênero e geração, *em detrimento* da luta de classes/exploração do trabalho, anticapitalistas), por outro, são assistentes sociais que não põem em questão e/ou obscurecem a exploração do trabalho e a concentração da riqueza; não assumem a defesa da propriedade social dos meios essenciais de produção e, consequentemente, não se comprometem com um sistema econômico "sem exploração de classe, etnia e gênero" e uma associação de homens livres e emancipados.

Considerando em segundo plano ou negando a luta dos trabalhadores contra o capital — ou seja, negando a luta de classes —, vislumbra-se como caminho para a emancipação os movimentos de libertação que provêm da luta contra o "capitalismo selvagem", o que acaba por resultar na busca de "humanização do capitalismo" e não em lutas anticapitalistas: a luta das mulheres, a luta dos negros, a luta dos Sem-Teto etc., quando colocadas como um fim em si mesmo. Esse projeto resgata, ainda, da mesma forma, lutas em defesa do meio ambiente — não a tradição ecossocialista[305] —, também despojada do seu caráter de classe.

Ora, lutas anticapitalistas, se pretendem não facilitar a despolitização e o esvaziamento da inserção de classe dos sujeitos, requerem uma fina mediação com o trabalho, na medida em que sua vitória final está hipotecada ao trabalho como atividade humana autorrealizadora e à educação emancipadora. A não ser que acreditemos que haja possibilidade de emancipação sem a "universalização do trabalho como ativi-

---

305. Em contraste com uma defesa do meio ambiente em si mesmo, para Michael Lowy (2010), "O *raciocínio ecossocialista* se apoia em dois argumentos essenciais: 1) o modo de produção e consumo atual dos países capitalistas avançados, fundado sobre uma lógica de acumulação ilimitada (do capital, dos lucros, das mercadorias), desperdício de recursos, consumo ostentatório e destruição acelerada do meio ambiente, não pode de forma alguma ser estendido para o conjunto do planeta, sob pena de uma crise ecológica maior. Segundo cálculos recentes, se o consumo médio de energia dos EUA fosse generalizado para o conjunto da população mundial, as reservas conhecidas de petróleo seriam esgotadas em 19 dias. Esse sistema está, portanto, necessariamente fundado na manutenção e agravamento da desigualdade entre o Norte e o Sul; 2) de qualquer maneira, a continuidade do 'progresso' capitalista e a expansão da civilização fundada na economia de mercado — até mesmo sob esta forma brutalmente desigual — ameaça diretamente, a médio prazo (toda previsão seria arriscada), a própria sobrevivência da espécie humana, em especial por causa das consequências catastróficas da mudança climática."

dade humana autorrealizadora" (Mészáros, 2005, p. 65), sem trabalho associado.

Harvey chama a atenção para como as lutas setoriais, que não se constituem como anticapitalistas, no limite, acabam favorecendo o capital. Referindo-se a autores marxistas (como o economista Jim O'Connor), que mencionam "as barreiras da natureza como 'a segunda contradição do capitalismo' (a primeira sendo, é claro, a relação capital-trabalho)", diz o autor:

> Em nossa época é certo que essa "segunda contradição" está absorvendo tanta atenção política quanto a questão do trabalho, se não mais, e há um campo amplo de preocupação, de ansiedade e de esforço político que se centra na ideia de uma crise na relação com a natureza, como fonte sustentável de matérias-primas e de terra para o desenvolvimento capitalista (urbano e agrícola), e de uma pia para o crescente fluxo de lixo tóxico. Mas há sempre um perigo em sobrestimar limites naturais supostamente "puros" em detrimento da concentração sobre a dinâmica capitalista que é a força das mudanças ambientais em primeiro lugar e das relações sociais (de classe em especial) que movem essas dinâmicas em certas direções ambientalmente perversas. A classe capitalista, é óbvio, está sempre feliz, nesse ponto pelo menos, de ter seu papel descolado e mascarado por uma retórica ambientalista que não a toma como criadora do problema. Quando os preços do petróleo subiram no verão de 2008, foi útil reclamar da escassez natural, quando as companhias petrolíferas e os especuladores eram os culpados. (Harvey, 2011, p. 69-70)

São questões que só podem ser apreendidas nas suas multideterminações, para além da sua aparente radicalidade, quando, numa perspectiva de totalidade (perspectiva que somente um projeto fundado na tradição marxista reivindica, como é o caso do projeto do Serviço Social brasileiro), são pensadas diante da necessidade compulsória de crescimento do capital — pelo menos 3% ao ano —, tendo em vista assegurar os processos de acumulação, processo que espraia suas consequências para todas as instâncias da vida social.

É nesse sentido que o projeto profissional, assentado na perspectiva marxista, ao nos permitir ir à raiz dos problemas, nos conclama a nos questionarmos sobre a participação dos assistentes sociais e demais profissionais, nas consequências humanas, sociais, econômicas, ambientais e culturais não intencionais das atividades humanas (Harvey, 2011, p. 67).

2.3 A Escolha ético-política e teórico-metodológica frente a diferentes projetos profissionais

Escolher conscientemente ou se "enquadrar"[306] numa das linhas de desenvolvimento indicadas antes, as quais raramente se constituem em projetos claros e definidos como o projeto assentado na perspectiva marxista, não faz de um assistente social melhor ou pior do que qualquer outro indivíduo social/profissional. A coragem e a boa intenção estão presentes na vida social em tudo, mas elas em si mesmas não garantem objetivações idealizadas, principalmente, se contrárias e inconvenientes aos interesses do capital. Como ressalta Netto (2010, p. 7) "consciência política não é o mesmo que consciência teórica", o que exige do assistente social se municiar de "instrumentos teóricos e metodológicos para apreender a gênese, a constituição e os processos de reprodução da questão social",[307] tendo em vista, como sujeito do processo, uma atuação

---

306. Ao ressaltarmos aquelas linhas de desenvolvimento observadas na categoria profissional, não temos como objetivo engessar e/ou enquadrar os assistentes sociais em modelos estanques, mas indicar tendências presentes no movimento da categoria, que a permeiam ora de forma eclética, ora de forma pluralista.

307. Como mostra Netto (2010, p. 7 e nota 12) "Somente com o conhecimento rigoroso do 'processo de produção capitalista' Marx pode esclarecer com precisão a dinâmica da 'questão social', consistente em um complexo problemático muito amplo, irredutível à sua manifestação imediata como o pauperismo. Em obras anteriores, Marx prognosticara que o desenvolvimento do capitalismo implica em pauperização absoluta da massa proletária. N'*O capital*, ele distingue nitidamente os mecanismos de pauperização absoluta e relativa" revelando-os como fator essencial e ineliminável da ordem social burguesa. No Modo de Produção Capitalista, não há alternativas, nem políticas e econômicas, capazes de propiciar a não ser a pobreza, absoluta ou relativa, para os trabalhadores.

consciente e crítica, assentada na apreensão do movimento do espaço profissional, que assegure o planejamento da inserção profissional com definição de estratégias e ações necessárias.

Como já referimos, aquelas linhas de desenvolvimento do Serviço Social, como afirma Netto, não são excludentes. Como antecipado pelo autor, elas se cruzam, se complementam, se imbricam, se aliam e se interpenetram. A novidade, obscurecida no âmbito da luta pela manutenção da hegemonia do projeto profissional, fica por conta de segmentos da categoria que, afirmando tomar o projeto profissional como referência, no que o fazem ecleticamente,[308] se põem em aliança com perspectivas que negam não só seus princípios fundamentais, mas suas referências teórico-metodológicas e, muito frequentemente, técnico-operativas.[309]

É assim que na análise concreta de situações concretas, podemos identificar profissionais reivindicando referência/contribuições ao projeto profissional ao vocalizarem objetivos favoráveis aos interesses dos trabalhadores, mas empreendendo ações que resultam em despolitização, desmobilização, individualização, responsabilização, o que, constituindo-se em práticas conservadoras, revelam sua proximidade com as linhas de desenvolvimento/projetos 2, 3 ou 4. Por outro lado, na medida em que quase tudo que se faz e que se escreve no Serviço Social nos tempos de

---

Frente à propriedade privada garantida juridicamente pelas leis burguesas e à separação histórica dos trabalhadores dos seus meios de produção, a distribuição da renda e da riqueza será sempre desigual, favorecendo os capitalistas; ou seja, há uma pauperização relativa visto que, mesmo quando os salários dos trabalhadores aumentam, aumentam exponencialmente menos do que as riquezas do capital.

308. Enquanto o ecletismo (posição caracterizada por escolhas ético-políticas e teórico-metodológicas, sem observância da coerência entre o conjunto de princípios que as rege) é mortal para quem defende os interesses dos trabalhadores — e consequentemente para o projeto profissional/projeto de sociedade —, para os conservadores e para quem almeja a reforma do capitalismo (dentre eles os pós-modernos) o ecletismo é uma necessidade. Ver nota 179.

309. Se a entrevista é um instrumento utilizado pelo assistente social no contato com os usuários independentemente da direção social, quando o assistente social utiliza a "entrevista de ajuda" ou a "entrevista psicológica" (baseada no método clínico), para mediar aquele contato, está indo de encontro às referências técnico-operativas necessárias e presentes no projeto profissional. Este é um assunto que aprofundaremos em outra ocasião.

agora tem sido feito em nome do projeto profissional, só uma fina análise teórico-crítica da formação, da produção de conhecimento e da prática dos assistentes sociais (individual e coletiva)[310] pode dar visibilidade ao "confronto teórico-profissional substantivo" entre o projeto profissional e os demais projetos em questão. Uma análise onde, do ponto de vista do analista, o central não está nas representações, sensações, sentimentos, experiências vividas, ideias, imaginação, intuição do sujeito que analisa, mas na razão mediada pelo método da teoria social. Uma análise onde, no que se refere ao objeto analisado, o central, também, não está nas representações, sensações, sentimentos, experiências vividas, ideias, imaginação, intuição do sujeito profissional que realizou a atividade, mas na atividade mesma como situação concreta.

Não é sem razão que os estudos sobre o cotidiano profissional e a produção de conhecimento da área que estamos desenvolvendo estão revelando que o que mais aproxima os assistentes sociais que fazem a crítica (explícita ou implícita) ao projeto profissional, independentemente da escolha consciente ou não de um projeto, é a opção por uma análise da sociedade centrada em uma categoria fundante que não é o *trabalho*, mas a *subjetividade*.

Ademais, se não restam dúvidas que a produção de conhecimento do Serviço Social brasileiro se revela fecunda e dá contribuições efetivas não só na área das Ciências Sociais Aplicadas, mas nas Ciências Humanas e Ciências Sociais[311], o mesmo não pode ser afirmado com relação ao seu impacto na atividade prática dos assistentes sociais. Ou seja, a produção de conhecimento do Serviço Social brasileiro, na vigência do projeto pro-

---

310. Análise que envolva não só autores de maior destaque, mas teses, dissertações, Anais de Congressos, Revistas Especializadas, a formação nas unidades de ensino públicas e privadas e a prática dos assistentes sociais no país, nas diferentes áreas de atuação profissional e áreas temáticas.

311. Numa área dominada pelo pensamento pós-moderno — as ciências sociais e áreas afins —, a produção de conhecimento torna-se uma arena importante de luta pela hegemonia. Assim, como vimos antes, a produção no Serviço Social, referenciada pelo projeto profissional, vem conseguindo dar a direção social do debate teórico não só nas diferentes áreas de atuação profissional, mas contribuindo com áreas afins.

fissional, não tem resultado em contribuição efetiva a uma prática mediada pelo projeto profissional, pelo menos na mesma intensidade do impacto no que se refere aos fundamentos. Como afirmou Netto, em uma de suas projeções em 1996: "as possibilidades objetivas de manutenção da demanda social da profissão não se mostram ameaçadas, mas impõem ao Serviço Social a necessidade de elaborar respostas mais qualificadas (do ponto de vista operativo) e mais legitimadas (do ponto de vista sócio-político) para as questões que caem no seu âmbito de intervenção institucional" (p. 124).

Não restam dúvidas de que a produção teórica que tem maior visibilidade e aceitação e dá a direção do debate no Serviço Social é "dominantemente [...] disruptiv[a] em relação à ordem tardo-burguesa periférica", o que é de extrema relevância na consolidação da direção teórica e ético-política do projeto profissional, todavia, sua existência não garante sua exigente apropriação pelos assistentes sociais, como podemos observar nas afirmações de Netto:

> "Somente uma perspectiva teórico-crítica que permita apreender o movimento histórico que se contém nas transformações societárias em curso e a negatividade que ele comporta, perspectiva vinculada a um *projeto social anticapitalista* sem vincos utópico-românticos, pode assegurar que os componentes socioexcêntricos e emancipadores que a cultura profissional recentemente abrigou sejam potenciados e atualizados." (Netto, 1996, p. 127-128; grifos meus)

É essa perspectiva tomada radicalmente como referência "que pode abrir o Serviço Social a demandas que transcendam o horizonte da ordem do capital", com pena dos assistentes sociais continuarem priorizando tanto as requisições institucionais como alternativas conservadoras. É ela que, a partir de uma formação graduada centrada num perfil generalista, "pode assegurar a qualificação para a intervenção localizada (ação focal) à base de uma compreensão estrutural da problemática focalizada" (idem, p. 125) o que funda a "noção de uma formação profissional contínua".

Mas para que os assistentes sociais se abram a essas demandas há que se problematizar de forma sistemática e qualificada o cotidiano da prática, numa perspectiva de totalidade. Para que as possibilidades teóricas e promessas sustentadas pelo projeto profissional, com base em projetos emancipatórios, não sejam apreendidas como falsas ou utópicas, elas necessitam do que vale para a perspectiva aberta e sustentada por Marx e pelo marxismo: "fundamentação histórico-concreta que as atualize e as promova no jogo de forças sociais vivas, organizadas e conscientes dos seus interesses. *Mas essa projeção só se sustenta consequentemente sobre a ontologia posta a partir da práxis*" (Netto, 1994, p. 40; grifos do autor).

Um *quefazer* histórico que não questiona a estrutura econômico-social do capitalismo (porque seus sujeitos a defendem ou porque, submetidos a ele, ignoram sua natureza[312]) força os assistentes sociais a procurar respostas e soluções para os efeitos negativos da ordem social dominante fora da esfera econômica, frequentemente no "resgate da subjetividade"[313], que parte de uma concepção de uma natureza humana a-histórica. São respostas e "soluções" que, apropriadas e repetidas de forma acrítica, porque não captadas criticamente pelo sujeito profissional que desconhece suas verdadeiras intenções, expressam o ecletismo de uma "ética progressista"/"ética burguesa". Uma ética (burguesa) que, mediada por uma economia política conservadora, quando não reacionária, não consegue esconder sua dubiedade e hipocrisia na medida em que demonstra uma coisa quando objetiva outra, dissimulando seu verdadeiro caráter:

---

312. A meu ver, o conservadorismo no Serviço Social, na atualidade, mais do que um projeto defendido, se revela no cotidiano da prática, como um *quefazer* burocrático, repetitivo e/ou administrativo das demandas dos usuários, em acompanhamento do movimento das coisas.

313. O "resgate da subjetividade" — subjetividade tida como princípio e não como consequência — está assentado na possibilidade de remoção de obstáculos mentais e emocionais na busca de "autenticidade, felicidade e autoestima". Como se algum indivíduo social pudesse ser autêntico, feliz e ter segurança, sem liberdade, autonomia, trabalho desalienado, sem subjetividade rica. Enfim, como se os homens pudessem ser autênticos, felizes e livres sem serem emancipados, emancipação caucionada pela *"universalização da educação e [pela] universalização do trabalho como atividade humana autorrealizadora"* (Mészáros, 2005, p. 65), trabalho associado, e o correspondente desenvolvimento das capacidades humanas em geral: subjetividade, sensibilidade, criatividade, conhecimento científico, estética, talento, solidariedade etc.

explicita sua defesa dos direitos humanos por um lado e explora trabalho e concentra riqueza pelo outro; clama contra a corrupção por um lado e corrompe e sonega impostos por outro.[314]

Certamente, de modo desavisado, a sustentação de "práticas de ajuda", de "empoderamento", de "empreendedorismo" e as diferentes formas de enfrentar o sofrimento social através das terapias (comunitária, familiar etc.) e das práticas clínicas, pode estar contribuindo para a consolidação dessa ética, tanto entre os assistentes sociais como entre os trabalhadores/usuários.

São concepções e alternativas presentes na academia — na docência, na pesquisa, no planejamento e na gestão —, que se propagam progressivamente no âmbito do planejamento, da gestão e da operacionalização dos serviços sociais, a partir de assistentes sociais recém-formados, de assessorias/supervisões, exatamente porque oferecem "status teórico" e referendam o que é dominante na prática social e na prática dos assistentes sociais, como sua parte e expressão.[315] Por outros caminhos, para além da especialização apontada pelo autor, está acontecendo o que Netto (1996) sinalizou:

---

314. Enquanto o trabalhador assalariado tem o Imposto de Renda descontado na fonte, a burguesia, a partir de uma moralidade seletiva, das mais diferentes formas, sonega impostos. O escândalo do banco HSBC suíço em 2015, que revelou centenas de contas de brasileiros criminosos e/ou super-ricos e a sonegação de impostos no país mostram isso. Especialmente empresas e super-ricos no Brasil sonegaram dos cofres públicos, em 2013, mais de 415 bilhões de reais e, em 2014, mais de 500 bilhões. Como a própria Receita Federal revela, a riqueza dos 0,90% mais ricos do Brasil representa 68,49% da riqueza notificada, enquanto 91,88% da população brasileira fica com menos de 20% da riqueza socialmente produzida. Disponível em: <http://idg.receita.fazenda.gov.br/daos/receitadata/estudos-e-tributarios-e-aduaneiros/trabalhos-academicos/trabalhos-academicos-página>. Acesso em: jan. 2015. Mas, como quer a direita organizada em passeata, em março de 2015, contra o governo federal democraticamente eleito, "Sonegação não é corrupção", como estampado em seus cartazes.

315. Não é sem razão que estudos e pesquisas que assumem a perspectiva de totalidade estão cada vez mais sendo relegados a segundo plano em favor de estudos de caso, estudos relacionados a temáticas específicas e/ou focalizados em pequenos grupos, quando não indivíduos isolados. É o que podemos observar em Anais de eventos científicos da área de Serviço Social e áreas afins, em coletâneas e revistas, quando, por exemplo, com a denominação de "trabalho científico", o autor relata o sofrimento de uma usuária, mulher, negra, favelada, mãe, vivendo com Aids ou as agruras vividas por três adolescentes que moram na rua. Ou seja, priorizam-se descrições fenomênicas, o empiricismo da exploração, da dor etc.

a redução da formação profissional a um nível puramente técnico-operativo acabará por alijar da formação os avanços teóricos e analíticos que garantem a compreensão do significado social do Serviço Social na rede das concretas relações sociais; afastará a preocupação com toda investigação que não seja "aplicada"; converterá a profissão num elenco de tecnicalidades vocacionadas para a intervenção microlocalizada (p. 125)

Uma formação que se por um lado se mostra preocupada com a veiculação de uma quantidade abissal de conteúdo, em detrimento da qualidade da sua apropriação e crítica pelos alunos, ignora a unidade teoria-prática e impõe à disciplina de Estágio Supervisionado a tarefa de "ensino da prática".[316]

Diante da pressão das circunstâncias, perde-se a capacidade de ir à raiz dos problemas porque a formação de um intelectual "é muito difícil e colocam-se muitas exigências", afirmam alunos, professores, supervisores e demais profissionais.[317] Desse modo, paradoxalmente, é na acade-

---

316. Não é sem razão que o Estágio Supervisionado ainda hoje é reconhecido como o espaço do "ensino da prática". E, na medida em que a disciplina a ele relacionada no âmbito da academia acaba por se constituir, frequentemente, em mais uma "disciplina teórica", quando a abordagem teórico-crítica da realidade/exercício profissional é abandonada, ficando sob a responsabilidade exclusiva do supervisor de campo "ensinar a fazer Serviço Social". Ou seja, o "ensino da prática" fica a cargo de um supervisor que quase nunca é requisitado a ter uma participação ativa na academia por meio da discussão do Currículo Pleno, da elaboração dos Planos de Estágio e da avaliação do aluno. Desse modo, o aluno aprende a "fazer o Serviço Social do supervisor" que, como vários estudos vêm mostrando, por diferentes motivos e causas, em sua maioria, não se constitui num exercício profissional mediado pelo projeto profissional, que incluiria tomar como referência no Estágio as Diretrizes Curriculares da ABEPSS. Não é sem razão que, mesmo na vigência do projeto profissional a afirmação "na prática a teoria é outra" ainda tem vigência. Na realidade, é assim que o aluno visualiza: a teoria do professor e a prática do supervisor sem condições de captar que estamos diante da teoria-prática do professor e da teoria/prática do supervisor, um processo que, sem um mínimo de crítica, mais esquizofreniza e deforma do que forma.

317. Diante disso, podemos entender a contradição entre a defesa de uma formação generalista e crítica por parte dos órgãos de representação dos assistentes sociais e a aceitação e defesa do ensino do visitador social, agente comunitário, educador social e Serviço Social à distância, por parte de um grande contingente de jovens que busca esses cursos diante da impossibilidade de cursar uma universidade, pública, gratuita e de qualidade. Uma defesa que favorece a aceitação de Diretrizes Curriculares esvaziadas de conteúdo como faz o MEC, em detrimento de Currículos Mínimos substantivos como propõe a ABEPSS; uma defesa que permite aos alunos e futuros as-

mia, na "defesa do aluno trabalhador"/dos trabalhadores, que tem início o rompimento com os princípios e objetivos do projeto profissional, ao se optar entre as mais diferentes justificativas (nível dos alunos; respeito ao tempo disponível do aluno trabalhador etc.), ou por apropriações teóricas parciais, que favorecem o ecletismo, ou por concepções que se mostram mais "amigáveis", porque mais próximas do senso comum, o que só fortalece a concepção de Serviço Social como ajuda e/ou técnica. Afinal, a comiseração — que não por acaso tem como sinônimo amiseração — deixa explícito que o sujeito que se apieda do outro — seja na formação, seja no exercício profissional — se põe como inatingível pela destruição da subjetividade sob o capital, o que não é nada mais, nada menos, do que um ato tão alienado quanto a ideia de que a miséria sob o capitalismo é só miséria material e que a miséria subjetiva, a alienação, *só pode ser encontrada* no "outro", principalmente, no pobre, no desvalido, no miserável. Ou seja, atos filantrópicos, de ajuda, de compaixão servem para lavar a alma do sujeito que tem condições de ajudar, exatamente porque mascaram a alienação que impregna tanto o sujeito que ajuda como o sujeito ajudado, mas, antes de tudo, mascara as possibilidades que a sociedade capitalista, frente às contradições de classe, deixa como espaço, ainda que reduzido, para a construção das condições necessárias à emancipação, individual e coletiva dos indivíduos sociais. Afinal, obscurecendo e repudiando necessidades, finalidades, valores, interesses genuinamente humanos, "a humanização deformada, própria da sociabilidade capitalista", também gera necessidades, finalidades, valores, interesses deformados que subjugam todos nós.

---

sistentes sociais usarem como álibi a ignorância da raiz dos "problemas sociais". É triste, mas não é sem razão, diante desse quadro, que alunos de escolas públicas, gratuitas e de qualidade, contrariando seus próprios interesses de formação e como trabalhadores, argumentem que o professor deveria reduzir a indicação de textos visto que, como alunos trabalhadores, não podem dar conta de textos longos e complexos. Por outro lado, diante do aumento exponencial da produção de conhecimento e do aumento também exponencial de textos na formação acadêmico-profissional do assistente social, pergunto: será que não é mais importante e proveitosa a indicação de poucos textos longos e complexos, mas que realmente sejam apropriados substantiva e criticamente pela maioria dos alunos?

Por outro lado, na discussão e no enfrentamento de determinados tipos de abuso — abuso sexual, violência doméstica e/ou intrafamiliar —, realizar as discussões e enfrentamentos de forma fragmentada e focalista, deixa de lado o enfrentamento do abuso econômico e seus abusadores.[318] Utilizando-se da inocência e do desconhecimento das massas, quando não de parte da própria intelectualidade, as práticas conservadoras se constituem de ações realizadas direta (pela burguesia) ou indiretamente (pelos profissionais)[319] que passam a realizar como dádiva aquilo que é de direito — no âmbito civil, social e político —, sem tocar e/ou considerar o direito econômico. Como mostra Netto, em mais uma de suas projeções:

> as possibilidades objetivas de ampliação e enriquecimento do espaço profissional, com a incorporação de novas questões ao seu âmbito de intervenção institucional só serão convertidas em ganhos profissionais (ou seja, convertidas em realidade) *se o Serviço Social puder antecipá-las, com a análise teórica de tendências sociais que extrapolem as requisições imediatamente dadas no mercado de trabalho.* (Netto, 1996, p. 124; grifos meus)

---

318. Torna-se essencial aqui relembrar que toda forma de abuso — desde o tráfico de pessoas, de órgãos, até a violência doméstica, fica sempre potencializada na pobreza e na miséria. Veja-se a prostituição infantil.

319. Destacamos como exemplo não só as ações assistenciais viabilizadas como ajuda através das diferentes políticas sociais — seja uma "Bolsa Família", seja uma consulta médica —, mas programas na mídia que distribuem casas, carros, a partir da invasão na vida e na história do outro, como se a aquele que não tem direitos, tudo o que viesse do "dominante" fosse o melhor, tendo de ser bem aceito. Como afirma Norberto Alayón (2010), "talvez se produza certo fenômeno de satisfação ou alívio ante a desigualdade e as carências que podem sofrer os outros (diante desses programas televisivos). Afinal ("por sorte", talvez pensem), há outros que estão pior que a gente. Ou será aquilo do "morto que se ri do degolado". Este tipo de ações constitui uma forma a mais de consolidar e reproduzir — desde sua essência — a vigência de sociedades desiguais e a naturalização e o convencimento da férrea imutabilidade da desigualdade. Alguns "têm" e aparentam dividir solidariamente com os mais fracos e outros, isentos de direitos, padecem os problemas, são objeto de deboche público, e por cima, até devem ficar agradecidos com os "magnânimos filantropos" que os elegeram para a diversão televisiva. Como sempre dizemos, a história — e agora também o atual episódio — demonstra que os "filantropos" necessitam mais dos pobres do que os pobres dos "filantropos" (recebido do próprio autor, por e-mail, em 1º/5/2010).

É a partir desse complexo de complexos que fica claro que o *quefazer* consubstanciado no surgimento da profissão, formulado do ponto de vista do capital, centrado na perspectiva conservadora hegemônica e dominante em todas as instâncias da vida social — de forma modernizada e/ou reatualizada —, ganhando história,[320] foi se reproduzindo, ora com críticas pontuais por parte dos sujeitos profissionais, ora sem críticas e/ou acriticamente,[321] no âmbito da categoria profissional, até meados da década de 1960. Apesar de criticado pelo movimento de reconceituação, nos anos 60 (Netto, 1991, 2001), negado teoricamente no âmbito da constituição do projeto profissional,[322] desde a intenção de ruptura, não foi superado e tem predominado na categoria profissional até os dias atuais, ainda que suas noções tenham sido "ressignificadas" (significadas de novo e de maneira mais categórica), (re)atualizadas ou remodeladas, ao

---

320. Para afirmar o *caráter histórico da prática dos assistentes sociais,* recorremos a Florestan Fernandes. Em 1974, ele já advertia: não se pode considerar "'histórico' somente o que ocorre sob o marco do 'aqui agora' como se a história fosse uma cadeia singular de particularidades, sem nenhuma ligação dinâmica com os fatores que associam povos distintos através de padrões de civilização comuns. Ora, acontecimentos com esse caráter, apesar de 'singulares' e 'particulares', podem ser históricos. O que é ou não é histórico determina-se ao nível do significado ou da importância que certa ocorrência (ação, processo, acontecimento etc.) possua para dada coletividade, empenhada em manter, em renovar ou em substituir o padrão de civilização vigente. Tomado nesse nível, o histórico tanto se confunde com o que varia, quanto com o que se repete, impondo-se que se estabeleçam como essenciais as polarizações dinâmicas e que orientam o comportamento individual ou coletivo dos atores (manter, renovar ou substituir o padrão de civilização vigente)" (Fernandes, 1975, p. 17).

321. Essas são afirmações que tomam por base o que é conhecido dos registros históricos do Serviço Social. Na realidade, é possível que, desde sua origem, houvesse contestações às práticas conservadoras no Serviço Social, mas, delas, não temos notícia, o que pode expressar a dificuldade, também histórica, de uma sistematização de qualidade da prática, até os dias atuais. Podemos apontar como uma contestação, não ao conservadorismo, mas ao caráter confessional da profissão, até então, a criação da Faculdade de Serviço Social da UERJ, por Maria Esolina Pinheiro, a primeira faculdade que surge a partir de uma articulação com o Estado e não com a igreja católica, como as demais faculdades, até aquele momento — 1944.

322. E aqui ganha densidade teórico-prática a afirmação *"na prática a teoria é outra"* (que não conseguimos que fosse superada pela, por que não, "na teoria a prática é outra"?). Uma afirmação repetida à exaustão, na academia e no meio profissional, enfrentada na teoria, mas não superada no âmbito da atividade socioassistencial, na perspectiva do projeto profissional. Desse modo, essa é uma noção que em repetida à exaustão parece naturalizada como uma "coisa" que faz parte do Serviço Social.

serem travestidas de modernidade[323]. Ainda que tenham se ampliado os espaços de atuação profissional, ainda que tenham se ampliado as técnicas e instrumentos utilizados no cotidiano profissional. Em síntese, mesmo na vigência de mudanças de circunstâncias, formas e espaços de atuação, formas de contrato e condições de trabalho, na vigência da hegemonia do projeto profissional, a realidade da prática no âmbito do Serviço Social e suas consequências podem estar favorecendo mais ao capital do que ao trabalho, já que se constitui num *quefazer* que, situando os meios como fins e/ou priorizando as requisições institucionais, é funcional a qualquer projeto conservador, menos ao projeto Serviço Social brasileiro, que se pretende anticapitalista e voltado para a emancipação.

Uma prática mediada pelo projeto, em que o profissional é capaz de "identificar a significação, os limites e as alternativas da ação focalizada", é uma prática que necessita partir do desobscurecimento da luta de classes que ela media e é mediada por ela; é uma prática em que o acesso aos direitos e tudo o que o envolve — o espaço profissional, as estratégias, os instrumentos, as técnicas, as informações e conhecimentos etc., os quais interferem diretamente no cotidiano, dinâmica e movimento das massas trabalhadoras — é apenas meio e não fim. É nesse sentido que o acesso aos direitos, no âmbito da sociedade burguesa, mediado por princípios e finalidades emancipatórias, pode ser operado em favor das massas trabalhadoras, ainda que sempre com ganhos relativos e nunca como solução e/ou finalidade.[324]

---

323. Aqui caberia um estudo que apreendesse a ausência/presença de diferenças significativas e de fundo entre as incontáveis "receitas de prática" presentes na literatura clássica/conservadora do Serviço Social e as propostas atuais de "Serviço Social Clínico", de "práticas de humanização", de "práticas de acolhimento", e entre as diferentes terapias: comunitária, de família etc., quando não, entre as propostas de elaboração de estudos sociais e socioeconômicos, avaliação social, laudos e pareceres, quando burocratizados e realizados como um fim em si mesmo.

324. A concepção de direito presente no projeto profissional — no limite, direito à vida — está assentada no caráter histórico e social da construção do patrimônio da humanidade. Mas, na sociedade capitalista, a garantia dos direitos resulta não só da luta dos trabalhadores, mas, antes de tudo, do resultado da aliança entre capital/trabalho, quando os direitos são reconhecidos nos limites do capitalismo; o que se dá com mais ou menos radicalidade, a depender do momento histórico que impacta a organização dos trabalhadores e das características dos estados nacionais. Neste quadro,

Diante desse quadro, a proliferação de cursos[325] na área de Serviço Social e o aumento da demanda por assistentes sociais, em diferentes áreas de atuação e programas governamentais e não governamentais, não significa o reconhecimento da "necessidade social" da profissão de Serviço Social pela "sociedade", pelos demais profissionais e pelos usuários.[326] Antes de tudo, significa que, apesar da hegemonia teórica e ético-política do projeto profissional, que se materializa em produções teóricas, legislação e movimento político da categoria etc., a profissão, como desde 1930, tende a ser funcional ao modo de produção capitalista e ao mercado, e por isso é requisitada. Pergunto-me se a tendência de substituição do assistente social por profissões ou ocupações "modernas" como "analista social" — de nível superior — ou pelo educador social, visitador social, agente comunitário e até mesmo o voluntário[327] — de nível médio ou elementar, não resulta da necessidade de potencializar essa funcionalida-

---

sem partidos políticos de esquerda, movimentos sociais e organização da classe trabalhadora anticapitalistas e voltados para a emancipação humana, não estarão postas as condições históricas de radicalização da democratização da sociedade, a partir da radicalização do acesso aos direitos — o que significa universalização. É nesse sentido que numa relação indissociável, os direitos são utilizados pelo capitalismo, através do Estado, tendo em vista seus interesses de acumulação e continuidade; eles são necessários aos trabalhadores na manutenção da vida e na estruturação de condições básicas para a luta social; e sua viabilização estrutura os espaços de atuação dos assistentes sociais e, enquanto tal, campo permeado de contradições, alternativas e oportunidades, tendo em vista o favorecimento dos interesses das massas trabalhadoras.

325. A proliferação de cursos de Serviço Social no âmbito privado, principalmente dos cursos à distância, está claro que resulta das facilidades resultantes tanto do baixo custo da formação de um assistente social, quanto das Diretrizes Curriculares do MEC, esvaziadas de conteúdos histórico, teórico-metodológicos e ético-políticos.

326. É comum dentre os demais profissionais de nível superior, quando não entre os próprios assistentes sociais, mas também entre os próprios usuários das políticas públicas, sob um ponto de vista individual e individualista, a consideração "do imposto que eu pago" como aquele que "banca as benesses para os desfavorecidos" e "vida mansa para quem não precisa", o que, revelando ignorância e conservadorismo, se desqualifica uma profissão que tem se distinguido na sociedade pela "defesa dos direitos", desqualifica e culpabiliza, antes de tudo, quem tem direito e acessa as políticas sociais: os diferentes segmentos da classe trabalhadora.

327. Em muitas ONGs, mas não só nesses espaços, abrindo mão do papel educativo da profissão, o assistente social defende sua participação no treinamento de voluntários que atendem os usuários, em detrimento da atenção direta e de qualidade a eles.

de. Uma tendência reforçada por uma parte de alguns assistentes sociais que se sentem "mais importantes", valorizados e/ou reconhecidos, na função de planejador, gestor, assessor ou treinador de voluntários ou de agentes comunitários, do que na atenção direta aos usuários. Esses profissionais, assim como alguns professores que assumem disciplinas de fundamentos do Serviço Social, não reconhecem que sua inserção original é de assistente social e é ela — tanto pelo projeto quanto pela formação — que, frequentemente, faz a diferença na qualidade das atividades realizadas, seja na formação, na gestão e/ou na atividade socioassistencial e possibilita alçar a condições consideradas superiores.

Ou seja, "tensões e conflitos na definição de papéis e atribuições com outras categorias socioprofissionais", como previsto por Netto (1996, p. 124) não estão se dando somente com relação a profissionais de nível superior, mas, também, com trabalhadores de nível médio e elementar. Assim, não está havendo ampliação e enriquecimento do espaço profissional, mas a substituição de alguns espaços por outros, substituição por vezes incentivada pelos próprios assistentes sociais, por exemplo, quando observamos os assistentes sociais da política de Assistência Social abdicar da coordenação de reuniões com os usuários em favor dos psicólogos.

Desse modo, com a substituição do assistente social — principalmente, no que diz respeito ao trabalho direto com as massas trabalhadoras — por uma força de trabalho mais barata e menos qualificada do que um profissional que exige formação de nível superior, o faz perder a profissão; perde as massas trabalhadoras cada vez mais relegadas ao voluntariado, à ajuda; perde o projeto profissional e o projeto de sociedade ao qual está articulado. Um estado de coisas que certamente não favorece aos trabalhadores tendo em vista processos educativos, de mobilização, de organização, de formação e o acesso radicalmente crítico aos direitos, tendo em vista potencializar a preparação de momentos de ruptura na busca pela emancipação.

Ora, o acesso consciente e crítico dos trabalhadores às políticas sociais pode se constituir em uma fagulha nos processos de organização e mobilização das massas trabalhadoras, assim como o acesso despolitizado e alienante do "sujeito de direitos" às políticas resulta na reprodução, ainda que não mecânica, de uma organização social que, pela sua natureza, depende do consenso, do consentimento, do colaboracionismo de classe. Assim, a criação, tanto de profissões de nível superior (como o analista social, sanitarista, bioético, para ocupar diferentes instâncias do Estado — na Previdência, no Planejamento etc. —, funções que podem ser exercidas por várias profissões de nível superior já regulamentadas), como de ocupações de nível técnico ou elementar (como visitador social, agente comunitário, educador social), mostra a necessidade que o capital tem de, radicalizando a divisão do trabalho, fragmentar, cada vez mais, a realidade, os trabalhadores e os seus diferentes segmentos, o acesso aos diretios sociais etc. Afinal, o capitalismo na sua forma atual caracteriza-se pela fragmentação de todas as esferas da vida social, tomando como modelo a fragmentação da produção, a divisão e a dispersão espacial e temporal do trabalho e a destruição dos referenciais que delimitam a identidade de classe e a luta de classes.

Desse modo, numa conjuntura que favorece ainda mais o conservadorismo, parece-me que estamos num campo minado. Se, por um lado, não há uma reação[328] que se coloque claramente contra a hegemonia ético-política do projeto profissional, visto que a maioria dos assistentes sociais

---

328. No ENPESS/2008 — São Luiz/MA — Encontro Nacional de Pesquisadores em Serviço Social/ABEPSS — veio à tona o debate sobre a pretensa "crise do projeto profissional"; crise de hegemonia ou projeto em risco. Parece-me que nós que defendemos o projeto, diante da investida pós-moderna, que soma com os conservadores históricos, sempre reconhecemos os ataques, riscos e ameaças que um projeto que contesta o capital correu (quando surge em plena ditadura), corre (diante das formas como o capital vem reagindo à sua última crise estrutural) e sempre correrá na vigência do capitalismo. Entendo que afirmar uma crise do projeto, o que poria em questão seus fundamentos ético-políticos e teórico-metodológicos, como indicamos antes, nos obrigaria a apoiar aqueles que acreditam, reafirmaram, se arrependeram e voltaram a afirmar, que Marx e o marxismo morreram. Assim, os ataques atuais estão imputados à exuberância do conservadorismo histórico da práxis social, concomitante à hegemonia dos princípios ético-políticos capitalistas que, se se escondem em determinados momentos históricos, nunca deixaram de existir. É só observar um movimento presente na categoria atualmente. Na impossibilidade de ganharem os órgãos de representação da categoria pelo voto, grupos conservadores estão optando pela judicialização na disputa pela hegemonia. Isso se expressa na onda de processos judiciais contra determinados CRESS e contra o CFESS, na vigência dos processos eleitorais.

reivindica sua referência, por outro lado existe uma rejeição — quando não repúdio — à referência de Marx e do marxismo, o que nos leva à questão: essa defesa do projeto profissional refere-se a qual projeto?

Mas, diante das respostas profissionais às requisições institucionais, afinal de contas, não é necessário, ao capital, capturar corações e mentes para uma reação explícita e de confronto ao projeto, nem por dentro da categoria — na academia,[329] no meio profissional[330] e nos seus órgãos de representação[331] —, nem por fora, em termos de forte reação institucional,[332]

---

329. Isso não quer dizer desprezar a presença cada vez mais acentuada de tendências pós-modernas que se expressam, principalmente, através de temáticas como gênero, geração e etnia, em disciplinas e pesquisas (na graduação e na pós-graduação), mas também na área da saúde, principalmente, na saúde mental. São propostas que trazem à tona, ainda que de forma inconsciente, uma reconceituação do Serviço Social Clínico e da atenção psicossocial, na medida em que abrem mão da perspectiva de totalidade e da apreensão das raízes dos problemas. E aqui lembramos a diferença apontada entre atenção psicossocial e prática do assistente social no campo psicossocial. Assim, há que se destacar a diferença, como já indicamos, entre o assistente social *realizar* atenção psicossocial e *participar* da atenção psicossocial. A mesma diferença que se põe entre *participar* da comunicação de óbito e comunicar o óbito; *participar* da alta médica e dar alta médica.

330. Isso não quer dizer desprezar as investidas de assistencialização da profissão de Serviço Social — ou seja, equalização do Serviço Social à política de Assistência Social (e negar essa diferença não significa desmerecer essa política como direito social). Para além da participação da categoria na elaboração da política de assistência social como direito social, a participação de assistentes sociais na implantação da política tem trazido consequências deletérias na produção de conhecimento, na formação e no exercício profissional, a partir da veiculação de noções que entram em confronto com a direção social do projeto profissional, assim como o processo de assistencialização do Serviço Social na cidade do Rio de Janeiro, na gestão de César Maia (2005/2008), o que deixou marcas, não só na cidade, mas em outros municípios para os quais a proposta se espraiou. O que mostra que o conservadorismo — de "cariz tecnocrático", herdeiro da "perspectiva modernizadora", como vimos antes — estava obscurecido, mas não está morto; esteve e está presente, exatamente onde sempre permaneceu, na atividade socioassistencial. Lembrando o óbvio, no lugar que maior impacto tem sobre as massas trabalhadoras, na medida em que a política só se realiza mediando a vida de sujeitos reais e mediada por interesses, valores, finalidades.

331. Não podemos negar que há um processo de enfrentamento no que se refere à representação da categoria. Além da constatação de que a maioria dos assistentes sociais não está organizada (Bravo et al., 2012), e que, mesmo frente à posição de sindicato por ramo de atividade, por parte dos organismos de representação dos assistentes sociais, há um movimento crescente de abertura de sindicatos de assistentes sociais no Brasil; note-se que depois de décadas concorrendo com Chapa Única, o CFESS contou com duas Chapas em disputa para a gestão 2008/2011, a partir de propostas de direção social opostas.

332. Numa conjuntura extremamente desfavorável ao conjunto dos trabalhadores, o Serviço Social, pelo contrário, vem contando com um mercado de trabalho em expansão, desde o processo

visto que se o Projeto Ético-político do Serviço Social brasileiro, como diz a sabedoria popular, não "pegou na prática", onde cabe qualquer coisa, tanto em nome do Serviço Social, como em nome do projeto profissional, por se preocupar com ideações?

E por que o projeto profissional não pegou na prática? Porque a categoria dos assistentes sociais, que padece, na formação, no exercício profissional, na participação política e no seu processo organizativo, das injunções impostas aos trabalhadores em tempos neoliberais, submetida, em sua maioria, ao desenvolvimento das coisas, não alcançou objetivar uma formação graduada/permanente[333] que, enfrentando o que o capitalismo fez dos futuros assistentes sociais, possibilitasse práticas majoritariamente mediadas pelas indicações do projeto profissional, exatamente porque, também, no âmbito da academia, não tem predominado uma

---

de municipalização iniciado com a Constituição de 1988, que vem se estendendo aos dias atuais, com concursos públicos em diferentes áreas de atuação — o último grande concurso com 900 vagas para a Previdência em 2009 — e na iniciativa privada que, mesmo com o refluxo de contratação nas empresas, vem se expandindo nas denominadas ONGs, ainda que não nas condições ideais de salário, estabilidade e condições de trabalho. Isso não sem contradição porque não são raras as vezes em que os Conselhos profissionais têm de interferir no sentido de que as requisições institucionais se coadunem com a Lei n. 8.662/1993, que regulamenta a profissão e define as competências e atribuições profissionais.

333. Aqui deve ficar claro que se o Serviço Social brasileiro, na academia, não consegue forjar o perfil do assistente social necessário a uma prática mediada pelo projeto profissional, ele conseguiu forjar intelectuais de ponta no debate teórico. Mas na academia, seja no espaço público ou privado, observo, a partir da constatação de um distanciamento histórico não superado academia/meio profissional, que dos intelectuais/docentes, parte não toma o Serviço Social como objeto de atenção e, desse modo, não sabe ensinar Serviço Social e/ou estabelecer as mediações necessárias da produção científica — geral e da sua, em particular — com o Serviço Social; parte não se reconhece como integrante da categoria profissional, o que fere de morte a autoestima profissional, principalmente frente aos alunos que observam o professor se envergonhar da sua condição profissional de origem; e parte, de forma isolada e/ou coletivamente (ao participar dos seus órgãos de representações), enfrenta o desafio cotidiano que é realizar uma pesquisa/investigação qualificada, favorecer a autoestima dos futuros profissionais, garantir a qualidade da formação e de uma prática mediada pelo projeto, no contexto de uma universidade em crise. Um complexo processo que tem resultado na formação de pequenos quadros qualificados nessa direção, mas não na superação de práticas conservadoras hegemônicas no cotidiano da prática. E sua consequente cristalização e num distanciamento entre a academia e o meio profissional.

A/O ASSISTENTE SOCIAL NA LUTA DE CLASSES

prática docente mediada por este projeto,[334] quadro determinado e agravado pela crise da universidade brasileira (Leher, 1999; Leher et al., 2009). Um estado de coisas que diminui as possibilidades de a maioria dos assistentes sociais enfrentar o quefazer tradicional e o conservadorismo histórico da/na profissão.

Resulta desse complexo causal em que convive o assistente social no cotidiano profissional *petições de princípios progressistas*, quando não reivindicando-se revolucionárias, *ainda* presentes na academia e nos organismos de representação, e práticas cotidianas — acadêmicas e socioassistenciais — que, mesmo não intencionalmente, favorecem o capital/Estado, ou seja, práticas conservadoras, o que, certamente, tem dado sua contribuição para impulsionar o mercado de trabalho profissional. Incorporando e atingida por essa causalidade, a produção de conhecimento do Serviço Social,[335] majoritariamente articulada aos princípios

---

334. Se há uma cobrança explícita aos assistentes sociais por práticas socioassistenciais mediadas pelo projeto profissional, essa mesma cobrança não é dirigida aos assistentes sociais docentes/pesquisadores que reivindicam autonomia didático/acadêmica.

335. E aqui, excetuando algumas figuras históricas no Serviço Social como Vicente P. Faleiros (de 1974, 1979, 1981), Leila Lima Santos, José Paulo Netto, Marilda Vilela Iamamoto, Ana Elizabeth Mota, Maria Inês S. Bravo, entre outros, estamos nos referindo a uma produção de conhecimento que vem dando a direção do debate na profissão e não à produção da categoria nos dois maiores eventos que congregam os assistentes sociais para debate e apresentação de sua produção: O CBAS e o ENPESS. Estudos realizados no âmbito do NEEPSS vêm mostrando que a maioria das produções dos assistentes sociais (da academia e dos serviços) apresentada nestes eventos não faz referência ao Projeto Ético-Político assim como não realiza as mediações necessárias com o Serviço Social. Ver Silva, 2010; Miranda, 2010; Lima, 2010; Baltar, 2012. O estudo de Miranda (2010), ainda que não conclusivo, aponta uma significativa tendência dos pesquisadores — Bolsistas de produtividade do CNPq — em eleger objetos de investigação relacionados a questões de interesse dos assistentes sociais, no âmbito das Ciências Humanas e Sociais, de maneira crítica, mas a maioria não realiza qualquer mediação com a profissão, o que reduz as possibilidades de criação e construção de alternativas críticas para a prática, por parte de alunos e assistentes sociais, tendo como base essas produções, que exigem mediações complexas com a profissão e com o cotidiano profissional. Assim, uma das hipóteses da investigação que desenvolvo, à qual esses estudos encontram-se articulados, pode estar se confirmando, ou seja: os temas de grande parte das pesquisas na área de Serviço Social estão relacionados a questões das Ciências Sociais — Estado/sociedade, Indivíduo/sociedade, políticas sociais. Questões relevantes e de interesse dos assistentes sociais, de importância para a qualificação dos debates na profissão, mas que resultam em produções que não fazem nenhuma mediação com o Serviço Social, além da ausência quase que absoluta de alternativas concretas para a prática pro-

fundamentais do projeto profissional e às referências ético-políticas e teórico-metodológicas nas quais ele busca fundamento, se constitui, em parte considerável, numa produção tão próxima do Serviço Social como *O capital*, de Marx,[336] ou seja, sem as mediações, conexões e relações necessárias com a profissão.

Disso decorre que resta aos assistentes sociais, nos espaços sócio-ocupacionais, recorrerem ao que está dado no Serviço Social como indicação para a prática (Balbina Otoni Vieira, seus antecessores e seguidores) e/ou, a partir de uma análise geral, abstrata, incompleta e eclética da sociedade capitalista, enfrentar o cotidiano profissional com coragem, boa intenção e vontade de ajudar,[337] onde torna-se possível "ser revolucionário" sem se considerar anticapitalista. Ou seja, se podemos constatar uma

---

fissional. Ora, o que está em questão não é a reivindicação para que toda pesquisa/produção de conhecimento da área de Serviço Social estabeleça mediações com a profissão. O problema é constatar que a quase totalidade da pesquisa e da produção qualificada da área não o faz. Desse modo, se não é da produção da área de Serviço Social, legitimada e reconhecida pelos órgãos de fomento à pesquisa, principalmente, nas universidades públicas, de onde os assistentes sociais podem esperar respostas qualificadas (do ponto de vista teórico-metodológico e técnico-operativo) e mais legitimadas (do ponto de vista ético e sociopolítico), para as questões candentes e nevrálgicas que atravessam o cotidiano profissional, como questiona Netto em 1996?

336. Que fique claro aqui que *se* as mediações entre a produção de Marx e o marxismo e Serviço Social não estão dadas, mas em permanente construção, desde os idos da intenção de ruptura, é na produção de conhecimento da área de Serviço Social que os assistentes sociais podem esperar as mediações necessárias com a profissão, com pena de legitimarmos a separação dos assistentes sociais entre quem produz conhecimento e quem "é do exercício profissional", com o que fica abandonada a massa dos assistentes sociais que, sem referências teóricas necessárias e sem condições de exercitar e realizar aquelas mediações, continua à mercê da dimensão técnico-operativa.

337. O desejo de ajudar ou a ajuda costuma estar entre as noções mais indicadas pelos formandos e assistentes sociais para identificar o Serviço Social, seus objetivos e/ou o motivo de escolha/identificação com a profissão. Ao tratarmos os indivíduos como coitadinhos, incapazes de custear sua própria existência, ainda que sem o saber, estamos nos apoiando em John Locke para o qual todos os cidadãos, supostamente, têm direito à propriedade privada, mas nem todos — no caso os desvalidos, os pobres materialmente e na competição, os sem qualificação — têm a capacidade/habilidade/aptidão/idoneidade/competência de ser proprietário, restando, portanto, a este "desqualificado, sem disciplina e de hábitos corrompidos", a "liberdade" para vender a sua força de trabalho para quem tem competência e posses para comprar: o proprietário. Eis aí como se justifica a desigualdade e se obscurece a exploração em função da capacidade de cada um. Ainda que desigualdades não possam ser eliminadas, inclusive numa sociedade socialista — como consideravam Marx e Engels, mesmo algumas desigualdades ainda permaneceriam entre povos e regiões, de

ruptura no Serviço Social no âmbito da petição de princípios, na produção de conhecimento e na luta política da categoria, ao mesmo tempo, constatamos a manutenção de práticas conservadoras e funcionais ao sistema capitalista, tanto na formação como no exercício profissional.

Assim, a produção de conhecimento, que tem início com Faleiros (1974, 1979, 1981), Netto (1976) e Iamamoto e Carvalho (1982), na segunda metade de 1970; a ocupação dos órgãos de representação da categoria profissional (CFESS, ABEPSS e organização estudantil), por forças progressistas, desde finais da década de 1970; o projeto de formação da ABEPSS (1982) e a reformulação do Código de Ética do Assistente Social em 1986/1993, se testemunharam a primeira grande transformação qualitativa que se operou no âmbito da categoria profissional no Brasil, fruto da articulação de segmentos da categoria que já vinham se articulando e se depurando, desde meados da década de 1960, não alcançaram impactar a prática profissional na mesma dimensão e direção social, o que vem resultando em práticas, na formação e nos serviços, que favorecem mais os interesses do Estado/capital do que os interesses dos trabalhadores.

Alguns alunos/assistentes sociais sintetizam esse complexo quadro ao elegerem suas referências teóricas, ainda que desconhecendo o alcance de suas afirmações, trágicas para o projeto profissional, mas benéficas para o capital/Estado: *um autor para "olhar" a realidade e outro, geralmente na direção oposta, para dar conta de "modelos de prática"*, tendo em vista respostas imediatas às requisições institucionais e demandas que lhe são dirigidas, o que ainda pode ser observado nos dias atuais (ver Vasconcelos, 2002, capítulos 2 e 3).

Assim, encontramo-nos diante do desafio de consolidar o projeto profissional na formação e na prática ou perder a hegemonia no campo ético-político e teórico-metodológico, para projetos que, às caladas, mas não na ignorância, nunca deixaram de existir e continuam conquistando corações e mentes de "boa vontade" e/ou de "boa intenção", em defesa

---

acordo com suas especificidades sociais e geográficas —, o que está em questão aqui é a existência e a necessidade de abolição das classes sociais.

do capital/Estado. E consolidar o projeto profissional na formação e na prática exige redirecionar a produção de conhecimento da área,[338] tendo em vista a possibilidade de potencialização das lutas sociais, o que certamente repercutirá no cotidiano dos assistentes sociais. Concretizar esse redirecionamento é realizar o projeto profissional em toda sua substância, o que impõe como exigência priorizar uma ação consciente, crítica, criativa e reflexiva junto às massas trabalhadoras e empreender ações com esse caráter no âmbito da produção de conhecimento, da prática docente, da prática junto aos usuários e das práticas de gestão e planejamento.

Na busca deste redirecionamento, a partir do resgate da extensa produção que realiza a análise teórica da origem, desenvolvimento e consolidação do Serviço Social — ver, a produção e Iamamoto e Netto, citada na bibliografia — e da teoria que alimenta a reflexão do Serviço Social sobre a realidade tomada como totalidade social — Marx e o marxismo —, impõe-se tomar como objeto de análise teórico-crítica, tendo em vista iluminar a mediação do projeto profissional para a base material da vida social, tendo em vista apreender o protagonismo dos assistentes sociais na luta de classes. Ou seja, dar visibilidade ao caráter ético-político e teórico-metodológico das traduções práticas das lutas das massas trabalhadoras e do Serviço Social brasileiro, como sua parte e expressão, no momento em que o Serviço Social se encontra na encruzilhada entre consolidar uma prática profissional mediada pelo projeto profissional ou permanecer na contradição e no conflito: *o projeto como petição de princípios e a atividade profissional a serviço do capital.*

---

338. Para além das mediações da produção de conhecimento com o Serviço Social, parece-me que se priorizarmos o estudo das políticas sociais e do Estado "sem povo", ou seja, desconsiderando que Estado e políticas sociais só se realizam na mediação com as massas, corremos o risco de abandonar, por completo, as massas trabalhadoras. Não é que isso fará diferença fundamental na luta social, mas ela passa a contar com mais um empecilho, porque a diferença favorece o capital, que passa a contar com menos um problema, não tão insignificante assim: as reações e resistências *desarmadas* pelos assistentes sociais no cotidiano da prática frente o conflito de interesses capital/trabalho. Para o projeto profissional, a diferença é fundamental, porque nos perdemos em nossas finalidades.

Como afirma Mészáros (1993, p. 210),

A condição necessária, para uma intervenção ativa das ideias nos processos materiais, é sua mediação através da ação de indivíduos e instituições que ocupam necessária posição intermediária entre os dois, na medida em que são simultaneamente materiais e ideias. O homem tanto é *homo faber* quanto *homo sapiens*, e assim inseparavelmente. Ao mesmo tempo, as ideias [e aqui estamos nos referindo ao projeto profissional como ideação] que não são mediadas para a base material da vida social, através das atividades vitais dos indivíduos que constituem a sociedade, não são, de forma alguma, ativas; ao contrário, são *relíquias sem vida* de uma época passada. (Grifos meus)

Sem mediação para a base material, o projeto profissional se transforma numa ilusão, numa utopia, como já afirmam alguns assistentes sociais. Não porque "afirma o impacto das ideias legais sobre os processos materiais, mas porque o faz ignorando as mediações materiais necessárias que tornam este impacto totalmente possível" (Mészáros, 1993, p. 210). É nesse sentido que podemos entender o projeto profissional, não como um projeto que emana da "vontade livre [de] indivíduos", num determinado momento da história do Brasil, mas um projeto que emana "do processo total da vida e das realidades institucionais do desenvolvimento social-dinâmico, dos quais as determinações volitivas dos indivíduos são parte integrante" (Mészáros, 1993, p. 210).

Desse modo, o que se impõe à categoria é revelar tanto os mecanismos, estratégias, instrumentos e processos que favorecem as lutas sociais, como o impacto dessas lutas nos processos de formação, organizativos e de mobilização das massas trabalhadoras e a direção que toma o Serviço Social como parte e expressão delas. Assim sendo, é a análise teórico-crítica da intervenção ativa dos assistentes sociais nos processos materiais que pode contribuir para o fortalecimento de práticas mediadas pelo projeto profissional, ao identificar tendências e apontar alternativas, para além da análise dos processos de renovação e rupturas teóricas que mediam a prática. Essas são duas tarefas indissociáveis e quando uma prevalece em relação à outra, caímos no historicismo analítico, no teoricismo ou no praticismo e na endogenia. Afinal, em tempos de preparação de momentos de ruptura, como afirma Netto (1998, p. 19) "o verdadeiro resultado das [...] lutas não é o êxito imediato, mas a união cada vez mais ampla dos trabalhadores."

Estes são desafios ampliados e acirrados pela necessidade imposta à categoria de gerar conhecimento na área das ciências humanas e sociais, na direção dos seus princípios ético-políticos e referências teórico-metodológicas, diante de uma conjuntura em que a produção de conhecimento no âmbito das Ciências Humanas e Sociais, como ressaltado, está sendo maciçamente influenciada pelo pensamento pós-moderno e conservador.

Diante desse complexo quadro de determinações, um complexo de complexos, *do ponto de vista dos assistentes sociais que tomam como referência* as indicações constantes do projeto do Serviço Social brasileiro, formulamos algumas questões "candentes" e apontamos situações, circunstâncias, possibilidades — tanto questões como respostas, aparentemente óbvias — a serem consideradas, enfrentadas e confrontadas por nós, assistentes sociais, no âmbito da formação/da investigação/da produção de conhecimento e do exercício profissional.

São questões pensadas buscando **relações** e **conexões**, principalmente, com o aspecto educativo da profissão,[339] visto que, na sociedade capi-

---

339. Tanto no âmbito da formação como do exercício profissional, ressaltamos o aspecto educativo da profissão, frente ao risco de continuidade de uma formação instrumental (de docentes e demais assistentes sociais) que vai determinar uma prática burocrática, em detrimento de uma formação crítica e reflexiva que vai determinar um exercício profissional planejado, crítico, criativo e reflexivo. Diante do rebaixamento progressivo da qualidade imposto à formação em todos os níveis, Ivo Tonet afirma que "não se trata de abrir mão das lutas pelo acesso universal a uma educação de alta qualidade", objetivo só possível de ser alcançado na sociedade comunista. Para o autor, o que está em consonância com o projeto do Serviço Social, "na educação, o foco deveria estar situado na *realização de atividades educativas* [o que vale também para os assistentes sociais] que contribuam para a formação de uma consciência revolucionária. *Trata-se de nortear tanto a teoria como as práticas pedagógicas no sentido da emancipação humana e não no sentido de aperfeiçoamento da democracia e da cidadania.* Pois a questão é formar indivíduos que tenham consciência de que a solução para os problemas da humanidade está na superação da propriedade privada e do capital e na construção de uma forma comunista de socia-

talista, somente uma prática crítica, criativa, propositiva, democrática e educativa pode se converter em ganhos sociais e culturais para os sujeitos envolvidos. Uma prática que, envolvendo dois sujeitos sociais — usuário/ profissional —, contribua na politização das requisições institucionais (im)postas e demandas dos trabalhadores e trabalhadoras dirigidas ao Serviço Social, ao possibilitar o exercício de práticas democráticas mediadas por conhecimentos e informações necessários e fundamentais no processo de atenção às demandas dos usuários, na busca de superação de práticas burocráticas, conservadoras, reiterativas, a partir da análise, desvendamento, explicação e interpretação dos processos, fortalecendo e qualificando os envolvidos, enquanto sujeitos políticos coletivos.

Os alunos, na formação, e os usuários, nos espaços socioassistenciais, acessando conhecimentos, informações e categorias de análise do patrimônio intelectual e os profissionais (docentes e demais assistentes sociais), tendo acesso a dados e informações que propiciem apreender o movi-

---

bilidade" (Tonet, 2012, p. 62). O aspecto educativo da profissão de Serviço Social toma relevância, diante das possibilidades concretas que têm os assistentes sociais de realizar atividades educativas de caráter emancipador, o que implica "orientar, em cada atividade concreta, o trabalho no sentido de uma formação radicalmente crítica". Mas é preciso ressaltar que o aspecto educativo da profissão, na vigência de práticas conservadoras, torna-se deseducativo, deformador e alienador. Desse modo, no espaço contraditório da luta de classes, a *atividade profissional enquanto atividade educativa de caráter emancipador*, em articulação com as lutas dos trabalhadores, pode se reverter em ganhos para seus processos de formação — uma formação radicalmente crítica —, mobilização e organização. Aqui não se trata de doutrinar ou disponibilizar conhecimento e informações através, por exemplo, de palestras. Trata-se do "acesso ao que há de mais elevado, hoje, no âmbito do saber, nas suas mais diversas manifestações... acesso ao que de mais profundo a humanidade produziu até hoje em termos de conhecimento" (idem, 57), quando fica pleno de sentido o dever dos assistentes sociais em democratizar informações como consta do art. 5º do Código de Ética do assistente social. E, não poderíamos deixar de destacar novamente aqui, que a referência no âmbito do conhecimento do ser social é Marx. É em Marx e em marxistas onde vamos encontrar um saber radicalmente crítico e revolucionário, o único comprometido e articulado com a superação radical do capital, muito além das críticas ao capitalismo que, ainda que duras, podem se resumir a buscar alternativas de aperfeiçoamento e/ou humanização da sociedade burguesa. Por outro lado, fica claro que este é um processo exigente e difícil, que requer do assistente social compreender o processo histórico, a natureza e a lógica do capital e do capitalismo; compreender o Brasil e a sociedade brasileira como parte e expressão desse movimento; compreender as repercussões mundiais e nacionais das crises do capital e da crise atual apreendida como crise estrutural; apreender criticamente o movimento dos trabalhadores e suas lutas, no contraditório processo de subjugação/imposição de limites ao capital etc. etc.

mento das massas trabalhadoras no seu protagonismo na luta de classes, mas, principalmente, os sujeitos envolvidos — trabalhadores/profissionais — tendo a oportunidade de exercício de práticas democráticas, de enfrentamento, de controle social, de mobilização e organização. Um processo que, *se pode converter-se em ganhos para* as lutas sociais, fortalecendo a luta econômica e política das massas trabalhadoras, frente o caráter institucional dos espaços sócio-ocupacionais, *tem limites concretos* no que se refere às transformações necessárias da política setorial, ao perfil necessário dos sujeitos profissionais e ao seu alcance com relação às possibilidades de contribuir com a transformação do modo de produção capitalista. Afinal, como afirma Fernandes (1995, p. 183), a revolução

> é um produto da atividade coletiva dos trabalhadores, a principal força produtiva dentro do capitalismo e a única força realmente revolucionária no seio da sociedade burguesa. Na medida em que se transforma a relação da classe operária com a sociedade burguesa é que se transita de uma etapa a outra de um mesmo processo revolucionário que é, por sua natureza e objetivos, um processo histórico de longa duração.

2.4 Respostas profissionais: tendências, limites, consequências e possibilidades não exploradas[340]

As questões a seguir não guardam hierarquia na medida em que contêm mediações, níveis de complementaridade e aprofundamentos entre si. Por isso mesmo, na medida da sua indissociabilidade, guardam relações e conexões dialéticas entre: formação acadêmico-profissional, graduada, pós-graduada e permanente; exercício profissional, nos diferentes espaços sócio-ocupacionais, poderes e instâncias de governo; organização política da categoria e produção de conhecimento da área, diante do que estão sendo apresentadas e problematizadas como um conjunto.

---

340. Agradeço a leitura atenta e sugestões de Fátima de Maria Massom, o que não a torna responsável pelas minhas afirmações.

Se são questões a serem analisadas, enfrentadas e superadas pelos assistentes sociais, tanto na prática docente, na prática socioassistencial, nos processos organizativos da categoria, assim como nos processos de planejamento e gestão das políticas sociais,[341] entendo que enquanto a academia não tomá-las necessariamente como objeto de investigação sistemática e qualificada, ou seja, como questões também suas,[342] em conexão com os organismos de representação e a organização da categoria, dificilmente o Serviço Social vai superar a histórica e nevrálgica separação teoria-prática que nos lança em situações contraditórias, desconcertantes e tempestuosas, para além das que a própria realidade nos impinge.

Desse modo, ao fazermos essas considerações, não se pretende culpabilizar os assistentes sociais e demais intelectuais que se manifestam ou não favoráveis às lutas históricas dos trabalhadores, mas evidenciar as conexões causais que nos permite ter intenções que, sem que esteja revelada a complexidade das mediações necessárias à sua transformação em realidade, geram consequências no sentido inverso; um complexo que exige revelar como essas conexões causais impactam o cotidiano das lutas sociais e profissional, no sentido de, atuando sobre elas — e não as colocando como obstáculo ou limite —, empreender condições favoráveis a práticas mediadas pelo projeto profissional.

Culpabilizar os profissionais seria pensar que estivéssemos ou estaríamos, por negligência ou escolha consciente, numa sociedade que nos mutila a todos, se esquivando de realizar algo que já estivesse dado a fazer, como estão dadas de forma tão banal e fácil as circunstâncias e condições para a reprodução da sociedade capitalista. Que fique claro que

---

341. A partir das suas competências e atribuições privativas, o assistente social pode se inserir na docência, no atendimento direto aos usuários (individual e coletivamente, tanto nas instituições socioassistenciais como nos movimentos sociais) e em processos de planejamento e gestão das políticas sociais. Processos que, demandando da mesma forma investigação, planejamento e avaliação, guardam os mesmos desafios ético-políticos e teórico-metodológicos impostos a todo assistente social, assim como a qualquer profissional de nível superior.

342. Essas são questões que me vêm à baila a partir da minha experiência como assistente social-docente; do que venho observando e estudando do papel (ou ausência dele) da academia na busca de práticas mediadas pelo projeto profissional e da análise teórico-crítica do material empírico que tenho sistematizado na investigação que desenvolvo no NEEPSS — FSS/UERJ-FAPERJ/CNPq.

a reprodução do dominante, ou seja, agir de forma conservadora, quando não reacionária, ainda que fácil e dado, no âmbito da classe trabalhadora, e como não poderia deixar de ser, no âmbito do Serviço Social, na maioria das vezes não está sendo feito de "caso pensado". Nem mesmo os intelectuais, no Serviço Social e fora dele, em sua maioria, se apresentam conscientemente como intelectuais orgânicos da burguesia; geralmente a servem como consequência de um processo de socialização que não alçaram superar. Como temos reiterado, a boa intenção, além de não ser própria do "homem comum", porque também atinge intelectuais qualificados, não é suficiente para estruturar práticas anticapitalistas e emancipatórias, e, independentemente da consciência, mesmo escolhas conscientes, num campo conflituoso e complexo de luta de classes, e numa sociedade altamente desenvolvida, são sempre carregadas de consequências, possíveis de serem antecipadas, mas sempre imprevisíveis enquanto não materializadas em situações concretas. Ou seja, mesmo a partir de escolhas conscientes, práticas mediadas pelo projeto profissional estão, dialeticamente, determinadas tanto por um "complexo causal", como por circunstâncias, que mesmo antecipadas em planejamento, se deparam com o imprevisível no momento de sua realização.

No mais, minhas preocupações estão relacionadas não somente a uma valorização da profissão — busca de reconhecimento profissional. Não vejo o Serviço Social como a profissão mais importante do que qualquer outra. Vejo como uma profissão que articula um segmento não inexpressivo da sociedade brasileira e mundial e, como tal, ao participar do cotidiano dos trabalhadores, traz consequências, ainda que difíceis de serem apreendidas, para a vida de cada um, para a classe trabalhadora nos seus diferentes segmentos, no limite, como qualquer indivíduo social e profissional, para a humanidade. Isso porque a atividade profissional, ao repercutir de forma pontual, imediata ou mediata na vida de indivíduos, famílias, grupos/comunidades atendidas, na contradição, está favorecendo os interesses tanto da burguesia como dos trabalhadores, como já afirmava Iamamoto em 1982. Na vigência de interesses contraditórios e da dominação avassaladora de uma das classes, tendencialmente, sempre mais ao capital do que ao trabalho.

Ou seja, operando na/a luta de classes, o assistente social, individual e coletivamente, está, independentemente da consciência e da intenção, favorecendo mais a um ou outro desses polos. Desse modo, o que está em jogo não é o Serviço Social que, como profissão, por um lado, está consolidado na sociedade capitalista e, por outro, não sobreviverá numa sociedade emancipada. O que *está em jogo é o projeto de sociedade ao qual o projeto ético-político do Serviço Social brasileiro está articulado:* aquele projeto que afirma como princípios fundamentais a liberdade, com todas as demandas a ela inerentes — autonomia, emancipação e plena expansão dos indivíduos sociais — e uma outra organização social sem dominação de classe, etnia e gênero, tendo como caminho o fortalecimento do protagonismo dos trabalhadores organizados na imposição de limites ao capital, na busca por emancipação humana. Muito além da democracia burguesa, uma sociedade de trabalhadores associados, livres e emancipados.

Assim sendo, o Serviço Social tem um projeto radical, anticapitalista, de longo alcance. Mas operamos numa situação histórica específica. Precisamos dar respostas às requisições institucionais e às demandas pontuais dos usuários. Assim, precisamos de um modo de transformar o presente, caminhando para o futuro. Mészáros, em *Para além do capital* (2002), remete-nos a uma teoria da transição. Teoricamente, lá poderemos encontrar pistas tanto globais como pontuais para essa transição.

Diante disso, há que se enfrentar problemas que atravessam o projeto profissional, desde sua origem e, consequentemente, atravessam o cotidiano profissional. Quando não nos manifestamos crítica e prepositivamente diante desses problemas, estes, mesmo obscurecidos, continuam a dificultar e a impor limites ao caminhar. Alguns problemas, de tão óbvios, enquanto categoria profissional, nos recusamos a colocá-los em questão, frente a respostas que poderão nos constranger. Para outros, temos respostas, mas, diante de suas exigências, continuamos paralisados diante delas. Desse modo, não se trata de dar respostas que já sabemos, mas fazer perguntas que não ousamos formular frente a respostas que nos revelarão, para além das possibilidades, desafios ainda maiores.

Afinal, como vimos, vivemos na sociedade mais complexa e contraditória que a humanidade já conseguiu construir, mas também a mais bárbara, diante das possibilidades presentes de felicidade para todos, e, mesmo como intelectuais, não estamos isentos de sermos atingidos pela barbárie capitalista.

Considerando que a categoria dos assistentes sociais brasileiros conta com um projeto profissional claro nos seus aspectos ético-políticos e teórico-metodológicos, articulado a um projeto de sociedade anticapitalista e emancipatório, as interrogações, problemas, proposições e alternativas a seguir tanto podem referenciar a atuação profissional como inspirar necessários processos de investigação.

Tendo o movimento real nas suas conexões e relações dialéticas como base de sustentação, através de estudos e pesquisa sistemática, as questões/proposições são apresentadas em um conjunto. Como poderemos observar, alguns itens referem-se a várias dimensões/instâncias, espaços da profissão. Alguns se referem a tarefas e investimentos individuais, de pequenos grupos ou da categoria como um todo; outros carecem de investigação de fundo, o que exige pesquisa sistemática e financiamento.

Reitero. Que fique claro que as questões/constatações/problemas apresentados a seguir não se referem a julgamento moral ou cobrança de compromisso. Mesmo que dirigidas à categoria dos assistentes sociais brasileiros na busca de qualificação da atividade profissional, só aqueles assistentes sociais que conscientemente tomam o projeto profissional como referência podem assumir o compromisso de tanto criar as condições para ampliar o segmento que escolha conscientemente essa direção, quanto participar ativamente do processo que transforme o projeto profissional em realidade junto aos trabalhadores/usuários.

São questões que, atravessando as reflexões constantes deste livro, são apresentadas aqui em conjunto, ainda que necessitem serem pensadas nas suas relações e conexões para serem captadas no seu significado. Reiteramos, ainda, que elas se constituem como resultado de estudos e das duas pesquisas em desenvolvimento no NEEPSS/FSS/UERJ-FAPERJ/

CNPq, junto aos profissionais de saúde e junto aos assistentes sociais nas diferentes áreas de atuação, como sinalizado anteriormente.

➤ No âmbito do capitalismo — particularmente, do imperialismo e da financeirização[343] do capital —, ainda não foi possível, mesmo que tendencialmente, identificar o grau de influência possível da atividade profissional e, em particular, de um assistente social, frente os interesses do capital e do trabalho, no favorecimento, consciente ou inconsciente, de um desses polos. Se os caminhos/receitas e as condições para simplesmente fazer a roda do capitalismo girar estão dados, não é mais provável que a contribuição que um assistente social possa dar individual e coletivamente no controle das massas trabalhadoras seja maior do que uma contribuição aos trabalhadores no enfrentamento da ordem do capital? São, porque as respostas estão definidas e prescritas pelas políticas e programas sociais e basta executá-las e assegurar um lugar na instituição. De outro modo, criar meios de contraposição a este caminho dado exige tomada de posição crítica e criação de recursos, meios (técnico-operativos) capazes de esclarecer e responder as contradições. E assim sendo, qual a relevância de uma preocupação em garantir práticas medidas pelo projeto profissional? Parece-me que essa relevância está expressa no fato de que, no espaço contraditório da luta de classes, ainda que não se possa pretender uma prática que favoreça somente um daqueles polos, uma atividade socioassistencial mediada pelo acesso ao que há de mais elevado em termos de conhecimento sobre a processualidade do ser social pode assumir um caráter emancipador, enquanto atividade socioassistencial/ educativa, radicalmente crítica.

➤ Assim como o projeto do Serviço Social é fruto e sujeito do poderoso momento político-organizativo das massas trabalhadoras, do final da

---

343. Disponível em: <http://mail.google.com/mail/u/0/#inbox/14bfbbb0d7b1c61e?projector=1>, dívida pública e financeirização. Ver ainda: Auditoria Cidadã da Dívida: Disponível em: <http://www.auditoriacidada.org.br/>, Salvador e outros, 2012.

década de 1970, a atividade prática dos assistentes sociais, hoje em dia, é fruto da mutilação, alienação, desmobilização, desorganização e fragmentação das massas trabalhadoras,[344] o que implica em maiores dificuldades na defesa dos interesses dos trabalhadores, na participação dos assistentes sociais nos seus processos político-organizativos, em refluxo, e na própria formação e organização da categoria profissional. Diante disso, pergunta-se: até que ponto a categoria profissional vem conseguindo enfrentar e superar[345] o que está dado na práxis social no capitalismo e que se reproduz e é reproduzido no exercício profissional? Diante da reciprocidade dialética[346] entre os fatores sociais particulares — como se apreende em Marx —, o que impõe ir além e superar práticas que buscam "soluções *parciais* para problemas *globais*", não é tarefa inadiável dos que defendem o projeto profissional revelar essas práticas, assim como apreender e socializar formas e experiências de superação

---

344. Ressaltando que, mesmo com todos os impactos da reestruturação produtiva, da política neoliberal, permanecem firmes o MST e a Via Campesina como expoentes de resistência na luta de classes.

345. Como já sinalizado, para Lukács, no triplo sentido hegeliano, superar significa: negar, conservar e elevar a um nível superior (Lukács, 2007, p. 67).

346. Aqui recorremos à Iasi (2006, p. 330) que de uma forma simples nos ilumina a respeito do significado da dialética, um conceito tão banalizado como complexo: "A dialética é uma tentativa de captar o movimento das coisas e fenômenos, mas se a teoria aprende este movimento em um conceito fixo acaba por matar exatamente aquilo que queria compreender: o movimento. Seria então necessário dizer que a dialética busca compreender o movimento de um certo movimento, em movimento, ou seja, que os próprios conceitos e categorias do pensamento estão em movimento no esforço de compreender o fenômeno. Isto não significa a aleatoriedade sem conceitos e leis gerais; elas existem, mas como momentos que se movem no caminho da exposição que tenta descrever o fenômeno pesquisado. Vemos este procedimento, por exemplo, no conceito de mercadoria no primeiro capítulo de *O capital*. No caminho da aparência à essência e da essência menos profunda à essência mais profunda, a mercadoria é definida três vezes: primeiro como valor de uso e valor de troca (à primeira vista, na aparência, que coincide com o conceito de Aristóteles); depois, 'analisando mais profundamente', uma vez que o valor de troca só pode ser uma simples forma de expressão de algo que consiste sua substância, a mercadoria é definida como unidade de valor de uso e *Valor* (quantidade de trabalho humano abstrato, socialmente necessário); voltando à forma de expressão, ou à forma do valor — o valor de troca —, desvenda-se o dinheiro como equivalente geral, de modo que sob a aparência a forma ao mesmo tempo revela e esconde o ser da mercadoria, conduzindo a análise à terceira definição ao afirmar que a mercadoria é fetiche."

de práticas históricas que, cristalizadas na sociedade — prioritariamente no âmbito do trabalho —, são reproduzidas acriticamente pelas massas trabalhadoras e por parte da categoria profissional, em nome do projeto profissional? Por outro lado, será que as diferentes expressões da questão social, apreendidas como parte da história social da propriedade privada e da exploração do trabalho, têm mediado o planejamento, a definição e a realização das estratégias e ações necessárias ao assistente social na busca de materialização do projeto profissional? Ou seja, as investigações, estudos e pesquisas na área do Serviço Social estão considerando como objeto de estudo o cotidiano dos assistentes sociais, tendo em vista revelar até que ponto, como categoria, estamos conseguindo ou não superar a tradição na práxis social e no Serviço Social, como sua parte e expressão, ou estão se contentando em acompanhar as perversidades do capitalismo neoliberal? Se, por um lado, acompanhamos essas perversidades criticamente, quando, numa perspectiva de totalidade, também acompanhamos acriticamente, quando ignoramos tudo o que tem relação com nosso objeto, por outro, voltamo-nos para a descrição de fragmentos, de pedacinhos da realidade, descolados da totalidade social. Várias questões se põem: estamos alçando a uma condição superior no que se refere à atividade socioassistencial? O que demanda alçar a uma condição superior no exercício profissional? Quais as consequências dessas respostas na busca de um Serviço Social mediado pelo projeto profissional?

➤ Como afirma uma assistente social,[347] em 2014,

> *Existe uma cultura entre os próprios profissionais, que a profissão possui menor valor e deve se subjugar aos "pedidos" dos outros setores. Pode-se perceber o "medo" de falar com o médico, de pegar o Prontuário, de se posicionar perante as outras equipes e, infelizmente, essa cultura é apoiada pelas próprias coordenações*

---

347. Reiteramos que toda manifestação de assistente social e toda experiência profissional referida fazem parte do material empírico da pesquisa que desenvolvo ou é fruto do contato com assistentes sociais e alunos em diferentes espaços.

de Serviço Social. Estas se esquecem não somente da legislação profissional, objetivando somente agradar a direção da unidade ou simplesmente garantir seu cargo de chefia.

Uma chefia de Serviço Social burocrática e/ou autoritária não tem condições de criar os consensos necessários ao planejamento da prática da equipe e dos assistentes sociais individualmente. Diante disso, o que fazer? Abrir mão do planejamento e esperar a saída da chefia? Essa é uma escolha individual? É escolha da equipe? O que determina e quais as consequências de uma e de outra escolha? Afinal, qual o papel das chefias nas profissões de nível superior: meramente administrativa?[348] Parece-me que, na perspectiva do projeto profissional, o papel da chefia é coordenar e assessorar a equipe de Serviço Social, principalmente no que se refere ao planejamento coletivo (projeto do Serviço Social) e individual (de cada assistente social), em articulação e conexão permanentes com todos os assistentes sociais da equipe, com as demais chefias e serviços da instituição, com as chefias de Serviço Social da rede socioassistencial, quando não, com as chefias das demais áreas de atuação do Serviço Social, onde o trabalhador/usuário transita, assim como em conexão permanente com Conselhos de Política e de Direitos e com os organismos de representação dos trabalhadores/usuários. É a partir dessa rica articulação que, mesmo não sendo requisitada como tal, a representação dos assistentes sociais na instituição — a chefia — pode atuar também na assessoria aos gestores das unidades socioassistenciais onde exerce suas funções, quando não, como já vem ocorrendo, em outros órgãos que estabelecem conexões e relações diretas ou indiretas com a unidade: Ministério Público; Defensoria Pública; gestores da política em diferentes níveis de governo etc. Ou seja, atuar como assessora, não somente da equipe de Serviço Social, mas,

---

348. Novamente uma questão que envolve também a academia, quando observamos que as reuniões de Departamento [espaços privilegiados para a reflexão do movimento de materialização do Currículo Pleno e do complexo processo que é a formação de um assistente social com o perfil definido pelas Diretrizes Curriculares da ABEPSS, numa universidade em crise], cada vez mais, têm sido transformadas em reuniões administrativas e não político-pedagógicas.

direta, quando requisitada, ou indiretamente, quando julgar necessário e de interesse dos usuários e do projeto do Serviço Social.

➤ Assim como, dialeticamente, o projeto profissional é parte de um projeto de sociedade mais abrangente do que ele, as dificuldades de consubstanciar e concretizar práticas mediadas por ele é parte de um movimento maior (práxis social/lutas sociais) que determina essa possibilidade ao se constituir como modelo, quando expressa tendências emancipatórias. A práxis social no capitalismo, na atualidade, da qual somos parte e expressão, está num momento predominantemente conservador, contrarrevolucionário, fragmentador das lutas sociais, o que vem colocando obstáculos, dificultando e complexificando a construção de um poderoso movimento de massas. É nesse contexto que temos de definir, não o que é possível, mas o que é necessário a práticas mediadas pelo projeto profissional. Pensar o possível nos mantém imobilizados diante de condições dadas como eternas. Pensar o necessário nos situa diante da exigência de apreender as contradições do sistema, no que elas têm de particular e geral. Assim, constatar a hegemonia do conservadorismo — na reflexão e na ação — não nos leva à inércia, mas nos precipita para as situações concretas onde as contradições e as possibilidades estão presentes, ainda que não aparentes, porque presentes como tendências e possibilidades. É na contradição que estão inscritas possibilidades e alternativas. A prática conservadora no Serviço Social — repito, na formação e na atividade socioassistencial — é parte e expressão da práxis social conservadora na vida social. Analisar e enfrentar criticamente uma significa analisar e enfrentar criticamente a outra. Se o assistente social não consegue apreender o conservadorismo na prática social não será capaz de apreendê-lo na atividade profissional; uma apreensão que só pode resultar da sua transformação em objeto de crítica e de redirecionamento, nas relações sociais e profissionais. **É nesse sentido que** *na busca de práticas mediadas pelo projeto profissional, o objeto de estudo não guarda relação com práticas ideais, mas com as relações sociais vigentes e em desenvolvimento na ordem do capital, as quais tanto são reproduzidas por todos como submetem a todos, das quais a atividade profissional é parte e expressão.*

➤ Nas requisições institucionais e nas demandas espontâneas/aparentes/imediatas[349] dos trabalhadores/usuários, veiculadas no cotidiano profissional, estão prenunciadas e anunciadas armadilhas e ciladas que facilitam o controle, a individualização e a consequente culpabilização, individual e coletiva, dos trabalhadores/usuários, pela vivência, no cotidiano da vida, das diferentes expressões da questão social. Estudos e propostas dos próprios organismos internacionais do capital mostram que a "educação"[350] resulta em melhores condições de vida e de trabalho (menos acidentes, por exemplo), assim como numa "subjetividade produtiva" o suficiente para formar um "cidadão consumidor". Essa educação, mesmo que instrumental, oferece a grandes contingentes de trabalhadores condições de proteger sua vida e de outros (no caso das mães em relação aos seus filhos, por exemplo), ideia apropriada pelos países periféricos ao capitalismo central — e aqui incluímos tanto os países pobres, como alguns países africanos, como países ricos, como o Brasil.

Mas, apesar do reconhecimento de que mesmo a educação instrumental oferece um mínimo de condições de participação na vida pública, mesmo essa educação é interditada às maiorias, assim como são destinadas políticas sociais centradas na ideia da ajuda e da mudança de atitude e de comportamentos, em detrimento de acesso à educação, ao trabalho e a condições de vida, na medida em que no capitalismo a formação do homem integral será sempre interditada às maiorias. Diante disso, sem uma análise crítica do complexo causal que abre campo às políticas sociais compensatórias e focalizadas, travestidas de ajuda, nós, assistentes sociais, somos levados, em resposta às requisições institucionais, a empreender estratégias e ações focalizadas em indivíduos isolados, nas suas atitudes e comportamentos, ignorando não só os reais propósitos

---

349. As demandas dos trabalhadores/usuários são abordadas na parte 3 deste livro.

350. Aqui os organismos internacionais não estão se referindo a um processo de formação dos indivíduos sociais que lhes ofereça condições de usufruir e contribuir com o patrimônio histórico da humanidade, o que é impossível na sociedade do capital, mas a uma formação técnica, para o mercado. Não podemos deixar de reconhecer, e é isso que os organismos internacionais provam, que mesmo a educação instrumental oferece possibilidades a serem aproveitadas na formação dos indivíduos sociais.

das políticas, mas principalmente as demandas substantivas dos trabalhadores expressas nos seus lamentos, nos seus "pedidos de ajuda". Ou seja, ao limitarmos nossa ação ao cumprimento das programáticas político-institucionais, acabamos por realizar e definir nossa intervenção em perspectivas funcionais à ordem, mas com aparência inovadora. Enfim, continuamos isolando os sujeitos, focados como objeto de mudança, implantando uma tecnologia de linguagem, de informação sobre comportamentos e atitudes de risco. Assim, sem instrumental teórico que possibilite apreender as reais demandas dos trabalhadores/usuários, demandas históricas, mediatas, que respondem pela formação daquele homem completo, livre, emancipado, ou seja, demandas por formação humana, mobilização, organização, controle social, são ignoradas no cotidiano profissional. Na medida em que nos pautamos pelo que está aparente no cotidiano da prática, não por acaso, essas demandas permanecem obscurecidas, ocultadas por demandas imediatas, emergenciais, já que, muitas das vezes, estão relacionadas à própria continuação da vida; demandas que ocultadas, omitidas, suprimidas, disfarçadas, ignoradas, porque não se encontram visíveis na aparência do real, necessitam de teoria para que sejam reveladas.

Assim vejamos. Um assistente social[351] na área da saúde, diante da ascendente curva de contaminação pelas DSTs/HIV, cria um espaço coletivo — sala de espera — para reunir usuários que se interessem pela necessária "discussão do problema". Após se apresentar como "do Serviço Social", indaga se os presentes têm interesse em discutir o assunto que vão abordar naquele momento — DST/HIV — e se "conhecem e sabem o que faz o assistente social". Após o esperado silêncio de perplexidade, a assistente social diz: "O Serviço Social trabalha com acesso aos direitos como o 'Bolsa Família', aposentadoria aos grupos que possuem esse direito, acesso a medicamentos e transporte gratuitos, além dessa atividade de Sala de Espera". Diante da persistência do silêncio, o profissional

---

351. Ressaltamos novamente que todos os depoimentos de assistentes sociais e experiências profissionais citados constituem o material empírico da pesquisa que desenvolvo no NEEPSS/CNPq/FAPERJ-FSS/UERJ.

continua dizendo que "o assunto de hoje é DST" e inicia a discussão que envolve "grupos de risco", "contaminação" etc., o que se desenrola até o final da reunião na sala de espera.

Diante disso, podemos observar que, de início, o assistente social restringe o seu papel ao atendimento às requisições institucionais, situando o profissional no cumprimento da burocracia para o acesso a serviços e recursos institucionais, o que não deixa de ser verdade: o assistente social faz estudos sociais, socioeconômicos e/ou aplica critérios para inserir (ou não) indivíduos em programas sociais, utilizar um serviço, ser atingido por uma lei etc. Mas, a afirmação da profissional responsabiliza o assistente social pelo acesso de determinados indivíduos a determinados serviços/recursos, o que, se por um lado contribui para a individualização das expressões da questão social, por outro, não revela toda a verdade porque, se operamos a burocracia, ela se dá em consonância com a observação de critérios de acesso, ainda que tenhamos um grau de autonomia para interpretar e redirecionar esses critérios em favor dos trabalhadores/usuários. Por fim, o assistente social não deixa claro nem valoriza o papel educativo da profissão ao se referir à sala de espera somente como "além dessa atividade", a qual não é caracterizada pelo profissional. Mas, na realidade, o que deixa clara a desvalorização do papel educativo da profissão é a própria dinâmica da sala de espera que se desenrola, até o final, somente tendo como objeto de atenção as DST/HIV, no que se refere às informações necessárias a respeito de contaminação, tratamento etc., como se todas as classes e segmentos de classe estivessem sujeitos aos mesmos níveis e formas de contaminação e adoecimento. Perde-se a oportunidade de criar uma dinâmica de reflexão a partir de perguntas, questões ilustrativas sobre condicionantes históricos e sociais da saúde, sobre as lutas e conquistas pelos direitos universais, com dados sobre os determinantes de classe nas condições sociais de risco, as contradições e danos que o pensamento conservador pode provocar nas práticas da saúde, o sentido político da participação popular para a socialização da informação, o acesso aos bens na saúde; enfim, a lista de temas para debate crítico é extensa.

Ora, na sociedade capitalista, tendo em vista os interesses de acumulação, somos chamados não para "resolver os problemas resultantes da vivência das diferentes expressões da questão social" — nesse caso, uma doença —, mas *para,* ao ocupar-se dessas diferentes expressões, preferencialmente apreendidas de forma isolada e fragmentada, favorecendo o desenvolvimento de atitudes e comportamentos funcionais à ordem social capitalista, *dirimir conflitos, controlar, acompanhar, avaliar, conter, despolitizar, interditar, manter sob vigilância os trabalhadores/usuários* — seja através de exíguos recursos e serviços desqualificados, seja através da negação de acesso a eles.

Na direção do projeto profissional, diante desse complexo de conflitos e disputas de interesses, *o desafio está tanto em deixar claro para todos o papel do assistente social junto aos trabalhadores/usuários, como em dar as difíceis e necessárias respostas* (e aqui não está em questão se positivas ou negativas) às demandas imediatas e espontâneas dos trabalhadores/usuários por acesso a serviços, informações e recursos sociais, o que quase nunca significa acessá-los como direito. Na atenção às demandas contidas nas próprias requisições institucionais,[352] o assistente social *materializa, ao mesmo tempo, o papel educativo* (o que, no fio da navalha, tendendo a todo momento em se transmutar em papel deseducativo) *da profissão, papel que se objetiva, tanto na socialização dos conteúdos veiculados como na dinâmica empreendida no desenvolvimento das atividades socioassistenciais.*

Sintetizando. No complexo e contraditório campo da luta de classes, por um lado, somos chamados não para resolver os problemas resultantes da vivência das diferentes expressões da questão social, na medida em que eles não se resolverão enquanto viger a ordem do capital, mas para, ao ocupar-se desses problemas, desenvolver comportamentos e

---

352. Aqui, não por acesso completo e substantivo, mas através de acesso burocratizado e delimitado, objetivando controle, contenção, desmobilização e despolitização — processo que se materializa, tanto através de apoios, orientações, encaminhamentos, realizados como um fim em si mesmo, como pelo preenchimento burocrático de estatísticas, cadastros que viram do avesso a vida dos usuários; ver o preenchimento burocrático do CadÚnico e os estudos sociais e socioeconômicos para a elaboração de avaliação social, laudos e pareceres.

atitudes favoráveis à manipulação dos conflitos próprios das relações de exploração dominantes, através de consensos e consentimento, o que contribui, para além de outros mecanismos próprios da sociedade burguesa (a poderosa mídia burguesa, por exemplo), manter sob vigilância e controle os trabalhadores. Por outro lado, diante do chamado do projeto profissional, diante desse complexo campo de conflitos e disputas de interesses, o desafio está em como dar as difíceis e necessárias respostas às demandas imediatas e espontâneas dos trabalhadores/usuários por acesso a serviços e recursos sociais, contidas nas requisições institucionais, materializando, concomitantemente, o papel educativo da profissão, o que requer tanto a veiculação de conteúdos substantivos, como uma dinâmica das atividades que favoreça o desenvolvimento das atividades socioassistenciais na direção pretendida.

Diante desse complexo campo da luta de classes, dentre outras, uma questão se impõe. Como categoria, ou parte expressiva dela, estamos colocando como relevante e objeto de atenção — de pesquisa, de estudos sistemáticos e qualificados —, o necessário e fundamental para que possamos ocupar de forma qualificada, na direção indicada pelo projeto profissional, o espaço onde esse complexo processo se desenrola — o movimento institucional, apreendido como complexo de complexos, parte e expressão da totalidade social? Um espaço que contém oportunidades de conhecimentos e informações substantivos, não somente os que favorecem tratamentos, desembaraço frente à justiça etc., mas, essencialmente, conhecimentos e informações necessárias e fundamentais que possibilitem, num processo contínuo e cumulativo,[353] a revelação dos determinantes desse estado de coisas e ampliar a formação dos trabalhadores/usuários, tendo em vista comporem as lutas sociais como sujeitos do processo.

Na problematização dessa questão, toma relevância e nos favorece trazer à tona o que ainda está garantido na própria legislação vigente. Na

---

353. E aqui a importância da transformação do projeto profissional em realidade não de forma individual, mas coletiva, tanto entre os próprios assistentes sociais como entre assistentes sociais, demais profissionais, movimentos sociais, organizações de representação dos trabalhadores etc.

saúde, por exemplo, não é a própria Lei n. 8.080/1990 que informa no seu art. 3º que "A saúde tem como fatores determinantes e condicionantes, entre outros, a alimentação, a moradia, o saneamento básico, o meio ambiente, o trabalho, a renda, a educação, o transporte, o lazer e o acesso aos bens e serviços essenciais; os níveis de saúde da população expressam a organização social e econômica do país"? A Constituição prescreve uma concepção da saúde que suplanta a abstrata e biologicista noção de saúde como ausência de doença ou equilíbrio bio-psico-social, relaciona explicitamente a saúde de um povo à forma de produção e reprodução social. Ou seja, a legislação, favorecendo-nos no cotidiano da prática, introduz uma concepção que, negando a saúde como ausência de doença, concebe saúde como consequência do acesso ao patrimônio da humanidade e do usufruto da riqueza socialmente produzida; ou seja, do acesso ao conjunto de bens e serviços produzidos coletivamente na sociedade. Bens e serviços que a depender das condições em que são produzidos (produção associada/trabalho explorado) e da forma como são apropriados (social/privada) resultam num determinado quadro de saúde da população.

Ora, ao nos voltarmos para reuniões, salas de espera e entrevistas realizadas por assistentes sociais com os trabalhadores/usuários, por exemplo, na área da saúde,[354] *de um lado*, identificamos um quadro que revela, dentre muitos outros aspectos, o desconhecimento dos trabalhadores/usuários sobre a diferença/relação público-privado; sobre a Constituição "cidadã" e suas leis complementares — ainda que, estas, esvaziando as conquistas constitucionais —, a veiculação e defesa de valores e interesses alheios às suas necessidades e interesses históricos. *Por outro lado*, identificamos a predominância de temáticas relacionadas a doenças, formas de prevenção, contaminação, tratamento, veiculados e trazidos como a novidade pelos assistentes sociais.

Algumas experiências exitosas têm mostrado a influência e as consequências na dinâmica de nossas atividades quando damos início às

---

354. Ressaltamos que esse quadro não é exclusivo da área da saúde, mas pode ser observado em outras áreas tomadas como objeto da pesquisa desenvolvida no NEEPSS, como trabalho, educação, assistência social, sociojurídica, previdência, habitação.

entrevistas e reuniões, a partir de perguntas que introduzem temáticas relacionadas às demandas substantivas das classes trabalhadoras, demandas que, dificilmente, são manifestadas espontaneamente pelos próprios trabalhadores, como as demandas relacionadas às suas necessidades e interesses fundamentais. É quando faz diferença uma simples pergunta problematizadora: "Esta é uma instituição pública e por isso todos têm direito. Por quê?".

Diante disso, perguntamo-nos — o que mereceria estudos aprofundados —, até que ponto a veiculação sistemática, continuada e cumulativa de informações e conhecimentos relacionados às demandas históricas dos trabalhadores não implicariam em consequências que impactassem, por exemplo, a concepção dos usuários no que se refere à defesa do público? Que impactassem a concepção que os usuários têm das políticas públicas? Que impactassem a concepção que têm sobre propriedade individual e propriedade de meios essenciais de produção (como a Petrobrás, por exemplo)?

O Sistema Único de Saúde como direito do cidadão, dever do Estado e com controle social, se, por um lado, é fácil de ser vocalizado, é dificílimo de ser apreendido em toda sua complexidade — SUS legal/SUS real — e torna-se difícil de ser defendido como política pública, o que envolve uma posição firme e clara frente a presença das OS e Fundações na operacionalização do sistema. Afinal, só as políticas públicas, com participação e controle social efetivos, portam condições e possibilidades de, radicalizadas, se universalizarem, diante do que não há como substituir a obrigação do Estado na oferta pública de políticas sociais, mesmo por exitosas experiências assistenciais da "sociedade civil" que, partindo da fragmentação da questão social, atingem indivíduos ou pequenos grupos.

Ora, os próprios profissionais de nível superior mostram dificuldade em se colocar criticamente diante desse estado de coisas. Uma abordagem aprofundada do que estabelece a Lei n. 8.080/1990: a saúde como "direito de todos e dever do Estado, garantido mediante políticas sociais e econômicas que visem à redução do risco de doença e de outros agravos e ao acesso universal e igualitário às ações e serviços para sua promoção, proteção e recuperação", nos favorece colocar em questão os limites da lei burguesa e as possibilidades de luta que ela abre aos trabalhadores. Se os diferentes tipos de doença estão sendo privilegiados nos instrumentos que criamos — folders, cartilhas —, informações substâncias que colocam a política social em debate, para além da burocracia na operação do seu acesso, estão ausentes. Mas, os profissionais, em sua maioria, não abordam nem pautam as contradições que ameaçam e destroem o SUS; não fazem circular internamente, nas instituições, as lutas sociais de resistência contra a privatização da saúde. Resgatar o "SUS como política pública e direito universal" — como base de uma radical reflexão e práxis crítica[355] — exige a veiculação nos espaços socioassistenciais — e aqui, muitas das vezes, independentemente da área de atuação — dos seus princípios, que garantem a saúde muito além do tratamento de doenças, garantem a universalidade do acesso em todos os níveis do sistema; garantem a integralidade da assistência como conjunto articulado e contínuo de ações e serviços, preventivos, curativos e de reabilitação, individuais e coletivos, em todos os níveis do sistema; garantem a equidade, como reconhecimento de necessidades diferenciadas e a gestão democrática, descentralizada e participativa, com controle social dos serviços por parte da população usuária nos diferentes níveis e espaços.

É no resgate desses princípios que o assistente social pode favorecer que os trabalhadores/usuários problematizem e se coloquem criticamente frente às consequências nefastas dos "novos modelos ou alternativas de gestão" que inserem a terceirização dos serviços na área da saúde, como uma das estratégias da burguesia que, capturando ainda mais o Estado com as políticas neoliberais, na busca de recuperar taxas de lucro, implementa políticas de desregulamentação da economia, privatização e terceirização de serviços. Problematizem e se coloquem criticamente frente às consequências do modelo de assistência centrado na doença e

---

355. Relembrando que todas as propostas de universalização, ainda que sejam pautadas na direção dos interesses e necessidades dos trabalhadores, na vigência do capitalismo são impossíveis de se realizar.

na figura do médico que, além de favorecer o próprio tratamento, favorece o Complexo Médico Industrial, através da circulação e consumo de medicamentos, equipamentos e insumos.

Ora, não podemos ignorar que as condições de vida e de trabalho dos diferentes segmentos da classe trabalhadora, que se materializam em demandas no cotidiano da prática, impõem como necessária a democratização de informações sobre DSTs/HIV-Aids, tuberculose, obesidade, violência, programas sociais, sexualidade etc., serviços, recursos e mecanismos diversos, assim como impõem providências com relação ao acesso a recursos e serviços. Mas é exatamente diante do agravante das condições de vida e de trabalho, individuais e coletivas, dos diferentes segmentos da classe trabalhadora, tanto no que se refere à sua posição no processo produtivo, quanto no que se refere à raça, gênero, geração, etnia, orientação sexual, cujo próprio agravamento mostra que são condições que não serão superadas na vigência da sociedade do capital, que se impõe como necessário aos assistentes sociais enfrentar o desafio de como, em que momento e de que forma, socializar conhecimentos e informações relevantes e essenciais que favoreçam a apreensão das multideterminações desse estado de coisas, pelos próprios trabalhadores/usuários; condicionantes sociais da saúde e da doença e sua distribuição nas diferentes classes etc. Um processo que, tendo a formação de multiplicadores como um dos objetivos, tem a possibilidade de potencializar a inserção dos assistentes sociais, restrita aos trabalhadores, usuários das instituições socioassistenciais. Isso porque, para além das finalidades e objetivos do projeto profissional, é o assistente social que, em qualquer área de atuação, tem a formação requerida de estabelecer as mediações necessárias de cada área com o social; com a questão social nas suas diferentes expressões. Ou seja, ao assistente social, que é chamado a intervir no cotidiano das massas a partir da apropriação de um conjunto de conhecimentos específicos, é que cabe resgatar criticamente, para além das questões específicas de cada área de atuação, o social presente em cada uma delas.

Momento em que se impõe outro problema decisivo: esse resgate, que vai mediar a atuação junto a indivíduos e grupos, não se realiza pela simples entrega de conteúdo, mas através de um processo democrático, crítico, criativo, reflexivo, que favoreça uma apropriação clara e articulada de informações e conhecimentos, processo a ser aprendido, problematizado e exercitado.

Diante disso, indissociável desta, coloca-se a questão a seguir.

➤ Como afirma Simionatto (2014), "A socialização do conhecimento configura-se... em uma tarefa e compromisso dos intelectuais (aqui o assistente social como intelectual que é), que, ao 'difundir criticamente verdades já descobertas', possibilitam 'transformá-las em base de ações vitais, em elemento de coordenação e de ordem intelectual e moral'" (Gramsci, 1999, p. 95-96). Ora, desde finais da década de 1970, o Serviço Social brasileiro, com uma produção de conhecimento pautada numa visão de mundo emancipatória, tem subsidiado a *"batalha das ideias"* na disputa da hegemonia. E, continua a autora, "o protagonismo da massa crítica profissional espraiar-se junto aos movimentos sociais e às diferentes formas de organização popular, fortalecendo uma prática profissional comprometida com a emancipação política e humana" (idem, p. 18). Concordando com a autora, dois desafios de fundo vêm à tona, no que se refere ao movimento de materialização do projeto do Serviço Social brasileiro.

Primeiro: Se, a democratização de conhecimento é tarefa e compromisso do assistente social, tendo em vista favorecer os trabalhadores nas lutas sociais, torna-se claro que para a autora a massa crítica profissional à qual se refere é parte integrante da produção de conhecimento pautada numa visão de mundo emancipatória que tem dado a direção do *debate* no Serviço Social brasileiro. Acontece que, quando tomamos como objeto de atenção o cotidiano profissional, observamos que, *por um lado,* o que está sendo veiculado junto aos trabalhadores/usuários é o que favorece o tratamento de doenças; os conteúdos programáticos das políticas nas diferentes instâncias de governos, através de cartilhas; o desembaraço frente à burocracia institucional para acesso a recursos, benefícios e serviços e/ou conhecimentos e informações fruto da experiência de vida/senso comum os quais mediam atividades de "tratamento", aconselhamento, orientação, encaminhamento. *Por outro lado*, em determinadas situações, observa-se que as atividades profissionais estão esvaziadas de conteúdo na medida em que, burocratizadas, se resumem à coleta de dados e informações para elaboração de laudos, pareceres, alimentação de fichas sociais, de estudos socioeconômicos, de cadastros, de sistemas etc.

Ora, os assistentes sociais, quando, da sua formação graduada e permanente, através da sua formação universitária, se recorrem aos Núcleos de Fundamentação da ABEPSS, não estão sendo chamados pela sociedade a se constituírem como autoridade no que se refere à burocracia estatal ou ao tratamento de doenças. Estamos sendo chamados para nos constituirmos como autoridade quanto a tudo que se refere ao *social* — realidade socioeconômica, relações sociais, mobilização social, organização social, participação social, produção social, formação social, política, políticas sociais, organismos de representação etc. etc. —, o que nos remete à apropriação e produção de conhecimentos relativos à lógica (vida social/ética) e às leis fundamentais da organização social em que vivemos. Tanto que nossa formação está estruturada em conteúdos relativos à história, à economia política, para além do direito, da psicologia, da antropologia.

Diante dessas considerações, pergunta-se: como intelectuais/assistentes sociais que somos, somos chamados a "difundir criticamente verdades já descobertas" sobre doenças e burocracia ou sobre o social? O que nos remete a afirmar que ao optarmos pela estruturação das nossas ações profissionais centrada numa massa de conhecimentos operativos, tecnificados e/ou apartados da crítica, porque estão baseados na experiência e/ou no senso comum, estamos revelando a direção social que imprimimos às nossas atividades socioassistenciais, independentemente das nossas intenções de servir aos trabalhadores/usuários.

Desse modo, se se torna claro que o que está mediando o cotidiano da maioria dos assistentes sociais não é a massa crítica estruturada no compromisso com a emancipação política e humana, ou seja, a que dá a direção do debate no Serviço Social brasileiro, isso nos levaria, novamente, a afirmar que, independentemente das intenções profissionais da maioria dos assistentes sociais brasileiros — defesa do projeto profissional e defesa dos trabalhadores — o projeto profissional não vem mediando majoritariamente o cotidiano profissional.

Segundo: Para além das exigências e dificuldades de apropriação crítica e reflexiva da massa crítica produzida pela categoria, o movimento e a dinâmica que possibilita que essa massa crítica profissional se espraie junto aos movimentos sociais e às diferentes formas de organização popular, para uma prática profissional comprometida com a emancipação política e humana, não acontece por geração espontânea; não acontece através de palestras, mesmo que brilhantes; não acontece pela indicação de leituras por parte dos trabalhadores/usuários.[356] Não se dá por um passe de mágica, nem por acaso, principalmente se nos colocamos criticamente diante da complexa e contraditória organização social dominante, para a qual esse processo não é nem desejável, nem tolerado. Muito pelo contrário, socializar conhecimentos e informações — a massa crítica que tanto expressa como apreende o social presente em cada área de atuação do assistente social — exige, não só ter domínio sobre conhecimentos e informações, mas aprender e exercitar o processo pelo qual eles possam mediar tanto o exercício e o cotidiano profissional — tanto no que se refere ao planejamento das ações, como na transformação desse planejamento em realidade —, como mediar o processo que articula a formação individual e coletiva, a qualificação política, a mobilização e a organização dos trabalhadores/usuários. Ou seja, operar a presença dessa massa crítica no planejamento, nas respostas profissionais e no cotidiano das massas, de forma clara, articulada e acessível é um processo exigente que reclama não só a preparação teórico-metodológica e segurança dos princípios ético-políticos, mas desenvolvimento de habilidades na ideação de estratégias e operação de meios e instrumentos que

---

356. O que não significa que isso não seja possível e/ou que em determinadas circunstâncias possa ser necessário e salutar, como essencial. Nossa preocupação aqui é com as indicações de leitura que temos feito aos trabalhadores/usuários no cotidiano da prática que vão desde folhetos explicativos a indicações de livros/textos complexos e que exigem instrumentos teóricos para serem digeridos.

favorecem que eles medeiem o exercício profissional e o cotidiano dos trabalhadores/usuários e, por extensão, das classes trabalhadoras nos seus diferentes segmentos. Um processo em que conteúdo/forma se põem como indissociáveis, no enfrentamento de processos em que a forma separada do conteúdo se torna o próprio conteúdo. Um processo que só poderemos aprender as consequências e os resultados *post festum, a partir de análise teórico-crítica* do exercício profissional, individual e coletivo, individual e coletivamente e que, em apreendido criticamente, reverte-se em ganhos cumulativos na formação individual e coletiva dos assistentes sociais e no redirecionamento do exercício profissional em consonância com princípios e finalidades emancipatórios. Um estado de coisas que revela por si só a importância do Estágio Supervisionado na graduação, a necessidade da formação permanente e a relevância dos processos de assessoria aos assistentes sociais no cotidiano da prática.

É diante desse complexo que podemos afirmar que quando a massa crítica comprometida com a emancipação política e humana produzida no âmbito da categoria profissional é apropriada de forma qualificada pelos assistentes sociais, o exercício profissional mediado por ela e sua democratização junto aos trabalhadores/usuários se constitui num processo em que essas duas instâncias do exercício profissional só podem ser apreendidas de forma indissociável; ou seja, a apropriação qualificada da massa crítica ao mediar o exercício profissional se constitui como nexo causal da sua democratização, processo em que conteúdo-forma estão presentes na sua indissociabilidade. O que não quer dizer que o que é necessário ser apropriado pelo assistente social no processo de formação graduada e permanente seja o mesmo a ser democratizado junto aos usuários. A democratização de conhecimentos, como instrumentos de crítica e de formação, vai depender tanto da habilidade do profissional para criar condições para a reflexão crítica, como das possibilidades e limites dos trabalhadores/usuários, individuais e coletivos, como do que se torna necessário resgatar de informações e conhecimentos, em conformidade com as demandas individuais e coletivas, com o perfil dos trabalhadores/usuários, com as temáticas que eles põem em questão e com os assuntos a elas relacionados; um processo que, como se vê, exige do assistente social qualificação teórico-metodológica, ético-política e técnico-operativa.

➤ Ao se deparar com o "caso social" — abandono familiar, morador de rua, impossibilidade de a família cuidar, o que o assistente social pode fazer sem rede socioassistencial? "Jogar" o usuário na rua, como fez uma assistente social ao, obedecendo ordens da direção de um hospital público, levar o usuário em cadeira de rodas até o ponto de ônibus, pagar a passagem com recurso próprio, para que ele fosse não se sabe para onde, e depois ser individualmente responsabilizada e culpabilizada pelo usuário, junto ao Conselho Regional por maus-tratos? Como foi tomada essa decisão? Houve envolvimento da equipe de saúde e da própria equipe/chefia do Serviço Social? Se, por um lado os "casos sociais", (seja na área da saúde, na assistência social, no sistema sociojurídico, na educação) não têm solução e as possíveis respostas não se encontram dentro do Hospital, no CRAS ou na prisão, por outro lado, essa é uma demanda do trabalhador usuário totalmente abandonado e uma requisição institucional para "livrar-se dela": seja para desocupar um leito, seja para resolver a situação de um idoso submetido a maus-tratos, seja para acolher crianças órfãs. Uma demanda e uma requisição institucional historicamente reincidente que vem consumindo grande parte do tempo dos profissionais, assim como consumindo-os por estresse, na medida em que não só se sentem isolados na busca de alternativas, mas frequentemente responsabilizados e culpabilizados, individualmente, tanto pelos gestores, pelos demais profissionais, como pela chefia e outros assistentes sociais. Responsabilizados pela busca de alternativas — numa rede sem recursos — e culpabilizados pela demora das respostas e/ou recusa em, por exemplo, "dar a alta social para a rua". E aqui se colocam várias perguntas. Nas diferentes áreas de atuação, como categoria, sabemos qual a frequência/incidência dos denominados pelos próprios assistentes sociais "casos sociais"? Quais as condições que um assistente social, isoladamente, tem para enfrentar essa questão? É uma questão que, em algum momento, após 1980, tem sido considerada expressão da questão social — e por isso, demanda coletiva — no âmbito do Serviço Social brasileiro? E, como demanda coletiva, enfrentada coletivamente, o que envolveria academia, meio profissional e organismos de representação da categoria? Qual a visibilidade que o Serviço Social brasileiro tem dado a uma situação cada vez mais agravada com o aumento da incidência de moradores de rua em todas as cidades brasileiras, sejam grandes centros urbanos, como pequenos municípios,[357] que, nas instituições socioassistenciais, tem sido imputada como responsabilidade do Serviço Social, e muitas vezes, de um assistente social? Uma demanda que, manifestada por um trabalhador ou por uma instituição como sendo própria de um usuário isolado, é uma demanda coletiva, que só pode ser enfrentada — nunca resolvida — no âmbito da rede socioassistencial nas diferentes instâncias de governo: municipal, estadual, federal. Qual a visibilidade que os assistentes sociais brasileiros têm dado ao "problema" dos "casos sociais", questão que cresce na medida em que cresce e se intensifica a exploração do trabalho, na medida em que avançam os processos de reestruturação produtiva que resultam em desemprego em massa, com o crescimento e carecimento exponencial das massas supérfluas? As Agendas do CBAS, elaboradas a cada quatro anos, pouco democratizadas com a categoria (ver nota 226), apontam para esses e outros desafios colocados pelos/as assistentes sociais no cotidiano da prática, e divulgam, ainda, formas de enfrentamento. Qual a força dos organismos de representação da categoria, para corres-

---

357. De acordo com o Ministério do Desenvolvimento Social, em 2008, data do último senso a esse respeito, havia 32 mil brasileiros morando na rua. O Brasil terminou 2013 com a menor taxa — 4,3% — de desemprego, desde 2002, conforme o IBGE, o que na sociedade do capital é considerado pleno emprego. Até 2013, foram criados 7968 CRAS; espalhados na quase totalidade dos municípios brasileiros; 11.797 Centros de Convivência, distribuídos por 3.065 municípios e 175 Centros de Referência Especializados para População em Situação de Rua, distribuídos em 2,8% do total de municípios — 154. Esse quadro, como reconhece o próprio MDS, não impactou a atenção prestada à população de rua, nem alterou o crescimento dessa população nos grandes centros urbanos, onde prevalece, nem nos pequenos municípios. Disponível em: <http://ultimosegundo.ig.com.br/brasil/2014-05-14/ibge-protecao-social-cresce-no-brasil-mas-ainda-atinge-poucos-moradores-de-rua.html>. Acesso em: 30 maio 2014.

ponsabilizar e pressionar governos, gestores, chefias para dar conta de uma rede socioassistencial no atendimento a essas situações? Como gestar uma correlação de forças que favoreça esse enfrentamento, na medida em que, na saúde, por exemplo, não podemos negar que a ocupação de um leito por um trabalhador que não necessita mais de ações de tratamento resulta em perda para os outros trabalhadores? Isso tem sido sinalizado pelos assistentes sociais como questão relevante a ser tomada como objeto de investigação pela academia e como objeto de luta política pelos organismos de representação dos assistentes sociais? Enfrentar esse desafio põe como exigência, para a academia, tomar como objeto de investigação as questões relevantes expressas no cotidiano da prática dos assistentes sociais, e, para os organismos de representação dos assistentes sociais, estruturar alianças com organismos de representação de outras categorias profissionais e com a representação dos trabalhadores: sindicatos, movimentos sociais, Conselhos de Política e de Direitos, assim como partidos políticos. A questão central é: como pressionar por recursos socioassistenciais que ofereçam condições, ainda que limitadas, de acolher em unidade socioassistencial trabalhador/usuário morador de rua, sem residência certa, "sem referência familiar e/ou sem família localizada, sem condições de autocuidado e de autorresponsabilização (crianças, adolescentes, idosos)?",[358] politizando as respostas aparentemente residuais situadas na dinâmica das lutas contra-hegemônicas, o que poderá favorecer o enriquecimento da percepção das contradições de classe e da real luta de classes? Como categoria, temos condições hoje de, através de estudos sistemáticos, mostrar ao Ministério Público, ao poder municipal, estadual e federal, aos Conselhos de Política e de Direitos e às Conferências, à imprensa, aos demais profissionais,[359] que esse não é um problema

---

358. Não são raros os relatos de assistentes sociais sobre as péssimas condições de abrigos, "centros de convivência", "centros de acolhida" etc., para os quais a maioria dos trabalhadores e das trabalhadoras, moradores de rua ou usuários em tratamento, se recusa a ser encaminhada.

359. São ricas as experiências em que os assistentes sociais organizam eventos destinados a todos os profissionais de uma dada instituição, tendo em vista refletir sobre a atividade em equipe — interprofissional —, onde temas como esses poderiam ser trazidos ao debate.

individual/pontual de determinados indivíduos, mostrar sua relevância — tendo em vista sua transformação num direito/política pública — para enfrentar essa situação historicamente crônica no Serviço Social? A categoria — incluindo Conjunto CFESS/CRESS, ABEPSS/Universidades/ faculdades — reconhece o tamanho do problema para que ele possa ser levado ao MP e aos Conselhos nas suas diferentes instâncias e áreas, na medida em que ele se expressa no mínimo através da área da saúde, da assistência, da educação e do sistema sociojurídico? Essa é uma investigação que ultrapassa, em muito, os levantamentos e estudos necessários, que os assistentes sociais desenvolvem no cotidiano profissional, tendo em vista elencar e localizar recursos para encaminhamentos individuais. Exige pesquisa sistemática, financiada. Tendo em vista não só o constrangimento vivido pelos assistentes sociais diante da demanda do usuário por abrigo e das requisições institucionais frente a essa demanda — desocupação de leito, retirada de mendigos da rua, abrigo para filhos de presidiários etc. —, o problema é identificar seu lugar na ordem de prioridades, definir o nosso papel e seu limite no enfrentamento dessa questão, frente às necessidades e direitos dos usuários. Ou seja, desde sempre, no Serviço Social, os assistentes sociais vêm enfrentando esse problema como profissionais isolados e não como categoria, independentemente da direção social das ações. Se o enfrentamento desse problema não é nosso, como categoria, de quem é? Por outro lado, até que ponto, ao buscarmos respostas individuais para o encaminhamento dos "casos sociais", não estamos, como categoria, favorecendo a que os outros profissionais identifiquem o "caso social" não como um problema institucional/do Estado, mas como um problema do Serviço Social? Se não é assim, como explicar o surgimento da denominação "alta social", na área da saúde? Ora, no meu entender, todas as ações realizadas com um trabalhador/usuário numa dada instituição guarda potencialidades e possibilidades de participação direta ou indireta de todos os profissionais envolvidos nas atividades socioassistenciais. Assim, na "alta médica", tendo em vista não só as requisições institucionais pela diminuição da reincidência das doenças, mas os interesses dos usuários diante do seu quadro de saúde, dos cuidados necessários e do acesso aos direitos que possam facilitar esse processo, a participação do assistente social torna-se fundamental. Do mesmo modo, poderíamos dizer a respeito da "alta social". Como não ter a necessária participação do médico, do enfermeiro, do psicólogo, do nutricionista, tendo em vista refletir sobre as futuras condições de vida daquele trabalhado/usuário, diante de seu quadro de saúde, diante dos interesses dos próprios profissionais na cura e não reincidência da doença? Quando o morador de rua recebe "alta para a rua", será que não estamos todos "tapando o sol com a peneira"? Se no momento da alta ele libera um leito, certamente, em pouco tempo, tornará a ocupar outro leito do sistema. É diante desse complexo de questões que, no meu entender, o que nos favorece, na saúde, é a afirmação de um processo de alta que envolve a equipe interprofissional e não a "alta médica" e a "alta social". O enfrentamento desse processo exige superar a pauta das políticas sociais dos governos nas suas diferentes instâncias, com seus programas sociais, suas diretrizes, suas cartilhas, trabalhar com dados, informações, levantamentos, estudos sobre incidência e frequência, suas relações causais, para, através de Relatórios consubstanciados e substantivos, encaminhar os debates junto a fóruns de lutas sociais, instituições, Conselhos etc., para dar visibilidade e pautar o enfrentamento da questão.

➤ Se o assistente social nem sempre tem clareza do seu papel e do que fazer nos diferentes espaços profissionais, os empregadores (tanto públicos como privados) sabem do papel que ele pode desempenhar e desempenha, no reforço e garantia do controle, da manipulação e da dominação dos trabalhadores/usuários. É na gestão das unidades socioassistenciais, atravessadas que são pela luta de classes, o que resulta num movimento institucional conflitivo e contraditório, que os empregadores (inclusive os gerentes de capital, nas empresas capitalistas) contam com o assistente social que, ao mediar conflitos, apaziguar os ânimos, garantir harmonia, consentimento, reconciliação, acomodação, consenso entre desiguais, responsabiliza-se por tudo aquilo que, independentemente da brutalidade e da violência das situações, assegura aquela sensação agradável de prazer, principalmente, porque, ao mesmo tempo em que é uma sensação necessária a um "movimento institucional sem conflitos" (mesmo que só na aparência), essa sensação, nessas circunstâncias, quase nunca está ligada à satisfação de uma demanda, de uma necessidade. É nessa medida que os empregadores contam com o assistente social para harmonizar interesses que se colocam como incompatíveis. Afinal, historicamente o assistente social é chamado para que situações conflitivas não resultem em conflitos de fato, mas em conciliação,[360] consentimento, acordo, "consenso" entre desiguais.

Ora, do ponto de vista do trabalho, ou seja, do projeto profissional, é exatamente a inserção do assistente social no conflito institucional — parte e expressão do conflito de classe —, que contém a possibilidade de apreensão, não só por ele, profissional, mas, antes de tudo, pelos próprios trabalhadores/usuários, do conflito de interesses presente no movimento institucional, como parte e expressão do conflito de classe na sociedade do capital.[361] Esse conflito tornado consciente, além de favorecer o

---

360. Essa é uma situação que tem sido observada não só com relação à negativa de atendimento nas instituições socioassistenciais, como no atendimento precário e/ou incompleto. Mesmo não atendido em suas demandas, convencido da intenção, mas da impossibilidade da instituição em fazê-lo e diante do apreço com que é tratado pelo assistente social e pelos demais profissionais, o usuário acaba, no final dos atendimentos, agradecendo a negativa de acesso e/ou o acesso precário ou incompleto: a consulta rápida, a demora ou falta do exame etc. Não é sem razão que todo atendimento de qualidade é enaltecido com gratidão pelo usuário. Neste processo, frequentemente, a instituição, quando não governos, é identificada como vítima e/ou defendida, não só pelos assistentes sociais, mas por todos os profissionais e técnicos. Neste contexto, o assistente social só tem a oferecer um retorno vago e abstrato, em todas as situações ou quase sempre em que a demanda não for atendida, o que reduz o Serviço Social a um "espaço de acolhimento/escuta". Diante disso, também frequentemente, se reproduz o fetiche da igualdade social entre usuários/profissionais, quando os profissionais, negando sua posição constrangedora e contraditória de representantes da instituição, frente às precárias condições de trabalho e de assalariamento, se põem para os usuários, literalmente, no mesmo patamar de "vítimas da instituição", como se estivessem submetidos, da mesma forma que os trabalhadores/usuários, à opressão, aos maus-tratos, aos prejuízos, aos danos, às arbitrariedades.

361. Não podemos deixar de reiterar que é aqui que a possibilidade do protagonismo da massa crítica profissional espraia-se junto aos trabalhadores/usuários e seus organismos de representação, o que requer transformar o conhecimento "em base de ações vitais, em elemento de coordenação e

enriquecimento das subjetividades, a mobilização e a organização dos trabalhadores/usuários, dos assistentes sociais e dos demais profissionais (o que pode resultar em mudanças progressivas e cumulativas da correlação das forças institucionais que envolve esses segmentos e, por vezes, chefias bem-intencionadas) pode fazer o pêndulo girar em favor dos interesses dos trabalhadores e da imposição de limites ao capital e seus processos de acumulação.[362] A atuação crítica, reflexiva e propositiva do assistente social no conflito institucional[363] pode facilitar o desobscurecimento do movimento da unidade assistencial revelando suas mazelas e conflitos, priorização de interesses institucionais e corporativos etc.; situações que são percebidas pelo profissional[364] diuturnamente, mas que não são submetidas a uma análise teórico-crítica, e, por si só, não se tornam inteligíveis, nas suas relações, conexões e determinações recíprocas. Ou seja, no sentido de revelar as possibilidades de ação contidas na realidade, como reiterado na literatura, cabe ao(s) assistente(s) social(is) tomar

---

de ordem intelectual e moral", como afirma Gramsci, pode fortalecer tanto o projeto profissional, como as lutas comprometidas com a emancipação política e humana.

362. Na saúde, não podemos esquecer o poder e influência do Complexo Médico Industrial na organização e desenvolvimento da atenção prestada na área da saúde, tanto pública quanto privada. A esse respeito, ver Vasconcelos, 2012, Posfácio à 8. edição. Do mesmo modo, em tempos de consumo desenfreado e de privatização de todas as instâncias da vida social, os interesses de acumulação estão presentes em qualquer área de atuação profissional, para além das empresas capitalistas.

363. O conflito entre capital e trabalho é um conflito de conflitos. No conflituoso movimento institucional estão implicados os interesses da política dos governos nas suas diferentes instâncias; os interesses dos gestores; os interesses das diferentes categorias profissionais e dos técnicos; os interesses dos usuários da instituição e, consequentemente, dos trabalhadores em geral, num processo que encerra, dentre muitas outras coisas, a rotina institucional, as diferentes atividades profissionais e técnicas (que se expressam através da quantidade e ações, da qualidade da formação, dos tipos de contratação, da disponibilidade de atendimento), dos serviços disponibilizadas, do favorecimento a usuários e a profissionais, das formas de utilização dos recursos financeiros, das prioridades, das demandas atendidas, das demandas reprimidas, do acesso incompleto, da qualidade dos serviços prestados, dos recursos materiais disponíveis e não disponíveis, não utilizados e/ou inutilizados (equipamentos quebrados, equipamentos sem pessoal qualificado para operar, medicamentos vencidos)... Neste campo conflituoso e complexo, nem sempre fica clara, para os sujeitos do processo, a relação entre interesses que defendam seus reais interesses e o conflito de interesses de classe presente no movimento institucional.

364. Ver Vasconcelos, 2002, Cap. 2.

essas situações como parte indissociável de uma instituição e de uma organização social complexa que necessita obscurecer seu sistema de significações e relações lógicas, dificilmente apreendidas e visíveis a olho nu, sem o que, o assistente social/profissionais pouco poderá contribuir para o redirecionamento das políticas e dos serviços sociais em favor dos trabalhadores. Ora, como temos sinalizado, esse é um processo complexo e que exige tanto estudos como vivência política e exercício de relações sociais que apreendam o que há de emancipador no próprio movimento social. Iniciado no âmbito da graduação, este processo atravessa o cotidiano da vida profissional, na medida em que, diante das possibilidades colocadas aos indivíduos sociais, estes estão em permanente constituição/ formação, principalmente numa sociedade permeada por contradições e conflitos. E aqui retornam problemas variados: a necessidade de um projeto pedagógico na formação graduada que responda por condições desse exercício e que problematize os desafios colocados aos assistentes sociais no cotidiano profissional; na ausência dessas condições de formação, diante das condições da formação do assistente social, hoje na maioria através de cursos à distância, a exigência e criação de oportunidades para a qualificação da formação permanente e da sua potencialização através de processos de assessoria (Vasconcelos, 1998). Reitero que, independentemente das condições da formação graduada e permanente, a assessoria é essencial na busca de práticas mediadas pelo projeto profissional.

➤ No contexto de assistencialização das políticas sociais, para além da fecunda crítica teórica, o que tem sido mais expressivo é a resistência individual dos assistentes sociais nos espaços socioprofissionais, o que, diante da inexistência de força de pressão coletiva, vem redundando, como historicamente, em lamentos e fatalismos que desembocam na burocratização das ações, reforçando os históricos lamentos deterministas. As consequências de uma (individual) e de outra (coletiva) forma de resistência na consolidação do projeto profissional, tendencialmente, são diferentes. O Serviço Social é legitimado e reconhecido pelo que fazemos como categoria e não somente pelo que fazemos como indivíduo isolado. Isso torna claro que os desafios que são colocados aos assistentes sociais no cotidiano da prática e vivenciados individualmente só podem ser enfrentados coletivamente, a partir de alianças entre os próprios assistentes sociais, o que inclui a chefia de Serviço Social e, quase sempre, alianças com as demais categorias e com os trabalhadores organizados. Perguntamo-nos, assim, qual o significado, impacto, alcance e consequências — para os trabalhadores/usuários e para o próprio Serviço Social/assistentes sociais — da materialização do Projeto Ético-Político centrado no protagonismo de indivíduos isolados, na produção de conhecimento, se essa produção não vem sendo divulgada e apropriada — como foi, com todas as dificuldades à época, a experiência do "Método Belo Horizonte" (Netto, 1991, 247-308) — pelos próprios assistentes sociais na medida do necessário, e no protagonismo de assistentes sociais ou pequenos segmentos da categoria, em "experiências piloto", na garantia das necessidades individuais e coletivas como direitos sociais e dever do Estado?

➤ As possibilidades de imposição de limites ao capital na busca por emancipação humana estão presentes na força organizada de pressão do operariado, o que requer dos assistentes sociais tanto contribuir diretamente, no âmbito das empresas capitalistas, com o operariado na sua luta por emancipação política e humana de todos, como, indiretamente,[365] ao promover e/ou contribuir na interlocução entre o operariado e os setores organizados da sociedade, lutas sociais, que buscam a radicalização da democracia e a superação da organização social capitalista e, principalmente, promover a interlocução com os expressivos segmentos da classe trabalhadora, supérfluos para o capital, que, apartados da riqueza socialmente produzida e da possibilidade de trabalho formal na sociedade do capital, dispõem de condições extremante desfavoráveis para se organi-

---

365. Como visto anteriormente, a redução quantitativa do contingente proletário e a consequente redução do quantitativo de assistentes sociais nas empresas capitalistas, em consonância com a assistencialização das políticas sociais, situa a maioria dos assistentes sociais junto às massas supérfluas para o capital e aos demais trabalhadores assalariados, o que nos remete à tarefa de contribuir com que, nos momentos de ruptura, as forças anticapitalistas organizadas e as massas trabalhadoras se organizem em aliança e apoio ao operariado na imposição de limites ao capital e na superação da própria ordem capitalista.

zarem e tendem à cooptação, pela burguesia, principalmente nos momentos eleitorais[366] e em momentos de crise; estes, os contingentes *sobre os quais*, com o agravamento das crises do capital, somos chamados cada vez mais a atuar, pelo Estado/burguesia. O crescimento exponencial dos setores considerados supérfluos para o capital, sobre os quais os assistentes sociais são chamados a atuar, para controlar, acompanhar, avaliar, conter, despolitizar, manter sob vigilância, através, prioritariamente, da política de Assistência Social, não por acaso, tem levado a um processo de assistencialização das políticas sociais e da própria profissão.

Ora, o Serviço Social, desde sua criação, como mostram vários analistas — Netto, Iamamoto, Mota —, ultrapassou o campo da "execução terminal das políticas sociais" para se inserir na produção de conhecimento, no planejamento, na gerência, na assessoria e na avaliação das políticas sociais, atividades que resultam em maior status profissional.

Na vigência do projeto profissional, *considerando* o alcance e a qualidade de apropriação da produção de conhecimento da área de Serviço Social pela maioria dos assistentes sociais; *considerando* que as políticas sociais, como mecanismo de preservação e controle da força de trabalho, particularizadas e fragmentadas para dar conta das múltiplas expressões da questão social, impõem as mesmas injunções aos assistentes sociais inseridos na sua concepção, planejamento[367] e execução, principalmente, diante da fragilidade crescente, quando não ausência, do controle social em todos os momentos da política; e, *considerando* a possibilidade e a necessidade de fortalecimento dos diferentes segmentos de trabalhadores nas lutas sociais pela categoria profissional, o que não se dá por osmose, mas só é possível através do contato direto profissionais-usuários, *pergunto:*

---

366. Tomamos como base as afirmações de Coutinho, que, dirigindo-se aos assistentes sociais, assim se expressa: "promover uma interlocução entre os setores organizados da sociedade, interessados num projeto alternativo, e os setores excluídos que não têm condições, num primeiro momento, de se organizarem". (Coutinho, 2000, p. 128)

367. O fato do planejamento no capitalismo se dar nos espaços dos gabinetes não é próprio de outros intelectuais e profissionais. É um movimento que atinge a todos, inclusive os próprios assistentes sociais, quando ocupam a função de planejadores.

para além da produção da massa crítica necessária tanto à formação, quanto à atividade socioassistencial, e da ampliação do mercado de trabalho profissional que favoreceu o aumento da autoestima/status de alguns profissionais, onde o assistente social pode dar maior contribuição às massas trabalhadoras na imposição de limites ao capital? Na transformação das políticas sociais em realidades que tragam como consequência ganhos materiais e subjetivos aos trabalhadores/usuários (o que, além da atenção direta a indivíduos e grupos, inclui sua participação em processos de assessoria a movimentos sociais e organismos de representação dos trabalhadores etc.), na medida em que é aqui que se materializa o papel educativo da profissão, *ou* na concepção, planejamento e/ou gestão das políticas sociais, principalmente num país em que, dificilmente, as leis "pegam" e, quando "pegam", isso se dá com a lei sofrendo mutilações durante seu processo de implantação e implementação, como podemos observar no processo de transformação da proposta institucional do SUS em realidade? Essa pergunta nos leva, imediatamente, a outra: teórica e concretamente, no limite, onde estão contidas as possibilidades de imposição de limites e ruptura com a organização capitalista? Na resistência e ofensiva das massas trabalhadoras organizadas e em organização ao capital ou no Estado, onde são concebidas, planejadas, geridas e executadas as políticas sociais[368] e/ou na iniciativa privada/sociedade civil?

Com pena de atuarmos tendo em vista um "Estado bonzinho" e/ou uma "sociedade civil" amórfica, dificilmente interessada na emancipação dos trabalhadores, há que se atuar no planejamento e na gestão das políticas e serviços socioassistenciais com a consciência de que eles só atingem de fato os usuários trabalhadores, na sua realização/execução terminal, exatamente quando suas consequências podem, no fio da navalha, estimular e fortalecer e/ou arrefecer e debilitar as lutas sociais.

---

368. Não desconsideramos que, na contradição, a depender do momento histórico de pressão das massas trabalhadoras e de "alguns" gestores, possa haver um redirecionamento do planejamento e da gestão na direção dos interesses e necessidades sociais, o que, se por um lado, pode favorecer os trabalhadores e as lutas sociais, em si, não impõe limites ao capital; contribui, sim, para arquitetar uma imagem "mais humana" do capitalismo.

Não se redirecionam nem se ampliam as políticas sociais em favor dos trabalhadores na ordem capitalista, somente no âmbito da necessária e fundamental produção de conhecimento,[369] do planejamento[370] e da gestão, espaços em que os trabalhadores não são incluídos e, quando o são, é na condição de indivíduos isolados, facilmente subalternizados e/ou cooptados pelos interesses dos segmentos dominantes e do capital. Ou seja, diante das condições objetivas, dificilmente a representação dos trabalhadores nos espaços de planejamento e decisão se dá como verdadeiros e legítimos representantes das forças de pressão organizadas que são.[371] Em qualquer circunstância, no planejamento, estamos no campo das ideias. Na gestão, estamos no âmbito da administração/coordenação de processos predefinidos, por mais que essa administração/coordenação possa resultar em decisões estratégicas que atingem em cheio os trabalhadores/usuários ou, em momentos propícios, favorecer o controle democrático dos serviços. Mais uma vez, no limite da sua constituição manipuladora/dominadora, são campos de disputa ideológica, de luta de classe e, por esta razão, é assim que podem ser conduzidos como espaços de revelação das contradições sociais.

É na transformação em realidade das políticas e na operação dos serviços socioassistenciais que, na sociedade vigente, encontramo-nos — profissionais/trabalhadores —, em tempos de evidências das barbáries capitalistas, num dos campos potenciais de resistência, de imposição de

---

369. E aqui torna-se mais uma vez necessário resgatar a Tese 11ª de Marx sobre Feuerbach, o que nos permite afirmar que, no âmbito de uma profissão, se a interpretação do mundo é fundamental e essencial — afinal, também está afirmado que sem teoria revolucionária não há movimento revolucionário — trata-se de materializar a contribuição do Serviço Social na sua transformação.

370. Estamos nos referindo aqui à participação dos assistentes sociais no planejamento e na gestão das políticas sociais, processo em que, na ordem social vigente, a capitalista, em todas as instâncias da vida social, é um planejamento que atua sobre consequências e não a um "planejamento social abrangente", como afirma Mészáros, que na busca de superação da ordem do capital, tendo em vista suas finalidades, exige a participação organizada dos trabalhadores em aliança com os setores interessados na busca pela emancipação política e humana.

371. A análise dos Conselhos de Política e de Direitos revela esse campo conflituoso e complexo. Ver o n. 109/2012 da *Revista Serviço Social e Sociedade*, dedicada ao tema: Sociedade Civil e Controle Social, onde destacam-se afirmações sobre a fragilidade e limites da representação dos usuários nos conselhos.

A/O ASSISTENTE SOCIAL NA LUTA DE CLASSES

limites diretos e indiretos à burguesia e ao capital e de preparação de momentos de ruptura; encontramo-nos num espaço e tempo que pode resultar em contribuições concretas e substantivas na formação, na mobilização e na organização das massas; encontramo-nos no campo aberto da luta de classes que envolve as maiorias; encontramo-nos em momentos de resistência, de controle social, de imposições de limites a planejadores, gestores, burocratas que podem resultar em redirecionamentos das políticas e dos serviços sociais, frente a interesses e necessidades, individuais e coletivos das massas trabalhadoras. Encontramo-nos num dos espaços e tempos que possibilitam o exercício efetivo das formas potencialmente emancipatórias de consciência social, consciência necessária não só a uma elite ou a um grupo de iluminados, visto que processos de ruptura e consolidação de uma sociedade emancipada, de homens livres e autônomos, só pode se dar através do complexo processo de participação consciente e organizada de todos. Mas, nunca é demais ter claro que, contraditoriamente, esses são campos, espaços, momentos, tempos, esferas de ação, situações, condições, que mais favorecem a resignação, o consenso, o consentimento.

É na execução terminal que as políticas sociais se tornam realidade no tempo e no espaço, o que exige a participação direta dos trabalhadores/usuários, independentemente da qualidade dessa participação: passiva, resignada/ativa, reativa, opositiva. É nesse processo que estão postas as possibilidades concretas de operação de processos educativos/formativos[372] que possam fazer a diferença não só no exercício do controle social,

---

372. Para além da dificuldade de acesso, ao reduzirmos a atenção prestada pelos assistentes sociais ao acesso às políticas sociais (seja através de um cadastro, um estudo socioeconômico) e/ou resolver uma situação perante a justiça (através de um laudo ou de um parecer), estaremos contribuindo com as necessidades de acumulação, diante das requisições da burguesia por uma massa cordata e dominada, o que se por um lado permite alterar os índices de miséria, isso se dá desde que as cabeças permaneçam vazias. Nesse caso, a desinformação das massas é uma necessidade para o capital, o que contribui para que grande parte dos assistentes sociais, equalizando falta de informação com falta de inteligência, valorizem mais os processos burocráticos de inserção numa política/serviço, do que processos críticos de reflexão que incorporem os trabalhadores/usuários. Na realidade, estar desinformado não significa não ter inteligência para processar informações necessárias às lutas sociais. É neste contexto que o aspecto educativo do exercício profissional assume e adquire relevância.

mas na mobilização, organização para fora das instituições socioassistenciais e no fortalecimento da luta social. Processo no qual o assistente social necessita participar tanto com teoria, com informações, para além da vontade de ajudar e do senso comum. É diante disso que a ampliação da participação do assistente social em processos de planejamento e gestão de políticas, programas e projetos, fato que não o afasta da luta de classes e da possibilidade de servir mais ao capital do que ao trabalho e vice-versa, se, por um lado, aumentou a autoestima de alguns assistentes sociais e o mercado de trabalho, por outro lado, trouxe perdas aos diferentes segmentos de trabalhadores, ao resultar num processo de afastamento entre assistentes sociais mais qualificados e trabalhadores, usuários dos serviços socioassistenciais. A inserção dos profissionais qualificados e/ou preocupados com a/sua qualificação, preferencialmente, na docência/pesquisa,[373] nos processos de planejamento, gestão/"gestão de pessoas" (setor de Recursos Humanos), assessoria, treinamento de técnicos e voluntários, tanto vem desestimulando a qualificação em nível pós-graduado da maioria dos assistentes sociais para atuar junto aos trabalhadores, assim como, aos trabalhadores/usuários, restou o atendimento prestado por profissionais (para os quais, em sua maioria, basta a graduação) ou por técnicos, ambos cada vez menos qualificados.[374]

---

373. Não é sem razão que, na academia, para além da qualificação necessária de docentes na pós-graduação estrito senso, raramente se põe em questão a necessária qualificação de um contingente expressivo de assistentes sociais para atuar junto às massas trabalhadoras. Haja vista que essa questão não é contemplada na pós-graduação estrito senso brasileira, da área de Serviço Social — ver as áreas de concentração dos programas —, e é bom que se afirme que essa não é uma defesa do mestrado profissional. É a defesa da necessária consideração do cotidiano profissional e da preparação de quadros qualificados, tendo em vista a materialização do Projeto Ético-Político brasileiro, no âmbito da pós-graduação estrito senso de uma área de conhecimento que, antes de tudo, é uma profissão. O que, em sendo assim, nos remete a uma luta ferrenha com CAPES e CNPq, em articulação com as demais profissões que integram a área de Ciências Sociais Aplicadas. Disponível em: <http://sucupira.capes.gov.br/sucupira/public/consultas/coleta/dadosCadastrais/dadosCadastraisPublico.jsf>.

374. Não é sem razão que há uma crença no âmbito da categoria — o que pode ser observado não somente nas entrevistas realizadas com assistentes sociais, nas manifestações de alunos, nas manifestações de alguns docentes/pesquisadores —, de que a participação do assistente social no planejamento de políticas sociais, na gestão de serviços, na supervisão etc. exigiria um processo de

Ora, na atualidade, nos encontramos frente a difíceis condições para enfrentar com radicalidade as forças do capital, além das dificuldades e limites impostos aos demais trabalhadores assalariados de, nos momentos de ruptura, se colocarem na defesa do operariado. Ou seja encontramo-nos em momentos de construção dessas possibilidades, e, sem dúvida, a participação qualificada de um conjunto expressivo de assistentes sociais poderia resultar em ganhos para as lutas sociais, na medida em que, diariamente, há um contingente expressivo de assistentes sociais atuando junto aos diferentes segmentos da classe trabalhadora. Ou seja, estamos em contato direto com trabalhadores e trabalhadoras que em momentos de ruptura, individual e coletivamente, podem fazer diferença ao se articularem ao segmento que conta com possibilidade real de imposição de limites ao capital, na defesa dos interesses históricos dos trabalhadores em geral, tendo em vista o fim da exploração, da propriedade privada e da concentração privada da riqueza social.

É diante de tudo isso que me parece que, para além das outras atribuições que a Lei n. 8.662/1993 define para os assistentes sociais, frente aos princípios e objetivos do projeto profissional, é nas atividades e ações que nos articulam aos diferentes segmentos da classe trabalhadora que podemos fazer a diferença ao resgatarmos, ter clareza e priorizar o papel educativo e formador crítico da profissão. Sem negligenciar o fato de que, tendencialmente, frente à hegemonia burguesa, os assistentes sociais podem ser facilmente capturados para o exercício de um papel manipulador, deformador e deseducativo.

É na própria execução terminal das políticas sociais que podemos observar que as consequências da atuação profissional vão muito além do acesso a um benefício-serviço e não resultam somente quando o acesso aos recursos e serviços sociais se dá ou é negado. São os próprios assistentes sociais que, mesmo chamados pelo Estado a "viabilizar o acesso

---

qualificação especial, sendo que no atendimento aos trabalhadores/usuários, basta a graduação. Um fato que revela a captura de consciências por esse estado de coisas, ou seja, a reprodução no âmbito da estrutura interna da profissão, a segmentação e a hierarquização próprias dos condicionantes de classe.

aos direitos", afirmam realizar a "terapia do não". Ou seja, acolher a população, aliviar tensões, dar apoio, orientar, negar o acesso e/ou encaminhar para frente, diante da falta de recursos para que todos tenham acesso ao que a política social promete em Lei. Ora, é diante disso que se revela a importância de tornar aparente a politização desses espaços e seu redirecionamento em favor dos trabalhadores e trabalhadoras, ou seja, dar visibilidade e assegurar o sentido e a função ideopolítica da profissão. Superando sua constituição como espaços de recusa, de apoio, de acompanhamento, de cadastramento, de estudo, de controle etc., estruturá-los e operá-los como espaços de reflexão crítica, criativa e propositiva desse estado de coisas. Sustentar como limite a "terapia do não" e/ou o acesso desqualificado a "direitos", na medida em que os realizamos com muito respeito e consideração aos usuários, resulta em nos situarmos, ainda que sem intenção, como braço da elite dominante.

Assim sendo, é curioso e surpreendente observar que a desvalorização da inserção majoritária dos assistentes sociais junto aos trabalhadores e trabalhadoras brasileiros, nos mais distintos espaços sócio-ocupacionais, não procede de gestores e demais profissionais que, por mais que considerem o assistente social um profissional subalterno, reconhecem sua importância na garantia de um movimento institucional sem conflitos, e nem muito menos dos próprios trabalhadores/usuários, que reconhecem o Serviço Social como a única porta institucional aberta a recorrer a qualquer momento, — enquanto o Serviço Social não for incluído no SISREG (Sistema de Regulação de vagas), o qual vem tanto burocratizando radicalmente o acesso aos serviços de saúde, quanto negando o direito de escolha do trabalhador usuário —, mas é uma desvalorização que parte dos próprios assistentes sociais, tanto daqueles que se sentem mais valorizados na realização de atribuições que aparentemente fornecem maior status, como parte de assistentes sociais que estão cotidianamente junto às massas trabalhadoras.[375]

---

375. Na academia, por exemplo, não é novidade o problema vivenciado pelas unidades de ensino frentes às exigências de qualificação da operação da disciplina Estágio Supervisionado que, no meu entender, na direção do projeto profissional, exige, além da qualificação teórica do docente/

A/O ASSISTENTE SOCIAL NA LUTA DE CLASSES

➤ O Serviço Social, assim como as demais profissões, se desenvolve e se objetiva no contexto de um sistema de poder/exploração assentado na coerção, mas, principalmente, e cada vez mais, num "consentimento voluntário" das classes subalternas (Gramsci), ainda que permeado por resistências e enfrentamentos, resultado de uma construção social fomentada, não a baixo custo, pela burguesia. Desse modo, a classe trabalhadora — nos seus diferentes segmentos — é convencida a adotar, vocalizar e realizar interesses, crenças, valores, princípios, noções e ações — exógenos, escusos e alheios — que reforçam a ordem social dominante,[376] muitas vezes veiculados por profissionais/intelectuais (educadores, médicos, assistentes sociais, engenheiros, advogados etc.) que o "povo" contribuiu para formar, com o objetivo de buscar respostas aos graves problemas que cada nação e a humanidade vem enfrentando; no que está implícito o papel social da universidade, para cada nação e para a humanidade. A busca por libertação e emancipação é travestida nos discursos oficiais do sistema capitalista mundial em "direitos humanos" (ver petição de princípios da Declaração de Direitos do Homem; Metas do Milênio e outras coisas mais, que dão a direção da legislação de vários países).[377] Assim, diante de todos os resultados dos projetos reformistas,

---

pesquisador, sua disponibilidade para tomar como objeto de atenção a experiência vivenciada pelos alunos e pelo supervisor de campo, assim como o contato qualificado e sistemático com ele.

376. Uma dominação onde os trabalhadores são os mais atingidos. As classes dominantes e a intelectualidade brasileira, ao não se libertarem do colonialismo, substituíram, historicamente, Portugal pela Europa central — Paris-Londres — e pelos EUA — Nova York — Miami, num processo de aculturação que se espraia para o conjunto da sociedade; processo que implica em subordinação não só cultural e política, mas, antes de tudo, econômica. Ver a Barra da Tijuca no Município do Rio de Janeiro; a desindustrialização nacional; a imposição do cinema estadunidense em detrimento do cinema crítico e de outras paragens; o fascínio do brasileiro por tudo aquilo que é "importado", bizarramente, por vezes, contendo selo de fabricação nacional...

377. Petições que servem para enganar a maioria em determinados momentos históricos e para serem afirmadas como inviáveis em outros. É neste contexto que os organismos internacionais já apontaram a impossibilidade de serem atingidas as metas do milênio "pós-crise" de 2008. Como afirma Mészáros (2009a), "são inseparáveis a universalidade formal/legal do Estado e a mercantilização universal do capital. A insuperável *hierarquia estrutural substantiva* da base material do capital encontra seu equivalente no nível das relações legais e políticas, clamando pela defesa da mais iníqua ordem estabelecida a qualquer preço. Medidas e racionalizações *formais*, não importando o quão engenhosas, não podem obliterar as desigualdades substantivas e antagonismo estruturais" (p. 2).

pergunta-se: qual o lugar real do Serviço Social brasileiro na luta de classes, para além do projeto de profissão? O que estamos realmente favorecendo: os desejos e interesses da burguesia ou a imensa tarefa da luta das massas trabalhadoras, diante da impossibilidade de petição de neutralidade na sociedade capitalista; diante da impossibilidade histórica de se fazer Serviço Social acima das lutas sociais e políticas, ou seja, da luta de classes?

Como afirmava Gramsci, creio que viver quer dizer tomar partido. A indecisão, quando não o medo de tomar posição, leva os indivíduos sociais — dentre eles os profissionais de nível superior — a fazer opção pela neutralidade, que é a pior posição/opção. A falsa ideia de que a opção pela neutralidade não é uma escolha leva o indivíduo a se estruturar numa falsa análise/apreensão da realidade, visto que está assentada na falsa ideia de que é possível se manter acima dos interesses e das ideologias de classe. Mesmo que se concorde que os dois lados cometeram atrocidades, isso não exime ninguém de definir de que lado está. Como afirma Lukács (2007, p. 212),

> nenhuma ação humana se esgota num ambiente social exatamente delimitável: na medida em que se relaciona com a vida pública, é, simultânea e inseparavelmente, um elemento que favorece ou trava um processo social. Por isso, o conceito de neutralidade, da abstenção em face da ação, carece aqui de qualquer sentido; nesta perspectiva, também o fato de *não agir* constitui uma forma de agir que, em relação à responsabilidade, não se diferencia, em termos de princípio, da ação propriamente dita.

O assistente social, quando "prefere"/avoca a neutralidade, não reconhece o nexo do Serviço Social com a base econômica e classista da qual a profissão brotou, o que vai resultar em práticas conservadoras. Do mesmo modo, a complexidade da realidade e a "falta de alternativas" (mesmo que falsa/aparente) e de resultados visíveis e de curto prazo podem resultar em escolhas conservadoras, que resultam em falsos ganhos — momentâneos, fugazes, mínimos. "Engels ressalta sempre o fato de que o repúdio da grande herança histórica (como o desdém pelos gregos,

A/O ASSISTENTE SOCIAL NA LUTA DE CLASSES 381

pelos utopistas [...] {e, diria, na atualidade, pelos clássicos, dentre eles Marx, Engels e marxistas históricos} é sempre acompanhado por uma adesão ridícula a insignificantes e excêntricas correntes da moda" (Lukács, 1968, p. 36) (ver o apelo e a aceitação das correntes pós-modernas!). A esperança por resultados, mesmo que efêmeros e de curto prazo, frequentemente nos rementem a caminhos obscuros, ambíguos. Este estado de coisas nos conduz **às** precisas afirmações de Netto (1998, p. 19) "de tempos em tempos, os operários vencem, porém só transitoriamente. O verdadeiro resultado das suas lutas não é o êxito imediato, mas a união cada vez mais ampla dos trabalhadores."

➤ O Estado nas suas diferentes instâncias, com as políticas e programas socio-assistenciais, e a iniciativa privada (inclusive ONG) requisitam a atuação do assistente social. É exatamente na execução terminal das políticas, ou seja, no cotidiano do exercício profissional junto aos usuários, que o assistente social pode capturar os espaços dos programas e projetos governamentais e não governamentais, que estão baseados em funções corretivas, no utilitarismo, na razão formal, no pragmatismo, para redirecioná-los na direção dos interesses e necessidades dos diferentes segmentos de trabalhadores. Ou seja, trata-se de identificar o movimento desses espaços, e a forma como estamos inserindo-nos nos processos que buscam radicalizar a democratização da sociedade brasileira. Estimulando e contribuindo, propositivamente, para organizar e alimentar movimentos populares e políticos de sustentação de processos democráticos, fomentando o engajamento político das massas para que, enfrentando a despolitização, o espontaneísmo, possam superar a soberba da forma sobre o conteúdo[378], próprios da sociedade capitalista, ou sendo levados pelas águas que movem o moinho do capital? É este contexto complexo, contraditório e conflituoso que permite a quem mostra interesse pela emancipação política e humana que, *assim como mobilizar, organizar e politizar é altamente político, desmobilizar, desorganizar e despolitizar*

---

378. Considerada em si mesma, apartada e independente do conteúdo, a forma se torna o próprio conteúdo.

é, do mesmo modo, altamente político. Assim sendo, só em recusar realizar e/ou veicular o que desmobiliza, fragmenta e aliena, despolitiza, o assistente social já dá uma contribuição ao processo organizativo das massas trabalhadoras. Se os assistentes sociais passam a veicular o que forma/informa, o que favorece a reflexão e análise críticas, formulações e proposições que desobscurecem os processos sociais, ele potencializa o movimento social do qual os processos de atendimento são parte e expressão. Assim, é naquele momento de atendimento no Plantão, de inscrição do usuário em Programas, de cadastro no Bolsa Família, de comunicar a impossibilidade de acesso, mas, em condições bem mais favoráveis, é nas reuniões com grupos de famílias para o acompanhamento das condicionalidades de programas socioassistenciais, nas reuniões de famílias nas creches e nas escolas, é nas "Salas de Espera" em diferentes espaços sócio-ocupacionais, nas reuniões com grupos antitabaco, nas reuniões de preparação da aposentadoria, nos processos coletivos de seleção, nas reuniões de "planejamento familiar" e de pré-natal, nas reuniões de recepções de presidiárias/os, nos grupos de assessoria e formação e conselheiros, e, também, em Assembleias, como as de eleição de delegados para as Conferências, ou seja, é nos espaços coletivos que estão contidas as condições concretas, extremamente favoráveis para a veiculação daquilo que os trabalhadores/usuários necessitam para a apreensão crítica do cotidiano da vida social, para muito além das temáticas e motivos que ensejaram a criação daqueles espaços. Algo *que ilumine a situação concreta vivida e aponte para o ponto de fusão onde os problemas particulares se tornam problemas de todos.* O tempo e o espaço de orientar, encaminhar, aconselhar, de facilitar ou recusar o acesso, guarda possibilidades e oportunidades de serem permeados por conhecimentos e informações necessárias e fundamentais aos trabalhadores nos seus diferentes segmentos, o que favorece, com frequência, a depender da qualificação profissional e da sistemática dos processos, o exercício efetivo, pelos sujeitos envolvidos no processo, de formas potencialmente emancipatórias de consciência social. Um processo que, para além da boa intenção, da vontade de ajudar e do como fazer, exige e é mediado por teoria, ou seja, conhecimento sobre a realidade.

➤ Até que ponto, ao se ignorar a lógica do modo de produção capitalista, como necessitam os conservadores,[379] nós, os assistentes sociais e demais profissionais, não estaremos considerando como indissociáveis aspiração-espontaneidade da ação/da resposta, ou seja, entendendo que "a vontade de contribuir com processos democráticos e emancipatórios" depende somente da representação mental de uma coisa concreta ou abstrata, da elaboração intelectual que se materializaria a partir de um sentimento, cuja tendência é da ordem do natural, uma determinação livre, assegurada pela vontade que surgiria como que por instinto, intuição, mágica, sem investigação/pesquisa, antecipação, reflexão, planejamento, projeto? Até que ponto não estaremos confundindo intenção (outra organização social) com realidade (a supremacia do modo capitalista de viver e pensar nos nossos corações e mentes), o que nos leva a sermos úteis ao capital e prejudiciais aos trabalhadores ao confundir, principalmente, prática crítica com ajuda?

Esta é uma opção que, ao nos autorizar a abdicar da construção das condições ético-políticas e teórico-metodológicas necessárias a uma

---

379. Como mostramos no ENPESS/2008, a análise das Diretrizes Curriculares Nacionais dos Cursos de Graduação (DC) da área de saúde revela esvaziamento de conteúdos orgânicos e substantivos, essenciais à formação de intelectuais. As Diretrizes se resumem em princípios abstratos e genéricos abdicando do seu papel na composição de um projeto de formação e produção de conhecimento em áreas definidas. Assim, dando margem à subserviência da educação superior às regras e interesses do mercado, ao favorecer a construção de currículos flexíveis e aligeirados, não se constituem como via necessária para a formação de profissionais de saúde que, como intelectuais, são indispensáveis à implementação do Sistema Único de Saúde (SUS). Quanto ao conteúdo, o MEC limita-se, nas DC do Serviço Social, a um resumo dos Núcleos de Fundamentação da formação profissional, indicados pela ABEPSS, totalmente esvaziados de conteúdo. Assim sendo, ainda que a ABEPSS defina como exigência um profissional dotado de formação intelectual e cultural generalista crítica, ao publicar as DC do Serviço Social, o MEC retira conteúdos fundamentais definidos pelo projeto coletivo dos assistentes sociais, o que resulta em perdas para a formação de um profissional com capacidade crítica de análise e ação inovadora, tendo como base referências teóricas e ético-políticas correspondentes. A apreensão crítica dos processos sociais numa perspectiva da totalidade, para o exercício profissional, como afirmado pela ABEPSS, que poderia garantir a direção social da atuação nas expressões da questão social e o estudo do movimento histórico da realidade brasileira e do desenvolvimento capitalista são substituídos por "utilização dos recursos da informática". Também foi retirada a importância da discussão das tendências que compõem a produção das ciências humanas e sociais, necessárias para o exercício do pluralismo. E, por fim, foi extraída a adoção de uma teoria social crítica e a indissociabilidade das dimensões de ensino, pesquisa e extensão. Ver Vasconcelos e outros, 2008.

prática mediada pelo projeto profissional, afasta-nos dos seus princípios e finalidades. A ajuda, assim como o favor, o benefício, o auxílio, como todo grande fenômeno no capitalismo, tem nexos com a base econômica e classista que a gerou. Desse modo, não existe ajuda sem exploração do trabalho, sem a propriedade privada e sem a concentração da riqueza socialmente produzida. Quem "pode ajudar" já carrega em si a desigualdade com relação a quem é ajudado e obscurece a alternativa de uma nova ordem social sem exploração e dominação de classe.

Neste contexto, a ausência dos instrumentos teóricos que apreendam da realidade a raiz dos problemas, leva-nos a uma situação em que as condições de vida e de trabalho de imensos segmentos da classe trabalhadora "arranca lágrimas piedosas, mas inúteis", não só da burguesia, que paga suas culpas (a bem-intencionada) ou constrói a sua "imagem social" (a mal-intencionada) a "ajudar os necessitados". Ver seção cartas de várias ONGs (disponível em: <http://www.abbr.org.br/abbr.php>). É neste contexto que, não só os assistentes sociais, mas todos os intelectuais, somos chamados a operar conhecimentos, ações, instrumentos, técnicas, recursos, para "ajudar" pessoas e não para, a partir da raiz dos processos sociais, questionar, definir e trilhar caminhos para superação deste estado de coisas.

➤ No Brasil, no contexto da democracia burguesa que radicalizou concomitantemente a exploração dos operários e demais assalariados e aumentou exponencialmente o contingente de pobres e miseráveis, que papel os assistentes sociais vêm desempenhando no movimento institucional e junto aos diferentes segmentos da classe trabalhadora? Vêm favorecendo preferencialmente processos emancipatórios ou favorecendo processos que despolitizam, desorganizam, desmobilizam, fragilizam? Enfim, processos que alienam e mutilam? Esses processos, seus mecanismos e ações, estão sendo identificados e revelados e democratizados criticamente no cotidiano das lutas sociais, no cotidiano institucional e do exercício profissional? Estão sendo analisados, criticados e negados pelas pesquisas e produção de conhecimento da área, nos diferentes e necessários níveis de profundidade e na direção social do projeto profissional?

➤ A prática dos assistentes sociais brasileiros tem alcançado favorecer os processos organizativos e as lutas econômico-políticas da classe trabalhadora, avançando da mera execução terminal burocrática das políticas sociais que resulta em recusa ou inserção individual/familiar de trabalhadores/usuários em serviços/recursos? O que nos remete a uma questão que origina esta: se concordamos que existem, que e como têm sido aproveitadas as potencialidades e oportunidades que o espaço contraditório de execução terminal das políticas sociais contém para fomentar a democratização das relações sociais; para estruturar processos organizativos e de mobilização; para socializar conhecimentos e informações essenciais a esses processos? Parece-me que há uma diferença substancial entre trabalhar no campo/âmbito da execução terminal das políticas sociais e se limitar a ser o executor burocrático da política. Na execução burocrática da política e de serviços, os usuários integram o processo como objeto de estudo e decisão do profissional ou de outra instância. É na execução terminal de políticas e na operacionalização de serviços que estão presentes a possibilidade de tanto operar o redirecionamento quanto redirecionar políticas e serviços em favor das massas trabalhadoras ao possibilitar/favorecer a construção das condições de participação/acesso dos usuários como sujeitos, não somente do controle social, mas da ampliação das políticas e da transformação de necessidades sociais em direitos, na busca de radicalização do acesso, para além de outras instâncias e campos onde esse processo se dá. E aqui não se trata de mudanças isoladas e parciais, no âmbito das próprias políticas e serviços, mas do espaço de operacionalização das políticas podendo favorecer, sistemática e cumulativamente, o processo de construção das condições históricas necessárias a processos disruptivos e potencialmente emancipatórios na luta de classes.

São questões que nos levam a considerar as afirmações de Mészáros, no que elas têm de desafiadoras para o projeto profissional. Afirmações que podem estar apontando para um redirecionamento das prioridades dos assistentes sociais no que diz respeito a Estado/massas trabalhadoras, como apontado antes. Como afirma o autor:

> A preponderância crescente da superestrutura legal e política no decurso da história moderna está bem distante de ser uma decorrência de contingências corrigíveis. Pelo contrário, é devida ao caráter mais íntimo e à constituição objetiva do sistema. Pois o Estado Nacional moderno é *absolutamente incontrolável* nos próprios termos de referência do capital, como uma questão de determinação estrutural insuperável. O fracasso completo de todas as tentativas orientadas para uma reforma do estado socialmente significativa no decorrer do último século e meio fala inconfundivelmente sobre essa questão. Para piorar ainda mais as coisas, a base material estruturalmente consolidada do sistema do capital é *também incontrolável*, assim como em um sentido socialmente significativo irreformável. [...] a base material e o Estado político protetor do sistema, que se erguem junto, também devem cair juntos. (Mészáros, 2009a, p. 3; grifos do autor)

Em 1844, Marx já apontava as fragilidades do Estado capitalista, afirmando, em tese: "a dependência ontológica do Estado em relação à sociedade civil; a extinção do Estado como consequência da extinção do antagonismo de classes existentes na sociedade civil; a impotência do Estado, por sua própria natureza, face aos problemas sociais; a natureza essencialmente paliativa de todas as políticas sociais", como afirma Tonet (2010, p. 36). Ora, não é diante disso e do fato de que a categoria conta com uma produção de conhecimento na área que prioriza o estudo do Estado e das políticas sociais que se torna essencial aos assistentes sociais, para além da apreensão do movimento do Estado e das políticas sociais, dar prioridade ao movimento e protagonismo dos trabalhadores no acesso às políticas e aos serviços e nas lutas sociais?

A prática dos assistentes sociais é parte e expressão da práxis social. Assim, ao apreendermos as dificuldades e potencialidades dos trabalhadores nos seus processos de formação e de exercício de formas potencialmente emancipatórias de consciência social — nos seus processos de

A/O ASSISTENTE SOCIAL NA LUTA DE CLASSES

organização, mobilização e resistência —, vamos tanto apreender parte de nossas dificuldades em plasmar práticas mediadas pelo projeto profissional no cotidiano da prática, como nos iluminar quanto às possibilidades e oportunidades de formação, resistência, mobilização e organização necessárias a um Serviço Social mediado pelo projeto profissional.

É possível o fortalecimento do protagonismo dos trabalhadores — o que significa experiência de luta social e radicalização do acesso — sem o enfrentamento/controle das massas trabalhadoras sobre as políticas sociais e econômicas (planejamento, financiamento, gestão e operacionalização), nas suas diferentes instâncias? O acesso do trabalhador à política social, considerado como objeto a ser ajudado ou modificado, ou considerado não necessitado de "ajuda" material — a partir da aplicação burocrática e mecânica de critérios — não dificulta ainda mais a necessidade e as possibilidades de enfrentamento e radicalização do acesso? Novamente, voltando sempre ao mesmo ponto, afinal, nós, os assistentes sociais, temos passivamente encaminhado a execução terminal das políticas sociais — a partir de "acolhimento" e/ou da "terapia do não", fazendo valer os critérios de seleção — ou temos aproveitado a oportunidade que nos oferece o campo das políticas sociais com vista à utilização dos seus espaços e recursos na busca de favorecer processos democráticos de mobilização e organização populares e de exercício da cooperação e controle social?

➤ Os usuários das unidades e serviços socioassistenciais, assim como os integrantes dos Movimentos Sociais, são parte e expressão da classe trabalhadora, nos seus diferentes segmentos. Tanto as demandas que dirigem às instituições e serviços, como a razão da existência dos Movimentos Sociais, só serão *resolvidas* numa outra organização social sem dominação de classe, etnia e gênero, uma sociedade de homens livres e emancipados. Ou seja, tanto os usuários dos serviços institucionais como os integrantes dos Movimentos Sociais são, antes de tudo, trabalhadores (formais, informais, desempregados — sejam os desempregados supérfluos para o capital, sejam os desempregados sazonais, subempregados...). O trabalho, apreendido como ato fundante do ser social e atividade humana potencialmente autorrealizadora, como direito dos direitos, é que conecta e unifica Movimentos Sociais e trabalhadores isolados na sua condição individual. Historicamente, na luta social, o movimento operário é que vem aglutinando os diferentes segmentos da classe trabalhadora em torno das necessidades, interesses e demandas dos trabalhadores e trabalhadoras, que expressam necessidades, interesses e demandas universais, ou seja, de todos os indivíduos sociais. Assim sendo, põe-se a exigência do resgate da centralidade do trabalho nas lutas emancipatórias.

➤ Cada vez mais os assistentes sociais são chamados, no âmbito das políticas sociais, preferencialmente na política de Assistência Social, mas não só nela, a reduzir sua atuação na *gestão do acesso e/ou gerenciamento dos pobres e/ou controle daqueles em pobreza absoluta*, atuação geralmente operacionalizada através do Plantão do Serviço Social/estudos socioeconômicos/cadastramentos. Este contexto tem dificultado ainda mais o exercício do papel educativo[380] da profissão. Um papel educativo que, exercido em todas as instâncias e momentos da atuação profissional, guarda a possibilidade de fomento da participação substantiva dos usuários no controle social e ampliação dos direitos — para além do simples acesso/usufruto de um bem/serviço —, o que pode resultar na contribuição que o assistente social pode dar na qualificação da participação política e na conexão e envolvimento das massas populares, como sujeitos da ação histórica, nas transformações sociais, políticas e econômicas. Parece-me que, diante da hegemonia do capital sobre o trabalho, não se trata de lamentar nem *de se recusar ao chamamento para o controle*, mas nos inserirmos neste campo dialético e contraditório que, favorecendo o contato do assistente social com as massas trabalhadoras, exige do

---

380. Como vimos, o exercício do papel educativo da profissão exige uma formação graduada e permanente de qualidade, tendo em vista respostas profissionais cada vez mais ricas e conectadas à realidade, muito além do pragmatismo que atravessa a formação técnica. O pragmatismo é a ideologia do capitalismo que favorece, desde o início da formação, que o indivíduo seja levado a estudos e pesquisas para responder a o que fazer e não para se qualificar com o objetivo de se construir a partir de uma subjetividade rica capaz de respostas profissionais igualmente ricas.

assistente social escolhas conscientes diante de alternativas: participar/ realizar o gerenciamento da pobreza e da miséria e dos pobres como um fim em si mesmo ou, dialeticamente, favorecendo o exercício efetivo de formas potencialmente emancipatórias de consciência social, contribuir na qualificação da participação política, na mobilização, na organização, na cooperação? Seguir o desenvolvimento das coisas a partir de uma atuação técnica e aparentemente neutra, como pontuamos, é fácil, ainda que penoso e estressante, diante das condições dadas. A escolha pela construção de alternativas que possam favorecer os interesses dos trabalhadores é muito exigente. Construir as condições para uma análise social que, fundada na crítica da economia política, possa revelar a causalidade deste estado de coisas, é essencial, mas não é suficiente. A questão está em como ocupar esses espaços, para além da necessária análise teórico--crítica e segurança dos princípios e finalidades e, aqui, como em qualquer momento da atuação profissional, não cabem os facilitadores modelos e receitas de prática. É no planejamento e na análise concreta de situações concretas que o assistente social pode buscar se enriquecer e se fortalecer no que se refere aos aspectos ético-políticos e teórico-metodológicos. É um caminho árduo e conflituoso que exige do profissional não só estudos e investigação, mas o reconhecimento de que com assessoria, interlocução, debates e a disponibilidade de revelar com qualidade, antes de tudo *para si mesmo*, o seu caminhar, não facilmente, mas tanto individual quanto coletivamente, os assistentes sociais poderão enfrentar esse desafio. O problema é que tanto a academia não tem se voltado sobre esse problema, como grande parte dos assistentes sociais têm se recusado a sistematizar com qualidade o exercício profissional, o que tem inviabilizado não só o próprio planejamento nos espaços sócio-ocupacionais, mas uma análise teórico-crítica sistemática e qualificada do exercício profissional. Se não bastassem as injunções institucionais que têm inviabilizado a reconstrução empírica de objetos de estudo, através, dentre muitas outras coisas, por exemplo, das exigências descabidas, na maioria dos casos, dos Comitês de Ética em pesquisa, por vezes, são as próprias chefias/assistentes sociais que inviabilizam essa reconstrução com qualidade, a partir de justificativas que envolvem o sigilo profissional. Enquanto isso, a indústria farmacêutica consegue, através dos seus poderosos e caros profissionais do "direito", ter seus projetos aprovados em diferentes comitês de ética, para retirar partes de corpos necessárias aos seus estudos em busca de patentes, assim como testar os mais diferentes tipos de medicamentos tanto por parte de quem, diante de condições aviltantes de vida, oferece seu corpo para teste, diante da possibilidade de um prato de comida ou de promessa de cura, como por parte daqueles que nem imaginam que estão sendo testados.[381] Não é sem razão que mais de 200 mil brasileiros (fora os que nem sabem que estão sendo testados) estão sabidamente sendo testados pela indústria farmacêutica no Brasil, enquanto na área do Serviço Social somos impedidos de "conversar" com profissionais e usuários. Um estado de coisas que se já era difícil no setor público, que se constitui em espaço de investigação e estudo pela própria legislação, tendo em vista o interesse social, está sendo dificultado ainda mais com a privatização dos serviços/espaço público, através das Organizações Sociais e Fundações. Assim, enquanto na psicologia é comum, nacional e internacionalmente, a gravação (por vezes em áudio e vídeo) de tratamentos, tendo em vista tanto a formação do profissional quanto a qualificação do atendimento prestado, no Serviço Social, chega-se ao absurdo de estagiários, tendo em vista sua própria formação, serem proibidos de gravar reuniões que coordenam — assumindo integralmente o papel do assistente social já que sem a presença do supervisor —, mesmo que sejam respeitadas todas as exigências éticas.[382] Sem acesso a situações concretas,

---

381. Ver a conquista de corações e mentes que, deixando de utilizar medicamentos dos quais já se pode afirmar os efeitos colaterais, preferem pagar caro por "medicamentos de última geração", muito deles só comercializados em países de legislação frouxa a respeito, como o Brasil, sem a observância do prazo necessário de teste, tendo em vista sua comercialização ilimitada.

382. A pesquisa que desenvolvo sobre o exercício profissional no NEEPSS/FSS/UERJ conta com mais de 500 reuniões gravadas, em várias áreas de atuação profissional, sempre a partir de consulta aos usuários que sem exceção manifestam sua disponibilidade frente à garantia de sigilo sobre a identificação da instituição e de pessoas. Em uma reunião, os usuários se encontram bem mais fortalecidos diante do poder institucional e do assistente social, e a gravação revela o que é necessário tendo em vista a análise teórico-crítica do exercício profissional. Ainda que na psicologia a gravação de entrevistas seja uma rotina, entendemos não ser necessária no Serviço Social. É um procedimento que pode ser evitado, a não ser que o assistente social só utilize a entrevista na atuação profissional. Com relação às entrevistas, recomendamos que sejam sistematizadas, na sua dinâmica, após o

resta aos assistentes sociais — seja no espaço da formação, da pesquisa ou sócio-ocupacional — afirmações abstratas sobre as possibilidades de práticas mediadas pelo projeto profissional, o que complica e dificulta ainda mais, se não torna inviável, a busca de transformação desse projeto em realidade junto às massas trabalhadoras, sua razão de ser. Neste contexto, somos, nós mesmos, os assistentes sociais, que nos infligimos óbices, impedimentos, obstáculos para avançarmos na materialização do projeto, ignorando que ele só se materializa mediando os passos dados no movimento da realidade.

➤ Se como afirma Iamamoto (1998b), o exercício profissional do assistente social depende de fatores internos (capacidade e habilidades do profissional) e externos (instituição, recursos, políticas sociais), nos tempos atuais, o assistente social, ainda que necessite da instituição como mecanismo essencial de seu assalariamento para atuar, paradoxalmente, não depende tanto de recursos materiais, ainda que por muitas vezes se ponha como refém deles. Em tempos de "acolhimento" como finalidade — ou "terapia do não", como de há muito o acolhimento é conhecido no âmbito do Serviço Social —, de "humanização dos serviços" e de estatísticas de atendimento, independentemente do acesso aos serviços e/ou da sua qualidade, basta às políticas sociais e às instituições que as executam sua estrutura de funcionamento como campo de atuação dos profissionais; instituições que continuam a funcionar, com todos seus serviços, independentemente da falta de recursos e trabalhadores essenciais. Uma situação que se é trágica para as trabalhadoras e os trabalhadores que necessitam dos recursos e serviços no atendimento às suas necessidades individuais e coletivas, exige que o assistente social e demais profissionais[383] "acolham'" os usuários, o que é contabilizado pelos governos como

---

atendimento, quando muito por um observador — profissional/aluno — que faz anotações, tendo em vista captar o movimento do real, para além das representações do sujeito profissional, sempre obedecendo as mesmas exigências éticas.

383. Essa é uma situação que atinge não somente os assistentes sociais, mas, por exemplo, os médicos, principalmente quando necessitam de equipamentos, medicamentos e/ou insumos para atender a demanda do usuário; os defensores públicos e auditores do trabalho que exercem

"atendimento", para dizer que não podem fazer nada diante da demanda porque não há condições e/ou recursos. Neste contexto, o assistente social/ equipe acolhe o usuário e ouve suas demandas ou para submetê-lo aos critérios que condicionam as condições de acesso a algum serviço ou recurso (o que resulta em acesso incompleto) ou, o que é mais frequente, para informá-lo, com muito respeito, de que não existem recursos ou acesso ao serviço que a instituição afirma oferecer. É diante dessa complexa realidade, com frequência totalmente obscura para os trabalhadores/ usuários, que são levados pela mídia a culpabilizar os profissionais, que, frente a todos os limites que este estado de coisas impõe, dependendo da capacidade, habilidade e competência teórico-metodológica do assistente social — ele como intelectual qualificado, muitas vezes como "único recurso" que a instituição oferece ao usuário —, é o que pode fazer a diferença no enfrentamento das demandas dos trabalhadores, em processos onde, de forma conservadora, **só restaria** ao profissional a "escuta atenta", o acolhimento, o alívio de tensão, o apoio.[384] Desse modo, quanto mais as políticas públicas sofrem com o desfinanciamento e/ou com sua utilização como moeda de troca, mais o assistente social que almeja uma articulação com os interesses dos usuários depende da segurança dos valores que defende e de habilidade, capacidade e competência teórico-metodológica e técnico-operativa para transformar espaços e tempos mortos e/ou desqualificados em espaços e tempos de formação, mobilização, organização, controle social, ou seja, exercício efetivo de formas potencialmente emancipadoras de consciência social, como afirma Mészáros (2002). O estudo das demandas relacionado com condições de trabalho, causalidades sociais, dados nacionais e, consequentemente, a produção de relatórios,

---

suas funções em situações extremamente precárias, quando comparados a juízes e desembargadores etc..

384. Novamente, quero ressaltar que não sou contra essas práticas. A questão é que, se elas têm seu lugar como na psicologia, nos "Doutores da Alegria", por exemplo, não cabe sua utilização como um fim em si mesmo por profissionais que almejam superar práticas conservadoras e contribuir com processos emancipatórios, visto que, em determinadas circunstâncias, seu objetivo principal, ainda que os sujeitos profissionais não reconheçam, é o obscurecimento dos interesses de classe que mediam a atuação profissional, o que abre caminho para diferentes formas de dominação e controle.

estudos, artigos e sua divulgação interna e externa, podem se constituir em recurso importante nesse processo.

➤ As classes sociais não desapareceram.[385] Afinal, a humanidade continua sendo atendida nas suas necessidades materiais e subjetivas cada vez mais refinadas à custa do trabalho industrial e agrícola, por mais que esteja mediado por tecnologia. Trabalho feminino, masculino, do velho, do adolescente, infantil; trabalho formal (só para uma minoria), informal, escravo, para as maiorias. Como afirma Oliveira (2009), "o operariado formal é encurralado e retrocede, em números absolutos, em velocidade espantosa, enquanto seus irmãos informais crescem do outro lado também espantosamente". Desse modo, o sujeito histórico — o operariado — está presente, mas afastado da cena política, submetido ao "direito ao trabalho alienado" e a intrincados processos de desmotivação política, fragmentação,

---

385. Para que não restem dúvidas quanto a sua existência e desigualdade, vejamos o quadro a seguir, construído a partir de dados oficiais.

CLASSES E POSIÇÕES DE CLASSE DOS INDIVÍDUOS NO BRASIL, 1996

Classes e posições	Indivíduos (milhões)	Distribuição (%)
Capitalistas	351	0,5
Pequenos empregadores	2.417	3,5
Autoempregados	20.936	30,0
Gerentes, supervisores, empregados, especialistas e trabalhadores qualificados	6.426	9,2
Trabalhadores proletarizados	33.728	48,3
Empregados domésticos	6.034	8,6
Total	69.857	100,0

Fonte e nota: José Alcides Figueiredo Santos. *Estrutura de posições de classe no brasil*: mapeamento, mudanças e efeitos na renda. Belo Horizonte: Editora UFMG; Rio de Janeiro: IUPERJ, 2002. p. 76. Os números não somam exatamente devido a arredondamentos.

Não foi possível uma atualização desse quadro a partir de variáveis consideradas (capitalistas, pequenos empregadores etc.), as quais não são consideradas pelo IBGE na divulgação dos dados dos censos. Ressaltamos, assim, que se nos últimos 13 anos houve uma redução do pauperismo, simultaneamente, deu-se uma brutal concentração de propriedade e renda o que, certamente, trará profundas alterações na atualização desse quadro.

cooptação, superexploração, desorganização e mutilação subjetiva e física.[386] Simultaneamente, os demais trabalhadores assalariados, também deserdados do direito ao "trabalho como atividade humana autorrealizadora",[387] encontram-se num momento histórico de extrema desorganização, fragmentação e submetidos a múltiplas formas de exploração, destruição (genocídio) e autodestruição (violência urbana). Uma realidade que convoca os assistentes sociais a se contrapor ao chamamento do capital (para iludir, cooptar, manejar conflitos, enquadrar as massas trabalhadoras) e/ou negar-se a encontrar formas que tornem as relações alienadas mais aceitáveis aos explorados e ao gênero humano subsumido ao processo de alienação/fetichismo/reificação... Para além da resistência, cabe aos assistentes sociais, como já sinalizado, favorecer uma interlocução entre operariado, setores organizados da sociedade, interessados num projeto emancipatório, e os setores que não têm condições, num primeiro momento, de se organizarem.[388] Ou seja, enquanto não estão dados os nexos causais que favoreçam uma ruptura revolucionária, nem objetiva, nem subjetivamente,

---

386. Não seria necessário lembrar que o Brasil continua sendo campeão em acidentes de trabalho causadores de mortes e deficiências físicas, sem contar as infinitas atividades e ocupações que adoecem por stress.

387. Na busca de transcender a autoalienação do trabalho, Mészáros (2005, p. 65) afirma: "A esse respeito, dois conceitos principais devem ser postos em primeiro plano: a universalização da educação e a universalização do trabalho como atividade humana autorrealizadora. De fato, nenhuma das duas é viável sem a outra. Tampouco é possível pensar na sua estreita inter-relação como um problema para um futuro muito distante. Ele surge 'aqui e agora', e é relevante para todos os níveis e graus de desenvolvimento socioeconômico".

388. Se concordamos que historicamente as políticas sociais são utilizadas para manipular, são os assistentes sociais um de seus executores e é ali que elas podem se reverter em algum ganho político e organizativos para as massas, para além da sobrevivência emergencial. Por outro lado, se a organização das massas populares apartadas da possibilidade de uma inserção social pelo trabalho formal — que, sejamos claros, não ter emprego formal não significa não trabalhar — era quase inimaginável, as contraditórias políticas sociais podem oferecer espaços concretos para o exercício e realização da sua mobilização e organização, o que pode contribuir no fortalecimento da luta social. Afinal, as famílias estão presentes no CRAS, CREAS, Centros de População de Rua; estão cumprindo, coletivamente, as condicionalidades de programas sociais, compondo os imensos grupos — 900, 1000 ou mais famílias — nos PSF e presentes nas creches e escolas do ensino fundamental e médio, todos os espaços compostos e implementados por e/ou com a participação de assistentes sociais compondo um movimento que favorece a formação, a mobilização e a organização.

"desenvolver ações que possam preparar a necessária ruptura" (Iasi, 2010, p. 82), do que faz parte o enfrentamento e a resistência aos processos de exploração/dominação/cooptação de classe, alienantes e alienadores, como preparação para a emancipação. Nos processos disruptivos e no próprio desenvolvimento social, a participação das massas faz o pêndulo mover. É nesse processo e nesse sentido que o assistente social passa a ter um papel relevante: tanto para o capital, bastando seguir o desenvolvimento das coisas[389], como para o trabalho, o que exige um profundo investimento (na formação ético-política e teórico-metodológica que favoreça a investigação, o planejamento, a avaliação) na manutenção do espírito revolucionário; ou seja, um espírito inovador e favorável a transformações radicais. Assim, o assistente social é chamado a atuar tanto junto ao sujeito revolucionário desmobilizado (ainda que a atuação nas empresas não se dê de forma tão intensa como no passado recente), quanto junto às massas, formal ou informalmente assalariadas, e as despojadas de tudo, podendo *favorecer uma das classes em conflito: os proprietários nos seus diferentes segmentos*, na medida em que, como braço da elite dominante, faça o que é chamado a fazer: o controle/dominação das massas; *os trabalhadores nos seus diferentes segmentos*, na medida em que se insurja com práticas que possam favorecer o exercício de formas potencialmente emancipatórias de consciência social, a mobilização, a cooperação intraclasse, a auto-organização, ou seja, que traga consequências para os trabalhadores/usuários, individual e coletivamente, tanto no plano político-organizativo quanto no sociocultural. Perguntamos então: até que ponto,

---

389. Como afirma Florestan Fernandes, Marx e Engels, analisando a luta de classes, como cientistas e como revolucionários, "podiam fundar suas análises e previsões sobre as forças sociais que as duas classes antagônicas eram capazes de mobilizar historicamente e logo se deram conta das *vantagens relativas que favoreciam a burguesia*, em escala europeia e mundial [...], as quais não podiam, entretanto, suprimir o caráter antagônico da sociedade burguesa e tampouco extirpar o significado revolucionário da luta de classes" (Fernandes, 1995, p. 182; grifos meus). Ora, quanto mais pobreza, mais mercado de trabalho para os assistentes sociais: ver a implantação dos CRAS/CREAS, em todo o Brasil; de acordo com o IBGE, de 2009 a 2013 houve um aumento de 44,9% de CRAS (Centro de Referência da Assistência Social), no país. Mais mercado de trabalho para os assistentes sociais, mais espaços contraditórios, os quais, para além das vantagens relativas que favorecem a burguesia, também se põem como campo de disputa, de luta social.

como categoria profissional, no contraditório campo das políticas sociais e da banalização e mutilação da formação profissional, estamos nos preparando e preparados, teórica e eticamente, individual e coletivamente, para apreender, na realidade, as condições objetivas que podem ser utilizadas tendo em vista a mobilização e organização dos segmentos mais espoliados das massas trabalhadoras, tendo em vista o fortalecimento dos segmentos mais organizados e o favorecimento de uma interlocução entre eles? Ressaltamos mais uma vez que, dialeticamente, na medida em que na sociedade capitalista estão dadas *"vantagens relativas que favorecem a burguesia"*, enquanto indivíduos ou sujeitos coletivos, os assistentes sociais, no cotidiano da prática, concretizam esse favorecimento ao capital, independentemente da intenção e/ou consciência das suas ações. A questão que se põe é, na contradição entre interesses contraditórios (trabalho/capital) e frente às condições de vida e de trabalho que atingem os trabalhadores (os assistentes sociais como sua parte e expressão), qual a visibilidade que a produção de conhecimento da área está dando a processos de resistência e contribuição para a resistência coletiva aos processos alienantes e alienadores e à exploração, enquanto preparamos a emancipação? Afinal, ela está presente e tornando-se possibilidade real em tempos de monopolização do capital? É uma contribuição, diga-se de passagem, que podemos esperar e contar com muito pouco, frente às condições dadas, mas que não deixa de ser sempre muito significativa e essencial aos trabalhadores, na medida em que em não se estruturando na direção dos seus interesses, ela se estrutura na direção dos interesses do capital. Ou seja, essencial aqui, no sentido de relativizar o chamamento do capital aos assistentes sociais. É nesse sentido que, se as contribuições que damos à burguesia são bem maiores que aos trabalhadores — e o chamamento do capital aos assistentes sociais, através do seu assalariamento, mostra isso —, isso não quer dizer que o pouco que podemos contribuir no plano político-organizativo e no plano sociocultural seja irrelevante. Muitas das vezes, a depender do espaço sócio-ocupacional, o transformador — ou seja, o que impõe perdas ao capital — está presente na simples recusa de fazer o que o capital espera de nós. Uma recusa que pode, estruturada teoricamente, preparar a criação de condições para um exercício profissional cada vez mais consciente, crítico, criativo. Diante disso, há que nos situarmos criticamente frente aos possíveis ganhos que os assistentes sociais, individual e coletivamente, podem oferecer no complexo campo da luta de classes, o que só pode ser apreendido no cotidiano da prática, a partir de sua leitura teórico-crítica: análise concreta de situações concretas. E que fique mais uma vez claro. A questão aqui não é exigir que toda a produção de conhecimento da área se volte para a análise concreta de situações concretas; a questão é a ausência de uma produção qualificada da área que dê contribuições objetiva na busca de práticas mediadas pelo projeto profissional.

➤ A desigualdade salarial possibilita expressar a diferenciação não só do status econômico, mas do cultural e do político. Fica evidente porque a competitividade no capitalismo é incentivada e cumprida somente entre os trabalhadores, mas não entre os próprios capitalistas que, desde sempre, deram preferência às fusões[390] em detrimento da tão propalada concorrência, que sempre termina em monopólio, através da corrupção, do saque, da extorsão, da eliminação subjetiva e material de homens e mulheres... Diante disso, qual a contribuição que o Serviço Social vem dando para que a diferença salarial no capitalismo se revele como funcional ao sistema, no sentido de enfrentar a competição, a fragmentação, a despolitização, a rivalidade, a inveja e a alienação fomentada entre os diferentes segmentos da classe trabalhadora? Ora, o Código de Ética do Assistente Social, no seu art. 5°, destaca como deveres do assistente social a democratização de informações. O artigo destaca a "plena informação sobre as possibilidades e consequências das situações apresentadas"; a democratização das informações sobre os programas institucionais; a devolução

---

390. No capitalismo contemporâneo (ver Netto e Braz, 2006, capítulo 8), com o universo da mercantilização crescendo no limite do insondável, onde tudo é efetivamente passível de transação mercantil, não há competição entre capitais, mas autofagismo, ou seja, fusões intermináveis. Para não nos remetermos à recente história do capitalismo estadunidense, ficamos nas fusões, na telefonia, no aço e no petróleo, brasileiras com criação de monopólios gigantescos. Assim, o capital não só se nutre do trabalho, mas é "comido pela própria fome numa autofagia erosiva" (José Américo de Almeida, *A Bagaceira*, p. 5)

de informações resultantes de estudos e pesquisas e do próprio atendimento profissional. Mas não fica claro que os conteúdos substantivos a serem democratizados referem-se exatamente ao que pode iluminar os caminhos de uma práxis consciente, crítica e criativa — no trabalho e nas mais diferentes instâncias da vida social. São os princípios afirmados no início do Código de Ética que, definindo a direção social e o compromisso dos assistentes sociais com os trabalhadores, que, indiretamente, apontam para os conteúdos substantivos. É desse modo que a abordagem da diferença salarial é só um exemplo do que, diante dos nossos objetivos, clama ser objeto de democratização nas entrevistas, reuniões, salas de espera, que realizamos com os trabalhadores/usuários, para além da orientação, do aconselhamento e da veiculação de informações sobre saúde/doença; rotinas institucionais e burocracia dos programas e serviços sociais; "direitos e deveres", o que inclui os direitos humanos, sociais, civis e políticos. Nesse sentido, destacam-se não só questões históricas e conjunturais (como Reforma Agrária, Reforma Urbana, Reforma Política; Reforma Tributária; Reforma Previdenciária; Fundações de Direito Privado e OSs, o Público e o Privado, o Fundo Público[391] etc.), mas a "crise econômica", não só nas suas consequências, mas nas suas determinações fundantes, o que nos levaria para a lógica da organização social em que vivemos, para a história. É nesse sentido que podemos não entender e

---

391. O fundo público no Brasil, a partir dos anos 1980, vem alimentando progressivamente o capital financeiro, nas palavras dos pesquisadores brasileiros: "Esse horror da política estatal" brasileira (para usar a expressão da ensaísta francesa Viviane Forrester) causa súbito espanto quando se olham os números absolutos. No mesmo período, de 1980 a 2014 — com os dados atualizados para preços de janeiro de 2015, o Estado gastou R$ 861 bilhões com investimentos e R$ 3 trilhões e 584 bilhões com juros! Para fazer frente a essa tragédia fiscal, a receita estatal teve que aumentar na mesma velocidade e violência: passou de 24,5% do PIB, em 1980, para 37,7%, em 2014. É inacreditável que o Brasil ainda não tenha explodido! Não obstante, os que até aqui ganham com essa política devem acreditar que algo para mudar pode estar em curso". Disponível em: <http://cartamaior. com.br/?/Editoria/Politica/Outro-modo-de-interpretar-o-Brasil/4/33780>. Acesso em: 20 jun. 2015. Ver ainda Salvador e outros (2012). Se não bastasse, em tempos de crise estrutural do capital, as forças conservadoras avançam e suas reações podem ser observadas nas investidas para redução da maioridade penal; no aumento da idade para a aposentadoria; na manutenção do financiamento privado para as eleições; na insistência em reduzir a idade mínima de trabalho de 16 para 14 anos com a PEC 18 — PEC do Trabalho Infantil; [...]

vocalizar, mas realmente dar vida não só ao que Marx brilhantemente antecipou — "A teoria, quando penetra nas massas, se torna força material" —, mas ao que o próprio Marx revelou e os marxistas vêm revelando e propondo como enfrentamento: "a base material e o Estado político protetor do sistema, que se erguem juntos, também devem cair juntos", como afirma Mészáros (2009a). Um processo onde não cabem conferências e palestras, mas a criação de espaços que propiciem reflexão crítica e habilidade para a coordenação do processo e veiculação/democratização de conhecimentos e informações essenciais de forma clara e articulada, o que exige um exercício sistemático e avaliado nas suas consequências.

➤ Os direitos dos trabalhadores garantidos na Constituição de 1988 vêm, nestes 27 anos, sendo transformados em mercadoria para quem possa pagar. Um processo que implica não só golpear a legislação, mas inclui também um processo de convencimento dos brasileiros quanto à inoperância do que é público; ou seja, inoperância, por natureza, dos serviços prestados pelo Estado, nas suas diferentes instâncias, principalmente na saúde, na educação[392] e na previdência, o que leva grande parte dos trabalhadores — inclusive os mais pobres[393] — a optar pelos serviços pres-

---

392. Os níveis de educação e de saúde de um povo estão determinados pelas suas condições de vida e de trabalho e não pela oferta de serviços de saúde e de educação. Sem a garantia das condições socioeconômicas nas quais os indivíduos vivem e trabalham, não há Estado que consiga mudar os índices não só de saúde e educação, mas de cultura, lazer, segurança... Afinal, enquanto viger o trabalho explorado, mas, também, por exemplo, uma educação para a burguesia — que tem como objetivo formar a elite econômica e política da nação — e outra para o proletariado — que objetiva formar a força de trabalho responsável pela produção, a emancipação não estará colocada no horizonte. O limite, como necessita a burguesia, é instruir sua mercadoria — força de trabalho — a fim de que esteja adequada às novas tecnologias. *Esta é a formulação burguesa, nos institutos de pesquisa, nos organismos internacionais do capital e instrumentos legais.* Não é sem razão que a mídia burguesa, diante do reacionarismo da elite brasileira, não sei se por ironia e/ou pela necessidade de uma força de trabalho com um mínimo de condições de ser explorada, reclame que nem a formação instrumental é garantida pelo Estado burguês aos trabalhadores brasileiros, ao afirmar que o problema não é de falta de postos de trabalho no Brasil, mas de trabalhadores qualificados frente às exigências das novas tecnologias.

393. Na área da saúde, proliferam cada vez mais as clínicas que cobram "preços populares", não só para a realização de diagnóstico e prescrições, mas para a realização de exames, desde os mais simples aos mais complexos.

tados por quem empresaria a educação, a saúde e também a previdência e a habitação que, garantidas como direitos no Título II da Constituição — artigos 6º e 7º —, estão sendo, cada vez mais, transformadas em mercadoria. Um estado de coisas que se desenvolve diante de uma classe trabalhadora barbarizada, desmobilizada e, em grande parte, desconhecedora dos direitos garantidos na própria legislação burguesa, mas que, servindo de grife para o "Estado democrático brasileiro", não por acaso, não se transformaram em realidade.[394] Assim, pergunta-se: até que ponto nas entrevistas e reuniões com os trabalhadores/usuários, os assistentes sociais vêm vocalizando e pondo/sugerindo/aduzindo ao debate a cultura do público;[395] a democratização da gestão das políticas e dos serviços públicos; a possibilidade — favorecida pela contraditoriedade da legislação — e a necessidade do controle social dos serviços através dos Conselhos de Política e de Direitos e das Conferências (Nacional, Estadual e Municipal), na saúde, na educação, na previdência[396] e nas demais políticas,

---

394. Se o Estado Nacional moderno é incorrigível, irreformável e incontrolável, como afirma Mészáros, ele, enquanto existir, não deixa de ser um campo de luta na busca de sua própria extinção. Na sociedade dos homens, é impossível que a luta se dê fora dela mesma.

395. E aqui, dar prioridade ao caráter público da política não só no que diz respeito à política na qual o assistente social está inserido, mas antes de tudo dar relevância e publicizar a função pública da educação — apreendida para além da educação formal — em formar as atuais e novas gerações como condição para garantir relações sociais democráticas e emancipatórias que inclua todos os indivíduos sociais, para além de suas diferenças de etnia, gênero, credo, orientação sexual. O direito à educação, como está garantido na Constituição de 1988, por exemplo, exige que o Estado assuma a responsabilidade pelas despesas que hoje estão a cargo da família, no que toca à manutenção do aluno. Despesas que, contraditoriamente, também por Lei, passam a ser assumidas pelo próprio aluno, através do denominado programa "Jovem Aprendiz" que exige de quase crianças/adolescentes, tempo parcial e precário na escola em favor de trabalho burocrático, imbecilizante e mal-remunerado e sem garantias sociais. Desse modo, é um programa que favorece as empresas que, em nome da "responsabilidade social", desempregam um adulto para fazer trabalhar quem por direito constitucional deveria estar na escola. Mas, se a Lei do Jovem Aprendiz parece novidade, ela tem raízes longínquas. Na época de Elizabeth — 1503-1558 — "proibia-se, sob pena de prisão, pagar salários mais altos do que o estatutário, porém *o recebimento de salários mais altos* era punido mais duramente do que seu pagamento. Assim, o Estatuto dos Aprendizes de Elizabeth [...] impunha 10 dias de prisão para quem pagasse salário mais alto, em contraposição a 21 dias para quem o recebesse" (Marx, 1985, p. 278; grifos do autor).

396. Cabe problematizar, junto aos trabalhadores/usuários, as consequências e a necessidade de reflexão crítica da interdição política do Conselho de Segurança Social (saúde/assistência e

principalmente como campo de organização e luta, mediando o atendimento às demandas espontâneas e as respostas às requisições institucionais? Por outro lado, que outra categoria profissional poderia veicular/socializar esses conteúdos junto aos trabalhadores/usuários das políticas e serviços se não o profissional que é chamado pela sociedade a ser autoridade no assunto[397] — o assistente social —, nas diferentes instâncias das políticas sociais e nos demais espaços sócio-ocupacionais? Ao objetivar "ampliar direitos", "redirecionar as políticas em favor dos trabalhadores", "viabilizar acesso consciente e fomentar espaços de luta política", a democratização dos conhecimentos e mecanismos necessários a esses processos se torna uma exigência. Exigência que não é contemplada nas respostas que se resumem à discussão das doenças, dos maus-tratos, dos conflitos familiares, por exemplo. Ora, são os sujeitos políticos coletivos — movimentos sociais, sindicatos, associações, partidos etc. — que empreendem ações de enfrentamento da ordem ou são as categorias profissionais no embate com o Estado? O embate das categorias profissionais de nível superior, organizadas, isoladas em si mesmas, ou mesmo em articulação umas com as outras, pode ter validade como imposição de limites ao capital ou essa validade está hipotecada à sua constituição em apoio aos processos coletivos mais amplos? Novamente pergunta-se: o enfrentamento direto com o Estado pode se dar "sem povo"/sem classe trabalhadora organizada nos seus diferentes segmentos? O que se põe como prioridade diante disso não é o estudo do Estado/Políticas sociais tendo em vista somente seu conhecimento e/ou reforma, mas, para além disso, a apreensão do seu movimento no favorecimento do capital, apreendido como um movimento mediando e mediado pelo protagonismo dos trabalhadores, no sentido de, transformada em força material ao penetrar as massas (Marx), a teoria/conhecimento da realidade possa

---

previdência), o que resultou na fragmentação de conselhos e conferências, em diferentes instâncias e em cada uma das políticas sociais, dificultando ainda mais a representação e uma participação de qualidade no controle social, tanto dos usuários quanto dos profissionais que operam essas políticas.

397. Não por acaso, essa foi uma das razões que favoreceram o reconhecimento, pelo Conselho Nacional de Saúde, do assistente social como profissional de saúde, em 1997.

favorecer a pressão pelo atendimento das necessidades das maiorias, com pena de estudos e pesquisas se resumirem a "acompanhar as perversidades do neoliberalismo", como afirma Labica (2009, p. 65).

➤ O processo de transformação radical da legislação que favorece os trabalhadores em realidade, no limite, aponta para a superação da ordem do capital e, por isso mesmo, é um processo coletivo de longuíssimo prazo que, sustentado como finalidade, determina caminhos necessários e totalmente diferentes de propostas reformistas de mera aplicação da lei ou de acesso a direitos como fins em si mesmos.

Estou me referindo ao que está garantido em alguns Títulos e Artigos da denominada Constituição cidadã e não à legislação que abrange os três poderes da República e todas as instâncias da vida social que, regulando desde as relações de trabalho, à educação dos filhos, mais desfavorece que favorece os trabalhadores e trabalhadoras, principalmente no que se refere aos menos qualificados e supérfluos para o capital. É diante disso que, no sistema sociojurídico, ao produzirmos laudos e pareceres que instruem processos, tendo em vista dar subsídios a juízes, promotores, defensores públicos etc. na aplicação da lei, a depender do que se trata, resulta para o trabalhador/família em sofrer os malefícios da lei e não se beneficiar de seus potenciais benefícios. Como ilustração, citamos o que está garantido na legislação frente à proposta de redução da maioridade penal.

A transformação da lei que favorece os trabalhadores em realidade é um processo que não depende dos assistentes sociais de forma isolada, individual, nem coletiva — seja na saúde, na assistência, na previdência e na garantia dos demais direitos, numa perspectiva de seguridade social ampliada. Desse modo, para que a categoria possa dar sua modesta contribuição nesse processo, põe-se como exigência o investimento dos assistentes sociais na prática interprofissional, nas alianças e articulação com os trabalhadores organizados, para além do trabalho educativo que se processa com os usuários fragmentados no cotidiano da prática. A história mostra que a transformação de uma legislação que garante direitos sociais e políticos em realidade depende tanto de força relativa de imposição dos interesses dos segmentos em luta, quanto das alianças tendo em vista garantir os recursos necessários à sua concretização. O acesso às políticas sociais de forma despolitizada, ao infantilizar e domesticar os usuários retratados como indivíduos necessitados de ajuda, não passaria de mais um pretexto para a reprodução de mecanismos de exploração, controle, submissão cultural e política das massas trabalhadoras. Permanecer na "defesa intransigente dos direitos e garantia do acesso" mantém os assistentes sociais no limite do capitalismo, bem ao gosto das diferentes frações da burguesia. É diante desse complexo que cabe buscar revelar, após 27 anos da "Constituição Cidadã" — Constituição Federal de 1988 —, qual a contribuição que os assistentes sociais têm dado na divulgação, vocalização e transformação da lei em realidade, para além da destacada participação da categoria em formulações legais. Por exemplo, que papel desempenhamos junto aos trabalhadores/usuários, na defesa do público, das políticas públicas, do SUS, da LOAS, por mais contradições que elas guardam, legal e operacionalmente, contradições necessárias de serem abordadas junto aos trabalhadores/usuários?

➤ No âmbito do Serviço Social, a política social/política pública é prioridade como objeto de investigação e produção de conhecimento (ver Iamamoto 2007; Miranda, 2011, Silva, 2010, Lima, 2010). Como e em que medida essa produção tem sido apropriada pelos assistentes sociais, tendo em vista sua contribuição na efetivação da integração/"intersetorialidade" entre as diferentes políticas? Existe ou está ausente um movimento de referência e contrarreferência entre os próprios assistentes sociais inseridos nas diferentes políticas,[398] pelo menos, na Assistência, na Saúde,

---

398. No caso do Programa Bolsa Família, por exemplo, a família/usuário/trabalhador, frequentemente, é atendida por três assistentes sociais: da assistência social, da saúde e da educação. Em diversos pequenos municípios, mesmo o assistente social operando as três políticas, tanto profissional, como trabalhadores/usuários, encontram-se desinformados a respeito das relações e conexões indissociáveis entre as políticas, o que resulta na fragmentação de direitos e na fragmentação do acesso à saúde, educação e assistência social que, contraditoriamente, consubstanciam um mesmo programa assistencial: o Bolsa Família.

na Educação e na Previdência, em um município, bairro, região administrativa? Uma interação e articulação entre serviços e assistentes sociais, até que ponto pode resultar na *não* fragmentação dos direitos — pelos usuários e pelos profissionais — e na potencialização dos recursos profissionais numa dada região/instância? Por outro lado, até que ponto os assistentes sociais, tendo como base a produção e conhecimento da área, têm democratizado junto aos usuários a contradição entre a lógica e os mecanismos das políticas sociais e a garantia de acesso e realização de direitos sociais que legalmente é de competência da política social realizar? Ou seja, o que está em questão é como e se a produção de conhecimento sobre um objeto que tem prioridade de estudo junto aos intelectuais da área está iluminando os assistentes sociais no cotidiano profissional.

➤ A inserção dos assistentes sociais nos Conselhos de Política e de Direitos, quando se dá, tem priorizado a *fiscalização das políticas* — individual e coletivamente — ou, na busca de estabelecer limites ao capital, *induzir o Estado a agir em favor das massas trabalhadoras* — o que exige força de pressão das massas e mudança de correlação de forças? A partir das manifestações dos assistentes sociais, observamos que sua inserção nos conselhos de política e de direitos e nas Conferências tem se dado da seguinte forma: como representante dos profissionais; como representante dos gestores; como representante dos organismos de representação da categoria e, por vezes, como representante dos próprios usuários.

Ora, se como representante dos profissionais e, por vezes, dos usuários, o favorecimento dos trabalhadores põe-se como uma possibilidade, a depender não somente da habilidade política do assistente social em negociar e defender os interesses dos trabalhadores, mas das necessárias alianças a serem alinhavadas nos espaços dos Conselhos, o que exige uma participação sistemática, como representante de gestores, a autonomia profissional pode se mostrar totalmente interditada. Ou não?

➤ A humanidade encontra-se, no limite, dividida em dois grupos de países: um pequeno grupo que desfruta do crescimento/desenvolvimento da sociedade capitalista, os poderosos do capital (G8 — Estados Unidos, Japão, Alemanha, Canadá, França, Itália, Reino Unido e Rússia) e aqueles, mais ou menos poderosos, a depender do grau de propriedade e poder de seus proprietários, gerentes/capatazes, independentemente da qualidade de trabalho e vida do seu povo (os que compõem, junto ao primeiro grupo, o G 20 — África do Sul; Arábia Saudita; Argentina; Austrália; Brasil; China; Coreia do Sul; Índia; Indonésia; México; Turquia; Países membros da União Europeia), e mais um grupo majoritário que envolve países inteiros considerados atrasados e/ou "em [eterno] desenvolvimento", ainda que ricos.[399] Países estes que participam de forma perversa daquele desenvolvimento ao terem explorados seus trabalhadores como mão de obra barata[400] ou o próprio país (ao ser expropriado de suas riquezas naturais e social e/ou tendo seu povo utilizado como reles consumidor de "artigos de luxo" até o mais simples arroz com feijão).[401] O crescimento e desenvolvimento de uma elite da classe trabalhadora[402] — da qual fazemos parte, por mais que essa afirmação seja controversa tendo em

---

399. Um estado de coisas em que é natural, um conglomerado de empresas envolvido na mineração e comércio de diamantes — De Beers. Disponível em: www.debeersgroup.com — saquear minas em países "pobres" como Botswana, Namíbia, em países ricos como o Canadá, e em países "em desenvolvimento", como a África do Sul.

400. Se na Universidade dos países em desenvolvimento já se discute o professor equivalente — ou seja, no lugar de um titular, X assistentes —, um trabalhador brasileiro, quando é chamado a trabalhar na Europa e nos EUA, independentemente da sua qualificação, recebe na cara a afirmação: "a empresa, tendo em vista seus custos, em vez de contratar um trabalhador nativo, contrata três trabalhadores brasileiros", com a mesma qualificação.

401. Há que se destacar que a incidência de obesidade em países pobres e entre pobres denuncia o consumo não mais do necessário arroz e feijão, mas de bugigangas vendidas como alimento, o que vem destruindo não só a capacidade do organismo de reagir às agressões externas e internas — o sistema imunológico —, mas a própria capacidade reprodutiva de homens e mulheres. O Brasil atualmente ocupa o 5º lugar com relação ao percentual de obesos, podendo-se observar mudanças produzidas na cultura alimentar regional.

402. Lênin fazia referência a uma aristocracia operária. No Brasil de 2015, presenciamos o papel devastador que certa elite da classe trabalhadora, ligada ao maior partido político que vem historicamente se pondo "à esquerda" — o Partido dos Trabalhadores/PT —, vem tendo na *destruição das condições históricas alcançadas pela luta política dos trabalhadores (de todo o mundo)* por emancipação humana, cujas reais consequências, materiais e subjetivas, ainda estamos por presenciar e apreender, no tempo histórico.

vista a categoria dos assistentes sociais como um todo — se dá exatamente na concomitância do acirramento da desigualdade mundial entre as classes e da subordinação, cada vez maior, do Brasil aos grandes grupos econômicos estrangeiros e de uma legislação "cidadã", capitaneada pela Constituição Federal "cidadã" de 1988. "À democracia liberal são inerentes limitações fundamentais, que redundam na sua incapacidade de eliminar iniquidades sociais que são incompatíveis com a própria democracia" (Fernandes, 1975a, p. 173-4). Sem um processo radicalmente democrático, já antecipava Fernandes, ainda em plena ditadura militar:

> "corremos o risco de ver o capitalismo industrial gerar no Brasil formas de espoliação e de iniquidades sociais tão chocantes, desumanas e degradantes como outras que se elaboraram em nosso passado agrário. [...] A expansão da ordem social democrática constitui o requisito *sine qua non* de qualquer alteração estrutural ou organizatória da sociedade brasileira. Se não conseguirmos fortalecer a ordem social democrática, eliminando os principais fatores de suas inconsistências econômicas, morais e políticas, não conquistaremos nenhum êxito apreciável no crescimento econômico, no desenvolvimento social e no progresso cultural. Estaremos, como agora, camuflando uma realidade triste, que faz da insegurança social, da miséria material e da degradação moral o estado normal de existência de três quintos, aproximadamente da população brasileira".

Mais de quarenta e cinco anos após essa afirmação, o Brasil, reconhecido como a sociedade mais desigual do planeta, confirma as previsões do autor, que são potencializadas diante do inconcluso e parcial processo de democratização brasileiro e do neoliberalismo/políticas neoliberais. Dentre muitos outros, destacamos dois fatos que mostram — no âmbito da economia e da cultura — a atualidade das afirmações de Florestan Fernandes: na sexta economia do mundo — posição que o Brasil ocupa em 2012 —, quase um terço da população é obrigado a sobreviver através de um Programa de Governo que nega a Assistência Social como direito, como está inscrito na Constituição de 1988: o Programa Bolsa Família. Por outro lado, a principal fonte de lazer das massas trabalhadoras é a medíocre e mediocratizante televisão brasileira que só existe para criar necessidades. Necessidades irrealizáveis, artificiais e/ou supérfluas que alimentam o consumismo, que não só levam pobres e miseráveis para a violência, para as drogas. Qualquer programação que possibilite um mínimo de crítica é mantida num horário impróprio para quem trabalha.

➤ As faculdades que tomam o projeto de formação da ABEPSS como referência contam com a possibilidade de formar assistentes sociais que, a partir de uma escolha consciente do projeto profissional, potencializem o exercício profissional, a partir de experiências que deem a direção da prática e revertam tendências conservadoras nos diferentes espaços sócio--ocupacionais. Nessa direção, a formação graduada, com base no projeto de formação da ABEPSS, necessita forjar assistentes sociais com o perfil necessário a uma prática mediada pelas indicações do Projeto Ético-Político do Serviço Social brasileiro. Formar (instruir, educar, aperfeiçoar) assistentes sociais que, capazes de reagir aos modismos e ecletismos facilitadores,[403] estruturem um lastro teórico e ético-político capaz de

---

403. Como já sinalizei anteriormente, não é raro encontrarmos, não só em trabalhos científicos, mas nas manifestações de graduandos, pós-graduandos e assistentes sociais (na academia e nos espaços sócio-ocupacionais), determinadas noções divulgadas e massificadas — tanto na mídia, quanto na própria legislação social — com o objetivo de obscurecer e/ou ocultar noções e conceitos substantivos que favoreçem a dissimulação dos valores da sociedade do capital, quando não uma utilização eclética das mesmas. Assim, em detrimento de noções clássicas e substantivas, nos deparamos com a vocalização de um dialeto pós-moderno, adjetivo e esvaziado de conteúdo e sentido, pelo menos ao "primeiro olhar", contrapondo noções como → sociedade burguesa x territórios, cenários; → classes sociais, trabalhadores, sujeitos de direito, sujeito coletivo; indivíduo social x família vulnerável, público-alvo, desempregado, necessitado, carente/pessoa carente; → emancipação, luta de classes, organização, mobilização, conscientização, alianças, transformação, revolução x integração, empoderamento, rede social, parcerias, responsabilidade social, mudança social, ajuda, inclusão/exclusão social, acolhimento, resgate da subjetividade, desenvolvimento integral; → exploração do trabalho, propriedade privada, propriedade coletiva dos meios essenciais de produção x vulnerabilidade social, situação de risco, situação de vulnerabilidade, capital social, capital humano, capital cultural, capital social → operário, trabalhador, massas trabalhadoras x colaborador, parceiro, recurso humano; → análise, contradição, reflexão teórico-crítica, totalidade, história x novo olhar, consenso, desconstrução, ressignificação, focalização, fragmentação, momento, ato, instante; → formação x treinamento [...]. A assistente social e doutora Fátima de Maria Masson (UFRJ), após participar de uma "Oficina de Metodologia na Saúde", resume, de forma tão divertida quanto trágica,

possibilitar a apreensão da natureza e do movimento da sociedade do capital, apreensão estruturante das condições e possibilidade de planejar, de estabelecer prioridades, de definir ações, de realizar e analisar a atividade profissional, tendo em vista captar sua direção social e impactos e, quando e caso necessário, como resultado da análise teórico-crítica da prática, redirecionar suas ações na direção proposta. Diante dessas exigências, até que ponto um dos problemas centrais que coíbem uma atividade mediada pelo projeto profissional não está numa sucessão de práticas que combina uma formação profissional que não atinge o substrato (visão de mundo/ideologia) capitalista do aluno, futuro assistente social, que, por sua vez, não consegue criar, aproveitar e desenvolver processos que possam atingir o substrato capitalista do usuário? Partindo de uma formação que não rompe com o conservadorismo e formas de pensar e agir capitalistas do aluno (conservadorismo e formas de pensar e agir capitalistas presentes na práxis social), uma formação que por vezes não atinge nem de leve este estado de coisas, quando não o agrava, o futuro assistente social não porta condições de apreender e enfrentar a práxis conservadora presente no movimento social/vida social, na medida em

---

para o conhecimento e para as lutas sociais, o "novo dialeto que se instaura na saúde 'dos coletivos' em consonância com o dialeto pós-moderno". Diz a assistente social: "O resumo que segue é resultado de um esforço de síntese das 'proposituras' que reivindicam 'estratégias de ativação', entendidas como 'atos' que recusam qualquer pretensão de provocação de mudanças que estejam fundadas em relações externas ao sujeito, ou seja, a externalidade ao sujeito significa 'instrumentalização', 'desumanização', que é o primeiro passo para o totalitarismo". Nesta direção, não há diferença entre sujeito e objeto, o que se reivindica — em nome de "metodologias ativas" — é a identidade entre sujeito e objeto. Isso porque o importante é a "experimentação", e esta não tem método e nem metodologia. O primado é do "sujeito em si", "dentro de si", a ética do "em si" da "experimentação". Neste "olhar" importa o "uso de si", porque todos são "cuidadores", realizadores de "trabalho em ato", estes são os verdadeiros operadores de mudanças. Trata-se da "responsabilidade coletiva" fundada em "modelos de práticas eficazes". Mas, para isso, é preciso identificar, — a partir do "caldeirão", isto é, "das noções das pessoas", "seus olhares", nos "cenários", "territórios", lugares que suplantem a dualidade academia e serviço — o "rizoma" (que significa que "qualquer lugar pode ser ponto de partida e de chegada"). Assim, para além de Paulo Freire, é preciso suplantar os "efeitos flecha" e implementar os "efeitos pororoca", que é exatamente a "dupla mão" do cuidado-cuidador, para então conhecer o ser humano. Resumidamente, é preciso trabalhar em "rede", "disparar" efeitos, através da "operação de conceitos", onde o trabalho em ato promova "multiprotagonistas centrados" (cedido pela autora, em 2009).

que só percebendo e repetindo o seu igual, ou seja, o que é conservador, não apreende, não fomenta e nem realiza o disruptivo presente no movimento (dinâmica) social/cotidiano profissional, fruto da contradição capital trabalho?

➤ A qualidade da formação graduada, principalmente, nas universidades públicas e/ou nas faculdades que contam com docentes que comungam do projeto profissional, está também determinada pela dificuldade dos docentes — submetidos que estão às injunções reverberadas na academia pela reestruturação produtiva e pela mercantilização de todas as instâncias da vida social — em organizar e realizar, coletivamente, a formação e a investigação/produção de conhecimento, tendo como referência as indicações constantes do projeto profissional. Ou seja, como ser crítico, criativo e propositivo, para consubstanciar, coletivamente, projetos pedagógicos que estruturem condições de enfrentamento dos limites impostos pela universidade burguesa, para uma formação na direção do projeto profissional? Essa é uma questão que, frente **à** competição desenfreada a que foram arremessados os docentes/pesquisadores brasileiros e alhures, está sendo considerada na academia?[404]

---

404. Destaco, neste contexto, aspectos inovadores, na direção do projeto profissional, dentre outras, de duas experiências em curso. A investigação realizada pela professora Maria Inês S. Bravo articulada às ações de assessoria aos Conselhos de Saúde e a expansão desta estratégia que alcançou e envolveu movimentos sociais, sindicatos, organizações profissionais e universidades, criando um movimento nacional com contribuições críticas na defesa do SUS e da Reforma Sanitária Brasileira. Processo hoje consolidado no movimento nacional denominado: Frente Nacional contra a Privatização da Saúde. Disponível em: <http://www.contraprivatizacao.com.br/2015/04/0987.html>. Essa frente integra diversas profissões de saúde, parlamentares e movimentos sociais e já mantém interlocução na América Latina. Resumidamente, pode-se afirmar que constitui uma referência de um processo em que a academia expande, articula e integra a formação, a pesquisa e a prática profissional na direção das lutas anticapitalistas. Destaca-se ainda o curso de Formação profissional em Serviço Social para assentados da Reforma Agraria. Em março de 2011, na Escola de Serviço Social da UFRJ (ESS/UFRJ), alunos, vindos de 20 estados do Brasil, constituíram a primeira turma do curso que com duração de cinco anos em regime de alternância — 8 semanas em aulas, e 3 meses em suas atividades normais é destinado a militantes do MST e de outros movimentos sociais do campo. Experiência exitosa fruto da articulação entre MST, INCRA (executor do PRONERA) e ESS/UFRJ.

➤ Quais as consequências para a classe trabalhadora, o que envolve consequências para o projeto de sociedade emancipatório e para o próprio projeto do Serviço Social a ele articulado, se o alcance do Projeto Ético--Político do Serviço Social brasileiro não ultrapassar o âmbito da academia no que se refere a uma produção de um conhecimento que tem influenciado a área de Ciências Humanas e Sociais, em prejuízo da qualidade da formação graduada, pós-graduada e permanente dos assistentes sociais brasileiros e da sua repercussão nas possibilidades de um exercício profissional medido pelo projeto de profissão? De outro modo, quais as consequências se a produção de conhecimento ficar limitada ao ganho que obteve na interlocução e protagonismo nas ciências humanas e sociais? Ou seja, basta aos assistentes sociais brasileiros que defendem o projeto profissional, o reconhecimento através de uma pós-graduação que vem sendo procurada por outras categorias pelos conteúdos emancipatórios e anticapitalistas que veicula nos seus cursos? Não podemos ignorar que: é escasso o número de dissertações e teses que vêm abordando os grandes problemas que os assistentes sociais brasileiros enfrentam no cotidiano da prática; que desse escasso número não temos uma avaliação de quais delas se referenciam no projeto profissional sem contradições e ecletismos; e que, destas, também não sabemos, quais vêm se transformando em livros/artigos que possam iluminar os assistentes sociais no cotidiano da prática, para além daquela produção necessária e fundamental que não vem estabelecendo, como sinalizado, as mediações necessárias com o Serviço Social. Diante da nossa histórica inserção e da tragédia social que nos encontramos, ressaltamos, novamente, que a questão central e urgente é a valorização do cotidiano profissional como objeto de investigação, no sentido de fundamentar o desenvolvimento e valorização de uma atividade profissional mediada pelo projeto profissional. Ora, uma coisa é produzir e divulgar o conhecimento; outra coisa — essa tendo em vista o conhecer para transformar — é sua apropriação e consequente transformação em força material. *Transformação em força material tanto para fazer Serviço Social numa direção de enfrentamento com o capital*, quando esse conhecimento ilumina os assistentes sociais no cotidiano profissional, já que estamos nos referindo a uma produção de conhecimento na área do Serviço Social, *como para transformar a realidade*, quando, apropriado pelas massas, passa a mediar as lutas sociais. Por outro lado, uma coisa é objetivar um exercício profissional mediado por conhecimentos necessários, outra é saber como esse processo vem se dando no cotidiano profissional. Se faltam pesquisas em profundidade que possam dar respostas mais seguras a essas questões, sem dúvida, a análise da produção do conhecimento no âmbito da pós-graduação estrito senso e as revistas da área podem apontar tendências presentes no movimento do Serviço Social brasileiro.

➤ A burocratização dos Departamentos na Universidade/Faculdades — a menor fração da estrutura universitária, para efeitos de organização não só administrativa, mas, antes de tudo, didático-científica — também concorre para a fragilidade de um Projeto Ético-Político-Pedagógico coletivo de formação na direção do projeto profissional. Em sendo assim, é um estado de coisas que revela que o processo de formação acadêmico--profissional, assim como a atenção direta aos usuários, tem se dado, com frequência, a partir da iniciativa espontânea de cada docente; processo estruturado e legítimo que dá continuidade à denominada "liberdade de cátedra". O que é necessário indagar é se a espontaneidade presente no processo de formação dos futuros assistentes sociais — tanto por parte dos docentes, como dos alunos — tem possibilitado que se objetive/materialize o perfil profissional delineado pela ABEPSS? É uma pergunta que, se respondida negativamente, confirmará o risco desta formação forjar, dominantemente, uma consciência profissional tendente ao pragmatismo/burocratismo, em vez de posições capazes de favorecer os trabalhadores. Quando Lukács (1968, p. 117) relaciona o burocratismo com a espontaneidade, não podemos esquecer que os assistentes sociais, assim como as massas trabalhadoras, são atingidos diretamente por esse estado de coisas, não de fora — no caso de termos de enfrentar o burocratismo e o espontaneísmo presente nas lutas sociais, na busca de sua superação —, mas por dentro da própria universidade/profissão. Um burocratismo e um espontaneísmo que podem estar ocultando tanto um voluntarismo como um messianismo. Assim, vejamos: a realização de cadastros, de estudos socioeconômicos, de avaliação social, laudos e pareceres, como fins em si mesmos, não revela tanto o burocratismo — obediência incontestável à complexa estrutura de administração da coisa pública —, como o messianismo — na medida em que o assistente social é visto, e muitas vezes, se vê, como "o salvador" diante de uma necessidade satisfeita? A ideia de que podemos enfrentar as consequências da exploração do trabalho, da propriedade privada e da concentração de riqueza, com *boa vontade,* não revela tanto espontaneísmo (preeminência do instinto), como voluntarismo (preeminência da vontade)? O sentimento do dever cumprido diante de uma disciplina bem ministrada, repleta de conteúdo, com uma maioria de alunos aprovada, não revela tanto voluntarismo como messianismo, quando o docente não considera/desconhece, quão substantiva foi a apreensão dos alunos com relação aos conteúdos (principalmente quando o projeto profissional exige relações e conexões necessárias entre as disciplinas do curso, inclusive com a Disciplina Estágio Supervisionado), com relação à capacidade do aluno em recorrer a eles como instrumento de indagação e crítica sobre a realidade? Da mesma forma, quais as consequências da realização burocrática e fragmentada da ementa de uma disciplina na formação dos alunos, mesmo que dando conta de maneira qualificada dos conteúdos previstos? Ou seja, da mesma forma que é imputada aos assistentes sociais a necessária busca de práticas medidas pelo projeto profissional — tarefa na qual a própria academia cumpre um papel — a academia se encontra diante da tarefa de superar o ensino bancário na universidade, tendo em vista um projeto pedagógico mediado pelo projeto do Serviço Social brasileiro.

➤ A necessária análise concreta de situações concretas tendo em vista apontar tendências, identificar possibilidades, alternativas, limites da atividade profissional e a análise do movimento histórico-social e da categoria são duas tarefas indissociáveis; quando uma prevalece em relação à outra, caímos no historicismo analítico ou no praticismo e na endogenia.

➤ Os assistentes sociais que afirmam ter escolhido como referência o projeto de profissão têm clareza dos princípios que dizem defender e das referências teóricas necessárias à sua transformação em realidade no exercício profissional? Se não, quais as consequências disso para o projeto profissional, mas antes de tudo para os usuários?

➤ Quais as mediações necessárias entre ética-teoria-realidade no exercício profissional — formação e atividade socioassistencial — e como elas têm se dado?

➤ A inserção em práticas socioassistenciais resulta de escolha? Para além daqueles assistentes sociais que fazem a difícil opção pela inserção em dois espaços (docente/socioassistencial; socioassistencial/socioassistencial), por que os assistentes sociais mais qualificados têm, preferencialmente, feito opção pela docência/produção de conhecimento? Por que estes escolheram a profissão de Serviço Social? Mesmo que não se defenda que uma parte pense e outra faça, a realidade no Serviço Social vem mostrando que esse fosso foi criado no Serviço Social e me parece que foi criado porque quem faz opção pela academia/produção de conhecimento encontrou mais status exatamente ao redirecionar a produção de conhecimento na área de Serviço Social prioritariamente para o debate com áreas afins — Ciências Humanas e Sociais. Mas permanece a contradição: se, por um lado, é relevante e necessária uma produção de conhecimento na área de Serviço Social que alimente o debate crítico, é nefasto que ele não estabeleça, na medida do necessário, como vimos, quase nenhuma relação ontológica com a profissão. Diante desse fato, o que temos hoje é uma profissão que conta com uma produção de conhecimento qualificada que lhe dá a direção social e uma prática sócio-institucional sofrível. Que problemas e quais as consequências que essa realidade tem trazido na consolidação do projeto profissional? O que fazer? No meu entender, a resposta está na análise concreta de situações concretas — em diferentes níveis,[405] no limite, porque, mesmo uma prática planejada, a partir de sujeitos ricos subjetivamente — tanto no que se refere aos princípios

---

405. Como veremos no capítulo 3 deste livro, faz-se necessária uma análise do exercício profissional que atravesse o Serviço Social e envolva todos os segmentos, desde o assistente social que realiza a ação até o pesquisador mais qualificado.

éticos quando às referências teórico-metodológicas e à experiência política —, a análise *post festum* pode mostrar não só os caminhos que o exercício profissional vem percorrendo, mas revelar alternativas e o que exige ser superado.

➤ Não são raros os assistentes sociais que, ao realizarem cursos de especialização, mestrado, doutorado, ao assumirem cargos de gestão ou assessoria, ou ao se dedicarem na docência a disciplinas não específicas de Serviço Social, negam sua formação original, ainda que só ocupem aquele espaço por causa dela.[406] Ou seja, mesmo tendo alçado aquela posição através de sua formação em Serviço Social, negam essa condição, num claro preconceito contra a profissão de Serviço Social e sentimento de menos-valia por serem assistentes sociais, fato que vem influenciando muitos alunos em sala de aula.

A hipótese mais provável é que o menos valor, o preconceito e a vergonha de pertencer a uma profissão que é desvalorizada é uma forma de expressão do etos capitalista no modo de ser da profissão. Não nos esqueçamos de que a ideologia capitalista se espraia por todos as instâncias da vida social, e quanto mais complexas as relações, maior o seu potencial de engano. Daí a importância da discussão coletiva do Projeto Pedagógico para enfrentar estas contradições.

➤ Em favor de uma quantidade abissal de leituras aligeiradas e malfeitas, vamos adiando a urgência de definirmos e delimitarmos não só conteúdos mínimos e essenciais à formação graduada,[407] mas principalmente as indicações para o projeto pedagógico necessário que possibilitem à formação graduada, mais do que possibilitar aos futuros assistentes sociais acessar aqueles conteúdos, antes de tudo, se situar criticamente diante do que o capitalismo fez deles e desenvolver habilidades no que

---

406. Não por acaso, no momento — maio de 2014 — a ABEPSS está fazendo uma campanha para que os docentes se inscrevam nos seus respectivos Conselhos Regionais.

407. Se o Currículo Mínimo da ABEPSS define os conteúdos essenciais, não define a literatura da área e áreas afins que deem conta deles.

se refere à linguagem oral e escrita clara e articulada e à crítica sócio--histórica e econômica mediada e mediando a realidade socioinstitucional. A formação estruturada em grades curriculares a partir de disciplinas teóricas, seguidas das disciplinas que abordam a metodologia e as práticas educativas e assistenciais, os cursos de Serviço Social, vêm conseguindo superar a fragmentação teoria/prática?

➤ Com base na crítica que mostra que na política social não se deve substituir a obrigação do Estado na oferta pública de políticas sociais por exitosas experiências assistenciais da "sociedade civil", na medida em que só a política social pública pode ser universal — ainda que somente de direito, mais do que de fato —, o reconhecimento de experiências profissionais exitosas no Serviço Social, fruto de investimento pessoal ou de pequenos grupos, não deve substituir o compromisso/necessidade da academia e da categoria profissional de revelar e dar visibilidade às consequências da atuação dos assistentes sociais como categoria, tendo em vista os interesses históricos dos trabalhadores, o que passa pela investigação sistemática, crítica e propositiva do planejamento e do desenvolvimento da prática dos assistentes sociais no Brasil, inclusive tendo em vista socializar e ampliar as experiências exitosas.

➤ Mesmo diante da defesa do projeto profissional, observa-se uma pequena participação dos assistentes sociais em atividade político-sindical (CFESS, 2005; Bravo et al., 2012) e nas entidades representativas da categoria como o conjunto CFESS/CRESS (como pode ser observado pela também pequena participação dos profissionais nas assembleias e nos momentos eleitorais), iniciando pela baixa participação dos estudantes no movimento estudantil. A ABEPSS, organismo que congrega as unidades de formação e seus sujeitos foge à regra, com uma participação mais efetiva de docentes. Levando-se em consideração essas questões, diante do contingente de assistentes sociais no Brasil em 2015 — por volta de 150 mil —, mesmo a presença de mais de 3 mil assistentes sociais em eventos da categoria não significa que os assistentes sociais estejam organizados no país. Este quadro pode revelar que a maioria dos assistentes sociais não está atenta para a centralidade da organização sindical e das demais formas de organização (político-partidária, movimentos sociais) no fortalecimento das lutas dos trabalhadores, tendo em vista os processos de enfrentamento, disputa e confronto com a burguesia. Ora, no cotidiano da prática, manifestando isolamento e se queixando da ausência do CFESS/CRESS[408] na defesa dos assistentes sociais, tendo em vista a garantia de condições de trabalho, os assistentes sociais não estão revelando que ignoram a importância de uma poderosa organização da própria categoria no enfrentamento de condições cada vez mais aviltantes de trabalho e na contribuição concreta que possam vir a dar aos trabalhadores, materializando o projeto profissional? Um estado de coisas que resulta em que, no cotidiano da prática, os assistentes sociais não considerem os organismos de representação dos trabalhadores e as lutas sociais no processo de encaminhamento dos usuários, mantendo-os prisioneiros do círculo vicioso das instituições capitalistas por excelência. Nesse sentido, a articulação da categoria com vistas à definição da participação sindical e à mobilização para a participação político-sindical, torna-se estratégica, principalmente frente à direção social dos movimentos de rearticulação dos sindicatos de assistentes sociais pelo Brasil afora.

➤ Diante do que evidencia Marx — o produto sempre esconde o processo —, o fato de nós, tanto quanto os usuários, darmo-nos por satisfeitos

---

408. É relevante destacar aqui que, através do informativo anual do conjunto CFESS/CRESS — Serviço Social é Notícia —, pode-se observar que em todas as regiões os CRESS fazem campanha pela participação dos assistentes sociais no Conselho. Cada Conselho conta com páginas na internet que facilitam o contato com a categoria e o CFESS, disponibiliza, ainda, gratuitamente para download, dezenas de materiais de leitura, resoluções e pareceres jurídicos para qualificação profissional e debate de temas diversos do Serviço Social brasileiro, dentre os quais ressaltamos: Atribuições Privativas do/a Assistente Social Em Questão (1ª Edição ampliada — 2012); Subsídios para a atuação de assistentes sociais na Política de Educação; Atuação de assistentes sociais no sociojurídico: subsídios para reflexão; Parâmetros para Atuação de Assistentes Sociais na Política de Assistência Social; Parâmetros para Atuação de Assistentes Sociais na Saúde; Meia formação não garante um direito: o que você precisa saber sobre a supervisão de estágio direta em Serviço Social; Política de Educação Permanente do Conjunto CFESS-CRESS. Disponível em: <http://www.cfess.org.br/visualizar/livros>, <http://www.cfess.org.br/js/library/pdfjs/web/viewer.html?pdf=/arquivos/JornalConjuntoCFESS-CRESS--PrimeiraEdicao.pdf>. Acesso em: jan. 2014.

diante do que a maioria dos assistentes sociais vem realizando e das respostas que estamos dando aos usuários, conduz-nos a uma pergunta de fundo: as massas trabalhadoras, na luta de classes pela emancipação humana, estão encontrando nos assistentes sociais — na formação, na atividade socioassistencial e nos processos de planejamento e gestão —, declaradamente ou não, aliados, adversários ou antagonistas (no sentido de prejuízo, dano, ainda que não intencional)? Como enfrentar o fato de que no cotidiano da prática, seja na academia, seja nas demais inserções profissionais, objetos de luta política coletiva como condições de trabalho (exigências de produtividade/sobrecarga de trabalho), salário, não respeito às 30 horas,[409] quando não, as próprias requisições institucionais, sejam utilizados como subterfúgios para justificar escolhas contraditórias e/ou a qualidade (falta de) e as consequências das respostas profissionais e/ou omissões nesse processo?

➤ É cada vez maior o clamor dos profissionais que, no cotidiano profissional, se deparam com requisições institucionais que não se coadunam com as competências e atribuições do assistente social garantidas na Lei de Regulamentação da profissão. Diante da privatização dos serviços públicos que operam direitos sociais nas diferentes instâncias de poder do Estado — através de OS, Fundações — e do processo de assistencialização da profissão, torna-se cada vez mais indispensável o papel dos órgãos da categoria na fiscalização do exercício profissional. Uma fiscalização que, para além do exercício ilegal da profissão, exija da instituição que as requisições institucionais estejam sintonizadas com as competências e atribuições profissionais e que os gestores garantam condições institucionais para que o assistente social, no seu local de trabalho, possa realizar suas funções. Duas questões aqui se destacam.

---

409. A Lei n. 12.317, de 26 de agosto de 2010 (Brasil, 2010), dispõe sobre a duração semanal da jornada de trabalho do assistente social. Os assistentes sociais têm tido dificuldades em garantir o cumprimento da lei nas diferentes áreas de atuação, sendo que a Federação Nacional da Saúde está contestando-a judicialmente, junto ao Supremo Tribunal Federal (STF).

Por um lado, considerando a legislação profissional, existe uma preocupação com o não cumprimento das atribuições profissionais por parte dos assistentes sociais, o que vai resultar em exercício profissional irregular, diante do que, "tanto o assistente social como o empregador serão responsabilizados pela referida infração". Ora, mesmo estando previsto em lei, diante do poder institucional/dos gestores, não há como responsabilizar o assistente social e a instituição na mesma medida, com pena de responsabilizarmos e, consequentemente, culpabilizarmos o assistente social, individualmente, por um fato que está determinado pela lógica da organização social capitalista.

Por outro lado, cabe aos assistentes sociais, como membros dos organismos de representação da categoria, para além das iniciativas do Conjunto CFESS/CRESS/Sindicatos,[410] sinalizar e orientar esses órgãos frente a questões estratégicas que só podem ser enfrentadas coletiva e não individualmente. É nesse sentido que a COFI[411] tem um papel essencial aos assistentes sociais no cotidiano da prática de afiançar condições de trabalho para que os profissionais possam ter a garantia de planejamento e realização das ações profissionais, o que requer tanto o conhecimento da realidade dos diferentes espaços profissionais, como uma ação efetiva dos Conselhos Regionais, junto às instâncias federal, estadual e municipal, à iniciativa privada (incluindo o "terceiro setor"), no sentido de exigir o respeito à legislação que regulamenta a profissão.

---

410. O movimento entre sindicalização por ramo de atividade e sindicalização por categoria tem dificultado a participação sindical dos assistentes sociais.

411. A Política Nacional de Fiscalização (Resolução CFESS 512/2007) exige do CRESS a constituição e manutenção da Comissão de Orientação e Fiscalização (COFI) que deve ser composta por conselheiros, agentes fiscais (assistentes sociais do quadro de empregados do CRESS) e assistentes sociais da base, em situação regular com o Conselho. É uma comissão regimental que tem como função principal orientar e fiscalizar o exercício profissional de assistentes sociais. Sua ação fiscalizadora, de acordo com a Política Nacional de Fiscalização, está pautada pela dimensão preventiva, político-pedagógica e normativa. A finalidade é assegurar a defesa do espaço profissional e garantir a qualidade de atendimento aos usuários do Serviço Social. Dentre as suas principais atribuições, destaca-se realizar visitas a locais de trabalho e a campos de estágio, a fim de averiguar possíveis irregularidades no exercício profissional de assistentes sociais e/ou conhecer a realidade profissional nas diferentes áreas de atuação do Serviço Social. Disponível em: <http://cressrj.org.br/site/orientacao-e-fiscalizacao/cofi/>. Acesso em: jan. 2014.

[...]

Esse complexo de questões — que envolve afirmações, interrogações, problemas, proposições e alternativas — determinam-se e conectam-se dialeticamente. Visto que as competências e atribuições profissionais gestaram-se na sociedade capitalista e materializam-se em condições adversas,[412] para além dos limites e impossibilidades, revelam-se alternativas, oportunidades e possibilidades a serem investigadas, experimentadas, avaliadas e analisadas nas suas consequências e significação.

Como mostra Mészáros (2009b), "temos de ir além das manifestações superficiais dessas contradições e de suas raízes. Você consegue manipulá-las aqui e ali, mas elas voltarão como uma vingança. Contradições não podem ser jogadas para debaixo do tapete indefinidamente, porque o carpete, agora, está se tornando uma montanha" (2009, p. 132). Se concordamos que essas contradições permeiam todas as instâncias da vida social, elas estão presentes na busca de consolidação do projeto profissional e há que enfrentá-las com pena de perdermos a direção social para o conservadorismo.

Cada espaço de trabalho, por mais limitante que seja, é permeado por contradições e contém possibilidades e oportunidades a serem reveladas e aproveitadas. Aqui estamos nos dirigindo a quem faz a difícil opção pela objetivação de práticas de enfrentamento à poderosa e destrutiva sociedade do capital, por mais que isso possa parecer insustentável no curto prazo. Assim, convidamos os assistentes sociais a buscar uma inserção, individual e profissional, crítica, criativa e propositiva tendo em vista estruturar as alianças necessárias entre os diferentes segmentos profissionais e destes com os trabalhadores e trabalhadoras e demais segmentos que comungam desse projeto, contra uma sociedade que, tendo o mercado como centro, reifica, empobrece as subjetividades e inviabiliza a busca pela paz e a felicidade entre os homens e mulheres e

---

412. Não podemos desconsiderar que em determinadas áreas os limites impostos são diferenciados: unidade prisional *x* manicômio judiciário; Posto de Saúde *x* Hospital de Emergência; Empresa Estatal *x* Empresa Privada etc.

entre homens/mulheres e natureza; ou seja, inviabiliza a busca de uma sociedade emancipada. É nesse sentido que a defesa de outra ordem societária sem dominação de classe, etnia e gênero, e do projeto do Serviço Social como sua parte e expressão, não se pauta na melhor proposta, mas na alternativa necessária na busca de preservar o homem e a natureza. Também nesse sentido, a defesa do homem e da natureza — e consequentemente dos interesses das massas trabalhadoras que se fundamentam na defesa da vida — vai muito além da opção político-partidária, o que possibilita a aliança entre os assistentes sociais, independentemente de suas preferências político-partidárias.

O movimento da categoria mostra que, individualmente, temos virtude e boa intenção. Contudo, coletivamente, se, por um lado, no movimento da grande política, temos ocupado lugar de destaque, por outro, tanto na luta política e sindical, está presente apenas uma pequena parte da categoria, como no exercício profissional, estamos desarticulados na prática docente e socioassistencial — no âmbito macro e micro — o que tem resultado em respostas individuais e/ou individualistas com consequências mais contraditórias do que substantivas para as massas trabalhadoras.

A origem de classe, reiteramos, não assegura uma práxis com base nos interesses de classe. É de consequências funestas o fato de alunos e assistentes sociais acharem que, por constituírem um segmento da classe trabalhadora, de forma mecânica e espontaneamente, vão favorecer as massas trabalhadoras como profissionais. Esse é um estado de coisas a ser superado coletivamente, a partir do resgate da unidade teoria-prática, conteúdo-forma, na formação graduada e permanente e no próprio embate político da categoria entre si e com os demais trabalhadores, sejam outros profissionais, sejam usuários.

Assim, por um lado, se é no Serviço Social que trabalhadores/trabalhadoras/usuários contam com um lugar para desabafar e aliviar suas tensões, para serem reconhecidos e aceitos como sujeitos de direito, para serem acolhidos e terem acesso, em casos muito particulares e em minoria, acessar serviços e recursos materiais — públicos ou privados —, por outro lado, é nesse mesmo espaço que eles são impedidos ou levados a não se questionar sobre a ordem societária que os mutila e sobre as políticas sociais que os fragmentam e os mantém na condição de "necessitados/carentes/coitados". Mas, se eles nem sempre podem contar com o espaço do Serviço Social para se lamentarem/reclamarem, também nem sempre tal espaço oferece condições para que se situem criticamente diante de seus sofrimentos, lamentos, demandas e necessidades individuais e coletivas.

Desse modo, um Serviço Social mediado pelo projeto profissional necessita de uma clara associação com os interesses dos trabalhadores, ou seja, para além da petição de princípios, "uma transparente vinculação com a luta de classes nas condições concretas existentes" (Fernandes, 1982, p. 82). Sem conteúdos emancipatórios nítidos, a acomodação e a conciliação política, como recurso de sobrevivência no cotidiano, aparta e impõe obstáculos aos trabalhadores/usuários, individual e coletivamente, para se movimentarem/mobilizarem/organizarem criticamente no complexo movimento institucional e/ou social e de acessarem informações e referências essenciais que fomentem e favoreçam as lutas sociais e o controle social; mas essas são, antes de tudo, questões que atravessam o cotidiano dos próprios assistentes sociais.

Ao deixar os usuários "à sua própria sorte" — após acolhê-los com respeito e carinho, sinalizando estarmos disponíveis "sempre que necessário" — estaremos deixando de favorecer formas de participação emergentes nos setores populares, nas lutas por trabalho, terra, moradia e por melhores condições de vida. Estaremos deixando de favorecer formas de participação e controle social na luta pelo atendimento das necessidades sociais e na resistência à dominação, à opressão violenta e à destruição das subjetividades pela mídia, quando não, pela própria "educação"/ instrução formal, rasa, aligeirada, nos seus diferentes níveis.

Se é preciso ressaltar a honestidade dos assistentes sociais no enfrentamento de uma realidade tão adversa e mutiladora de homens e mulheres (Lukács), na busca de resgatar o que há de contribuição a processos emancipatórios, é preciso reconhecer, ao mesmo tempo, o caráter problemático dos efeitos de uma atuação profissional irrefletida, ou seja, baseada numa direção ético-política e teórico-metodológica funcional e com aparência de contestação, no contraditório modo de produção capitalista.

Afinal, se os trabalhadores, no capitalismo, jamais puderam esperar facilidades, essa é uma conjuntura ainda mais desfavorável para as massas trabalhadoras nas suas histórias de luta. Como as análises de conjuntura vêm mostrando, a correlação de forças na luta de classes no Brasil se mantém inalterada, diante da ampla hegemonia das classes dominantes sobre a economia, o estado, o governo e a comunicação de massas. A classe trabalhadora, na defensiva, resiste através de mobilizações fragmentadas e corporativas, sem um projeto que possibilite a unificação dessas lutas. Sem referências políticas e de liderança, muito aquém do necessário protagonismo na luta política real, cada vez mais o país vem sofrendo as consequências da crise estrutural do capital, o que tem contribuído para a não alteração da correlação de forças desse período histórico.

Mas, a história não acabou e essa conjuntura só faz revelar o porquê de lutar,[413] o muito que há por fazer e a necessidade de alianças. Afinal, o projeto profissional pensado e realizado em nome da "realização de direitos" como limite é diferente, mas não impede alianças com quem defende o projeto profissional pensado e realizado na perspectiva da revolução e da emancipação.

Estamos diante de uma realidade que, apreendida nas suas contradições, abre um amplo campo de alternativas e alianças entre os diferentes segmentos da classe trabalhadora e, no nosso caso, entre os próprios assistentes sociais que situam no horizonte a concretização dos princípios contidos no Código de Ética do assistente social.

---

413. E aqui há que se destacar que a defesa do projeto profissional não faz um assistente social melhor do que o outro. Concordando com Sergio Lessa, "a questão toda está em não transformar necessidade em virtude". Como afirma Mészáros, a sobrevivência da humanidade está condicionada à superação do capital. Impõe-se "o imperativo de um controle social adequado de que a humanidade necessita para sua simples sobrevivência" (2009a, p. 71). Mesmo que individualmente e enquanto categoria possamos fazer tão pouco na superação de uma ordem social tão poderosa, a questão de fundo está em que no fortalecimento da ordem social dominante nossas ações são potencializadas exatamente porque tudo o que é dominante nela favorece essa direção social.

E quem pode dar respostas aos complexos desafios impostos à profissão não são os assistentes sociais na formação ou os assistentes sociais nos diferentes espaços socioassistenciais, mas um movimento que, envolvendo a categoria como um todo, estabeleça relações e conexões entre academia, meio profissional e luta política organizativa, num processo articulado às lutas econômicas e políticas das massas trabalhadoras; um processo que se alimenta da e alimenta a busca de alternativas; um processo que exige ser mediado por princípios emancipatórios e pela teoria social crítica.

Esses são desafios e indagações que me inquietam, desafiam e instigam, na busca por respostas a seu enfrentamento, o que tenho procurado fazer nas reflexões que realizo sobre o material empírico que acumulei. Ao reconhecer a iminência da barbárie e posicionarmo-nos diante da necessidade do socialismo, como afirma Löwy (2009), com base em Rosa de Luxemburgo, há que se apreender a

> história como processo aberto, como série de "bifurcações", onde o "fator subjetivo" — consciência, organização, iniciativa — dos oprimidos tornam-se decisivos. Não se trata mais de esperar que o fruto "amadureça", segundo as "leis naturais" da economia ou da história, mas de *agir antes que seja tarde demais*.

3

Serviço Social, Projeto e Atividade Profissional. Eixo de Análise[414]

Deter-se diante da verdade é doloroso para o homem. A realidade é muda e fria. (Fernando Pessoa)

"Não adianta ter prática se você não tem instrumentos teóricos. A prática não ensina nada, nada...
A prática é um grande livro, mas para a gente ler a gente tem que estar alfabetizado" (José Paulo Netto, 2014a)

---

414. Retomo aqui, de maneira sistemática e mais elaborada, as ideias que constaram de um texto didático, disponibilizado, em momentos diferentes, para alunos da graduação e da pós-graduação da FSS/UERJ. A primeira parte contou com a leitura cuidadosa e indicações do Professor Paulo Roberto Melo de Carvalho, ao qual agradeço, enfatizando, no entanto, que ele não é responsável pelas minhas afirmações. Na introdução, recuperamos parte do que foi abordado nos capítulos anteriores, tendo em vista facilitar a leitura e reafirmar nossa perspectiva.

Introdução

Como podemos apreender em Lênin, o marxismo é uma análise concreta de situações/fatos concretos, para se entender a realidade e se atuar sobre ela. Assim, uma análise marxista em que se pretenda enfrentar os desafios presentes no cotidiano da prática exige, antes de tudo, "análise concreta de situação concreta", análise que está assentada na possibilidade de manipulação de categorias teóricas. Afinal, sem entendermos a presença do passado no cotidiano da prática, estaremos interditados de qualquer protagonismo como sujeitos da/na história.

Como nos mostrou Marx em o 18 de Brumário (Marx, 2008a), "os homens fazem sua própria história, mas não a fazem como querem; não a fazem sob circunstâncias de sua escolha e sim sob aquelas com que se defrontam diretamente, legadas e transmitidas pelo passado". Assim, como sujeitos da história, os indivíduos sociais só são capazes de agir nos limites que a realidade impõe, o que torna indispensável, no resgate da sua condição de sujeito consciente do processo, apreender o movimento da realidade, solo da práxis. Fica pleno de sentido assim, quando Netto (2014a) afirma que: "não adianta ter prática se você não tem instrumentos teóricos. A prática não ensina nada, nada... A prática é um grande livro, mas para a gente ler a gente tem que estar alfabetizado", o que, aqui, significa estar pleno de teoria, de conhecimento da realidade.

Por outro lado, na análise da prática, não basta partir daquilo que homens e mulheres pensam e manifestam. Como afirma Marx e Engels:

> não se parte daquilo que os homens dizem, imaginam, ou engendram
> mentalmente, tampouco do homem dito, pensado, imaginado, engendra-
> do mentalmente para daí chegar ao homem em carne e osso; parte-se dos

homens realmente ativos e de seu processo de vida real para daí chegar ao desenvolvimento dos reflexos ideológicos e aos ecos desse processo de vida (2007, p. 48-49).

Ou seja, bem ao *contrário* do que Marx já havia apreendido na filosofia alemã, no século VIII — uma perspectiva que "desce do céu para a terra" — e que ainda se vê presente nos dias de hoje, aqui, a necessidade e a proposta é *subir da "terra para o céu".*

É com base nessas afirmações, no que viemos afirmando até aqui e nas considerações a seguir, que propomos este *Eixo de Análise da prática.* Um instrumento que pretende, dentre outras coisas, consubstanciar uma *resposta positiva* a uma das questões nevrálgicas que permeiam a categoria profissional: frente às condições atuais de vida e de trabalho dos diferentes segmentos da classe trabalhadora e, consequentemente, dos assistentes sociais como sua parte e expressão, *é possível fazer Serviço Social na direção do projeto profissional?* Diante do que, reiteramos: o fato de que todas as instâncias da vida social têm no capital o "elemento hegemônico da sua entificação";[415] o fato de que a burguesia utiliza de todas as formas, esforços e recursos para cooptar, enfraquecer, travestir todo e qualquer movimento de contestação da ordem dominante; o fato de, consequentemente, o Serviço Social ter na reprodução do capital a tônica do seu desenvolvimento, não cancela o fato de que, como afirma Tonet (2012, p. 17): *"na medida em que a sociabilidade gerada pela contradição entre capital e trabalho é contraditória* [de um lado se encontram — em termos de raiz — os interesses do capital e de outro os interesses do trabalho], *a possibilidade de uma oposição à hegemonia do capital também é uma possibilidade real"*, em todas as instâncias da vida social (grifos meus).

A partir dos princípios e valores e dos conteúdos teóricos e técnico--operativos que sustentam a formação graduada e permanente, conforme

---

415. É necessário ressaltar que, como afirma Tonet (2012, p. 18) isso não significa dizer que todos os aspectos da vida social "em sua totalidade, estejam subsumidos ao capital. Se assim fosse, sequer os indivíduos poderiam existir enquanto indivíduos. Essa afirmação significa, apenas, que nenhum aspecto da vida social e individual, hoje, deixa de ser perpassado pelos interesses do capital".

indicado no projeto profissional, especialmente pelas Diretrizes Curriculares da ABEPSS[416] e pelo Código de Ética do Assistente Social de 1993, podemos afirmar que, no conjunto das profissões de nível superior, o assistente social é aquele que tem a possibilidade de ser formado com a necessária competência para proceder a uma atuação profissional/teórico-ideológica e política podendo contribuir, através das respostas às demandas dos usuários, na formação de uma consciência social crítica e emancipadora, tanto no que se refere à sua própria categoria, quanto aos demais profissionais e, essencialmente, aos trabalhadores e trabalhadoras/usuários, a partir das e em concomitância às respostas às requisições institucionais que, ao legitimarem a profissão do Serviço Social, consubstanciam a convocação que o capital faz aos assistentes sociais: participação no controle e submissão das massas trabalhadoras.

Ora, como vimos, a maioria dos assistentes sociais no Brasil, tendo como referência a Lei n. 8.662 (1993), desenvolve ações que exigem e resultam da convivência com os trabalhadores/usuários, no cotidiano da vida social. Ou seja, é na execução de atividades e ações que envolvem diretamente os trabalhadores/usuários[417] que a maioria dos assistentes sociais está envolvida. E é através delas, quando se materializa o caráter (des)educativo da profissão, que os assistentes sociais podem contribuir com os trabalhadores/usuários, de forma sistemática e continuada, tanto para que os indivíduos sociais se despolitizem, se enfraqueçam como classe e segmentos de classe, se submetam e se retraiam frente à explora-

---

416. As Diretrizes Curriculares (DC) da ABEPSS/1996 foram esvaziadas de conteúdo pelo MEC, através das Diretrizes Curriculares oficiais para o Serviço Social que, aprovadas no mesmo ano, não expressam o projeto do Serviço Social brasileiro.

417. A maioria dos assistentes sociais, através de entrevistas, contatos rápidos, reuniões, assembleias, visitas domiciliares (os quais resultam em orientações, encaminhamentos, interpretações, aconselhamentos, avaliações sociais, laudos, pareceres, estudos socioeconômicos, estudos sociais, cadastros, anamnese etc.), tanto viabiliza o acesso a direitos sociais e a informações e conhecimentos relevantes, como interdita este acesso. Neste processo, ora aplica os critérios de acesso às políticas, recursos e serviços (ora observando a letra da lei, ora interpretando-os a favor ou contra os interesses dos usuários), tendo em vista viabilizar ou recusar o acesso, ora conforta, alivia tensões, apoia aqueles que, mesmo estando dentro dos critérios estabelecidos pela legislação, são, por diversos motivos (como, por exemplo, falta de recursos), excluídos do usufruto dos recursos e serviços.

A/O ASSISTENTE SOCIAL NA LUTA DE CLASSES

ção e à dominação, se coloquem dóceis, obedientes e dispostos a obedecer, para aceitar sua situação de subordinação — *quando se revela o caráter deseducativo e deformador da profissão,* como para que os trabalhadores/ usuários sejam favorecidos na ordem societária vigente a praticar a mobilização e a organização para a luta política e o controle social, acessando conhecimentos, instrumentos de crítica e autocrítica, informações e direitos, na busca de sua efetivação e ampliação, *sobretudo na esfera pública,* porque é nela que, no movimento do capital, se pode concretizar a distribuição da riqueza e o controle social, sustentando condições de vida e de trabalho necessárias aos trabalhadores na luta pela emancipação humana e pela construção de uma nova ordem societária; processo que exige momentos de ruptura. Um processo que, mediado pela crítica e submetido à crítica, certamente resulta para os sujeitos envolvidos tanto experiência política como enriquecimento da subjetividade, o que só pode ser verificado *post festum — quando se revela o caráter educativo da profissão.*

Como podemos apreender no projeto de formação da ABEPSS, a busca de um Serviço Social mediado pelo projeto profissional[418] põe a "exigência de fundar a análise social na crítica da economia política" (Netto, p. 2006). Mas, uma análise social fundada na crítica da economia política não é suficiente para a estruturação de atividades e ações articuladas aos interesses dos trabalhadores. Alguns autores/intelectuais, mesmo a partir de uma criteriosa análise social, derivam para a reforma do capitalismo — o que significa manutenção da propriedade privada dos meios essenciais de produção, da exploração do trabalho e da concentração da riqueza socialmente produzida —, ora jogando a responsabilidade pelo enfrentamento do que consideram "problemas sociais" no indivíduo, a partir do autoinvestimento dos/nos sujeitos, ora imputando as possibilidades de transformação à abstrata sociedade civil/terceiro setor.[419]

---

418. Como meu objetivo está dado a partir do projeto profissional, ele foi abordado no capítulo 1. Sinalizamos aqui, dentre outras, a leitura de Netto, 2006 e Iamamoto, 2007.

419. Uma derivação que conquista corações e mentes, em todos os cantos da terra. Assim, não é sem razão que, em conclusão a uma dissertação intitulada *A Globalização e a Democracia,* apresen-

Ou seja, as referências teórico-metodológicas são essenciais, mas não são suficientes, nem para os intelectuais de ponta, nem para os intelectuais que têm como função a intervenção nas relações sociais, visto que, se a análise social — por aproximações sucessivas — pode fundar as condições de uma crítica teórica da realidade socioeconômica e cultural, possibilitando apreender, da realidade, alternativas de ação, ela não garante a direção social das ações, que só pode ser assegurada quando, *em consonância com princípios e finalidades ético-políticos emancipatórios escolhidos conscientemente, materializam-se na atividade prática.*

Do mesmo modo, dialeticamente, as referências teórico-metodológicas, ético-políticas e técnico-operativas só podem ser apreendidas no seu movimento e concretude quando, mediando o exercício profissional através da objetivação do planejamento/intenções, geram consequências que, por sua vez, só podem ser apreendidas a partir de uma análise *post festum:* análise concreta de situações concretas, apreendidas, consideradas e analisadas como parte e expressão do cotidiano profissional. Ou seja,

---

tada por A. M. José Barros Miguel Vasconcelos, para a obtenção do Grau de Mestre em Ciência Política no Curso de Mestrado em Ciência Política, Cidadania e Governação, conferido pela Universidade Lusófona de Humanidades e Tecnologias/Portugal, a partir de um texto que contesta a globalização capitalista e ressalta a democracia, a autora, ignorando as necessidades de acumulação e as estratégias necessárias que movem as sociedades capitalistas/imperialistas que lutam para controlar o mundo, em que petróleo/guerra, e muito em breve água/guerra, e o espraiamento dos processos de alienação/controle estão no centro, ela conclui: "Para isso, é necessário, também, que haja *um esforço por parte das autoridades de todas as sociedades e a colaboração de todas.* O problema da justiça global é um problema que depende de todos. Com a *participação conjunta* pode-se conseguir, sem dúvida, um mundo melhor. Até à data, ainda ninguém descobriu a fórmula para paz, mas sabe-se que ela só será possível com a *união de todos os esforços.* Muito mais do que quebrarmos as barreiras exteriores, mudar políticas, criar estratégias é o grande segredo. Isso é *quebrar as barreiras internas. Isso é amar o próximo, desenvolver no próprio indivíduo o sentimento de compaixão, solidariedade, amizade, honestidade. É urgente a união de esforços humanos para evitar o egoísmo, o consumismo, a avareza, a ambição desmedida, o egocentrismo para que se possa alcançar o patamar da serenidade, da paz.* E por conseguinte, universalmente com orgulho, com convicção e com certeza falar do desenvolvimento sustentável, falar da Justiça Global". Disponível em: <http://hdl.handle.net/10437/1585>. Acesso em: 15 ago. 2014 (grifos meus). Ou seja, equalizando quem detém poder político e econômico para decidir guerras e o usufruto da riqueza no mundo, com quem só pode contar com sua força de trabalho para sobreviver e contando com a colaboração individual e sentimental entre eles para enfrentar os graves problemas que a humanidade enfrenta na atualidade, me parece que as considerações da autora dispensam comentários.

na perspectiva do projeto profissional, *para analisar/pensar um Serviço Social mediado por ele, não partimos de ideias, especulações ou idealizações sem ligação com a realidade; partimos do processo de desenvolvimento real e concreto do qual o Serviço Social é parte e expressão, tendo em vista apreender tanto a lógica da atividade profissional como as possibilidades de superá-la, partindo das suas próprias contradições.*

Assim sendo, diante da qualidade da formação graduada e permanente[420] e da complexidade da realidade, podemos realizar prognósticos sobre a direção da atividade dos assistentes sociais, mas só uma análise concreta de situações concretas — uma análise *post festum* — pode revelar a direção social que a categoria profissional vem imprimindo no cotidiano da prática e as reais consequências da atividade profissional, principalmente no que diz respeito à atenção prestada diretamente aos trabalhadores/usuários, assim como apreender, da realidade, possibilidades, alternativas e estratégias de ação. Nesse processo, é a dialética que nos favorece porque, como afirma Marx (1983, p. 21),

> no entendimento positivo do existente, ela inclui ao mesmo tempo o entendimento da sua negação, da sua desaparição inevitável; porque apreende

---

420. Se, por um lado, ressaltamos a importância da formação permanente do assistente social e demais profissionais de nível superior, tendo em vista a necessidade de planejamento para uma inserção profissional qualificada diante do movimento da realidade social e das indicações do projeto de profissão, não podemos deixar de sinalizar as implicações e as consequências da Declaração de Bolonha, na universidade, no mundo e no Brasil, e como essa declaração se refere, de forma totalmente contrária, à formação permanente. A formação de nível superior, a partir dos anos 90, com o neoliberalismo, está submetida às indicações da Declaração de Bolonha (1999) centrada na formação para o mercado de trabalho e na ideia de qualificação do "capital humano" pela investigação científica e tecnológica e da valorização da experiência de vida. Aligeirada e, consequentemente, desqualificada, a formação graduada, assim, está centrada na formação ao longo da vida e na valorização da experiência centrada em competências pessoais, sociais e profissionais. A concentração e aligeiramento dos ciclos — graduação, mestrado, doutorado —, além de diminuir os anos de formação graduada, desvaloriza a formação acadêmico-profissional, o que dificulta, ainda mais, a formação de um profissional rico teórica e eticamente, ou seja, daquele intelectual necessário não só a um exercício profissional mediado pelo projeto do Serviço Social brasileiro, mas, antes de tudo, daquele intelectual completo, em todas as áreas, capaz e indispensável à busca de soluções para as grandes questões que a humanidade vem enfrentando no âmbito da sociedade contraditória e mais complexa que já se realizou: a sociedade capitalista.

cada forma existente no fluxo do movimento, portanto também com seu lado transitório; porque não se deixa impressionar por nada e é, em sua essência, crítica e revolucionária.

Tendo como referência o método de Marx (o método da teoria social) e tomando como objeto de atenção situações concretas extraídas do cotidiano profissional dos assistentes sociais, o nosso objetivo aqui é apreender o movimento da atividade profissional para, em, conhecendo-a, contribuir para transformá-la, o que, consequentemente, poderá favorecer a transformação da realidade social, da qual o cotidiano profissional é parte e expressão. Se do conhecimento não se extraem diretamente indicativos para a ação, mas somente através de complexas mediações, não se terá uma prática eficiente, inovadora, radicalmente crítica, propositiva, criativa, se ela não estiver apoiada em conhecimentos sólidos e verazes, como afirma Netto (2009). Conhecimentos que, mediando a atividade profissional, vão possibilitando revelar e identificar as estratégias, as alternativas e as ações necessárias, tendo em vista as finalidades e os objetivos que referenciam o planejamento e sua transformação em realidade no cotidiano profissional.

A busca de práticas mediadas pelo projeto profissional não está apenas no domínio do pensamento. Trata-se de identificar na realidade e definir/priorizar/realizar estratégias e ações e atividades que se impõem e que são essenciais e indispensáveis, não só ao acesso às políticas sociais como direito do cidadão e dever do Estado, mas também aos processos de formação, mobilização e organização das massas trabalhadoras, tendo em vista sua participação no controle social dos serviços prestados e na imposição de limites ao capital; processo que, ao resultar de planejamento, traz consequências para a formação, a mobilização e a organização dos próprios sujeitos profissionais (assistentes sociais e integrantes das equipes profissionais.

Se, diante do inexorável movimento da realidade social — e do movimento institucional como sua parte e expressão —, sentimo-nos impotentes, desesperançados e privados do que é necessário à atividade profissional, não restam dúvidas que, ao aprofundar a análise deste movimento e apreendê-lo no fluxo do movimento social, poderemos revelar o que está obscurecido pela sua aparência e, estabelecendo as conexões dialéticas e contraditórias entre coisas, fatos, captar não só as contradições, as tendências e as possibilidades ali presentes, que estimulam ações necessárias, mas captar, no limite, a inevitável transitoriedade do Modo de Produção Capitalista.

Nesse sentido, na busca de um exercício profissional mediado pelo projeto do Serviço Social, tanto na formação, no planejamento das políticas e na organização política da categoria, como na atenção direta aos trabalhadores/usuários, não há como os assistentes sociais que optam por este projeto esperarem por "um" maestro. Tanto do processo de formação quanto do exercício profissional, o maestro somos nós, individual e coletivamente, que, como sujeitos históricos, temos a possibilidade de dar nossa modesta contribuição no processo de construção de uma nova ordem social sem dominação/exploração de classe, etnia e gênero. Nós, assistentes sociais, como parte e expressão do "maestro das consequências" (Pedro Matos, 2008, p. 77), o ser social.

O complexo de questões elencadas até aqui é que nos move na busca de contribuir com práticas planejadas e avaliadas nas suas consequências.

3.1 O Eixo de Análise

3.1.1 O exercício profissional mediado pelo Projeto Ético-Político do Serviço Social: questões candentes

O Serviço Social no Brasil, desde a década de 1960, vem passando por grandes transformações no plano teórico-prático (Iamamoto e Carvalho, 1983; Netto, 1991 e Castro, 1993). Desde o final da década de 1970, vem se desenvolvendo e consolidando um *projeto de profissão* sintonizado com os interesses, necessidades e demandas históricas da classe trabalhadora, nos seus diferentes segmentos.

Entendemos que, na sua origem, este projeto parte da consciência de que a liberdade, como garantia da autonomia, da emancipação e da plena expansão dos indivíduos sociais, na busca de uma ordem societária sem dominação/exploração de classe, etnia e gênero, não se conquista e se conserva através de reformas como fins em si mesmos, sejam elas de ordem moral ou econômica. A liberdade, assim como a autonomia, o poder, conquista-se, desenvolve-se, aperfeiçoa-se e conserva-se através de transformações econômicas, políticas e sociais dialéticas,[421] que assegurem (para além da ampliação e consolidação da cidadania com vistas à garantia dos direitos civis, sociais e políticos, mesmo considerados como direitos indissociáveis, como podemos apreender no Código de Ética do Assistente Social (CFESS, 1993), uma organização social fundada na "socialização da participação política e da riqueza socialmente produzida", o que significa não só a radicalização do processo democrático em curso, mas a superação da democracia burguesa por uma humanidade emancipada.

Ou seja, uma organização social onde o trabalho explorado seja substituído pelo trabalho associado, o que impõe como consequência uma nova ordem societária, sem exploração/dominação de classe, etnia e gênero. Isso significa, reafirmando a essencialidade de uma ordem social alternativa ao capital no sentido de preservar o homem e a natureza, sustentar como patamar a plena participação de "produtores associados" na tomada de decisão em todos os níveis de controle político, cultural e econômico, mantendo como finalidade a autonomia, a emancipação e o pleno desenvolvimento de cada um, através "da universalização da educação emancipadora e da universalização do trabalho como atividade humana autorrealizadora" (Mészáros, 2005), fruto de uma sociedade fundada, como afirmou Marx, "na livre associação de livres produtores", "onde o livre desenvolvimento de cada um é a condição para o livre desenvolvimento de todos".

---

421. Transformações econômicas, políticas e sociais dialéticas, no sentido de que é próprio do mundo dos homens o movimento dialético: negação, conservação, superação, ou seja, elevação a um nível superior.

A/O ASSISTENTE SOCIAL NA LUTA DE CLASSES

Entretanto, após mais de duas décadas de consolidação do projeto profissional enquanto petição de princípios da categoria dos assistentes sociais brasileiros, o qual tem resultado tanto numa produção de conhecimento/"massa crítica" que favorece sua direção social, quanto na organização e participação de segmentos expressivos da categoria em lutas sociais e na organização da própria categoria, as *respostas que a maioria dos assistentes sociais vem dando*, histórica e conjunturalmente, às demandas dos diferentes segmentos da classe trabalhadora, os quais clamam por um enfrentamento com a ordem econômica e política dominante, não estão sendo mediadas pelas indicações do projeto profissional,[422] o que, consequentemente, não tem favorecido mais ao trabalho do que ao capital, como anunciado no projeto como possibilidade, diante da prioridade dada pelos assistentes sociais às respostas às requisições institucionais.

Assim, parece-nos que traduções práticas do projeto profissional[423] não predominam no âmbito da atividade profissional, seja na formação, na gestão e no planejamento e realização das atividades socioassistenciais e, atualmente, na produção de conhecimento, considerada em sentido amplo.[424] Não predominam, principalmente, no que se refere à atividade profissional junto a indivíduos e grupos dos diferentes segmentos da classe trabalhadora, diante de uma preocupação e priorização, consciente/intencional ou não, das *requisições institucionais*, pelos assistentes sociais,[425] assim como não predominam no processo de formação, seja nas faculdades públicas, seja nas privadas.

Pôr em destaque as ações desenvolvidas junto a indivíduos e grupos não quer dizer que elas sejam vistas de forma isolada no exercício

---

422. Ver, por exemplo, Costa, 2006; Iamamoto, 2007; Vasconcelos, 2002.

423. Temos como base o material empírico sistematizado nas investigações em andamento no NEEPSS/FSS/UERJ — CNPq/FAPERJ.

424. Se considerarmos integrando a produção de conhecimento no Serviço Social artigos publicados em revistas da área e nos Anais dos dois principais congressos — CBAS e ENPESS — coletâneas e livros, monografias, dissertações e teses, para além da produção de mais ou menos vinte autores brasileiros que dão a direção do debate no Serviço Social — nem todos livres de ecletismos —, esta é uma afirmação que cabe neste momento histórico, a partir dos estudos que temos realizado.

425. Ver Vasconcelos, 2002, capítulo 2.

profissional, processo que, tendo em vista uma prática consciente, crítica, criativa e propositiva, envolve, apreendido o cotidiano profissional como parte e expressão da realidade social, pelo menos: planejamento — investigação/produção de conhecimento —, gestão e viabilização de recursos, ações educativas, articulações políticas, mediações institucionais, avaliação (ver, a seguir, o item "contextualização da atividade"). Do mesmo modo, a atenção direta aos usuários atravessa e é atravessada por processos que envolvem o planejamento, a gestão e a avaliação das próprias políticas e serviços sociais. Apreendido em si mesmo e *descolado desses processos, o contato direto com os usuários — através de entrevista, reunião, visita domiciliar etc. — torna-se burocrático e vazio.*

Neste contexto, não podemos deixar de destacar o que consideramos uma *involução* no que se refere ao exercício profissional junto a indivíduos e grupos. Se por um lado, tanto por parte das instituições públicas e privadas/ONGs, o assistente social vem cada vez mais sendo requisitado a prestar assessoria, consultoria na realização de projetos; a assumir a gestão de unidades socioassistenciais e assessorar gestores; a assumir a qualificação de técnicos de nível médio e elementar das instituições em que trabalha; por outro lado, ao ser cada vez mais requisitado a capacitar técnicos de nível elementar, médio ou voluntários com fins de prestar atenção direta aos usuários dos serviços socioassistenciais, o assistente social vê seu papel ser substituído por esses técnicos ou voluntários. São dois processos — gestão e capacitação — que vêm apartando os assistentes sociais da possibilidade de realizar seu potencial educativo e formador nos processos de mobilização e organização dos segmentos de trabalhadores, onde estão inseridos profissionalmente. Quanto mais afastados dos usuários, mais os assistentes sociais estarão submetidos e submissos às requisições institucionais e aos interesses específicos de gestores e demais profissionais e menos com condições de dar sua contribuição em processos que favoreçam alianças tanto entre os diferentes segmentos da classe trabalhadora, como "alianças entre os descontentes e os despossuídos" (Harvey, 2011). Isso não significa que estar junto ao usuário garanta a realização pelo assistente social do papel educativo e formador necessário ao protagonismo dos trabalhadores na luta de classes, nem significa desmerecer o importante papel que alguns assistentes sociais vêm desempenhando na assessoria e/ou na gestão de programas, políticas, nas unidades socioassistenciais. Papel de relevância também exercido na capacitação e formação de quadros que têm como função uma atuação política e técnica junto aos trabalhadores, com destaque para a capacitação da representação dos trabalhadores e profissionais nos Conselhos de política e de direitos e de técnicos que atuam direta ou indiretamente junto aos trabalhadores nos seus diferentes segmentos, em diferentes áreas de atuação, como recepcionistas, seguranças, pessoal da limpeza, técnicos de enfermagem etc.

A preocupação advém, *primeiro,* do fato de que cada vez mais os trabalhadores, por parte do Estado e da iniciativa privada, vêm sendo submetidos a processos cada vez mais desqualificados, alienantes e alienadores, a partir da intervenção de técnicos de nível elementar e médio e de voluntários e, *em seguida*, pelo fato de que grande parte dos assistentes sociais inseridos nos processos de gestão, assessoria e treinamento, mesmo diante do compromisso assumido com os trabalhadores, contraditoriamente, sentem-se mais importantes, valorizados e reconhecidos e consideram mais relevante a realização de atividades que não os põem em contato direto com os usuários; o mesmo que vem ocorrendo, historicamente, com alguns docentes com relação à disciplina de Estágio Supervisionado e com assistentes sociais que realizam cursos de sanitarista etc., o que resulta não só na desqualificação das atividades que recusam realizar e na sua falta de qualidade, mas na baixa estima que envolve os assistentes sociais que atuam diretamente com os trabalhadores.

Ou seja, ainda que o Projeto Ético-Político do Serviço Social brasileiro venha se aperfeiçoando ética e teoricamente, ao longo das últimas décadas, tanto no que se refere à clareza de seus princípios e valores em oposição ao tradicionalismo do Serviço Social, quanto na definição dos conteúdos necessários à formação de um assistente social com capacidade crítica de análise, criativo e propositivo, ou seja, um profissional que possa responder com ações qualificadas que detectem tendências e possibilidades impulsionadoras de novas ações, projetos e funções, rompendo com as atividades rotineiras e burocráticas, isso não vem garantindo a predominância de um exercício profissional, na formação e na atividade socioassistencial, mediado pelo referido projeto.

Aqui estamos nos referindo a assistentes sociais que, identificando as demandas presentes na sociedade e desvelando as possibilidades de ação contidas na realidade, formulem e ofereçam respostas profissionais que favoreçam o protagonismo de diferentes segmentos da classe trabalhadora na luta de classes, com imposição de limites ao capital, no enfrentamento dos mecanismos de exploração[426]/dominação e da exploração do trabalho, da propriedade privada e da concentração da riqueza socialmente produzida, nas quais a desigualdade de classe tem sua origem, desigualdade que potencializa e é potencializada pelas desigualdades de etnia e gênero. Ou seja, estamos nos referindo a uma atividade profissional que favoreça os trabalhadores a transitar da submissão e defensiva para a ofensiva.

Aqui, o mesmo que Netto (1991, p. 160-161) identifica com relação à perspectiva de intenção de ruptura no enfrentamento do Serviço Social tradicional pode ser afirmado com relação ao projeto profissional em vigência, com relação ao enfrentamento do conservadorismo profissional: ele tem alcançado "resultados pouco significativos em proposições não prescritivas para o exercício profissional, [donde] um flagrante hiato entre a intenção de romper com o passado conservador do Serviço Social e os indicativos prático-profissionais para consumá-la", o que também pode ser afirmado com relação a uma parte considerável da produção de conhecimento da área e à formação acadêmico-profissional e pós-graduada.[427]

---

426. Diante da necessidade central para a burguesia de explorar trabalho, tendo em vista a produção da riqueza e extração de lucro, mecanismos baseados na exploração direta do trabalho espraiam-se para todas as instâncias da vida social, quando modelam formas de obscurecer o processo real, iludir e ludibriar, tendo em vista aproveitar-se de alguém com o fim, tanto de obter vantagens e compensação material, como de obter informações, consentimento, consenso, submissão etc. Mecanismos que, independentemente do nível cultural, são reproduzidos, intencionalmente ou não, pelos indivíduos no cotidiano da vida social, no espaço privado e no espaço público.

427. Analisando o penúltimo lugar ocupado pela temática "formação profissional, fundamentos e trabalho profissional" na agenda temática da pesquisa, na área de Serviço Social, Iamamoto

Este quadro resulta de um complexo de fatores que se inter-relacionam, se determinam e se condicionam, dentre os quais ressaltamos: as condições históricas objetivas que condicionam as condições materiais, subjetivas e o nível de consciência política e de organização, individual e coletiva dos candidatos a assistente social e da própria categoria profissional; as condições e a qualidade concretas da formação acadêmico-profissional e permanente, tendo em vista superar o processo de socialização alienante e alienador da sociedade burguesa;[428] a consequente

---

(2007, p. 463) comenta: "não se reclama uma regressão a uma perspectiva endógena da profissão, cuja ruptura foi uma das grandes conquistas dos últimos vinte anos. Entretanto *a pesquisa sobre as múltiplas determinações, que atribuem historicidade ao exercício profissional — e adensam a agenda da formação profissional —, carece de uma relação mais direta com as respostas profissionais, no sentido de qualificá-las nos seus fundamentos históricos, metodológicos, éticos e técnico-operativos.* Em outros termos, para decifrar as relações sociais e qualificar o desempenho profissional, são requeridas mediações na análise das particularidades dessa especialização do trabalho, que carecem de visibilidade no universo da produção científica do Serviço Social." Uma realidade que nossa investigação vem confirmando.

428. Aqui se destaca a necessária reflexão sobre alienação, por parte dos assistentes sociais, para além das observações que realizamos anteriormente. Lessa (2007, p. 125-154), refletindo sobre a Ontologia de Lukács, ressalta que a sociedade burguesa é puramente social. É a sociedade na qual "o local do indivíduo na sociedade não é determinado por nenhum acontecimento imediatamente biológico, como o nascimento, e sim por um processo imediatamente social, como a aquisição ou perda da riqueza etc.". Com sua gênese e desenvolvimento, "pela primeira vez os homens impõem a si próprios a tarefa de, conscientemente, construir a História. Abre-se a era das revoluções. Na sociedade burguesa, a práxis social requer e possibilita que se eleve à consciência, em escala social, o fato de os homens serem os construtores de sua História, ainda que em circunstância por eles não escolhida". Colocada como uma possibilidade, a construção da História requer a "superação da dicotomia indivíduo/gênero, a superação da cisão tipicamente burguesa, do ser humano em *citoyen* e *bourgeois*. Tal superação requer, por um lado que a práxis construa complexos sociais mediadores que permitam a explicitação e o reconhecimento coletivo das necessidades postas pelo desenvolvimento humano-genérico. E, por outro lado, que, nos atos postos teleologicamente pelos indivíduos, predominem valores que encarnem as necessidades postas pelo desenvolvimento da generalidade humana. Ora, no processo de construir um ambiente cada vez mais social — ou seja, a exteriorização enquanto 'afirmação prática da crescente capacidade do homem de modificar o real no processo de sua reprodução' — nem 'todas as objetivações/exteriorizações assumem papel positivo no desenvolvimento da generalidade humana'. [...] Algumas das objetivações, em momentos historicamente determinados, podem se transformar, de impulsos, em obstáculos ao desenvolvimento da humanidade. E, nesses momentos, tais objetivações, em vez de contribuir com o devir-humano dos homens, se transmutam em negação da essência humana, em expressão da *desumanidade criada pelo próprio homem*. A esses *momentos de negatividade*, que constituem obstáculos sociogenéricos ao devir-humano dos homens, Lukács denomina, após Marx, de alienação (*Entfremdung*)", que não tem nada de natural,

dificuldade de toda ordem em apreender a teoria social crítica como instrumento para acessar o conhecimento produzido e produzir conhecimentos necessários para captar o complexo movimento da realidade social e dos espaços sócio-ocupacionais, como sua parte e expressão, tendo em vista assumir (ou rejeitar) consciente e intencionalmente a direção social expressa no projeto profissional; as condições objetivas que impactam os espaços sócio-ocupacionais, a prática profissional e as condições de trabalho.

É diante desse complexo causal que podemos perceber como o processo de formação e a qualidade do exercício profissional carregam as consequências da mutilação dos indivíduos sociais no capitalismo, consequências que impactam brutalmente a classe trabalhadora nos seus diferentes segmentos e, consequentemente, impactam a categoria dos assistentes sociais como sua parte e expressão.

No âmbito da formação profissional, grande parte das unidades de ensino não alcança forjar sequer o assistente social tradicional,[429] nem o assistente social com perfil intelectual requerido pelo projeto profissional.[430]

é puramente social. "É uma negação da essência humana socialmente posta, é uma negação do homem pelo próprio homem". [...] O caráter puramente social da sociedade burguesa, quando/onde o local ocupado pelo indivíduo na ordem social e determinado apenas pela dinâmica econômica, 'possibilitou que a existência humana se alienasse numa intensidade e numa amplitude inéditas na História". O fato de que na sociedade burguesa "o local de cada indivíduo na estrutura social [ser] relativamente modificável (dentro de limites historicamente dados) pela ação dos indivíduos" possibilita que a sociedade capitalista se construa "como uma enorme arena na qual os indivíduos não cessam de lutar entre si por um lugar ao sol". Além de Lessa, 2007, cf., necessariamente, Netto (1981), Lukács (2010, 2012, 2013) e Mészáros (2006).

429. Um assistente social *"tradicional"*, no sentido indicado por José Paulo Netto, é aquele profissional que realiza uma "prática empiricista, reiterativa, paliativa e burocratizada" e que, mesmo que, na sua vontade/intenção, aspire uma articulação com as necessidades e interesses dos usuários, no exercício profissional, está parametrado por uma "ética liberal burguesa", sua teleologia consistindo "na correção — numa ótica claramente funcionalista — de resultados psicossociais considerados negativos ou indesejáveis, sobre o substrato de uma concepção (aberta ou velada) idealista e/ ou mecanicista da dinâmica social, *sempre pressuposta a ordenação capitalista da vida como um dado factual ineliminável"* (Netto, 1981, p. 59-60, grifos meus).

430. Nossas afirmações sobre formação profissional estão baseadas, no mínimo, em Iamamoto (2007) e em produções divulgadas pela revista *Temporalis*, da ABEPSS, principalmente, as de número 14

No sentido indicado por Vieira (1978), para a formação de um assistente social (tradicional/conservador e funcional à ordem do capital), põe-se a exigência de formação, não de um simples burocrata, mas de um especialista, a partir da formação de um técnico bem adestrado para operar instrumentalmente sobre as demandas do mercado de trabalho, tal como elas se apresentam. Ou seja, um profissional preparado para "assegurar a participação do homem no estudo do seu problema e no melhor modo de equacionar sua execução", ou seja, orientá-lo e ajudá-lo a "tomar decisões e realizá-las de acordo com suas próprias possibilidades", objetivando o "bom funcionamento social", através da "(re)solução de problemas" individuais;[431] um estado de coisas que obscurece a verdade dos fatos porque, na realidade, aqui não se trata de "problemas sociais", mas de conflitos sociais.

Por outro lado, no capitalismo contemporâneo, complexificando esse quadro, para atuar junto às massas supérfluas para o capital, basta o voluntariado[432] ou um profissional que conquiste seu diploma, independentemente dos conteúdos adquiridos, atue com boa intenção, com vontade de ajudar, a partir da experiência de vida; atue sem questionamentos a partir dos recursos disponíveis, ou da falta deles, em resposta às demandas institucionais,[433] muito aquém do indicado por Vieira.

(2007), 15 (2008), 17 (2009), 20 (2010) e 22 (2011), que abordam a implantação das Diretrizes Curriculares do Serviço Social, a formação profissional e o Estágio.

431. Diante dos objetivos e exigências postas por Vieira, a denominação "caso social" ainda utilizada por grande parte dos assistentes sociais no cotidiano profissional, geralmente relacionada a moradores de rua e/ou indivíduos sem referência familiar, não guarda relação alguma com o que Vieira denomina "caso social"/atendimento de caso, o que exige qualificação técnica para proceder o "tratamento social" que exige estudo, diagnóstico, tratamento, avaliação e alta.

432. Não se trata de ser contra o voluntariado em si. Não são raras as situações em que, na educação, por exemplo, foi a força de um voluntariado, consciente da direção social das suas ações, que reduziu níveis de analfabetismo, como pode ser observado nas várias experiências de países latino-americanos, sem mencionar o papel e a força do voluntariado diante de situações de catástrofe. Assim, o que está em questão aqui é a função social desempenhada pelo voluntariado, que, neste caso, requisitado pelo capital e atuando sob a aparência de neutralidade, se põe como braço da elite dominante, independentemente de suas intenções de ajudar e/ou resolver problemas.

433. Isso pode ser observado tanto na chamada exaustiva do voluntariado para administração da pobreza, que, tendo início na Europa na década de 1990, espraia-se pelo mundo, quanto na

Não é sem razão que, como indicado pela ABEPSS (1997), a exigência é a formação de um intelectual. Ora, um intelectual agrega condições de não se situar como mera mediação que se põe, inocente, na trama das relações entre pensamento/prática e real. Ele reúne condições de não se portar de forma indiferente nem imune, seja às condições, seja às implicações da sua prática de investigação e/ou socioassistencial. Todas as versões da neutralidade e engajamento põem e repõem o desafio básico para um intelectual/profissional: torna-se difícil ficar indiferente/neutro ao "destino que se dá às suas descobertas", às suas reflexões e às consequências de suas práticas. Assim, é a partir da qualidade da sua formação que os profissionais podem assumir consciente e intencionalmente responsabilidades no curso dos processos socioculturais que organizam o aproveitamento dos dados e descobertas das ciências. Ver Fernandes (1995, 1986).

Desse modo, na formação do assistente social com perfil intelectual, põe-se como exigência escolhas ético-políticas e competências teóricas fundamentais à compreensão do contexto sócio-histórico em que se situam os sujeitos da ação e a prática. Escolhas e competências que possibilitem a apreensão crítica dos processos sociais de produção e reprodução das relações sociais numa perspectiva de totalidade, que possibilitem a análise do movimento histórico da sociedade brasileira, apreendendo as particularidades do desenvolvimento do capitalismo no país e as particularidades regionais; que possibilitem a compreensão do significado social da profissão e de seu desenvolvimento sócio-histórico, nos cenários internacional e nacional, desvelando as possibilidades de ação contidas na realidade; que possibilitem a identificação das demandas presentes na sociedade, visando formular respostas profissionais para o enfrentamento da questão social,[434] considerando as novas articulações entre o públi-

---

desqualificação crescente do nível de exigência para a formação de um assistente social para o capital, o que pode ser observado na proliferação dos cursos à distância na área de Serviço Social, a partir da mutilação das Diretrizes Curriculares da ABEPSS, pelo MEC.

434. Conforme mencionei antes, como evidencia Netto (2010, p. 7), "o desenvolvimento capitalista produz, compulsoriamente, a 'questão social' — diferentes estágios deste desenvolvimento produzem diferentes manifestações da 'questão social'; esta não é uma sequela adjetiva ou transitória do regime do capital: sua existência e suas manifestações são indissociáveis da dinâmica específica

co e o privado, como consta do projeto de formação profissional, como podemos apreender da proposta de formação da ABEPSS.

Afinal, é o movimento da totalidade social que põe e repõe as questões pertinentes e delineia as perspectivas ou probabilidades de desenvolvimento e as possibilidades para as respostas necessárias.

Diante dessas exigências, a Revista *Temporalis*/ABEPSS (ns. 13 e 14, 2007) traz algumas reflexões preocupantes sobre a implementação das Diretrizes Curriculares do Curso de Serviço Social/ABEPSS.[435] Mesmo as unidades de ensino que tomam como referência a *Proposta Básica para o Projeto de Formação profissional* da ABEPSS (ABESS/CEDEPSS, 1995 e 1997) não estão conseguindo forjar/formar/preparar uma maioria de profissionais que empreendam ações na direção social proposta pelo referido projeto. Ou seja, não estão conseguindo formar um intelectual fruto de uma *formação generalista e crítica, que apreenda* a lógica e as leis fundamentais do modo de produção capitalista, sua complexidade e contradições na geração da *questão social* e como essa lógica impacta as relações sociais e os indivíduos; um profissional que possa apreender, resistir e se situar criticamente frente aos mecanismos de exploração, dominação e controle, aos quais é chamado tanto a obscurecer quanto a operar/reproduzir. Ou seja, uma formação que favoreça o futuro profissional a produzir intelectualmente uma "análise social fundada na crítica da economia política" (Netto, 1996 e 2006) e, propositiva e criativamente, *ter condições de empreender respostas profissionais na direção dos interesses históricos dos diferentes segmentos da classe trabalhadora, para além das respostas às requisições institucionais.*

---

do capital tornado potência social dominante. *A 'questão social' é constitutiva do capitalismo*: não se suprime aquela se este se conservar. [...] a questão social está elementarmente determinada pelo traço próprio e peculiar da relação capital/trabalho — a exploração. [...] no modo de produção capitalista os trabalhadores, assalariados, estão sempre sendo atingidos pelos mecanismos de pauperização *absoluta ou relativa*. Ou seja, mais ou menos intensamente, revelam no seu cotidiano as diferentes expressões da questão social".

435. Aqui estamos nos referindo às Diretrizes Curriculares da ABEPSS e não às Diretrizes Curriculares oficializadas pelo MEC, que esvaziaram de conteúdos a formação do assistente social, abrindo o caminho para a formação do assistente social em Cursos à Distância. Os documentos podem ser consultados em CRESS/RJ, 2008.

A categoria central, nessa direção social, é o trabalho e não a esfera da subjetividade. É o trabalho, com pena de, ao se individualizar o usuário a partir do "seu problema" (como indicado por Vieira), obscurecermos a exploração em favor da luta contra as "injustiças sociais", o que nos remete à diminuição de níveis de pobreza (desigualdade social) e de níveis de participação política (desigualdade política) e não à luta contra a exploração (desigualdade econômica), essa sim, a luta que, articulando as demais, constituindo-se como luta anticapitalista, pode contribuir para a construção de uma nova ordem societária, sem dominação-exploração de classe, etnia e gênero, como afirmado nos princípios fundamentais do Código de Ética do Assistente Social.

É a luta pela eliminação da exploração do trabalho e, consequentemente, da propriedade privada dos meios essenciais de produção e da apropriação privada da riqueza que pode resultar em contribuição na construção de uma nova ordem societária, porque consubstancia não a igualdade de oportunidades tolerada na sociedade capitalista, visto que assentada na desigualdade econômica, mas a igualdade substantiva, que assegura a todos a igualdade na partida como podemos observar em Mészáros (2007, capítulo 9). "Igualdade substantiva" necessária à "democracia substantiva", muito além da democracia representativa e da democracia direta.[436] Para o autor, "a democracia substantiva parte de uma igualdade substantiva e exige uma alteração radical no metabolismo social, substituindo o seu caráter alienado e a superimposição alienante de todo o processo de decisão política do Estado sobre a sociedade" (2015, p. 2). Na ignorância desses processos e mecanismos e das exigências que sua superação exige — que a formação de um assistente social tradicional não sustenta e que a formação na direção pretendida pelo projeto profissional não está conseguindo assegurar —, a tendência natural é sua reprodução acrítica; ou seja, fortalecimento da sociedade do capital.

---

436. Para Mészáros, "apesar de seus méritos relativos, a democracia direta é também muito problemática e está muito longe de perceber a tarefa histórica à sua frente. Até seu limitado contraexemplo institucional de 'delegados revogáveis' contra os 'deputados representativos' provou ser totalmente incompatível, nos últimos dois séculos, com a ordem de reprodução social estabelecida". (Mészáros, 2015)

Ora, a maioria dos estudiosos que toma como objeto de análise o Serviço Social no Brasil realiza uma análise do processo histórico e da institucionalização da profissão e/ou de aspectos centrais e gerais da relação Estado/Sociedade (Iamamoto, 2007, cap. 4). Desse modo, poucos são os estudos que buscam apreender a organização e a lógica[437] do exercício da profissão pelos assistentes sociais, como coletivo, principalmente o que também envolve diretamente os usurários, tendo como referência de análise[438] o projeto profissional apreendido na sua radicalidade, como proponho ao longo deste livro.

Por outro lado, a predominância de estudos sobre as políticas de Seguridade Social, sem as mediações necessárias com a profissão, a escassez de estudos sobre o potencial relativo de luta econômica e política das massas trabalhadoras e dos movimentos sociais, nos confrontos econômicos, sociais e políticos com as classes burguesas (Fernandes, 2009), e a direção social de estudos que não favorece o projeto profissional, têm contribuído para que o exercício da atividade profissional dos assistentes sociais na atenção direta aos trabalhadores/usuários resulte, predominantemente, em controle, individualização, focalização, fragmentação, despolitização.[439]

Destaco que minhas preocupações, como já mencionado, estão relacionadas não à busca de valorização da profissão, nem à busca de autoestima dos profissionais e do reconhecimento profissional, reconhecendo que uma atuação profissional de qualidade reverte em contribuição nestes aspectos. Não vejo o Serviço Social como uma profissão mais

---

437. Com base no materialismo dialético, estamos nos referindo a um processo de análise que tem por fim determinar categorias para a apreensão do movimento da realidade profissional, parte e expressão da realidade social concebida como uma totalidade em permanente transformação.

438. Análise substantiva tendo em vista uma avaliação teórico-crítica do exercício profissional e não uma avaliação meramente tecnocrática, adjetiva e/ou produtivista, estas centradas na busca de soluções meramente técnicas e/ou racionais, em detrimento das consequências das escolhas políticas que o exercício profissional exige, principalmente, para os sujeitos envolvidos, trabalhadores e profissionais, e/ou centradas numa avaliação quantitativa na busca de dar visibilidade ao número de atendimentos/procedimentos realizados a partir dos equipamentos e "recursos humanos" envolvidos, para serem utilizados como marketing por serviços e governos, nas suas diferentes instâncias.

439. Ver Iamamoto, 2007, cap. 4; Netto, 1996; Vasconcelos, 2002. cap. 2.

importante do que qualquer outra. Vejo como uma profissão que articula um segmento não inexpressivo da sociedade brasileira e mundial e, como tal, ao participar do cotidiano dos trabalhadores/usuários, traz consequências, ainda que difíceis de serem apreendidas, para a vida de cada usuário, para grandes e pequenos grupos e para a classe trabalhadora nos seus diferentes segmentos, o que, consequentemente, interfere no protagonismo dos trabalhadores na luta de classes. Isso porque a atividade profissional, ao repercutir de forma pontual, imediata ou mediata na vida de indivíduos, famílias, grupos/comunidades atendidas, está favorecendo os interesses de uma das classes fundamentais na sociedade do capital (Iamamoto. In: Iamamoto e Carvalho, 1982).

Ou seja, operando na/a luta de classes, o assistente social, individual e coletivamente, está, independentemente da sua consciência e intenção, favorecendo mais a um ou a outro desses polos. Desse modo, o que está em jogo não é o Serviço Social, que entendo que como profissão está consolidada na sociedade do capital, mas não sobreviverá da mesma forma numa sociedade emancipada; está em jogo o projeto de sociedade ao qual o projeto ético-político do Serviço Social brasileiro, apreendido na sua radicalidade, está articulado. Aquele projeto que afirma como princípios fundamentais a vinculação ao processo de construção de uma nova ordem societária, sem dominação, exploração de classe, etnia e gênero, tendo, como finalidade, a liberdade, com todas as demandas a ela inerentes — autonomia, emancipação e plena expansão dos indivíduos sociais, o que nos remete ao complexo e contraditório campo de luta pela radicalização da democracia, enquanto socialização da participação política e da riqueza socialmente produzida e a garantia dos direitos civis, sociais e políticos da classe trabalhadora, em articulação com a luta geral dos trabalhadores, na imposição de limites ao capital, muito além da democracia burguesa.

É neste contexto que objetivamos referenciar um processo que possibilite a análise do ser do Serviço Social, suas contradições, e de que forma seu desenvolvimento real produz ou não práticas mediadas pelo Projeto Ético-Político da profissão, não no sentido de apreender o que é "falso" ou "verdadeiro", mas no sentido de apreender, no seu movimento real, no campo da luta de classes como parte e expressão da práxis social, como, pela mesma ação, os assistentes sociais estão se pondo em ação ao objetivar práticas no campo conflituoso da luta de classes, frente aos interesses contraditórios da burguesia e dos trabalhadores; processo que traz como consequência a revelação de possibilidades, alternativas e limites presentes na realidade.

Na verdade, meus estudos levam-me a ter como hipótese que, no que se refere à prática direta com os trabalhadores/usuários, como abordado antes, é quase nula a diferença que separa o presente do passado na prática dos assistentes sociais no país, com a maioria deles, não intencionalmente, priorizando as requisições e os interesses institucionais e consentindo — ainda que seja um consentimento também não intencionado — que, na atenção aos usuários, imperem formas históricas de mando e obediência, ainda que reatualizadas e/ou "ressignificadas".[440] Ou seja, *práticas conservadoras atravessam o Serviço Social, desde sua origem, e nos acompanham como um fantasma do qual queremos nos livrar.* Nessa busca, frente ao complexo processo de "fazer/criar a história", somos levados, como muitos que almejam uma nova ordem societária, a priorizar o processo de explicar a história, como podemos observar na repetição das análises contidas nos trabalhos aprovados nos principais eventos científicos da categoria, assim como em parte da vasta produção contida nas revistas científicas da área.

O processo de criação da história não se dá no vácuo e não se consubstancia no dever ser, no projeto. Concretiza-se no cotidiano da vida,[441] o que requer pôr em questão e redirecionar a práxis existente, modelo das

---

440. É assim que observamos, no cotidiano profissional, a substituição de algumas expressões pelo seu equivalente do ponto de vista da burguesia: empoderamento, empreendedorismo, em vez de ajuda; em risco social, vulnerável em vez de desvalido etc.

441. A partir de Lukács, afirma Lessa (2007, p. 102-103): "a vida cotidiana [...] nada mais é que a forma historicamente determinada, concreta, que a cada momento assume a totalidade social. [...] A totalidade social, em suma, é para Lukács a forma historicamente concreta por meio da qual o trabalho, em cada instante, opera enquanto momento predominante do desenvolvimento do mundo dos homens".

práticas necessárias à reprodução da ordem do capital. É nesse sentido que o processo de construção e consolidação de práticas mediadas pelo projeto profissional exige, de partida, *análise concreta de situações concretas*. Se, como qualquer corporação, movimento ou segmento social que almeja ruptura com o capital, a categoria dos assistentes sociais tem como critério o movimento geral dos trabalhadores na luta de classes (ver item 1.7.1) e se é neste movimento que somos chamados pelo capital a atuar, tanto na deformação das individualidades, como na vigilância, fiscalização e monitoramento de indivíduos e grupos, o exercício profissional é o objeto necessário de/da análise, tendo em vista, ao apreender o contraditório complexo demandas dos trabalhadores x requisições institucionais, delinear o horizonte de possibilidades das respostas profissionais.

Uma análise teórico-crítica de situações concretas, que apreenda o exercício profissional individual (de um assistente social) e coletivo (uma equipe ou a categoria como um todo) como parte e expressão dos espaços sócio-ocupacionais, estes, expressão e parte da práxis social/luta de classes, visa submeter, cumulativamente, por aproximações sucessivas, o exercício profissional à investigação, à pesquisa, à crítica, tendo em vista a confrontação com finalidades, princípios e objetivos almejados, na busca de reconhecer seu potencial crítico, criativo, propositivo, educativo, formador, democratizante, politizante, buscando reconhecer o que, dialeticamente, deve ser descartado e o que deve ser mantido, tendo em vista alçar, permanentemente, condições superiores. Um processo que, certamente, vai resultar na elucidação das consequências e do alcance (limites, importância, valor...) da prática individual e coletiva no Serviço Social para os sujeitos e as instâncias, imediata (usuários, assistente social, demais profissionais, gestores, instituição) e mediatamente (Política Social, Serviço Social, classe trabalhadora nos seus diferentes segmentos) envolvidos/atingidos.

Na busca de superação de práticas conservadoras, cabe captar o momento histórico do processo da prática e revelar suas relações e conexões com a totalidade social no sentido de apreendê-lo como síntese de múltiplas determinações. É a partir da análise teórico-crítica da prática que está assegurada a possibilidade de superação da participação dos assistentes sociais no processo que reproduz o dominante na ordem societária vigente — ou seja, práticas conservadoras[442] — o que exige revelar a lógica da prática existente, no sentido, como visto, de negar o que não favorece e manter o que favorece/inspira e é útil a processos emancipatórios, tendo em vista alçar a condições superiores de prática, cada vez mais próximas dos objetivos almejados. Ou seja, estabelecendo a verdade dos fatos, conservar o que favorece a transformação no sentido de publicizar e socializar experiências relevantes: propositivas, críticas, criativas e, antes de tudo, experiências que se articulam em uma unidade sistemática consistente frente às finalidades e objetivos propostos. É nesse sentido que podemos ultrapassar a petição de princípios consubstanciada no Código de Ética do Assistente Social, *nossos princípios transformados em objetivos materializados, nossos princípios objetivados no cotidiano da prática*. Um processo dialético que, além da sensação, do sentimento, da experiência vivida, da ideia, da imaginação, exige razão dialética mediada e mediando o método da teoria social.

Parafraseando Netto (2009, p. 673), em afirmações a respeito da perspectiva crítica de Marx, em face da herança cultural de que era legatário, não se trata de se posicionar frente às experiências concretas para recusá-las ou, na melhor das hipóteses, distinguir nelas o "bom" do "mau". A análise teórico-crítica do exercício profissional dos assistentes sociais como parte e expressão da prática social consiste em "trazer ao exame racional, tornando-os conscientes, os seus *fundamentos*, os seus *condicionamentos* e os seus *limites* — ao mesmo tempo em que se faz a verificação dos conteúdos... [desse exercício profissional] a partir dos processos históricos reais"[443] (grifos meus).

---

442. Há que se deixar claro mais uma vez que são práticas que permeiam todas as instâncias da vida social e que não são próprias dos segmentos dominantes, mas como parte da ideologia dominante, reproduzidas pelos diferentes segmentos da classe trabalhadora, dentre eles, os trabalhadores/ usuários e os próprios assistentes sociais (docentes, alunos e demais profissionais).

443. São essas as afirmações de Netto (2009, p. 673) a respeito de como Marx trata a filosofia de Hegel, os economistas políticos ingleses (especialmente Smith e Ricardo) e os socialistas que o

Enquanto não consolidarmos processos de ruptura e de enfrentamento com os determinantes que nos conectam a práticas tradicionais e conservadoras na sociedade capitalista e suas expressões no Serviço Social, irradiando esses processos para o conjunto da categoria, não seremos capazes de, coletivamente, ou seja, como categoria, construirmos e consolidarmos a autonomia necessária para empreendermos uma prática crítica, criativa e propositiva que, mediada pelos princípios e indicações do projeto profissional, possa transformar em realidade a contribuição dos assistentes sociais na construção de momentos de ruptura, condições necessárias à superação do capitalismo, rumo a outra ordem societária.

Esses processos de ruptura e de enfrentamento exigem dos assistentes sociais, nos seus espaços de trabalho, a partir do que favorece a própria legislação burguesa no que se refere aos direitos, *difundir e fortalecer práticas democráticas de organização da produção, do poder e da vida social no complexo e contraditório processo de disputa na direção de processos de ruptura.* Um dever ser que vem sendo sistematicamente vocalizado pela categoria como petição de princípios; a questão é como identificar se e como isso está se dando no cotidiano profissional, tendo em vista a reorientação ou reconhecimento/ratificação/fortalecimento do fazer profissional na direção dos objetivos propostos. Na sociedade capitalista, como afirma Fernandes (1975a, p. 166),

> todos os cidadãos, e entre eles especialmente os intelectuais, precisam ter uma clara e firme noção daquilo porque lutam, como condição mesma de sua segurança e de sua confiança nos critérios de opção ou de atuação social escolhidos. [...] A questão não está só em "ficar em paz com a consciência" ou em "não fazer o jogo do adversário". Há algo mais essencial, que consiste na capacidade de perceber e de tentar pôr em prática aquilo que precisa ser feito para que o estilo democrático [emancipatório] de vida não se

---

precederam (Owen, Fourier): "Em Marx, a crítica do conhecimento acumulado consiste em trazer ao exame racional, tornando-os conscientes, os seus *fundamentos*, os seus *condicionamentos* e os seus *limites* — ao mesmo tempo em que se faz a verificação dos conteúdos desse conhecimento a partir dos processos históricos reais".

corrompa, transformando-se no seu oposto, a sujeição consentida de uma maioria fraca a uma minoria prepotente.

Este estado de coisas só toma sentido pensado frente às transformações históricas que configuram a sociedade mundial e brasileira e conflitam as condições e relações de trabalho e o próprio projeto profissional: uma política macroeconômica, subordinada ao capital financeiro e seus legatários — a classe burguesa —, que tem acarretado perdas cumulativas para a classe trabalhadora brasileira, resultado da lógica do processo de acumulação, que conduz à incessante "mercantilização" de todos os componentes materiais e simbólicos da vida social. Desse modo, os conflitos e contradições da esfera produtiva na sociedade capitalista contemporânea se expandem e espraiam-se por todas as esferas da vida social, atingindo em particular os diferentes segmentos da classe trabalhadora, inclusive os assistentes sociais, como sua parte e expressão.

É uma conjuntura que impõe requisições e desafios, tanto para a academia quanto para o meio profissional.[444] Captar as reais tendências contidas na prática social, ressaltando o cotidiano profissional[445] como um

---

444. Desafios que mantêm, entre si, relações e conexões necessárias. Assim, se os assistentes sociais nos espaços socioassistenciais estão em busca de consolidação de práticas mediadas pelo projeto profissional, essa tarefa está intimamente relacionada ao processo de formação acadêmico-profissional e permanente que compromete tanto os assistentes sociais da academia quanto os do meio profissional. Assim vejamos: a luta coletiva pelo fortalecimento do Projeto Ético-Político nos seus aspectos teórico-metodológico, ético-político e técnico-operativo implica garantir a supremacia do projeto de formação da ABEPSS no âmbito da formação e a discussão e implementação de projetos pedagógicos que possibilitem uma apreensão crítica dos conteúdos indicados; garantir uma produção de conhecimento mediada pelo projeto profissional e mediando o Serviço Social em resposta às questões relevantes e nevrálgicas presentes no cotidiano profissional; processo indissociável do fortalecimento e consolidação de uma produção de conhecimento na área de Serviço Social (reconhecida/financiada pelos órgãos de fomento, nacionais e estaduais), a partir de questões relevantes suscitadas no cotidiano profissional, na academia e nos serviços.

445. A escassez de produções teórico-científicas na área do Serviço Social que objetivam captar tendências, possibilidades e limites da prática e/ou que debatam e/ou estabeleçam as mediações necessárias com o Serviço Social e que possam revelar, a partir da análise de situações concretas, a lógica da prática, a presença ou não de mecanismos de reprodução da sociedade da qual é parte e expressão, as consequências da prática, de forma crítica e propositiva, pode ser verificada em parte da produção individual da vanguarda intelectual que orienta os assistentes sociais — os livros e coletâneas —, em grande parte da produção expressa nos trabalhos apresentados nos grandes

desses desafios, certamente, vai reverter em ganhos para a formação do assistente social e para o exercício profissional. Ora, se a prática é síntese de múltiplas determinações, não é com um "novo olhar", nem com um "olhar atento", o que geralmente se resume à aparência dos fatos retratada na maioria dos relatos de experiência na área de Serviço Social,[446] que vamos apreender sua natureza, substância e consequências, mas através de rigorosa sistematização e análise teórico-crítica.

Retorna aqui uma questão que me parece extremamente relevante. A profissão é legitimada e reconhecida pelo que fazemos, os assistentes sociais como categoria, e não pelo que fazemos como indivíduos isolados. Diante disso, qual a relevância e o significado da materialização do Projeto Ético-Político para os trabalhadores, através do protagonismo de segmentos da categoria que se destacam tanto na produção de conhecimento, como na garantia de atenção a determinadas necessidades individuais e coletivas como direito social e dever do Estado, através da concessão de benefícios sociais garantidos por uma política social, se, no cotidiano, junto aos trabalhadores/usuários, ao não conseguir dar sua contribuição para que os trabalhadores/usuários percebam e tenham acesso tanto à política na qual estão inseridos como às demais políticas sociais como direito social e dever do Estado, a maioria dos assistentes sociais estará servindo bem mais ao capital do que ao trabalho?[447] É nesse sentido que,

---

eventos científicos da categoria — CBAS/ENPESS — assim como nas teses, dissertações e revistas científicas da área, como vêm revelando os estudos realizados no âmbito do NEEPSS.

446. Os relatos de experiência enviados como trabalhos para eventos científicos da área de Serviço Social têm se caracterizado por apresentar uma reflexão da política social em questão, seguida do que se objetivou na experiência, culminando com afirmações abstratas e adjetivas — garantia de direitos, fortalecimento da cidadania, empoderamento dos usuários, aumento da autoestima, reconhecimento do Serviço Social... — sem base em dados concretos. Assim, não são relatos que, a partir da sistematização da experiência, possam mostrar ao leitor, mais do que afirmações vazias, como as apreendidas a seguir: "os usuários foram beneficiados"; "a cidadania foi garantida"; "os objetivos foram alcançados"; "os direitos foram assegurados". Para que essas afirmações possam ser confirmadas, resta apresentar os caminhos percorridos frente às finalidades, objetivos, metas, prioridades, estratégias, ações e indicadores de avaliação, assim como as consequências da experiência para os envolvidos no processo.

447. Ou as políticas sociais são consideradas na sua relação indissociável, ao conformarem a Seguridade Social, ou seremos nós os assistentes sociais a fragmentar a questão social a partir da consideração de cada uma das suas expressões de forma isolada. Nesse sentido, em consonância com

para além da hegemonia do projeto profissional como petição de princípios, da produção que dá a direção social do debate profissional e de experiências pontuais exitosas, um dos maiores desafios dos segmentos que têm o projeto profissional como referência é contribuir para que uma maioria de assistentes sociais possa fazer uma *escolha consciente* do projeto do Serviço Social, o que pode resultar em condições mais favoráveis para enfrentar outro grande desafio que é assegurar as condições ético-políticas, teórico--metodológicas e técnico-operativas necessárias à sua transformação em realidade quando são potencializadas as possibilidades de favorecer mais os diferentes segmentos da classe trabalhadora do que ao capital.

Assim, com esse instrumento de análise, temos como objetivo contribuir com os assistentes sociais (docentes, alunos, assessores, consultores, supervisores, gestores, planejadores, pesquisadores, membros dos organismos de representação da categoria etc.) preocupados com as finalidades e consequências da atividade prática dos assistentes sociais, principalmente para os trabalhadores/usuários, a partir das atividades e ações que os envolvem diretamente, ao contar, no cotidiano da prática e na formação graduada e permanente, com um recurso na busca de redirecionamento e consolidação de ações, o que pode, ainda, contribuir no seu processo de formação, graduada e permanente.

Como veremos adiante, a atividade prática do assistente social e demais profissionais, independentemente da consciência que o sujeito profissional tenha da sua direção ético-política e teórico-metodológica, resulta, a todo o tempo e em qualquer ocasião, em consequências — mais ou menos impactantes, a depender das variáveis presentes —, para as políticas sociais,[448] para a instituição, para os demais profissionais, para

---

o projeto profissional, cabe problematizar a Seguridade Social, no âmbito da categoria e junto aos trabalhadores/usuários, para além da abordagem restrita assegurada na Constituição de 1988 — saúde, previdência e assistência —, como Seguridade Social ampliada, o que nos leva a incluir, como dever do Estado e direito o cidadão, todos os direitos sociais garantidos legalmente pela referida Constituição no art. 6º, assim como todos os direitos de trabalhadoras e trabalhadores brasileiros garantidos no art. 7º.

448. Ainda que majoritariamente inseridos na execução terminal das políticas sociais, o exercício profissional dos assistentes sociais brasileiros, enquanto coletivo de ações, a depender da direção

o Serviço Social como profissão, para o próprio profissional, e consequências diretas para os trabalhadores/usuários, seus organismos de representação e suas lutas políticas, principalmente, com maior impacto, as atividades que os envolvem diretamente.

Como já dito, só através da experiência histórica se pode resolver definitivamente, e sem voltar atrás, o problema de saber se os assistentes sociais, individual e coletivamente, assumem a perspectiva da classe trabalhadora nos seus diferentes segmentos na luta de classes. Com a construção de um Eixo de Análise, pretendemos tomar parte desse processo, favorecendo a análise teórico-crítica da prática, tendo em vista a apreensão da lógica, das determinações e das consequências da prática existente, de modo que, para além da aparência do empírico ou das crenças, possamos captar sua essência (do fenômeno) mediante trato teórico capaz de nos conduzir ao e/ou nos precipitar para o concreto pensado, processo mediado pelas categorias do método dialético: história, contradição e totalidade. Estamos nos referindo ao método dialético e não a um método próprio do Serviço Social, visto que, aqui, trata-se de entender a teoria, não como "modelo compreensivo do processo social, [mas] teoria como reprodução ideal do movimento real do ser social" (Netto, 1989, p. 152).

Com base nas indicações do projeto profissional, principalmente no projeto de formação da ABEPSS (1997), destacamos três dimensões na composição do Eixo de Análise da prática no Serviço Social as quais mantêm, entre si, relações e conexões necessárias, a partir da *Contextualização da atividade realizada. 1. Dimensão e ético-política; 2. Dimensão teórico- -metodológica; 3. Dimensão Técnico-operativa.*

Definidos os conteúdos essenciais das dimensões que constituem o *Eixo de Análise,* vamos, ao final, resgatar aspectos gerais do *Processo de Análise* de situações concretas.[449] Processo que, revelando a origem, a

---

social, pode dar uma contribuição com a força de pressão dos trabalhadores na imposição de limites ao capital, o que inclui o redirecionamento e a ampliação das políticas sociais.

449. Como anunciado anteriormente, destacamos que este instrumento, ainda tenha sido pensado inicialmente para análise de atividades realizadas pelos assistentes sociais com os usuários — tanto na atividade de investigação da prática como na formação graduada e permanente —, pode

natureza e as características do movimento e da dinâmica[450] da atividade, vai possibilitar apreender os conteúdos presentes em cada uma das dimensões indicadas.

Ressaltamos que nada que se revele ou se represente substitui a riqueza do processo e da realidade. Se as práticas são processos complexos e não há receitas, a busca do "que fazer" na direção de objetivos conscientemente definidos está assentada na possibilidade de capturar o objetivado/real na sua historicidade como prova da teoria: para negá-la ou elevá-la à generalidade, conservando o que favorece.

Voltar-se sobre situações reais é um processo penoso e, mais do que simplesmente complicado, é complexo. Como afirma um assistente social: "O conhecimento é bonito, mas a prática é cruel". Por outro lado, um aluno, comentando sobre a dificuldade de analisar situações reais, que geralmente revelam questões problemáticas, contraditórias, desafios e exigências, pondera: 'não considero possível, porém, se houvesse uma reunião didática, padronizada e com resultados predeterminados estaríamos mais bem orientados...'" Esses depoimentos revelam a pressão que a academia sofre para dar conta de "situações ideais", "modelos de prática", no estilo de Balbina Otoni Vieira, como se modelos pudessem ser gestados a partir do desejo dos docentes e/ou do seu/nosso pensamento, apartados do movimento da realidade e, mais ainda, como se a academia, no capitalismo, pudesse estar livre do conservadorismo presente na prática social e que esse conservadorismo não influenciasse a

---

ser tomado como referência para a análise de Programas, Projetos (desde projetos do Serviço Social/ assistente social, propostas de Currículo Pleno das faculdades de Serviço Social, Relatórios de Gestão, Programas de disciplinas/cursos) e produções teóricas (artigos, teses, dissertações, TCCs, livros) na área do Serviço Social, assim como nas demais áreas em que consubstanciem práticas profissionais, ainda que seja necessário considerar as particularidades de cada situação. Nesse caso, serão exigidas adaptações necessárias como, por exemplo, na contextualização da atividade, como veremos, a seguir, um artigo, uma tese, um livro, um Relatório, geralmente deixa explícito sua origem, seus objetivos, sua base de dados, suas referências ético-políticas e teórico-metodológicas, o que facilita a análise.

450. A atividade aprendida como processo, no seu movimento, está em questão o processo de mudança ou alteração das relações entre os sujeitos participantes e sua capacidade de empreender mudanças no rumo das coisas. Quanto à dinâmica, estamos nos referindo ao movimento interno responsável pelo estímulo e pela evolução da atividade.

direção dessas buscas, por partirem da academia. Por fim, como se na direção do projeto profissional, que busca captar a realidade no seu movimento dialético, pudéssemos antecipar e operar mecanicamente o movimento da realidade.

Almejar modelos ideais não se constitui "defeito" de determinados alunos, profissionais e/ou docentes ou dos assistentes sociais. Na ordem capitalista, somos levados, todos, a clamar por facilidades, pela funcionalidade de situações "ideais" que, mesmo permanecendo como petições de princípio e/ou projeto, resultam na sensação do dever cumprido. Neste contexto, somos levados a nos contentarmos com pequenos ganhos pontuais que obscurecem os ganhos necessários a processos emancipatórios, quando não, a nos contentarmos com aquilo que, na aparência dos fatos, esteve ao alcance de ser feito, em detrimento da busca de respostas a partir da natureza dos fatos, das situações reais, concretas. Se a dialética presente na realidade, sua complexidade e dinâmica, não permite a reprodução de receitas, a análise concreta de situações concretas, para além de revelar a contradição entre os objetivos e o objetivado, tendo em vista princípios éticos e teórico-metodológicos definidos, pode revelar, ainda, tanto tendências e alternativas não exploradas como experiências que caminham na direção proposta. Assim, o que pode haver de contribuição está para além do dever ser porque expressão de situações reais.

Nesse sentido, o cotidiano da prática (não só no que se refere ao Serviço Social, mas, tendo em vista processos de ruptura na práxis social) deve ser examinado e analisado criticamente e tudo aquilo que serve às forças conservadoras deve ser revelado, contestado, negado, conservando o que favorece processos de superação. E que fique claro: aqui o que está em jogo não é o julgamento de indivíduos/profissionais, trabalhadores/usuários, sujeitos da ação, mas a apreensão do movimento de atividades determinadas por ideias, valores, princípios e teorias que as dominam ou, conscientemente, as referenciam.

Desse modo, a análise teórico-crítica da prática sistematizada pode revelar tanto a visão de mundo dos sujeitos profissionais, expressa nos princípios, valores e objetivos que vocalizam/veiculam, quanto a segurança/

fragilidade teórico-metodológica e técnico-operativa e, ao final, as consequências da prática. É um processo conflituoso, visto que expõe o assistente social e a categoria tanto frente aos preconceitos e prejulgamentos que carrega, da redução da prática ao "bom senso e/ou ao senso comum", quanto diante dos avanços e das transformações na direção da construção de uma subjetividade rica e de um movimento profissional coletivo poderoso e virtuoso.

Assim, este Eixo de Análise da atividade profissional, resgatando a unidade necessária e indissociável entre ética, política, teoria-prática e investigação-ação, objetiva apreensão dos determinantes, da lógica e das consequências da prática existente.

As dimensões constitutivas da formação do assistente social que referenciam este instrumento são dimensões indissociáveis. Tendo em vista meu propósito, vamos abordá-las, a seguir, em separado, o que nos levará a recorrer a determinadas questões, por várias vezes.

3.1.2 Sistematização e contextualização de situações concretas

3.1.2.1 O processo de sistematização

Considerando o Serviço Social como parte e expressão da sociedade capitalista, uma sociedade de classes, confirma-se a "exigência de fundar a análise social na crítica da economia política" (Netto, p. 2008). Não há como dar visibilidade, estudar e enfrentar as questões relevantes manifestadas no exercício profissional, sem abordá-las a partir de situações concretas conectadas à totalidade social, o que tanto exige como resulta em apreender essas situações como expressão do conjunto das práticas profissionais, parte e expressão da práxis social, o que, enquanto tal, tem a possibilidade de revelar o que de dominante elas incorporam, objetivam, reproduzem, multiplicam ou resistem, rebatem, contestam, repelem, combatem. É ao revelar a lógica e a dinâmica da atividade profissional — individual e coletiva/equipe — nos diferentes espaços sócio-ocupacionais, o que nos conecta ao movimento da prática social existente, que as possibilidades e oportunidades de uma prática mediada pelo projeto profissional poderão ser apreendidas. As respostas estão na realidade, mas não se revelam por si mesmas, nem a partir do que está aparente no fazer profissional. Sistematização e análise substantivas são necessárias e essenciais nesse processo.

Ora, tanto na academia como no meio profissional, parece que há uma espera — angustiante e imobilista — por uma saída mágica para uma atividade prática mediada pelo projeto profissional. Por parte dos assistentes sociais, nos espaços socioassistenciais, na falta de uma produção de conhecimento que aborde o complexo e conflituoso cotidiano profissional, para além de um dever ser abstrato, espera-se que a academia responda pela urgência de "receitas" de como *"aviar"* um Serviço Social que se articule aos interesses das massas trabalhadoras. Na falta de um projeto pedagógico (incluindo o Estágio Obrigatório de forma indissociável) que dê vida aos princípios, às finalidades, aos objetivos, à lógica e aos conteúdos previstos na proposta de formação da ABEPSS, desde 1982, por parte da academia, coloca-se a expectativa de que aulas/palestras e/ ou a acumulação de conhecimentos e informações justapostos e fragmentados (o que é denominado "ensino teórico" totalmente desarticulado do também denominado "ensino da prática", aprisionado na Disciplina que acompanha o Estágio Curricular Obrigatório), processo desarticulado da vivência do aluno nos campos de estágio, criem as condições mágicas para que o futuro assistente social logre, por sua conta e risco, junto aos "supervisores de campo",[451] "descobrir a prática necessária" ao alcance

---

451. Desde 1982, a academia vem, majoritariamente, imputando aos assistentes sociais — que exercem suas funções nas instituições governamentais e assistenciais, nas empresas e/ou nos movimentos sociais — a responsabilidade pela busca de uma prática mediada pelo projeto profissional. A separação entre "ensino teórico" e "ensino da prática"; a dificuldade na maioria das escolas com o Estágio Supervisionado, tanto no que se refere à sua regulamentação e conteúdo, quanto à capacitação de professores/"supervisores acadêmicos" para ministrar a disciplina articulada ao Estágio; os conflitos, disputas, oposições entre faculdades/campos de estágio e entre supervisores de campo e acadêmicos mostra este estado de coisas. Diante das injunções postas pela formação do assistente social em cursos à distância, quase 30 anos da primeira proposta de formação da ABEPSS, na busca

das finalidades e objetivos propostos pelo projeto profissional. Ademais, o fato da academia, ao centrar sua produção de conhecimento no estudo de questões relevantes para o Serviço Social, sem estabelecer as mediações necessárias tanto com a profissão quanto com o exercício profissional,[452] aparece como espera de uma saída mágica.

Assim, na academia, espera-se que, a partir de uma produção de conhecimento sobre questões relevantes para o Serviço Social, mas sem mediações necessárias com o Serviço Social/cotidiano profissional — o que lhe dá o sentido do dever cumprido do autor com a profissão —,

---

de formação de "assistentes sociais críticos, criativos e propositivos", o CFESS, em 2008, publica uma Resolução que regulamenta a supervisão direta de Estágio no Serviço Social (CFESS, 2008) e, em 2009, a ABEPSS formula uma Política Nacional de Estágio (ABEPSS, 2009). A este respeito, ver, ainda, Iamamoto, 1992, Cap. IV; 1997, Cap. III, 2ª parte; 2007, Cap. IV.

452. Concordo com Netto (1989) quando afirma que "enquanto produtor teórico, o assistente social não se distingue do cientista social ou do teórico vinculado à tradição marxista" (p. 152). Mas, ao se constituir numa área de conhecimento no âmbito das Ciências Sociais Aplicadas, para além de uma contribuição da área no debate vinculado à tradição marxista, trata-se de dar conta de uma produção de conhecimento na área do Serviço Social que, tendo como referência a teoria social de Marx e a produção teórica do marxismo, enfrente e busque respostas para as questões que desafiam a profissão, o que exige, inclusive, é claro, processos de investigação e análise que objetivam a apreensão crítica de Marx e do marxismo. Mas a apreensão crítica de Marx e do marxismo, para o Serviço Social, é parte de um processo. A busca e realização de práticas mediadas pelo projeto profissional estão caucionadas pelas mediações necessárias da produção de conhecimento da área de Serviço Social com o próprio Serviço Social/cotidiano profissional, mediações que necessitam ser tanto exercitadas quanto sistematizadas, no sentido de serem democratizadas com os assistentes sociais do país e de outros países, os quais tomam o projeto profissional como referência. O processo que envolve produção de conhecimento/exercício profissional na área de Serviço Social põe como exigência uma formação que assegure ao assistente social uma incorporação da massa crítica existente mantendo a direção social escolhida, o que é válido tanto na investigação como no exercício profissional. Como afirma Netto (2009), nem sempre pesquisa é produção de conhecimento. No caso do Serviço Social, as pesquisas são, em sua maioria, necessárias sistematizações e/ou reordenações de dados, que, além de nos possibilitar ter acesso ao patrimônio intelectual da humanidade a partir da reconstrução teórica do objeto em questão, são o fundamento e orientam a prática do assistente social, ao vincularmos dados/fatos aos processos que os estruturam, aos processos nos quais eles estão implicados e que os explicam. E aqui fica clara a necessidade do método que permite sair da aparência para a essência — o método de Marx: o método dialético do abstrato ao concreto. E aqui fica clara a necessidade de mediações da produção de conhecimento com o Serviço Social que necessitam ser tanto exercitadas quanto sistematizadas, no sentido de serem democratizadas com os assistentes sociais...

os alunos/assistentes sociais se apropriem dessa produção e estabeleçam as mediações necessárias para que ela ilumine o cotidiano da prática.[453]

Ora, a saída para um Serviço Social mediado pelo projeto profissional não está na cabeça dos teóricos nem na dos assistentes sociais. É a experiência real do conjunto de assistentes sociais brasileiros, principalmente,[454] dos que tomam como referência o projeto profissional, que pode ou não oferecer a oportunidade de ensinamentos práticos. Experiências exitosas, ao serem apreendidas no conjunto da atividade profissional, mesmo que minoritárias, representam tendências presentes na realidade e podem revelar possibilidades de caminhos a serem percorridos e ampliados. É ao ser apreendidas na sua lógica e movimento que essas experiências podem ser democratizadas a partir de sistematizações/relatos de experiências que revelem mais do que resultados adjetivos/abstratos (os usuários foram beneficiados; a cidadania foi garantida), como apontado antes. Por outro lado, qualquer experiência submetida à análise, independentemente da direção social e das suas consequências, revela tanto o contexto onde ela se dá, como as injunções colocadas aos profissionais e à profissão. Esse complexo revela que, na busca de práticas mediadas pelo projeto profissional, impõe-se uma articulação orgânica entre academia/meio profissional, como já apontei (Vasconcelos, 1998).

---

453. Como já afirmei (Vasconcelos, 2002) e como estou constatando na continuidade dos meus estudos, este estado de coisas tem resultado em assistentes sociais razoavelmente bem *in*formados e capazes de reproduzir os textos estudados. Mas, sem condições de uma leitura crítica da realidade objeto de atuação profissional, leitura não exercitada na formação (e, diga-se de passagem, não estamos nos referindo ao "momento da prática", "Estágio Supervisionado" ou "Ensino da Prática"), esses assistentes sociais, por um lado, nas entrevistas e reuniões com os usuários, se resumem a realizar palestras centradas numa análise abstrata da realidade e, por outro lado, se mostram incapazes de avançar além do que está dado e cristalizado no cotidiano profissional. É desse modo que podemos observar assistentes sociais que são aprovados em concursos para docente, mas são incapazes de realizar uma entrevista no plantão que vá além do atendimento burocrático da demanda espontânea.

454. Aqui não unicamente, exatamente porque, mesmo sem tomar a direção do projeto profissional, a experiência do assistente social possibilita não só revelar particularidades do cotidiano profissional, mas, na contradição, mostra caminhos e formas de atuação que podem favorecer os trabalhadores, quando, neles, forma-conteúdo se ponha de forma indissociável.

Se sem teoria revolucionária não existe prática revolucionária, podemos afirmar que, dialeticamente, sem prática revolucionária não existe teoria revolucionária. Como afirma Vázquez (1977, p. 228), "quando Lênin afirma que sem teoria revolucionária não há movimento revolucionário, o conceito de teoria tem a abrigar não só a consciência teórica de uma determinada práxis revolucionária, a análise de suas experiências e seu balanço, como também o estudo das condições objetivas que, numa ou noutra escala histórica, determinam a necessidade e a possibilidade dessa práxis". Assim, não é apenas o raciocínio lógico, mas também o desenvolvimento real dos acontecimentos, a experiência viva, que pode levar à formulação de hipóteses e delinear caminhos a seguir. E parece que, no caso do Serviço Social — não poderíamos deixar de dizer, acompanhando o movimento histórico dos trabalhadores e dos demais interessados na mesma busca — a experiência ainda não disse sua última palavra em relação ao problema de como substituir práticas conservadoras por práticas revolucionárias.

Ora, diante desse complexo de questões, temos como opção contentarmo-nos com relatos de experiência que, partindo de um dever ser abstrato e/ou ideal, sem mostrar o desenvolvimento das coisas, culminam com o mesmo dever ser abstrato e/ou ideal, ou enfrentarmos a difícil tarefa da análise concreta de situações concretas na busca da apreensão teórico-crítica do movimento e da lógica do exercício profissional, a partir de um planejamento rigoroso, o que inclui sistematização e avaliação constantes num processo dialético de negação do que desfavorece e conservação do que favorece práticas mediadas pelo projeto profissional, tendo em vista elevação a níveis superiores. Processo que exige a análise do exercício profissional no que ele tem de concreto, essencial, cotejando com o que pensou/idealizou o assistente social/equipe[455] que o operou.

---

455. Com assistente social/equipe, estou me referindo a um assistente social, aos assistentes sociais de uma instituição considerados como equipe ou a uma equipe interprofissional que, na sua composição, inclui a participação de um ou mais assistentes sociais. Ressaltamos que se a atividade profissional realizada por um assistente social ou pela equipe de Serviço Social já é complexa, quando nessa atividade são incorporados profissionais de outras categorias, essa complexidade é

O instrumento de análise, que ora apresentamos, pretende dar uma contribuição neste sentido.[456] É um instrumento que objetiva a apreensão das determinações, da lógica e das consequências da prática existente, de modo que, para além da aparência do empírico ou das crenças, capte sua essência mediante trato teórico capaz de conduzir — e/ou nos precipitar — para o concreto pensado.

Assim, com este instrumento, pretendo referenciar uma análise teórico-crítica da atividade prática, a partir de expressões do cotidiano profissional junto aos trabalhadores/usuários, com a finalidade de apreender a lógica do que está sendo considerado pelos próprios assistentes sociais as traduções práticas do Projeto Ético-Político do Serviço Social brasileiro, nas diferentes áreas de inserção profissional: trabalho, saúde, assistência, previdência, habitação, educação, lazer, sistema sociojurídico, agrária etc.

Como reiterado, nosso objetivo não é uma visão externa do objeto analisado, para, simplesmente, negar as concepções parciais e equivocadas da realidade. Objetivamos, no processo da crítica dialética, apreendendo o movimento interno e a lógica da atividade profissional, poder incorporar elementos de verdade presentes na realidade, o que poderá contribuir na criação das condições necessárias para a superação do existente na atividade profissional, num processo que, necessariamente, vai envolvendo,

---

potencializada. Neste contexto, se põe um complexo de questões: as atividades realizadas pelos diferentes profissionais se complementam, se apoiam? O planejamento e a definição de caminhos, estratégias e ações são realizados coletivamente? As divergências entre os profissionais são trabalhadas, em que momento e de que forma? Há convergência de pensamento, de princípios, valores e referências teóricas entre os integrantes da equipe? Estas são algumas das questões que podem revelar os determinantes da direção social e das consequências da atividade de uma equipe interprofissional, que pode se transformar facilmente em uma equipe multiprofissional, ou seja, aquela equipe que se constitui pela proximidade institucional de certo número de profissionais e não por um exercício profissional articulado junto aos usuários, através da reciprocidade — o que implica troca — e interação entre os membros da equipe, constituindo uma atuação interprofissional.

456. Este Eixo de Análise foi sistematizado com base na minha experiência docente e nas pesquisas que venho desenvolvendo na área do Serviço Social, especialmente a pesquisa em andamento: A prática do Serviço Social. Cotidiano e práticas democráticas/NEEPSS-FSS/UERJ/FAPERJ-CNPq. (Núcleo de Estudos, Extensão e Pesquisa em Serviço Social) e tem sido utilizado como referência para o exercício de análise teórico-crítica, de forma sistemática, junto a alunos da graduação, desde 2005, e na especialização, desde 2009, na FSS/UERJ.

gradativa e cumulativamente, sujeitos do exercício profissional (assistentes sociais/alunos/equipes) e analistas[457] (docentes/supervisores/pesquisadores/assessores).[458] Assim, trata-se de uma apropriação, tanto pelo sujeito da atividade profissional como por um analista, da experiência vivida, mediada por teoria; apreender a experiência vivida, numa perspectiva de totalidade, o que significa apreendê-la como parte e expressão de práticas coletivas (profissionais e sociais) e como parte e expressão das relações sociais de produção e reprodução do ser social.

457. Considerar aqui um segmento de assistentes sociais na condição de analistas não quer dizer desconsiderar que um assistente social/equipe, ao se voltar sobre seu próprio exercício profissional, tendo em vista dar continuidade à atividade de planejamento, assim como qualificar a prática, ao avaliar o movimento do cotidiano profissional, também se põe na condição de analista.

458. Tenho insistido que, na busca da transformação do projeto profissional em realidade, os assistentes sociais que escolhem como referência este projeto, independentemente da área e da atividade que realizam, necessitam, ainda que não permanentemente, de assessoria. Uma necessidade que resulta das exigências colocadas aos assistentes sociais que optam por enfrentar a sociedade do capital, pela lógica, pelas leis fundamentais, pela complexidade e pela direção social dessa sociedade, nexo causal de espaços sócio-ocupacionais extremamente complexos, contraditórios e degradantes para os trabalhadores em geral, e, como não poderia deixar de ser, para os assistentes sociais, situação no Serviço Social agravada pelas condições e qualidade da formação graduada, complexificada, ainda mais, pelo perfil cultural dos futuros assistentes sociais ao ingressarem na universidade. Neste contexto, se a pesquisa e o estudo da produção teórica, tanto da área como de áreas afins, faz parte tanto da atividade do docente/pesquisador/assessor como da atividade socioinstitucional, o assistente social, no cotidiano da prática, impedido de uma pesquisa bibliográfica de fundo, mal tem tempo de ler o essencial e necessário daquilo que é necessário, relevante e tem relação imediata e mediata com o espaço e o cotidiano profissional, sem contar com a leitura que venha a fortalecer a direção social escolhida, o que se constitui num dos determinantes do conservadorismo profissional. É nesse contexto que os docentes/pesquisadores/assessores podem dar sua contribuição tanto na formação permanente da categoria como na produção de conhecimento através da investigação sistemática de temas relevantes que o contato com a realidade possibilita apreender. Esse é um processo permeado pela indicação, direta (na assessoria, contato do docente com os supervisores etc.) ou indireta (através da sua produção de conhecimento etc.), do que é relevante e essencial da bibliografia disponível; pelo aprofundamento da investigação dos espaços sócio-ocupacionais, a partir do que é indicado como relevante pelos assistentes sociais/equipes que atuam em determinados espaços, a partir de estatísticas, levantamentos, registros, relatórios produzidos a partir da concepção e desenvolvimento de um projeto de atuação, tendo como objeto empírico o material sistematizado através dos instrumentos de registro e mecanismos de avaliação previstos e criados no planejamento; a partir dos levantamentos e estudos iniciados pelos profissionais de campo etc. (ver Netto, 2009; Vasconcelos, 1998). Ressaltamos que a assessoria no campo sócio-ocupacional, se, por um lado, exige baixa densidade tecnológica — prescindido da utilização de equipamentos sofisticados —, por outro lado, requer uma alta complexidade teórica por exigir uma complexidade de saberes e práticas.

Assim, na busca de atividades práticas mediadas pelo projeto profissional, consideramos essenciais — nas suas relações e conexões necessárias — tanto a análise teórico-crítica da atividade profissional realizada pelos próprios sujeitos profissionais, como a análise teórico-crítica realizada por docentes/supervisores/pesquisadores/assessores, ou seja, realizada por analistas. Processos que, considerando as indicações do projeto profissional, exigem concomitância, articulação, complementaridade. Assim vejamos.

Da parte do assistente social/equipe, a exigência de análise do cotidiano da prática pode resultar, por exemplo, da necessidade de avaliação do exercício profissional por parte do profissional/equipe ou da instituição; da busca de qualificação do profissional/equipe e/ou qualificação da atividade profissional. Assim, a análise sistemática da atividade profissional, tendo em vista a avaliação de um projeto e/ou a formação dos sujeitos profissionais, pode se dar tanto através do material sistematizado pelos instrumentos de registro definidos no planejamento, quanto de material sistematizado durante um determinado período de desenvolvimento do projeto. Uma análise que, partindo de um processo individual de autoanálise, pode se estender para uma análise que envolva a equipe de Serviço Social, a equipe interprofissional, assim como envolver um analista (professor, pesquisador, assessor).

Da parte dos assistentes sociais docentes/pesquisadores/assessores/supervisores, tanto a qualidade da sistematização do material empírico a ser analisado, quanto a periodicidade, vai depender dos objetivos do processo: se estão relacionados às atividades de supervisão, de assessoria ou a processos sistemáticos de investigação na busca de generalizações.[459] O material empírico a ser utilizado por um pesquisador, para além dos objetivos de formação e qualificação, põe a exigência de se observar uma

---

459. As generalizações tornam-se necessárias, não no sentido de padronização de práticas, mas na busca de apreender a direção social da atividade profissional e as consequências do que é realizado pela maioria dos assistentes sociais. Por outro lado, nas generalizações, revela-se a riqueza e a relevância do particular apreendido como tendência, o que não significa desconsiderar a riqueza do particular que se revela ora como tendência, ora como exceção.

determinada periodicidade a partir de uma amostra que represente o universo pesquisado. Desse modo, se um professor, supervisor ou assessor, ao se voltar sobre o material empírico resultante de atividades realizadas por alunos/profissionais que acompanha/orienta, vai considerar a qualidade da própria sistematização do material empírico como parte do exercício da análise no processo de orientação, um pesquisador, ao realizar uma pesquisa tendo em vista processos de generalização, necessita considerar o universo da pesquisa, a qualidade da amostra, os instrumentos de análise etc.

Ou seja, destacam-se proximidades e diferenças entre o processo de análise teórico-crítica de material empírico, que tem por objetivo a qualificação da formação graduada ou permanente, e o processo de análise teórico-crítica de material empírico que tem como objetivo a produção de conhecimento, no que se refere à qualificação do exercício profissional mediado pelo projeto profissional. Salientamos que a busca de qualificação da formação graduada e permanente, ao exigir uma sistematização do exercício profissional, produz um material que tanto oferece condições de uma análise teórico-crítica, que tem como objetivo práticas mediadas pelo projeto profissional, quanto pode se converter, a partir da qualidade da sistematização, em objeto de investigação e produção de conhecimento na área de Serviço Social. Neste contexto, o conhecimento, que resulta da análise teórico-crítica do cotidiano profissional, necessário à formação graduada e permanente, por parte do próprio assistente social, de uma equipe interprofissional e/ou de um assessor, tendo em vista apreender o movimento do exercício profissional frente à direção social perseguida e aos objetivos definidos para a atuação profissional, não tem o mesmo alcance e profundidade da análise teórico-crítica de situações concretas realizada por um pesquisador, tendo em vista respostas que podem ser generalizadas. Ou seja, o conhecimento produzido por um assistente social/equipe sobre o cotidiano profissional, ainda que *não* possa responder às necessidades de conhecimento de totalidades mais complexas, as quais oferecem condições de generalizações, deve ser resgatado como contribuição relevante no desenvolvimento da produção de conhecimento da área.

Quanto à qualidade do material empírico a ser analisado, ela deve ser considerada independentemente de quem analisa e dos objetivos da análise. Ou seja, em qualquer das circunstâncias, podemos nos deparar — assistente social, aluno, docente/pesquisador/analista, assessor — com um material que não oferece condições de análise ou que resulta em muitos limites ao processo de análise.[460]

Um material empírico de qualidade, que possibilite a análise teórico-crítica da prática, ou seja, uma análise que apreenda sua lógica e consequências, não pode estar limitado a intenções (projetos, propostas, relatórios abstratos), ainda que eles sejam importantes no processo de análise. Desse modo, no sentido de reconstruir empiricamente o objeto de análise, para além dos projetos sistematizados, no que diz respeito à atenção direta aos trabalhadores/usuários, sugerimos a *gravação* de entrevistas, reuniões, visitas domiciliares, assembleias etc. Com a gravação, asseguramos um material que, mesmo não reproduzindo a atividade em toda a sua riqueza, garante o conteúdo real das manifestações do profissional/equipe e dos trabalhadores/usuários.

É um material que pode se constituir de uma atividade isolada (uma reunião de "sala de espera", uma entrevista no Plantão; uma Assembleia, por exemplo) ou de uma sequência de atividades (três reuniões com "grupos de planejamento familiar"; três reuniões que integram processos de acompanhamento de adolescentes, famílias, gestantes, realizadas pelo mesmo assistente social/equipe, por exemplo). A atividade gravada em

---

460. No material empírico da pesquisa que desenvolvemos no NEEPSS, é comum, nos relatos de entrevistas/reuniões redigidos pelo profissional após a atividade, o assistente social/aluno nomear o que foi realizado sem mostrar o desenvolvimento do processo, como, por exemplo: "nos apresentamos para os usuários. Em seguida, iniciamos..."; "Abordamos os direitos sociais"; "Após a aplicação de uma dinâmica de grupo, perguntamos..." etc. A partir desse material, fica impossível apreender o que foi realmente realizado pelo profissional a partir de um planejamento que nem sempre é explicitado. Por outro lado, quando resultado de gravação — nosso instrumento preferencial de coleta de dados —, é comum nos depararmos com reuniões e entrevistas onde o assistente social faz longas preleções sobre as temáticas abordadas, intercaladas por intervenções monossilábicas de alguns usuários, o que, se por um lado, mostra a não participação dos trabalhadores/usuários no processo, por outro lado, torna possível apreender a qualidade da preparação ético-política e teórico-metodológica do profissional para tratar dos temas abordados.

sequência possibilita apreender a existência ou a falta de planejamento por parte do assistente social/equipe, na medida em que capta a atividade como expressão de um projeto ou da falta dele.

A gravação de uma atividade contém elementos que, mesmo diante da ausência do projeto do assistente social/equipe,[461] possibilita, através da análise teórica que vai além do que está aparente, apreender a intenção/ação dos sujeitos da atividade. Para além do que está aparente no desenrolar da atividade, na medida em que ao revelar o conteúdo e a dinâmica do processo, a gravação dá a conhecer o movimento institucional que envolve profissional/equipe-usuários, indicando tanto o que esteve presente no processo como o que esteve ausente, no que se refere aos princípios, às finalidades, aos objetivos, às estratégias, às escolhas, às prioridades, aos conteúdos...

Captar a lógica da ação profissional através de um conjunto de atividades só é possível na medida em que esse conjunto de entrevistas, reuniões ou visitas domiciliares expresse o processo da atividade e a inserção do assistente social/equipe no movimento institucional, o que a gravação possibilita. Na análise, na medida em que captamos situações concretas, numa perspectiva de totalidade, as atividades são apreendidas como parte e expressão da práxis social, a realidade social entendida assim como complexo de complexos.

O material empírico da investigação que desenvolvo, em sua maioria registrado através de gravação, possibilita apreender que quanto mais rica a inserção institucional do assistente social/equipe, mais ele avança na possibilidade de uma prática conectada aos interesses dos trabalhadores, o que significa envolvimento no planejamento, na realização, na sistematização e na avaliação da atividade profissional e na produção de conhecimento. Diante disso, ressaltamos a importância da análise de entrevistas, reuniões e outras atividades que, sistematizadas, podem

---

461. São raras as vezes em que encontramos projetos sistematizados e/ou atualizados pelo profissional/equipe que desenvolve as atividades. Dentre as alegações, destacam-se: têm projeto, mas não sistematizado; "o projeto foi elaborado por gestões passadas e não atualizado"; "o projeto é o mesmo que o da instituição" etc.

expressar a formação e a capacitação do assistente social/equipe, a qualidade da inserção dos profissionais no movimento institucional e a natureza das respostas que dão às demandas dos trabalhadores/usuários e às requisições institucionais e suas consequências.

Mesmo considerando essencial a gravação das atividades, tendo em vista assegurar a qualidade da reconstrução empírica do objeto a ser analisado, destacamos que registros que captem, pelo menos, parte da dinâmica da atividade desenvolvida podem, também, oferecer condições de uma aproximação da realidade da atividade profissional. Nas circunstâncias em que a análise objetiva a formação e capacitação do profissional/equipe/aluno, o material, geralmente, está contido em diários de campo, relatórios etc. Aqui, como já indicamos, estamos referindo-nos à descrição de entrevistas e reuniões realizadas sem a utilização de tecnologia — gravador ou vídeo. Mesmo que não expresse o movimento e a totalidade da atividade, o que nem a tecnologia consegue, este tipo de registro pode disponibilizar um rico material de análise, principalmente quando se trata de supervisão e assessoria, circunstância em que o assessor/supervisor valoriza as formas de sistematização que vêm sendo utilizadas.

No caso da entrevista, o uso do gravador, ainda que venha sendo utilizado tanto por assistentes sociais, quanto por outros profissionais — psicólogos e psicanalistas, por exemplo —, deve ser examinado é discutido detalhadamente com o entrevistado, tendo em vista a utilização do material com a observância de todos os princípios éticos, com pena de interferir negativamente no processo socioassistencial.

O desenvolvimento de uma disciplina, um projeto do Serviço Social numa dada instituição, uma experiência sistematizada num artigo, tanto devem como podem se constitui em material empírico de análise, tendo em vista potencializar a busca de práticas mediadas pelo projeto profissional.

Sintetizando, o material a ser analisado pode resultar do interesse da equipe de Serviço Social em avaliar seu projeto ou manter um processo de assessoria; do interesse de um assistente social/docente[462] na sua formação permanente, através de assessoria; da solicitação de alunos interessados em tomar contato com o cotidiano da prática; da solicitação de docentes/supervisores no acompanhamento do Estágio Curricular; da necessidade da reconstrução empírica do objeto de estudo por parte de um pesquisador etc., material que pode estar sistematizado através de gravação ou de relatórios.

É neste sentido que a análise da atividade profissional, considerando as várias atribuições e competências dos assistentes sociais, pode, num processo cumulativo de aproximações sucessivas e democratizado, tanto no que se refere às áreas de atuação, como às diferentes regiões do país, possibilitar, a partir de um conhecimento *"post festum"*, ir além da imediaticidade da prática para captar tanto as tendências, contradições, exigências, limites, possibilidades, conquistas, ganhos e perdas, como seus fundamentos, determinações e consequências; um movimento que, cumulativamente, tanto vai formando e realimentando os sujeitos das atividades sistematizadas e analisadas e aqueles que acessam as produções resultantes desse processo, quanto possibilitando a apreensão, pela categoria, do movimento da atividade profissional na contemporaneidade, frente às indicações do projeto ético-político do Serviço Social brasileiro.

É diante disso que se torna relevante a análise de uma reunião, de uma entrevista[463] — ou qualquer outra atividade realizada pelo assisten-

---

462. Aqui os dois — assistente social/docente —, consideradas as limitações impostas a cada um, pondo-se na condição de pesquisadores/investigadores da atividade profissional.

463. No meu entender, a entrevista e a reunião são estratégicas na materialização do aspecto educativo da profissão. São duas formas de contato com os trabalhadores/usuários que consubstanciam o ato de reunir — duas ou mais pessoas, respectivamente — que se desdobram em atendimentos de plantão, visitas domiciliares, visitas ao leito, abordagens de rua, preenchimentos de cadastros, formulários de coleta de material para a realização de estudos sociais, laudos e pareceres, análises sociais (atividades que podem ser planejadas para serem realizadas através de contato individual ou coletivo), salas de espera, "grupos educativos", assessoria a conselheiros, reuniões de planejamento familiar, de acompanhamento de condicionalidades das políticas sociais, cursos para idosos, palestras etc. Ainda que contenham aspectos técnicos e operativos próprios, para além das dificuldades próprias de se pôr na presença de uma ou mais pessoas, não se coloca grau de dificuldade na sua realização, visto que, para além de condições de trabalho, recursos, é a qualidade da formação

te social — visto que, dependendo da qualidade da apreensão da forma como se dá e do conteúdo que lhe é indissociável, ou seja, do como foi apreendida substantivamente na sua dinâmica e movimento, ela pode oferecer ao próprio profissional, a um assessor, e/ou a um pesquisador/ analista, apreender, não só o movimento do Estado nas suas diferentes instâncias no desenvolvimento e consolidação das políticas sociais, mas as reais demandas dos trabalhadores/usuários e seu protagonismo (ou ausência dele) — individual e coletivo — no usufruto dos serviços e bens veiculados pelas políticas sociais e no controle social; a qualidade da participação do assistente social/Serviço Social (aqui como o conjunto dos assistentes sociais de uma instituição/serviço) na operacionalização da política social mediante a concessão/negação dos bens, recursos, benefícios sociais; a qualidade da formação graduada e permanente dos sujeitos profissionais; o alcance das atividades profissionais e suas consequências etc. Na medida em que apreendida na sua forma e conteúdo, a atividade profissional revela, além da sua própria dinâmica e movimento, parte e expressão de uma dinâmica e movimento maior, noções, conceitos, valores, preconceitos, preceitos, referências, objetivos etc. que mediam o exercício profissional, individual e em equipe.

A análise teórico-crítica da prática, tendo como referência o projeto profissional, torno a repetir, exige a participação da academia, tendo em vista potencializar a qualidade da análise, mas, principalmente, porque a conexão com o cotidiano profissional dos assistentes sociais no movimento institucional pode favorecer a academia tanto a estar sintonizada com os desafios impostos aos assistentes sociais nos espaços sócio-ocupacionais, como apreender e investigar os desafios impostos à classe trabalhadora, tendo em vista seu protagonismo na luta de classes, para além

---

do assistente social que faz diferença no processo; é ela que garante sua segurança e autonomia, e não o fato de estar lidando com uma ou mais pessoas num dado momento da atuação profissional. Na realidade, um dos aspectos centrais que se colocam na atividade profissional, para além das condições de trabalho e assalariamento, não está relacionado à forma de contato com o trabalhador/ usuário — entrevista, reunião —, mas aos conteúdos indissociáveis da forma. Conteúdos que, independentemente da forma, se põem no processo, a partir de um conjunto de determinações: origem, condição e posição de classe do sujeito profissional, processo de socialização, formação (do ensino fundamental à formação graduada e permanente) etc. etc.

dos estudos que acompanham e revelam as perversidades do neoliberalismo na operacionalização da política social, através do Estado nas suas diferentes instâncias. Este movimento pode fomentar um círculo virtuoso que propicia/favorece/enriquece a unidade teoria-prática.

Destacamos que a análise de projetos realizados por assistentes sociais ou equipes e mesmo Relatórios anuais, por exemplo, mesmo que estejam sistematizados em texto,[464] se, por um lado, têm sua relevância tendo em vista captar as intenções profissionais e possíveis resultados obtidos, por outro lado, mostra-se limitada, visto que um projeto expressa uma carta de intenções que depende, para se objetivar, do protagonismo dos profissionais que o toma como referência na prática, e tais Relatórios não captam a dinâmica das atividades realizadas.

Assim, enquanto a análise de um projeto permite captar no máximo ideações, impressões, representações, conceitos e direção social pretendida, na análise de uma atividade sistematizada — reunião, entrevista, visita domiciliar etc. —, ou seja, de uma situação concreta,[465] principalmente quando tem como referência um dado projeto, temos a oportunidade de captar o movimento do cotidiano profissional e sua relação com o que foi projetado, de forma sistemática ou não.

3.1.2.2 Contextualização da atividade realizada

A análise de situações concretas,[466] numa perspectiva de totalidade, exige apreender a atividade como parte e expressão do contexto onde ela

---

464. Em Vasconcelos, 2002, observamos que grande parte dos projetos existentes no Serviço Social das unidades de saúde ou tinham cinco, dez ou mais anos de existência ou tinham sido realizados por outros sujeitos profissionais que não aqueles que protagonizavam o Serviço Social no momento da pesquisa.

465. Com situação concreta, estamos nos referindo ao que é real, existente. Uma situação sistematizada, apreendida *post festum,* expressa o que realmente aconteceu e não uma situação manifestada enquanto intenção e/ou possibilidade.

466. Ainda que a análise possa se dar a partir de uma única atividade registrada (uma entrevista, uma reunião, uma visita domiciliar, por exemplo), temos observado que a análise de pelo menos

se dá, o que significa, se o assistente social vai atuar a partir das diferentes expressões da questão social, no limite, apreender a atividade no contexto da luta de classes.

Como vimos, quando nos defrontamos com o relato de uma atividade, nem sempre o registro contém dados que facilitam a contextualização da atividade. Desse modo, a contextualização, se não foi produzida antecipadamente, pelo menos em parte, a partir da manifestação[467] do sujeito profissional/equipe que realizou a atividade objeto de análise e/ou de acesso a documentos que a referenciem, terá de ser reconstruída a partir de dados que podem ou não estar contidos explicitamente no material de análise. Isso exige, do analista, extrair do relato e organizar as informações que ele contém, explícita ou implicitamente, no sentido de apreender o contexto da atividade.

Trata-se de apreender a atividade na sua história, no espaço onde ela tem seu desenvolvimento e se realiza nas suas contradições. São várias as informações que podem potencializar a análise, na medida em que ressaltam variáveis e categorias — dados de realidade — que podem interferir favoravelmente ou impor limites e obstáculos ao

---

três atividades, registradas em sequência, enriquece o processo na medida em que, apreendidas na sua continuidade, a partir dos elos que as articulam, podem revelar não só a posição dos sujeitos profissionais em relação a elas — repetitiva, reiterativa, propositiva, crítica —, como oferecer condições ao profissional/analista de apreender tendências tanto do espaço como da prática profissional, incluindo as posições de classe na dinâmica do poder político institucional. Desse modo, os conhecimentos resultantes do processo de análise teórico-crítica da prática podem reverter em ganhos para os sujeitos profissionais envolvidos na atividade, para aqueles que usufruem do processo de análise na sua formação graduada e permanente, assim como para a potencialização de processos de investigação que objetivam o estudo da prática do coletivo de assistentes sociais em uma determinada política, país etc. Por outro lado, a análise, convergindo para processos singulares/particulares, numa perspectiva de totalidade, pode favorecer a apreensão das relações e contradições entre o geral/particular, ou seja, tanto a relação entre situações gerais e a situação singular, objeto da ação profissional, como as relações entre projeto profissional e o exercício profissional cotidiano; ainda que saibamos que o pensado e o vivido guardam tensões e contradições, na medida em que por um projeto em desenvolvimento nos leva a um conjunto de circunstâncias, próprias de cada situação concreta, que variam entre projetar ações e realizá-las.

467. A contextualização pode estar expressa no material, tanto a partir da manifestação do próprio assistente social/equipe, antecipando o registro de uma atividade, quanto através de uma entrevista realizada por um pesquisador/observador com este objetivo.

desenvolvimento da atividade, assim como apontar tendências e resultar em consequências.

Salientamos alguns aspectos, informações e detalhes qualitativos e quantitativos, relativos à atividade, a serem observados porque capazes de identificá-la que, como visto, podem estar presentes de forma explícita ou implícita no material objeto de análise:

— sujeito(s) da ação profissional: um assistente social/uma equipe (composição). No que se refere ao(s) sujeito(s) da ação profissional, identificar seus objetivos, motivação, interesses e necessidades; os recursos utilizados e as responsabilidades assumidas; a relação entre os profissionais, caso trate-se de uma dupla ou uma equipe: aliança, conflito, participação de cada um no planejamento e na coordenação da atividade.

— sujeitos usuários: número esperado, número de presentes, sexo, grau de escolaridade, participação política...

— identificação da área temática (trabalho, saúde, assistência, judiciário...);

— caráter da instituição (pública, privada, ONG) e interesses presentes;[468]

— localização da atividade na dinâmica institucional: a atividade faz parte de um programa/projeto, integra a rotina da unidade ou é uma atividade isolada do Serviço Social, não integrando a rotina institucional;

— periodicidade da atividade: atividade que se constitui de um único atendimento: entrevista de plantão, reunião de sala de espera... Ou atividade que resulta de contatos anteriores/atendimento

---

468. Por exemplo. Em uma reunião de Treinamento pré-admissional com trabalhadores da construção civil, realizada por um assistente social, empregado de uma ONG que terceiriza o treinamento para empresas da construção civil, ainda que não explicitado pelo assistente social, pode-se apreender os interesses presentes por parte das empresas que contratam os serviços; os interesses da ONG que vende os serviços; os interesses dos trabalhadores e os interesses do assistente social. Um contexto que tanto revela o conflituoso campo da luta de classes ali presente, como determina a relativa autonomia da profissional e a qualidade da participação dos trabalhadores/usuários na reunião.

sequencial: grupos de planejamento familiar; grupos de familiares/usuários de recursos; cursos para idosos...;[469]

— objetivos gerais do assistente social e objetivos da atividade desenvolvida: definidos explicitamente pelo assistente social ou implícitos (podendo ou não serem observados no desenvolvimento da atividade);

— limites e possibilidades do espaço ocupado pelo assistente social. Tanto no que se refere ao espaço físico, como no que se refere ao grau de autonomia no planejamento e na condução do projeto/processo e das atividades;

— qualidade do registro do material objeto de análise: atividade gravada; atividade relatada de forma resumida/ampliada; qualidade da linguagem escrita/falada;

— condições de trabalho: grau de autonomia no planejamento, na eleição de prioridades, na escolha das estratégias no desenvolvimento do projeto e das atividades; veiculação dos demais espaços de inserção do assistente social/Serviço Social na unidade, para além da atividade em questão; condições do espaço físico em que se realizou a atividade (para os profissionais e para os usuários); condições do ambiente de trabalho, considerando as condições físicas, a segurança, a higiene, a ocorrência ou não de exigência de produtividade, sofrimento psíquico, cobrança de resultados; aspectos relacionados à intensidade da jornada, controle e cobrança de metas e índices de produtividade a serem cumpridos; carga horária de trabalho e controle do seu cumprimento; satisfação do(s) assistente(s) social(is)/equipe com o trabalho; satisfação/insatisfação com o salário, com as condições da área física

---

469. Dependendo do governo de plantão e do momento histórico da política, as atividades grupais podem ter duração diferenciada. Os "cursos para gestantes", por exemplo, se atualmente se resumem a três reuniões, em determinados momentos, foram pensados para acompanhar todo o período da gestação. Nem sempre o assistente social conta com autonomia para decidir o número de reuniões, como acontece com o acompanhamento das condicionalidades do programa Bolsa Família nas três políticas envolvidas: assistência social, saúde e educação.

e infraestrutura do espaço sócio-ocupacional, com a segurança, com a existência/falta de pessoal de apoio; sensação de sobrecarga de trabalho relacionada com a percepção da capacidade para o trabalho, idade; estabilidade no emprego etc.;

— relacionamento do profissional com os trabalhadores/usuários, colegas e chefia;

— aspectos que revelam ou obscurecem o conflito de classes presente no movimento institucional;

— demandas dos trabalhadores/usuários e requisições institucionais que permeiam o planejamento e realização da atividade;

— recursos utilizados no desenvolvimento da atividade...

No que se refere à atividade em si, destacam-se como dados relevantes: os objetivos, explícitos ou implícitos do projeto profissional e da atividade, objeto da análise; estratégias, metas, perfil socioeconômico, número de usuários, demandas dos usuários manifestadas pelo assistente social e as não apreendidas, tanto pelos profissionais como pelos usuários.

Quando a atividade é sistematizada/gravada como material de pesquisa, a transcrição é antecedida de uma apresentação realizada pelo pesquisador, a partir de entrevista realizada com o assistente social/ equipe que desenvolve a atividade, da consulta a documentos (programas, projetos, estatísticas, relatórios etc.) e da observação do movimento da instituição, do Serviço Social e da própria atividade sistematizada, o que facilita e enriquece a análise. O roteiro a seguir resume os pontos que podem orientar o pesquisador, assim como pode servir de guia para que o próprio profissional/equipe ao contextualizar a atividade, quando da sistematização da atividade.

ROTEIRO DE OBSERVAÇÃO DE CAMPO[470]

Apresentação geral da instituição/política social (sem identificação);

1. Perfil socioeconômico dos usuários, suas demandas e requisições institucionais;

2. Programas e projetos desenvolvidos pelo Serviço Social; identificação do Programa/Projeto ao qual a atividade está vinculada; projeto que o assistente social desenvolve (por escrito?) e seus objetivos, referências teóricas e ético-políticas;

3. Situação da atividade: faz parte da rotina da unidade? As atividades são sistemáticas, eventuais, esporádicas?

4. Descrição da atividade gravada: em que consiste; planejamento, objetivos e formas de avaliação; número de profissionais envolvidos; número de usuários em cada atividade;

5. Dados indicados pelo assistente social ou percebidos pelo observador, que mostram a situação do Serviço Social com relação à instituição e aos usuários; o que tem mostrado a importância da atividade no movimento institucional e o alcance dos seus objetivos, para a instituição e para os usuários.

6. Condições de trabalho (ver observações anteriores) e grau de autonomia do Serviço Social e do assistente social na condução do projeto/atividade. Partindo do princípio de que a autonomia do profissional/equipe não está dada, mas é um processo em construção e consolidação no cotidiano profissional, nem sempre o grau de autonomia manifestado pelo profissional coincide com o grau de autonomia apreendido pelo observador/analista.]

---

470. Em Vasconcelos 2002, podemos encontrar, como Anexos, tanto um formulário de entrevista quanto um roteiro de observação de campo onde abordamos de forma mais aprofundada e sistemática questões relevantes que podem situar tanto o sujeito da análise com relação ao material empírico a ser observado, como referenciar o assistente social/equipe a aspectos essenciais a serem observados nos momentos de planejamento e avaliação.

3.1.3 Dimensão ético-política

Na sociedade capitalista, não há solução para as condições de vida e trabalho para a quase totalidade da humanidade. Assim, enquanto viger a ordem do capital, trata-se de, a partir das contradições da própria sociedade vigente, empreender as condições necessárias para a superação do capitalismo e a construção de uma nova ordem societária sob novas bases. Na sociedade capitalista, toda a humanidade, assim como a totalidade das categorias de profissionais de nível superior, é requisitada e impingida[471] a colaborar com a burguesia e a favorecer os interesses do capital, independentemente da consciência, das escolhas e do consentimento de cada um dos indivíduos/profissionais.

Para os profissionais conscientes dessa contraditória tarefa e que buscam contribuir na construção de uma nova ordem social calcada na emancipação humana, no âmbito do conflito entre necessidades e interesses das maiorias e das requisições do capital — consubstanciadas em requisições institucionais —, trata-se de dar respostas individuais e coletivas que resultem em consequências o menos ruins possíveis para as maiorias, ao mesmo tempo em que contribuam com a preparação de momentos de ruptura.

É diante disso que toma relevância a dimensão ético-política na medida em que, na complexa e contraditória sociedade do capital, trata-se de, para além do saber científico, identificar princípios, valores e o "saber estratégico"[472] presentes nas respostas dadas pelos profissionais. Como afirma Lessa (2007a, p. 61), para Lukács,

> é função social específica da ética conectar as necessidades postas pela generalidade humana em desenvolvimento com a superação do antagonismo

---

471. Essa questão é abordada na primeira parte desse texto. Para aprofundamento, ver, em especial, Marx (2008), Lukács (2010), Mészáros (2006), Netto (1981a, 1994), ao abordarem a alienação na sociedade do capital.

472. Como afirma Bensaïd (2008, p. 94), "a política não resulta de um saber científico, mas de um saber estratégico. Não obedece a uma verdade autoritária sem oponentes. Estabelece relações de verdade relativas a uma situação concreta. Põe em tensão verdade e opinião".

gênero/particular. Ao Direito,[473] ao costume, à tradição e à moral, pelo contrário, caberia, *mutatis mutandis*, atuar no interior da contradição generalidade humana/particularidade de modo a possibilitar, no cotidiano, que o indivíduo refira a si próprio as necessidades genéricas postas pelo processo de sociabilização.

O desenvolvimento da ciência na sociedade do capital, como previsto por Lukács, tem favorecido uma sociabilidade intensamente alienada e com fortes necessidades religiosas. Para o autor, este estado de coisas "encontra suas raízes materiais no desenvolvimento das forças produtivas e as suas raízes ideais nas novas formas de necessidade religiosas que não se limitam simplesmente a refutar uma ontologia real, mas na prática age contra o desenvolvimento científico" (Lukács. In: Lessa, 2007, p. 145). Na sociedade capitalista, tem predominado "a manipulação dos conhecimentos científicos, de forma a reduzi-los tão somente a uma dimensão prática de transformação do real", impedindo o desenvolvimento das potencialidades das quais são portadores para a construção de uma visão de mundo não fictícia.

A partir disso, podemos entender com mais clareza, a indissociabilidade das dimensões previstas pela ABEPSS na formação dos assistentes

---

473. Lukács afirma que, diferentemente da fala, o complexo do Direito "não tem sua gênese fundada em necessidades universais do gênero humano, mas sim em necessidades peculiares às sociedades de classe. [...] o direito se constitui enquanto complexo social particular no momento em que surgiu a exploração do homem pelo homem, em que apareceram as classes sociais... e os conflitos se tornaram antagônicos. Por isso, diferentemente das sociedades sem classes, aquelas mais evoluídas necessitam de uma regulamentação especificamente jurídica dos conflitos sociais para que estes não acabem por implodi-la. [...] [assim, fez-se necessária] a constituição de um grupo especial de indivíduos (juízes, carcereiros, polícia, torturadores etc.) que, na crescente divisão social do trabalho, se especializaram na criação, manutenção e desenvolvimento de um órgão especial de repressão a favor das classes dominantes: o Direito" (Lessa, 2007, p. 99). Desse modo, diferentemente da fala, o Direito não emerge naturalmente na vida cotidiana, ele não é universal, nada tem de espontâneo; é um instrumento social de manutenção da exploração. É a administração dos homens pelos homens, em vez da prioridade de administração das coisas, como seria de se esperar, numa sociedade emancipada. A ordem jurídica, devendo abstratamente generalizar os conflitos sociais em leis universais, expressa a contradição presente na ordem capitalista: "como os conflitos sociais nunca são iguais, [...] estabelece-se aqui uma ineliminável contradição entre a homogênea abstratividade da lei jurídica e a infindável diversidade dos conflitos sociais" (idem, 100). Ver Lessa, 2007, p. 75-104.

sociais. Não basta a segurança das referências teórico-metodológicas e técnico-operativas. Ou seja, na construção das condições para usufruir conscientemente da relativa autonomia que tem nos espaços sócio-institucionais, não basta ao assistente social o "conhecimento de causa". "O problema concreto é, acima de tudo, saber *qual a orientação de tal conhecimento de causa*; é esse objetivo da intenção e não apenas o conhecimento de causa que fornece o critério real, do mesmo modo como, também nesse caso, o critério deve ser buscado na relação com a própria realidade" (Lukács. In: Lessa, 2007, p. 146; grifos meus).

É nesse sentido que o projeto profissional convoca-nos a confrontar e escolher entre: 1 — seus princípios, valores emancipatórios e referências teóricas necessárias à apreensão da lógica e das leis fundamentais da organização capitalista, e 2 — os costumes, a tradição e a moral burguesas e as referências teóricas funcionais à reprodução e desenvolvimento da sociedade capitalista.

Os onze princípios inscritos no Código de Ética do assistente social[474] e as referências centrais necessárias para uma análise social fundada na crítica da economia política,[475] muito além da procura do significado social no próprio indivíduo e nos seus conflitos pessoais, familiares ou de pequenos grupos, é que consubstanciam as ideias[476] e os valores que sustentam o compromisso dos assistentes sociais com a classe trabalhadora, nos seus diferentes segmentos.

Os valores, os princípios, as referências teórico-metodológicas e os compromissos contidos no projeto profissional expressam uma visão emancipatória de mundo que, se tomados conscientemente como parâmetro, podem fornecer horizontes, direção e estratégias de ação para

---

474. Ver parte 1 — itens 1.3 e 1.4 — deste livro.

475. Trata-se da teoria social de Marx e do marxismo.

476. Algumas ideias desempenham "um papel-chave na escolha das alternativas a serem objetivadas em cada momento histórico. Tais ideias compõem, sempre, uma visão de mundo, e auxiliam os homens na tomada de posição diante dos grandes problemas de cada época, bem como ante os pequenos e passageiros dilemas da vida cotidiana. Na Literatura em geral e também em Lukács, esse conjunto de ideias é denominado ideologia", como afirma Lessa (2007, p. 64).

criação das condições objetivas, nos espaços profissionais/na luta político-econômica, para sua defesa e realização. Podem fornecer, também, as bases de práticas democráticas, críticas, conscientes e criativas.

Na medida em que valores, princípios e referências se objetivam mediante escolhas, posicionamentos e ações práticas, ressaltamos a importância de apreender nas respostas profissionais a clareza e a segurança do profissional na oposição ético-política ao conservadorismo profissional ou na sua reprodução e a qualidade das decisões, das estratégias empreendidas e das oportunidades rejeitadas, não identificadas ou aproveitadas, que estão assentadas na experiência e na luta política — que pode potencializar o saber estratégico —, ou na falta delas.

No caso dos assistentes sociais, a oposição ao conservadorismo vai decorrer não só da defesa manifesta dos onze princípios e valores expressos no Código de Ética do Assistente Social, mas da definição de objetivos, metas, estratégias, ações necessárias e do seu desenvolvimento articulado ao compromisso com a classe trabalhadora. Ou seja, *uma atividade mediada por aqueles princípios, aqui presentes como objetivos a partir de uma prática planejada e avaliada nas suas consequências.* Esta é uma oposição que, indo além da crítica teórica e da petição de princípios, resgata de forma indissociável as dimensões ético-política, teórico-metodológica e técnico--operativa do projeto profissional.

Destacam-se, nesse sentido, alguns aspectos presentes de forma explícita e/ou implícita na contextualização e/ou no desenvolvimento das atividades, a serem identificados: princípios, valores e a direção teórico-metodológica a eles (des)articulada, presentes tanto nos momentos de planejamento (projeto/planejamento da atividade)[477] como no desenrolar da atividade profissional, manifestados pelo assistente social/ equipe, tanto através da linguagem como pelos encaminhamentos, recursos e estratégias que utiliza. Ou seja, identificação dos valores e referências manifestados pelo profissional, os quais atravessam as temáticas

---

477. Para que fique mais claro: planejar a realização de ações junto a famílias inscritas num CRAS é diferente de planejar a primeira e as demais reuniões que serão realizadas com elas.

evidenciadas nos atendimentos aos trabalhadores/usuários, nas discussões em equipe etc. A questão é como eles se revelam: de forma clara, precisa, de forma crítica ou mecânica, repetitiva; se têm presença obscura, inconsciente, se se revelam de forma eclética. Tanto os valores como as referências estão presentes nas manifestações do assistente social/equipe — através da linguagem utilizada —, de forma implícita, obscura, inconsistente ou de forma clara, precisa, consciente e/ou eclética, assim como também estão presentes nas manifestações dos usuários.

Necessário ainda identificar as estratégias e ações que expressam ou não o compromisso, explícito ou implícito, com os trabalhadores, ou com a reprodução acrítica da realidade; escolhas/posicionamentos, diante das contradições e conflitos éticos e conflitos de interesse presentes na atividade profissional e no movimento institucional; aspectos politizantes/despolitizantes, individualizantes/socializantes, democráticos/autoritários presentes nas estratégias e atividades desenvolvidas; participação política do profissional no movimento institucional — na busca de construir/assegurar uma correlação de forças favorável a práticas socializantes e democratizantes e/ou repercussões advindas da presença ou falta dessa participação expressas na presença ou ausência de apreensão da correlação de forças institucionais e das alianças entre o assistente social e os demais integrantes do Serviço Social na instituição; entre o assistente social e demais profissionais, gestores, serviços, movimentos sociais; entre os assistentes sociais e os trabalhadores/usuários e seus organismos de representação; com os assistentes sociais de outras áreas, instituições/políticas sociais e Conselhos de Política e de direitos.

Articulando as dimensões presentes no exercício profissional, a análise teórico-crítica de situações concretas objetiva permitir ao sujeito profissional e/ou ao analista, se questionar sobre as implicações ético-políticas das finalidades explícitas ou implícitas nas atividades, objeto da análise, assim como da adequação entre finalidades, objetivos, meios e fins, possibilitando a negação, a reafirmação e o redirecionamento das ações tendo em vista uma prática mediada pelos princípios, valores e referências teórico-metodológicas consubstanciados no projeto de profissão.

Este complexo processo de análise, que não se faz necessário em práticas realizadas como um fim em si mesmo, compreendendo as suas diferentes dimensões, poderá contribuir para que tanto o assistente social/equipe, como o analista,[478] apreendam o movimento do profissional/categoria na luta de classes e a presença da luta de classes no movimento institucional. Também, a partir da análise, o assistente social pode se qualificar para atuar nesse campo conflituoso, favorecendo, no campo da reprodução social/relações sociais, a classe trabalhadora nos diferentes segmentos, a partir de escolhas conscientes; escolhas determinadas não só pela experiência, mas pelos valores que toma como referência e pelo conhecimento da realidade social (teoria). E aqui, vale uma extensa citação de Lessa que ressalta o peso dos valores nessas escolhas.

> Para Lukács, o desenvolvimento da sociabilidade atingiu, com o capitalismo, um patamar de potencialidades para a realização da liberdade qualitativamente distinta das formações sociais anteriores. Na sociedade contemporânea, a consciência socialmente disseminada de que o homem é o único senhor do seu destino abre possibilidades inéditas à objetivação do devir humano dos homens. [...] Como essa superação [das alienações que predominam na sociedade capitalista, ou seja, da não humanidade socialmente construída no capitalismo] requer a objetivação da generalidade humana para-si e não mera transformação da natureza, ela apresenta peculiaridades diante de outras objetivações. Acima de tudo, desdobra uma relação entre meio e fim qualitativamente nova se comparada com a relação típica dos atos de trabalho. Nessa nova relação, os critérios de julgamento do êxito ou fracasso, os critérios de valoração dos resultados da práxis, emanam diretamente do complexo processo de constituição e reprodução da generalidade humana para-si. Nessa nova relação entre meio e fim, os valores jogam um "peso ontológico notável" — e é tarefa específica da ética plasmar em valores que sejam socialmente reconhecíveis,

---

478. Aqui estamos nos referindo tanto ao profissional que realiza a atividade, como a um supervisor, um pesquisador ou um assessor/consultor. Ver Vasconcelos, 1996.

e que exprimam o para-si da generalidade humana e da individualidade, as necessidades humano-genéricas que vêm a ser pelo devir-humano dos homens (Lessa, 2007b, p.154).

3.1.4 Dimensão teórico-metodológica

3.1.4.1 *Preparação teórico-metodológica do assistente social/equipe*

Na direção social indicada pelo projeto profissional, os assistentes sociais se deparam com infindáveis desafios e limites. Diante do histórico da profissão, destacam-se dois deles: o desafio de manter uma oposição segura e contundente ao conservadorismo profissional e, de forma articulada, o enfrentamento crítico e contundente das investidas e saídas pós-modernas que atravessam tanto as referências teóricas como o cotidiano profissional. O Estado Democrático de Direito/democracia burguesa, ao se contentar mais com a aparência/forma do que com a essência/conteúdo, concomitantemente, por um lado, não necessita materializar tudo aquilo que assegura legalmente, e, por outro lado, favorece e contribui para que a organização capitalista mantenha obscurecida sua origem e natureza. Assim, a convivência "pacífica" capitalismo/democracia tem favorecido que um grande contingente de assistentes sociais situe suas finalidades no âmbito da democracia burguesa, muito aquém dos princípios e objetivos do projeto profissional. Um estado de coisas que aprisiona parte expressiva da categoria não só em práticas contraditórias, mas, essencialmente, práticas conservadoras e/ou reformistas. Se por um lado em questões pontuais essas práticas favorecem os trabalhadores, no limite, são funcionais à reprodução do capital e da sociedade burguesa. Aqui ouçamos Lukács (2007, p. 57):

nada do que uma democracia — qualquer que seja ela — pode apresentar formalmente possui valor intrínseco. De fato, em determinadas condições, tudo pode converter-se em instrumento de opressão, exploração, reação. [...] [A filosofia marxista] deve, sistematicamente, fazer triunfar a superioridade do conteúdo sobre a forma, ou seja: afirmar teórica e praticamente, a prioridade do conteúdo político-social em relação à forma jurídica.

O projeto profissional, ao destacar como princípio fundamental a liberdade — pautada nas demandas a ela inerentes: autonomia, emancipação e plena expansão dos indivíduos sociais —, impõe como parâmetro e finalidade uma sociedade baseada na propriedade coletiva dos meios essenciais de produção e no trabalho como atividade humana autorrealizadora, o que significa ir muito além da simples distribuição igualitária de bens, o que não põe em questão a forma de produção desses bens. Assim, práticas assistenciais — no âmbito da sociedade ou do Estado —, consideradas como distribuição fragmentada de riqueza e como fins em si mesmo, estão em flagrante confronto com o projeto profissional, não só porque estão baseadas estritamente no consumo de bens, mas antes de tudo porque obscurecem a exploração do trabalho, a propriedade privada dos meios essenciais de produção, recusando a subjetividade como construção social, fruto das condições materiais de existência.

O projeto profissional põe-se com clareza frente à centralidade do trabalho, para pensar e fazer Serviço Social, muito além da polêmica "Serviço Social como trabalho". Ou seja, como proposta emancipatória, aponta para a transformação em propriedade comum dos instrumentos de trabalho e dos meios essenciais de produção, para que toda a humanidade, emancipada — rica subjetivamente —, possa trabalhar e viver de forma livre e autônoma.

Práticas assistencialistas e como fim em si mesmo e/ou práticas assistenciais que favoreçam o consumo de bens e serviços como finalidade última — assim como o acesso às políticas sociais sustentadas como finalidade — são práticas em flagrante confronto com o projeto profissional, não só porque estão baseadas numa ordem societária que põe no centro a mercadoria e o consumo de produtos acabados — não de forma igualitária, visto que compensatória —, mas porque, antes de tudo, recusam a propriedade coletiva dos meios essenciais de produção e o trabalho — ato fundante do ser social — como fundamento da produção e do consumo[479] e da educação como bem universal. Retirada a centralidade do trabalho, só resta consumo.

Se permanecerem no consumo da riqueza criada pelo trabalho — para toda a sociedade — as massas trabalhadoras, desprovidas dos meios essenciais de subsistência — o próprio trabalho —, continuarão a receber apenas caridade, esmolas, ajuda e incentivadas a serem tão parasitárias como a própria burguesia. Um contexto que favorece não só obscurecer, mas justificar, o caráter parasitário e predador da burguesia e seu parasitismo em relação aos próprios pobres e miseráveis. Não nos esqueçamos de que, assim como o capital/capitalistas favorece-se/m do fundo público (que se constitui pela participação majoritária, direta e concreta dos trabalhadores, dentre eles, pobres e miseráveis ao serem levados ao consumo de bens através de bolsas, auxílios etc.), as diferentes frações da burguesia têm, historicamente, de forma parasitária, no conjunto dos trabalhadores, a fonte da totalidade de sua riqueza e propriedade.

Assim, tendo em vista os compromissos que sustenta, o projeto profissional exige como base de formação do assistente social a crítica da economia política, visto que, sem ela, o assistente social vai se enveredar pelo estudo da psique, sem economia — a psicologia —; o estudo do homem, sem a economia, — a antropologia —; e/ou pelo estudo da sociedade, sem economia, — a sociologia;[480] uma formação baseada numa história factual e não no estudo do ser social do ponto de vista da sua origem, desenvolvimento e tendências, ao vinculá-lo às suas condições

---

479. E aqui, mais uma vez, a importância da centralidade do trabalho não só para pensar o Serviço Social, mas para fazer Serviço Social.

480. A sociologia "serve fundamentalmente para tratar as categorias sociais separadamente da economia e, portanto, por um lado, para transformá-las — agora que foram destacadas da base econômica — em formas 'eternas', 'universais', da convivência dos homens abstratamente concebida, e, por outro, para destacar os fenômenos econômicos de sua referência à sociedade e consequentemente para transformá-los — também eles convertidos em formas 'puramente econômicas' — em 'eternos' e 'universais'" (Lukács, 1968, p. 94).

concretas, o que, entre outras exigências, requer o estudo do papel do estado, das classes sociais, da luta de classes e dos interesses presentes nesse complexo.

Assim, é bom que fique claro, *não se trata de ser marxista por obrigação, mas de ser marxista por uma escolha consciente* na medida em que, ao assumir o projeto profissional como um projeto anticapitalista, o assistente social se põe diante da única alternativa teórico-metodológica que se propõe a captar o capitalismo a partir da sua lógica e das suas leis fundamentais, tendo em vista sua transformação. Assim, como vimos, a questão é manter essa direção social sendo pluralista.

Com base na crítica da economia política — ou seja, com base nas condições materiais do ser social (ver Netto, 1998 e Netto e Braz, 2006) —, é que podemos partir da sociedade para homens e mulheres como indivíduos sociais e não de homens e mulheres isolados, fragmentados, desgarrados dela, para a sociedade. Dessa forma, o projeto profissional exige partir do período social economicamente determinado para homens e mulheres e não do "homem"/indivíduo humano abstrato-isolado ou da "pessoa a ser ajudada", para a sociedade.

Os assistentes sociais, como parte e expressão da sociedade do capital, sem uma análise da posição dos trabalhadores na estrutura de classe, do seu protagonismo na luta de classes, de uma análise das políticas sociais, especialmente da política de assistência social, mediadas pela teoria social crítica, vão se distanciar da lógica do projeto profissional que concebe os direitos como conjunto indissociável e não reduzido ao direito a uma das políticas, quando não somente à assistência social travestida em ajuda. Tendo como parâmetro indivíduos sociais emancipados, o projeto profissional reafirma os direitos sociais centrados no direito ao trabalho como atividade humana autorrealizadora e na educação emancipadora, apreendidos como unidade indissociável na luta por uma nova ordem social, muito além da radicalização dos direitos sociais como estão garantidos na Constituição Federal de 1988, nos seus artigos 6º e 7º e Título VIII; só assim, podendo ser apreendido como projeto anticapitalista.

No que se refere à busca de identificação das relações entre finalidades/objetivos e das consequências da atividade realizada, é a razão dialética que pode iluminá-la. Se há algo de imutável no mundo dos homens é o passado, é o fato ocorrido, e no que nos cabe, o Serviço Social praticado, a ação que já produziu consequências, a escolha consolidada no tempo e na nossa vida e na vida dos outros. Apesar de imutável, é neste passado, na atividade *post festum*, que podemos buscar identificar aspectos particulares, à primeira vista obscuros, os quais se revelam novos, repetitivos ou diferentes à medida que a razão dialética penetra pelas frestas da história, da atividade realizada, e faz emergir tendências e possibilidades inscritas no real, para além das causas e das consequências.

Assim, no que tange à dimensão teórico-metodológica, cabe ao assistente social/analista[481] identificar a formação teórica do profissional, a existente e a necessária, tendo em vista os interesses, necessidades e demandas dos trabalhadores/usuários e as requisições institucionais, que se relacionam e interferem no desenvolvimento da atividade, mas, antes de tudo, tendo em vista os princípios, as finalidades e os objetivos do profissional/equipe. Coloca-se em destaque aqui a clareza e a segurança do assistente social na abordagem e utilização de noções, conceitos (ecletismo *x* pluralismo), informações, estratégias utilizadas, prioridades definidas, frente às exigências para atuação naquele projeto/atividade. Assim, faz-se necessário apreender o que a coordenação/condução da atividade revela, entre outras coisas, com relação à:

— formação do profissional/equipe: generalista/crítica; técnica; restrita à graduação/formação estática; formação (estrutura)/capacitação (habilidades) permanente;

— atividade profissional: crítica, criativa, propositiva, inovadora, reflexiva, mediada por teoria (conhecimento da realidade) *x* reiterativa, técnico-instrumental (profissional como um mero coordenador

---

481. Como sinalizado, na análise do material empírico em questão — os relatos de situações concretas —, estamos nos referindo a um pesquisador, a um professor, a um supervisor e/ou a um assistente social que objetiva análise e avaliação da atividade profissional através de situações concretas.

de falas, facilitador etc.), passiva, dependente, submissa (atividade altamente submetida às injunções institucionais);

— competência quanto às exigências teóricas/técnicas requeridas pela instituição (política social/serviço), pelas demandas dos trabalhadores/usuários (capacidade no trato das temáticas contidas e que atravessam as demandas) e pelos objetivos profissionais (espaços democráticos,[482] de organização e mobilização);

— clareza, precisão, crítica, com relação aos conceitos, noções, concepções, informações relacionadas aos temas centrais que atravessam a atividade, vocalizados e/ou ignorados pelo assistente social, considerados, problematizados ou ignorados, quando manifestados pelos usuários.

3.1.4.2 O Planejamento[483]

No processo de planejamento, estão contidas, concomitantemente, as atividades de conhecimento e preparação do espaço institucional para o exercício profissional e a preparação da equipe/profissionais para a atividade profissional,[484] o que envolve municiar-se dos conhecimentos necessários a uma inserção crítica na realidade, apreendida como parte e

---

482. Ressaltamos que o fato de a atividade desenvolvida pelo assistente social se constituir em um espaço democrático, entendido como um espaço onde o entrevistado/membros do grupo podem se manifestar, onde podem participar na condução do processo, interferindo nas decisões que são tomadas, não é suficiente para assegurar uma prática mediada pelo projeto profissional, na medida em que esse processo, em si, não assegura a veiculação dos conteúdos — informações e conhecimentos — necessários tendo em vista os interesses dos trabalhadores. Este processo está determinado pela qualidade da formação teórico-metodológica e segurança dos princípios ético-políticos do profissional/equipe.

483. Partimos aqui do que já foi antecipado no item 1.4.2.

484. Considero o planejamento, assim como para qualquer projeto, de extrema relevância para o projeto do Serviço Social. No entanto, diante dos objetivos deste livro, não desenvolverei aqui com mais profundidade o processo do planejamento. Voltarei futuramente a essa questão com texto específico.

expressão da totalidade social; colocar-se coerentemente, tendo em vista os fins e objetivos propostos, no que se refere ao espaço e tempo institucional; desenvolver habilidades no que se refere à utilização de recursos, instrumentos e técnicas. Este é um momento em que, conteúdo e forma, assim como no exercício profissional, se colocam de forma indissociável. Aqui faz diferença crucial os fundamentos teórico-metodológicos e ético-políticos que, mediando a definição de objetivos e estratégias, frente aos princípios e finalidades do projeto profissional, põe assistente social/equipe em condições de definir, identificar e priorizar as possibilidades contidas na realidade, as estratégias, os meios, os instrumentos e as técnicas necessárias à atuação e avaliação da atividade profissional, na busca de colocar em consonâncias os fins — emancipatórios — e os meios.

Caminhos existem. Quem pode identificar, escolher/optar por alguns deles e preparar a caminhada é o profissional/equipe. Assim, no planejamento, trata-se de pôr o profissional/equipe em condições de definir e atingir os objetivos, a partir da definição de estratégias, das atividades, instrumentos, técnicas, meios e recursos necessários, da identificação de oportunidades e de pôr o espaço profissional em condições de ser utilizado, tendo em vista os objetivos propostos. Processo que envolve problematizar e enfrentar tanto as condições de trabalho, como o campo conflituoso da política social que guarda distância entre o legal e sua realização.

Se, no projeto profissional, temos delineada a sociedade que queremos, mas, antes de tudo, diante do capitalismo designado como contemporâneo (ver Netto e Braz, 2006, capítulo 9), temos delineada a sociedade necessária tendo em vista garantir a continuidade da humanidade e da terra, é no planejamento que podemos, como assistentes sociais, identificar onde estamos, as possibilidades que se põem para caminhar na direção das finalidades que elegemos, assim como avançar das necessárias respostas focalizadas e pontuais às demandas dos trabalhadores e às requisições institucionais, para pensá-las, organizá-las e conectá-las à luta geral dos trabalhadores e demais lutas emancipatórias, como expresso no Código de Ética do Assistente Social, tendo como perspectiva o médio e longo prazo.

Esse é um planejamento que vai além das respostas à ocorrência de problemas quando a necessidade aparece; ou seja, vai muito além de respostas à ocorrência de problemas. Respostas corretivas, que reparam, emendam, remediam, endireitam a aparência dos fatos/"problemas", sem considerar nem atingir suas determinações (elementos geradores) e condicionantes (antecedentes que influenciam e/ou determinam a atividade profissional).

É no planejamento e execução da atividade profissional, apreendidos de forma indissociável, que os assistentes sociais/equipes se preparam para a atividade profissional e, ao mesmo tempo, revelam as condições ético-políticas e teórico-metodológicas dadas até aquele momento e as necessárias (a serem forjadas) para antecipar o exercício profissional. Assim sendo, o projeto resultante do planejamento não é um simples documento a ser consultado. Além de referência para ação, é um instrumento de luta, de negociação, de registro e sistematização do trabalho realizado, na medida em que o planejamento sempre parte do que está dado na realidade profissional.

Se a formação profissional oferece os instrumentos teóricos para captar o movimento da realidade social, é ao projetar suas ações — a teoria-prática se pondo aqui de forma indissociável — que os profissionais se transformam em sujeitos profissionais subjetivamente (ética e teoricamente) ricos podendo, assim, contribuir com os trabalhadores/usuários na busca por *transformações das suas condições de vida e de trabalho.*

O planejamento da atividade profissional e das ações, centrado numa formação graduada de qualidade, é um dos principais momentos da formação e capacitação permanentes no exercício profissional. É nos momentos de planejamento que os profissionais se defrontam com sua formação graduada/permanente, tendo a oportunidade não só de ter a prática mediada pela teoria, mas de identificar aspectos teórico-metodológicos e técnico-operativos que o processo de graduação — por estar centrado numa formação generalista — deixou de considerar e/ou que não foi possível, ao estudante/profissional, aprofundar e/ou apreender.

O planejamento responde tanto pela apreensão das alternativas na realidade e pela elaboração das respostas necessárias, frente às demandas dos trabalhadores e às requisições institucionais, quanto pela indicação do que falta — teórica, metodológica e técnico-operativamente — ao profissional/equipe para a objetivação de suas finalidades e intenções. Ou seja, além do planejamento possibilitar e facilitar a busca de respostas conectadas às finalidades e objetivos profissionais — aqui, se consideramos a escolha pelo projeto profissional, respostas que favorecem os interesses dos trabalhadores —, ao mesmo tempo, o ato de planejar revela as condições teórico-metodológicas do profissional/equipe para antecipar as ações necessárias, sendo que, dialeticamente, tanto as condições como a escolha da direção social vão expressar os princípios, valores e finalidades do profissional/equipe.

Por outro lado, o projeto — enquanto texto que expressa a ideia do que, por que e como fazer — que geralmente resulta de um planejamento sistemático não é um simples documento a ser consultado. Além de referência para ação, é um instrumento de luta, de negociação, de registro do trabalho realizado, tendo em vista sua análise e avaliação. Se, como visto, a formação profissional oferece, mesmo que parcialmente, os instrumentos teóricos para captar o movimento da realidade social, ao projetar suas ações, os profissionais/equipes têm reveladas e identificam questões relevantes que indicam os conteúdos necessários a serem contemplados na formação graduada e permanente e que vão potencializar e serem potencializados pela sua veiculação/vocalização na atividade profissional. Um processo que vai possibilitando aos profissionais alçarem gradativamente a condição de *sujeitos da ação profissional*, muito além da mera execução terminal de políticas sociais, programas e projetos pré-fabricados, nos diferentes níveis de planejamento governamental e institucional.

É nessa medida que a política social, enquanto norma legal, passa a ser objeto de apropriação do que favorece e negação do que desfavorece a atividade profissional, frente às finalidades e objetivos definidos pelo profissional/equipe, para além de uma mera execução terminal das suas indicações. Também é nessa medida que as consequências das atividades profissionais podem se reverter em ganhos — ainda que modestos, mas não insignificantes — para os usuários, na busca por *transformações das suas condições de vida e de trabalho e preparação e/ou participação de/em momentos de ruptura.*

Neste contexto, o planejamento exige a realização de levantamentos, estudos e pesquisas sobre a *questão social* e suas diferentes expressões, questão social que contém e está contida nas demandas dos trabalhadores/usuários; estudos e pesquisas sobre o movimento institucional (projetos e programas históricos e em andamento, recursos, correlação de forças institucionais o que envolve a presença/ausência dos trabalhadores usuários nesse movimento etc.).

Potencializando a análise e crítica dos dados com a produção teórica acumulada, para apreender o movimento frenético da realidade trabalhada no contexto da luta de classes, subsidiando e sendo subsidiado por serviços, pesquisas e produção teórica, tendo em vista escolhas conscientes quanto às estratégias, ações e instrumentos, o assistente social/equipe pode contribuir com a identificação e divulgação dos fatores condicionantes e determinantes das demandas dos usuários por serviços socioassistenciais e por qualificação para a luta político-ideológica, frente os seus interesses históricos.

No planejamento e na execução de determinadas estratégias e ações, o assistente social/equipe, num processo contínuo e inacabado, vai, ainda, se embrenhando pelo "complexo processo de constituição e reprodução da generalidade humana para-si". Vai se formando/transformando num sujeito, cada vez mais *"rico subjetivamente", qualificado e habilitado, não só para caminhar na direção das finalidades pretendidas, mas para revelar e apreender o processo/caminho conflituoso e contraditório de avanços e recuos, idas e vindas, na busca de superação da sociedade do capital.* Vai construindo e consolidando a sistematização, a análise, a crítica e a avaliação da prática e fortalecendo suas referências, seus valores, seus compromissos, suas finalidades e objetivos, ao mesmo tempo em que vai assegurando o acesso dos trabalhadores/usuários aos recursos assistenciais como direito; contribuindo com a ampliação dos direitos sociais, da participação na definição dos rumos da instituição e da ampliação e intensificação do controle social, como indicado no projeto profissional, o que, certamente, pode trazer como consequência uma contribuição favorável ao processo de formação, mobilização e organização da classe trabalhadora nos seus diferentes segmentos.

O planejamento, assim concebido, envolvendo organicamente — no nível da ação — os sujeitos que realizam a atividade, para além da implantação mecânica de projetos construídos em outras instâncias, constitui-se num processo privilegiado da unidade teoria-prática.

Resta considerar que um profissional/equipe/serviço, ao planejar a atividade profissional, depara-se com pelo menos dois níveis de planejamento. O Planejamento Geral do exercício profissional/interprofissional e o planejamento de uma atividade específica. Para que fiquem mais claros esses dois níveis de planejamento, temos observado que não é raro que assistentes sociais invistam no *planejamento de uma atividade específica* — uma reunião, por exemplo —, preparando material didático (um filme), elegendo determinado tipo de dinâmica de grupo, definindo o momento da aplicação da dinâmica, questões que favoreçam a reflexão etc., sem, no entanto, interrogarem-se, a partir da experiência e do material que ela produz, sobre sua preparação teórica, sobre sua segurança frente aos princípios e objetivos escolhidos, tendo em vista respostas qualificadas às demandas dos usuários e às requisições institucionais. Nesse sentido, observam-se reuniões quase que impecáveis do ponto de vista técnico-operativo, mas frágeis no que se refere às dimensões ético-política e teórico-metodológica, principalmente no que se refere aos princípios, valores e conteúdos vocalizados e veiculados.

Na análise das situações concretas, cabe, desse modo, quanto ao Planejamento Geral, identificar, no mínimo: se o Serviço Social na instituição e/ou o profissional/equipe contam ou não com um projeto sistematizado, por escrito; a qualidade desse planejamento (se informal, frágil, consistente, baseado unicamente na legislação e/ou nos programas e projetos institucionais); se o profissional/equipe identifica o planejamento/projeto institucional, como seu. Identificar, ainda, as referências ético-políticas e teórico-metodológicas (presentes ou implícitas; contraditórias; consistentes) tanto com relação aos projetos (individuais e coletivos), quanto ao conteúdo da atividade analisada.

Essas questões podem ser observadas no Projeto do Serviço Social/ subprojeto, a partir da definição de objetivos, metodologia, prioridades, estratégias, definição das atividades, instrumentos de sistematização, indicadores, instrumentos e mecanismos de avaliação. São questões que podem ser identificadas, explícita ou implicitamente, nos projetos ou no movimento da atividade analisada.

Quanto ao planejamento da atividade realizada, considerar: a definição de estratégias, recursos, instrumentos e técnicas a serem utilizados no decorrer da atividade, observando se o planejamento expressa uma atividade planejada a cada momento de sua realização ou se se resume a uma atividade que, uma vez planejada, torna-se reiterativa e ocasional, a partir de um planejamento que se cristaliza em ações mecânicas e repetitivas, na medida em que estão ausentes tanto o planejamento da inserção do profissional na instituição, como a análise e avaliação do processo. É desse modo que observamos reuniões ou entrevistas que se repetem com poucas variações no que se refere ao conteúdo, forma e duração, independentemente, principalmente, dos trabalhadores/usuários.

Resta sinalizar que o ato de planejar é permeado por conflitos próprios da contradição capital/trabalho, refletidos pela presença da luta de classes no movimento institucional. Conflitos que necessitam ser identificados, considerados e enfrentados tanto nos momentos de planejamento como nos momentos de atuação. Assim, os assistentes sociais que têm como referência o projeto profissional vão se encontrar sempre tensionados pelas prioridades e requisições institucionais que dispensam qualquer tipo de planejamento por parte da própria instituição, ainda que as requisições institucionais devam ser consideradas no planejamento, visto que asseguram a legitimidade profissional. Por outro lado, outro importante tensionamento advém da diversidade presente na formação e nas escolhas individuais dos profissionais que compõem a equipe de Serviço Social e as equipes interprofissionais, no que se refere às dimensões indicadas.

Nesse sentido, em primeiro lugar, no que se refere aos demais assistentes sociais da equipe de Serviço Social, há que se considerar a necessidade de alianças, diante não só da prioridade dada aos interesses e necessidades dos trabalhadores/usuários, mas visto que, tanto o impacto das ações profissionais tendo em vista os interesses e necessidades dos usuários, quanto o reconhecimento do Serviço Social pela gestão e demais profissionais, se dá pelo que a equipe de Serviço Social realiza no seu conjunto e não pelo que desenvolve cada um de seus profissionais de forma isolada e fragmentada.

É preciso ressaltar que se o Código de Ética do Assistente Social, no seu IX princípio, ressalta a necessária articulação com os movimentos de outras categorias profissionais que partilhem dos princípios do *Código e com a luta geral dos/as trabalhadores/as*; isso não quer dizer que a articulação e a aliança entre os assistentes sociais de uma mesma instituição, entre os assistentes sociais de uma mesma política social, entre os assistentes sociais das diferentes políticas sociais, entre os assistentes sociais dos diferentes serviços socioassistenciais e entre os assistentes sociais dos diferentes poderes da República não sejam necessárias, essenciais e determinantes na materialização do projeto do Serviço Social.

A falta de planejamento das ações profissionais gera dispersão e pulverização de ações em detrimento de ações estratégicas e articuladas, fruto de uma prática pensada. Desse modo, a necessidade de um projeto do Serviço Social em uma dada instituição — em qualquer área temática — não implica um Serviço Social único, mas um projeto do Serviço Social que funcione como eixo articulador e referencie assistentes sociais/equipes, a partir de suas diferenças teórico-metodológicas, ético-políticas e técnico-operativas, favorecendo uma inserção pensada no espaço profissional de forma articulada e inter-relacionada, cada vez mais sintonizada com os interesses dos trabalhadores/usuários, esta uma intenção/objetivo que articula a quase totalidade dos assistentes sociais brasileiros. Um projeto que considere, nas suas relações e conexões, a população usuária, real e potencial (seu perfil socioeconômico e cultural e demandas dirigidas à instituição e ao Serviço Social, direta ou indiretamente), a instituição (sua política, programas e projetos, seus trabalhadores, recursos materiais e serviços) e o próprio Serviço Social (os assistentes sociais componentes da equipe, sua formação etc.).[485]

Aqui se trata de compreender na sua gênese e desenvolvimento — por dentro — e nas suas relações e conexões, quem tem direito, demanda e/ou pleiteia — os diferentes segmentos de trabalhadores, aqui denominados usuários — e quem oferece os serviços e garante os recursos — a instituição pública, privada ou ONG — e quem os viabiliza — os profissionais, reunidos em categorias, serviços ou equipes.

Assim, o planejamento possibilita aos assistentes sociais se voltarem sobre a realidade, objeto da ação profissional, e construírem referências centrais para a realização de suas ações individuais e coletivas, aí sim de forma articulada e conectada na busca de superação de uma lógica de organização e estratégias de ação fragmentadas e que fragmentam a realidade e os usuários, o que repercute em perdas, não só para o projeto profissional, mas, principalmente, para os trabalhadores e para o projeto de sociedade que os favorece.

Assim, se nos negócios o que não se consegue medir não se consegue melhorar, porque o que se persegue é o lucro, ou seja, a acumulação menor ou maior de riqueza, no Serviço Social, trata-se não de medir resultados, mas de apreender as consequências que podem revelar os caminhos percorridos, o que faltou de essencial para qualificar o caminhar, onde e a que esses caminhos levaram tanto os usuários como os próprios assistentes sociais/equipes.

3.1.5 Dimensão Técnico-Operativa

Partindo do que está aparente no registro da atividade e nas relações e conexões com os demais eixos, na dimensão técnico-operativa, buscamos

---

485. Não podemos deixar de sinalizar que não é raro que o Serviço Social em unidade pública (do poder executivo e do judiciário) privada (empresa, ONG) seja composto por um único assistente social, por vezes acompanhado de estagiários, o que não deixa de exigir planejamento das ações.

captar a essência e a lógica da atividade — reunião, entrevista, visita domiciliar —, para voltar a ela como síntese de múltiplas determinações. Desse modo, trata-se de apreender no movimento da atividade como as finalidades, princípios, objetivos e estratégias se materializam através do tratamento dado ao material (conteúdos) comunicado/produzido pelos sujeitos do processo — assistente social/equipe-usuários —, através das técnicas, instrumentos, meios e recursos utilizados/veiculados pelo assistente social, mediados que necessariamente são pelas dimensões ético--políticas e teórico-metodológicas.

3.1.5.1 A dinâmica da atividade[486]

O movimento interno adotado, incentivado, provocado, estimulado, democratizado pelo assistente social como coordenador/articulador de uma atividade — entrevista/reunião/visita domiciliar —, ou outra atividade analisada, responsável pelo estímulo, provocação, encorajamento e evolução transformadora do processo vivenciado pelos sujeitos envolvidos no processo: trabalhadores/usuários e assistente social/equipe, constitui a dinâmica da atividade.

A análise, após a contextualização da atividade, tem início com a apreensão dessa dinâmica, do seu movimento para, depois de captada a sua lógica, voltar a ela com condições de apreender seus determinantes e o caráter da atividade frente às diferentes dimensões (teórica, ética e operativa), ou seja, a atividade apreendida como síntese de múltiplas determinações. Nesse sentido, a análise não tem início com a identificação dos aspectos relacionados às dimensões teórico-metodológica e ético--política. Estas só poderão ser observadas e apreendidas a partir da apreensão da atividade no seu movimento, nas suas relações e conexões

---

486. No caso da análise de um Relatório anual de serviço, por exemplo, neste item, a análise recai sobre as propostas, análise e avaliação do aspecto técnico-operativo das atividades realizadas.

necessárias com o movimento maior, seja no que se refere aos diferentes níveis de planejamento seja às diferentes instâncias (institucional, geral).

Para isso, coloca-se como exigência uma leitura geral do material/relato, tendo em vista uma primeira aproximação com o que está aparente da/na atividade, já considerada como complexo de complexos. Em seguida da leitura, empreende-se um retorno crítico-analítico sobre cada momento da atividade, centrado especialmente nos momentos em que o assistente social/equipe se destaca na coordenação/condução do processo, considerados na sua relação intrínseca com a participação ou não dos trabalhadores/usuários.[487] A prioridade dada à participação do assistente social/equipe se dá, visto que o objetivo maior é apreender as consequências da atividade, ressaltar as possibilidades, oportunidades e alternativas não exploradas, o que só pode ser apreendido a partir da análise da participação dos trabalhadores/usuários. Isso não significa uma desvalorização das manifestações dos usuários que vão revelar tanto seu perfil cultural e político, como suas demandas, essenciais ao processo de análise.

No processo de análise, o todo dialético emerge quando são estabelecidas as relações e conexões entre fatos reconstruídos empiricamente. A realidade não se manifesta em sua essência de forma imediata. Assim, o exercício profissional, desenvolvendo-se em condições objetivas determinadas, exige ir além das suas manifestações fenomênicas, tendo em vista apreender sua essência. Assim sendo, aqui não se trata de se restringir à aparência dos fatos — ou seja, no que uma reunião/entrevista deixa antever num primeiro momento, aparentando ter-se esgotado seu

---

487. As possibilidades de participação dos usuários nas atividades desenvolvidas pelo assistente social/equipe não estão dadas a priori. Essas possibilidades são construídas no processo da atividade — no planejamento e na sua transformação em realidade. Assim é que podemos observar no vasto material empírico da investigação que desenvolvemos, determinadas entrevistas e reuniões onde os usuários participam como meros espectadores de palestras realizadas pelo assistente social ou outro membro da equipe interprofissional — médico, enfermeiro, psicólogo. Geralmente, no fim da "palestra", são dirigidas perguntas aos usuários sobre o entendimento do que foi comunicado, o que geralmente resulta em silêncios constrangedores. Se em determinados momentos de um processo de atenção as palestras podem ter sua validade/utilidade, priorizar a comunicação com os usuários através delas — seja em salas de espera, seja em reuniões sistemáticas —, pode resultar em perda de tempo do assistente social e dos usuários. Ver Vasconcelos, 1997.

movimento e significado. Numa perspectiva de totalidade, a partir de mediações que conectam a atividade às totalidades mais complexas (no limite, à totalidade social apreendida como complexo de complexos), apreender a atividade na história, no tempo e no espaço, resgatar sua condição de totalidade complexa, ainda que microrrealidade, como parte e expressão da totalidade social. Uma apreensão crítica e propositiva, para além das abordagens da profissão puramente analíticas e, somando à mesma, uma abordagem também propositiva, que supere o "dever ser" para o "como tem sido" nos rumos pretendidos historicamente pela categoria. Este complexo processo revela as exigências colocadas ao analista, consideradas proporcionalmente, quando nos referimos a um graduando, um assistente social com vasta experiência, um assessor, um docente/pesquisador.[488]

Nesse momento, torna-se importante examinar criticamente as manifestações dos usuários, tendo em vista a direção que elas tomam ao serem consideradas, discutidas, rebatidas, debatidas, submetidas à crítica, questionadas, esclarecidas, ou seja, submetidas a uma apreciação minuciosa pelos envolvidos no processo; mesmo quando ignoradas na condução da atividade, na medida em que resultam em consequências, principalmente para o/a próprio/a trabalhador/trabalhadora em questão.

Nas manifestações dos usuários, o analista pode apreender a força da intervenção profissional, ou ausência dela, o que pode transitar do favorecimento a reflexões críticas, criativas, educativas, propositivas, sobre temáticas relevantes, a manipulações e reforço de consensos, consentimento, subserviência, resignação, tolerância descabida, servilismo...

Trata-se de apreender, na *Dinâmica da Atividade, como assistente social/ equipe realiza seus objetivos, na condução do processo.* Ou seja, trata-se de captar a essência e a lógica da atividade, para retornar a ela como síntese de múltiplas determinações no sentido de negar o que desfavorece,

---

488. Ainda que possamos colocar essa gradação no que se refere à posição de analista, nem sempre é o que ocorre. Desse modo, não é o título de assessor, consultor ou doutor que qualifica para análise necessária ao projeto profissional, mas a qualidade da sua formação no que se refere às dimensões indicadas: teórico-metodológica, ético-política e técnico-operativa.

conservar o que favorece o alcance dos objetivos e finalidade das ações, identificar as alternativas não exploradas, oportunidades e possibilidades perdidas, ressaltar suas consequências para instâncias e sujeitos envolvidos, no sentido de, dialeticamente, no processo, elevar a prática níveis superiores.

A (in)competência didática — a técnica de dirigir e orientar a aprendizagem — atinge tanto os alunos do ensino formal — e aqui destacamos os discentes de Serviço Social —, quanto os trabalhadores/usuários e suas famílias, a partir da relação ensino/aprendizagem que media a atenção prestada pelos profissionais de nível superior. Assim, também se trata de apreender, na dinâmica da atenção prestada — ou seja, na situação concreta, na parte material ou no conjunto dos processos vivenciados pelo assistente social/equipe-trabalhadores/usuários — as possibilidades perdidas e as consequências do que e do como foi realizado.

Este processo exige a análise teórico-crítica do desenvolvimento da atividade; do que foi realizado ao longo da reunião/entrevista pelo assistente social/equipe, examinando cada momento, no sentido de identificar, apreender e submeter à crítica o desempenho do assistente social/equipe, dentre outras coisas[489]:

— na consideração e colocação em discussão das temáticas trazidas pelos usuários através das demandas manifestadas, explícita e/ou implicitamente;

— na criação de condições que dão oportunidade a todos os integrantes de uma reunião ou de uma entrevista de se manifestarem, a partir do seu interesse e disponibilidade;

— na prioridade que dá para submeter à análise/reflexão por parte dos usuários do material que emerge a partir das demandas dirigidas à instituição/Serviço Social/assistente social;

---

489. Aqui, novamente, cabe uma consulta a Vasconcelos (1997), onde abordo a participação do assistente social na criação das condições necessárias a processos de reflexão críticos, criativos e propositivos, processos em que os usuários participam como sujeitos e não objetos a serem modificados, ajudados...

— na criação de condições que favoreçem ou não a participação dos trabalhadores/usuários na definição dos caminhos, na condução da atividade e na participação nos debates;

— na democratização de informações e conhecimentos necessários à discussão e apreensão das temáticas presentes como síntese de múltiplas determinações e nos procedimentos que utiliza frente a temáticas que não domina;

— no encaminhamento técnico-operativo da reunião/entrevista apreender, a partir do como se deu o "contrato de trabalho" (Vasconcelos, 1997),[490] como um dos determinantes da direção que se queira dar à atividade profissional, apreender a lógica de encaminhamento da atividade, a qual poderá ser caracterizada como palestra; entrevista/grupo de reflexão; reflexão crítica;[491] entrevista/grupo de ajuda...

— na utilização da linguagem. Atuando no âmbito das relações sociais — relações entre os homens no cotidiano da vida social —, o assistente social, assim como os demais profissionais, tem, na linguagem, um meio/instrumento essencial. Como afirma Iamamoto: "tendo como instrumento básico de trabalho a linguagem, as atividades desse trabalhador especializado encontram-se intimamente associadas à sua formação teórico-metodológica, técnico-profissional e ético-política. Suas atividades dependem da competência na leitura e acompanhamento dos processos sociais, assim como no estabelecimento de relações e vínculos

---

490. O usuário, para exercer seu papel de sujeito na atividade, necessita estar esclarecido a respeito da dinâmica da atividade, do que está sendo proposto pelo assistente social; necessita estar disponível, informado, consciente. Só assim estará em condições de participar, de decidir, de também definir caminhos. É neste contexto que abordei em 1997 o que, naquele momento, denominei "contrato de trabalho" (ver Vasconcelos, 1997).

491. Um espaço onde os usuários possam conversar quase que informalmente, sobre assuntos relevantes, é totalmente diverso de um espaço onde, através de aproximações sucessivas, considerando a disponibilidade e as condições dos sujeitos envolvidos, possam buscar apreender as origens e os determinantes dos temas relevantes que as demandas dos usuários e as requisições institucionais suscitam nos processos de acesso/negação dos direitos (Vasconcelos, 1997).

sociais com os sujeitos sociais junto aos quais atua" (Iamamoto, 1997, p. 97). Aqui se coloca outro grande desafio aos assistentes sociais na medida em que reproduzir conhecimentos e informações apreendidos dos livros através de palestra não é o mesmo que, a partir de uma linguagem acessível, clara, articulada e coerente, socializar o conhecimento produzido para fomentar reflexões críticas e apropriação substantiva pelos sujeitos envolvidos nos processos de atendimento do Serviço Social.

Necessário, ainda, observar as consequências da presença ou ausência de planejamento, nos diferentes níveis, tanto no desempenho do profissional/equipe, como na (não)participação dos usuários no processo de atendimento.

A partir da observação dessas e outras questões, o analista interroga-se sobre as características da atividade: o assistente social coordena; facilita a participação; democratiza o espaço, informações e conhecimentos, com a presença de novos conceitos; organiza; viabiliza recursos; sinaliza contradições; esclarece, explica, ilustra, informa? Ou seja, instrui, alimenta, enriquece. Ou ele adestra, habilita, domestica, treina? Utiliza a reflexão crítica ou busca repassar informações através de "palestras"? Como fim em si mesmo, acolhe, apoia, ou utiliza desses recursos na criação de condições para uma reflexão mais profunda das graves questões que permeiam o cotidiano dos trabalhadores/usuários e, consequentemente do assistente social? Como fim em si mesmo, aconselha; interpreta; trata (papel de terapeuta); burocratiza relações e serviços; exerce controle; amortece conflitos; busca/viabiliza consenso/consentimento; ouve (restringe-se à escuta); alivia tensões. Ou seja, a atividade se constitui num espaço e em processo que se caracteriza pela confusão, desorganização, desinformação ou em um espaço e processo que favorece processos democráticos e decisões coletivas?

A clareza da linguagem e da sua utilização como instrumento/recurso que favoreça a reflexão crítica por parte dos trabalhadores/usuários está determinada não pelas condições de trabalho, que podem interferir

A/O ASSISTENTE SOCIAL NA LUTA DE CLASSES

sim na criação do espaço, mas pela formação graduada e permanente.[492] A utilização da linguagem aqui vai muito além da facilidade e desenvoltura em se "comunicar com o público". Requer um processo de preparo e de exercício cumulativo — ético-político, teórico e técnico — que forme, capacite e habilite o profissional para o desenvolvimento de processos reflexivos e críticos.[493] Uma interrogação, consideração, informação mal formulada mais confunde do que esclarece, informa, instrui ou educa, e o assistente social, que poderia, no processo, representar a possibilidade de desvelamento, de crítica, de acesso a informações, conhecimentos, novos conceitos, acaba contribuindo para obscurecer a realidade e as possibilidades de seu enfrentamento.

3.1.5.2 Estratégias, instrumentos e recursos utilizados no desenvolvimento da atividade

É no planejamento que o assistente social/equipe vai propor as estratégias de atuação necessárias no que se refere à inserção do profissional na instituição, à ocupação do espaço institucional e à atividade profissional.

---

492. No material empírico das investigações do NEEPSS podemos apreender que em condições de trabalho e de autonomia favoráveis e a partir de estratégias e prioridades apropriadas e oportunas, é a dificuldade do assistente social em ter sua prática mediada pelas referências ético-políticas e teórico-metodológicas — ou seja, de identificar, problematizar e veicular o novo a partir da priorização de demandas relevantes, para além do que o indivíduo/grupo consegue alcançar —, que tem determinado a direção que toma a atividade. É uma determinação que, independentemente da vontade do assistente social, está assentada na segurança e qualidade das referências teóricas e ético-políticas possibilitadas pela graduação e pela formação permanente.

493. No texto *Prática Reflexiva e Serviço Social* (Vasconcelos, 1997), no qual objetivamos abordar a dimensão técnico-operativa, fica claro que, sem segurança ético-política e preparação teórico-metodológica para abordar as temáticas suscitadas na dinâmica da atividade, o processo fica esvaziado de conteúdo e sentido limitado pelo senso comum e/ou experiência pessoal do profissional. Assim, reuniões que articulam um número considerável de usuários transformam-se em espaços de vivências (de dinâmicas de grupo) que, utilizadas como um fim em si mesmo, não oportunizam uma reflexão crítica do material que a dinâmica traz à tona e terminam por se constituir em instrumento de apoio e alívio de tensão. Afinal, sem conteúdo, o meio — a dinâmica de grupo — é imbecilizante e não estrutura base para uma reflexão cada vez mais ampla e profunda.

Na atividade profissional, o assistente social/equipe opera, testa as estratégias e atividades pensadas, através dos instrumentos e recursos definidos, analisa e avalia esse processo, tendo em vista fortalecer decisões e/ou redirecionar e/ou mudar caminhos. Desse modo, é na operação das estratégias, na utilização dos instrumentos, meios e recursos que o assistente social/equipe vai transformando o conhecimento em situações concretas, o que significa, dialeticamente, também criar as possibilidades e condições de produzir conhecimento, cuja profundidade e amplitude vai depender dos objetivos do profissional e das condições objetivas. Ou seja, a partir da atividade profissional, o assistente social, qualificando a sistematização da experiência antecipada no planejamento, tem a possibilidade tanto de produzir conhecimento, como de produzir material qualificado a ser utilizado por assessor, pesquisador.

Na medida em que somos requisitados para operar estratégias baseadas na conciliação de classes, através da coerção e do convencimento, tendo em vista a reprodução do trabalho alienado e alienante e da submissão dos trabalhadores/usuários a interesses e valores dominantes, são as finalidades e os objetivos já antecipados no projeto profissional, que favorecem a definição de estratégias e ações que possam contribuir com processos emancipatórios. Ou seja, processos democráticos, de formação, participação, mobilização e organização. Neste caminhar, coloca-se como exigência identificar as estratégias e mecanismos utilizados pela burguesia, presentes no cotidiano institucional/profissional, a partir do que é dominante na sociedade do capital na exploração, controle, dominação, submissão, cooptação, divisão, fracionamento das massas trabalhadoras; estratégias que favorecem o convencimento e disciplinamento dos diferentes segmentos da classe trabalhadora, onde a burocratização dos serviços cumpre papel determinante.

Caminhar na direção do desvendamento do movimento institucional como parte e expressão da totalidade social, um campo de interesses complexo (na medida em que reúne interesses individuais e coletivos, explícitos e implícitos, imediatos e mediatos) e conflitantes (interesses do capital e do trabalho), *exige antecipação da organização do espaço e das ações profissionais*, implicados que estamos no manejo e condução dos conflitos resultantes de interesses contraditórios e do acesso desqualificado ou falta de acesso a recursos e serviços sociais na atenção às necessidades e interesses individuais e coletivos, assim como *exige antecipação dos conteúdos necessários à operação das atividades e submissão desse processo à crítica permanente.* Trata-se de uma antecipação em dois níveis: por parte da equipe do Serviço Social (o que é pensado no âmbito do projeto do Serviço Social na instituição) e de um assistente social (projeto individual ou em equipe); neste caso, põe-se ainda a necessidade de antecipar, ou seja, planejar cada atividade a ser desenvolvida no âmbito do projeto/plano.

Este movimento *exige a participação do assistente social/equipe como sujeito do processo.* É nessa condição que a equipe de Serviço Social/assistente social constrói as condições para delimitar[494] a inserção dos assistentes sociais no espaço institucional, para definir prioridades, aplicar com eficácia e eficiência os recursos que o Serviço Social dispõe — teóricos, técnicos, materiais. É o momento da equipe de Serviço Social explorar as condições favoráveis de que porventura desfrute e enfrentar as condições desfavoráveis que são próprias da sociedade do capital (condições de trabalho, falta de recursos de toda ordem), visando ao alcance dos objetivos determinados, para o que a criação de mecanismos que favoreçam a aliança entre a equipe de Serviço Social, os assistentes sociais e demais

---

494. Para que fique claro, aqui estamos nos referindo ao fato de que a distribuição dos assistentes sociais nos espaços sócio-ocupacionais resulta do interesse de gestores ou de profissionais que solicitam a presença de assistentes sociais. Diante disso, mesmo na vigência de uma legislação que prega a prioridade de atividades preventivas e de promoção da saúde, sem prejuízo das ações assistenciais, deparamo-nos, por exemplo, em Hospitais, com a presença de três assistentes sociais em unidades cirúrgicas que atendem número limitado de usuários, e com a ausência ou a presença de um assistente social na pediatria, na ginecologia, todas unidades que congregam um grande número de trabalhadores/usuários. No meu entender, a ocupação do espaço institucional é estratégica e, para que os assistentes sociais se coloquem como sujeitos desse processo, põe-se a necessidade de alianças que favoreçam a racionalização dessa distribuição, através de planejamento. O que temos observado, desde a pesquisa de 1998, é que a distribuição dos assistentes sociais projetada a partir das requisições institucionais e das demandas dos usuários para a instituição pode favorecer a qualificação das respostas do Serviço Social às requisições institucionais o que, consequentemente, porque racionaliza essa distribuição frente à realidade, favorece, potencializa e qualifica a atuação profissional na direção dos interesses dos trabalhadores.

profissionais e, prioritariamente, aliança com os usuários, organizados e em organização, se coloca estratégica, fundamental e determinante.

Neste contexto, é óbvio, mas necessário ressaltar, que o espaço profissional, as estratégias, os instrumentos, as técnicas, as informações e conhecimentos, os mecanismos que favoreçam tanto a participação como o controle social dos serviços e das políticas etc., são apenas meios e não fins. Muito frequentemente, como eles interferem diretamente no cotidiano, dinâmica e movimento das massas trabalhadoras, facilitando a revelação de pequenos ganhos, mas, nem sempre favorecendo a revelação e submissão à crítica das contradições e conflitos presentes no movimento institucional, acabam por se transformar em fins em si mesmos. Também é neste contexto, que sem uma análise crítica do complexo causal que abre campo às políticas sociais compensatórias e focalizadas, nós, assistentes sociais, somos levados a empreender estratégias e ações focalizadas tanto nos indivíduos, como nas suas atitudes e comportamentos.

No enfrentamento do risco da transformação dos meios em fins, é o conhecimento da realidade (a teoria) e a democratização crítica de conhecimentos substantivos — o que exige, também, a democratização de instrumentos de crítica — que permeiam a formação e atividade profissional que poderá favorecer a transformação da teoria em ações vitais, em elemento de coordenação e de ordem intelectual e moral, como afirma Gramsci (1999, p. 95-96). A democratização de conhecimentos e informações entendida aqui como um processo complexo que exige do assistente social, como sinalizado, não só ter domínio sobre eles, mas aprender e exercitar o processo pelo qual eles possam mediar o cotidiano profissional — tanto no que se refere ao planejamento das ações, como na transformação desse planejamento em realidade —, como mediar o processo que articula a formação e qualificação política, a mobilização e a organização dos trabalhadores/usuários.

Diante dessas considerações, na análise de situações concretas, cabe ao analista identificar as estratégias, meios e instrumentos utilizados na realização da atividade analisada e a relação que guardam com a ocupação e distribuição (não) estratégica dos assistentes sociais no espaço institucional. Para além da forma de ocupação do espaço institucional, destacam-se não só as estratégias na escolha, forma e momentos de utilização dos meios e instrumentos, mas a habilidade no seu uso e manejo. Assim, trata-se de analisar a constituição do espaço de realização da atividade; os instrumentos e meios (reunião, entrevista, visita domiciliar, salas e espera), os recursos (vídeos, dinâmicas de grupo) e as técnicas utilizadas no tratamento dos conteúdos; mecanismos que favoreçam ou dificultam a participação democrática e a democratização de conhecimentos e informações (mecanismos relacionados a regras de comportamento ou estratégias que favoreçam a participação dos trabalhadores/ usuários como sujeitos do processo); construção da autonomia para planejar e realizar as ações; utilização e distribuição de material/recursos didáticos, folhetos etc.

Como tenho ressaltado, no enfrentamento das estratégicas de exploração, controle, dominação, cooptação e submissão, utilizadas pela burguesia, colocam-se como estratégicas, no cotidiano profissional, a teoria social (conhecimento sobre a realidade), a reunião[495] (como meio, instrumento, técnica, que, em si, mostrando a força que a organização tem,

---

495. Bem ao gosto da burguesia, quase sempre não intencionalmente, parte dos assistentes sociais, reproduzindo o que está dado historicamente como prática no Serviço Social, centra sua atenção e ação sobre o indivíduo isolado, em detrimento dos processos coletivos, o que explica a defesa e a preferência pela atenção individualizada, através da entrevista, e não a opção estratégica pela reunião. Mas, em vez da opção por uma entrevista que joga para a apreensão dos "problemas individuais", como expressão de processos/interesses e demandas coletivos, os assistentes sociais fazem opção pela *entrevista psicológica:* no sentido de acolher, aconselhar, orientar, quando não tratar; pela *entrevista de pesquisa* e/ou burocrática: objetivando coleta de dados, para realizar estudos, diagnósticos, emitir laudos ou pareceres ou decidir o acesso ou não a recursos e benefícios; e/ou pela *entrevista de ajuda,* que permeando ou não os outros tipos de entrevista, objetiva tanto "ajudar na solução do problema apresentado individualmente pelo cliente" quanto ajudar na "ressocialização", "integração", "reintegração", aliviar tensão, manejar conflitos, orientar, encaminhar, o que significa adaptação e/ou ajustamento do "cliente" à ordem dominante e que, em síntese, contribui, não para a emancipação humana, mas para o bom funcionamento social, como querem Konopka (1977) e Vieira (1978) etc.). Uma realidade agravada pelo fato de os assistentes sociais, nos espaços profissionais, se sentirem órfãos de referências sobre o que e como fazer, restando-lhes recorrer às referências históricas na profissão, pautadas em processos de ajuda que rompem com a relação indissociável entre conteúdo-forma (Konopka, Vieira, Hamilton etc.), como se a técnica — criação do homem — fosse neutra.

possibilita tanto a veiculação, troca e apropriação de informações e conhecimentos substantivos, como a vivência de relações sociais democráticas, solidárias, que favoreçam processos emancipatórios), a construção de mecanismos de comunicação/aliança do Serviço Social/assistentes com outros profissionais e usuários (organizados e em organização) e a construção e a utilização de mecanismos e recursos que facilite e torne possível a conexão de trabalhadores/usuários fragmentados, individualizados, fragilizados, no interior das instituições, com seus organismos de representação e lutas sociais.

Diante desses e outros indicadores, podemos apreender o grau de contribuição do Serviço Social/assistente social às massas trabalhadoras.

3.1.5.3 Objetivos e atividade desenvolvida

Aqui se trata de confrontar a dinâmica da atividade apreendida como síntese de múltiplas determinações — ou seja, o que foi realizado (totalidade menos complexa), como parte e expressão das relações sociais e da práxis social (totalidade mais complexa) —, com os objetivos institucionais (nos seus diferentes níveis e instâncias), com os objetivos presentes na atividade, de forma implícita (nas manifestações do profissional no decorrer da atividade) ou de forma explícita (no projeto profissional e/ou nas manifestações iniciais do profissional) e com os objetivos dos usuários.

O espaço institucional/cotidiano profissional, na sua complexidade, coloca em confronto diferentes objetivos. Dependendo da qualidade da sistematização do material, é possível confrontar os objetivos institucionais, os objetivos profissionais e os objetivos dos trabalhadores/usuários presentes nas necessidades e demandas manifestadas, que, apreendidos nas suas contradições, conexões e relações necessárias, enriquece e potencializa a análise.

Os objetivos gerais (de longo prazo/fim último da ação), os objetivos específicos/imediatos (relacionados a uma atividade), propostos pelo profissional no ato de planejar, ou implícitos na ação desenvolvida, assim como as referências éticas e teóricas que eles expressam, podem ser apreendidos pelo analista, na dinâmica da atividade profissional, independentemente da forma como se apresentam. Mas, no complexo e contraditório campo da luta de classes, os objetivos que permeiam o espaço institucional vão muito além dos objetivos profissionais. Assim, no campo sócio-institucional, confrontam-se objetivos institucionais, profissionais (assistentes sociais) e dos trabalhadores/usuários, os quais podem ser apreendidos na condição de objetivos:

- *explícitos* — no sentido de objetivos claros, explicados, formais, precisos, expressos, manifestos, declarados pelo profissional/ equipe, na medida em que constam de projetos, programas, planos institucionais[496] ou do Serviço Social e os objetivos manifestos, de forma implícita ou explícita pelos usuários na apresentação das demandas.

- *implícitos* — contidos, subentendidos, admitidos mentalmente, mas não explicitados e que se revelam nas ações e manifestações dos assistentes sociais/equipe/usuários/instituição.

- *aparentes* — objetivos patentes, visíveis, evidentes, claros, mas nem sempre declarados ou revelados pelo assistente social/equipe, pela própria instituição e muito menos pelos usuários.

- *ocultos* — tanto por parte da instituição (gestores, diferentes profissionais e técnicos), do Serviço Social/assistentes sociais e dos usuários (com relação tanto aos objetivos institucionais, objetivos do Serviço Social e das suas necessidades e interesses), são objetivos obscurecidos, disfarçados, travestidos, ignorados. Assim, mesmo mediando o cotidiano institucional, os diferentes objetivos que mediam os recursos, serviços e mecanismos

---

496. Ressaltamos que não é raro o assistente social declarar que seus objetivos são os objetivos da instituição ou da política social, o que já põe o profissional em tensão com as demandas dos usuários e, consequentemente, com o projeto profissional.

institucionais, permanecem desconhecidos por gestores, pelos profissionais/assistentes sociais, trabalhadores/usuários.

Independentemente da sua condição, são objetivos que para serem apreendidos nas suas relações e conexões necessárias e nas suas contradições necessitam de teoria, do estabelecimento de mediações e conexões necessárias, para serem desobscurecidos, revelados e apreendidos no ato de planejar, de realizar e avaliar as ações.

Aqui a questão central é perceber qual a clareza que o assistente social/ usuários tem dos diferentes objetivos presentes nos espaços socioassistenciais, e como se situam diante deles, a partir da direção social manifestada, explícita ou implicitamente, consciente ou inconscientemente. Por outro lado, apreender a clareza que os trabalhadores/usuários têm das necessidades, interesses e objetivos presentes nas suas manifestações e, principalmente, como o assistente social/equipe se põe frente a eles: elegendo-os como objeto de atenção, reflexão, análise crítica...; ou sendo incapazes de percebê-los; ignorando; percebendo; subvalorizando; desconsiderando-os... Por fim, como as finalidades e os objetivos institucionais, traduzidos nas requisições institucionais, impactam a atividade profissional? Como assistentes sociais e usuários percebem a relação e/ou falta dela entre finalidades, objetivos, requisições institucionais x necessidades e demandas dos usuários. Aqui se trata de revelar os interesses e os conflitos presentes no movimento institucional, tendo em vista um direcionamento das atividades que priorizem os interesses e necessidades dos trabalhadores/usuários.

No limite, na medida da necessidade e da possibilidade, trata-se de apreender o complexo de objetivos que atravessa o cotidiano institucional, profissional e das massas trabalhadoras, o que nos leva a considerar os objetivos que se expressam no movimento real, presentes em diferentes instâncias e níveis, e que se fazem presentes de forma implícita ou explícita:

— Institucionais: dos profissionais-técnicos/gestores/unidade socioassistencial/governamentais (municipal/estadual/federal)/políticas sociais/governos nas suas diferentes instâncias/ Estado/Burguesia-capital.

— Profissionais: do assistente social/do Serviço Social da Instituição/do Serviço Social em cada política social/do Serviço Social como categoria — Projeto Profissional.

— Trabalhadores: do usuário/de grupos de usuários (famílias, comunidades)/de segmentos de classe (operários da construção civil; empregados domésticos;/classe trabalhadora.

Sem se colocar crítica e conscientemente diante desse complexo de objetivos que atravessa o cotidiano profissional, a qualquer serviço, profissional ou equipe que permaneça centrado num conhecimento imediato e intuitivo da realidade que os cerca, só resta a (falsa) sensação que o frenético cotidiano profissional está esvaziado de sentido, direção, princípios, finalidades, objetivos, estratégias e que, diante disso, não haveria alternativas.

3.1.5.4 Atividade profissional, demandas dos trabalhadores-trabalhadoras/usuários e requisições institucionais

3.1.5.4.1 Demanda dos trabalhadores-trabalhadoras/usuários

Os diferentes segmentos de trabalhadores, na busca de sobrevivência — a partir do usufruto do patrimônio histórico da humanidade em resposta às suas necessidades — dirigem-se à sociedade e/ou ao Estado, a partir de demandas que tanto podem ser reveladas de forma clara e precisa como podem estar obscurecidas pela condição humana alienada e alienante e pela complexidade do cotidiano da vida na sociedade do capital, demandas que exigem teoria para serem reveladas e apreendidas no seu sentido e alcance.

Por outro lado, apreender as repostas dadas pelas diferentes categorias profissionais, em nome da sociedade/Estado/burguesia às demandas dos trabalhadores/usuários requer elucidar como e em que circunstâncias essas demandas são veiculadas, manifestadas e/ou reveladas por eles, assim como responder às exigências e às dificuldades para serem identificadas, percebidas, apreendidas e priorizadas pelos profissionais (aqui, assistente social/equipe), tanto no planejamento, como na realização das ações em resposta a elas.

Ora, a luta — e aqui estamos nos referindo às diferentes lutas sociais articuladas numa luta anticapitalista — pela superação da sociedade capitalista, como podemos apreender em Mészáros (2005, p. 65):

> não terá a menor chance de sucesso contra o capital caso se limite a levantar apenas demandas parciais. Tais demandas têm sempre que provar a sua viabilidade no interior dos limites e determinações reguladoras preestabelecidas do sistema do capital. As partes só fazem sentido se puderem ser relacionadas ao todo ao qual pertencem objetivamente. Desse modo, é apenas nos termos de referências globais da alternativa hegemônica socialista à dominação do capital que a *validade dos objetivos parciais estrategicamente escolhidos pode ser adequadamente julgada. E o critério de avaliação deve ser a capacidade desses objetivos parciais se converterem (ou não) em realizações cumulativas e duradouras no empreendimento hegemônico de transformação radical.* (Grifos meus)

A partir do que afirma o autor, com respeito à luta anticapitalista como um todo, podemos afirmar que as demandas espontâneas/explícitas dos usuários que *aparentemente* forçam o movimento institucional em determinada direção, na realidade, são demandas forjadas pelas instituições a partir dos bens e serviços que disponibilizam (ou anunciam disponibilizar) para os trabalhadores, através das políticas sociais, públicas ou privadas e que, nesse sentido, favorecem o obscurecimento das demandas substantivas que expressam as necessidades fundamentais e interesses históricos, individuais e coletivos, dos diferentes segmentos da classe trabalhadora. É o oferecimento e a operacionalização dos serviços e recursos socioinstitucionais disponibilizados/anunciados que facilitam/estimulam/constrangem os trabalhadores/usuários a fragmentar e priorizar, "espontaneamente", determinadas necessidades (individuais e coletivas), apresentadas através de demandas individuais, de forma fragmentada. São apresentadas (e muitas vezes apreendidas e priorizadas pelo próprio assistente social dessa forma fragmentada, individualizada), na medida em que não apreendidas nas suas determinações e mediações necessárias com *demandas substantivas* — ou seja, como expressões da questão social que atingem não somente indivíduos, mas, proporcionalmente, todos os segmentos da classe trabalhadora —— o que só pode ser identificado apreendido, a partir de uma análise — teórico-crítica — que conecte e estabeleça as relações e mediações necessárias entre as demandas individuais/de pequenos grupos (família) e as demandas históricas da classe trabalhadora.

Como afirma Marx, se a realidade fosse aparente, não seria necessária teoria, não seria necessária a capacidade de abstração[497] para apreender o movimento do real. Desse modo, a "submissão" das instituições/profissionais às demandas "espontâneas" dos usuários dos serviços socioassistenciais, que soterram os profissionais de atividades paliativas, pontuais e focalizadas e que resultam em ganhos pontuais — e não podemos esquecer, muitas das vezes pode significar a sobrevivência — faz parte da lógica do capital que, como aponta Mészáros, só atua em funções corretivas, ou seja, *post festum*; após o problema instalado. Isso nos leva, novamente, a afirmar o óbvio: mesmo a operação das políticas sociais de forma ordenada e conexa, em consonância com a legislação vigente, pode "solucionar a questão social", exatamente porque, descoladas da política econômica, suas respostas não atuam na estrutura da sociedade que continua a gerar mais pobreza na mesma medida em que gera e concentra exponencialmente a riqueza.

---

497. "A abstração é a capacidade intelectiva que permite extrair da sua contextualidade determinada (de uma totalidade) um elemento, isolá-lo, examiná-lo; é um procedimento intelectual sem o qual a análise é inviável — aliás, no domínio do estudo da sociedade, o próprio Marx insistiu com força em que a abstração é um recurso indispensável para o pesquisador. A abstração, possibilitando a análise, retira do elemento abstraído as suas determinações mais concretas, até atingir 'determinações as mais simples'. Nesse nível o elemento abstraído torna-se abstrato — precisamente o que não é na totalidade de que foi extraído: nela, ele se concretiza porquanto está saturado de 'muitas determinações'. A realidade é concreta exatamente por isso, por ser 'a síntese de muitas determinações', a 'unidade do diverso' que é própria de toda totalidade" (Netto, 2009, p. 684).

Sem uma análise social fundada na crítica da economia política, os profissionais mostram-se incapazes, como frequentemente os próprios usuários, de apreender nas demandas espontâneas/imediatas, não só sua origem, determinações e causalidade, mas as necessidades essenciais — individuais e coletivas — que elas contêm e expressam. Um processo dialético que possibilitaria a apreensão de demandas substantivas, demandas que dão origem, determinam e condicionam as demais, o que só pode ser revelado e apreendido teoricamente quando nos voltamos para a origem e natureza das demandas espontâneas e imediatas. Isso porque, como visto, na complexa dinâmica da sociedade capitalista, diante do necessário controle das massas, as demandas substantivas dos trabalhadores e trabalhadoras necessitam ser ocultadas, estão e são ocultadas e/ou obscurecidas por demandas espontâneas de caráter urgente e/ou imediato, cujas respostas só podem vir de forma corretiva.

Neste contexto, as instituições, tanto públicas como privadas, não se planejam para atender demandas substantivas dos trabalhadores e trabalhadoras. Frente à lógica e à dinâmica da sociedade do capital pautadas na desigualdade entre desenvolvimento econômico e o desenvolvimento social, entre a expansão das forças produtivas e as relações sociais, enquanto instituições do capital, braço da elite dominante, elas atuam sempre *post festum* e, nesse sentido, um planejamento rigoroso, tendo como referência um planejamento social abrangente, como afirma Mészáros, torna-se não só supérfluo, mas inconveniente para a sociedade burguesa.[498]

Ou seja, o Estado capitalista e a burguesia, através das instituições/ empresas, assalariam os profissionais/técnicos para auxiliar o desenvol-

---

498. Não podemos deixar de sinalizar novamente, diante da incontrolabilidade do capital, tendo em vista os interesses de acumulação, que a falta de um planejamento social abrangente tem trazido consequências nefastas não só para os trabalhadores nos seus diferentes segmentos — os mais aviltados e explorados sempre sofrendo as maiores consequências —, mas tem trazido consequências deletérias para a humanidade como um todo — incluída aí a própria burguesia que também é atingida pela destruição da subjetividade e a destruição material (o câncer) e para a natureza hoje ameaçada de extinção. Planejamento que, na busca de respostas aos grandes problemas da humanidade, não se concretizará como obra da burguesia.

vimento do complexo e obscuro modo de produção capitalista — que, mesmo travestido de natural, é possível de ser revelado, como mostrou Marx e vem mostrando os marxistas. Uma revelação que traz à tona a necessidade da burguesia/Estado capitalista de viabilizar funções corretivas sobre suas nefastas consequências, com o objetivo de manter e ao mesmo tempo esconder a exploração do trabalho, a concentração da propriedade e da riqueza produzida socialmente e a destruição ambiental.

Bem ao gosto do capital, a intervenção *post festum* está assentada nas conexões conceituais entre os "problemas" resultantes da própria lógica do capital e não com base na conexão objetiva entre coisas/fatos. Quem não deixa aparente e/ou revela, numa sociedade estruturada em interesses e necessidades sociais contraditórios, a perspectiva de classe que assume, na verdade, mesmo que não intencional e conscientemente, encobre sua escolha com o subterfúgio da "neutralidade", científica, de valores, arrogando a possibilidade de uma análise/conhecimento e escolhas livres de juízos de valor.

Neste complexo contexto, os trabalhadores/usuários procuram as unidades socioassistenciais buscando "solução de problemas pontuais", considerados como "problemas pessoais/individuais", por exemplo: na saúde, buscando tratamento para doenças instaladas, sem considerar nem priorizar a prevenção e promoção da saúde, como consta da própria lei; na assistência social, buscando compensar a falta de trabalho com garantias sociais, não porque não saibam ou não queriam atingir a origem das situações identificadas como "problema", mas porque, na ignorância do complexo campo da luta de classes na sociedade em que vivem, são induzidos e constrangidos tanto pelo que é "ofertado"/negado pelas políticas sociais, como pelo que mais lhe parece urgente e necessário — o que não deixa de ser verdade, principalmente quando o "problema" está relacionado à sobrevivência diária; na educação, buscando o cumprimento das condicionalidades de uma política social, longe da demanda por uma educação emancipadora para os filhos.

Ou seja, os trabalhadores e trabalhadoras são constrangidos a se contentar com o existente: um mínimo para sobreviver; pseudotratamento para doenças instaladas; um barraco para morar, mesmo que sem saneamento; acesso a escola sem consideração dos conteúdos substantivos necessários... A assistência social, o tratamento, a educação, assim como a moradia e tudo mais, são declarados legalmente como possíveis na democracia burguesa, mas não realizáveis para as maiorias, porque são as próprias instituições — braço do Estado de direito/Estado burguês — que materializam o "descompasso entre o legalmente possível e o politicamente realizado", como afirma José de Souza Martins. Na verdade, não a instituição em si, a qual não porta a condição e sujeito, mas de profissionais e técnicos, na condição que lhes é própria de sujeitos do processo.

Assim sendo, são as próprias unidades socioassistenciais, como as unidades de saúde — que, pela lei, deveriam garantir promoção e prevenção, sem prejuízo das ações assistenciais, mas na realidade oferecem (pseudos) tratamentos de doenças — que rompem com as indicações da Constituição de 1988. Na saúde, quando há, a oferta de serviços de prevenção e promoção é pontual, com prioridade para o tratamento, frequentemente, bem longe das possibilidades de cura, porque acesso incompleto, interditado e/ou desqualificado. Lembremos que, como está assegurado na Lei — Constituição de 1988 e Lei n. 8.080 —, o SUS garante prioridade para as ações de promoção, sem prejuízo das atividades assistenciais.

As necessidades sociais e demandas dos trabalhadores/usuários, relacionadas a todas as instâncias da vida social — economia, política, cultura —, são indissociáveis dos interesses históricos substantivos da classe trabalhadora. Interesses que podem estar tanto reprimidos, como contidos, dissimulados, mascarados, por valores sociais explícitos e impostos, incorporados da sociedade burguesa e que não representam as reais necessidades e interesses dos trabalhadores. Assim, podemos destacar, com base em Fernandes (1975b, p. 21), os: interesses sociais imediatos (e por isso mais ou menos claros e impositivos), [...] e interesses remotos (e por isso essenciais, mas relativamente procrastináveis).

É nesse sentido que as demandas por formação, mobilização, organização, controle social, participação política substantiva (ou seja, uma participação que não se resumindo ao voto, influa nos rumos da própria existência), no que estão relacionados a interesses remotos, ficam obscurecidas, quando não suplantados pelas demandas imediatas/espontâneas, o que exige do assistente social teoria para apreendê-las no movimento institucional, a partir das demandas imediatas, aparentes, explícitas, espontâneas, mas sempre como parte e expressão de demandas histórico-coletivas dos trabalhadores.

Tendo em vista uma participação intencional, propositiva, consciente, no processo de construção de si mesmo e da sociedade que há de vir, são exatamente os interesses remotos, interesses básicos, essenciais, substantivos, históricos, que exigem prioridade nos espaços socioprofissionais; espaços onde os trabalhadores, em tese, deveriam estar acessando direitos e que, por isso, contêm a possibilidade de serem trilhados como caminhos férteis e plenos de possibilidades na busca de uma sociedade emancipada. São os interesses remotos/históricos os que explicitam o significado, as determinações e a origem das necessidades, interesses e demandas emergenciais e imediatas; demandas que estão aparentes porque manifestadas espontaneamente e que se não necessitam de teoria para serem reveladas, necessitam de teoria para serem respondidas, com pena de serem enfrentadas de forma isolada, o que não permite nem revelar nem atingir suas determinações estruturais.

É exatamente por ser fruto de uma ordem social que se faz obscura e aparentemente indeterminada, difusa e, principalmente, por explicitar a origem, as determinações e a natureza das necessidades imediatas e emergenciais, que as necessidades substantivas e os interesses fundamentais da classe trabalhadora, nos seus diferentes segmentos, são mantidos no obscurecimento no modo de produção capitalista. Necessidades e interesses que permanecem velados não só pelas necessidades urgentes, imediatas, mas, principalmente, por interesses escusos impostos pela ideologia dominante como interesses de todos e apropriados como seus pelas maiorias que os revelam nas suas demandas. Necessidades e interesses que, se por um lado, não são assumidos, revelados ou defendidos com clareza por indivíduos e grupos dominantes, por outro lado são impostos aos trabalhadores em detrimento de seus interesses reais[499] e assumidos como prioridade nas respostas profissionais. E aqui não estamos nos referindo exclusivamente aos assistentes sociais.

Desse modo, os interesses e demandas históricas da classe trabalhadora são adiados, preteridos, postergados, protelados, tanto pelos próprios trabalhadores/usuários, como, frequentemente, também, pelos profissionais. Interesses que se revelam em demandas implícitas, que necessitam de teoria para serem revelados. Interesses que ao serem revelados como interesses essenciais e históricos dos trabalhadores exigem prioridade nos espaços sócio-ocupacionais dos assistentes sociais, considerando o projeto profissional, num movimento complexo e conflituoso que exige tanto não suplantar nem negligenciar as demandas espontâneas e imediatas nas respostas profissionais como viabilizar mecanismos e estratégias para estabelecer a articulação dessas demandas com as demandas substantivas e, consequentemente, no limite, com a luta geral dos trabalhadores.

É neste complexo campo da luta de classes que um urgente e importante prato de comida tende a ser priorizado e colocado como fim em si mesmo — não só pelo usuário, mas por parte significativa de assistentes sociais[500] —, em detrimento de ações concomitantes que possibilitem ao/à trabalhador/trabalhadora ter conhecimento e se colocar diante da

---

499. É assim que os defensores do Serviço Social Clínico, da realização de práticas terapêuticas, da vinculação acrítica da profissão à religião, põem conservadoramente água no moinho do conservadorismo, ao abrirem mão de revelar e buscar respostas para as demandas substantivas dos usuários. Desse modo, centram sua atenção nas relações interindividuais, intrafamiliares, intergrupos isolados, na busca de uma subjetividade e autoestima tidas como perdidas, mas, na verdade, negadas às maiorias ao serem apartadas das possibilidades de desenvolvê-las através da educação libertadora e do trabalho como atividade humana autorrealizadora.

500. Não são poucos os assistentes sociais que, abrindo mão de sua função social junto às massas trabalhadoras, tendo em vista seus interesses históricos, empregam grande parte do seu tempo profissional priorizando a arrecadação de recursos — alimentos, remédios, roupas — a serem distribuídos burocraticamente, por vezes por assistentes sociais/Serviço Social, aos usuários. Por outro lado, os assistentes sociais que realizam ações voluntárias em organizações assistenciais (ONGs), abrindo mão do seu papel educativo junto aos usuários, priorizam contatos telefônicos tendo em vista arrecadar recursos para a instituição, nem sempre com o conhecimento da destinação que é dada a esses recursos.

contradição e dos conflitos daí advindos que é a concomitância da fome sistêmica que graça o mundo, o acesso à alimentação como direito inalienável de qualquer indivíduo social, direito assegurado na própria lei burguesa, mas negado às maiorias, e as possibilidades dadas na própria sociedade capitalista de sustentar uma alimentação saudável e necessária para todos.

Ou seja, o desenvolvimento da consciência de classe para si, estando na origem dos processos de mobilização, organização, formação e desenvolvimento da subjetividade oferece aos assistentes sociais que objetivam articulação com os interesses históricos das massas trabalhadoras, a oportunidade de dar uma pequena contribuição no complexo processo de estruturar momentos de ruptura, ao possibilitar, na viabilização/negação do acesso aos direitos sociais, a apreensão crítica deste movimento.

Neste contexto, para além do acesso a recursos essenciais à sobrevivência — que em muitas situações significa manter a vida —, faz-se necessário que usuários e assistentes sociais estabeleçam a diferença e conexões entre o que é priorizado e/ou escolhido por cada uma das políticas sociais/instituições e/ou programas assistenciais (dentre as necessidades sociais e demandas da classe trabalhadora), para as quais será dado algum tipo de resposta — nunca solução[501] — e as necessidades e demandas substantivas dos trabalhadores. Os trabalhadores/usuários, relegados pela política social/instituição à condição de objeto a ser modificado — muito aquém de uma legislação que garante direito, participação, controle social, transformados no movimento institucional em assistidos/beneficiários das políticas sociais — são, de partida, despojados da sua condição de indivíduos sociais, sujeitos do processo, sujeitos de direito (aqui como garantido pela própria lei burguesa, como vimos).

---

501. Reiterando: as diferentes expressões da questão social não serão solucionadas no âmbito da sociedade do capital. Daí o equívoco, quando, tendo como referência o projeto profissional, incluímos dentre os nossos objetivos, "solução de problemas" de toda ordem, como é comum observar não só em projetos, mas na produção de conhecimento contida nos principais eventos e publicações da categoria.

Apreender as diferenças e conexões entre necessidades substantivas e essenciais dos trabalhadores e trabalhadoras e necessidades priorizadas tanto pelas instituições/profissionais como pelas demandas dos próprios trabalhadores requer lançar mão e socializar instrumentos teórico-críticos de análise, na medida da possibilidade de cada um, o que, de partida, favorece condições[502] para que tenha início/se dê continuidade a um processo que necessita ser sistemático e contínuo,[503] de resgate da condição de sujeito nos processos institucionais. Condição situada aqui, não como finalidade/limite ou objetivo, mas, numa sociedade contraditória e desigual, como condição histórica necessária à construção de momentos de ruptura, rumo a uma nova ordem societária sem exploração de classe, etnia e gênero, como afirmamos no projeto do Serviço Social.

Assim, por exemplo, se as unidades de saúde revelam, com toda a precariedade que apresentam, uma preocupação em dar respostas às demandas espontâneas dos usuários por serviços assistenciais — principalmente de urgência e emergência,[504] diante de situações concretas que interferem no "bom funcionamento do corpo e/ou da mente", elas não mostram a mesma preocupação em atuar tendo em vista a garantia da saúde individual e coletiva, como está assegurado na própria lei: prioridade para ações preventivas, sem prejuízo das ações assistenciais (Lei n. 8.080). Da mesma forma, se a legislação das políticas sociais, por vezes, dá respostas à necessidade de trânsito dos usuários entre residência/

---

502. Condições que não estão dadas no processo, mas que depende do desenvolvimento da capacidade crítica, criativa e propositiva, sustentada pelo/no conhecimento teórico-crítico da realidade, do profissional/equipe, para construí-la, colocá-la em desenvolvimento e democratizá-la na medida da possibilidade de cada sujeito envolvido no processo.

503. Daí a importância do papel da categoria dos assistentes sociais junto aos usuários — pelo menos um grupo expressivo que tome o projeto de profissão como referência —, para além de sujeitos profissionais brilhantes e exitosos nas suas práticas isoladas e fragmentadas do conjunto dos assistentes sociais brasileiros. Práticas que, dialeticamente, sistematizadas, analisadas crítica e propositivamente e democratizadas, revelem possibilidades e alternativas de práticas mediadas pelo projeto profissional.

504. Não por acaso, a prioridade dada pelos governos nos seus diferentes níveis, às caras UPAs, em detrimento de serviços de atenção básica, de qualidade e verdadeiramente apoiados em ações de referência e contrarreferência. Ver Vasconcelos (2012), Posfácio.

instituição (demanda individual/imediata por vale-transporte, por exemplo, nos casos de doenças crônico-degenerativas), essa preocupação não abrange o direito ao transporte público/coletivo (demanda histórica) nos grandes centros urbanos, problema que atinge e sangra a quase totalidade dos trabalhadores urbanos.

Ou seja, diante desse complexo campo, podemos afirmar que o Estado, em nome do capital, chama os assistentes sociais, assim como os demais profissionais, a auxiliar o desenvolvimento do complexo modo de produção capitalista, viabilizando funções corretivas sobre suas nefastas consequências, com o objetivo de manter e ao mesmo tempo esconder a exploração do trabalho e a concentração da propriedade e da riqueza produzida socialmente e, ao mesmo tempo, favorecer a movimentação do capital. Ou seja, no caso da saúde, por exemplo, cura-se uma doença aqui, possibilita-se o acesso a um medicamento ali, realiza-se um exame acolá, o que, se garante a circulação e consumo de medicamentos, insumos e equipamentos num explícito favorecimento do Complexo Médico Industrial (vide Vasconcelos, 2012, Posfácio), está muito aquém do necessário à garantia da saúde individual e coletiva, como direito à vida, o que exige, para além da radicalização dos direitos humanos, sociais, econômicos, o exercício pleno da liberdade e das demandas políticas a ela inerentes — autonomia, emancipação e plena expansão dos indivíduos sociais, como sinalizado no Código de Ética do Assistente Social.

Ou seja, há um abismo entre o que a Instituição define como demanda a ser atendida, individual e coletivamente, e o que o assistente social, ou qualquer outro profissional atento aos interesses históricos da classe trabalhadora, pode teoricamente apreender como demandas que expressam necessidades individuais e coletivas que se, realmente enfrentadas, podem dar início a um processo que realmente possa impactar e transformar as condições de vida e de trabalho: *são as demandas que originam, que condicionam, as demandas imediatas, explícitas; estas com possibilidades de enfrentamento, por serem enfrentamentos paliativos e corretivos, mas não de fácil enfrentamento,* exatamente porque dependendo dos caminhos percorridos para materializar respostas a elas, coloca-se o risco de servir mais ao capital do que ao trabalho.

As demandas que dão origem e que condicionam o conjunto fragmentado e facilmente identificado de demandas que chegam aos assistentes sociais — como é próprio da sociedade capitalista no seu processo de obscurecimento de tudo o que não tem relação com os processos de acumulação e que, para além das mercadorias, favorece a vida dos homens e do planeta — são mais complexas de serem enfrentadas e se enfrentadas podem tocar as estruturas do sistema. Por isso mesmo, estão ocultas ou travestidas e devem ser ocultadas e travestidas tendo em vista a defesa do que é e está como dominante. São demandas que acompanham a classe trabalhadora desde que se constitui como classe para si e se constituem e estão em conexão direta com a exploração do trabalho, a propriedade privada dos meios essenciais de produção e a concentração da riqueza socialmente produzida, num processo complexo que só pode ser apreendido numa perspectiva de totalidade, através de relações e mediações necessárias entre o que é imediato, mediato, condicionado, condicionante, causal, causado, casual... Desse modo, se a viabilização de uma passagem responde a uma necessidade imediata, facilmente identificável, muitas vezes de forma pontual e focalizada, como vimos, nem ela mesma nem sua forma de enfrentamento revelam e/ou deixam explícito o direito individual e coletivo ao transporte público (demanda substantiva dos segmentos urbanos da classe trabalhadora). Ou seja, a viabilização de funções corretivas jamais deixa explícita a natureza da coisa, assim como nunca dará respostas substantivas que interfiram na natureza das questões em pauta.

Do mesmo modo, a prioridade de práticas assistenciais dada a propostas de "resgate de uma subjetividade e autoestima", tidas como princípio, em detrimento do enfrentamento dos determinantes de condições materiais de existência que poderiam assegurar aos trabalhadores/usuários uma subjetividade rica, a partir do acesso ao patrimônio histórico da humanidade (através da educação e do trabalho como atividade humana autorrealizadora), assim como não resgata a autoestima nem desenvolve a subjetividade, acaba por jogar água no moinho das práticas conservadoras. A autoestima não pode ser arrancada nem a fórceps de um sujeito, material e subjetivamente pobre ou miserável, visto que a sociedade não investiu e nem disponibilizou nada a ele, quando o impeliu e o constrangeu a miseráveis condições de existência, deserdado que foi das brilhantes conquistas da humanidade. O resgate da autoestima dos indivíduos sociais não se dá pelo resgate de uma subjetividade abstrata e irreal, mas pelo acesso a condições materiais e espirituais de existência que resultam em subjetividades ricas que, assim, a partir do desenvolvimento de suas capacidades e potencialidades, têm a possibilidade de participar conscientemente da construção e desenvolvimento de si mesmos e dos destinos da sociedade a qual pertencem.

Nesse campo conflituoso da luta de classes, as demandas dos trabalhadores e das trabalhadoras aos serviços socioassistenciais/poderes da República, apresentam-se de várias formas, a maioria delas exigindo teoria para serem reveladas e apreendidas, nas suas conexões e relações necessárias. Assim, cabe nomeá-las e caracterizá-las, tendo em vista favorecer os assistentes sociais se situarem criticamente diante delas. Desse modo, numa aproximação inicial, podemos destacar as demandas a seguir, que guardam relações e conexões entre si.[505]

— *demandas espontâneas*:[506] apresentadas à instituição/Serviço Social diretamente pelos usuários, por vezes relacionadas à política

---

505. Uma demanda espontânea também pode ser uma demanda explícita, no sentido de ser apresentada ao assistente social de forma clara, pelo trabalhador/usuário. Não é raro, num plantão, por exemplo, o assistente social ter de despender um tempo considerável para apreender o que o usuário demanda da instituição e/ou do Serviço Social, na medida em que foi encaminhado sem saber o motivo. Atividade/tempo que, diga-se de passagem, não é reconhecida pela instituição — interessada em número de atendimentos/produtividade —, como, por vezes, por alguns assistentes sociais, como parte da atividade profissional.

506. Ressaltamos que o material empírico da pesquisa que desenvolvemos no NEEPSS tem revelado que, na maioria das vezes, independentemente da área sócio-ocupacional, os assistentes sociais vêm priorizando demandas espontâneas apresentadas diretamente pelos usuários ou encaminhadas ao Serviço Social por outros serviços, profissionais, técnicos, internos e/ou externos à instituição, o que se por um lado não exige planejamento da atividade profissional porque basta ao profissional aguardar no plantão que a demanda chegue, por outro lado, se priorizadas em momentos de planejamento, remete os assistentes sociais à aparência dos fatos.

social que busca oferecer respostas à necessidades identificadas pelo usuário/família como mais urgentes. São demandas identificadas/percebidas e indicadas como urgentes e priorizadas, tanto pelos trabalhadores/usuários que as apresentam diretamente ao assistente social, como por gestores, demais profissionais, técnicos e serviços institucionais, internos ou externos, que encaminham para o Serviço Social.

— *demandas referenciadas:* demandas que derivam de referências/encaminhamentos, internos ou externos à instituição, realizados por gestores, profissionais ou serviços. São demandas que também podem ser caracterizadas como demandas espontâneas, visto que, em sua maioria, são manifestadas pelos que realizam o encaminhamento ao Serviço Social, como que por instinto, sem planejamento, sem reflexão, ao perceberem algum "problema social" ou se verem interrogados pelos usuários a respeito de expressões da questão social;

— *demandas aparentes:* demandas que se prendem e/ou estão relacionadas à aparência dos fatos; demandas cuja aparência não corresponde à realidade; demandas supostas, sem base na realidade, produto da imaginação de quem encaminha ou busca o Serviço Social.

— *demandas burocrática s e/ou burocratizadas* — demandas relacionadas à inserção na burocracia institucional ou à explicação/clareamento dessa burocracia. Aqui há uma clara e rara relação entre demandas dos usuários e requisições institucionais, na medida em que se a instituição burocratiza por um lado, trabalhadores/usuários e profissionais necessitam enfrentar essa burocracia por outro.[507]

---

507. Lukács define o burocratismo como um fenômeno fundamental da sociedade capitalista, sendo a burocracia um fenômeno indispensável, um resultado necessário da luta de classes. "Ela é uma das primeiras armas da burguesia em luta contra o sistema feudal, e torna-se tão mais indispensável quanto mais a burguesia for obrigada a defender sua dominação contra o proletariado e quanto mais seus interesses entrarem em contradição aberta com os das massas trabalhadoras. [...] O agravamento do caráter reacionário do capitalismo, a corrupção da "aristocracia operária", a

— *demandas explícitas:* demandas que também podem ser aparentes e espontâneas; demandas declaradas, claras, manifestadas e/ou explicadas pelo(s) trabalhadores/usuário(s); demandas que se revelam naturalmente, identificadas, explicitadas e apreendidas, com facilidade, pelos assistentes sociais, demais profissionais e pelos próprios usuários, na medida em que são patentes, visíveis, evidentes, percebidas, reveladas a partir das preferências e prioridades dadas por cada um dos sujeitos envolvidos nos processos socioassistenciais;[508]

— *demandas implícitas* — contidas, subentendidas nas manifestações dos usuários, mas não admitidas nem percebidas por eles, e frequentemente pelos profissionais, e que se revelam, ao assistente social, através da análise teórico-crítica das manifestações e de situações concretas vivenciadas que expressam as condições de vida e de trabalho dos trabalhadores/usuários;

— *demandas ocultas* — obscurecidas, escondidas, encobertas, postergadas, frente a necessidade da exploração do trabalho e dos interesses de acumulação e dominação, por parte da burguesia, e,

---

desmoralização geral da vida política e a limitação da democracia geram uma propensão ao espírito burocrático, ao isolamento das massas, à separação da vida" (Lukács, 1968, p. 116).

508. Um exemplo pode deixar a argumentação mais clara. Num Posto de Saúde, acompanhando as condicionalidades referentes à saúde junto a quase mil famílias inscritas no Programa Bolsa Família, uma assistente social, diante da grande quantidade de crianças com problemas de pele, mesmo tendo conhecimento através de seus levantamentos das condições de vida das famílias/crianças, elege como prioridade e única estratégia injunções junto à direção da unidade de saúde tendo em vista garantir um dermatologista para o atendimento às crianças. Tendo conhecimento das condições de vida daquelas famílias que moram em um bairro que tem valas abertas em todas as ruas, a demanda substantiva pela mobilização e organização para pressionar os diferentes poderes por saneamento — a partir do poder municipal, e dos organismos de representação dos usuários — como os Conselhos de Política e de Direitos — foi ignorada ou postergada, em favor do atendimento paliativo, pelo dermatologista, aos problemas de pele das crianças, visto que, medicadas, retornam para as condições causadoras dos problemas. Ao priorizar a demanda explícita pelo atendimento médico/cura de doenças, o assistente social, sem apreender as demandas ocultas/não aparentes naquele contexto, perdeu a oportunidade de dar sua contribuição no processo de formação, mobilização e organização daquelas famílias para a luta coletiva, esta, a única ação capaz de interferir naquele estado de coisas.

por isso, desconhecidas e/ou ignoradas pelo(s) usuário(s) e por parte dos profissionais/equipes; requerem análise e estabelecimento de mediações e conexões complexas, necessárias para serem reveladas, percebidas, apreendidas, elucidadas, descobertas, visto que resultam da lógica e do movimento complexo do sistema capitalista e de suas estratégias para encobrir sua natureza, origem, desenvolvimento e predisposição a crises. Em sua maioria, são demandas que se revelam como demandas substantivas e históricas da classe trabalhadora;

— *demandas potenciais:* resultam tanto da não atenção às demandas do presente, como do desenvolvimento do ser social que impõe novas necessidades e interesses aos indivíduos sociais; podem advir de demandas históricas que são atualizadas e reatualizadas em busca tanto de modernização como de respostas necessárias; demandas que se repetem e que estão predeterminadas por conterem todas as condições essenciais à sua realização, mas que precisam de novas denominações para acompanhar os processos de "modernização" do perene/velho sem atingir suas determinações; demandas que se perpetuam e se perpetuarão enquanto viger a sociedade do capital; demandas externadas pelos tempos do homem e do capital;

— *demandas imediatas:* demandas do "aqui agora", mais ou menos claras, mas impositivas frente a necessidades urgentes e emergenciais; demandas que apreendidas e enfrentadas de forma isolada e fragmentada revigoram, favorecem e solidificam o *status quo,* visto que seu verdadeiro enfrentamento depende da atenção aos interesses e demandas que lhe dão origem (mediatas, remotas), justamente as demandas que, para serem percebidas e enfrentadas, exigem qualificação teórico-metodológica dos profissionais e consciência de classe por parte dos trabalhadores/usuários;

— *demandas mediatas:* demandas intermediárias, que são tanto condicionadas por demandas substantivas, como condicionantes de demandas imediatas. Estão entre as demandas imediatas e as demandas de fundo, ou seja, as demandas que condicionam e determinam as demais (demandas determinantes e condicionantes). A dimensão imediata refere-se ao aparente e a mediata diz respeito ao que está por detrás deste aparente.

— *demandas condicionantes, determinantes, causais, substantivas, remotas, por isso mesmo, procrastináveis.* São as demandas decorrentes da impossibilidade histórica na sociedade do capital do desenvolvimento de homens livres e emancipados, do desenvolvimento de subjetividades ricas, do desenvolvimento de homens e mulheres completos, plenos, a partir do trabalho associado e da apropriação individual e coletiva, como herdeiro que cada indivíduo social é, do patrimônio histórico da humanidade, o que traz como consequência e possibilidade a participação individual — na medida de sua necessidade e possibilidade — e coletiva, no desenvolvimento e usufruto da sociedade em que vive e no desenvolvimento do ser social; a participação como sujeito consciente e participante ativo da vida pública.

Até aqui, fizemos referência a demandas que, mesmo não atendendo os interesses e necessidades essenciais dos trabalhadores, resultam das condições materiais e subjetivas de existência, assim como das subjetividades destruídas na sociedade do capital.

Mas há um conjunto de demandas que poderíamos denominar *"Demandas artificiais/manipuladas/manipuladoras/alienantes"*,[509] ou seja, demandas que não são identificadas, percebidas e/ou originadas no conjunto dos próprios trabalhadores e trabalhadoras, porque são demandas inexistentes no universo das massas trabalhadoras, ainda que, em condições materiais favoráveis pudessem tanto se materializar quanto se revelar, assim como trazer ganhos aos trabalhadores em sendo

---

509. *Artificiais*, no sentido de que são demandas próprias de segmentos da classe dominante que, diante de razoáveis condições materiais de existência, têm condições de problematizá-las, e *manipuladas*, no sentido de que são priorizadas pelos profissionais, no trato com a massa trabalhadora, sem as mediações necessárias com as suas condições materiais de existência.

atendidas. São demandas transferidas às massas trabalhadoras por sujeitos que são chamados a atuar "sobre"/com elas, profissional ou voluntariamente. Assim, para fugir da calamidade, estado de aflição e angústia que a realidade das massas trabalhadoras nos revela ou para não encarar a impossibilidade de solução dos problemas na ordem social capitalista, e na ignorância e/ou na necessidade de obscurecer as demandas reais e concretas, imputa-se aos trabalhadores e trabalhadoras, como se fossem suas, demandas por "respeito ao ser humano", por "atenção à subjetividade", por "aumento da autoestima", por "empoderamento", como se isso não fosse consequência, mas coisas possíveis de serem doadas, desenvolvidas. Desse modo, parte-se da equalização de princípios, valores, objetivos e necessidades por parte de quem, a partir de condições materiais de existência reais mais favoráveis, pode se dar ao luxo de, numa sociedade de subjetividades e corpos destruídos, priorizar "problemas existenciais" e imputá-los a quem, frente à sua condição de classe explorada e oprimida, é constrangido a priorizar a sobrevivência cotidiana, sem condições de "filosofar" ou buscar "paz interior", "bem-estar", autoestima e tranquilidade",[510] já que lhe foi negado o acesso a direitos fundamentais, assegurados na própria sociedade do capital, como a educação instrumental e o trabalho explorado. É assim que podemos observar alguns assistentes sociais, diante de um trabalhador que solicita inserção no Programa Bolsa Família, definir como objetivo central o resgate da "sua" autoestima e da não violência nas relações familiares, objetivos, definidos como finalidade, a serem alcançados através de terapia de família e/ou de terapia comunitária.[511]

Mas não podemos deixar de sinalizar que essas demandas, ao serem consideradas artificiais e alienantes, não significa que não possam ser

---

510. Isso não significa nem impede que os próprios segmentos de trabalhadores busquem estratégias para reagir e enfrentar as adversidades na sociedade do capital, por exemplo, na música, na dança, o que não é desprezado pelo capital tendo em vista sua necessidade de acumulação.

511. Para não nos alongarmos na reflexão sobre o tema, indicamos como exemplo não só o Serviço Social Clínico, mas a Terapia Comunitária (TC) e os Grupos de autoajuda. Mas, como toda regra tem exceções, destacamos não só o papel que vêm tendo os grupos denominados "Anônimos", mas a possibilidade que tem a TC de ser redirecionada em favor dos usuários.

manifestadas e vivenciadas pelas massas trabalhadoras, o que, na contradição, suas respostas podem trazer algum benefício diante da falta de lazer, do estresse crônico, do sofrimento mental. O que se questiona é quando elas são priorizadas e/ou definidas como finalidade/fim em si mesmo, em detrimento de demandas essenciais — relacionadas às condições materiais de existência, à formação, mobilização, organização tendo em vista uma participação consciente na vida pública. Estas sim demandas que potencializadas e priorizadas, porque fruto da exploração do trabalho, contêm a possibilidade de revelar a lógica do modo de produção capitalista.

Aqui, parafraseando Freud (1997, p. 17-18) poderíamos dizer que, ao elegermos como dos trabalhadores e trabalhadoras demandas de grupos privilegiados, priorizam-se privações — a condição produzida pela proibição que leva à frustração — que afetam apenas grupos ou determinados segmentos de classe, elitizados, ou mesmo indivíduos isolados, com privações — falta do necessário à vida — que atingem as maiorias. No caso, prioriza-se a discussão e realização de "medidas de coerção e outras que se destinam a reconciliar os homens com [a civilização] e recompensá-los, [espiritualmente], por seus sacrifícios", em detrimento de condições materiais de existência, fruto das condições de produção e usufruto da riqueza socialmente produzida.

3.1.5.4.2 Requisições Institucionais[512]

As requisições institucionais são impositivas. Ou seja, a consideração e o atendimento necessário às requisições institucionais fazem parte de determinações externas e históricas incontroláveis, as quais estão relacionadas à própria existência do Serviço Social.[513] Essas requisições se reve-

---

512. Diante da polêmica que se estabeleceu na categoria sobre as requisições institucionais não compatíveis com as atribuições e competências do assistente social definidas na Lei n. 8.662/1993, me pareceu oportuno, sem esgotar o assunto, uma abordagem mais aprofundada da questão.

513. Como reiterado, caso os assistentes sociais se colocassem disponíveis somente para atendimento dos interesses históricos dos trabalhadores — uma hipótese improvável na sociedade capitalista —, a profissão seria inviável. Contraditoriamente, ainda que indiretamente custeiem o

lam através das exigências, implícitas ou explícitas, dirigidas pela instituição/gestores, serviços e demais profissionais ao assistente social/ Serviço Social, a partir das finalidades, dos objetivos, dos recursos e dos serviços (não)disponíveis na unidade socioassistencial e da correlação de forças vigente.

Na contradição, não há como negar que algumas requisições que sinalizamos como não compatíveis com nossas atribuições profissionais, também nos favorecem e oferecem possibilidades, espaços, momentos, que podemos utilizar a nosso favor e oportunizar um atendimento qualificado na direção dos interesses e necessidades dos trabalhadores/ usuários. A questão é identificar, priorizar e definir quais requisições e como dar respostas qualificadas a elas.

Assim sendo, partindo do reconhecimento de que as requisições institucionais, por mais que estejam dissociadas das competências e atribuições profissionais, nos favorecem quando oportunizam o contato direto com diferentes segmentos de trabalhadores, a questão que se põe aos assistentes sociais que tomam como referência o projeto profissional é de forma propositiva e criativa construir as condições necessárias para dar respostas qualificadas às demandas dos trabalhadores/usuários, sem deixar de dar as respostas necessárias às requisições institucionais, já que estas é que legitimam a existência da profissão na sociedade do capital.

---

assalariamento do assistente social e demais profissionais, através do fundo público, tanto pobres e miseráveis quanto os organismos de representação dos trabalhadores e as lutas sociais não têm recursos privados para manter assalariadas as categorias profissionais que se formam, através, também, dos recursos do fundo público investidos na universidade, seja pública, seja particular (isenção fiscal), para prestação de serviços necessários, principalmente tendo em vista a garantia de saúde, educação, assistência social, lazer... Ou seja, no que participam majoritariamente da formação do fundo público, os trabalhadores nos seus diferentes segmentos — operários e demais assalariados, desempregados, subempregados, autônomos, informais, os integrantes das diferentes lutas sociais etc. — têm força econômica, mas, como desconhecida, uma força que não resulta em força política para disputar e dispor da riqueza que produzem e que é acumulada em diferentes fundos para forjar a realização de seus interesses na direção de interesses exógenos. Interesses e necessidades que, assim, se realizam na maioria das vezes como ajuda, benemerência em detrimento de interesses remotos, que são obscurecidos e negados pelos proprietários, a classe dominante, não a baixo custo. Ver Salvador e outros, 2012.

Geralmente, independentemente da área de atuação, as requisições institucionais são distintas das atribuições e competências do assistente social, definidas legalmente, como podemos observar nas manifestações de empregadores, quando da realização de concursos e seleções para assistente social. Assim, os assistentes sociais, no cotidiano da prática, se deparam com requisições quanto ao preenchimento de formulários de outros profissionais; montagem de processos; fiscalização de informações prestadas nestes formulários por outras categorias profissionais; controle de escala de serviço de outras áreas profissionais; comunicação de óbito,[514] de alta médica,[515] regulação de vagas para internação, agendamento de

---

514. No meu entender, a *participação* do assistente social na comunicação de óbito pode tanto qualificar o atendimento num momento tão crucial na vida dos trabalhadores/usuários/famílias, quanto nos aproximar e facilitar alianças com os profissionais médicos, ao se sentirem apoiados num momento tão difícil da vida profissional. Não podemos negar que as requisições institucionais pela realização burocrática de transferência, de alta, de comunicação do óbito, de autorização de visitas, de declaração de comparecimento, se por um lado são requisições que têm como finalidade a funcionalidade de um movimento institucional sem conflitos, por outro lado, oportuniza a participação do assistente social em momentos cruciais na vida dos trabalhadores/usuários. Qualificando nossa participação com conteúdos substantivos e redirecionando essas atividades frente aos interesses dos trabalhadores/usuários, estrategicamente, a atenção a essas requisições podem se reverter em ganhos para eles, qualificar a imagem do Serviço Social frente a gestores, profissionais e trabalhadores/usuários, na instituição, e se converter em materialização do projeto profissional, mesmo que seja para, progressivamente, não participarmos mais delas. Considero, por exemplo, que todos os trabalhadores e trabalhadoras têm o direito da participação do assistente social na comunicação de óbito, não havendo necessidade de "identificar os casos em que deve prestar aos familiares, amigos e responsáveis o necessário apoio para o enfrentamento da situação, e, fundamentalmente, esclarecer a respeito dos benefícios e direitos referentes à situação de óbito e previstos no aparato normativo e legal vigente, tais como relacionados à previdência social, ao mundo do trabalho (licenças) e a seguros sociais (DPVAT), entre outras garantias de direitos". A pergunta que se coloca é: onde o trabalhador/usuário é mais favorecido: com a participação do assistente social em todas as comunicações de óbito ou com o assistente social realizando atividades puramente administrativas?

515. Com a participação do assistente social na comunicação de óbito, na alta hospitalar/alta médica", o que está em jogo é a garantia do não retorno do trabalhador/usuário pelo agravamento do seu quadro de saúde; com a participação do assistente social na remoção, o que está em jogo é a garantia da sua saúde, quando não da própria vida. Desse modo, partindo do princípio de que a presença do assistente social pode qualificar essas atividades, a participação do assistente social no processo de alta e remoção é uma demanda implícita dos usuários, o que vai envolver a equipe de modo interprofissional; assim, me parece que esta não é uma demanda a ser definida através da realização de um estudo social. Nestas situações, a demanda para o assistente social está dada pelo direito do trabalhador — no caso, direito à saúde — e não pela situação socioeconômica e cultural

exames, de ambulâncias, na área da saúde; realização de estudos objetivando a elaboração de laudos e pareceres, unicamente para instruir a decisão de outros profissionais, como advogados, médicos, promotores, juízes, onde o trabalhador/usuário comparece somente como objeto de investigação; realização de atividades de cunho meramente administrativo e burocrático.[516]

Diante dessa vasta lista de requisições institucionais que o assistente social não identifica como suas, frente suas atribuições e competências, pelo menos, duas questões se impõem.

A *primeira* é identificar a origem desse estado de coisas, no tempo e no espaço. Ainda que não tenha me voltado sistematicamente para o estudo dessa questão, em Vasconcelos (2002), no estudo que realizei com assistentes sociais da área da saúde do município do Rio de Janeiro, esse é um problema recorrente, quase sempre relacionado a assistentes sociais em "desvio de função", que, muitas vezes, se constituindo no único profissional da unidade, na dificuldade de se colocarem propositiva e criticamente frente ao movimento institucional, acolhiam como suas qualquer

---

do trabalhador/usuário. Do mesmo modo, a "alta social" não é uma atividade exclusiva do assistente social, mas de toda a equipe, porque o que está em jogo é o usuário como sujeito de direitos e não o usuário como "problema social e/ou institucional". Assim, caso o usuário receba a "alta hospitalar" sem condições de "alta social", não cabe ao assistente social somente "notificar à equipe médica, registrando no prontuário cada passo do processo de intervenção", como defendem alguns assistentes sociais, mas, de forma a ratificar o caráter interprofissional da atividade socioassistencial, estabelecendo uma interface do usuário/família e com a equipe, qualificar e buscar coletivamente respostas para a demanda do usuário por condições dignas de alta hospitalar e da requisição institucional pela desocupação do leito com a garantia de não reincidência do problema que levou o usuário à internação. É nesse sentido que todo processo de alta é de alta hospitalar e não processos fragmentados de alta, de um ou outro profissional.

516. Dentre as incontáveis atividades de cunho meramente administrativo/burocrático, algumas presentes em outras áreas além da saúde, destacamos: ligações telefônicas para outros técnicos geralmente de nível superior; solicitação de serviço de ambulância; responsabilidade pelo formulário do laudo médico para emissão de Autorização de Internação Hospitalar (AIH); solicitação de exames; processo de solicitação de rabecão e no contato com outras instituições para providenciar o empréstimo de câmara frigorífica; regulação de vagas; transferência externa de usuários; convocação de comparecimento de um familiar nas unidades de saúde, independentemente do atendimento pelo assistente social; solicitação e controle de transporte (ambulância).

requisição institucional advinda tanto de gestores, como de profissionais e técnicos.

Ora, na medida em que nos clássicos da literatura do Serviço Social não encontramos a abordagem dessa questão na importância que a categoria dá a ela atualmente, pode estar aí a origem desse estado de coisas. Isso também revela que o fato de serem direcionadas requisições institucionais aos assistentes sociais, não compatíveis com as atribuições e competências profissionais, não surge do desconhecimento de gestores, profissionais e técnicos sobre o que é atribuição do assistente social, mas da observação, no movimento institucional, por parte desses sujeitos, do que o assistente social começou a assumir historicamente e das consequências favoráveis e funcionais ao movimento institucional com relação à diminuição dos conflitos e à burocracia institucional, na medida em que cada vez mais alguns assistentes sociais foram se desviando das suas atribuições legais.

Da mesma forma, revela que a tarefa de dar respostas substantivas a esse estado de coisas é da própria categoria, ou seja, mostrar, através de projetos e práticas qualificadas, a que veio o assistente social em cada área de atuação. O único profissional com autoridade em conhecimentos próprios das áreas das Ciências Humanas e Sociais, com competência para abordar o social em cada área onde é chamado a atuar. Não é sem razão que em meio a uma maioria de profissionais que tem sua formação baseada, além de outras ciências, na anatomia, biologia, o assistente social foi reconhecido pelo Conselho Nacional de Saúde, em 1997, como "profissional de saúde". Parece-me oportuno sinalizar que não cabe utilizar o espaço das salas de espera e o tempo dos usuários para esclarecer a relevância e o que o assistente social faz, como temos observado em propostas de assistentes sociais na área da saúde, visto que é a prática qualificada que vai impondo no movimento institucional um novo modo de ser e estar dos assistentes sociais, o que vai trazer como consequência o reconhecimento por parte da instituição e dos usuários. Do mesmo modo que o grau de autonomia, essa é uma conquista que se dá continuamente através de ações e não de conversação.

Por outro lado, não sem razão que é na mesma área da saúde que historicamente mais empregou assistentes sociais, que tanto a necessidade de listar e reagir ao que não é atribuição e competência do assistente social se evidencia com mais clareza e intensidade, assim como que esta lista não deixe de crescer, quanto mais o assistente social é requisitado a ocupar essa área de forma precária (quanto aos contratos de trabalho, condições de trabalho), por exemplo, como assalariado terceirizado de OS e Fundações, as quais vêm gerindo privadamente unidades de saúde Brasil afora. São inúmeros os estudos que vêm revelando este estado de coisas, como os de Mattos (2012), Granemann (2008) e Cislaghi (2015).

Ou seja, requisições não compatíveis com as atribuições profissionais têm constrangido um número expressivo de assistentes sociais no cotidiano profissional, pressionados que estão porque atingidos pela reestruturação produtiva que atinge o mundo do trabalho nas últimas décadas (Iamamoto, 2007) ainda que não nas mesmas proporções que a massa dos trabalhadores, o que requer uma categoria altamente organizada — conjunto CFESS/CRESS e sindicato — tendo em vista uma ofensiva que atinja a raiz do problema. A investida coletiva aqui significa não só através dos assistentes sociais como categoria, mas em aliança com os usuários e demais profissionais, na medida em que são também atingidos e sofrem as consequências, por exemplo, na saúde, de um Modelo Assistencial centrado na doença e no seu tratamento, modelo que teima em permanecer vigente, apesar da legislação em contrário que garante a saúde como direito do cidadão e dever do Estado, com prioridade na prevenção e promoção sem prejuízo das ações socioassistenciais, exatamente porque esse é o modelo que favorece processos de acumulação através do Complexo Médico Industrial (Vasconcelos, 2012, Posfácio).

Quanto mais qualificados nos colocarmos nos atendimentos, mais a instituição, os demais profissionais e usuários perceberão no nosso papel a relevância no enfrentamento do sofrimento social, o que, qualificando nossa atividade, não oferecerá espaço para que sejamos requisitados a realizar atividades não compatíveis com nossa condição de profissional de nível superior, um profissional que não deixa de ser dispendioso para os trabalhadores que sustentam as instituições através do fundo público, na medida em que é chamado para executar tarefas que exigem nível elementar ou médio. Estas, sim, são atividades que possuem um caráter meramente administrativo e burocrático, mas que, de alguma forma, foram sendo empurradas para os assistentes sociais que acabaram por assumi-las e nos vemos hoje diante do desafio de rejeitá-las como atribuições do assistente social, ainda que se coloquem como requisições institucionais.

Como *segunda* questão, é neste contexto conflituoso e contraditório que observamos uma preocupação excessiva com o não cumprimento das atribuições privativas, previstas em lei, por parte dos assistentes sociais e órgãos da categoria, visto que o cumprimento dessas requisições vai resultar em "exercício profissional irregular", podendo TANTO o Assistente Social, COMO o empregador serem responsabilizados pela referida infração. Ora, com pena de culpabilizarmos individualmente o assistente social por uma questão que está determinada, no limite, pela lógica da organização social dominante, não podemos colocar os assistentes sociais no mesmo patamar de responsabilização pelo não cumprimento das atribuições profissionais.

Neste contexto, por um lado, saliento que para responder à maioria das requisições institucionais, basta realizar atividades meramente burocráticas e administrativas que não requerem preparação para além do bom senso, experiência e algumas informações estratégicas e/ou cumprir horário no plantão, dando respostas com o que for possível — o que significa frequentemente aliviar tensões, manejar conflitos, realizar estudos, cadastramentos... Por outro lado, ressalto que a criação de condições para dar respostas necessárias às demandas dos trabalhadores/usuários exige, além de segurança dos princípios, uma prática planejada e avaliada nas suas consequências, o que exige qualificação, criatividade, reflexão; uma prática plena de conteúdo e significado.

A correlação de forças vigente no movimento institucional só pode ser modificada na direção dos interesses dos trabalhadores/usuários com a presença do controle social, do movimento social e das representações dos trabalhadores. Condições a serem criadas através da interação e alianças substantivas entre profissionais/equipes (que na contradição entre interesses institucionais/usuários objetivam favorecer os trabalhadores/usuários) e organismos de representação dos próprios trabalhadores: controle social, organizações, associações...

A gestão democrática, mesmo não descaracterizando a instituição como capitalista, é que pode contribuir para imprimir novo sentido à instituição, seus serviços, recursos e rotinas, na direção dos interesses dos trabalhadores; na direção de necessidades e interesses substantivos que considerados imponham limites ao capital ao atingir a causalidade/a natureza das necessidades sociais e as consequentes necessidades de saúde, educação, trabalho, habitação, alimentação, lazer, assistência social, acesso à justiça...

Como visto, no contraditório espaço institucional, as requisições institucionais podem ser apreendidas criticamente pelo assistente social/equipe (o que põe a possibilidade de realização/objetivação da relativa autonomia, tendo em vista priorizar os interesses e demandas reais, essenciais e históricas dos trabalhadores) ou, simplesmente, obedecidas, o que pode resultar tanto de uma (aparente) neutralidade manifesta e/ou da incapacidade de apreender o espaço institucional/profissional como espaço permeado por interesses contraditórios.

É exatamente a complexidade socioinstitucional que contém na sua dinâmica interesses contraditórios, como expressão de uma sociedade de classes — a sociedade capitalista —, que exige qualificação teórica para que assistente social/equipe possa forjar a relativa autonomia que está dada ao profissional por sua condição de profissão de nível superior — "profissão liberal" —, autonomia que construída e potencializada, individual e coletivamente, pode oferecer condições e possibilidades de redirecionar políticas, programas e projetos em favor daqueles que custeiam as políticas e programas sociais, através do fundo público: as massas trabalhadoras.

É nesse contexto que se coloca a possibilidade de os assistentes sociais priorizarem determinadas requisições institucionais, tendo em vista tanto redirecioná-las em favor dos trabalhadores/usuários, como aproveitar a oportunidade que elas criam de fortalecimento de alianças com os demais profissionais. É assim que, resgatando o papel educativo da profissão, por exemplo, se somos requisitados a elaborar laudos e pareceres, através de estudos sociais, temos a possibilidade de aproveitar a oportunidade e oportunizar aos trabalhadores/usuários um retorno crítico e reflexivo tanto sobre a instituição em questão, como sobre o material que o estudo social trouxe à tona. Do mesmo modo, com a requisição pelo preenchimento de cadastros,[517] de realização de visitas domiciliares, de entrevistas/reuniões com fins de acompanhamento de condicionalidades de determinadas políticas, que fazem vir à tona um rico material que pode ser tomado como objeto de investigação e reflexão crítica por parte dos trabalhadores/usuários.

Resta salientar que a questão central aqui não está relacionada à queixa dos assistentes sociais por considerar que as atividades às quais estamos nos dedicando não fazem parte das nossas atribuições e, por isso, vemo-nos impedidos de nos atermos às atribuições privativas previstas em lei. A questão central é tomar como objeto de investigação e como tarefa individual e coletiva a articulação do necessário a fazer na direção dos interesses dos trabalhadores em consonância com necessárias respostas às requisições institucionais, para o que, só uma correlação de forças favoráveis nos possibilitará priorizar.

Uma correlação de forças que não só é necessária, mas possível e viável, na medida em que esse é um estado de coisas que não é exclusivo dos assistentes sociais, mas atinge, mais ou menos intensamente, todos os profissionais e técnicos. Um reconhecimento que nos remete ao fortalecimento de alianças entre profissionais/técnicos e, antes de tudo,

---

517. Estou convicta de que o preenchimento do CadÚnico na política de Assistência Social, por exemplo, além de nos colocar em contato direto com os trabalhadores/usuários, põe assistentes sociais e trabalhadores/usuários frente a um riquíssimo material, na medida em que suas variáveis resgatam historicamente as condições de vida e de trabalho dos trabalhadores/famílias; um material que tanto oferece oportunidade de um retorno crítico-reflexivo sobre seus conteúdos, como nos favorece a traçar o perfil dos usuários da política, conteúdos que, na atualidade, só têm favorecido o Estado, nas suas diferentes instâncias, no controle e submissão das massas trabalhadoras. Diante disso, pergunto: por que preferir a utilização do Genograma e recusar o preenchimento do CadÚnico?

com os trabalhadores/usuários. Um processo que, consequentemente, fortalece a mobilização, a organização e luta política dos trabalhadores ao exigir o enfrentamento organizado, individual e coletivo, da ausência do controle social e das diferentes instâncias dos Conselhos de Política e de Direitos nas instituições. Uma ausência que fragmenta as lutas e, novamente, nos distancia tanto dos demais profissionais como dos trabalhadores organizados, sem os quais não temos alternativa. Do mesmo modo, coloca-se a necessidade de superar a priorização dos recursos interinstitucionais no processo de orientação/encaminhamentos dos trabalhadores/usuários, em favor da articulação e vinculação dos usuários aos seus organismos de representação e luta, o que nos remete à necessidade de criar mecanismos e recursos que favoreçam essa necessária conexão.

Essas são considerações que, no meu entender, podem favorecer o analista — seja na condição de aluno, assistente social, supervisor, assessor, docente/pesquisador —, no processo de análise teórico-crítica de situações concretas extraídas do cotidiano profissional, tendo em vista aprender consequências da atuação profissional e ressaltar tendências, possibilidades e alternativas presentes na realidade.

3.1.5.5 Consequências e alcance das ações profissionais

As consequências (ganhos e perdas relativas) e o alcance (importância, valor e relevância) das ações profissionais podem ser apreendidos no confronto e crítica das circunstâncias e atividades que envolvem a transformação do planejamento em realidade[518], considerando as finalidades,

---

518. É óbvio, mas necessário ser sinalizado, que o ato de confrontar o que é pensado/idealizado com o que está sendo realizado faz parte de um movimento dinâmico, ou seja, um processo, extremamente desafiador, que envolve, dialeticamente — negar, conservar, elevar a estágios superiores — não só o planejamento, mas sua realização, análise e avaliação e redirecionamento/conservação, ou seja, envolve o cotidiano profissional em toda sua complexidade e dinâmica frenética.

os objetivos, os interesses profissionais, dos usuários e institucionais. Na perspectiva do projeto profissional, o que está em questão é quem sai mais favorecido, o capital ou o trabalho?

No confronto entre o ideal e o realizado, cabe identificar e analisar, a partir das relações e conexões necessárias entre as diferentes dimensões do exercício profissional, dentre outros: a presença/ausência de planejamento, nos seus diferentes níveis; o papel do assistente social na atividade frente às finalidades, os princípios e as diretrizes do Projeto Ético-Político profissional; o caráter da atividade profissional (direito, ajuda, tratamento); a estagnação, aprimoramento, evolução, involução da formação/capacitação do profissional/equipe, na sequência das atividades; a preocupação do assistente social/equipe com a formação permanente e com a análise e avaliação da prática (sistemática; inexistente; eventual); a presença/ausência de objetivos e metas, de indicadores de avaliação, instrumentos de sistematização; as condições de trabalho e a autonomia do profissional/equipe para dar a direção da atividade profissional como sujeito do processo... E, principalmente, as condições e possibilidades propiciadas/negadas aos usuários (politização/despolitização) com relação ao desenvolvimento da consciência crítica, à mobilização, à organização, ao exercício do controle social e participação substantiva na vida pública.

O planejamento revela a qualidade da formação e da preparação do profissional/equipe para trabalhar. Envolve a identificação e análise da lógica e da dinâmica institucional; a identificação e análise dos trabalhadores/usuários e suas demandas; a identificação e priorização das requisições institucionais e a análise do Serviço Social/conjunto de assistentes sociais/equipe, no espaço socioinstitucional. No complexo processo de seu desenvolvimento e transformação em realidade material, a análise e avaliação críticas vai possibilitando a revelação das consequências e do alcance da atividade profissional.

Na apreensão das consequências da ação profissional, torna-se necessário trazer à tona as demandas dos trabalhadores/usuários, tendo em vista captar como eles se situam diante delas; apreender as possibilidades de crítica que foram construídas no processo, que guardam relação com os conteúdos novos e substantivos que o profissional/equipe foi capaz de veicular no processo de atendimento, no sentido de fertilizar o terreno e possibilitar a **apropriação crítica e reflexiva** de novos conceitos e informações, tendo em vista sua utilização como instrumento de indagação e ação sobre a realidade.

Aqui está em causa, no confronto entre interesses e objetivos profissionais, interesses e demandas dos usuários e interesses e requisições institucionais, captar, principalmente, as repercussões, a importância, e o alcance da atividade profissional para os trabalhadores/usuários, individualmente e nos seus diferentes segmentos, revelando as oportunidades reais propiciadas a eles de realizar direitos, exercitar relações democráticas mediadas por conteúdos essenciais à politização das demandas e qualificação da participação política, de exercer o controle social, de enriquecer-se subjetivamente (ética, teórica e politicamente), para além das relações de mando, obediência e reprodução do que está dado como dominante na sociedade do capital, identificando, ainda, a falta ou as oportunidades criadas e realizadas de controle social; apreendendo as formas de enfrentamento ou reprodução de consenso, consentimento; identificando a realização de apoio, alívio de tensão, orientações, encaminhamentos como parte de um processo democrático em construção ou como fins em si mesmos; identificando as possibilidades criadas de democratização de conhecimentos, informações, novos conceitos; identificando questões relevantes que resultam da prática objeto de análise, surgidas da análise crítica da realidade e da própria ação dos profissionais e que devem ser encaminhadas à academia para que possam ser tomadas como objeto de investigação...

Aqui, as manifestações dos usuários nas atividades que o assistente social/equipe realiza junto aos trabalhadores/usuários são de extrema relevância para os assistentes sociais que almejam uma prática mediada pelo projeto profissional. No que se refere à atividade profissional em si, quando essas manifestações, na condição de objeto de atenção/investigação, são submetidas à uma análise crítica e reflexiva, pelos profissionais e trabalhadores.[519] Por outro lado, é nas manifestações e na qualidade da participação dos trabalhadores/usuários nos processos que podemos tanto identificar as temáticas a serem abordadas e priorizadas no cotidiano profissional, como apreender o alcance e as consequências da atividade profissional para os trabalhadores, individualmente e nos seus diferentes segmentos.[520]

É através da apreensão crítico-analítica das manifestações dos trabalhadores/usuários que os assistentes sociais podem tanto apreender como criar condições favoráveis para que elas sejam apreendidas criticamente pelos próprios trabalhadores/usuários, como parte e expressão dos processos sociais, na medida das possibilidades de cada um; para que possam, através das suas manifestações e das manifestações de seus iguais, apreender criticamente o impacto da lógica capitalista nas relações sociais e nos indivíduos, assim como apreender o que há de coletivo nas demandas colocadas individualmente; para que sejam capazes de identificar e recusar os mecanismos de exploração, controle e de dominação presentes no cotidiano das massas trabalhadoras... Ou seja, é nas manifestações dos

---

519. Isso não significa enaltecer o "conhecimento popular"/experiência cotidiana/senso comum, colocando-os como inquestionáveis, como querem alguns, o que, muitas vezes de forma inconsciente, acaba por favorecer interesses escusos, que almejam privar as massas trabalhadoras do exercício da liberdade — autonomia, plena expansão dos indivíduos sociais e emancipação — através do acesso ao patrimônio histórico da humanidade; nem significa desqualificar o saber popular, que ocupa lugar de relevo, principalmente no que se refere às alternativas de sobrevivência numa sociedade hostil às maiorias, como a sociedade do capital. Significa tomar essas manifestações como objeto de reflexão crítica tendo em vista resgatar o que há nelas de favorável a processos emancipatórios e negar o que desfavorece, porque fruto da inculcação do que é dominante na sociedade do capital — a ideologia burguesa. Um processo complexo que requer do assistente social estar atento e capacitado para apreender e submeter à crítica, a presença de contradições, preconceitos, princípios, valores, finalidades e objetivos alheios aos interesses e necessidades essenciais dos trabalhadores etc. Ver Vasconcelos (1997).

520. Para os pesquisadores, as manifestações dos usuários são, da mesma forma, relevantes a partir do objeto e objetivos da pesquisa, mas o que temos notado é que, na área de Serviço Social, elas vêm sendo tomadas de forma fragmentada, isolada e/ou individualizada e tratadas, preferencialmente, no âmbito das representações sociais, em detrimento da perspectiva de totalidade, que possibilite apreender demandas, necessidades, interesses, potencialidades, fragilidades e dificuldades relacionadas, tanto aos processos de formação, organização e participação na vida pública, como no enfrentamento diário da tarefa de sobreviver numa sociedade adversa.

trabalhadores/usuários que podemos apreender as expressões da questão social vivenciadas por indivíduos concretos e reveladas nas suas demandas de modo implícito ou explícito, destacando os conteúdos substantivos a serem abordados teoricamente pelos assistentes sociais nas atividades com indivíduos e grupos.[521] É óbvio que desses conteúdos, muitos não foram abordados ou foram abordados com pouca profundidade na graduação. Assim, a partir da formação generalista, para além da necessidade de aprofundar os fundamentos, é no cotidiano profissional que o assistente social vai identificando questões e conteúdos a serem aprofundados na formação permanente. Assim, as manifestações dos usuários revelam, antes de tudo, o que é necessário ser estudado, aprofundado, investigado, pelo assistente social, no sentido de qualificar o planejamento e a sua transformação em realidade.

Não se trata aqui de apreender o impacto da atividade profissional nos diferentes segmentos da classe trabalhadora, através das manifestações dos usuários reveladas numa entrevista, reunião, assembleia ou visita domiciliar. Isso exige um estudo em profundidade do conjunto de usuários de uma instituição, de uma área temática e/ou da atividade dos assistentes sociais no país, tendo em vista ter a noção do impacto da prática profissional no cotidiano daqueles segmentos. Aqui, trata-se de apreender o alcance e as consequências para determinados segmentos das classes trabalhadoras, usuários de determinados espaços sócio-ocupacionais, o que contém a possibilidade de revelar, enquanto tendências, as consequências, o alcance e os impactos da atividade socioassistencial dos assistentes sociais, para os envolvidos no processo, numa cidade, num estado, numa política social, numa área de atuação, assim como, no país.

Ressaltamos que não é solicitando uma "avaliação" do(s) usuários, ao final dos atendimentos do assistente social/equipe, que vamos captar a qualidade da atividade profissional na direção do projeto profissional

---

521. É óbvio que desses conteúdos, muitos não foram abordados ou foram abordados de forma superficial na graduação. Assim, a partir de uma formação generalista, é no cotidiano profissional, para além da necessidade de aprofundar os fundamentos, que o assistente social vai identificando questões e conteúdos a serem aprofundados na formação permanente.

nem suas consequências para os envolvidos no processo. No material empírico da pesquisa que desenvolvo no NEEPSS (Vasconcelos, 2006), há uma recorrência, tanto nas entrevistas, como nas reuniões, de solicitação, por parte do assistente social, de avaliação da entrevista ou da reunião, aos trabalhadores/usuários, ao final do processo. Da mesma forma, é recorrente o conteúdo da avaliação que eles fazem: "me senti muito bem"; "fiquei muito feliz"; "foi muito rico"; "me diverti muito"; "soube de muitas coisas"; "me senti respeitado". São raríssimos os momentos de discordância e/ou enfrentamento dos usuários com o assistente social/ equipe. Quando acontecem momentos de enfrentamento, nem sempre percebidos pelo assistente social/equipe, acontecem no desenrolar do processo e não nesses "momentos de avaliação" e, na maioria das vezes, não são abordados em profundidade.[522]

A solicitação de avaliação aos usuários ao final das atividades e a utilização de suas respostas como dado de realidade para análise e avaliação da prática profissional é um processo recorrente no Serviço Social, desde o início da década de 1970, quando, no início de minha função como assistente social, pude observar sua recorrência. Neste processo, tendo

---

522. No material empírico da pesquisa que desenvolvemos, identificamos vários momentos que expressam esses enfrentamentos: 1 — em reunião com mães de crianças internadas num CTI de uma Instituição pública, as mulheres trazem à baila a questão da qualidade do atendimento nas instituições de saúde. Uma usuária relata uma situação de maus-tratos a um paciente e um dos profissionais da equipe levanta dúvidas sobre o que teria mesmo acontecido, passando a uma defesa do trabalho dos profissionais nas instituições públicas, a partir da condição de trabalho na área da saúde; a usuária, quando começa a perceber que está sendo questionada quanto à veracidade da sua denúncia, retira-se da reunião, que continua a acontecer. Até o final dessa reunião, esse episódio não foi abordado, nem pela equipe, nem pelas usuárias; 2 — Participantes de uma Pré-Conferência de Assistência Social fazem críticas à equipe de assistentes sociais de uma unidade assistencial, diante da solução de continuidade nos atendimentos. Com a rotatividade dos profissionais, a cada vinda de um assistente social novo, "nós somos obrigados a relatar tudo novamente. Os profissionais não repassam o serviço para os novos". A equipe ouve e a reunião continua com novo assunto. 3 — Após ouvirem o assistente social discorrer teoricamente sobre "cidadania" e direitos dos trabalhadores na construção civil, os trabalhadores desse ramo, em reunião com o assistente social, discordando veementemente, retrucam dizendo que a realidade deles é outra e que onde eles trabalham nada do que foi afirmado sobre direitos e cidadania acontece. A reunião segue sem que essa discordância seja abordada.

como base os ensinamentos de Vieira (1978a),[523] são ressaltados efeitos parciais (a boa avaliação do Serviço Social pelos usuários), que, sucessivamente, vão se transformando em causas de efeitos semelhantes (uma boa avaliação do Serviço Social pelos próprios assistentes sociais). Ou seja, os usuários avaliam positivamente meu trabalho; sua aprovação me dá a sensação de dever cumprido; passo a me sentir bem com a avaliação positiva que o usuário sempre faz; desse modo, uma avaliação que se torna causa de reiteração do que eu faço. Afinal, se o usuário me agradece, sente-se bem com minhas respostas, me agrade com presentes, mesmo não tendo resolvidas as demandas que dirigiu ao Serviço Social (Vasconcelos, 2002), por que me questionar? Por que mudar?

Mas, algumas questões ficam obscurecidas pelo contentamento do usuário. Como sua avaliação pode mostrar satisfação, mesmo diante de respostas negativas ao que ele demanda? Por que, como e em que circunstâncias é possível sentir-se apoiado, acolhido, respeitado, "feliz", tendo seus direitos negados? O que esse estado de coisas pode estar obscurecendo e o que elas podem revelar, a partir de análise teórico-crítica da atividade profissional?

Ora, parte das consequências da prática dos assistentes sociais pode ser antecipada como tendência, de várias formas e em diferentes níveis: através do perfil teórico-metodológico e ético-político dos recém-graduados e dos assistentes sociais "da ativa" que apontam possibilidades reais de um exercício profissional na direção dos interesses e necessidades históricas da classe trabalhadora; através do perfil dos docentes; da composição dos Currículos Plenos dos diferentes cursos de Serviço Social, do ensino público e privado e, atualmente, dos Cursos à Distância; do estudo

---

523. Na realidade, ainda que Vieira faça referência à avaliação do Serviço Social, o que a autora propõe é identificar até que ponto a ação profissional foi eficiente na garantia dos objetivos definidos com base nos "objetivos da organização". Assim destaca na "avaliação do Serviço Social": identificação de indicadores do crescimento do indivíduo/membros do grupo; programação de experiências com objetivos de crescimento; documentação sobre comportamentos individuais e grupais; análise da documentação de acordo com os indicadores; interpretação e análise dos dados para verificar se os objetivos foram alcançados; revisão do programa e dos métodos; modificação de objetivos; continuação da avaliação. (Vieira, 1978a, p. 114)

da produção de conhecimento da área, como através da identificação do que é mais "consumido teoricamente" pelos assistentes sociais.

Mas se se objetiva apreender as consequências reais e substantivas da prática dos assistentes sociais para a instituição e usuários nas suas relações contraditórias, elas só podem ser captadas, antes de tudo, nas estratégias, nas prioridades, no desenvolvimento das atividades e nas manifestações dos assistentes sociais no cotidiano da prática institucional, mediadas pelas referências ético-políticas e teórico-metodológicas dos profissionais. É o que a análise de situações concretas mediada pelo Eixo de Análise objetiva mostrar, tendo em vista revelar, principalmente, o que favorece e redirecionar o que não favorece os usuários/trabalhadores.

Assim, na busca de identificar as consequências e o alcance da prática dos assistentes sociais num determinado espaço profissional, através de um conjunto de atividades reconstruídas empiricamente, de forma sistemática e qualificada, põe-se a exigência de revelar as consequências da atividade profissional, imediatas, mediatas e de longo prazo, dentre outras instâncias e sujeitos, individuais e coletivos, para:

- a instituição;
- a política social em questão e as políticas sociais como Seguridade Social ampliada, tendo em vista que sua fragmentação expressa a fragmentação das diferentes expressões da questão social e dos direitos sociais;
- os governos nas suas diferentes instâncias;
- o assistente social; o Serviço Social da instituição e as equipes interprofissionais;
- a categoria profissional e a profissão de Serviço Social.

e, antes de tudo, para

- os trabalhadores e trabalhadoras envolvidos no processo de atendimento; os trabalhadores/usuários da instituição;
- os movimentos, lutas sociais e organismos de representação dos trabalhadores;

e, por fim,

- para a classe trabalhadora nos seus diferentes segmentos e seus processos de luta e enfrentamento por libertação, ou seja, para o protagonismo dos trabalhadores na luta de classes.

Isso porque, como reiterado, independentemente da consciência que temos das nossas ações, da segurança dos nossos princípios, da qualidade da ação profissional e da nossa preparação teórico-metodológica e técnico-operativa, ao atuarmos com diferentes segmentos, parte e expressão da classe trabalhadora, estamos, no limite, fortalecendo ou refreando seus processos de mobilização, organização e formação para e na luta político-social, a depender de quem sai mais favorecido após o que a análise pode revelar, tanto diretamente como tendência: o capital ou o trabalho.

Neste contexto, a análise torna-se essencial, visto que, independentemente da qualidade da atividade de planejamento e da preparação teórico-metodológica, ético-política e técnico-operativa que dela resulta, na materialização do projeto de atuação, através da operação de estratégias, instrumentos e recursos, os assistentes sociais/equipes, colocamo-nos em ato, frente ao que se tem possibilidade de utilizar, disponibilizar e socializar com desenvoltura e habilidade, o que pode revelar um estado de coisas muito aquém das intenções.

Em tempos de pesquisas de marketing que revelam como o cérebro pode se iludir e ser teleguiado por informações falsas, o que acaba por revelar o grau de captura das consciências pela ideologia do mercado,[524] aqui trata-se de apreender as consequências de decisões, escolhas, atividades

---

524. Um estudo realizado pelos neurocientistas Hilke Plassman e Bernd Weber revelou que as pessoas com baixa conscientização de seus sentidos físicos e uma elevada necessidade de cognição são mais propensas a ser influenciadas, mostrando o quão forte são os efeitos placebos do marketing e como nossos cérebros podem realmente experimentar produtos muito diferentes de forma semelhante, dependendo de como eles são comercializados. Assim, quando o cérebro revela mais prazer a partir da informação sobre o alto preço de um vinho, isso mostra que preconceitos com relação ao preço podem realmente mudar o entendimento do cérebro, fazendo com que quem esteja tomando

realizadas pelos profissionais/equipes no cotidiano profissional, especialmente quando atingem direta ou indiretamente os trabalhadores. Assim, por exemplo, se não é difícil nem complexo apreender as consequências para as classes trabalhadoras e para a instituição nos seus diferentes níveis e instâncias, da ocupação do espaço/tempo profissional, quando um assistente social realiza mensalmente uma palestra com uma hora de duração, com 70 trabalhadores/usuários, no sentido de esclarecer a burocracia que permite o acesso a um determinado programa e nos demais dias de trabalho, no mês, opera sistemas de informação e a burocracia institucional — cadastramentos, preenchimento de formulários, telefonemas, regulação de serviços etc., processo intercalado por atendimentos rápidos no plantão, para orientação e encaminhamentos diversos, que não ultrapassam em média 15 minutos, ao contrário, não é tão fácil e nem simples, tanto a realização como apreender as reais consequências, principalmente para os trabalhadores em geral, quando o assistente social prioriza a realização de reuniões de sala de espera que, como a experiência mostra, esvaziam os plantões de Serviço Social,[525] prioriza a realização de reuniões com tempo suficiente e um menor número de participantes (em vez de uma reunião com 70 participantes,[526] várias reuniões ao mês, com duração de duas horas e um máximo de 25 participantes, tendo em vista garantir a veiculação/democratização e apropriação crítica de conteúdos substantivos), sem prejuízo da atenção individual, quando

---

o vinho aprecie-o mais ou menos. Disponível em: <http://ela.oglobo.globo.com/vida/gastronomia/quer-impressionar-os-amigos-diga-que-vinho-foi-caro-16078753>. Acesso em: 10 maio 2015.

525. Para além das qualidades do instrumento reunião — quando o grupo revela a força que a organização tem, quando propicia e potencializa a troca/crítica substantiva entre iguais, quando propicia e favorece a experiência de relações solidárias, horizontais (ver Vasconcelos, 2000 e 2002, Cap. 4), além de potencializar o tempo profissional —, é a reunião que nos favorece, como, por exemplo, diante da queixa de uma assistente social: "como posso fazer um bom trabalho no plantão, quando tenho mais de vinte pessoas esperando atendimento?".

526. Se em determinados momentos, a Assembleia é o meio/instrumento necessário, como, por exemplo, no processo de escolha de delegados para uma Conferência Municipal, no cotidiano, frente aos objetivos do projeto do Serviço Social, o número de participantes de uma reunião e o tempo destinado a uma entrevista e a uma reunião, para além dos conteúdos veiculados/democratizados, faz muita diferença e certamente têm impacto na qualificação dos processos de atendimento.

necessária, e das articulações necessárias ao enfrentamento das requisições institucionais para administração da burocracia institucional. Um e outro exemplos, de pronto, revelam a diferença do grau de investimento/formação profissional; a diferença da dinâmica da ocupação do espaço e tempo profissional; a necessidade de planejamento e, por vezes, assessoria, tendo em vista dar conta de uma dinâmica mais complexa de ocupação do espaço e do tempo e das exigências teóricas tendo em vista um espaço/tempo plenos de conteúdo; a diferença quanto as possíveis consequências de cada um dos exemplos etc.

3.1.5.6 Possibilidades e alternativas não exploradas no cotidiano profissional e limites impostos ao exercício profissional

É na apreensão de possibilidades e alternativas não exploradas, presentes na realidade profissional, e na identificação dos limites impostos no cotidiano profissional, que os assistentes sociais podem tanto apreender como perceber o grau de autonomia do profissional/equipe no exercício profissional, o alcance das atividades profissionais, assim como de suas consequências e, assim, contribuir com a qualificação, individual e coletiva, da ocupação dos espaços socioassistenciais, do que é parte essencial a divulgação e democratização (através de artigos científicos, eventos) de alternativas e possibilidades presentes nos diferentes espaços sócio-ocupacionais e dos verdadeiros limites que cada espaço contém e impõe ao exercício profissional.

É na operação das estratégias e na dinâmica da atuação que os limites vão se revelando, a depender da característica de cada espaço profissional. Não se pode ignorar que o grau de autonomia e os limites impostos à atuação de um assistente social numa penitenciária de alta segurança não são os mesmos impostos a um assistente social que atua num programa de cumprimento de penas alternativas. Do mesmo modo, são diferenciados os limites impostos ao assistente social que trabalha numa unidade de emergência e ao que trabalha numa unidade de saúde de atenção básica.

Por outro lado, há que se estar atento para não identificar como limite, aquilo que é objeto de atenção e atuação profissional. Na medida em que o grau de autonomia não está dado ao profissional somente pelo fato de ser profissional de nível superior, sendo a *autonomia construída no processo (paulatinamente, com risco de avanços e recuos) a partir da ocupação estratégica do espaço profissional*, assim como as condições de trabalho, que como próprias da organização capitalista, se colocam como resultantes, no limite, da correlação de forças entre capital-trabalho e do grau ofensiva e enfrentamento do poder da burguesia sobre os trabalhadores, não há como identificar tanto a autonomia como as condições de trabalho como limites da atuação profissional.

Como componentes da complexa dinâmica institucional, tanto a autonomia quanto as condições de trabalho se impõem como necessárias de serem consideradas no planejamento e buscadas e forjadas no cotidiano da prática, quando faz diferença no alcance dos objetivos, tanto o aumento do grau de autonomia como a melhora das condições de trabalho — as duas determinadas e condicionadas pela luta política e pela correlação e forças institucional. Essas são observações necessárias, na medida em que temos observado a frequência com que grande parte dos assistentes sociais naturaliza o grau de autonomia e as condições de trabalho, se coloca de forma queixosa diante delas, e/ou as coloca como "culpadas e/ou responsáveis" pela (falta de) qualidade das atividades socioassistenciais, sem considerar as possibilidades estratégicas e empreendimentos tendo em vista forjá-las no cotidiano profissional.

Quanto à identificação de alternativas não exploradas por profissionais/equipes, pode ser buscada tanto nas estratégias de grande alcance, definidas pelo Serviço Social/assistentes sociais, como na utilização do tempo/espaço no cotidiano profissional. Assim, as alternativas não exploradas podem ser apreendidas na análise da distribuição dos assistentes sociais na instituição e das estratégias de ocupação do espaço na unidade socioassistencial; na análise das propostas (projetos, programas, planos) e na análise das atividades desenvolvidas pelos profissionais.

Assim, a organização do Serviço Social na instituição e a ocupação do tempo e do espaço profissional — distribuição dos assistentes sociais no espaço institucional; prioridade na realização de entrevistas em detrimento de reuniões —, de pronto, já revelam quem sai favorecido com a forma e a dinâmica de inserção profissional, assim como revela parte do alcance das atividades profissionais. Um processo que, sem aprofundamento quando a qualidade das atividades desenvolvidas, já evidencia ganhos ou perdas para os trabalhadores, ao facilitar ou burocratizar/dificultar o acesso a recursos e serviços; ao priorizar a inserção de assistentes sociais em programas e projetos que atinge um número muito reduzido de usuários, em detrimento de outros que atinge e são direcionados a grandes grupos ou grande número de trabalhadores. Ou seja, priorizar a inserção do assistente social, por exemplo, na saúde, em projetos voltados para tratamentos de doenças, em detrimento ou ausência total de assistentes sociais em projetos voltados para a prevenção e promoção da saúde; priorizar respostas a requisições de outros profissionais e não priorizar o atendimento a partir da análise do espaço institucional que pode indicar ao Serviço Social/chefia outras prioridades; priorizar demanda espontânea e individual e não as demandas dos usuários como um todo o que vai indicar necessidades e interesses, individuais e coletivos etc., são escolhas que, de pronto, já se constituem em consequências, tanto para a instituição/movimento institucional, assim como para os trabalhadores/usuários.

Por outro lado, no processo de análise da dinâmica de uma determinada atividade — reunião, entrevista, visita domiciliar — vão se revelando e podem ser identificadas e/ou inferidas possibilidades, alternativas e limites que se impõem frente ao que está contido no movimento institucional e no espaço criado pelo assistente social/equipe, não identificados/utilizados pelo assistente social/equipe, diante do complexo de determinações individuais, coletivas e institucionais. E aqui, tornam-se relevantes as informações captadas pelo analista e/ou reveladas pelo sujeito profissional, referentes às condições de trabalho do assistente social/equipe, apreendidas e identificadas na contextualização da atividade profissional, abordada antes. Não só limites, possibilidades e alternativas relacionados à dinâmica da situação concreta analisada, mas relacionadas ao planejamento, às estratégias pensadas e empreendidas, à sistematização, análise e avaliação do processo por parte do profissional que coordena a atividade analisada, assim como as alternativas não exploradas relacionadas aos limites, prejuízos, e/ou possibilidades resultantes da formação graduada e permanente (ou ausência dela) do sujeito profissional.

Neste processo, põe-se, assim, a necessidade de identificação e análise das implicações dos limites identificados e enfrentados e dos não identificados pelo assistente social/equipe, tanto daqueles impostos por condições e relações de trabalho, pela formação e capacitação permanente (ou sua ausência), como daqueles resultantes das condições de vida, de trabalho e cultura dos trabalhadores/usuários.

Do mesmo modo, põe-se a necessidade de identificação e análise das razões e implicações da não exploração das alternativas e possibilidades contidas na realidade; alternativas e possibilidades, frequentemente, caucionadas pela qualidade da formação graduada e permanente que qualifica o assistente social não só para apreendê-las da realidade, mas para operá-las.

Possibilidades e alternativas, quando tomadas como referência, podem fornecer parâmetros para que não nos percamos em reformas pela reforma, em ajudas pela ajuda, em orientação pela orientação, em encaminhamento pelo encaminhamento. Aqui ressaltamos os limites impostos à realização de tudo o que se põe como alternativa e possibilidade de uma prática na direção do projeto profissional em um determinado espaço sócio-ocupacional. Ou seja, tudo o que se põe como possibilidade e alternativa está determinado pelas condições concretas de uma realidade que impede que parte delas se realize. A possibilidade, como firma Lukács (1969, p. 40) é uma categoria que desempenha um papel de primeira ordem na vida dos homens.

Possibilidade abstrata e possibilidade concreta (aquela a que Hegel chamava "real"). É antes de mais nada a própria vida que nos ensina a relação existente entre essas duas espécies de possibilidade, o que as separa e o que as opõe. Do ponto de vista abstrato, ou subjetivo, a possibilidade é sempre mais rica do que a realidade efetiva; parece ao sujeito humano que milhares e milhares de possibilidade se lhes oferecem, das quais só uma percentagem ínfima pode ser efetivamente realizada.

Mesmo identificadas como possibilidades em dado momento, em outro momento histórico vão se constituir a partir de outro complexo de determinações, sejam determinações institucionais, sejam determinações resultantes do processo de formação dos sujeitos envolvidos — profissionais e usuários. Ou seja, é só através de uma interação viva e concreta entre o assistente social e a realidade concreta da prática social — da qual a prática profissional é parte e expressão —, que as possibilidades concretas daquele indivíduo podem "revelar-se como realidades concretas que condicionam justamente este indivíduo particular, a um nível determinado da sua evolução" (Lukács, 1969, p. 43), o mesmo podendo ser dito em relação aos usuários e demais profissionais.

Nesse sentido, as possibilidades e alternativas de prática abordadas aqui, de acordo com o Projeto Ético-Político do Serviço Social brasileiro, buscam preservar um caráter não prescritivo de constituição de um modelo e de regras para o exercício profissional cotidiano, visto que é evidente que não se pode antecipar como será uma prática mediada pelo projeto profissional. Mas, se não existem modelos, é possível e necessário identificar e apreender as referências gerais e essenciais que podem nortear o exercício profissional.

3.1.6 O Processo de Análise Teórico-Crítica do exercício profissional, como parte e expressão da práxis social

> *É o ponto de vista da totalidade que distingue, decisivamente, o marxismo da ciência burguesa.* (Lukács)

Ao penetrar as minúcias da atividade profissional, ou seja, aqui apreendida como objeto de estudo e de análise teórico-crítica, como prática histórica, estabelecendo as mediações necessárias com a realidade, o objetivo é apreender, numa perspectiva de totalidade, o movimento real da atividade profissional, nas suas relações e conexões necessárias com a totalidade social, e não o que se deseja, o que se quer ou o que se objetiva, ou seja, o idealizado (Marx, 1985, Prefácio; Netto, 2009).

Nesse processo, o objetivo é, dialeticamente, negar o que não favorece, conservar o que favorece, tendo em vista a elevação da atividade prática, como parte e expressão da práxis social, a níveis superiores, ou seja, cada vez mais próxima das finalidades e objetivos do assistente social/ equipe, como parte e expressão do projeto do Serviço Social brasileiro e do projeto de sociedade ao qual ele se constitui como parte e expressão.

Aqui não se trata de contestar/recusar de todo a atividade profissional existente; trata-se de superá-la incorporando as suas conquistas históricas e conjunturais, revelando suas possibilidades, alternativas, obstáculos e limites e questionando e problematizando seus equívocos, suas ambiguidades e contradições.[527]

A realidade contém elementos que se contrapõem — novo/velho, continuidade/superação, conservação/emancipação. Através do método dialético, podemos identificar as contradições, o que permite ao sujeito realizar a síntese para apreender o movimento do real, onde se encontram possibilidades e alternativas, limites e obstáculos. Mas, se no processo dialético é relativamente fácil identificar debilidades e o que favorece processos emancipatórios, preservar e socializar o que favorece e superar o que provoca efeito contrário ao esperado é tarefa hercúlea, que exige grande esforço e extremamente difícil de se realizar, por parte de todos os interessados na emancipação humana.

Trata-se, assim, de historicizar as categorias manejadas pelos assistentes sociais no cotidiano da prática, rompendo com a naturalização,

---

527. Frente aos interesses antagônicos entre capital-trabalho, contradição — categoria central da lógica dialética — é parte constitutiva da sociedade capitalista, como caráter essencial de tudo o que é real na sociedade burguesa, onde tudo que é só se compreende pela negação do que lhe precedeu. As contradições são dialéticas, "tanto porque elas constituem oposições inclusivas reais, pois seus termos pressupõem existencialmente seu oposto e porque são sistemática ou internamente relacionadas com uma forma de aparência mistificadora" (Bottomore, 1987, p. 80).

própria da ideologia dominante — ou seja, ideologia da classe dominante —, que as pressupõe como eternas, empregando na análise, como Marx, o método crítico dialético. Uma atividade que, dialeticamente, tanto do *assistente social/equipe* (que prioriza no planejamento e sua realização, apreender as consequências da atividade profissional tendo em vista seus objetivos),[528] como do *analista* (que busca contribuir na busca de práticas mediadas pelo projeto profissional), exige segurança dos princípios ético-políticos, preparação teórico-metodológica, ampliação da cultura e pesquisa sistemática. Exigências colocadas de forma diferenciada para o assistente social/equipe e para o analista, a depender das finalidades e objetivos do sujeito e da profundidade, sistemática e extensão da própria análise.

É nesse sentido que, para além do que poderia aparecer como uma série de ações isoladas, sem relações e conexões, podemos apreender a atividade profissional como parte e expressão das ações sociais e políticas, como parte da práxis. Assim, trata-se de ascender do singular e do particular ao geral. Nesse processo, superar a "boa vontade de 'ir à frente'" pelo *conhecimento do assunto*[529] torna-se essencial, não só ao processo de análise e à própria atividade profissional, mas, principalmente, aos trabalhadores na luta por emancipação.

---

528. Como temos sinalizado, é na dinâmica de uma atividade profissional, que envolva em toda a sua plenitude o planejamento, sua realização e avaliação, que o assistente social/equipe vai se qualificando, se aperfeiçoando, ampliando progressivamente sua formação, frente às exigências requeridas pelo projeto profissional. Processo que desenvolvemos não num determinado momento, mas ao longo da vida profissional.

529. Afinal, para que conhecimento? Uns acham que é para ser apropriado por políticos, para que façam "boas políticas" e/ou pelos profissionais, para que realizem "boas práticas"; outros, como é de praxe na sociedade burguesa, para produzir mercadorias patenteadas. Entendemos que a pesquisa e a produção de conhecimento no Serviço Social, quando da apreensão do movimento do real, para além de formar o pesquisador/profissional/intelectual/cientista, têm como objetivo, como afirmava Marx, influir na transformação do mundo. Assim, não se trata de apropriação do conhecimento pelos políticos visando boas políticas, nem pelos profissionais visando boas práticas — ainda que nesse exercício, a teoria possa favorecer práticas compromissadas com os trabalhadores. O fundamental é que a teoria seja apropriada pelas massas tendo em vista realimentar a luta social na busca da emancipação de todos. Lembremos o que afirma Marx: a teoria se transforma em força material quando apropriada pelas massas.

É ao final do processo de análise que podemos, ao fazer o caminho de volta, apreender nosso objeto — no caso, a atividade socioassistencial — saturado de determinações. A partir das dimensões abordadas, podemos apreender não só a relação entre finalidades-objetivos/situação concreta, mas os determinantes do movimento e dos caminhos da atividade analisada e também suas consequências para os sujeitos e as instâncias envolvidos no processo, assim como para os sujeitos coletivos que são atingidos, direta ou indiretamente, pelas consequências das atividades: trabalhadores, a categoria profissional etc.

É aqui que podemos apreender, ainda, as exigências que emergem da escolha do projeto profissional. Põe-se como requisito um profissional técnica, teórica, ética e politicamente rico e, assim, capaz não só de planejar e executar ações qualificadas, mas de apreender, *post festum*, as consequências da atividade profissional, para os sujeitos e diferentes instâncias da vida social; para os trabalhadores, individual e coletivamente; para o Serviço Social, seus profissionais e para o próprio sujeito da ação; para a instituição, sua política e seus profissionais; para a política social; e, finalmente, em última instância, para as classes fundamentais e, consequentemente, para a organização social vigente.

É aqui, ainda, que podemos apreender a diferença de um assistente social que se deixa levar pelo movimento das coisas e aquele que se forja num processo de autoconstrução permanente, capaz de escolhas conscientes com relação às suas referências, finalidades e objetivos, e quanto ao que é necessário para uma prática mediada pelo projeto profissional e pelo projeto de sociedade que o sustenta, estabelecendo a relação inextricável do seu pôr teleológico e nexos causais (ver, Lukács, 2010; Tertulian, 2010).

As relações e mediações necessárias entre os aspectos e traços puramente individuais de um usuário e os traços típicos dos indivíduos na sociedade do capital não se dão de modo direto, mas se dão de forma "larga, múltipla e complexamente mediatizadas", o que depende do grau em que a direção social pode ser efetivamente concretizada na atenção prestada pelos assistentes sociais aos trabalhadores/usuários, o que só pode ser verificado *post festum*, ou seja, no retorno crítico à prática histórica (realizada), tomada na sua totalidade e nas suas relações e conexões necessárias com totalidades mais complexas.

Na análise de situações concretas, põe-se como exigência apreendermos os fatores que condicionam verdadeiramente uma dada atividade prática e o sentido do seu objetivo. E aqui deve ficar claro que se trata de apreender as referências e os objetivos expressos na própria estrutura da atividade e não nas intenções — mesmo que conscientes — do assistente social e nem nas representações (ideia) que ele tem da sua própria prática o que exige, antes de tudo, a sistematização de processos reais — situações concretas.

O processo de análise teórico-crítica de situações concretas é determinado e guarda diferenças diante dos objetivos da análise. Como processo, só pode ser delineado em seus aspectos gerais. Assim, ao definir estes aspectos, só se pode revelar/indicar/sinalizar diferenças tendo em vista os objetivos da análise: na formação graduada — nas disciplinas que têm a prática como centro e nas disciplinas de acompanhamento do Estágio Curricular e na supervisão de campo; na formação continuada — nos processos de assessoria, cursos de extensão/especialização etc.; na produção de conhecimento, tendo em vista captar as tendências, possibilidades e alternativas da atividade socioassistencial. Cada um desses momentos, como indicamos, exige qualidade e um grau de sistematização do material a ser analisado, aproximações diferenciadas da produção teórica existente e necessária à análise e aprofundamento de análise diferenciado do material empírico e das circunstâncias que lhe dá estrutura.

Assim como os instrumentos usados no estudo dos fenômenos naturais é uma extensão dos nossos sentidos, ampliando a realidade e nos permitindo ver além do visível, é a abstração (ver nota 497) que nos permite apreender o que está além do visível no ser social. Na impossibilidade de estudar o todo e a totalidade, no sentido de apreender o Serviço Social e o exercício profissional como sua parte e expressão, há que se filtrar o que é relevante e de interesse, estabelecendo as mediações necessárias tendo em vista identificar e revelar suas múltiplas determinações. A questão é estar atento, visto que este processo tende não só a deixar de lado algo relevante, mas limitar o que se pode conhecer em relação ao objeto e suas relações e conexões necessárias na e com a totalidade social.

O processo de análise que tem como objetivo apreender o movimento, as determinações e os modos de ser de situações concretas que expressam o cotidiano profissional, tem início com a leitura do material registrado e sistematizado: o produto;[530] e, como podemos apreender em Marx, *todo produto esconde o processo e todo processo é movimento, negatividade e vir a ser.*

Como indicado, a análise se dá a partir do registro empírico do cotidiano profissional na sua aparência, através de sistematização/gravação de uma reunião, de uma entrevista ou de uma visita domiciliar, mas, também, a partir de um Projeto, um Relatório (semestral, anual), um Relato de Experiência, um artigo, um programa de disciplina etc.[531]

---

530. Aqui, estamos nos referindo a uma atividade registrada — uma reunião, uma entrevista ou qualquer outra experiência/atividade profissional, um projeto; assim, produto aqui é entendido como aquilo que resulta de qualquer processo ou atividade.

531. Ressaltamos as dificuldades históricas em se ter acesso ou resgatar empiricamente o exercício profissional dos assistentes sociais. Se, por um lado, já pontuamos algumas dificuldades em registrar com qualidade — através de gravação — as atividades realizadas pelo assistente social/ equipe diretamente com os usuários, por outro lado, há que se enfrentar a forma histórica de registro no Serviço Social, centrada no famoso "Livro de Registros do Serviço Social/Livro de ocorrências/ Livro Preto", cujo material possibilita uma troca eminentemente burocrática entre os membros da equipe de Serviço Social, oferecendo, no máximo, condições de identificar parte das demandas dos usuários e das requisições institucionais. Independentemente da área de atuação, o Serviço Social *não* vem sendo realizado a partir de projetos sistematizados e atualizados, que gerem, a partir de mecanismos e instrumentos de registro e sistematização qualificados, material empírico que ofereça condições de análise pelos próprios assistentes sociais que integram as equipes e nem por qualquer estudioso interessado no estudo da atividade profissional. Diante da ausência de registro do planejamento e da própria história do Serviço Social nas unidades socioassistenciais, restam para a apreensão da história e da dinâmica do Serviço Social os registros no "Livro Preto", registros que, como vimos, geralmente, se resumem a uma "passagem de plantão" ou às representações dos profissionais a respeito daquilo que realizaram. Ou seja, são anotações mínimas no "Livro", referentes aos atendimentos realizados no dia a dia, a partir de registro do que ficou "resolvido" e/ou de questões essenciais dos atendimentos iniciados e que demandam continuidade a ser executada pelo próximo plantonista, ou a manifestação tardia do assistente social sobre aquilo que realiza no cotidiano profissional. Outra forma de sistematização é o preenchimento de formulários estatísticos institucionais onde se registram os atendimentos realizados, tendo em vista o faturamento por procedimentos ou levantamento de dados estatísticos que alimentam sistemas e/ou sites das

A leitura preliminar do material empírico pelo analista — tanto o analista (professor/supervisor/assessor) como os alunos/assistentes sociais/equipe — torna-se essencial, tendo em vista uma primeira aproximação com a atividade na sua inteireza aparente, o que, antecedendo o empreendimento principal — apreender as consequências da atividade — possibilita suscitar e captar o que está aparente no material empírico, com o objetivo de cotejar o aparente com o que vai se revelando da sua essência, a partir da apreensão e análise teórico-crítica da sua dinâmica, tendo em vista apreendê-la como totalidade complexa, parte e expressão de totalidades mais complexas. É aí que podemos começar a revelar e apreender que a existência do real e as formas fenomênicas da realidade são diferentes e muitas vezes absolutamente contraditórias em relação à lógica interna do fenômeno, no seu núcleo essencial (Marx, 1982; Netto, 2009).

O exame inicial minucioso do material, realizado pelos sujeitos envolvidos no processo de análise — o analista; uma turma de alunos; os integrantes de um curso; um assistente social interessado em submeter sua experiência profissional à análise, dentre outros, com ou sem a presença de um analista —, é um exercício que demonstra e evidencia seu caráter pedagógico, principalmente quando utilizado com o objetivo de possibilitar ao sujeito que se inicia no processo de análise teórico-crítica a oportunidade de exercício analítico, inicialmente, a partir daquilo que é capaz de apreender e analisar, até aquele momento, o que, geralmente, está relacionado não só à sua (falta de) experiência profissional, mas essencialmente à sua capacitação teórico-metodológica e ético-política para empreender uma análise radicalmente crítica.

---

prefeituras e dos governos estaduais e federal; material raramente utilizado pelos assistentes sociais para elaboração de conhecimento sobre a realidade trabalhada, assim como acontece com o risco de informações CadÚnico. Por outro lado, temos os registros do Serviço Social em "Prontuários Únicos" ou em Fichas Sociais que, se demandam e possibilitam estudos do perfil e das demandas dos usuários, não possibilitam a apreensão da história e da dinâmica do Serviço Social nas unidades socioassistenciais e muito menos a dinâmica e as consequências da atividade profissional. Todos esses registros atravessados por exigências éticas quanto ao sigilo profissional, visto que identificam o trabalhador/usuário.

Ou seja, no caso de uma turma de alunos, por exemplo, eles realizam uma primeira aproximação do material, a partir da experiência profissional/estágio e das referências ético-políticas, teórico-metodológicas e técnico-operativas dadas e da capacidade de tomá-las como instrumento de indagação, até aquele momento, para, depois, terminado o processo de análise teórico-crítica mediado pelo Eixo de Análise, por parte de um professor/supervisor/assessor, poderem confrontar o que foram capazes de observar e arrancar num primeiro momento do objeto e como se puseram diante dele — concordando com as formas de encaminhamento, estratégias etc. —, com o que o analista/professor revelou, a partir da apreensão do movimento da atividade.

Este, um processo que, fundado na crítica da ordem societária vigente, permite aos sujeitos apreender as semelhanças, as contradições, as diferenças e as relações e conexões daquilo que estava dado na aparência e aquilo que vai sendo revelado no processo de análise teórico-crítica da situação concreta. O retorno crítico ao objeto como concreto pensado possibilita revelar o que estava obscurecido na/pela aparência do objeto e reconhecer/identificar que, se o objeto da análise — a reunião, a entrevista — continua o mesmo, os sujeitos da análise, a partir da riqueza de informações que foi possível captar do objeto, se descobre, se mostra diferente em relação ao objeto; ou seja, revela-se um sujeito rico de informações a respeito do movimento e da dinâmica do objeto de análise, este apreendido como síntese de múltiplas determinações.

Assim sendo, *a análise teórico-crítica de situações concretas*, ao estruturar condições e possibilidades do assistente social/equipe se pôr crítica e qualificadamente diante do exercício profissional, aqui apreendido como objeto de investigação e síntese de múltiplas determinações, pode, gradativa e cumulativamente, contribuir para que o assistente social/equipes de assistentes sociais/categoria profissional questione, problematize, recuse, combata e diminua, progressivamente, a separação entre sujeito/atividade, teoria/prática.

Como indicado, em seguida ao exame inicial, tem início a apreensão do movimento e da dinâmica do objeto de análise. A partir da leitura crítico-analítica de cada momento da atividade e da sua dinâmica, busca-se ressaltar a presença dos conteúdos de cada uma das dimensões indicadas — ético-política, teórico-metodológica e técnico-operativa. Ao final desse processo, estão postas as possibilidades de apreensão dessas dimensões na atividade apreendida como totalidade complexa, plena de determinações. Ou seja, como indica Marx (1985), no entendimento positivo do existente, a dialética inclui, ao mesmo tempo, o entendimento da sua negação e da sua desaparição inevitável, porque apreende cada forma existente no fluxo do movimento, portanto também com seu lado transitório; porque não se deixa impressionar por nada e é, em sua essência, crítica e revolucionária.

Aqui se revela, simultaneamente, por um lado, a importância e o limite do processo de análise realizado por um indivíduo — aluno/assistente social/professor/gestor — de forma isolada e, por outro lado, a necessidade e as potencialidades do processo realizado cumulativa e coletivamente, potencializado, ainda mais, pela participação de um analista (professor/assessor/supervisor).[532]

É a apropriação da produção acumulada sobre o objeto de análise, sobre os conteúdos e as temáticas que esse objeto contém, e sobre a dinâmica social da qual ele é parte e expressão, que possibilita ao analista apreender o que não está nem é revelado pela aparência. Desse modo, a

---

532. Como sinalizei anteriormente, meu objetivo na publicação deste livro está centrado numa possível contribuição à formação graduada e permanente dos assistentes sociais que têm como referência o projeto profissional e realizam suas atividades diretamente com os usuários. No entanto, ressaltamos que a utilização deste Eixo de Análise por docentes/pesquisadores/assistentes sociais/ assessores, mais do que a formação, pode instrumentalizar a busca de apreensão do real tendo em vista uma produção de conhecimento na área de Serviço Social, com possibilidade de generalizações. Uma produção de conhecimento que, sendo mediada e mediando o exercício profissional, possa realmente dar contribuições efetivas aos assistentes sociais no cotidiano profissional. Do mesmo modo, temos como objetivo contribuir com a formação graduada — onde este processo tem sido reconhecido pelos alunos — e na qualificação de supervisores e de assessores/consultores, tão necessários quanto raros, no que se refere à qualificação necessária para acompanhar criticamente o cotidiano profissional dos assistentes sociais. E aqui estamos nos referindo a assistentes sociais que tenham como interesse e objetivo se qualificar para contribuir com os demais assistentes sociais no cotidiano profissional, em busca de estruturação de práticas mediadas pelo projeto profissional, através de assessoria e produção e conhecimento.

análise realizada de forma coletiva, por grandes grupos, como tenho observado, de início, é sempre mais rica do que a realizada individualmente, por uma dupla, pela equipe de uma instituição, assim como é mais rica e enriquecedora, quando mais pode contar com a participação ou coordenação de sujeitos/analistas qualificados.

Na experiência em sala de aula, seja na pós ou na graduação, ficam claramente perceptíveis as diferenças entre as observações realizadas por um aluno (a partir da leitura individual do material empírico), as observações realizadas por um pequeno grupo e as observações que, cumulativamente, resultam da observação do conjunto de sujeitos envolvidos no processo, ao final do exame inicial do material. Do mesmo modo, como a análise, apreendida coletivamente, é sempre mais rica do que as observações individuais, esse é um dos motivos que nos levam a afirmar a riqueza da reunião/processos coletivos na atividade socioassistencial junto aos trabalhadores/usuários.

Na sala de aula, tenho utilizado a seguinte dinâmica: cada aluno, ao receber uma cópia do relatório de uma reunião, objeto da análise, procede a leitura do material e realiza, por escrito, anotações individuais. Na sequência, a partir de uma adaptação da dinâmica de grupo Phillip 66 (Silvino, s/d.), a turma de alunos é dividida em subgrupos — preferencialmente, até cinco (5) integrantes — que, a partir das anotações individuais e da releitura da reunião, amplia a análise, potencializada pela troca entre seus membros, também sintetizada e sistematizada por escrito. Os alunos são sinalizados sobre a não necessidade de buscar consensos, mas de identificar, discutir e registrar as possíveis divergências e contradições presentes no processo de análise. Na sequência, a turma volta a se constituir como um todo, quando o representante de cada subgrupo se responsabiliza pela democratização da análise realizada pelo subgrupo com a turma, caso necessário, ampliada pela participação dos demais membros. Cada subgrupo é solicitado a se pôr crítica e cumulativamente frente ao material comunicado pelos grupos anteriores, o que vai tanto ampliando a análise, quanto revelando as divergências, diferenças, concordâncias, semelhanças, contradições, sinalizadas tanto pela turma como pelo analista/professor. Após a apresentação de todos os grupos, com todo o material registrado no quadro, a turma de alunos percebe ou é sinalizada, pelo analista/professor, a respeito da ampliação cumulativa da análise que vai ocorrendo após a apresentação de cada subgrupo. Em seguida, o analista/professor, a partir da análise teórico-crítica da contextualização da atividade, contida no relatório ou apreendida no próprio movimento da atividade, contextualização raramente considerada, questionada e problematizada pelos alunos, reinicia o processo de análise, a todo momento, resgatando e considerando, crítica e prepositivamente, nas suas relações e conexões, a análise produzida por cada aluno, pelos subgrupos e pela turma como um todo.

Esse é um processo fértil que tem favorecido e possibilitado aos graduandos, especializandos, mestrandos ou doutorandos, o estabelecimento das mediações necessárias das referências teóricas, metodológicas, ético-políticas e técnico-operativas (ou apreender a falta delas) com o cotidiano profissional, na graduação, principalmente, por parte daqueles que já deram início ao Estágio Supervisionado. Mas, antes de tudo, este é um processo que, dentre outras coisas, contribui na identificação das referências teórico-metodológicas necessárias à qualificação da atuação profissional e ao processo de análise; na sinalização da ausência e/ou fragilidade dessas referências; no reconhecimento da insegurança com relação às referências éticas e das consequências na coordenação e participação nos processos de reflexão da falta de conhecimentos e experiência política; na discussão do planejamento e das consequências de sua ausência; na discussão da escolha e condução das estratégias, instrumentos e técnicas utilizados; na discussão dos conteúdos ausentes e veiculados; na identificação das finalidades, objetivos e valores que permeiam o desenvolvimento da atividade etc.

Ao assistente social interessado na qualificação e aperfeiçoamento da prática que vem desenvolvendo, o que inclui o supervisor de estágio, este processo pode contribuir com o aprofundamento da análise da atividade profissional, de início pelo próprio profissional, a partir da gravação ou registro de uma atividade que realiza e, posteriormente, caso surja a necessidade, com a presença de um assessor/professor. Uma análise que vai se ampliando e se enriquecendo, de forma cumulativa, quando se incorpora a esse processo um ou mais assistentes sociais e/ou alunos (estagiários).

O processo é cumulativo, independentemente da direção social, ou seja, das referências teórico-metodológicas, ético-políticas e técnico--operativas dos componentes, ou seja, do sujeito/grupo avaliador, que quanto mais aprofundadas, processo que o próprio desenvolvimento da análise vai exigir, mais vai qualificando a análise e contribuindo para a superação do que está dado e negado (negação, aqui, como categoria da dialética) no cotidiano profissional, processo que contribui para a identificação da própria direção social que vem sendo imprimida ao processo pelo sujeito da atividade profissional.

Desse modo, tanto a continuidade sistemática da análise vai qualificando o sujeito que analisa, como a presença de um membro com qualificação teórico-metodológica diferenciada dos demais — um assessor —, pode resultar numa diferença significativa no resultado da análise. Isso não quer dizer desestímulo a análises que se iniciem de forma individualizada ou entre os membros de uma equipe que se volte sobre uma atividade ou um projeto. A busca de superação de práticas não condizentes com as finalidades, objetivos e referências ético-políticas e teórico-metodológicas almejadas por um profissional ou por uma equipe é sempre resultado de um *processo cumulativo*. Superação que, recorrendo mais uma vez a Lukács, no triplo sentido hegeliano, significa negar, conservar e elevar a um nível superior (2007, p. 67).[533]

No complexo e contraditório processo de busca de práticas mediadas pelo projeto do Serviço Social brasileiro, torna-se relevante o conjunto de esforços sistemáticos de cada assistente social visando à compreensão de

---

533. De passagem, ressaltamos que tanto na atenção aos usuários quanto na análise de situações concretas, tanto "olhares" quanto a noção de desconstrução/construção não se coadunam com a direção do projeto profissional. Para Derrida, desconstrução quer dizer desmontagem, decomposição dos elementos da escrita. Na realidade, por um lado, assim como no Serviço Social, na psicologia e na sociologia, a noção de Derrida, acusado de obscuro, carece de sentido ao ser utilizada como dada, em várias circunstâncias e sentidos. Por outro lado, na superação de uma ordem social tão complexa e contraditória por outra, de homens emancipados, trata-se mais de construir do que de desconstruir.

sua própria atividade profissional, inicialmente, sem recorrer à colaboração de outrem ou recorrendo à contribuição dos seus iguais, diante da força do processo cumulativo — individual e coletivo.

Ora, neste processo, é essencial destacar a diferença entre analisar a própria atividade profissional e analisar a atividade realizada por outrem. Como em qualquer instância da vida social, é mais fácil empreender uma crítica sobre o que é estranho e alheio do que analisar, crítica e propositivamente, o que é usual, próximo/próprio. Desse modo, de um lado, iniciar o exercício de análise por um objeto do qual se guarda distância pode favorecer condições de aprofundamento da análise, com vistas a análises críticas das respostas empreendidas pelo sujeito, no futuro. Por outro lado, diante das exigências de uma prática mediada pelo projeto profissional e do grau de captura de corações e mentes na sociedade capitalista, no desenrolar do processo, a presença de um analista/assessor torna-se fundamental.

Quanto aos aspectos éticos no registro do material empírico a ser analisado, todo material sistematizado, tendo em vista submeter a atividade profissional a um processo de investigação, deve resguardar o anonimato dos envolvidos no processo, o que exige omitir não só o nome dos trabalhadores/usuários, mas, inclusive, do profissional/equipe, e a identificação e localização específica da instituição. Isso se torna exigência, principalmente, quando o material extrapola os muros dessa instituição. Mesmo o registro que um assistente social faz da atividade que ele mesmo realiza, ou seu estagiário, deve observar os aspectos éticos envolvidos, visto que, além de conter dados pessoais e do cotidiano dos usuários envolvidos, qualquer anotação veiculada em prontuários únicos e relatórios institucionais pode ser consultada por outrem ou transitar por diferentes espaços institucionais e extrainstitucionais. Quando o objetivo é pedagógico ou de pesquisa, o material certamente será analisado fora do espaço institucional e, desse modo, deve ser obtido através de Termo de Consentimento Livre e Esclarecido, por parte do assistente social sujeito da atividade profissional, assim como a realização de consulta prévia aos integrantes da reunião a ser registrada, em obediência aos aspectos éticos envolvidos na reconstrução empírica de um objeto de estudo.

Por fim, em se consubstanciando um processo de análise teórico-crítica das traduções práticas do projeto profissional, estarão postas, de forma cumulativa, as possibilidades de apreensão dos determinantes, da lógica e das consequências da prática existente, de modo que, para além das aparências do empírico ou das crenças, os sujeitos profissionais possam tanto captar a essência da prática profissional existente, tendo em vista sua superação — aqui o conhecer para transformar —, como potencializar o processo de formação e capacitação graduada e permanente.

Apreendida criticamente a dinâmica do processo, está posta a possibilidade de retorno ao objeto, como concreto pensado, apreendido como totalidade complexa nas suas múltiplas determinações, nas suas relações e conexões com totalidades mais complexas. Assim sendo, apreendida no contexto dos processos sociais que circunscrevem a atividade, o sujeito da análise constrói as possibilidades de realizar a "viagem de volta", para reconstruir a atividade como síntese de múltiplas relações e determinações.

Desse modo, estarão sendo estruturadas e fortalecidas possibilidades[534] para que os sujeitos profissionais estruturem e fortaleçam condições para o planejamento e realização de práticas propositivas, críticas e criativas, (re)direcionadas em consonância com as referências ético-políticas, as finalidades e os objetivos do projeto profissional, o que certamente vai repercutir no grau de autonomia profissional e nas condições de trabalho, mas, antes de tudo, considerando na medida necessária as respostas às requisições institucionais, nas consequências da atividade profissional, principalmente, para os diferentes segmentos da classe trabalhadora.

Assim, na busca de práticas mediadas pelo projeto profissional, a análise concreta de situações concretas torna-se um processo fundamental que contribui para que, individual e coletivamente, os assistentes

---

534. Esse é um processo que sofrendo determinações da/na sociedade do capital, vai acompanhar o Serviço Social e os assistentes sociais enquanto viger a sociedade burguesa. Ou seja, a busca pela autonomia nos espaços profissionais, por condições de trabalho mais favoráveis e pela qualidade dos serviços prestados, tendo em vista as necessidades sociais e interesses históricos dos trabalhadores, é uma busca que faz parte da natureza do Serviço Social, como parte e expressão que é da sociedade do capital.

sociais possam identificar categorias racionais válidas para a apreensão da realidade institucional, concebida como totalidade — totalidade de maior complexidade — em permanente transformação e para a apreensão da essência e da lógica da atividade prática dos assistentes sociais — totalidade de menor complexidade —, ambas, parte e expressão da totalidade social.[535]

Retomando, o processo de análise, após a apreensão crítica da contextualização da atividade, tem início com a apreensão da sua dinâmica, para depois, captada a sua lógica, voltar a ela com condições de apreender os determinantes e o caráter da atividade realizada frente às diferentes dimensões enunciadas. Ou seja, partindo do que está aparente no registro da atividade, mediado pelas três dimensões, nas suas relações e conexões necessárias, a análise teórico-crítica busca captar a essência e a lógica da atividade, para voltar a ela como síntese de múltiplas determinações. Como afirma Netto, recorrendo a Marx (2009, p. 684), "depois de alcançar [as] 'determinações mais simples', 'teríamos que voltar a fazer a viagem de modo inverso, até dar de novo com [o objeto analisado], mas desta vez não como uma representação caótica de um todo, porém como uma rica totalidade de determinações e relações diversas". Desse modo é que cabe, como indicado no item 3.5., confrontar a ação desenvolvida, o planejamento e objetivos profissionais, as demandas e objetivos dos usuários e os objetivos e requisições institucionais, tendo em vista a apreensão da atividade como totalidade complexa, parte de um complexo de complexos. No limite, a atividade profissional, plena de sentido, como parte e

---

535. Nunca é demais lembrar que tomo como referência as proposições de Netto (1989) e Kameyama (1989), quando reafirmam a impossibilidade de uma metodologia própria do Serviço Social. A referência aqui para investigar, fazer e analisar o Serviço Social é o materialismo dialético. Não é o Serviço Social que afirma, de forma isolada, que o ser social é um complexo de complexos que não pode ser considerado como um complexo de coisas acabadas; que é um complexo de processos, onde as coisas e os reflexos delas na consciência, i. e., os conceitos, estão em incessante movimento, gerado pelas mudanças qualitativas que decorrem necessariamente do aumento de complicação quantitativa; que os processos da vida social, política e espiritual são condicionados pelo modo de produção da vida material. É o materialismo histórico dialético que, ao tomarmos como referência, nos permite essas afirmações e nos favorece no enfrentamento desse complexo social contraditório. Ver, ainda, Iamamoto (2007).

expressão de um Estado capitalista (Brasil) que é parte e expressão do capitalismo globalizado.

Assim, após apropriar-se criticamente da dinâmica da atividade, apreendida como totalidade (como complexo integrando a realidade como complexo de complexos), como condição para apreender sua lógica, seus determinantes, sua natureza, suas contradições, voltar a ela como síntese de múltiplas determinações e identificar e indicar o que determinou os caminhos que a atividade seguiu/assumiu e suas características e consequências.

Assim, cabe indagar, como indicado na dinâmica do Eixo de Análise, entre outras coisas, sobre:

— o alcance e as consequências: da presença/ausência de planejamento; do conhecimento/desconhecimento que o assistente social revelou dos usuários e da instituição; da qualidade da preparação para abordar as temáticas relevantes que atravessam a atividade socioassistencial;

— se as referências ético-políticas e teórico-metodológicas ficaram explicitadas no desenvolvimento da atividade e quais as consequências (presença/ausência) que elas trouxeram para o processo; ou seja, como essas referências se consubstanciam na ação: conhecimento da instituição, conhecimento dos usuários; preparação teórica do assistente social para empreender uma reflexão crítica, com os usuários, sobre as temáticas relevantes, reveladas nas suas manifestações, e as demandas (direta ou indiretamente) atravessadas pelas requisições institucionais;

— as consequências para as diferentes instâncias envolvidas: política social, política setorial, instituição, Serviço Social, e para os sujeitos envolvidos, trabalhador(es)/usuário(s) e assistente(s) social(ais)/equipe e demais profissionais;

— as possibilidades e alternativas não exploradas e quais as sugestões necessárias de encaminhamento, tendo em vista os interesses das massas trabalhadoras e, mais imediatamente, os sujeitos envolvidos no processo;

— os ganhos, perdas e possíveis danos para os trabalhadores/usuários envolvidos, para as massas trabalhadoras e seus organismos de representação, para os movimentos sociais, para o projeto profissional etc.;

— enfim, identificar em que medida o material analisado encontra-se mais ou menos próximo de uma atividade mediada pelo projeto profissional.

Ressaltamos novamente as diferenças e consequências entre a análise da atividade profissional realizada pelos envolvidos no processo e a análise tendo em vista produção de conhecimento, no sentido de apreender seu movimento e consequências no âmbito da categoria profissional, ou seja, análises que possibilitam generalizações. Esses são processos que se interpenetram e se enriquecem mútua e cumulativamente.

As relações e mediações necessárias entre os aspectos e traços puramente individuais e os traços típicos dos indivíduos na sociedade do capital não se dão de modo direto, mas de forma "larga, múltipla e complexamente mediatizadas", o que depende do grau em que a direção social pode ser efetivamente concretizada na atenção prestada pelos assistentes sociais, tomada na sua totalidade, o que só pode ser verificado *post festum*, ou seja, no retorno crítico à prática realizada. Como afirma Tertulian (2010, p. 390), com base em Lukács, "a racionalidade dos fatos não pode ser estabelecida a não ser *post festum*, e toda tentativa de fazê-los entrar em modelos preestabelecidos (a partir de um esquema *a priori* da racionalidade) só pode terminar em fracasso".

O que nos interessa na análise de situações concretas é apreendermos os fatores que condicionam verdadeiramente uma dada atividade prática e o sentido do seu objetivo. E aqui deve ficar claro que se trata de apreender as referências e o objetivo expressos na própria estrutura da atividade e não nas intenções conscientes do assistente social nem na ideia/representação que este tem da sua própria prática.

A análise de situações concretas, neste caso, da atividade profissional que já se transformou em história, pode dar um resultado potencial aos questionamentos e constatações que emergiram da análise. Assim, os resultados da análise de uma reunião/entrevista podem mostrar o que é necessário para o alcance dos objetivos propostos, na medida em que a análise traz à tona as manifestações dos usuários (as quais expressam demandas, queixas, formas de mobilização/organização, níveis de consciência e cultura, preconceitos e pré-conceitos, preferências e princípios ético-políticos, sofrimentos, expectativas, medos, desconhecimento) a serem tomados como objeto de atenção, investigação, reflexão teórico-crítica — tanto pelos assistentes sociais como pelos próprios usuários;[536] traz à tona as manifestações do assistente social/equipe as quais revelam não só os princípios e valores veiculados pelo profissional, mas a presença/ausência de preparação teórico-metodológica e técnico-operativa necessária frente aos seus objetivos e finalidades e às requisições institucionais.

Este processo visa, assim, para além da petição de princípios, resgatar não só o movimento dialético da atividade profissional, mas a coerência teoria-prática do sujeito profissional. Objetiva ter a prática no Serviço Social mediada por um processo racional que se realiza pela união incessante de contrários — tese e antítese — numa categoria superior, a síntese. Aqui, com base no materialismo dialético, como vimos, estamos nos referindo a um processo de análise que tem por fim determinar categorias racionais válidas para a apreensão da realidade concebida como uma totalidade em permanente transformação. Nesse sentido, a análise objetiva captar a atividade profissional como totalidade menos complexa, como expressão da realidade social, totalidade mais complexa, o que exige apreender as contradições presentes no processo (antítese), a criação/modificação da realidade como produto social (ação recíproca) e a síntese que se expressa numa proposição nova que retém o que tese e

---

536. Pelo assistente social, não só para traçar o perfil dos usuários, mas para se colocar diante das questões relevantes que eles colocam, tendo em vista sua formação, para abordá-las; pelos usuários, porque o retorno crítico sobre o cotidiano que o cerca — individual e coletivamente — tem início a partir das suas próprias manifestações, que se apresentam na sua imediaticidade, de forma fragmentada e que deixam obscurecidos seus interesses e necessidades essenciais.

antítese têm de legítimo e as combina mediante a introdução de um ponto de vista superior, na busca de superação do que está dado.

Frequentemente, os assistentes sociais vocalizam propostas — indicadas por "bons" gestores ou demais profissionais — não propondo nem realizando as ações necessárias aos interesses históricos dos trabalhadores. Ora, os trabalhadores, dentre eles os assistentes sociais, estão tensionados, como afirma Iamamoto, "entre a defesa dos direitos sociais, a privatização e a mercantilização do atendimento às necessidades sociais" (2002, p. 32). A ausência de uma apreensão crítica dessa tensão nos remete ao contentamento com bons planejadores e gestores, despolitizados e despolitizantes, e com seus produtos, que requerem uma viabilização também despolitizada e despolitizante.

Como temos indicado, o modo de produção capitalista põe aos assistentes sociais que tomam o projeto ético-político do Serviço Social brasileiro como referência à necessidade de combinar resistência no cotidiano da prática com a tarefa de contribuir no processo de formação da consciência, na mobilização e na organização política dos trabalhadores/ usuários, "rompendo com particularismos e corporativismos e com a ideologia da solidariedade abstrata" (Netto, 2004, p. 21) expressa no enfrentamento das desigualdades de classe com ajuda, parcerias, "solidariedade" e/ou ações voluntárias.[537] Nesse sentido, é de extrema relevância

---

537. A noção de solidariedade na sociedade capitalista, noção que travestida de sentido contamina toda a sociedade, é calcada na ostentação da ajuda. Aquele que dá precisa dar visibilidade ao seu gesto objetivando aceitação social, reconhecimento, ganho político, imagem positiva, enfim, para empresas e empresários ganho econômico, seja através do aumento dos lucros — responsabilidade social agregada ao negócio/mercadoria, seja com isenção fiscal, tanto para empresas como para indivíduos abastados. É desse modo que, aquilo que é "dado" — pela empresa/pelo capitalista/pelo rentista/pela elite abastada — não pode ser transformado em bem público (impostos). Tem que "passar da mão do doador para a mão do que recebe" — ver as fundações das empresas privadas (bancos e grandes conglomerados industriais) e das pessoas físicas ricas. Uma lógica que vem sendo mascarada através de denominações tais como: "responsabilidade social", "ética corporativa", "imagem social", o que vem desfinanciando/sangrando, ainda mais, o fundo público (ver Salvador e outros, 2012). É assim que vergonhosamente a defesa da EBSHER está centrada nos falsos "ganhos que ela traz ao SUS". "Ganhos" que representam uma dupla porta de entrada nos Hospitais Universitários: uma luxuosa, que garante a uma minoria que paga caro, através do plano de saúde, o

e necessária a transformação dos espaços profissionais, de espaços históricos na profissão, de controle e busca de consenso e consentimento, em espaços educativos, críticos, propositivos, espaços de exercício de relações democráticas, de organização e de luta política, de acesso crítico e reflexivo a informações e conhecimentos, de veiculação de conceitos e princípios emancipatórios, assim, espaços de possível resgate do potencial revolucionário, insubmisso, inovador, alterador, perturbador, eversivo, subversivo, de rebeldia, desorganizador da ordem vigente, presente no cotidiano das massas trabalhadoras.[538] Um potencial de rebeldia e de luta que, sob intenso processo "deseducativo"/alienante é desviado para enfrentamento do seu igual — trabalhador x trabalhador e/ou para seu possível aliado, mas não para seu adversário, a classe burguesa, proprietária dos meios essenciais de produção e da riqueza socialmente produzida e exploradora de trabalho. Nesse processo, como sinalizamos, não há como esperar por um maestro porque, caminhar nessa direção demanda mais do que petição de princípios; demanda uma preparação teórico-metodológica, ético-política e técnico-operativa que forje um intelectual e não um simples técnico.

---

atendimento de qualidade já reconhecido historicamente nos HU, e outra porta pobre e exígua para o usuário do SUS, para o qual só dá para acessar a cara e qualificada atenção pública terciária pelo SISREG — Sistema Nacional de Regulação/DATASUS, que, regulando até a entrada no Programa de Saúde da Família (PSF), tem transformado num inferno a luta pela entrada no sistema de saúde, transformada em bilhete de loteria. Disponível em: <http://portal.saude.gov.br/portal/saude/profissional/visualizar_texto.cfm?idtxt=36608&janela=2>.

538. Não podemos desconsiderar que na sociedade do capital, se o papel educativo do assistente social junto aos trabalhadores e às lutas sociais põe-se como uma possibilidade, o papel deseducativo, na ausência de segurança dos princípios ético-políticos e das referências teórico-metodológicas, é uma certeza.

POR ENQUANTO...

A luta anticapitalista, rumo à emancipação humana, está longe de ser homogênea. É muito variada e se constitui, desde movimentos moderados, até movimentos e organizações combativos e revolucionários preocupados com a organização de poderosas lutas coletivas.

Nesse contexto, nós, os assistentes sociais, não podemos ter receio de dizer que não temos todas as respostas e não estamos prontos para atuar como é necessário e como gostaríamos, diante das nossas finalidades, objetivos, metas. Afinal, *não saber a resposta não é a mesma coisa que não ter respostas, o que vale tanto para os assistentes sociais como para a humanidade que, diante de sua própria criação, a sociedade capitalista* — tão brilhante e notável como nefasta e funesta, para o homem e para a natureza —, *está em busca de saídas para sua superação, frente as possibilidades concretas de extinção da natureza e do homem.*

Assim sendo, questões aflitivas perturbam a nós, assistentes sociais e demais profissionais[539], que nos reunimos tendo como base projetos e lutas que definem como finalidade o processo de "construção de uma

---

539. Desde a criação do Serviço Social, o assistente social não dispõe de todos os meios necessários para efetivação das suas atividades profissionais. Mas, ao longo da história do capitalismo, tem as demais profissões cada vez mais próximas da sua condição de subalternidade e assalariamento, visto que, até as profissões reconhecidas como mais "nobres" e liberais — como medicina, direito e engenharia — estão historicamente se transformando em profissões majoritariamente assalariadas e perdendo sua condição de profissão liberal, ainda que todas, independentemente disso,

nova ordem societária, sem dominação-exploração de classe, etnia e gênero", ou seja, uma sociedade de homens livres, emancipados.

Os caminhos rumo à superação do capitalismo não estão dados[540] e só podem ser criados e trilhados pelos próprios interessados na emancipação humana, a partir das possibilidades e alternativas presentes na realidade, as quais florescem em concomitância com as facilidades e imposições próprias da sociedade burguesa em busca de impor e facilitar a exploração do trabalho e a defesa da propriedade privada. Assim sendo, construir e trilhar caminhos na trajetória para a emancipação humana constitui-se num complexo e exigente processo que impõe, a todos os interessados nele, investigações, questionamentos, análises, debates, reflexões, ponderações, projetos, práticas, enfrentamentos, resistências, lutas sociais. Um processo que, no cotidiano da vida, contraditoriamente, ao mesmo tempo em que ilumina, enriquece e forma, individual e coletivamente os sujeitos envolvidos no processo, frente interesses antagônicos entre burguesia/trabalhadores nos seus diferentes segmentos, é atravessado por avanços e recuos, perdas e ganhos e, muito provavelmente, diante do processo destrutivo do capital, por danos pessoais e alheios. É nesse sentido que todos os processos sociais na sociedade burguesa são orientados por critérios de classe, a partir do ponto de vista do trabalho ou do capital.

Se a finalidade é uma sociedade emancipada, não basta a democratização dos processos e relações sociais — a partir da objetivação de direitos civis e políticos — se não se democratiza a economia e se não se instauram direitos econômico-sociais. Mas, na sociedade capitalista, se é possível

---

guardem uma relativa autonomia, principalmente se comparadas às condições do operariado e dos demais trabalhadores assalariados.

540. É nesse sentido que o acesso aos direitos — de toda ordem — não se constitui como caminho a ser trilhado, nem pelo trabalhador/usuário, nem pelo assistente social, na medida em que o acesso, em si, não assegura um caminhar na direção de processos emancipatórios. Assim sendo, o acesso aos direitos se constitui como mediação na criação dos caminhos necessários a processos emancipatórios, a serem criados e trilhados por todos os interessados na superação da ordem social capitalista, o que coloca exigências a serem observadas na sua construção e no seu trilhar, tendo em vista manter a trajetória na direção dos objetivos e finalidades emancipatórios.

certo nível de democratização dos processos sociais, está interditada a democratização da economia, o que inviabiliza não só qualquer possibilidade de sua humanização, mas da própria democratização do sistema.

Frente ao complexo e exigente processo rumo a rupturas emancipatórias, entendemos que é em aliança, com respeito às diferenças, cada vez mais amplas e cumulativas, mas sem se perder nos princípios e nas finalidades, que podemos, como indivíduo social e como profissionais, participar da construção e contribuir, individual e coletivamente, nos processos de resistência e superação do modo de produção capitalista e, nesses momentos históricos, quiçá participar de processos de ruptura.

Nessa direção, a luta pela busca de uma humanidade emancipada é um processo que, avançando da luta por direitos para uma luta anticapitalista, pode contribuir com e favorecer as massas trabalhadoras a impor limites ao capital, no sentido de superar a sociedade que, ao mesmo tempo em que oferece aos homens e mulheres a possibilidade de felicidade e de vida longa para todos, constitui-se na mais desigual e alienante que a humanidade já conheceu. Fazer parte dessa luta é uma promessa que, ao mesmo tempo em que nos enche de esperanças pessoais, profissionais e coletivas, remete-nos a abrasadoras incertezas e aflições e situa-nos diante da necessidade de resgatar, permanentemente, "a beleza de ser um eterno aprendiz", como afirma Gonzaguinha.

Porque uma contribuição que impacte favoravelmente essa luta da parte dos assistentes sociais (sempre em articulação com os trabalhadores organizados, com as lutas sociais das massas trabalhadoras e demais profissionais) só pode resultar de esforços e práticas, individuais e coletivas,[541] o que requer a *apreensão dos espaços sócio-ocupacionais como espaços onde se opera a luta de classes na disputa pelo fundo público e pela riqueza socialmente produzida; espaços onde não cabe neutralidade.*

---

541. E para que não restem dúvidas quanto à complexidade desses processos, recordemos o que afirma Lukács, em uma de suas teses: "os processos sociais são postos em movimento exclusivamente através dos atos teleológicos dos indivíduos, mas a totalização desses atos numa resultante final tem um caráter eminentemente casual, privado de qualquer caráter finalístico" (Tertulian, 2010, p. 396; Lukács, 2010).

A contradição e o antagonismo que levam à necessidade de abdicarmos da posição de neutralidade e sermos radicais (no sentido de combater pela raiz a sociedade burguesa) não estão na nossa cabeça, mas na realidade objetiva. Assim, se por um lado, a impossibilidade de neutralidade fica patente nos espaços públicos, onde se destacam não só as instituições propriamente públicas, mas as instituições privadas que sobrevivem do fundo público (ONGs, organizações sociais, fundações denominadas de direito privado, instituições assistenciais), nos espaços privados (empresas e ONGs que não se vinculam diretamente ao fundo público), fica patente a contradição irreconciliável entre capital e trabalho. Sem essa compreensão, este texto pode parecer ao leitor (seja ele assistente social ou não), ideológico, sectário e/ou inflexível.

A meu ver, ainda que o cotidiano da prática esteja atravessado pela tensão reforma-revolução, é da afirmação da necessária tomada de posição dos assistentes sociais frente a processos revolucionários que se trata, já que, independentemente do nosso desejo e entendimento, como profissionais, somos parte de processos sociais, parte e expressão do movimento social que se expressa na luta entre capital/trabalho, quando fazemos escolhas cotidianas, carregadas de consequências. A direção deste processo/movimento põe, como exigência, uma atividade profissional que, como parte e expressão da práxis social radicalmente crítica, como apontado por Netto, seja mediada por uma análise social fundada na crítica da economia política. Essa direção social nos leva a lutar por reformas que, ainda que entrem em contradição com a lógica do capital, não levam automaticamente à sua superação, o que complica ainda mais o processo na medida em que essas reformas podem com o tempo serem transformadas em finalidade.

A configuração das sociedades ocidentais, complexas, nos impõe uma estratégia de guerra de posição, em que, na luta se ganha e se perde, onde há espaços que são ocupados e depois reconquistados pelos adversários de classe, perdas e ganhos determinados tanto pela força material e ideológica do inimigo quanto pelos equívocos de estratégia das lutas sociais. E, como afirmou Marx (Discurso de Marx no Congresso de Haia), no limite, se a transição do capitalismo para o socialismo vai ser pacífica ou não vai depender das diferentes correlações de forças existentes no interior de cada país, do grau de consolidação das instituições e também da resistência oferecida pela classe dominante às transformações sociais. Assim, será a classe operária (em aliança com demais trabalhadores assalariados e movimentos sociais) de cada país que vai escolher os meios a serem utilizados.

Nos espaços financiados exclusivamente pelo fundo público, a presença de interesses contraditórios entre capital e trabalho fica ainda mais obscurecida, necessitando de muita teoria para serem revelados; por outro lado, nos espaços privados ou naqueles estranhamente denominados público/privado, ainda que em presença da luta de classes encarniçada e escancarada, ela nem sempre é apreendida na sua essência, porque obscurecida por uma aparência de consenso,[542] cooperação entre classes, defesa do "bem comum", da existência e qualidade dos serviços. Nos dois espaços — público e privado —, uma luta de classes inexorável, cruel, implacável, impiedosa para com os trabalhadores e trabalhadoras em todos os seus segmentos, os quais, material e subjetivamente, estão sempre em desvantagem com relação às condições materiais e subjetivas dadas à burguesia e seus serventuários, pela expropriação e posse privada dos meios essenciais de produção e do patrimônio histórico da humanidade, legados pelas gerações anteriores.

A partir das indicações contidas no Projeto Ético-Político do Serviço Social brasileiro, se, por um lado, os assistentes sociais assumem a posição da luta de classes das massas trabalhadoras objetivando práticas articuladas aos seus interesses históricos, projeto que, para ser transformado em realidade, depende, por parte dos assistentes sociais, tanto de uma opção ético-política consciente — ou seja, de uma decisão livremente tomada —, quanto de uma formação teórico-metodológica e técnico-operativa

---

542. Certamente, ao defender o consenso na sociedade do capital, Habermas se esqueceu das lições de Thomas Hobbes (1588-1679) para quem *os pactos sem a espada são apenas palavras e não têm força para defender ninguém".*

necessária à direção social escolhida, no sentido de objetivar (materializar) o exercício profissional mediado por elas, *por outro lado*, o exercício profissional nessa direção está hipotecado ao fortalecimento dos movimentos e lutas sociais anticapitalistas,[543] tão pressionados nas últimas décadas, o que tanto cauciona suas possibilidades como potencializa seus limites e prenuncia suas tendências.

No médio e no longo prazos, as tarefas estratégicas são elaboradas tendo como base questões estruturais relacionadas à reprodução social dos próprios assistentes sociais e ao fortalecimento do próprio projeto profissional na sociedade burguesa, o que depende da produção de conhecimento da área, da organização política dos assistentes sociais e das alianças dentro das unidades socioassistenciais, com os demais espaços profissionais e com os movimentos sociais e organismos de representação dos trabalhadores: sindicatos, associações... São tarefas definidas historicamente, a partir de cada momento econômico e político e a partir da dinâmica das relações entre os diferentes segmentos da classe trabalhadora (proletariado urbano e rural, demais trabalhadores assalariados, camponeses e desempregados, temporária ou definitivamente apartados do trabalho) e os diferentes segmentos da burguesia (bancária, industrial, comercial, agrária e seus capatazes e intelectuais orgânicos).

Nessa direção, os assistentes sociais necessitam tanto da construção de uma base de recursos autogerada e autogerida, que vai tornar os assistentes sociais menos dependentes dos recursos socioassistenciais — estatais e, principalmente, privados — contribuindo tanto para, por meio de encaminhamentos, referenciar os usuários no processo das lutas sociais, quanto contribuir na necessária articulação anticapitalista das diferentes lutas sociais. Um processo que pode contribuir ainda na construção de

---

543. Cabe lembrar aqui que foi na esteira do poderoso movimento democrático popular das décadas de 1970/80 que o projeto do Serviço Social nasce e se fortalece (Netto, 2009, p. 148). Nesse sentido, partidos revolucionários, agentes da vontade coletiva, e movimentos sociais enraizados na sociedade civil, como instrumentos de formação, mobilização e organização popular, tanto criam condições para uma atuação profissional comprometida com a emancipação humana, como exigem serem fortalecidos no cotidiano da prática.

uma nova relação entre profissionais/trabalhadores-usuários a partir de uma coformação político-organizativa, onde o movimento que contribui na busca de "autonomia, emancipação e plena expansão dos indivíduos sociais" envolve, concomitantemente, a formação ético-política e teórico-metodológica/humana permanente dos profissionais e formação ético-política e cultural das massas trabalhadoras. Nesse sentido, as dimensões teórica, política e ideológica devem manter uma relação indissociável, pluralista, mas não eclética, estruturando e consolidando, nas situações concretas, uma concepção de mundo cada vez mais distinta das da burguesia nos seus diferentes segmentos.

É neste contexto que podemos antever o acúmulo de forças na direção da realização dos interesses da classe trabalhadora, nos seus diferentes segmentos, assim como evidenciar que os limites, obstáculos e injunções[544] que são impostos aos trabalhadores nas lutas anticapitalistas por emancipação, guardadas as devidas proporções, são os mesmos, ainda que distintos na sua intensidade, aos colocados aos assistentes sociais e demais profissionais que objetivam articular o exercício profissional a essas lutas. Afinal, estamos diante da necessidade da complexa e necessária tarefa de articular, cotidiano das lutas sociais (sindicatos, movimentos sociais, partidos políticos)/cotidiano profissional, o que exige a complexa e contraditória articulação entre interesses individuais e coletivos, interesses imediatos e mediatos, através de ações estratégicas de curto, médio e longo prazos. Tarefa perturbada ainda mais pela necessidade permanente de captura das subjetividades pelo capital, o qual submete os indivíduos isolados, ainda que só aparentemente, na competitividade do mercado.

É nesse complexo contexto de disputas e luta que a classe trabalhadora poderá contar com uma modesta contribuição dos assistentes sociais brasileiros, por meio da transformação do seu projeto de profissão em realidade, um projeto de corte classista, anticapitalista, pautado em

---

544. Não podemos negar que a classe trabalhadora se encontra, na sociedade burguesa, sob a influência coercitiva de leis, regras, costumes e circunstâncias, que colocam imposições, exigências e pressões aos seus diferentes segmentos, ainda que saibamos que essa influência coercitiva e nefasta atinge sempre em maior grau e intensidade os segmentos mais empobrecidos e miseráveis.

princípios e potenciais críticos libertadores, que exige e antecipa as possibilidades de um exercício profissional que articule saber/ação radical. Contribuição que se torna possível, na medida em que as ações profissionais, coletivamente, resultem mais em contribuições à classe trabalhadora no plano político-organizativo e no plano sociocultural do que em ações que, na busca de aliviar o sofrimento e resolver problemas emergentes e pontuais, resultem no emperramento daqueles processos, na medida em que vão contribuir para que "tornem as relações alienadas mais aceitáveis aos explorados e ao gênero humano subsumido ao estranhamento" (Iasi, 2010, p. 82).

Assim, com práticas mediadas pelo projeto do Serviço Social, podemos dar nossa **contribuição** no processo em que os trabalhadores, nos seus diferentes segmentos, alcem à consciência de classe antagônica diante do capital.

Desse modo, para que possamos como categoria ter um papel propositivo na intensificação do protagonismo dos trabalhadores na luta de classes, antes de tudo, os assistentes sociais, individual e coletivamente, necessitam do debate crítico sobre o que seja e como está a luta de classes (nacional e internacionalmente) e o protagonismo dos trabalhadores nela. Por outro lado, o acesso e a produção de conhecimentos necessários sobre Estado/Sociedade e suas relações só podem trazer as contribuições necessárias a esse processo mediado pelo e mediando o protagonismo dos trabalhadores na luta de classes, mediado pelo e mediando o exercício profissional.

É nesse contraditório complexo que podemos gerar as condições concretas e necessárias para que possamos apreender criticamente o nosso lugar na luta de classes, ao resistirmos à reprodução dos valores dominantes na sociedade capitalista. E aqui, para além da articulação necessária com os organismos de representação dos trabalhadores e com os demais profissionais, faz-se necessário o vínculo orgânico com organizações e lutas claramente anticapitalistas e revolucionárias.

Uma atuação isolada do assistente social, baseada no que ele apreende subjetivamente da realidade — o que acha a partir do que está aparente na realidade — caminha exatamente na direção da sua subordinação aos interesses institucionais/Estado burguês. Poderíamos, parafraseando Lênin,[545] sustentar que, se os assistentes sociais tendem espontaneamente para o projeto profissional — o que pode ser apreendido na afirmação "estou do lado dos trabalhadores" —, eles não podem objetivar práticas mediadas por aquele projeto espontaneamente. É nesse sentido que o projeto profissional, enquanto processualidade, movimento em construção, cumpre o papel de oferecer condições teórico-metodológicas e ético-políticas objetivas, para que os assistentes sociais, ao confrontarem o papel histórico que lhes é dado na sociedade do capital — ressaltando as raízes de classe desse papel —, com as possibilidades de redirecionamento da prática na vigência de interesses antagônicos, possam, ao mesmo tempo em que fazem uma opção consciente pelos trabalhadores, se pôr diante das necessidades e exigências para sustentar materialmente essa opção, condição necessária para que ascendam a uma práxis radicalmente crítica, criativa/reflexiva que favoreça processos revolucionários. Um processo que não se gestou de forma espontânea na categoria, mas resultou de uma tarefa coletiva consciente e organizada de segmentos expressivos de assistentes sociais ao longo da história da profissão, nos últimos quarenta anos. É nesse sentido que esse segmento apresentou, não um modelo, mas um projeto que, como um instrumento teórico e ético-político disponibilizado aos assistentes sociais para servir-se dele para transformar o Serviço Social brasileiro e influenciar o Serviço Social nos demais países, contém referências gerais e essenciais abstraídos do processo histórico social que norteiam uma atividade profissional sintonizada com as lutas sociais anticapitalistas e emancipatórias.

Assim sendo, na vigência do projeto profissional, estamos nos referindo a uma prática que a partir de um sujeito profissional consciente pode ser apreendida numa relação de causa-efeito. É no cotidiano da prática que o projeto profissional é posto à prova, quando se torna essencial, com

---

545. Lênin, numa apreensão livre, afirma que a classe operária adere ao socialismo de modo espontâneo, mas a ideologia burguesa, a ideologia dominante e mais difundida, se impõe espontaneamente mais do que qualquer outra ao operário.

pena de cairmos no subjetivismo, o conhecimento das condições objetivas que existem independentemente da atividade do profissional e do grau de consciência dos envolvidos no processo; conhecimento necessário não para justificar o que não se fez/faz, mas para revelar o que é necessário e deve ser feito nas condições dadas na sociedade capitalista.

Não existe garantia de caminhar na direção do projeto profissional, na medida em que não se pode nem modificar de pronto as condições objetivas — materiais e espirituais —, nem prever as reações — dos próprios usuários e das forças institucionais (de gestores, de profissionais) —, mas existe uma certeza quanto às possibilidades de imprimir mudanças de rumo se a atuação profissional estiver baseada num conhecimento criterioso das condições objetivas e subjetivas (correlação de forças, consciência dos sujeitos)[546] e esse conhecimento mediar a atividade profissional.

É esse complexo de questões que, revelando o campo conflituoso e contraditório onde atuam os assistentes sociais, move-me a publicar essas reflexões as quais, certamente, vão exigir revisões num processo de superação permanente, na busca de enfrentar equívocos, ambiguidades e contradições. Somente no processo histórico, poderemos avaliar nosso papel como indivíduos sociais e como profissionais no processo de superação da ordem vigente, o que só pode resultar de acumulação de lutas, de forças, de práticas que em dados momentos históricos dão continuidade a rupturas onde as ideias libertárias e emancipatórias conseguem hegemonia sobre as forças conservadoras de exploração e de dominação.

Enquanto esta hegemonia não se instaurar frente à intensidade da crise crônica e estrutural do capitalismo — atualmente apreendida como crise global, porque crise financeira, econômica, climática, alimentícia e migratória... —, cabe a nós — todos os que almejam uma sociedade de homens livres e emancipados —, no presente, por dentro da sociedade capitalista e aproveitando as condições favoráveis de imposição de limi-

---

546. Aqui estamos nos referindo não só à consciência dos gestores/profissionais (inclusive do conjunto dos assistentes sociais com os quais trabalhamos), mas à consciência das massas que, se em alguns momentos podem se mostrar dóceis e submissas, em outros momentos, quando se mostram combativas e atuantes, revelam-nos muito.

tes ao capital que cada uma de suas crises propicia, participar na criação de condições de ruptura, contribuindo para revigorar e solidificar lutas mais gerais, frente a um futuro sempre incerto: tempos de ruptura futuros — próximos ou longínquos —, mas que carregam tendências e possibilidades de se irromper em certo espaço de tempo, a depender da tolerância das maiorias às nefastas consequências da sociedade do capital.

Na medida em que estamos em guerra ainda que não declarada contra o capital, aqui se trata de pensar e fazer um Serviço Social que defenda ideias e práticas libertárias e emancipatórias e, neste caso, trata-se de opor ao que é dominante — e por isso o mais forte e que tem possibilidade de violentas, mas não eternas, vitórias — e operar/combater nessa direção; ou seja, trata-se de seguir, defender e praticar as ideias que dizem respeito às necessidades das maiorias. De pensar e operar nessa direção.

E, para operar nesta direção, como tem mostrado a própria história do Serviço Social, da década de 1970 até os dias atuais, *não basta* que *não se recuse a perspectiva do Projeto Ético-Político.* Práticas mediadas por este projeto exigem muito mais do que uma adesão abstrata a ele. Ao considerarmos o problema da concretização de práticas que favoreçam as maiorias — seja na docência/pesquisa/produção de conhecimento, no planejamento e na gestão de políticas sociais, seja nos espaços sócio--ocupacionais —, há que se fazê-lo *de dentro* e não, o que é inadmissível, *de fora* da sociedade do capital. A perspectiva do projeto profissional é fundamentalmente concreta ao situar o Serviço Social como parte e expressão do Modo de Produção Capitalista (MPC); desse modo, é de dentro — considerando tudo que ela tem de nefasto e nocivo, mas também das possibilidades que ela contém — e não de fora da ordem burguesa que os assistentes sociais podem, individual e coletivamente, contribuir com a resistência e imposição de limites ao capital, assim como apreender as forças que podem contribuir com a transformação do projeto profissional em realidade e que possam conduzir ao seu desenvolvimento e consolidação no cotidiano profissional.

Assim sendo, o Serviço Social articulado aos interesses históricos dos trabalhadores só pode emergir e está emergindo das contradições do

Serviço Social existente historicamente, que nasce, se desenvolve, se transforma e se consolida como parte e expressão da contraditória sociedade burguesa. Somente estruturando as condições necessárias a práticas mediadas pelo projeto profissional, os assistentes sociais contam com a possibilidade da apreensão, na própria evolução da sociedade burguesa, de tendências objetivas que podem fundar outra organização social sem exploração/dominação de classe, etnia e gênero, tendências objetivas que favorecem os assistentes sociais no cotidiano e impactam o Serviço Social, como parte e expressão do Modo de Produção Capitalista.

Frente essas considerações, o que faz a diferença entre um assistente social que opta conscientemente pelo projeto profissional e que, a partir de uma análise social fundada na crítica da economia política, planeja, realiza a atividade profissional, analisa e avalia suas consequências e um assistente social que defende o projeto profissional porque essa defesa o põe do/ao lado dos trabalhadores, o que não coloca como exigência ter a teoria social crítica como referência, é que, este último, se põe, de antemão, mais facilmente manipulável e sujeitado aos interesses de acumulação do capital, submetendo-se com maior facilidade às suas requisições, apelos e mecanismos de exploração, controle e dominação; um assistente social faz com reclamos, mas sem pestanejar, o que é mandado fazer; um assistente social que não oferecendo resistência no cotidiano da prática, é instado a obedecer e, desse modo, ficando impossibilitado até mesmo de dar uma modesta contribuição às lutas sociais emancipatórias, o que resulta em servir ao capital, mesmo sem o saber.

Mas é claro que o assistente social que toma as indicações do projeto do Serviço Social como referência também serve ao capital; afinal, como reiterado, a nossa legitimação como profissão depende das respostas ao seu chamamento, que se materializa através das requisições institucionais/Estado-iniciativa privada. Assim, é na contradição resultante dos interesses antagônicos entre capital/trabalho que este assistente social, buscando fortalecer, permanentemente, seus princípios e referências teórico-metodológicos, individual e coletivamente, pode contribuir na preparação de momentos de ruptura e, quiçá, em algum momento histórico propício, vivenciar processos disruptivos e revolucionários.

E aqui, não se trata de apreender qualquer assistente social como um "ser superior e/ou um herói". É de uma atitude ativa/propositiva e de uma perspectiva de totalidade que se trata, o que nos remete criticamente aos problemas próprios do mundo do qual fazemos parte — profissionais-usuários — ao fundarmos a análise social na crítica da economia política, como põe José Paulo Netto, para além da procura do significado social no próprio indivíduo e nos seus conflitos pessoais, o que é próprio do Serviço Social Clínico e/ou do Serviço Social conservador. O processo que permite ir além da imediaticidade da prática remete-nos à apreensão dos processos sociais a partir de "análise histórico-sistemática", fundada na crítica da economia política, no sentido de apreender as diferentes expressões da questão social vivenciadas pelos usuários no cotidiano da vida, como parte e expressão da totalidade social.

No mais, o fato de ter escolhido e buscar adotar as referências ético-políticas e teórico-metodológicas constantes no Projeto Ético-Político do Serviço Social e assumido suas finalidades e objetivos, como é particular dos seres humanos, não significa que eu venha enfrentando e superando todas as questões a que me ponho, sem contradições. Fato é que as questões e indagações são o importante e ficam para pensarmos coletivamente, como categoria que tem um projeto a ser transformado em realidade, principalmente por aqueles que tomam esse projeto como referência e se dispõem a enfrentar os intermináveis desafios e obstáculos que se situam entre desejo/realidade, intenção/ação, enquanto viger a ordem do capital. Processo que só pode se dar histórica e coletivamente, no cotidiano da formação permanente, do exercício profissional, da luta social e da vida.

Obrigada a você leitor pela oportunidade de dividir minhas dúvidas, angústias e minhas esperanças de um mundo e tempos de paz e de completa felicidade entre homens e mulheres na busca de convivência nas diferenças e no enfrentamento dos conflitos.

A busca por um mundo e uma humanidade cada vez melhores é uma longa e eterna jornada. Nada é fácil e simples no que diz respeito aos homens, às mulheres e à humanidade. Na busca de manter-se e aperfeiçoar-se, a humanidade coletivamente e os homens e mulheres individualmente necessitam articular, permanentemente, o complexo movimento dialético de uma práxis que envolve não só lidar/interagir com as forças da natureza, mas enfrentar e impor limites à ganância e à violência de alguns dos seus indivíduos, para além dos momentos solidários, amorosos. A pequena quantidade de super-ricos no mundo mostra que eles são poucos, o que não quer dizer fáceis de serem enfrentados, combatidos e controlados.[547] Afinal, são eles e seus representantes os sujeitos que diante dos interesses e necessidades de acumulação do Modo de Produção Capitalista, detendo poder material, político e subjetivo, podem com um simples aceno desempregar milhares de trabalhadores ou disparar uma bomba atômica. Os interesses de acumulação controlam o acionar de grande parte das desgraças vivenciadas pela maioria dos seres humanos, quando não potencializam a força inevitável da natureza e sua própria destruição. O controle e imposição de limites a quem explora trabalhadores e defende a propriedade privada da riqueza socialmente produzida

---

547. Afinal, mesmo numa sociedade emancipada, as diferenças (de gênero, de etnia, de geração, de orientação sexual) se manterão e a ganância e o preconceito, por exemplo, não serão eliminados, mas, certamente, a maioria dos homens, ao vivenciarem a liberdade, centrada nas demandas políticas a ela inerente — autonomia, emancipação e plena expansão dos indivíduos sociais — poderão construir as condições necessárias, mas nunca ideais, para enfrentar o que não deixará de gerar controvérsias entre indivíduos, grupos, nações... Como podemos apreender em Tonet (2012, p. 22) "eliminado o capital com todos os seus corolários, emerge a possibilidade de os homens serem efetivamente livres, quer dizer, de, consciente e coletivamente, conduzirem o seu processo de autoconstrução. Por isso mesmo, liberdade plena não significa liberdade absoluta, nem uma sociedade inteiramente harmônica, paradisíaca, sem nenhum problema. Significa apenas [...] que não haverá forças estranhas que determinem o processo social. Que o destino dos homens estará efetivamente em suas mãos. [...] não se trata de especulação, mas de abstração do processo real, que a humanidade continuará a enfrentar problemas; terá sempre necessidade de tomar decisões, pois, por um lado, as alternativas possíveis são sempre limitadas e, por outro lado, é da natureza essencial do homem dar respostas. Mas, [em uma forma de sociabilidade efetiva e plenamente livre] as decisões poderão ser tomadas de modo efetivamente consciente, já que não existirão interesses sociais que tendam a obscurecer o conhecimento e a responsabilidade delas será exclusiva e efetivamente dos homens. Além do mais, não haverá antagonismos sociais, mas apenas as eternas contradições entre o desenvolvimento genérico e o desenvolvimento individual, sendo também facilitada a tarefa de resolver os problemas oriundos destas contradições".

e do patrimônio da humanidade só pode vir daqueles que fundam seus projetos — individuais e coletivos — na emancipação humana.

No mais, optando por essa direção social, certamente, muitos de nós que a compartilhamos e a objetivamos não vamos usufruir das suas conquistas substantivas. Na contradição própria da sociedade em que vivemos, assim como muitos que se submetem a testar drogas que salvarão milhares de várias doenças no futuro, nós que estamos e estaremos lutando pela superação do capitalismo, certamente, diante da avassaladora hegemonia do capital, estamos e estaremos lutando por uma vida emancipada que não viveremos. Nisso reside nosso maior desafio, mas, também, nossa contribuição.

E aqui é relevante lembrar que por mais que o capitalismo seja hegemônico, essa realidade tem sujeito revolucionário, por mais amesquinhado, alienado e despolitizado e na defensiva que ele se encontre na atualidade. A questão é até quando as massas trabalhadoras aceitarão as imposições da burguesia, diante das infinitas possibilidades objetivas contidas, contraditoriamente, na própria sociedade do capital, e abertas ao ser social na construção da sua própria história? Um ser que se estrutura pela autoatividade dos homens, atividade que, permanentemente aberta a novas possibilidades, se coloca como garantia da emancipação humana no curso da história.

REFERÊNCIAS

ABEPSS. Diretrizes Gerais para o Curso de Serviço Social. *Caderno Abepss*, São Paulo, Cortez, n. 7, 1997.

ABEPSS/TEMPORALIS. *Diretrizes Curriculares do Curso de Serviço Social*. Sobre o processo de implementação. São Luiz, ano VII, n. 14, jul./dez. 2007.

_____. *Estado e educação superior*. Questões e impactos no Serviço Social. Brasília, ano VIII, n. 15, 2008.

_____. *Estágio,* ética e pesquisa: desafios para a formação profissional. Brasília, ano IX, n. 17, 2009.

_____. *Temas contemporâneos e Serviço Social*: crise do capital, trabalho, assistência social e formação profissional. Brasília, ano X, n. 20, 2010.

_____. *Introdução às Diretrizes Curriculares*. Executiva Nacional da Abepss-2002/2005. Rio de Janeiro: CRESS/RJ-I, 2008. p. 45-46.

_____. Diretrizes Gerais para o Curso de Serviço Social/1997. Rio de Janeiro: CRESS/RJ, 2008a. p. 47-67.

ABREU, Marina M. A dimensão pedagógica do Serviço Social: bases histórico--conceituais e expressões particulares na sociedade brasileira. *Serviço Social & Sociedade*, São Paulo, n. 61, p. 43-71, 2004.

ABREU, M. M.; CARDOSO, F. G. Mobilização social e práticas educativas. CFESS/Abepss, 2009. p. 594-608.

ACOSTA, L. E. A.; SILVA, M. A. P. da (Org.). *Trabalho Social*: estudos sobre a prática e exercício profissional do assistente social. Rio de Janeiro: Imperial Novo Milênio, 2012.

ADORNO, Theodor W. *Educação e emancipação*. Rio de Janeiro: Paz e Terra, 1995.

AGUIAR, F. *Psicologia*: reflexão e crítica, 2001. Disponível em: <http://www.scielo.br/pdf/prc/v14n3/7846.pdf>. Acesso em: 27 set. 2007.

ALAYÓN, Norberto. *Las necesidades de los filántropos*. Nota publicada en *El Diario* "página 12" de Buenos Aires, 27 abr. 2010, p. 18.

ANDES. *Fundações privadas x universidades públicas*: uma relação incompatível. Brasília: Assessoria de Comunicação do Andes-SN, 2008.

ANTUNES, Ricardo. *Adeus ao trabalho?* Ensaio sobre as metamorfoses e a centralidade do mundo do trabalho. São Paulo: Cortez/Ed. da Unicamp, 1995.

_____. *O continente do labor*. São Paulo: Boitempo, 2011.

ARAUJO, Verli Eyer. *O Serviço Social clínico*: transferência e contratransferência. Rio de Janeiro: Agir, 1982.

ARCARY, V. Um Brasil menos desigual? Mobilidade social baixa e evolução lenta da escolaridade média. *Revista @mbienteeducação*, São Paulo, v. 2, n. 1, p. 9-17, jan./jul. 2010.

ARRUDA, A. Teoria das representações sociais e teorias de gênero. *Cadernos de Pesquisa*, Rio de Janeiro, UFRJ, n. 117, p. 127-147, nov. 2002. Disponível em: <http://www.scielo.br/pdf/cp/n117/15555.pdf>.

ASSIS, Eliane Santos de. *Fazendo o caminho de volta*. Análise do exercício profissional dos assistentes sociais em uma emergência de grande porte do Rio de Janeiro. Dissertação (Mestrado) — Programa de Pós-Graduação da Faculdade de Serviço Social da Universidade do Estado do Rio de Janeiro, Rio de Janeiro, 2012.

BALTAR, Juliana Ferreira. *Serviço Social, projeto ético-político e produção de conhecimento*: o 13º CBAS. Trabalho de Conclusão de Curso. Faculdade de Serviço Social, Universidade do Estado do Rio de Janeiro, Rio de Janeiro, 2012.

BARROCO, M. L. Barbárie e neoconservadorismo: desafios do Projeto Ético-Político. *Serviço Social & Sociedade*, São Paulo, n. 106, p. 205-218, abr./jun. 2011.

BARROCO, Maria Lúcia S.; TERRA, Sylvia Helena. *Código de Ética do Assistente Social comentado*. In: CONSELHO FEDERAL DE SERVIÇO SOCIAL (CFESS) (Org.). São Paulo: Cortez, 2012.

BENJAMIN, Alfred. *A entrevista de ajuda*. São Paulo: Martins Fontes, 1988.

BEHRING, E. R. Política social no capitalismo tardio. 1. ed. São Paulo: Cortez, 1998.

BEHRING, E. Rosseti; BOSCHETTI, Ivanete. *Política social*: fundamentos e história. São Paulo: Cortez, 2006. (Biblioteca Básica de Serviço Social, v. 2.)

BENSAÏD, Daniel. *Os irredutíveis:* teoremas da resistência para o tempo presente. São Paulo: Boitempo, 2008.

_____. A atualidade do Manifesto Comunista. In: LÖWY, M.; BENSAÏD, D. *Marxismo*: modernidade, utopia. São Paulo: Xamã, 2000. p. 134-147.

BERTOLDO, E.; MOREIRA, L. A. L.; JIMENEZ, S. (Orgs.). *Trabalho, educação e formação humana frente à necessidade histórica da revolução*. São Paulo: Instituto Lukács, 2012.

BANCO INTERAMERICANO DE DESENVOLVIMENTO (BID). *Novelas brasileiras têm impacto sobre os comportamentos sociais*. Disponível em: <www.direitoa-comunicacao.org.br/content.php>. Acesso em: 23 maio 2010.

BIESTEK, J. S. *O relacionamento em Serviço Social de casos*. Porto Alegre: Pontifícia Universidade Católica do Rio Grande do Sul, Porto Alegre, 1965.

BLEGER, José. *Temas de Psicologia*. Entrevistas e grupos, São Paulo, Martins Fontes, 1980.

BOITO JR., A. A hegemonia neoliberal no governo Lula. *Crítica Marxista*, Rio de Janeiro: Revan, 2003.

BORGIANNI, Elisabete. Para entender o Serviço Social na área sociojurídica. *Serviço Social & Sociedade*, São Paulo, n. 115, p. 407-442, jul./set. 2013.

BOSCHETTI, Ivanete. *Assistência social no Brasil*: um direito entre originalidade e conservadorismo. Brasília: GESST/SER/UnB, 2003.

BONETTI, D. A. et al. (Orgs.). *Serviço Social e ética*: convite a uma nova práxis. São Paulo: Cortez/CFESS, 1996.

BORON, A. A. *Império*. Imperialismo: uma leitura crítica de Michael Hardt e Antonio Negri. Buenos Aires: Clacso, 2002.

BOTTOMORE, T. (Org.). *Dicionário do pensamento marxista*. Rio de Janeiro: Jorge Zahar, 1983.

BRAVERMAN, H. *Trabalho e capital monopolista*: a degradação do trabalho no século XX. Rio de Janeiro: Zahar, 1974.

BRAVO, Maria Inês Souza. *Serviço Social e Reforma Sanitária*: lutas sociais e práticas profissionais. São Paulo: Cortez/Ed. da UFRJ, 1996.

_____. *Gestão democrática na saúde*: o potencial dos Conselhos. In: BRAVO, M. I.; PEREIRA, P. A. (Orgs.). *Política social e democracia*. São Paulo/Rio de Janeiro: Cortez/Ed. da Uerj, 2002. p. 43-66.

_____. Desafios atuais do controle social no Sistema Único de Saúde (SUS). *Serviço Social & Sociedade*, São Paulo, n. 88, 2006.

_____; CORREIA, M. V. C. Desafios do controle social na atualidade. *Serviço Social & Sociedade*, São Paulo, n. 109, p. 126-150, jan./mar. 2012.

_____; PEREIRA Potyara A. (Orgs.). *Política social e democracia*. São Paulo/Rio de Janeiro: Cortez/Ed. da Uerj, 2002.

_____ et al. Organização político-sindical dos assistentes sociais: uma breve análise. In: _____; MENEZES, J. S. B. (Orgs.). *Saúde, Serviço Social, movimentos sociais e conselhos*. São Paulo: Cortez, 2012. p. 222-250.

_____; MENEZES, J. S. B. (Orgs.). *Saúde, Serviço Social, movimentos sociais e conselhos*. São Paulo: Cortez, 2012.

BUENO, Fábio. *Alguns elementos sobre a conjuntura latina e brasileira*. Consulta Popular. Brasília, ago. 2009. (Col. Os Economistas.)

CARDOSO, Franci G.; MACIEL, Marina. Mobilização social e práticas educativas. *Cadernos Capacitação em Serviço Social e Políticas Sociais*. Módulo 4. Brasília: CFESS-Abepss-Cead/NED-UnB, 2000. p. 139-149.

CARNOY, Martin. *Estado e teoria política*. Campinas: Papirus, 1988.

CASTEL, Robert. *As metamorfoses da questão social*: uma crônica do salário. Petrópolis: Vozes, 1998.

CASTEL, R. As transformações da questão social. In: WANDERLEY, Luiz Eduardo et al. (Orgs.). *Desigualdade e a questão social*. São Paulo: Educ, 1997. p. 161-190.

CASTOLDI, L.; LOPES, R. C. S.; PRATI, L. E. O genograma como instrumento de pesquisa do impacto de eventos estressores na transição família-escola. *Psicologia Reflexiva Crítica*, Porto Alegre, v. 19, n. 2, 2006.

CASTRO, Manuel Manrique. *História do Serviço Social na América Latina*. São Paulo: Cortez/Celats, 1993.

CFESS. *Código de Ética Profissional do Assistente Social/1993 e Lei n. 8.662/1993, que regulamenta a profissão de Serviço Social*. Brasília: CFESS, 1993.

CFESS (Org.). *Assistentes sociais do Brasil*: elementos para o estudo do perfil profissional. Brasília: CFESS, 2005.

_____. Resolução CFESS n. 533, de 29 de setembro de 2008. Regulamenta a supervisão direta de estágio no Serviço Social. Brasília: CFESS, 2008.

_____. *Parâmetros para a Atuação de Assistentes Sociais na política de Saúde*. Brasília: CFESS, 2009.

_____. *Parâmetros para a Atuação de Assistentes Sociais na política de Assistência Social*. Brasília: CFESS, 2009.

_____. *GT Educação*: subsídios para o debate sobre Serviço Social na educação. Brasília: CFESS, 2010.

_____. SEMINÁRIO NACIONAL DO SERVIÇO SOCIAL NO CAMPO SOCIO-JURÍDICO NA PERSPECTIVA DE CONCRETIZAÇÃO DOS DIREITOS, 2., Brasília, CFESS, 2012.

_____. *Código de Ética do/a Assistente Social*. 9. ed. rev. e atual. Brasília: CFESS, 2011.

_____. *Atribuições privativas do/a assistente social*: em questão. 1. ed. ampl. Brasília: CFESS, 2012.

CFESS. *Serviço Social é Notícia*. Informativo do conjunto CFESS-CRESS, ano 1, n. 1, maio 2015. Disponível em: <http://www.cfess.org.br/js/library/pdfjs/web/viewer.html?pdf=/arquivos/JornalConjuntoCFESS-CRESS-PrimeiraEdicao.pdf>.

CFESS; ABEPSS. *Serviço Social*: direitos sociais e competências profissionais. Brasília: Cead/UnB/CFESS/Abepss, 2009.

CHAUI, Marilena. Ideologia neoliberal e universidade. In: OLIVEIRA, Francisco; PAOLI, Maria Célia. *Os sentidos da democracia*: políticas do dissenso e hegemonia global. Petrópolis/Brasília: Vozes/Nedic, 1999.

_____. *Escritos sobre a universidade*. São Paulo: Ed. da Unesp, 2001.

CHAUI, Marilena. Uma nova classe trabalhadora. In: _____. *Lula e Dilma*: 10 anos de governos pós-neoliberais no Brasil. São Paulo/Rio de Janeiro: Boitempo/ Flacso-Brasil, 2013. p. 123-134.

CHAVES, Adrian J. F. Os processos grupais em sala de aula. Disponível em: <http://www.franca.unesp.br/oep/Eixo%203%20-%20Tema%203.pdf>. Acesso em: 30 ago. 2007

CISLAGHI, Juliana Fiuza. Hospitais Universitários Federais e novos modelos de gestão: faces da contrarreforma do Estado no Brasil. In: BRAVO, Maria Inês Souza Bravo; MENEZES, Juliana Souza Bravo de (Orgs.). *Cadernos de Saúde —* Saúde na atualidade: por um sistema único de saúde estatal, universal, gratuito e de qualidade. Rio de Janeiro, Adufrj, v. 1, p. 56-64, 2011.

_____. *Elementos para a crítica da economia política da saúde no Brasil*: parcerias público-privadas e valorização do capital. 2015. Tese (Doutorado em Serviço Social) — Faculdade de Serviço Social, Universidade do Estado do Rio de Janeiro, Rio de Janeiro, 2015.

CORREIA, M. V. C. Controle social na saúde. In: MOTA et al. (Orgs.). *Serviço Social e saúde*: formação e trabalho profissional, 2006. p. 111-140.

COSTA, Maria Alice Nunes. *A solidariedade e as redes sociais*. Disponível em: <http://www.polemica.uerj.br/pol17/cquestoesc/contemp_5.htm>. Acesso em: out. 2007.

COSTA, Maria D. Horácio da. O trabalho nos serviços de saúde e a inserção dos assistentes sociais. In: MOTA, A. E. et al. (Orgs.). *Serviço Social e saúde*: formação e trabalho profissional, 2006. p. 304-351.

COSTA, Gilmaisa. Aproximação ao Serviço Social como complexo ideológico. Diretrizes Curriculares: polêmicas e perspectivas. *Temporalis*, Brasília, Abepss, n. 2, p. 95-120, 2000.

COUTINHO, C. N. Contracapa. In: NETTO, J. P., *Capitalismo e reificação*. São Paulo: Ciências Humanas, 1981a.

_____. *A democracia como valor universal e outros ensaios*. Rio de Janeiro: Salamandra, 1984.

_____. Pluralismo: dimensões teóricas e políticas. *Cadernos Abess*, ensino em Serviço Social: pluralismo e formação profissional, São Paulo/Espírito Santo, Cortez/Abess-Cedepss, n. 4, 1991.

COUTINHO, C. N. *Democracia e socialismo*. São Paulo: Cortez, 1992.

_____. *Contra a corrente*: ensaios sobre democracia e socialismo. São Paulo: Cortez, 2000.

_____. Entrevista para Reportagem. Reportagem n. 50, nov. 2002.

_____. *Cultura e sociedade no Brasil*: ensaios sobre ideias e formas. 3. ed. Rio de Janeiro: DO&A, 2005.

_____. *Intervenções*: o marxismo na batalha das ideias. São Paulo: Cortez, 2006.

COUTINHO, Carlos Nelson (Org.). *O leitor de Gramsci*: escritos escolhidos 1916-1935. Rio de Janeiro: Civilização Brasileira, 2011.

COUTO, Berenice Rojas. Formulação de projeto de trabalho profissional. In: CFESS/ABEPSS, 2009. p. 651-663.

CENTRO PORTUGUÊS DE INVESTIGAÇÃO EM HISTÓRIA E TRABALHO SOCIAL (CPIHTS). É uma associação científica de Serviço Social, criada em julho de 1993. (*Diário da República*, III Série, de 29 set. 1993.)

CONSELHO REGIONAL DE SERVIÇO SOCIAL (CRESS/RJ). 7ª Região, PPG/FSS/Uerj. O Serviço Social clínico e o Projeto Ético-Político do Serviço Social. *Em Foco*, Rio de Janeiro, n. 1, maio 2003.

_____. 7ª Região, PPG/FSS/Uerj. *O Serviço Social clínico e o Projeto Ético-Político do Serviço Social*. Rio de Janeiro: Rio Center, 2003.

_____. 7ª Região, PPG/FSS/Uerj. *Atribuições privativas do assistente social e o "Serviço Social clínico" e o Projeto Ético-Político do Serviço Social*. Rio de Janeiro: Rio Center, 2004.

_____. 7ª Região. Assistente social: ética e direitos. Coletânea de leis e resoluções. 2008. v. I.

_____. 7ª Região. Assistente social: ética e direitos. Coletânea de leis e resoluções. 2008a. v. II.

DAVIS, Mike. *O monstro bate à nossa porta*: a ameaça global da gripe aviária. Rio de Janeiro: Record, 2006.

_____. *Planeta favela*. São Paulo: Boitempo, 2006b.

_____. *Apologia dos bárbaros*. São Paulo: Boitempo, 2008.

DURIGUETTO, Maria Lucia; ABRAMIDES, Maria Beatriz Costa. *Movimentos sociais e Serviço Social*: uma relação necessária. São Paulo: Cortez, 2014.

ENGELS, F. Sobre o papel do trabalho na transformação do macaco em homem. In: MARX, K.; ENGELS, F. *Obras escolhidas*. São Paulo: Alfa-Omega, [s.d.]. v. 2, p. 267-280.

_____. Lwdwig Feuerbach e o fim da filosofia alemã. In: MARX, K.; ENGELS, F. *Obras escolhidas*, São Paulo: Alfa-Omega, n. 3, [s.d.]. p. 169-206.

_____. *A origem da família, da propriedade privada e do Estado*. Rio de Janeiro: Vitória, 1964.

_____. *O capital de Karl Marx*, 13 mar. 1868. Disponível em: <http://marxists. org/portugues/marx/1868/03/28-ga.htm>. Acesso em: mar. 2010.

FALEIROS, V. P. *Trabajo social, ideología y método*. Buenos Aires: Ecro, 1974.

_____. Espaço institucional e espaço profissional. *Serviço Social & Sociedade*. São Paulo, ano I, p. 137-152, set. 1979.

_____. *Metodologia e ideologia do trabalho social*. São Paulo: Cortez, 1981.

_____. O Serviço Social clínico e os desafios ético-políticos postos ao Serviço Social. In: CONSELHO REGIONAL DE SERVIÇO SOCIAL (CRESS/RJ). 7ª Região, PPG/FSS/Uerj. O Serviço Social clínico e o Projeto Ético-Político do Serviço Social. *Em Foco*, Rio de Janeiro, n. 1, p. 24-36, maio 2003.

FÁVERO, E. T.; MELÃO, M. J. R.; JORGE, M. R. T. (Orgs.). *O Serviço Social e a Psicologia no Judiciário*: construindo saberes, conquistando direitos. São Paulo: Cortez/AASPI-SP, 2005.

FERNANDES, Florestan. *Sociedade de classes e subdesenvolvimento* [original 1968/1972]. 3. ed. Rio de Janeiro: Zahar, 1975a.

_____. *A revolução burguesa no Brasil*: ensaio de interpretação sociológica. Rio de Janeiro: Zahar, 1975b.

_____. *O que é revolução*. São Paulo: Brasiliense, 1981. (Col. Primeiros Passos.)

_____. Apresentação. In: LÊNIN, V. L. *Que fazer?* São Paulo: Hucitec, 1986.

_____. *Em busca do socialismo*. Últimos Escritos & Outros Textos. São Paulo: Xamã, 1995.

FERNANDES, Florestan. *Nós e o marxismo.* São Paulo: Expressão Popular, 2009.

FLETCHER, John. *Como conduzir entrevistas eficazes.* São Paulo: Clio, [s.d.].

FONTES, Virginia. *O Brasil e o capital-imperialismo.* Rio de Janeiro: ESSJV/UFRJ, 2010.

FRANCO, Maria Ciavatta. Lidando pobremente com a pobreza. In: ROSENBERG, Fúlvia (Org.). *Creche.* São Paulo: Cortez/Fundação Carlos Chagas, 1989. v. 1, p. 179-216.

FREUD, Sigmund. *O futuro de uma ilusão.* Rio de Janeiro: Imago, 1997.

GALEANO, Eduardo. O socialismo não morreu. In: LÖWY, Michael (Org.). *O marxismo na América Latina.* 2. ed. ampl. São Paulo: Perseu Abramo, 2006.

GARRET, Annette. *A entrevista, seus princípios e métodos.* Rio de Janeiro: Agir, 1991.

GIL, Antonio Carlos. *Métodos e técnicas de pesquisa social.* São Paulo: Atlas, 1995.

GOHN, Maria da Glória. *História dos movimentos e lutas sociais.* São Paulo: Loyola, 1995.

_____. *Teoria dos movimentos sociais*: paradigmas clássicos e contemporâneos. São Paulo: Loyola, 1997.

_____. Classes sociais e movimentos sociais. In: VV.AA. *Capacitação em Serviço Social e política social.* Módulo 2. Brasília: CFESS-Abepss-Cead/NED-UnB, 1999. p. 35-54.

GRAMSCI, Antonio. *Os intelectuais e a organização da cultura.* Rio de Janeiro: Civilização Brasileira, 1979.

_____. *Cadernos do cárcere.* Rio de Janeiro: Civilização Brasileira, 1999. v. 1.

GRANEMANN, Sara. Fundações, políticas sociais e aumento da exploração da classe trabalhadora. *Universidade e Sociedade*, Brasília, v. 42, p. 105-115, 2008.

GUERRA, Y. A. D. Expressões do pragmatismo no Serviço Social: reflexões preliminares. Florianópolis, *Katálysis* [impressa], v. 16, p. 39-49, 2013.

GUIMARÃES, Reinaldo. A crise econômica mundial e seus impactos nas políticas sociais. *Cadernos Práxis*, CRESS/RJ, ano V, n. 47, nov./dez. 2008.

HARVEY, David. *Condição pós-moderna.* São Paulo: Loyola, 1993.

HARVEY, David. Do gerenciamento ao empresariamento: a transformação da administração urbana no capitalismo tardio. *Espaço e Debates*, São Paulo, n. 39, 1996.

_____. *O enigma do capital e as crises do capitalismo*. São Paulo: Boitempo, 2011.

_____. *Reflexões sobre "O capital" de Thomas Piketty*. Disponível em: <http://blogdaboitempo.com.br/category/colaboracoes-especiais/david-harvey/>. Acesso em: 24 maio 2014.

HELLER, Agnes. *O cotidiano e a história*. Rio de Janeiro: Paz e Terra, 1972.

_____. *Sociología de la vida cotidiana*. Barcelona: Península, 1977.

HOUTART, François. *De los bienes comunes al bien común de la humanidad*. Texto preparatorio (provisional y reservado) de la Conferencia organizada por la Fundación Rosa Luxemburgo. Oficina de Bruselas, from "Common Goods" to "The Common Good of Humanity". Roma, 28 y 29 de avril de 2011.

HOBSBAWM, Eric. *A era dos extremos*: o breve século XX. São Paulo: Paz e Terra, 1995.

_____. *A era das revoluções*: 1789-1848. Rio de Janeiro: Paz e Terra, 2009.

_____. *Sobre história*. São Paulo: Companhia das Letras, 1998.

IAMAMOTO, M. V. Renovação e conservadorismo no Serviço Social. *Ensaios Críticos*, São Paulo: Cortez, 1992.

_____. *O debate contemporâneo da reconceituação do Serviço Social*: ampliação e aprofundamento do marxismo. Rio de Janeiro: UFRJ-ESS, Concurso para titular, 1992a.

_____. O Serviço Social na contemporaneidade: dimensões históricas, teóricas e ético-políticas. *Debate*, Fortaleza, CRESS 3ª Região, n. 6, 1997.

_____. O Serviço Social em tempos de globalização. *Inscrita*, Rio de Janeiro, CFESS, ano II, n. III, p. 13-18, nov. 1998a.

_____. *O Serviço Social na contemporaneidade*: trabalho e formação profissional. São Paulo: Cortez, 1998b.

_____. A questão social no capitalismo. *Temporalis*, Abepss, ano II, n. 3, jan./jun. 2001.

IAMAMOTO, M. V. Projeto profissional, espaços ocupacionais e trabalho do(a) assistente social na atualidade. In: _____. *Atribuições privativas do(a) assistente social*: em questão. Brasília: CFESS, fev. 2002. p. 13-50.

_____. *Serviço Social em tempo de capital fetiche*: capital financeiro e questão social. São Paulo: Cortez, 2007.

_____; CARVALHO, R. *Relações sociais e Serviço Social no Brasil*: esboço de uma interpretação histórico-metodológica. São Paulo: Cortez/Celats, 1983.

IANNI, Octavio. *Industrialização e desenvolvimento social no Brasil*. Rio de Janeiro: Civilização Brasileira, 1963.

_____ (Org.). *Florestan Fernandes*: sociologia crítica e militante. São Paulo: Expressão Popular, 2004.

IASI, Mauro Luiz. *As metamorfoses da consciência de classe*: o PT entre a negação e o consentimento. São Paulo: Expressão Popular, 2006.

_____. *Ensaios sobre a consciência e emancipação*. São Paulo: Expressão Popular, 2007.

_____. *Conjuntura e luta política no médio e longo prazo no Brasil*, maio 2007. Disponível em: <crbrasileira@uol.com.br>. [Grupo Economistas.]

_____. A crise do capital: a era da hipocrisia deliberada. *Praia Vermelha*, Rio de Janeiro, v. 19. n. 1, p. 25-40, jan./jun. 2009.

_____. Trabalho: emancipação e estranhamento? In: SANT'ANA, Raquel S. et al. (Org.). *O avesso do trabalho*. São Paulo: Expressão Popular/Fapesp, 2010. p. 61-83.

_____. *Meta amor fases*. Coletânea de poemas. São Paulo: Expressão Popular, 2011.

JACOBY, Russel. *Thomas Piketty e a aposta em um capitalismo humanizado*. Disponível em: <http://www.diplomatique.org.br/artigo.php%3Fid%3D1707>. Acesso em: out. 2014.

KAMEYAMA, Nobuco. Concepção de teoria e metodologia: a metodologia no Serviço Social. *Cadernos Abess*, Brasília/São Paulo, Abepss/Cortez, n. 3, p. 99-116, 1989.

KONDER, Leandro. *Lukács*. Porto Alegre: L&PM, 1980.

KONOPKA, G. *Serviço Social de grupo*: um processo de ajuda. Rio de Janeiro: Zahar, 1977.

KOONT, Sinan. *A agricultura urbana em Havana*. Disponível em: <http://monthlyreview.org/090119koont.php>. Acesso em: 2 fev. 2009.

LABICA, Georges. *As "Teses sobre Feuerbach" de Karl Marx*. Rio de Janeiro: Jorge Zahar, 1990.

_____. *Democracia e revolução*. São Paulo: Expressão Popular, 2009.

LAPASSADE, G. *Grupos, organizações e instituições*. Rio de Janeiro: Francisco Alves, 1983.

LEHER, R. Um novo senhor da educação? A política do Banco Mundial para a periferia do capitalismo. *Outubro* [São Paulo], São Paulo, v. 1, n. 3, p. 19-30, 1999.

LEHER, R.; GENTILI, P.; FRIGOTTO, Gaudêncio; STUBRIN, F. (Orgs.). *Políticas de privatización, espacio público y educación en América Latina*. Rosario: Homo Sapiens/Clacso, 2009. v. 1, 408p.

LÊNIN, V. L. *Que fazer?* São Paulo: Hucitec, 1986.

LESSA, Sérgio. *Trabalho e proletariado no capitalismo contemporâneo*. São Paulo: Cortez, 2007.

_____. *Lukács*. Ética e política. Chapecó: Argos, 2007a.

_____. *Para compreender a ontologia de Lukács*. 3. ed. rev. e ampl. Ijuí: Unijuí, 2007b.

_____. Serviço Social, trabalhadores e proletariado: dos "práticos" e dos "teóricos". *Temporalis*, Brasília, ano 11, n. 22, p. 293-316, jul./dez. 2011. Disponível em: <http://periodicos.ufes.br/temporalis/index>. Acesso em: 9 jan. 2012

_____. Vivemos tempos difíceis! *Praia Vermelha*, Rio de Janeiro, v. 22, n. 2, p. 41-48, jan./jun. 2013.

LESSA, S.; TONET, I. Introdução à filosofia de Marx. *Debates & Perspectivas*, São Paulo: Expressão Popular, 2008.

LIMA, Renata C. M. O Projeto Ético-Político do Serviço Social e a produção de conhecimento dos assistentes sociais no 12º CBAS. TCC, FSS/Uerj, Rio de Janeiro, 2010.

LODI, João Bosco. *A entrevista*: teoria e prática. São Paulo: Livraria Pioneira, 1989.

LOMBARDI, Franco. *Las ideas pedagógicas de Gramsci*. Barcelona: A. Redondo Editor, 1972.

LOSURDO, Domenico. *Liquidar monopólio ocidental da tecnologia é luta revolucionária*. Disponível em: <www://odiario.info/>. Acesso em: 9 jan. 2012.

LÖWY, Michael (Org.). *O marxismo na América Latina*: uma antologia de 1909 aos dias atuais. 2. ed. ampl. São Paulo: Perseu Abramo, out. 2006.

_____. *Barbárie e modernidade no século 20*. Disponível em: <http://www.socialismo.org.br/portal/filosofia/155-artigo/1226-barbarie-e-modernidade-no-seculo-20>. Acesso em: 6 nov. 2009.

_____. Crise ecológica, capitalismo, altermundialismo: um ponto de vista ecossocialista. *Margem Esquerda*, n. 14, 2010.

LUKÁCS, György. *Existencialismo ou marxismo*. São Paulo: Senzala, 1967.

_____. *Marxismo e teoria da literatura*. Rio de Janeiro: Civilização Brasileira, 1968.

_____. *Realismo crítico hoje*. Brasília: Coordenada Editora de Brasília, 1969.

_____. *Introdução a uma estética marxista*. Rio de Janeiro: Civilização Brasileira, 1978. p. 73-122.

_____. *Ontologia do ser social*: os princípios ontológicos fundamentais de Marx. São Paulo: Ciências Humanas, 1979.

_____. *Sociologia*. NETTO, José Paulo (Org.). FERNANDES, Florestan (Coord.). São Paulo: Ática, 1981.

_____. *História e consciência de classe*. Rio de Janeiro/Porto: Elfos Ed./Publicações Escorpião, 1989.

_____. *Pensamento vivido*: autobiografia em diálogo. Entrevista a Instván Eörsi e Erzsébet Vezér/György Lukács. Tradução Cristina Alberto Franco. São Paulo/Viçosa: Estudos e Edições Ad Hominem/Ed. da Universidade Federal de Viçosa, 1999.

_____. *O jovem Marx e outros escritos de Filosofia*. In: COUTINHO, Carlos Nelson; NETTO, José Paulo [organização, apresentação e tradução]. Rio de Janeiro: Ed. da UFRJ, 2007. (Pensamento Crítico, v. 9.)

_____. *Prolegômenos para uma ontologia do ser social*: questões de princípios para uma ontologia hoje tornada possível. São Paulo: Boitempo, 2010.

LUKÁCS, György. *Para uma ontologia do ser social* 1. São Paulo: Boitempo, 2012.

_____. *Para uma ontologia do ser social* 2. São Paulo: Boitempo, 2013.

LUXEMBURGO, Rosa de. O socialismo e as religiões. *Espaço Acadêmico*, ano II, n. 17, out. 2002. (Textos Clássicos.)

MACHADO, M. H. *Os médicos e sua prática profissional*: as metamorfoses de uma profissão. Tese (Doutorado em Ciências Sociais) — Instituto Universitário de Pesquisas do Rio de Janeiro, Rio de Janeiro, 1996.

MALLARDI, M. W. La entrevista en los procesos de intervención profesional del Trabajo Social. Diálogos con la Filosofía Bajtiniana. *Boletín Electrónico Sura*, UCR/ Costa Rica, dez. 2004.

MANDEL, E. *O capitalismo tardio*. São Paulo: Abril Cultural, 1982.

MARTINELLI, M. L. *Serviço Social*: identidade e alienação. São Paulo: Cortez, 2005.

MARX, Karl. *A questão judaica*. Rio de Janeiro: Laemmert, 1969.

_____. *Para a crítica da economia política; salário preço e lucro; o rendimento e suas fontes*: a economia vulgar. São Paulo: Abril Cultural, 1982a. (Col. Os Economistas.)

_____. Introdução [à *Crítica da economia política*]. In: _____. *Para a crítica da economia política; salário, preço e lucro; os rendimentos e suas fontes*: a economia vulgar. São Paulo: Abril Cultural, 1982b. p. 3-22. (Col. Os Economistas.)

_____. *O capital*: crítica da economia política. São Paulo: Abril Cultural, 1983. L. I, t. 1, v. 1.

_____. *O capital*. São Paulo: Nova Cultural, 1985. Cap. XXIV, l, t. 2, v. 1I, p. 261-294.

_____. Prefácio à 1ª edição e Posfácio à 2ª edição. In: _____. *O capital*: crítica da economia política. São Paulo: Abril Cultural, 1985b. 5 v., p. 11-21.

_____. *Manuscritos econômico-filosóficos*. São Paulo: Boitempo, 2008.

_____. *A revolução antes da revolução*. As lutas de classes na França: de 1848 a 1850; O 18 de Brumário de Luiz Bonaparte; A guerra civil na França. São Paulo: Expressão Popular, 2008a.

_____. *Contribuição à crítica da economia política*. São Paulo: Expressão Popular, 2008b.

MARX, Karl. *Glosas críticas marginais ao artigo "O rei da Prússia e a reforma social" de um prussiano.* São Paulo: Expressão Popular, 2010.

_____. *Grundrisse.* Manuscritos econômicos de 1857-1958: esboços da crítica da economia política. São Paulo/Rio de Janeiro: Boitempo/Ed. da UFRJ, 2011.

_____. *O leitor de Marx* (Netto, J. P. [Org.]). Rio de Janeiro: Civilização Brasileira, 2012.

_____; ENGELS, F. *Obras escolhidas.* São Paulo: Alfa-Omega, [s.d.], v. 2.

_____. *A ideologia alemã* [I — *Feuerbach*]. São Paulo: Grijalbo, 1977.

_____. *Manifesto do Partido Comunista.* São Paulo: Cortez, 1998.

MARTINS, D. M. O trabalho como aspecto da violência social. *Revista Saúde em Foco*, Rio de Janeiro, SMS, ano V, n. 13, p. 19-22, ago. 1996.

MASSON, Fátima de Maria. *Ideologia e prática na saúde*: a questão da Reforma Sanitária. Tese (Doutorado em Serviço Social) — Escola de Serviço Social da Universidade Federal do Rio de Janeiro, Rio de Janeiro, 2007.

_____; OLIVEIRA, E. A. A Atenção Reprodutiva na Rede Pública do Rio de Janeiro. Um relato do Serviço Social na UFRJ. *Jornal Brasileiro de Reprodução Assistida*, v. 14, n. 4, out./dez. 2010.

MATTOS, Marcelo Badaró. *Trabalhadores e sindicatos no Brasil.* São Paulo: Expressão Popular, 2009.

MATTOS, Vivian de Almeida. *Serviço Social.* Cotidiano profissional nas unidades de pronto atendimento geridas por organizações sociais no município do Rio de Janeiro. Dissertação (Mestrado em Serviço Social) — Faculdade de Serviço Social da Universidade do Estado do Rio de Janeiro, Rio de Janeiro, 2012.

MATOS, Pedro de V. G. A matilha do cachorro louco. *Em Foco*, Rio de Janeiro, 2008.

MÉSZÁROS, István. *Filosofia, ideologia e ciência social*: ensaios de negação e afirmação. São Paulo: Ensaio, 1993.

_____. *Para além do capital*: rumo a uma teoria da transição. São Paulo: Ed. da Unicamp/Boitempo, 2002.

_____. *A educação para além do capital.* São Paulo: Boitempo, 2005.

MÉSZÁROS, István. *A teoria da alienação em Marx*. São Paulo: Boitempo, 2006.

_____. *O desafio e o fardo do tempo histórico*: o socialismo no século XXI. São Paulo: Boitempo, 2007.

_____. *A crise estrutural do capital*. São Paulo: Boitempo, 2009.

_____. *A reconstrução necessária da dialética histórica*. Conferência realizada na UFRJ em agosto de 2009. (Mimeo.)

_____. Solução neokeynesiana e novo Bretton Woods são fantasias. Entrevista à revista *Socialist Review*. Disponível em: <http://www.cartamaior.com.br/templates/materiaMostrar.cfm?materia_id=15619>. Acesso em: 15 fev. 2009.

_____. Crise estrutural necessita de mudança estrutural. In: ENCONTRO DE SÃO LÁZARO DA FFCH/UFBA, 2., [conferência de abertura], 13 jun. 2011.

_____. *A montanha que devemos conquistar*. São Paulo: Boitempo, 2015a.

_____. Entrevista. *O Globo*, Rio de Janeiro, caderno Prosa, p. 2, 2015.

MEYER, William S. Associate clinical professor. *Boletim Sersoclínico*, Medical Center, Duke University, n. 3, dez. 2001.

MICHAUD, Yves. *A violência*. São Paulo: Ática, 1989.

MINAYO, Maria Cecíli de Souza et al. *Pesquisa social, teoria, método e criatividade*. Petrópolis: Vozes, 1994.

MIRANDA, Mariana Cordeiro. *Serviço Social e pesquisa*: uma relação indissociável. Análise do Currículo Lattes dos Bolsistas de Produtividade-CNPq/Serviço Social. Trabalho de conclusão de curso, Faculdade de Serviço Social, Universidade do Estado do Rio de Janeiro, Rio de Janeiro, 2011.

MOVIMENTO NACIONAL DOS CATADORES DE MATERIAIS RECICLÁVEIS (MNCR). *Os Direitos Humanos e os Catadores de Materiais Recicláveis*. Cartilha de formação, 2008.

MONTÃNO, Carlos; DURIGUETO, Maria Lúcia. *Estado, classe e movimento social*. São Paulo: Cortez, 2010. (Biblioteca básica do Serviço Social, v. 5.)

MOTA, Ana E. (Org.). *O mito da assistência social*: ensaios sobre estado, política e sociedade. São Paulo: Cortez, 2008.

MOTA, Ana E. *A centralidade da assistência social na seguridade social brasileira nos anos 2000*. São Paulo: Cortez, 2008a.

_____. (Org.). Desenvolvimentismo e construção de hegemonia: crescimento econômico e reprodução da desigualdade. São Paulo: Cortez, 2012.

_____. Serviço Social brasileiro: profissão e área do conhecimento. *Katálysis*, Florianópolis, v. 16, número especial, 2013. Disponível em: <http://dx.doi.org/10.1590/S1414-49802013000300003>. Acesso em: 30 jan. 2014.

_____ et al. (Orgs.). *Serviço Social e saúde*: formação e trabalho profissional. São Paulo: Opas, OMS, MS/Cortez, 2006.

MUCCHIELLI, R. *A entrevista não diretiva*. São Paulo: Martins Fontes, 1994.

NETTO, José Paulo. La crisis del proceso de reconceptualización del Servicio Social. In: ALAYON, N. et al. *Desafio al Servicio Social*. Buenos Aires: Humanitas, 1976.

_____. Introdução: Lukács Tempo e Modo. In: LUKÁCS, G. *Sociologia* (Netto, José Paulo [Org.]. Fernandes, Florestan [Coord.]). São Paulo: Ática, 1981.

_____. *Capitalismo e reificação*. São Paulo: Ciências Humanas, 1981a.

_____. Para a crítica da vida cotidiana. In: NETTO, J. P.; FALCÃO, Maria do C. *Cotidiano*: conhecimento e crítica. São Paulo: Cortez, 1987. p. 63-93.

_____. O Serviço Social e a tradição marxista. *Serviço Social & Sociedade*, São Paulo, n. 30, p. 89-102, 1989.

_____. Notas para a discussão da sistematização da prática e teoria em Serviço Social: metodologia no Serviço Social. *Cadernos Abess*, São Paulo, Cortez, n. 3, p. 141-161, 1989.

_____. *Ditadura e Serviço Social*. São Paulo: Cortez, 1991.

_____. Razão, ontologia e práxis. *Serviço Social & Sociedade*, São Paulo, n. 44, p. 26-42, 1994.

_____. Transformações societárias e Serviço social: notas para uma análise prospectiva da profissão no Brasil. *Serviço Social & Sociedade*, São Paulo, n. 50, p. 87-132, abr. 1996.

_____. Prólogo ao Manifesto do Partido Comunista. In: MARX, K.; ENGELS, F. Manifesto do Partido Comunista. São Paulo: Cortez, 1998.

NETTO, José Paulo. *Capitalismo monopolista e Serviço Social*. 3. ed. ampl. São Paulo: Cortez, 2001.

_____. Cinco notas a propósito da "Questão Social". *Temporalis*, 2. ed., Brasília, Abepss, ano 2, n. 3, jan./jul. 2001a.

_____. Cinco notas a propósito da "questão social". *Temporalis*, Brasília, ano 2, n. 3, Abepss, jan./jun. 2001b.

_____. *Georg Lukács (1885-1971)*: tópicos especiais em teoria. Programa de Pós-Graduação da Escola de Serviço Social da Universidade Federal do Rio de Janeiro, Rio de Janeiro, 2002/12.

_____. A conjuntura brasileira: o Serviço Social posto à prova. *Serviço Social & Sociedade*, São Paulo, n. 79, p. 5-26, 2004.

_____. *Marxismo impenitente*: contribuição à história das ideias marxistas. São Paulo: Cortez, 2004a.

_____. A construção do Projeto Ético-Político do Serviço Social. In: MOTA et al. *Serviço Social e saúde*: formação e trabalho profissional. São Paulo: Opas, OMS, MS/Cortez, 2006, p. 141-160.

_____. Prefácio. In: MOTA Ana E. (Org.). *O mito da assistência social*: ensaios sobre Estado, política e sociedade. São Paulo: Cortez, 2008. p. 9-14.

_____. Introdução ao método na teoria social. In: CFESS/ABEPSS. *Serviço Social*: direitos sociais e competências profissionais. Brasília: CFESS/Abepss, 2009. p. 667-700.

_____. Uma face contemporânea da barbárie. In: ENCONTRO INTERNACIONAL "CIVILIZAÇÃO OU BARBÁRIE", 3., Serpa, 30-31 out./1º nov. 2010. Disponível em: <www.resistir.info>. Acesso em: 13 nov. 2010.

_____. "Impera na esquerda 'reciclada' um cinismo assombroso". Entrevista à revista *Caros Amigos*. Disponível em: <http://uniaocampocidadeefloresta.wordpress.com/2011/08/26/entrevista-jose-paulo-netto-impera-na-esquerda--%E2%80%98reciclada%E2%80%99-um-cinismo-assombroso-eblog/>. Acesso em: 26 ago. 2011.

_____. Aula pública no Programa de Pós-Graduação da FSS/Uerj, Rio de Janeiro, 2011/12.

NETTO, José Paulo. *A Comuna de Paris e a ditadura do proletariado*. Disponível em: <http://www.youtube.com/watch?v=NjjWnGFwPJk&feature=relmfu>. Acesso em: jan. 2012.

_____. Introdução. In: MARX. *O leitor de Marx*: escritos escolhidos. Rio de Janeiro: Civilização Brasileira, 2012a. p. 7-36.

_____. Entrevista com José Paulo Netto. *Revista Habanero* (homenagem a Carlos Nelson Coutinho). Disponível em: <http://napraxis.blogspot.com.br/2013/06/revista-habanero-entrevista-com-jose.html>. Acesso em: 14 out. 2013.

_____. *Pequena história da ditadura brasileira (1964-1985)*. São Paulo: Cortez, 2014.

_____. *Os tres encontros decisivos de Marx em Paris (1844)*. Conferência on-line, 2014a. Disponível em: <https://marxemmaio.wordpress.com/>. Acesso em: 15 dez. 2014.

_____; BRAZ, Marcelo. *Economia política*: uma introdução crítica. São Paulo: Cortez, 2006. (Biblioteca Básica de Serviço Social, n. 1.)

NETTO, Leila Escorsin. *Conservadorismo clássico*: elementos de caracterização e crítica. São Paulo: Cortez, 2011.

NEVES, Altinéia M. *O trabalho do assistente social no município de Tanguá/RJ*: (re) produção ampliada da questão social e exercício da profissão. Dissertação (Mestrado em Serviço Social) — Faculdade de Serviço Social da Universidade do Estado do Rio de Janeiro, Rio de Janeiro, 2010.

OLIVEIRA, Francisco. *Crítica à razão dualista*: o ornitorrinco. São Paulo: Boitempo, 2006.

_____. O avesso do avesso. *Piauí*, Rio de Janeiro, n. 37, out. 2009.

OLIVEIRA, Verônica C. *Desafios contemporâneos para o Projeto Ético-Político do serviço social*: cotidiano profissional dos assistentes sociais em uma grande emergência. Dissertação (Mestrado em Serviço Social) — Faculdade de Serviço Social, Universidade do Estado do Rio de Janeiro, Rio de Janeiro, 2012.

PEREIRA, P. A. P. Questão social, Serviço Social e direitos de cidadania. *Temporalis*, Abepss, ano II, n. 3, jan./jun. 2001.

PEREIRA, W. C. C. *Nas trilhas do trabalho comunitário e social*: teoria, método e prática. Petrópolis: Vozes, 2001.

PIERUCCI, A. F. *Ciladas da diferença*. São Paulo: Editora 34, 1999.

PORTELLI, Hugues. *Gramsci e o bloco histórico*. Rio de Janeiro: Paz e Terra, 1977.

PRATES, Jane. Possibilidades de mediação entre a teoria marxiana e o trabalho do Assistente Social. Tese (Doutorado em Serviço Social) — Faculdade de Serviço Social da Pontifícia Universidade Católica do Rio Grande do Sul/PUC-RS, Porto Alegre, 2003.

PRADO JR., Caio. *História econômica do Brasil*. São Paulo: Brasiliense, 1976.

_____. *Formação do Brasil contemporâneo (colônia)*. São Paulo: Martins, 1996.

_____. *A revolução brasileira*. São Paulo: Brasiliense, 2000.

PRÉDES, R. (Org.). *Mercado de trabalho do Serviço Social*: fiscalização e exercício profissional. Maceió: Edufal, 2002.

RAICHELIS, Raquel. *Esfera pública e conselhos de assistência social*: caminhos da construção democrática. São Paulo: Cortez, 1998.

_____. Intervenção profissional do assistente social e as condições de trabalho no Suas. *Serviço Social & Sociedade* [on-line], n. 104, p. 750-772, 2010.

RAFAEL, G. *A relação de ajuda e a acção social*. Lisboa: CPIHTS. Disponível em: <http://www.cpihts.com/PDF/M%20Gra%C3%A7a%20Rafael%20%20Entr%20ajuda.pdf>. Acesso em: 24 ago. 2007.

RAMOS, Rossana; SANSON, Priscila. *Na minha escola todo mundo é igual*. São Paulo: Cortez, 2010.

RICHMOND, M. E. *Caso social individual*. Buenos Aires: Humanitas, 1922/1962.

_____. *Diagnóstico social*. Lisboa: Instituto Superior de Higiene Dr. Ricardo Jorge, 1950.

RIVIÉRE, E. P. *O processo grupal*. São Paulo: Martins Fontes, 1988.

RODRIGUES, Mavi. *Michel Foucault sem espelhos*: um pensador proto pós-moderno. Tese (Doutorado em Serviço Social) — Escola de Serviço Social, Universidade Federal do Rio de Janeiro, Rio de Janeiro, 2006.

_____. O exercício profissional 30 anos depois do Congresso da Virada. *Praia Vermelha*, Rio de Janeiro, UFRJ, v. 21, n. 2, p. 51-68, jan./jul. 2012.

RUIZ, Jefferson L. de Souza. *Direitos humanos e concepções contemporâneas*. São Paulo: Cortez, 2014.

SADER, Emir. Prefácio. In: MÉSZÁROS, István. *A educação para além do capital*. São Paulo: Boitempo, 2005.

SALVADOR, Evilasio. *Fundo público e seguridade social no Brasil*. São Paulo: Cortez, 2010.

_____; BOSCHETTI, Ivanete et al. *Financeirização, fundo público e política social*. São Paulo: Cortez, 2012.

SANT'ANA, Raquel S. et al. (Orgs.). *O avesso do trabalho* II. Trabalho, precarização e saúde do trabalhador. São Paulo: Expressão Popular/Fapesp, 2010.

SANTOS, Boaventura de Sousa. Sociedade-providência ou autoritarismo social. "A sociedade-providência". *Revista Crítica de Ciências Sociais*. Coimbra, Centro de Estudos Sociais, n. 42, maio, 1995.

SANTOS, Leila L. *Textos de Serviço Social*. São Paulo: Cortez, 1985.

SCIPIONE, Suzana Vieira. Breves reflexões. *Boletim Sersoclínico*, n. 3, dez. 2001.

SEMIONATTO, Ivete. Intelectualidade, política e produção de conhecimento: desafios ao Serviço Social. *Serviço Social & Sociedade*. São Paulo, n. 117, p. 7-21, jan./mar. 2014.

SERPA, M. A. A instituição sindicato é necessária hoje? *Serviço Social & Sociedade*. São Paulo, ano 20, n. 60, p. 125-159, jul. 1999.

SILVA, Mayana de S. G. *Serviço Social, projeto ético-político da profissão e a produção de conhecimento no Enpess/2008*. Trabalho de conclusão de curso, Faculdade de Serviço Social, Universidade do Estado do Rio de Janeiro, Rio de Janeiro, 2010.

SILVA, M. O. S. *A atualidade da pós-graduação na área de Serviço Social*. Brasília: Capes/MEC, 2002.

SILVINO, José Fritzen. *Exercícios práticos de dinâmica de grupo*. Rio de Janeiro: Vozes, [s.d.]. v. 1, 2, 3, 4.

SIMIONATTO, Ivete. As expressões ideoculturais da crise capitalista da atualidade. *Cadernos de Capacitação em Serviço Social e Políticas Sociais*, Módulo 1, Brasília, UnB, p. 77-90, 1999.

SIMIONATTO, Ivete. Intelectualidade, política e produção do conhecimento: desafios ao Serviço Social. *Serviço Social & Sociedade*, São Paulo, n. 117, p. 7-21, jan./mar. 2014.

SIMÕES, Pedro. Mediações religiosas no Serviço Social. *Praia Vermelha*, Rio de Janeiro, ESS/UFRJ, n. 3, v. 2, p. 30-53, 2000.

SPOSATI, A.; LOBO, E. Controle social e políticas de saúde. *Cadernos de Saúde Pública*, Rio de Janeiro, v. 8, n. 4, p. 366-378, out./dez. 1992.

SOUZA, Charles Toniolo de. A prática do assistente social: conhecimento, instrumentalidade e intervenção profissional. *Emancipação*, Ponta Grossa, v. 8, n. 1, p. 119-132, 2008. Disponível em: <http://www.uepg.br/emancipacao>. Acesso em: ago. 2012.

TEIXEIRA, S. B. S. Atribuições privativas do assistente social e o "Serviço Social Clínico". In: CONSELHO REGIONAL DE SERVIÇO SOCIAL (CRESS/RJ). 7ª Região, PPG/FSS/Uerj. *Atribuições privativas do assistente social e o "Serviço Social clínico"*. Rio de Janeiro, maio 2004. p. 22-30.

TEIXEIRA, J. Barata; BRAZ, Marcelo. O Projeto Ético-Político do Serviço Social. In: CONSELHO FEDERAL DE SERVIÇO SOCIAL (CFESS)/ASSOCIAÇÃO BRASILEIRA DE ESCOLAS DE SERVIÇO SOCIAL (ABEPSS). *Serviço Social*: direitos sociais e competências profissionais. Brasília: CFESS/Abepss 2009. p. 185-200.

TERTULIAN, Nicolas. O pensamento do último Lukács. *Outubro*, revista do Instituto de Estudos Socialistas, São Paulo, Alameda, n. 16, 2º sem. 2007.

_____. Posfácio. In: LUKÁCS, György. *Prolegômenos para uma ontologia do ser social*: questões de princípios para uma ontologia hoje tornada possível. São Paulo: Boitempo, 2010. p. 383-402.

THIOLLENT, Michel. *Crítica metodológica, investigação social e enquete operária*. São Paulo: Polis, 1985. (Col. Teoria e História, n. 6.)

TONET, Ivo. *Cidadania ou emancipação humana?* Disponível em: <http://www.geocities.com/ivotonet/arquivos/>. Acesso em: ago. 2006.

_____. *A propósito de "Glosas críticas"*. In: MARX, K., 2010.

_____. *Educação contra o capital*. São Paulo: Instituto Lukács, 2012.

TRAGTENBERG, Maurício. *A delinquência acadêmica*. Disponível em: <http://espacoacademico.com.br/014/14mtrag1990.htm>. Acesso em: 5 set. 2010.

VASCONCELOS, Ana Maria de. *A intenção ação no trabalho social*: uma contribuição ao debate assistente social-grupo. São Paulo: Cortez, 1982.

_____. *A questão do método na teoria social*. Rio de Janeiro: Faculdade de Serviço Social, Universidade do Estado do Rio de Janeiro, 1995. (Mimeo.)

_____. Prática reflexiva e Serviço Social. *Em Pauta*, Faculdade de Serviço Social, Universidade do Estado do Rio de Janeiro, Rio de Janeiro, n. 10, 1997.

_____. Relação teoria/prática: o processo de assessoria/consultoria e o Serviço Social. *Serviço Social & Sociedade*, São Paulo, n. 56, 1998.

_____. O trabalho do assistente social e o projeto hegemônico no debate profissional. In: PROGRAMA DE CAPACITAÇÃO CONTINUADA PARA ASSISTENTES SOCIAIS. Módulo 4: O trabalho do assistente social e as políticas sociais. Brasília: CFESS-Abepss-Cead/NED-UnB, 2000. p. 124-137.

_____. *A prática do Serviço Social*: cotidiano, formação e alternativas na área da saúde. São Paulo: Cortez, 2002.

_____. *A prática do Serviço Social*: cotidiano e alternativas no enfrentamento da questão social. Projeto de Pesquisa. Rio de Janeiro: Faculdade de Serviço Social, Uerj/Faperj/CNPq, 2006.

_____. *A prática dos profissionais de saúde no município do Rio de Janeiro*. Hospitais Universitários. Relatório de Pesquisa. Rio de Janeiro: UERJ-FSS/Faperj/CNPq, 2007.

_____. Sistema Único de Saúde, profissões de saúde e formação. Política de saúde e Serviço Social: impasses e desafios. *Temporalis*, Abepss, ano VII, n. 13, p. 151-183, jan./jun. 2007.

_____. Posfácio à 8ª edição. A saúde como negócio. In: _____. *A prática do Serviço Social*: cotidiano, formação e alternativas na área da saúde. 8. ed. São Paulo: Cortez, 2012.

VASCONCELOS, A. M. et al. Profissões de saúde: diretrizes curriculares e Sistema Único de Saúde brasileiro (SUS). In: ENCONTRO NACIONAL DE PESQUISADORES EM SERVIÇO SOCIAL, 11., São Luiz; ENCONTRO NACIONAL DE

PESQUISADORES EM SERVIÇO SOCIAL (ENPESS), 11., São Luiz, Abepss, v. 1, p. 1-8, 2008.

VÁZQUEZ, Adolfo Sanches. *Filosofia da práxis*. São Paulo: Paz e Terra, 1977.

VIEIRA, Balbina. *Metodologia do Serviço Social*: contribuição para sua elaboração. Rio de Janeiro: Agir, 1978.

_____. *Serviço Social*: processos e técnicas. Rio de Janeiro: Agir, 1978a.

VV.AA. *Dicionário de economia*. São Paulo: Abril Cultural, 1985.

_____. CRESS 7ª Região, PPG de Serviço Social da Uerj. Atribuições privativas do assistente social e o "Serviço Social clínico". *Em Foco*, Rio de Janeiro, edição complementar à n. 1, maio 2004.

_____. *Cadernos de Assistência Social*, Rio de Janeiro, Escola Carioca de Gestores da Assistência Social/Prefeitura do Rio de Janeiro, v. 1, 2 e 3, 2005.

_____. *Cadernos de Assistência Social*. A atuação do Serviço Social na saúde. Escola Carioca de Gestores da Assistência Social. Assistência Social: Prefeitura do Rio de Janeiro, Rio de Janeiro, v. 4, 2006.

WACQUANT, Loïc. *As prisões da miséria*. Rio de Janeiro, Jorge Zahar, 2001.

WANDERLEY, L. E. Perspectivas do profissional na atual conjuntura. *Serviço Social & Sociedade*, ano 1, n. 2, p. 72-80, mar. 1980.

WILDE, Oscar. *A alma do homem sob o socialismo*. São Paulo: L&PM, 2003. (Col. LP&M Pocket.)

WOOD, Ellen Meiksins. *Democracia contra o capitalismo*: a renovação do materialismo histórico. São Paulo: Boitempo, 2006.

ZAPELINE M. B.; ZAPELINE, S. M. K. C. *Metodologia científica e da pesquisa para o Curso de Administração*. Florianópolis, 2004. Disponível em: <http://www.faculdadesenergia.com.br/arquivos/manual_metodologia.pdf>.

YAZBEK, M. C. *Classes subalternas e assistência social*. São Paulo: Cortez, 1993.

YAZBEK, Maria Carmelita. Pobreza e exclusão social: expressões da questão social no Brasil. *Temporalis*, Abepss, ano II, n. 3, jan./jun. 2001.

ZIŽEK, Slavok. *O ano em que sonhamos perigosamente*. São Paulo: Boitempo, 2012.

Documentos

BRASIL. MPS/MDS/Cfess. Relatório Final do Grupo de Trabalho Interministerial. Reestruturação do Serviço Social no INSS. Brasília, 2007.

_____. MEC/Sesu. Referenciais Curriculares Nacionais dos Cursos de Bacharelado e Licenciatura. Brasília, mar. 2010.

_____. Lei n. 12.317, 26 de agosto de 2010. Dispõe sobre a duração semanal da jornada de trabalho do assistente social. Brasília, 2010.

DECLARAÇÃO DE BOLONHA. Declaração conjunta dos ministros da Educação Europeus, 1999. Disponível em: <http://www.ond.vlaanderen.be/hogeronderwijs/bologna/links/language/1999_Bologna_Declaration_Portuguese.pdf>. Acesso em: 15 out. 2012.

LEIA TAMBÉM

SAÚDE E SERVIÇO SOCIAL

Maria Inês Souza Bravo
Ana Maria de Vasconcelos
Andréa de Souza Gama
Giselle Lavinas Monnerat (Orgs.)

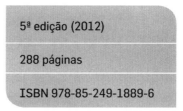

5ª edição (2012)

288 páginas

ISBN 978-85-249-1889-6

Neste livro imprescindível, professores e alunos vinculados à Faculdade de Serviço Social da UERJ examinam políticas de saúde como o Programa de Saúde da Família (PSF), serviços de saúde reprodutiva e temas como envelhecimento, saúde mental, dependência a drogas, gravidez na adolescência, gênero e sexualidade, saúde e trabalho.

LEIA TAMBÉM

A PRÁTICA DO SERVIÇO SOCIAL
cotidiano, formação e alternativas na área da saúde

Ana Maria de Vasconcelos

8ª edição (2013)

600 páginas

ISBN 978-85-249-1993-0

Este livro não apresenta munição apenas para os assistentes sociais, estudantes, pesquisadores, professores de Serviço Social para o exercício da profissão na perspectiva crítica. É também uma contribuição fundamental para todos os demais profissionais que buscam a garantia dos direitos sociais e a ampliação da democracia política, social e econômica na dinâmica contraditória das instituições sociais.